普通高等教育“十一五”国家级规划教材

江苏省人民政府高等教育教学成果特等奖
江 苏 省 高 等 教 育 精 品 教 材

大学研究型课程
专业系列教材

总主编 周 宪

中国语言文学类

古代汉语研究导引

高小方 等 编著

南京大学出版社

图书在版编目(CIP)数据

古代汉语研究导引 / 高小方等编著. —南京：南京大学出版社，2006.5(2018.8 重印)
(大学研究型课程专业系列教材·中国语言文学类)
ISBN 978-7-305-04593-6

Ⅰ.古... Ⅱ.高... Ⅲ.汉语—古代—研究—高等学校—教材 Ⅳ.H109.2

中国版本图书馆 CIP 数据核字(2006)第 040595 号

丛 书 名 大学研究型课程专业系列教材·中国语言文学类
书　　名 古代汉语研究导引
编 著 者 高小方等
出版发行 南京大学出版社
社　　址 南京市汉口路 22 号　邮编 210093
电　　话 025-83596923　025-83592317　传真 025-83328362
网　　址 http://press.nju.edu.cn
电子邮件 nupress1@public1.ptt.js.cn
sales@press.nju.edu.cn(销售部)
印　　刷 江苏凤凰数码印务有限公司
开　　本 787×960　1/16　印张 27.5　字数 554 千
版　　次 2006 年 5 月第 1 版　2018 年 8 月第 3 次印刷
ISBN 978-7-305-04593-6
定　　价 60.00 元

大学研究型课程专业系列教材

顾　问

［学校按拼音顺序排列］

序

周　宪

近些年来，大学文科的教材建设可谓突飞猛进。各类教材林林总总，百花齐放。实际上，作为教学改革的一个“抓手”，教材的变化反映了教学改革的深化。

诚然，教材数量增多并不足以表明教学理念的深刻转变。不少在教学第一线的教师感到，虽然教材的品种很多，但是真正合用的、有特色的教材却并不多见。常见的情况是多本教材虽然体例结构有所差异，但内容上并无根本不同，只是排列组合上有所不同。这表明，教材建设需要从根本上加以改变，而如何改则取决于我们有什么么样的教学理念。

说到这里，我想对大学文科教育目前存在的一些问题谈一点看法。过去我们通常认为，应试教育主要反映在基础教育（中小学）阶段，大学基本上没有这种情况。这些年来，应试教育的某些征兆也出现在大学教育中。“背多分”的现象不再是少数，高分低能现象也随处可见。死啃一本教材，就可以得到高分。这其中一方面有学习考核方式的问题，但另一方面也反映出搞定一本教材便可过关，甚至得到高分评价。这就向我们提出了一个严峻的问题，如何使得教材更符合大学文科教与学的特点？如何激发学生钻研问题的主动性和积极性？如何通过教材让学生进入更广阔的知识领域？一言以蔽之，如何更好地培育出学生敏锐的问题意识？这是当前教材建设亟须解决的问题，也是所谓研究型教材的主旨所在。

此处推出的“大学研究型课程专业系列教材”，从浅层看，好像只是把过去教材编写者的“一言堂”，转变为读本性质的“群言堂”。但往深层看，这里有一系列教学理念及教材编写理念上的变化。

首先，这套教材旨在强调研究性。研究性主要体现为两个方面：第一，突出教材本身的问题型结构和理路。传统教材的通史通论型结构，因照顾到知识的系统性和全面性，往往对特定学科的核心或前沿问题关注不够。这样对学生训练偏重于全面掌握知识却忽略了问题意识（主要是发现问题和解决问题的意识及其能力）的培养。这套教材以问题为核心来架构，每章或每个单元以一个相对独立的重要问题为中心来设计。这样可以改变过去教材的单纯的历史线索或逻辑结构的束缚。因此，不再强调知识面面俱到，也不强调学习平均用力，而是聚焦于本学科的重要问题，强化学术研究上的问题意识。这种问题结构使教材更具弹性和灵活性。对编者来说，可以根据学科知识的发展不断修订增删，进而改变过去教材编写的误区，即受制于结构很难修订，不得不推倒重来。对教师来说，以问题为中心的结构框架，也可以为他们富有个性的授课留有充分的空间和自由，教师可以根据自己的知识结构和研究特长作相应的调整。第二，注重学生思维方式的训练和研究能力的培养。这套教材以典范性研究论文为主干，因此选文凸现了如何发现和确定问题、如何研究问题、如何采集相关资料、如何思考和分析问题、如何得出科学的结论等。每章都有一个导论，每篇范文都有具体的分析和概括，还附有延伸阅读以及思考题，这些设计都在强化问题意识这一主旨，这有助于改变传统教材只注重知识性而忽略研究性的倾向。

其次，这套教材意在突出研究范例性。依据美国科学哲学家库恩的研究，科学知识的范式要素之一是所谓研究范例，通俗地讲，就是特定学科发展史上重要的、经典的研究个案。中国哲学史家冯友兰则指出，学术研究有“照着讲”和“接着讲”两种方式。前者是别人怎么说的，后者是从前人说到之处讲下去。把这两种看法结合起来，可以用来描述这套教材的典范性。就是通过研究范例的学习，首先学会“照着讲”，然后进一步发展出“接着讲”。因此，所谓范例性主要体现在如下两个方面：第一，选文的经典性。亦即力求把特定问题及其研究领域中具有代表性和经典性的学术论文选出来，这些论文不但具有权威性，而且代表了一定时期特定问题的研究水平。经过对这样的选文的解读，可以让学生了解具体的问题史和研究成果。选文不但关注问题史，同时也注重当前的发展和前沿性，将最新成果吸纳进教材中。第二，范例性还指选文作为具体的研究个案，对教师来说，是绝佳的授课内容；对学生来说，是上好的学习范本。老师通过讲解让学生掌握特定文本的研究范例，学生通过研读，模仿和学会如何研究问题，如何写作学术论文。由此实现研究型教材的特定功能。

最后，这套教材彰显了学术观点的多元化。传统教材有时为了突出编写者个人的学术观点，往往采用一家之说，而对其他各种观点的介绍评析不足。由于本教材采用选文与导言相结合的方式，因此可以实现教材内容、学术观点和研究方法的多元化，进而达到学术研究上的“视界融合”。多元化一方面体现在博采各家之说，尽显研究特定问题的思路或方法的多样性，形成了各家之说的对话性。另一方面，选文在学术论文的文体、方法和表述风格上也明显多样化，这有助于学生掌握多种阐释途径和写作方法，进而避免研究方法和写作上的“八股”文风。

由于这套教材采用了新思路和新构架，所以也面临一些新问题。

对教师来说，由于不同于传统教材，这套教材便对授课教师提出了较高的要求。教师不但要具有广泛的知识背景，而且对特定选文及其问题要有较深入的了解。如何编写教学提纲？如何选择其他相关资料？如何安排延伸阅读？如何考试和评价？如何强化教材的可操作性？这些问题都有待于授课教师进行的创意性探索。

对学生来说，由于教材侧重于研究能力和问题意识的培养，因此，如何使用这套教材？如何在使用过程中紧扣研究能力和问题意识的训练？如何做到课堂听讲与课外阅读、课堂讨论和课程考试等诸多方面的有效结合，也有待学生的创造性的探索。

这套研究型教材凝聚了南京大学中文系诸多同仁的心血，尤其是中文系副主任徐兴无教授做了大量组织协调工作。借此机会谨向他们表示由衷的谢意！正是他们的敬业、合作和努力使新的教学理念得以实现。

研究型教材是一个值得尝试的教材改革思路。作为编撰者，我们很希望听到来自各个方面的意见和建议，以便将来再版修订，进而发展出更多更好的研究型教材。

前　　言

"古代汉语"主干课作为一门工具课，其首要任务是培养学生具有较强的古书阅读能力，并在此基础上培养学生具有较强的历史比较能力、写作能力和专业研究的能力。同时，还要引导学生学习中华民族志士仁人的嘉言懿行，学到优秀的民族文化中深厚的人文精神。所以"古代汉语"课在综合素质教育中有着不可替代的重要作用。

其具体要求是：以文选为中心，以词汇为重点，以常规语法为次重点，用历史主义的观点，对比研究的方法，精读上百篇周、秦、汉的源头范文，透视各种重要的古汉语现象，解析数百个常用词，理清其本义和众多引申义间的脉络，系统了解古书用字、文言词法和句法特点以及有关的文化常识等，使学生较好地掌握音韵学、文字学、训诂学、词汇学、语法学的基础知识，并能利用古代汉语语料开展具有一定难度的学术研究。

这是一个很高的教学目标。为了达到这一目标，我们认为必须坚持读原始资料，同时配以读文编。出于读原始资料的需要，我们已编写出版了一卷"文选"与"古汉语通论"相结合的《古代汉语》教材；出于读文编的需要，我们编写了本卷教材。这两卷教材基本上都是围绕"古代汉语"课程的重要问题来展开的。

下面是本课程主要内容及基本要求一览表：（标"＊"者为重点内容；标"△"者为难点）

（一）绪论部分

教学基本要求：了解本课程的学习对象、目的、方法和要求。

教学内容：

1. ＊△什么是古代汉语？

2. 为什么要学习古代汉语？

3. 怎样学好古代汉语？

（二）＊文字部分

教学基本要求：了解文字学的基础知识。
教学内容：
1. *△六书与三书
2. *“隶变”对汉字构造的影响
3. *△六书的假借与非六书的通假
4. *△古今字
5. 异体字
6. *繁简字
（三）△音韵部分
教学基本要求：了解音韵学的基础知识。
教学内容：
1.《诗经》的用韵
2. *△中古汉语的声母——三十六字母
3. *△上古声母系统的特点
4. *古音通假的条件
（四）*词汇部分
教学基本要求：了解古汉语词汇学的基础知识。
教学内容：
1. *△古今词义的变化
2. *△单音词、复音词(包括联绵字、偏义复词等)
3. *△词的本义和引申义
4. 同义词及其辨析
（五）语法部分
教学基本要求：掌握文言文的常规语法。
教学内容：
1. 古代汉语的词类
2. *△词类活用
3. *△句子成分的次序
4. 句子成分的省略
5. 双宾语
6. △非支式
7. 被动式

8. ＊判断句的发展

9. ＊△虚词的解释方法

10. 习惯说法与凝固结构

（六）＊诗律部分

教学基本要求：全面地掌握近体诗的格律特点。

教学内容：

1. 诗体的分类

2. ＊△近体诗的格律特点

（七）古书注解部分

教学基本要求：顺利地读懂古注，正确地利用古注。

教学内容：

1. 古书注解的产生和发展

2. ＊△古书注解的类型

3. 古书注解的内容

4. ＊△古注中的一套术语

5. ＊正确地利用古注

（八）＊△文选部分

教学基本要求：通过精读一定数量的源头范文，培养语感，积累较多的感性认识，为上升到理性认识奠定基础，从而达到举一反三，触类旁通。

教学内容：

1. 精析周代、秦代、汉代的源头范文一百篇（章）

（主要选自《论语》、《礼记》、《孟子》、《左传》、《战国策》、《墨子》、《老子》、《庄子》、《荀子》、《韩非子》、《诗经》、《楚辞》、《史记》、《汉书》等。）

2. 精析宋代以前的各体诗歌二十首

（九）古书句读部分

教学基本要求：掌握古文标点的基本要领。

教学内容：

1. 古书句读的基础知识

2. ＊白文标点的操作要点

（十）古文今译部分

教学基本要求：掌握古文翻译的基本要求和重要技巧。

教学内容：

1. *古文今译的基本要求
2. 古文今译歌诀
(十一) 工具书使用部分
教学基本要求：学会使用二十种最重要的语文工具书。
教学内容：
1. *△工具书最通行的排检法
2. *最常用的字典辞书
3. 使用字典辞书要注意的几个问题
(十二) 古代文化常识部分
教学基本要求：了解与古文阅读直接有关的一些古代文化常识。
教学内容：
1. *避讳
2. *委婉语和礼貌式
3. *古文的文体
4. 古人的姓氏、名、字、别号、谥号
5. 古代职官名
6. 其他
(十三) 小论文写作

在以上所列大多数重要问题上，我们所编的两卷教材在原始资料和文编这两方面构成了良好的互补。在教学时间的分配上，读原始资料与读文编的时间比安排为4∶1，如果总课时共120，即为96∶24。

本卷教材，以文编为主。其编写目的，就是为了进一步提高大学生的科学素质，增强大学生的创新意识和创造能力。严济慈先生早就指出：大学生学习过程由低到高的三个阶段是“听(听课)——看(自学)——用(查书)”。我们不能老是停留在“听”的阶段，而要尽快发展到“看”和“用”的阶段。这很要紧。读书有三个不同的层次：消遣性地读书、欣赏性地读书、研究性地读书。我们不能满足于欣赏性地读书，更不能只是消遣性地读书，而要学会研究性地读书。针对“古代汉语”课程学习由文选阅读阶段向专题研究阶段提升的具体要求，我们从杨树达、黄侃、沈兼士、赵元任、王力、张世禄、吕叔湘、陆宗达、殷孟伦、杨伯峻、洪诚、徐复、刘又辛、周祖谟、俞敏、周锺灵、李荣、朱德熙、姚孝遂、杨耐思、张永言、郭锡良、徐通锵、裘锡圭、鲁国尧、郭在贻、蒋绍愚、尉迟治平等28位现当代著名语言学家的代表性论著中精选出部分单篇论文(或专著的有关章节),分为"音韵"、"文字"、"训诂"、"词汇"、"语法"、"方法论"等六大专题。每一专题前有"导论",点出掌握此章内容的核心问题,说明本章所选文章之用意所在;每篇文章前面有"导言",标明本文之出处,交代写作的背景,提示文章之精义等,以便学习者掌握。需要说明的是,为了更好地引导同学进入情景,我们对有些选文作了一些必要的处理,或删去枝蔓,或另行编辑。敬希原作者见谅。

此卷《古代汉语研究导引》教材与南京大学新编的《古代汉语》教材互为表里,相配而行。大学生在学习"古代汉语"课程的各个知识点时,可按计划选读此书的有关部分,以进一步拓展学术视野,强化专业基础。此书亦适于用作大学生"课题研究"培训班的基本教材,学员们在从事科学研究、撰写学术论文时,自可"取法乎上",吸收滋养。此书还是广大青年学友在准备考研甚至读研时的必备参考书。

为本科生编写核心课程学术导引教材,既得考虑现当代学术的历史和现状以及内容的孰轻孰重、孰旧孰新,还得顾及"古代汉语"课程本身学习深化、强化的实际需要和大多数学生的接受能力,故选目颇费踌躇。现在的选择是在汇聚了南京大学中文系汉语教研室老师们集体智慧的基础上作出的,前后共费时一年余。

编写者的具体分工如下:

鲁国尧教授、刘晓南教授负责撰写音韵、词汇部分的导论、导言;

李开教授、魏宜辉博士负责撰写文字、训诂部分的导论、导言;

柳士镇教授、陈文杰博士负责撰写语法部分的导论、导言;

高小方教授负责撰写方法论部分的导论、导言,并负责全书的统稿和"问题与思考"、"研究实践"等的设计。

在资料的采集上,研究生陈年高、顾涛同志也做了不少具体工作。

还应说明的是,《丁声树先生》一篇,是鲁国尧教授特别推荐的,足见鲁先生对学风建设的高度重视,对莘莘学子正直为人和勤奋为学的殷切期盼;此篇的导言则是由刘晓南教授起草的。

编写此教材是我们深化教学改革、努力培养具有国际竞争力的高素质人才的一项新尝试,肯定会有不足之处,竭诚欢迎专家、同行们的批评指正。

目 录

第一章　音　　韵

导　论

音韵学是研究汉语历史语音的学问，包括历史语音学的基本理论和上古音、中古音、近代音和等韵学等分支学科。

上古音，是指以《诗经》音为代表的周秦两汉时期的汉语语音系统。研究上古音的学问，称为"古音学"。传统古音学研究，主要是进行古韵分部研究，相比之下，人们对古音声母、声调的研究开展不够。古音学的研究，导源于宋明。宋吴棫、郑庠开始探索古韵分部，明陈第彻底廓清唐宋"叶音"说的迷雾，明确提出古今音异的观点，为古音学的健康发展扫清了道路。清初顾炎武离析唐韵，客观归纳以《诗经》为代表的先秦韵文韵字，分古韵为 10 部，为古韵分部奠定了基础。清段玉裁将《说文解字》的谐声系统跟《诗经》韵部互相参证，提出谐声声符相同者古韵必同部说，创立执简驭繁的古韵研究方法。清戴震以等韵学原理观察古韵结构，将古韵分为阴、阳、入 3 类，表现古韵的系统性。清孔广森阐明"阴阳对转"之理，说明古韵通转现象。发展至近代，章太炎(炳麟)、黄季刚(侃)分别总结古韵分部考古派与审音派的研究成果，章氏由脂分出队，定为 23 部，晚年又合冬于侵，改为 22 部；黄氏则主张阴、阳、入三分，分古韵为 28 部。其后，黄永镇、钱玄同由黄侃萧部分出觉部，王力又主张脂微分部，于是得到古韵 30 部。

传统古音学关于声母(纽)的研究，主要是利用古籍异文、又读(异切)、读若、声训、谐声偏旁等材料，在传统三十六字母的基础上加以合并。清代钱大昕，近人章太炎、黄侃、曾运乾、钱玄同等各有贡献。钱大昕证明古无轻唇、重唇和舌头、舌上的分别，其说见于《十驾斋养新录》卷五和《潜研堂文集》中。章太炎取钱氏古无轻唇、古无舌上说，又创古音娘日二纽归泥说，因分古纽为五类 21 个。黄侃取钱、章等之说，依据等韵学原理来确定古本韵本声，定上古声母为 19 纽，即影、晓、匣、见、溪、疑、端、透、定、泥、来、精、清、从、心、帮、滂、並、明。曾运乾作《喻母古读考》，首倡"喻三归匣、喻四归定"说。钱玄同作《古音无"邪"纽证》，提出"邪纽应归定纽"。王力提出上古音三十二声母说。

关于古音声调，明陈第观察到《诗经》中平仄常可通叶，首先提出古人未辨四声的主张。顾炎武又提出古音"四声一贯"的观点，以为古音一字可有三声或四声，随意变读。他们未能客观分析上古调类与中古调类的出入异同，仅从中古四声观察上古声调，从四声通叶的现象，以偏概全，看法未免片面。段玉裁首倡“古四声不同今韵”，并提出“古无去声”的论断。后来王力又提出，上古声调分为平入两类，每类又各分长短，即长平、短平，长入、短入，后来演变为平上去入四声。较多学者认为上古音已具平上去入四声。上古音声调问题有待继续研究。

中古音，是指以《切韵》《广韵》为代表的隋唐宋读书音。研究中古音的学问，称为“今音学”。今音学的研究成果，对于上古音和现代汉语方言的研究，具有沟通古今、折合南北的作用。由于缺乏描写工具和科学方法，传统音韵学未能对今音的声母、韵母、声调的音值进行研究和构拟。

近代音，即近代汉语语音。近代汉语北方方音（即北音）以元代周德清所编《中原音韵》语音系统为代表。研究北音的学问称“北音学”。北音学建立于20世纪初。1918年前后，钱玄同在《文字学音篇》里首次强调研究《中原音韵》的重要性，把北音学引进音韵学教学领域。1932年，罗常培发表《中原音韵声类考》。同年，赵荫棠成《中原音韵研究》一书，奠定了北音学的基础。1946年至1948年，陆志韦在《燕京学报》上连续发表了9篇论文，较为系统地探讨了古官话语音史。60年代初，赵遐秋、曾庆瑞、李新魁等就《中原音韵》问题作了深入研究。80年代初，杨耐思、李新魁、宁继福等发表了研究《中原音韵》的专著，并有一大批年轻学者对各种近代汉语语音资料进行了研究。罗常培、蔡美彪刊布了《蒙古字韵》和其他八思巴字材料，介绍了前苏联学者龙果夫的有关研究成果，照那斯图、杨耐思写了一些关于八思巴字对音材料的研究文章，进一步丰富了北音学的研究内容。

等韵，是系统分析汉语语音结构的一种传统方法，包括字母、等呼、韵摄、等韵门法等方面的内容，等韵图则是所有这些内容的集中体现。等韵学，就其历史顺序言，可分为“宋元切韵学”和“明清等韵学”两部分，都是以音节表为主要方式对汉语字音进行分析的一门科学。所以王力先生曾直截了当地说：“等韵就其狭义说，是关于韵图的科学。”（《中国语言学史》山西人民出版社1981年8月第1版第84页）我国现存最古的等韵图是《韵镜》，其次是《切韵指掌图》、《四声等子》等。这些等韵图对于研究中古音和音韵学史均具有重要价值。

由于音韵学是中国历史上很发达的一门传统语言学，前人已经研究了一千多年，近代又引入西方语言学理论，使研究更加拓宽，更加深入。内容丰富，资料繁多，要掌握它颇有难度。从循序渐进的教学原则出发，大学本科阶段应当先打基础，学习音韵学的基础知识，即了解音韵学的名词术语体系，粗知《切韵》音系及其发展。为了达到这一目的，与课堂教学相配合，我们选编了五篇著名论文。《反切》、《说清浊》和《等韵溯源》三篇文章主要论述了音韵学的名词术语体系。反切拼音法的出现，标志着古人对汉语音节的分析达到了自觉的程度，这是音韵学作为一门学问的开始。王力先生《反切》一文，全面介绍有关反切拼音的知识。《说清浊》和《等韵溯源》两文则集中论述音韵学一些重要的名词术语的来源，它们的最初意义以及在音韵学中的含义。

《陆法言的〈切韵〉》和《周德清的〈中原音韵〉》介绍了两种音韵学上最重要的韵书:即中古的《切韵》和近代的《中原音韵》。《陆法言的〈切韵〉》全面地介绍了《切韵》的成书、编者、编排体例、《切韵》系列韵书和《切韵》的重要意义。《周德清的〈中原音韵〉》全面介绍了近代语音史上重要韵书《中原音韵》,作者多年研究《中原音韵》,自成一家。在这篇文章中,全面介绍了《中原音韵》一书的成书、作者、编排体例、语音系统和研究《中原音韵》的重要意义。这两篇文章可以帮助初学者粗知《切韵》和《中原音韵》等重要韵学典籍,打好基础。

选 文

反 切

王 力

导言——

本文选自王力著《汉语音韵》(中华书局,1963/1991)第三章。

作者王力(1900～1986),字了一,广西壮族自治区博白县人。1931 年获法国文学博士学位,返国后执教于清华大学、西南联大、中山大学,解放后一直任北京大学教授。

作者是现代著名语言学家。《汉语音韵》是为初学者写的比较通俗的音韵学入门书,其中融入了作者多年来研究上古音和中古音的新成果和新见解,至今仍有参考价值。

《反切》这一章列出反切的原理、反切的改良和双声叠韵等三个标题。但所说的内容很丰富,概括而言,大致讲述了如下几方面问题:1. 汉语拼音方法演进的四个阶段,即从直音法到反切的二拼法,民国时期注音字母的三拼法,现代拉丁字母的四拼法亦即音素拼音法。反切曾是一个长期使用的拼音方法,历代音韵学家都对它进行过不同程度的拼读改良。2. 反切拼音的原理,上下字的功能。着重讲述"两个字拼一个字音"不等于"二字连读一音",必须正确取舍方能切出字音。还有由于古今音变,有些反切在今天难以切出正确的读音,所以必须在拼读时按音变规律进行折合。3. 简述古代音韵学家分析汉语音节的双声叠韵说。

中国古代没有拼音字母,只好用汉字来注音。《说文》①中常常说"读若某",后人

① 《说文》的全称是《说文解字》,汉许慎所著,是文字学上的权威著作。

说成“音某”。例如《诗·周南·芣苢》“薄言掇之”毛传①:“掇,拾也”,陆德明《经典释文》说:“拾,音十。”这就是说,“拾”字应该读像“十”字的音。这种注音方法叫做“直音”。直音有很大的局限性:有时候,这个字没有同音字,例如普通话里的“丢”字,我们找不到同音字来注直音;有时候(这是更常见的情况),这个字虽有同音字,但是那些同音字都是生僻的字,注了直音等于不注,例如“穷”字,《康熙字典》音“窮”②。以生僻字注常用字,这是违反学习的原则的。

另有一种注音法跟直音很相近似,那就是利用同音不同调的字来注音。例如“刀”字,《康熙字典》注作“到平声”。“刀”是平声字,“到”是去声字,单说“音到”是不准确的,必须把“到”字的声调改变了,才得到“刀”字的音。这种注音法是进步的,因为可以避免用生僻字注常用字(如“刀”音“舠”);但是也有缺点,因为需要改变声调,然后能读出应读的字音。

反切是古代的拼音方法,比起直音法来是很大的进步。可以说,反切方法的发明,是汉语音韵学的开始。

一、反切的原理

反切的方法是用两个字拼出一个音来。例如宰相的“相”音“息亮反”,这就是说,“息”和“亮”相拼,得出一个“相”音来。这个方法大约兴起于汉末,开始的时候叫做“反”,又叫做“翻”。唐人忌讳“反”字,所以改为“切”字。例如“相,息亮切”。“反”和“切”只是称名的不同,其实是同义词(都是“拼音”的意思)。有人以为上字为“反”,下字为“切”,那是一种误解。

反切虽是一种拼音方法,但是它和现代的拼音方法不一样。现代的拼音方法是根据音素原则来拼音的,每一个音素用一个字母表示(有时用两个字母,但也认为固定的一个整体,如 zh,ch,ng,er),因此,汉字注音,既可以用一个字母,如“阿”a,也可以用两个字母,如“爱”ai,“路”lu,或三个字母,如“兰”lan,或四个字母,如“莲”lian(汉语拼音字母有用五个字母和六个字母的,但只应该当作三个字母看待,如“张”zhang,或者当作四个字母看待,如“专”zhuan,“良”liang,“庄”zhuang)。古代的反切是根据声韵原则来拼音的,它是一种双拼法,总是用两个字来拼音,不多也不少。

反切上字代表声母。即使是“零声母”,也必须有反切上字。例如:

乌	哀都切	今音[u]③
伊	于脂切	今音[i]
忧	于求切	今音[iu]

① 毛传指毛亨的《诗故训传》。

② 若依今普通话,可以注为音琼,但《康熙字典》要照顾古音,不能这样注。

③ 古今音是不同的,但是,在没有讲到古音以前,暂用今音来说明问题。

央　　于良切　　今音[iaŋ]

安　　乌寒切　　今音[an]

烟　　乌前切　　今音[ian]

反切下字代表整个韵母(以及声调)。即使是既有韵头又有韵尾的韵母,也只用一个反切下字。例如:

条　　徒聊切　　今音[t'iau]

田　　徒年切　　今音[t'ian]

桓　　胡官切　　今音[xuan]

宣　　须缘切　　今音[ɕyan]

香　　许良切　　今音[ɕiaŋ]

黄　　胡光切　　今音[xuaŋ]

反切方法也有它的局限性。反切上字既然是代表声母的,就应该只表示辅音,但是实际上每一个汉字都代表整个音节,单纯表示辅音的汉字是不存在的。反切下字既然是代表韵母的,就应该只表示元音,但是以元音开头的汉字是很少的,常常不能不借用以辅音开头的字作为反切下字。我们看古人的反切的时候,应该按照下面的两条原则去了解它:

1. 反切上字只取它的声母,不计较它的韵母和声调;
2. 反切下字只取它的韵母和声调,不计较它的声母。

假定依照现代汉语的拼音,"条,徒聊反",应该依照下面这个公式去了解:

[t'ú](徒)+[liáu](聊)

=[t']+[iáu]=[t'iáu](条)

现在再详细加以讨论。

(1) 反切上字不一定跟它所切的字同"呼"①,因为决定被切字的"呼"的是反切下字,不是反切上字。例如:

乌,哀都切。乌,合口呼;哀,开口呼。

唐,徒郎切。唐,开口呼;徒,合口呼。

田,徒年切。田,齐齿呼;徒,合口乎。

渠,强鱼切。渠,撮口呼;强,齐齿呼。

(2) 反切上字不一定跟它所切的字同声调,因为决定被切字的声调的也是反切下字,不是反切上字。例如:

钩,古侯切。钩,平声;古,上声。

苏,素姑切。苏,平声;素,去声。

曹,昨劳切。曹,平声;昨,入声。

---

① "呼"的概念有两种不同的解释。现在先按现代汉语的语音系统去了解它。

姊，将几切。姊，上声；将，平声。

遣，去演切。遣，上声；去，去声。

宝，博抱切。宝，上声；博，入声。

送，苏弄切。送，去声；苏，平声。

诰，古到切。诰，去声；古，上声。

秀，息救切。秀，去声；息，入声。

局，渠玉切。局，入声；渠，平声。

朔，所角切。朔，入声；所，上声。

却，去约切。却，入声；去，去声。

(3) 有人认为，反切就是二字连读成为一音。如果是那样，反切上字最好是不带韵尾的字。但是，事实上有许多反切上字是带韵尾的。例如：

乌，哀都切。哀，[i]尾。

都，当孤切。当，[ŋ]尾。

西，先稽切。先，[n]尾。

崔，仓回切。仓，[ŋ]尾。

瞋，昌真切。昌，[ŋ]尾。

旬，详遵切。详，[ŋ]尾。

翰，侯旰切。侯，[u]尾。

切，千结切。千，[n]尾。

(4) 如果反切就是二字连读成为一音，反切下字最好是没有辅音开头的字。但是，实际上没有辅音开头的反切下字只占少数，而多数的反切下字都是有辅音作为声母的。例如：

遵，将伦切。伦，声母[l]。

海，呼改切。改，声母[k]。

萧，苏雕切。雕，声母[t]。

困，苦闷切。闷，声母[m]。

损，苏本切。本，声母[p]。

左，臧可切。可，声母[k‘]。

驮，唐佐切。佐，声母[ts]。

因此，我们对于宋代以前的反切，不应该简单地了解为二字连读成为一音；必须把反切上字的韵母去掉，反切下字的声母去掉，按照上文所讲的公式，然后拼出正确的读音来。

有时候，按公式也拼不出正确的读音来，那是由于古今音不同的缘故。关于古今音的不同，要等全书读完，才能得到一个比较全面的知识。现在先提出两件事来谈一谈，作为举例的性质。

(1) 反切下字和被切字的声调必须一致，但是阳平声的反切下字可以切阴平字，阴平声的反切下字也可以切阳平字，这是因为宋代以前平声不分阴阳的缘故。例如：

公，古红切。今音：公，阴平；红，阳平。

羁，居宜切。今音：羁，阴平；宜，阳平。

恢，苦回切。今音：恢，阴平；回，阳平。

新，息邻切。今音：新，阴平；邻，阳平。

刀，都劳切。今音：刀，阴平；劳，阳平。

轻，去盈切。今音：轻，阴平；盈，阳平。

鸠，居求切。今音：鸠，阴平；求，阳平。

（以上是以阳平切阴平。）

龙，力钟切。今音：龙，阳平；钟，阴平。

慈，疾之切。今音：慈，阳平；之，阴平。

徒，同都切。今音：徒，阳平；都，阴平。

团，度官切。今音：团，阳平；官，阴平。

樵，昨焦切。今音：樵，阳平；焦，阴平。

房，符方切。今音：房，阳平；方，阴平。

谈，徒甘切。今音：谈，阳平；甘，阴平。

（以上是阴平切阳平。）

(2) 反切上字和被切字的声母必须一致，但是由于语言发展的关系，拿现代普通话的语音读去就不一致了。现在只指出其中一种情况，就是普通话的[tɕ]，[tɕ']，[ɕ]有一部分来自古代的[k]，[k']，[x][1]。如果就吴方言的一般情况说，所有的[tɕ]，[tɕ']，[ɕ]都来自[k]，[k']，[x]。这些读[tɕ]，[tɕ']，[ɕ]的字在古代反切中就应该当作[k]，[k']，[x]来看待。例如：

鸡，古奚切。今音：鸡[tɕ-]，古[k-]。

契，苦计切。今音：契[tɕ'-]，苦[k'-]。

奚，胡鸡切。今音：奚[ɕ-]，胡[x-]。

皆，古谐切。今音：皆[tɕ-]，古[k-]。

谐，户皆切。今音：谐[ɕ-]，户[x-]。

奸，古颜切。今音：奸[tɕ]，古[k-]。

间，古闲切。今音：间[tɕ-]，古[k-]。

坚，古贤切。今音：坚[tɕ-]，古[k-]。

敲，口交切。今音：敲[tɕ'-]，口[k'-]。

① 还有浊音[ɣ]。

嫌，户兼切。今音：嫌[ɕ-]，户[x-]。

以上所述的反切，是根据《广韵》的。《广韵》的反切，和六朝人的反切基本上是一致的。唐陆德明所著的《经典释文》，其中所采的反切是六朝人的反切，在语音系统上和《广韵》没有显著的差别。有时候反切上字或反切下字稍有不同，但是它们所代表的声母或韵母则是一样的。例如“蒌”字，《经典释文》有两读，即力俱反和力侯反，《广韵》也有两读，即力朱切和落侯切。“俱”与“朱”所代表的韵母是一样的（应该是[iu]，见下文第四章）；“力”与“落”所代表的声母也是一样的（即[l]）。我们学会了这一套反切，就能看懂古书上的注音了。

二、反切的改进

六朝的反切，就其本身的体系来说，没有什么可以非难的。既然上字只取其声母，自然可以不管韵母和声调；既然下字只取其韵母，自然可以不管声母。这样，用字可以更自由，避免选择反切上下字的困难。六朝有所谓“双反语”，反切上下字的位置可以对调。梁武帝建同泰寺，开大通门对寺的南门，“同泰”和“大通”就是双反语，因为“同泰”切“大”（古音“大”[i]尾，近似现在称医生为“大夫”的“大”），“泰同”切“通”。假如反切上字一定要没有韵尾的，下字一定要没有声母的，双反就成为不可能的了。由此可见，六朝反切自有它的原则，不能简单地从二字连读成为一音的道理去了解它。

但是，反切旧法也未尝没有可以改进的地方。例如“蒌”字从力侯切改为落侯切，这就是一种改进，因为“力”字与“侯”字不同呼，拼起音来不那么顺口。

《广韵》和《集韵》都是宋代的书，成书时期相差只有几十年①，但是《集韵》的反切已有许多改进。原来在韵母系统中有所谓洪音和细音，很粗地说起来，洪音相当于开口呼和合口呼，细音相当于齐齿呼和撮口呼。《集韵》的作者已经注意到反切上字要跟被切字洪细相当，对《广韵》的反切有了系统性的修正。例如：

条，《广韵》徒聊切，《集韵》田聊切②。

田，《广韵》徒年切，《集韵》亭年切。

鸡，《广韵》古奚切，《集韵》坚奚切。

契，《广韵》苦计切，《集韵》诘计切。

奚，《广韵》胡鸡切，《集韵》弦鸡切。

皆，《广韵》古谐切，《集韵》居谐切。

谐，《广韵》户皆切，《集韵》雄皆切。

奸，《广韵》古颜切，《集韵》居颜切。

间，《广韵》古闲切，《集韵》居闲切。

---

① 《广韵》成书在1008年，《集韵》成书在1039年，一说成于1066年以后。

② 在细音方面，《集韵》根据一个相当严格的原则，就是以四等字切四等字。

坚,《广韵》古贤切,《集韵》经天切。

敲,《广韵》口交切,《集韵》丘交切。

嫌,《广韵》户兼切,《集韵》贤兼切。

但是,如果要求二字连读成为一音,《集韵》的做法还是很不够的。明代的吕坤著《交泰韵》,清初的潘耒著《类音》,都设计了新的反切方法,使二字连读成为一音。他们二人的意见大致可以概括成为下面的几条:

1. 反切上字要用本呼,也就是以开口切开口,齐齿切齐齿,合口切合口,撮口切撮口。

2. 反切下字要用以元音开头的字。

3. 关于反切上字的声调,吕坤主张以入切平,以平切入,以上切上,以去切去;潘耒主张以仄切平,以平切仄(仄声指上去入三声)。

4. 关于反切下字的声调,吕潘二人都注意区别阴平和阳平,即阴平切阴平,阳平切阳平。这是因为从元代以后,平声已经分化为阴阳两类了。

5. 反切用字尽可能统一起来。

这样做,的确给人很大的方便。但是,走到了极端,也带来了一些缺点。特别是以元音开头的同韵母的字不好找,势必找出一些生僻的字来作为反切下字。例如《类音》把"中"字注为"竹硧切","硧"字大家都不认识①。不认识的字用来注音,就没有实用的价值了。

清初李光地等奉敕写了一部《音韵阐微》(1726),继承了吕潘二人的书的优点,避免了他们的缺点。《音韵阐微》的反切原则主要表现在以下五点:

(1) 虽然尽可能做到用元音开头的字作为反切下字,但是不要绝对化,不要勉强使用生僻的字②。在个别地方可以灵活些,借用舌根擦音的字或邻韵的字作为反切下字。

(2) 尽可能用没有韵尾的字作为反切上字,但是也不要绝对化。

(3) 尽可能做到反切上下字都有固定的字。一般地说,同声母并同声调的字所用的反切上字一定相同;同韵母并同声调的字所用的反切下字一定相同。唯一例外是当反切上下字自身及其同音字被切的时候,不能不变通一下。

(4) 反切上字要跟被切字同呼。

(5) 反切下字要分阴阳(指平声)③。

现在举出一些例子来说明《音韵阐微》的反切方法实在是大大改善了,如果按照二字连读成为一音的话④。

① "硧"音[iuŋ],按现代汉语与"雍"同音,潘耒没有用"雍",是由于拘泥古音系统。

② 《音韵阐微》也有个别生僻的字作为反切下字,如"鷖"(i)。这是拘泥古音系统的缘故。

③ (3)(4)(5)三点与吕、潘完全相同。

④ 解放前的《辞源》、《辞海》,基本上用的是《音韵阐微》的反切。

干,《广韵》古寒切,《阐微》歌安切。

看,《广韵》苦寒切,《阐微》渴安切。

官,《广韵》古丸切,《阐微》姑剜切。

宽,《广韵》苦官切,《阐微》枯剜切。

坛,《广韵》徒干切,《阐微》驼寒切。

兰,《广韵》落干切,《阐微》勒寒切。

团,《广韵》度官切,《阐微》徒丸切。

鸾,《广韵》落官切,《阐微》卢丸切。

坚,《广韵》古贤切,《阐微》基烟切。

牵,《广韵》古贤切,《阐微》欺烟切。

涓,《广韵》古玄切,《阐微》居渊切。

宣,《广韵》须缘切,《阐微》胥渊切。

乾,《广韵》渠焉切,《阐微》奇延切。

钱,《广韵》昨仙切,《阐微》齐延切。

权,《广韵》巨员切,《阐微》渠员切。

旋,《广韵》似宣切,《阐微》徐员切。

用汉字拼音,无论如何改进,总有一定的局限性。举例来说,韵母为[ɿ],[ʅ]的字,就不可能找到以元音开头的字作为反切下字,这一类的反切下字仍不能不以辅音开头。例如:

资,则私切。

雌,此斯切。

思,塞兹切。

慈,层时切。

要打破这种局限性,除非创造一种拼音字母。我们现在有了汉语拼音字母,这个问题已经完满地解决了。在汉语拼音字母以前,有一种注音字母也是带有拼音字母性质的。1913年,"读音统一会"制定了注音字母三十九个,后来又增一个ㄜ母,总共40个。列举如下:

声母二十四:

ㄅ[p]　ㄆ[p']　ㄇ[m]　ㄈ[f]　万[v]①

ㄉ[t]　ㄊ[t']　ㄋ[n]　ㄌ[l]

ㄍ[k]　ㄎ[k']　兀[ŋ]②　ㄏ[x]

① [v],例如上海"微"字[vi]的声母。

② [ŋ],例如上海白话"牙"字[ŋa]的声母。

ㄐ[tɕ]　ㄑ[tɕʻ]　ㄏ[ȵ][①]　ㄒ[ɕ]

ㄓ[tʂ]　ㄔ[tʂʻ]　ㄕ[ʂ]　ㄖ[ʐ]

ㄗ[ts]　ㄘ[tsʻ]　ㄙ[s]

韵母十五[②]：

ㄧ[i]　ㄨ[u]　ㄩ[y]

ㄚ[ʌ]　ㄛ[o]　ㄜ[ɤ]　ㄝ[ɛ]

ㄞ[ai]　ㄟ[ei]　ㄠ[au]　ㄡ[ou]

ㄢ[an]　ㄣ[ən]　ㄤ[aŋ]　ㄥ[əŋ]

ㄦ[ər]

开始的时候，为了照顾古音系统，所以制有万，兀，广三个声母，并规定了入声。后来1932年公布了《国音常用字汇》，指定北京音为标准，于是万，兀，广三个声母被取消了，只剩三十七个注音字母，入声也被取消了。

注音字母继承了传统音韵学，而又有所发展。最显著的发展是由双拼法发展为三拼法。ㄧ，ㄨ，ㄩ被规定为"介母"，它们除了用作主要元音以外，还可以用来表示韵头。例如：

家ㄐㄧㄚ　　写ㄒㄧㄝ　　边ㄅㄧㄢ

瓜ㄍㄨㄚ　　灰ㄏㄨㄟ　　春ㄔㄨㄣ

决ㄐㄩㄝ　　略ㄌㄩㄝ　　君ㄐㄩㄣ

注音字母在一定程度上已经音素化了，所以不再有字母表示零声母。一方面，三拼法比旧反切多了一个字母；另一方面，又有单写法，用来写那些单元音。例如：

ㄧ衣　　ㄨ乌　　ㄩ鱼

ㄚ阿　　ㄜ鹅

三拼法比起双拼法来，优点在于大大减少了字母的数目。假如依照《音韵阐微》的旧反切方法，即使不照顾古音系统，也需要声母51个，韵母36个，总共需要注音字母87个[③]。三拼法是摆脱汉字束缚走向音素化的第一步。

汉语拼音字母比注音字母做得更彻底，它把三拼法更进一步改为四拼法，就是最

① [ȵ]，例如上海"泥"字[ȵi]的声母。

② 当时没有为[ï]制定韵母，"知""资"等字只注声母，不注韵母。后来增制了一个帀（=[ï]）作为备用韵母。

③ 声母51个，包括[p]，[pʻ]，[m]的开口呼、合口呼、齐齿呼共9个，[f]的开口、合口共2个，[t]，[tʻ]的开口、合口、齐齿共6个，[n]，[l]的开口、合口、齐齿、撮口共8个，[k]，[kʻ]，[x]的开口、合口共6个，[tɕ]，[tɕʻ]，[ɕ]的齐齿、撮口共6个，[tʂ]，[tʂʻ]，[ʂ]，[ʐ]的开口、合口共8个，[ts]，[tsʻ]，[s]的开口、合口共6个。韵母36个，包括开口呼单韵母5个，即[a]，[o]，[ɤ]，[ï]，[ɚ]；复韵母8个，即[ai]，[ei]，[au]，[ou]，[an]，[ən]，[aŋ]，[əŋ]，齐齿呼单韵母1个，即[i]；复韵母8个，即[ia]，[iau]，[ie]，[iou]，[ian]，[in]，[iaŋ]，[iŋ]；合口呼单韵母1个，即[u]；复韵母8个，即[ua]，[uo]，[uai]，[uei]，[uan]，[uən]，[uaŋ]，[uŋ]；撮口呼单韵母1个，即[y]；复韵母4个，即[ye]，[yan]，[yn]，[yŋ]。

多可以用四个字母拼写一个音节(双字母代表一个音素的只当一个字母看待)。这样就只需要辅音字母21个[①]([p],[pʻ],[m],[f],[t],[tʻ],[n],[l],[k],[kʻ],[x],[ŋ],[tɕ],[tɕʻ],[ɕ],[tʂ],[tʂʻ],[ʂ],[ʐ],[ts],[tsʻ],[s]),元音字母8个([a],[o],[ɤ],[ï],[ɚ],[i],[u],[y])。元音还可以归并一下,ï并于[i],[ɚ]写成双字母。有些辅音可以用双字母表示(如[tʂ],[tʂʻ],[ʂ]写成zh,ch,sh)。这样,共只需要字母23个,现在利用y,w来表示半元音,总共也只用了25个字母。这是彻底的音素化。从旧反切到拼音字母,是一个极大的变革,中间经过一个改良的办法,就是注音字母。现在拼音方法已经走到了完善的地步,我们研究旧的反切,只是为了阅读古书罢了。

三、双声、叠韵

两个字的声母相同,叫做双声;两个字的韵部相同,叫做叠韵。今天我们有了拼音字母,双声和叠韵都是很容易了解的。从前的文人们要了解双声叠韵,则是不容易的事情。

《广韵》后面附有一个双声叠韵法。从这一个双声叠韵法中,我们可以知道古人是从"双反语"去了解双声叠韵的。双声叠韵法举了"章"、"掌"、"障"、"灼"、"厅"、"颋"、"听"、"剔"八个字的反切为例。现在我们只提出一个"章"字来加以说明:

平声 章 灼良切[②] 章略切	章灼良略是双声 灼略章良是叠韵
正纽入声为首	到纽平声为首
双声平声为首	叠韵入声为首

先肯定了"章"字是灼良切,然后把"灼良"作为双反语,"灼良"为"章","良灼"为"略"[③]。"灼"、"良"、"章"、"略"四个字放在一起,就形成了两个双声,两个叠韵。它们的关系如下图:

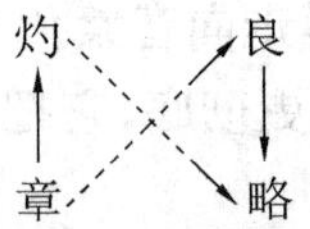

(实线表示双声,虚线表示叠韵。)

所谓正纽,指的是"章"字的反切;所谓到纽,就是把反切上下字颠倒过来("到",同"倒")。正纽入声为首,因为"灼"字是入声[④];到纽平声为首,因为"良"字是平声。

---

① 编者按:原文统计如此。

② 这个双声叠韵法大约是后人附在《广韵》后面的,反切用字与《广韵》并不完全一致。"章"字在《广韵》是诸良切。假如依照《广韵》的反切,则"诸良"倒过来是"章间",不是"章略"。

③ 古音"章""灼"都属齐齿呼,所以"灼良"能拼成"章","章略"能拼成"灼"。

④ 入声字作为反切上字,这是吕坤的主张,吕坤可能是有所本的。

双声平声为首，因为"章灼良略"第一字是平声"章"；叠韵入声为首，因为"灼略章良"第一字是入声"灼"。这样反复说明，可见古人由于没有拼音字母，要懂得双声叠韵的道理是很不容易的。

直到唐末的守温和尚才创造了字母来代表声母(参看下文第五章)。至于韵部的区分，据说在三国魏李登已写了一部《声类》，但是其书不传，现在的《广韵》的韵部大致依照隋陆法言的《切韵》(参看下文第四章)。但是，双声叠韵的概念的确立则远在守温字母与陆法言《切韵》之前。《文心雕龙·声律》说："双声隔字而每舛，叠韵杂句而必睽。"可见这两个术语的出现也是很早的。

古代汉语是单音词占优势的，但也有一部分纯粹双音词，即所谓"连绵字"。连绵字的绝大多数是由双声叠韵构成的。不过，这里所谓叠韵是指同韵部，韵头不一定相同。例如：

双声：唐棣　流离　蝃蝀　蒹葭
　　　踟蹰　踊跃　颠倒　邂逅
　　　参差　黾勉　燕婉

叠韵：崔嵬　芄兰　扶苏　勺药
　　　绸缪　栖迟　苍茫　逍遥
　　　虺隤　朦胧　婉娈　恺悌

连绵字本身不属于音韵学范围，但是要了解连绵字的道理就必须具备双声叠韵的知识，所以在这里附带讲一讲。

说清浊

赵元任

导言——

本文原载于台湾《中研院史语所集刊——三十周年纪念专号》(第三十本，1960年)，现选自《赵元任语言学论文集》(吴宗济、赵新那编，商务印书馆，2002)。

作者赵元任(1892～1982)，原籍江苏武进(今常州)，生于天津，1918年获哈佛大学哲学博士学位，曾任清华大学国学研究院导师、中央研究院院士。著名语言学家。

本文曾于1959年傅斯年先生诞辰纪念日在台湾大学宣读，文章中多次提到的傅孟真先生，就是傅斯年。傅斯年(1896～1950)，字孟真，山东聊城人，曾任中央研究院历史语言研究所所长。

本文讨论音韵学上"清浊"这一对名词在不同领域、不同时代的不同意义，着重介绍它们在音韵学上的含义。说明清浊这一对学术名词是怎么由最初的"非常浑浊"到后来"渐渐的澄清"的。文章指出，清浊的日常语义是指水或透明物的清浊。作为学术术语有音乐和音韵学两类用法。音乐的清浊是指音的高低。音韵学的清浊，最初内涵很不确定，如《切韵序》里的清浊可能跟韵母的元音开口度有关。唐宋等韵图将清浊作为声母的分类，如《韵镜》。自此之后，音韵学上的清浊就逐渐用来指声母的带音与不带音。带音为浊，不带音为清。但宋元以后的等韵学家，往往混淆清浊跟声调的阴阳，这是要注意的。又，现代汉语里保留浊音的方言，其浊音往往不是带音，而是清音浊流。

本文告诉我们论定一套古代学术名词时，要能分清三种不同的问题，一是这名词普通有几种说法，二是这名词在学术上曾经有过哪几种用法，三是它在学术史上有过的那些用法是否可以成立，如果不能成立应当改叫什么好。这种态度与做法，显然是符合科学精神的。

清浊这概念，是一个音韵学跟语音学里相当专门的一个题目。可是从这个题目的研究的途径看起来，对于一般的治学方法论上，也不无相当的重要性，也是曾经引起过傅孟真先生很多兴趣的一个题目。

清浊这两个字，当日常的语言里的用语，只是讲水或其他透明物的清浊，或当抽象形容词用作清楚的清，污浊的浊，或引申到更抽象的意义。这些用法，无论是具体或者是抽象，当然不是学术上的名词。

当学术上名词用的，清浊有音乐里跟音韵学里讲的两类用法。前者相当简单，后者在内容上，在用法的沿革上，都非常复杂，就是本文的主要题目。

音乐里所讲的清浊只须一两句话就说完了。比方宫、商、角、徵、羽，相当于简谱的1,2,3,4,5，宫是1，清宫就是$\dot{1}$、浊宫就是$\underset{\cdot}{1}$。所以旧乐书里所谓清浊就是新乐书里所谓高音低音，也说高一组，低一组：清就是高，低就是浊。

在音韵学里，大致说起来，也是高的叫清，低的叫浊——这是很笼统的说法。至于到底高多少，低多少，甚么东西高，怎么高法子；低多少，甚么东西低，怎么低法子，要是细细的问，要确确实实的解释起来，那就没有音乐里的清浊那么简单了。

大凡讨论一个或是一套名词的时候，得要分清楚三种不同的问题：一、这名词在平常语言文字里是当哪一种或是哪几种讲法；二、这名词在学术思想史上曾经有过哪些用法；三、从这名词所引起的些学术问题分析起来，究竟有些甚么观念可以成立，然后再问用哪些名词或另造些甚么名词代表哪些观念最为合式。

清浊这对名词在音韵史上用法沿革，起初是非常浑浊，后来才渐渐的澄清的。大致说起来可以分两派：切韵派跟韵镜派。比方《切韵》的序里说：

> “古今声调，既自有别，诸家取舍，亦复不同。吴楚则时伤轻浅，燕赵则多涉重浊。……欲广文路，自可清浊皆通，若赏知音，即须轻重有异。”

虽然《切韵》本身是一部很严格的、很紧凑的著作，可是这几句好像有点儿近乎印象派的说话。又《广韵》卷五后附录有个辨四声轻清重浊法。里头的分类跟《广韵》本身好像毫不相干。这东西可也不是完全没有道理。关于这个问题，唐兰曾经发表过以下的结论[①]：前元音算清，后元音浊；开口算清，合口算浊，例如羌清匡浊；韵母四等最清，一等最浊，例如仙清清，先青（原来是一等）浊；又知清照浊，娘清日浊。以上可以叫作切韵派的清浊用法，大半是注意到韵母的分类，对于声母几乎没有关系。

第二派，韵镜派，分清浊的观念，跟现代最常见的用法相近。到江慎修《音学辨微》分的最清楚。陈兰甫在《切韵考外篇》也从江说。这一派跟切韵派不同处是拿清浊的名词只用在声纽而不用在韵。大致是以帮（非）端知见精照心审影晓为（全）清；滂（敷）透彻溪清穿为次清；並（奉）定澄群从邪床禅匣为（全）浊；明（微）泥娘疑喻来日为次浊（或称清浊）。用现代语音学的名词说起来么，清是不带音的辅音，浊是带音的辅音；同时全清是不送气的塞音（包括塞擦音，下仿此）跟摩擦音；次清是送气的塞音；全浊是送气的塞音（一说不送气）跟摩擦音；次浊是鼻音边音半元音等发音较软性的辅音[②]。江陈两氏都特别强调群是溪之浊而见无浊，定是透之浊而端无浊，等等，高本汉从之，陆志韦相信古全浊都不送气。看现代方言最南最北是平送气仄不送气，中部除少数还有带音声母外，湘不送气而赣客家一律送气，这是附属的问题，现在不作结论。主要的是清就是不带音，浊就是带音。

要是按声学来讲呐，清音如[p‘,s,f,x]之类，是有许多种很乱的频率不清不楚的声浪，而发浊音的时候，因为声带在发乐音，每秒有有定的次数，有清清楚楚的一条或少数几条频率带，我们反而管它叫浊音，好像把名词用颠倒了。不过这种用名词的习惯已经约定俗成了，很难再改了。比方《辞海》这书只记实际的用法，不注重沿革，就下了下列的定义“凡气息发出成声时，不颤动声带者谓之清声，或无音声符”；“凡气息发出成声时，颤动声带者，谓之浊声或带音声符”。（“声符”跟声本身相提并论不妥，不在话下。）

不过刚才说的名词好像用颠倒了，从另一方面看，也并不颠倒。因为清音的频率虽乱，可是多半是高频率，都是每秒四五千六七千之谱；而浊音的频率多半是每秒几百，即使连共鸣的陪音也只有二三千的样子。《韵镜》的作者，甚至江慎修、陈兰甫，当然没有高频率几千低频率几百的观念。可是耳朵里听高音觉着清，低音觉着浊这是人耳所共有印象。所以不带音叫清，带音叫浊，跟上文说的音乐里的清浊，也不是没有自然的道理在里头。

---

① 唐兰《论唐末以前的“轻重”和“清浊”》，《北京大学五十周年纪念论文集》(1948 年出版)。

② 相当于近人所谓 sonorants，可以译作朗鸣（辅）音，包括鼻音，边音，半元音之类。参看 Charles F. Hockett，*A Course in Modern Linguistics*，New York，1958，75，97 页。

可是惟其自然啊，在观念上，在名词上，就发生了不少的纠纷。在不同的地方，不同的时代，往往古清声母的字读高调（不但声母，连全音节都比较高），浊声母的字读低调，例如吴语东通高，同低，答榻高，达低。结果好些地方平上去入四声变了八声了。江慎修就说："平有清浊，上去入皆有清浊，合之凡八声。那么再加上现代江浙一带，特别是江苏；古浊音字往往本塞音不带音，仅附有带音的气流（所谓清音浊流），就更复杂化了。那么到底清浊应该指甚么呐？应该指声母的带音不带音呐，还是指四声的高低呐？

上文讲到讨论名词的第二个问题是名词在历史上只有用法变迁的沿革，无所谓应该不应该，无所谓对不对，只有谁在甚么时代用甚么名词当甚么讲。这并不是说学说只有变迁没有进步，进步就在各种观念渐渐的辨别清楚，各种名词渐渐的分化。比方音乐里有高一组低一组的乐音，语音里的辅音有不带音跟带音，要是我们大家同意管这个简称为清浊，也是个方便的办法。至于四声因古音清浊而成今调的不同，那就得另外用声调的名词来辨别它，最好不要拿清浊同一套名词来一当两用。比方通同天田这类字，古音异纽同调，吴语又异纽又异调，北方音同纽异调。那么如果把因古只异纽而今只异调的情形来给它一套名词，就把两件事分而不乱了。现在在中国语言学界里通行的调类名称是叫阴阳平，如果有的方言上去入也按古清浊而异调，就叫阴阳上，阴阳去，阴阳入。那么我们对通同之类可以清清楚楚的说古音꜀t'uŋ，꜀d'uŋ有清浊之分，而平声只有一个。吴音（例如上海）t'uŋ˥˧(53:)，d'uŋ˩˧(13:)有清浊，同时也有阴阳平。北平音t'uŋ˥(55:)，t'uŋ˧˥(35:)，声母完全一样，只有阴阳平调的差别。

这事情现在说起来像是够清楚的，可是古人没有字母文字的分析没有声学的各种仪器能那么剖析毫厘，咱们现代人要是没有过孟真先生所谓"摩登训练"的，更是没有办法的。关于这一点我很记得从前傅先生抱怨钱玄同先生的话。钱先生是浙江人，声母有清浊，调类也有阴阳，因此他对于北方音的见解也受南方音系的影响。傅先生是北方人，他觉着只有调的不同，怎么又有清浊的不同。他说为了这类的争执，因而就没把音韵学学下去。但是傅先生是多方面的学者，他对于语言学不但是积极的鼓励，并且常常参加研究。记得民国十八年在广州时候，他对于清浊问题又发生兴趣。那时他还是照一般习惯把外国语的浊音[b,d,g]念成不送气清音的[p,t,k]，这是在中国最常遇见的对于英语*b*,*d*,*g*的读法。可是他那天不满意他自己把*good baby*，*bad baby*读[kut peipi，pæt peipi]（以上辅音当然都是不送气的ㄅ、ㄉ、ㄍ了）所用的清音，于是就大用起功来练习[b,d,g]音，终于能发出喉部呱呱有音的*good baby*，*bad baby*来了。

现在既然说到外国的浊音，那么就讨论两件外国浊音问题来作本文的结束。第一是：一个语言里有无清浊，于那个语言的优劣完全无关。本来有浊音的*good baby*用清音来读固然不成其为英语的发音；因同样理由，本来用清音的"给你八百九十九"（用ㄍ、ㄅ、ㄐ），如果用浊音来说成好像英文的*gay knee bar by jew she jew*，也不成为中国话。这个理好像明显得用不着说了，可是事实上竟有些人就那么做。因为他们曾经费了很大的劲儿把向来错读清音的 *big black dog* 改正了成浊音读法，跟着在他们下意识层里得了一个结论：似乎浊塞音是高等文明之音，不送气清塞音是退化文明之音。这话一点儿不是形容过分。因为我屡次遇见过学过唱外国歌儿的唱家，学会了唱外国歌词里的浊塞音，就把中国的全清ㄅ、ㄉ、ㄍ等声母也唱成浊音，唱"教(浊音)我如何不(浊音)想他"那类不中不西的音。殊不知教字见母，不字帮母，即在吴东湘西保存古浊塞音最多的地方，也绝没有把那类字读成浊音的道理的。

傅孟真先生是个最富于国家思想的教育家。他听了那种洋派国语是极不以为然的。傅先生又是一位富于国际思想的学者。他不但注重上文所提的"摩登训练"，并且还主张打通学门与学门当中的界限。他在德国留学，我跟他初次认得的时候，我们还不大谈"语言历史学研究"，也不大谈"历史语言研究"(那是后话)，我们常常谈数理逻辑跟科学方法论。他去世以前不久，最后两次通信对于那些问题还是长篇大论的。所以他很了解我们一班搞音韵学的，虽然把清浊定为 voiceless 跟 voiced 讲，可是只算是为求逻辑的紧严(rigor)而定的名词的用法，并不是甚么天经地义。他很领略我们并不坚持名词，也不一定要把名词的定义(definition)跟以后的命题(theorems)固定式的分开，因为在科学史上，例如力啊，能啊，温度啊，热量啊，定义与定律之间很有伸缩的。

要是从西洋的音韵学史看起来，我们能讨论的那些观念跟在中国的清浊阴阳等等一样的复杂。在古典学里从前分 tenues 跟 aspiratae，就是不送气的 π，τ，κ 跟送气的 ø，θ，χ(现在通行的把后者读成摩擦音的[f，θ，χ]是现代希腊语才如此)。介乎两者之间的叫 mediae，就是 β，δ，γ。至于 β，δ，γ 的音值是带音是不带音，早先并没有清楚的观念。同时呐，在印欧语系里又有硬软的观念：tenues 跟 aspiratae 算硬，mediae 算软。在有些现代德国南部方言，对于 *b*，*p* 难分就说 weiches *b*，hartes *p* 而说的时候两者都不带音，很像国语罗马字用 *b*，*d*，*g* 当ㄅ，ㄉ，ㄍ，用 *p*，*t*，*k* 当ㄆ，ㄊ，ㄎ的办法。在世界别的语言里也常有类似的情形。可见音分 voiceless，voiced 并不是惟一的主要的发音方法的分别，以清浊的名词来配 voiceless，voiced 也只是为求逻辑上的整齐方便，也不是天经地义。大凡一种理论求其整齐紧凑就可能只照顾到事实的一部，一方面；如果求其包括的事实丰富，多方面来照顾，系统就不免会松弛下来。这也是丹麦的 Niels Bohr 教授常常讲的对补原则(principle of complementarity)。这本来是讲质子的动量与地位之间的相互关系，可是 Bohr 给它推广了用在好多问题上。这个他在民国二十六年春在南京演讲时候就提到过。我用 Bohr 的对补原则作为本章的结束，因为 Bohr 的方法论是我跟傅孟真先生常常爱谈的一个题目。

等韵溯源

俞 敏

导言——

本文原载于《音韵学研究》第一辑(中华书局,1984),现选自《俞敏语言学论文集》(商务印书馆,1999)。

作者俞敏(1916~1995),字叔迟,天津人,现代著名语言学家,主要从事音韵学、语法学研究,在梵汉对音、汉藏语比较研究领域有很深的造诣。

《等韵溯源》是利用佛经文献,探索汉语等韵学的基本理论问题的一篇力作。第一次从现代音韵学角度,对等韵学的起源等理论问题进行全面研究的是赵荫棠《等韵源流》(商务印书馆,1957)。本文表明"我也同意他的见解的一部分",言下之意还有一部分不同意。所以文章中几乎讨论每个问题都先引述赵著,然后再作分析,根据文献证据,提出自己的观点。本文的基本看法是:等韵图以及等韵的一些基本理论都是"悉昙的仿制品,太皮毛的仿制品","我写这篇文章就是要把这个宗教狂热的内幕揭开给人看"。由于有大量的佛经文献证据,本文在"等韵的起源、七音、清浊、转、内外、摄、轻重、重纽、四等"这一些等韵学的基本理论问题上都有独到的见解,都在所依据的文献支持下言之成理。这对于消除长期以来笼罩在等韵学上的神秘性和含混性,是具有正本清源作用的。因此本文是了解等韵学起源的重要文献,但本文重在溯源,也就是说,主要目的是说明等韵学使用该名词的最初含义,至于在以后韵图中这些名词术语有什么新的发展,本文没有更多的涉及。所以要全面了解等韵学还必须进一步学习。本文涉及了许多梵语悉昙书的内容,对于不了解梵语的读者来说,阅读有一定的困难。

这篇文章是我写《后汉三国梵汉对音谱》的副产品。写那一篇的时候,我浏览了不少讲悉昙的著作。这一来,我慢慢儿得着了一个看法:等韵是悉昙的仿制品,太皮毛地忠实的仿制品。打个比喻说,正好像马建忠的《文通》是泰西葛朗玛(拉丁、法语语法)的仿制品,黎锦熙的文法是英文文法的仿制品一样。那二位确实有功劳:提出了好些问题,也圆满地解决了不少问题。他们也确实有点短处:把外国话里的一些框框生搬过来硬往汉语上套①。照我看,等韵犯的生搬硬套病可更狠。这也好懂:

① 马的"散动",黎的名词描写名词的时候它自己先变形容词。说"我练武跟过两位师父。一位俗家师父,一位和尚师父"里的"和尚"是形容词,太难懂了。《西游记》十七回,是"妖精菩萨,还是菩萨妖精"同。

和尚们认为梵文和声明是“历千劫而常住”的，是一切别的语言的模式，还能不照猫画虎么？我写这篇文章就是要把这个宗教狂热的内幕揭开给人看看，破除迷信。这么作连我自己也觉着有点不公平——哪儿能把人家的好处全不提了呢？我换了一个新写法。赵荫棠赵先生写了一本《等韵源流》，他在认为等韵模仿悉昙这一点上跟我同意，可是他认为悉昙家教会了汉族人审音是有大功的。我也同意他的见解的一部分。所以每一节前头我往往先引他的话，再说自己的意见。因为不这么办就有抄书、偷料的嫌疑，别看实际上我参考他的书比较晚。我一点儿想跟他打笔仗的意思也没有。我的真正的意图是想动摇等韵加在人们的音韵学研究上的束缚——好些位到底是研究汉语语音史的还是给等韵圆谎的我始终闹不清。等韵把咍灰、痕魂算两对儿“一开一合”。一切《切韵》古写本开合口字都在一个韵里，可是从来没有把咍灰、痕魂算同韵的。绝大多数研究家都宁肯信等韵，决不信《切韵》。这不成了“宁言周孔误，莫道郑服非”了么？这种经院式的空气不打破，什么学问也甭想再发展了。

悉昙什么时候在中国盛行起来了？

《等韵源流》第一编①说：“何谓‘悉昙’？在现在说，就是印度的梵文的字书……何时输入中国？这恐怕与佛经之输入有连带的关系……汉末所译之经已达三百余部之多。在这种空气之下，我们很可以推想当时学‘悉昙’者，必大有人在，不过未见诸载籍耳。到魏朝，曹植感鱼山神制‘二十四契’……查无实据……谢灵运，就在‘悉昙’上用过工夫。《高僧传》宋《释慧睿传》云：陈郡谢灵运笃好佛理，殊俗之音，多所达解，乃谘睿以经中诸字，并众音异旨，于是著《十四音叙》……”

为给看不惯佛书的读者扫除文字障碍，咱们这儿补充几句。悉昙是梵文 siddham 的对音。这东西是一种练音表，是小学生刚识字的时候用的②。原则是把元音 a，ā，i，ī，u，ū……排好队，用辅音挨个儿往上加。这样，第一章就是 ka，kā，ki，kī，ku，kū……kha，khā……。第二章就是 kya，kyā，kyi……，第三章就是 kra，krā，kri……。这不是字典。它一共有十二章，或是十八章什么的。谢灵运只接触到第一章的一部分，他的工作是要给《大涅槃经・文字品》作好注解，远谈不上“在‘悉昙’上用过功夫”。“鱼山神契”是声乐。更和悉昙不相干。印度的声明 sabdavidyā 原来包括练音、语法、唱颂赞几个部分。它是声明的事，可不是悉昙的事。悉昙盛行，只能从唐算起。

是有耐性阅藏的人都知道，汉魏人译经，是为求佛理，所以三百多部绝大多数是讲道理的显教经和一两部律。看这些经，特别是安世高的翻译，好像看《新论》、《抱朴子》：文字通顺，中国味浓。支谦《摩登伽经》那样的密教经是很少见的例外。经晋、

① 1957 年商务本。以下简称《源流》。

② 义净《南海寄归内法传》卅三说：“六岁童子学之，六月方了。”

南北朝，总趋势没变。到初唐（隋跟陈稍微靠前，已经零星有了），实质是巫术的密教开始流行，大规模地介绍进中国，再东流日本。巫术界里念咒儿的地位非常重要。咒儿可以辟邪治病，祈寿求财。错一个音，咒儿不灵了，那还了得！这才兴起介绍、研究悉昙的热潮。

《源流》说："学梵文者当然先知其拼音，因此而悟出来反切……在我想来，'正'与'倒'是受梵文的影响，梵文是拼音文字；拼音文字，无论声母与元音怎样颠倒，俱可拼成字的。例如，以迦(k)阿(a)相拼，则为：

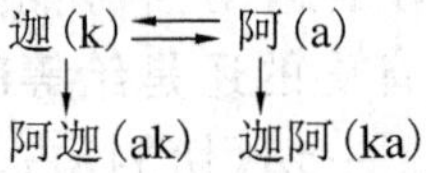

中国受此影响，而悟出'双反'的办法，更有正纽倒纽之分……'双反'在注音上，无有用处，于是切去一半，而有像'德红'切'东'的那样办法。"

为读者方便，再补充一两点。梵文分音节的习惯是，不管语源怎么样，一切辅音全放到音节头上。比方 agni"火"的分法是 a-gni。这就是说 ak 除了在一行(句)的尾巴上，平常碰不上。离开成段的作品，光念悉昙的人是见不着 ak 那样的音节的，因为这里没句子。还有，就是在句子尾巴上，人们也不能盼着上头的表格总有效。比方把 k 换成 s、c 就得着：

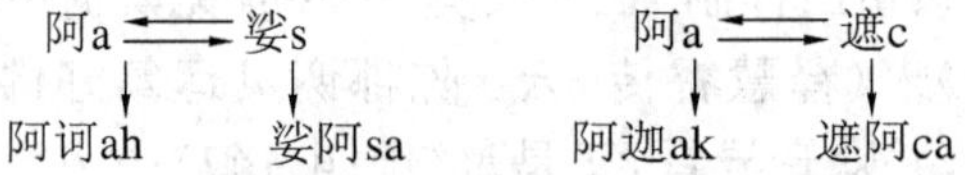

这是因为梵文这种拼音文字还有好些个音便的规矩。说梵文输入影响汉人的审音技能，随后反切就出现了，这个假设极近情理，可是始终没法儿证明。谁想多走一步，谁就要自找麻烦。为讲等韵起源，把反切起源也捎带上，一点儿好处也没有。咱们现在把这包袱卸到一边儿。

悉昙随密教盛行才流行起来。到武周时代，《韵诠》出现了，这就是等韵的萌芽。这话底下还要仔细说。

人们念熟了要分析唐音，并且斟酌用哪一个唐字对哪一个梵音才妥帖。日本释安然《悉昙藏》五说："上代翻译，梵汉不定。真言对注，梵唐粗定。"可以说明唐朝人学悉昙的真正动力。像玄应《一切经音义》动不动说"旧译××，讹也"，那么不肯"尊闻信古"，没有极严肃的宗教热忱作支柱是不成的。结果唐音表——等韵图也造出来了，别看整整费了一个朝代的光阴。有了它，翻密教经，传真言方便多了。释子自利，更贵利他。儒者学等韵，那叫"周瑜打黄盖，愿打愿挨"。用不着随钱大昕在《答问》里瞪眼："岂古圣贤之智乃出梵僧下耶？"

七　音

《大般涅槃经·文字品》[1]给的梵文字母是：

字音十四字：裒阿壹伊坞乌理厘黳蔼污奥菴恶

毗声廿五字：迦呿伽恒俄　　　舌根声

　　　　　　遮车阇膳若　　　舌齿声

　　　　　　吒他茶咤拏　　　上咢声

　　　　　　多咃陀驮那　　　舌头声

　　　　　　波颇婆婆摩　　　唇吻声

　　　　　　虵逻罗缚奢沙娑呵　　此八字超声

从这里的分类原则看，"七音"没什么重大意义，不过是七组音的意思罢了。前十四个都是元音。不过"菴"是代表梵文的 anusvāra 和 anunāsika，也就是鼻化的元音，"恶"是代表梵文的 visarga，也就是元音到后尾上声带停止振动。释智广《悉昙字记》上说："十摩多后字傍点名毗洒勒沙尼（bhiṣarṣaṇi）。"就是指的 visarga 的别名 visarjanīya，不过传抄有错字罢了。

超声主要就是摩擦音包括半元音。《悉昙藏》二管他们叫"张口遍满声"。"张口"是说气不受闭塞，"遍满"就是从 va 双唇音到 ha 声门各处都有。

从这里看，七音并不是很有科学性的分类。

后来悉昙家也有把七音解释成七个发音器官部位的。《悉昙藏》五说："气风触其七处而发声也。"是哪七处呢？二说："言七处者，《智度论》云：'忧陀那风触七处而成声：谓齐心（中国叫丹田）、顶、喉、腭、舌、齿、唇'。"又日本释了尊《悉昙轮略图抄》六引《玖多波那记》说："凡人欲语时，口中有风……还入至脐，响出时触顶及龂、齿、唇、舌、喉、胸七处而退，是名语言。"这只是一种见解。印度声明家的意见并不统一。吴晓铃学长译的伐罗陀罗阇的《逻求悉昙娇么理》就只讲喉、颚、龂、齿、唇、鼻六处，可是他还给了"喉唇音"（o），"唇齿音"（v），那又不只七音了。

郑樵《通志七音略》说："七音之作，起自西域，流入诸夏……"又说："故江左之儒，知纵有平上去入之四声，不知横有宫商角徵羽半徵半商之七音。"

张麟之《韵镜序》说："或曰：'字惟五音而曰七，何耶？'曰：'音非七则不能尽声中之韵。亦犹琴始五弦，非加文武二弦则不能尽音中之声……五音定于唇齿喉牙舌，惟舌与齿递有往来，不可主夫一。故舌中有带齿声、齿中而带舌声者。古人立来日二母、各具半徵半商乃能全其秘。若来字则先舌后齿，谓之'舌齿'；日字则先齿后舌，谓之'齿舌'，所以分为二而通五音曰'七'。"

这下儿可热闹了。不光跟宫商角徵羽钩上了，连七弦琴也扯上了。不用急，金木

[1] 从《切韵考外篇》三转引。错字改了。只有这个本子才是 47 个字的，别看还不是真正的经典梵文 47 音。

水火土，青黄赤白黑随后就到！

从语音学讲“来”的部位反正得跟 t、d 一样，舌就是舌，没什么半不半的。日纽的“若”字唐音值，据诸桥辙次《汉和大辞林》注是吴音ンヤ，汉音シヤ。这在《悉昙藏》四里有证明：“难陀读 jnaya 以为‘若吴音野’(naya)，宝月读云‘尔汉音若吴音野’(jnaya)。”其实从汉后就有把 jñ 念成 ñ 的习惯，所以 prajñā 才写“般若”。照吴音，它该算人们叫“舌上音”的合进娘纽。照汉音，它该算正齿三等合进神纽。哪儿来的这一个半齿半舌呢？只为等韵家皮毛地遵循悉昙，又并没深入研究声明，才出这种笑话！高本汉定的 h ź，倒是半舌半齿。他平常很信等韵，这回偏对着干，也不知道为什么。

清　浊

《源流》说：“……清浊……等韵图上所用的……虽与等韵前的音韵家所用的……字面相同，在实际上却未必相同。……清浊……在等韵图上是专指声母而言的，而在此以前，却有指韵类而言的。”

清和浊本是音乐上常用的术语。《韩非子·十过》就有“清商”、“清角”等等乐调。到南宋的姜白石还管比“黄钟”高一个八度的音叫“黄清”。换句话说，“清”在一定的上下文里可以等于“高”，“浊”可以等于“低”。印度声明家的 svasah，aghoṣaḥ要是在辅音上用，最自然的是译成“清”；nadaḥ，ghoṣaḥ最自然是译成“浊”。因为辅音，特别是塞辅音的声带振动一般地说是低频的。辅音影响字调。全国大多数分清(阴)浊(阳)平的方言，都是清高浊低。广州话最是典型的。它的四声每一种都是清高浊低。人们用“浊”表示辅音带音不是再自然不过了么？日本释明觉《悉昙要诀》一说“初低终昂之音可为上声之重”，说明这个现象早就有了。本来上声是高调 udatta。

从《悉昙藏》里就有“柔声”、“怒声”。日本释信范《悉昙秘传记》说：“一云‘或体文五句中以柔声清音为女声，以怒声浊音为男声……’。”又说：图云：体文五句者：

ka　kha（柔声）　ga　gha（怒声）　n̄a（非柔非怒声）

这里清浊的用法就跟后来一样了。

《韵镜》每一组辅音上头分清、次清、浊、清浊等类，显然是照抄悉昙家的。信范引的“图”不知道是什么时候的作品。也许是印度声明家的学说。比方《逻求悉昙娇么理》就说过：“声母中每行之前二字……皆为‘洪’、‘清’及‘非乐音’。后三字皆为‘细’、‘浊’及‘乐音’。”说鼻辅音“非柔非怒”，无可非议。《四声等子》或是他的原型照这么个格式给疑、泥、娘、明……那些纽造出个“不清不浊”的考语来，可就不通又不通了。

声明家管“毗声”五行里的头一个叫“第一字”prathama，二一个叫“第二字”

dvitīya……用唐朝释子的话说，可以叫“初”，“次”……“次清”原来不过是第二个清音的意思。等韵家先犯“数典忘祖”病，后犯“望文生训”病，奇谈怪论就多了。《四声等子》误认“次”是等外品的意思，就管“见”等等纽叫“全清”，也叫“纯清”。江永《音学辨微》管它们叫“最清”。《康熙字典》前头的韵图更进一步。给“全清”画了一个直观图——○，表示一清如水；又给“次清”画了一个图——⊙，表示它像阿Q的脑壳，有块癞疮疤！这么以讹传讹，还叫学术么？密教不像法相，僧侣好些个文化不高，才有这种笑语。

喉　音

上头引《大般涅槃经》，管迦……叫“舌根声”。《悉昙藏》七《明五十字》节在讲完迦行以后说：“此五字舌本声竟”。又叫“舌本”。用丹麦叶斯柏森《语音学教本》的话说，这是从主动器官分类。

智广《悉昙字记》在迦行底下说：“已上五字牙声。”《悉昙集记》附《林记》说：“以舌中近腭上，开于唇，跓牙锋。自两牙间而出此声……故以迦为牙声。”据日本平凡社(1953 版)《大人名事典》第三本说，《悉昙林记》是宗睿著的。这个人跟空海一块儿上唐朝留过学。他这个分类是从叶氏叫“被动的器官”分类。凡念 k 类音，舌中后部肌肉紧张，容易接触后槽牙。

后来刘复《敦煌掇琐》收的《守温韵学残卷》和以后的等韵家管见溪群疑叫“牙音”的都是按被动器官分类。

《悉昙藏》五又引《涅槃文字》说[①]：“……迦佉……是喉中声。”这是把“喉”Kaṇṭha这个名称扩大到软颚后部。印度声明家就有这么办的。不足为奇。章太炎在《国故论衡·古双声说》里说：“昔守温、沈括、晁公武辈，喉牙二音故已互易；韩道昭乃直云‘深喉、浅喉’：斯则喉牙不有异也。”也是属这一派的。

《悉昙集记》上附《林记》说：“迦、遮、咤、多、波者，牙、齿、舌、喉、唇句也。”管“多、他、陀、弹、那”叫“喉声”，很出人意外。日本释信范《悉昙秘传记》说：“ta tha……以上五字‘喉声’，又曰‘龈声’。”从这儿看，这个怪论是抄手抄错字引起的。咱们设想底下这个过程：

龈→垠→堠→喉

大概可以得着真相。

舌头舌上

《悉昙藏》五引灌顶《涅槃疏》说：“……多、他等是舌上声，吒、侘等是舌头声。”又

---

① 日本释明觉《悉昙要诀》二引作“裴家涅槃文字”。从年代和行事推，是裴子野。

引惠均《玄义记》说："宋国谢灵运云：'……第三从"吒"下五字明舌头声也。第四从"多"以下五字明舌上声。'"这是一派。

又引《涅槃文字》说："ṭa……已上五字竝是舌头声。"这又是一派。

说ṭ行是舌头音有理，因为舌头要卷起来，接触硬颚的是舌尖儿。说是舌上音也有理，《源流》说："'上'字为动词。"

说t行是舌头音也有理，因为有些声明家把它们跟s都算齿音，说明有一种发音法是齿背音。说是舌上音也有理，照上节"龈音"看，可能有人用舌叶（blade）发音，跟英语的t近似。

后来到底定于一尊了：t归舌头说胜利。要单论唐音，ṭ归舌上说也对了。这是华僧的创造。

转

《悉昙藏》四说："前十七章于卅四体文字母次第为体，以一十二悉昙音韵次第为转。"又说："如用ka字声对a阿i伊u瓯等十二韵呼之，则生得下ka迦ki机ku钩矩侯反等十二字。次用kha字……得kha佉khi欺khu丘区侯反……次生ga伽gi其gu求瞿侯反。"又说："字体以为上声，点画（梵文a元音是自动随辅音的，别的元音靠附加号表示）以为下声……ku迦邬合成矩音……迦翳合成醯（鸡）音……迦爱合成吤音……"

以上的"转"就是"轮转"的"转"。在一行里用元音轮流跟一个辅音拼，在一章里用辅音轮流跟一切元音拼就叫转。

《悉昙十二例》说："诸合字中有异呼法……或于多少上字随呼下转音，馀十一转呼么多音。"这是说辅音群除最后一个，别的也要受逆同化，作下头元音的势。《悉昙集记》举的例是"rku欧鹿苟上rku欧鹿钩平rke蟴力蓟rkai蟴力介……nki应纪上nkī应机nku蓊句俱口反……nken蔞於顷反荆……"后尾《悉昙藏》四作"蔞於顷反蓟nkai蔞介nko擁句nkau擁憍脚儌"。四还有"kəu骨础"。

这里的"转"是"转变"的"转"，两个意思都跟轮回有关。

汉语的韵数很多，在一章里轮转做不到。只好在一个图里用声母轮转，在全书用几十个图轮转。

内　外

《悉昙藏》五引惠均《玄义记》说："其卅四字中，廿五字声从内出转至唇外。"廿五字就是毗（比）声，也叫五五相随声。五行，每行五个字母。按现代语音学被动器官分类，就像底下的表：

字母	k…	c…	ṭ…	t…	p…
器官	后颚	中腭	龈后	齿背	唇

按次序排，正是从口腔“内”往外排。《悉昙藏》每一章（除《孤合章》不算）都按这个次序往元音队上拼。c 组本来是塞音，用舌中在中腭发音。后来才挪到[tɕ]的地方去，成了塞擦音。请看美国惠特尼《梵文法》（二版，六印，1941）第 44a 节。

《玄义记》又记：“九字声从外还内。”上文引吉藏《涅槃疏》说：“ya 馀家反亦馀歌反……此九字从外入内。”九字也叫“三三相随声”，也就是超声。超声一共八个字母：ya，ra，la，va，s（[ɕ]）a，ṣa，sa，ha。后来因为 kṣ 辅音组里起了逆同化，产生了[tʂ']音，《悉昙藏》五说：“亦如 kṣa 乞叉或直呼叉。”多数悉昙章就加上一个字，成了九字。现在把它去了再看。ya 在东天竺念 ja，到现在孟加拉语还这样。《悉昙藏》六说：“蛇（j）者南云耶（y）。”ja、ra、la 论被动器官是从外往内排。va、śa、ṣa 是从外往内。sa、ha 是从外往内排。这就叫三三相随，从外入内。

可以看出来，这跟等韵的内外转毫不相干。

我从另一个角度摸索一条新路：看译密咒用了哪些字。我拿义净译《金光明最胜王经》十卷里的密咒列表，看它用了哪些字，这些字都出现在《古逸丛书》本《韵镜》的哪一个图里。比方内转第一开有东董送屋一共有“独、木、闳初六反、陆、目”五个字，就写 1(5)。内转第十合微尾未废用了一个“吠”字就写 10(1)。外转第十三开有“咍皆齐三韵，a 类咍韵、b 类皆韵没字，c 类祭韵有“世誓制滞例踋”6 个字，d 类齐荠霁韵有“翳底帝薜剃陛提醯体谜眫泥裔哂鸡蘷计闭谛黎”20 个字就写 13(aø①bøc6d20)。照这样子，列成底下的表：

内 1(5)	内 2(aøb1)	外 3(ø)	内 4(14)
内 5(ø)	内 6(16)	内 7(ø)	内 8(6)
内 9(ø)	内 10(1)	内 11(ø)	内 12(a19b17)
外 13(aøbøc6d20)	外 14(a1bøc1dø)	外 15(a2bøc2)	外 16(ø)
外 17(aøbøc14)	外 18(a5bø)	外 19(ø)	外 20(3)
外 21(a2b1cø)	外 22(aøb2cø)	外 23(a14b2c13d3)	外 24(a9bøc1dø)
外 25(a1bøcødø)	外 26(ø)	内 27(13)	内 28(6)
内 29(18)	内 30(ø)	内 31(a11b4)	内 32(ø)
外 33(a1b1)	外 34(ø)	外 35(aøbøc2)	外 36(ø)
内 37(a4b3c1)	内 38(1)	外 39(a7bøc4d2)	外 40(a4b1c1d2)
外 41(1)	内 42(a3b2)	内 43(ø)	

这里用来表示单个辅音的不算，比方 sti 写“悉底”，这个“悉”不算。viṣnu 写“吠率怒”，“率”不算。内 9 有“计”字，算到外 13 去了。底下打横杠儿的是合口。梵文 v 出现频率是 5％弱（惠特尼 75），很高，可是像 hvayati 那样直跟着辅音的“合口”可极少。所以内 5 内 7……那样的没字不奇怪。

① 为避免误认，零为 ø。

除了上头说的以外，内 2a 内 9 是字太少。外 41“梵”字是历古相承是例外。总起来说，凡译“内典”有韵字全用的是“内转”，有整韵不用的是“外转”。内 11 古怪，恐怕叫内 12 吸收同化了。只有外 23 外 40 我不能解释。聊发新议，供大家研究。法师一位，经书一部，才不过九牛一毛哪！

摄

《源流》说：“‘摄’有以少持多之义。《悉昙字母并释义》云：……于一声中摄藏无量功德……‘摄’字搬到等韵上，则有《四声等子》与《切韵指南》之十六摄及《切韵要法》之十二摄，其实皆由梵文之十六韵而来……我们现在先录出最早的记载，以供参考：

> 如真旦《韵诠》五十韵头，今於天竺悉昙十六韵头，皆悉摄尽，更无遗馀。以彼罗卢何反家古牙反摄此阿阿引；以彼支章移反之止而反微无飞反摄此伊伊引；以彼鱼语居反虞语俱反模莫胡反摄此邬乌引；以彼佳胡朡反齐徂兮反皆古阶反移成西反灰呼恢反咍呼来反摄此翳爱；以彼萧苏聊反宵相焦反周之牛反幽於虬反侯胡沟反肴胡交反豪胡刀反摄此污奥；以彼东德红反冬都宗反江古邦反钟之容反阳移章反唐徒郎反京古行反争侧耕反青仓经反清七精反蒸之应反登都藤反春尺伦反臻侧铣反文武分反魂户昆反元愚袁反先苏前反仙相然反山所奸反寒胡安反琴渠今反岑锄簪反覃徒含反谈徒甘反咸胡谗反严语坎反添他兼反盐余占反；及以诸入声字；摄此暗恶。如摄韵头，从韵皆摄。以彼平上去入之响，摄此短声，或呼平声，或呼上声……

我们从此段材料，很可以知道等韵的摄，确是受悉昙的影响而来的……”

上头引文我用《大正藏》校改过，略加删节。

摄的意思等于现代说“概括”、“包括”。比方《因明入正理论》头几句就是“能立、与能破、及似，唯悟他。现量、与比量、及似，唯自悟。如是总摄诸论要义。”再比方《悉昙藏》七说：“或以二字摄止观等种种二法门。”主动被动都用这个字。《悉昙集记》说：“上十五章所除当体两字重者皆摄此章……前十除之者可摄此……上十七章所不摄者悉摄此中。”

仿照悉昙跟佛书用摄字不奇怪。怪的是千方百计凑十二、十六的数。

梵文元音一共 14 个：*a*、*ā*、i、ī、u、ū、r、r̄、l、ī、e、*ai*、o、*au*。外加两个附加号“大空点”ṁ，跟“涅槃点”ḥ。这只是附加号。比方大空点 *anusvāra* 就可以加到各个元音上得 *a*ṁ，*ā*ṁ，iṁ，īṁ，uṁ，ūṁ，“暗”只是个代表。“恶”也一样。数元音数出十六来是因为加上了暗恶。

另一派因为ṛ · ṝ · ḹ少用，后头又不能加 ṁḥ；ị̄ 根本不用；所以不数这四个。所以他们的元音是十二。

十二、十六章的悉昙都有过，可是按辅音分！比方智广的第一章是 ka，kā……第二章是 kya，kyā……，第三章是 kra、krā……。安然引的《韵诠》原文(?)，生凑十二类，非常勉强。到《四声等子》为凑十六摄，把蒸登也挤进庚耕清青一块儿去，再注上"内外混等、邻韵借用"，那就是典型的削足适屦了！

《韵诠》十五卷在《新唐书·艺文志·小学类》里著录了。列在孙愐《唐韵》后头，唐玄宗《韵英》前头。又把"尤"韵改成"周"韵，风派气味十足，看起来成书在周朝。武后时代正是大规模译密教经典的时代。这部书毫无疑问得算等韵的萌芽。它在《日本国见在书目》里有十卷本，还有十二卷本。十卷是五的倍数，该是书的本体。二卷可能是《明义例》等等，也许有了萌芽韵图了。

轻　重

《源流》说："……《切韵序》……'欲广文路，自可清浊皆通；若赏知音，即须轻重有异'……所举的例字，偏偏都是韵目，可见他所说的清浊并非……单指声母……《悉昙轮略图抄》卷一云：'笼唇则言音尽浊，开齿则语气俱轻'……是清音与浊音全以前后而区分者……至于等韵之轻重，当以日本沙门遍照金刚所撰之《文镜秘府论》所载为最早见。"

用轻重两个字说得最清楚的数《涅槃文字》。这部书继承法显在梵文 ka 底下注"稍轻呼之"，kha 底下注"重声呼之"，ga 底下同 ka，gha 底下注"稍重呼之"。从这儿推出来他的"轻"就是 *alpaprāṇa*，照字面翻是"小气"。他的"重"就是 *mahāprāṇa*，照字面翻是"大气"。换成现代话，就是不送气跟送气。这本来极简单。不幸的是等韵家抓住这个区别不放，硬往塞音、塞擦音以外推广。结果搅成一锅粥。

陈澧《切韵考外编》说："'四声等子'既分内外转，又有'重少轻多'，'重多轻少'，'轻重俱等'，'全重无轻'诸名目。《七音略》又分'重中重'，'轻中轻'，'重中轻'，'轻中重'。又有小注'内重'、'内轻'。戴东原《声类表》亦分'内转重声'、'内转轻声'、'外转重声'、'外转轻声'。然而何谓重、何谓轻，绝无解说，茫无凭据：皆可置之不论也。"底下夹行小注说："《七音略》以东韵为'重中重'、冬钟韵为'轻中轻'，真不可解。又有'重中轻'，注云'内重者'，'轻中重'，注云'内轻者'，'重中重'，注云'内重者'，'轻中轻'，注云'内轻者'。谁能解之？岂非欺人之说乎？"

打中要害了！人当然有权不遵照印度声明，自己创新。只要别来云山雾沼，没头没脑。

重　纽

《广韵四支》"奇"是"渠羁切"，"祇"是"巨支"切。《韵镜》把"奇"填到三等，把"岐"填到四等。脂、真、先……等等，"三四等合韵"里也有这个现象。王静如、陆志韦先生叫"重出喉牙唇音"，别位叫"重纽"。我不信等韵。我可信《颜氏家训·音辞》的话：

"岐山当音为奇，江南皆呼为'神祇'之'祇'。"现在《广韵》岐在祇纽。"奇"跟"岐"，"笔"跟"必"，"乙"跟"一"的区别到底是什么？

梵文的ṛ、ṝ、ḷ、ḹ四个元音本来是拿响亮的辅音(ligulds)作音节主元音用。在汉语里很难表示。有一派念这四个音带u音色[①]，像《悉昙集记》引谢灵运就作"鲁、流、庐、楼"。另外有一派人念ṛ·ṝ后头带l元音。这一派在印度本土跟欧洲多极了。所以《集记》中附《林记》引的古经本作"梨、梨、楼、楼"。《悉昙藏》五说："光宅法师以鲁字为履音……卢字为'乱吼'。"到唐朝释慧琳作《一切经音义》，第廿五卷里把ṛ·ṝ写成"乙上乙去声"。很显然，他的读音是跟Monier-Williams《梵英字典》一样——ṛl, ṛī。从这儿进一步往下推，他的"乙"念ʔrid，"一"念ʔyid[②]。这一下儿可以分清一连串音了：

等＼字音					
三	笔 prid	密 mrid	暨 krid	乙 ʔrid	△ ɤrid
四	必 pyid	蜜[③] myid	吉 kyid	一 ʔyid	逸 yid

要是这个假说成立，志韦先生的I"比i低而且后"的音色也好定了。而且弄明白一件事——为什么来纽在这种韵里向来不到四等去！从汉朝人用"乌弋山离"译Alexandria看，"离"本是ria，来纽字里本有好些古r。商汤叫"天乙"，见卜辞。可在《论语·尧曰》里他自称"予小子履"。《系传》"礼"字乙声。太炎《文始》说："乙履一也。"

把这个学说再扩大到齿音上去。为什么正齿二等跟三等古人认为不必分呢？可以设想，既然四等格儿叫精清占了，这里二等装的是-r-字，三等装的是-y-字。也就是说，在正齿音二等格等于三等，三等格等于四等。不分，因为它们互补。

《切韵考外编》说："四声等子则置……照穿床审禅于精清从心邪之下……精五母有一等四等，无二等三等……照五母有二等三等，无一等。遂以相补……可谓巧矣。"他说"巧"，指的是省纸。还有另一种巧他没想到：跟现代某些音位理论相合。

在悉昙章里ka、kā、ki……是第一章，kya、kyā、kri……是第二章，kra、krā、kri……是第三章。在等韵里，根kɐn(?)[④]是一等，巾krin是三等，紧kyin是四等。

---

① 金克木学长告诉我这是南印流派。记忆错了由我承担责任。

② 日本释玄照《悉昙略记》用"壹"注i(ccha)。释明觉《悉昙要诀》二说："i……玄奘云'壹'……。"

③ 梵文madhu，俄语мед。这是个国际性的字。

④ 密咒里痕是han([hɐn])。

这里照着葫芦画瓢的痕迹不是很明显么？

“四等”随想

这一节里是我的一点儿个人想法，还不成熟，不能跟上头几节比。

江永《音学辨微》讲四等的区别是元音开口度：“一等洪大、二等次大、三四皆细而四尤细。”要是他的话合唐五代人原意，这个启发从哪儿得来的呢？

梵文有一套元音分等级的习惯。它说元音可以加强 guṇa，最强 vṛddhi。把三对最常用的列到底下：

原级	a ā	i ī	u ū
加强	a ā	e	o
最强	ā	ai	au

这里反映的是印欧母语里的轻重音影响元音，英国的斯维特好说的“元音等第”(vowel gradation)的情况，不过倒着说罢了。

义净译《金光明最胜王经》avabhasati 写“阿婆”①婆萨底丁里反，下皆同”。他用“底”，因为“止”韵只有“知”纽字“徵”，没有舌头端纽字。用底元音又不对。只好另注反切。

除这个以外，他用的字可以列一些个：

剃 te(the)帝 te 陛 be 枳 ke 鞞 bhe 丽 le 誓 se 绝大多数是“蟹摄四等”字。

梵文 a 念音稍窄，是[ɐ]。我学的音 ai 念[ei]。上文引的《悉昙藏》四就用“介”对 kai。这是二等。

梵文 ā 是十足的后 a。照陆先生说，“切韵音”哈的“a”也是，还加些圆唇。可以设想，等韵家又加了一级——一等。

喉牙唇音切上字三等(包括重纽的四等)另有一套，一二四等自成一套。咱们可以替等韵家拟一个表：

原级	蟹摄 ei	效摄 ou	四等
guna	ai	au	二等
vrddhi	ɒi	ɒu	一等

这就是等韵家的“等”的原型！

释　疑

看了上头的文章，准得有人生气：“等韵怎么得罪你了？你是又想搞批深、批透、批倒、批臭了么？”我声明一句：我自己已经“深透倒臭”多少回了，还有“踏上亿万只脚”呢！“己所不欲，勿施于人”，我还是信。我只是请大家回想回想：咱们自己不也

---

① 这个 v 念 b，是东印、孟加拉习惯。

犯过宗教狂热么，哪怕是受裹胁的？咱们自己不也犯过伪造历史或是信伪造的历史的过错么？不也疑神疑鬼拿庄子寓言当过真话么？那就别怪古人犯狂热。这比"断臂"、"舍身"文静多了。

您不知道教徒的宗教狂热有多么利害么？好！请看《源流》："《音切谱》为李元编……只录其字母……。

§字母：本节历述各家字母，多犹人之言，惟以守温字母本于舍利卅母，是其特见。所谓舍利卅字母者，则是：

迦佉伽歹……	结茄桀聂……	打塔大纳……
巴爬把麻……	匝擦杂挖……	屑萨阇鸦……
髻拉协沙……	哈遏……	

按悉昙家所输入之梵文字母，比声如迦……等组，皆五五相比，三十六字母每组四字；此中不同之处，必有来源。"

什么来源？现在我把西藏人端美三菩提造的藏文字母的对音写到底下：

k khg n̄	c ch j ñ	t th d n
p ph b m	ts tsh dzw	ź z ḥ y
r l ś s	h a	

请看，这位狂热到要用七世纪藏文字母讲十八世纪汉语了。

《源流》又说："所谓西域卅六字母者，则是：

迦傑佉歹　　打塔大纳　　咤茶跺拏……

案旧籍所载，未有以守温作如此之字母形式者。"

藏文字母舌音有 ta、tha、da、na。字形作ད……。对梵文咒的时候，遇上 ṭ 组，就用反写字母像ཊ……。他这套卅六字母不过是用藏文拟音罢了，"咤茶跺拏"就是"知彻澄娘"，他拟成ṭa、tha、ḍa、ṇa，比莘田先生早一个半世纪！

赵先生精研等韵，可不好佛学，少接触宗教狂热，才叫他这套生搬硬套，云山雾沼给弄得疑云千丈！您还别认为李元是坏人。他真心认为活佛就在人间呢！他还认为自己正弘宣佛法呢！

结　论

等韵书绝大部分生搬硬套悉昙，又不真懂声明，弄出好些玄虚来。不把它的真面目亮出来，不把崇拜它的狂热动摇，音韵学研究一定要受束缚，缩手缩脚，走上经院化的路。我破这个偶像，并不想建立印度声明或是什么别的权威，当然更不想建立我自己的权威。我只想鼓动大家一齐解放思想，不作"套中人"，齐心合力，推动音韵学研究跨进一步就是了。

陆法言的《切韵》

李　荣

导言——

本文选自李荣论文集《音韵存稿》(商务印书馆，1982)。

李荣(1920～2002)，浙江温岭人，现代著名语言学家，曾任中国社会科学院语言研究所所长，《方言》杂志主编。主要从事汉语音韵、汉语方言研究，著有《切韵音系》等，主编《现代汉语方言大词典》。

本文主要目的是介绍汉语语音史上的经典韵书《切韵》。全文共分四章，第一章介绍《切韵》书名，根据传统的"上字为切，下次为韵"说，认为《切韵》其名来自反切拼读法。论据充分，可备一说。第二章简释《切韵序》，讲述两个问题。一、《切韵》的编者年里及事迹。二、《切韵》一书的性质：取陈寅恪先生的洛阳音说。第三章介绍《切韵》系列韵书：《切韵》、《王韵》、《唐韵》、《广韵》、《集韵》等，各书的规模以及各书之间的关系，说明各书收字加训释音分韵都各有差异，但他们所代表的音韵系统是一致的。第四章说明《切韵》的重要性。从共时的平面说，《切韵》系统记录了中古的一个现实的语音系统。从历时角度看，《切韵》是研究语音史的桥梁，通过它可以上推古音，下探今音。文章用了较大的篇幅论述《切韵》对于现代方言研究的重要价值。

作者精通《切韵》之学，《切韵》一书烂熟于胸，所以讲述起来明白切至，要言不烦。不但初学者可以通过学习本文了解《切韵》其书，而且对于语音史研究来说，文中许多资料与作者的见解，至今仍有很大的参考价值。

一、《切韵》和反切

陆法言的《切韵》是在隋文帝仁寿元年(公元601年)写成的。

我们要了解《切韵》的价值，必须追溯《切韵》以前语音研究的历史，反切的起源。那最好是读颜之推《颜氏家训·音辞篇》起头的一段：

夫九州之人，言语不同，生民已来，固常然矣。自《春秋》标齐言之传，

《离骚》目《楚辞》之经，此盖其较明之初也。后有杨雄著《方言》，其言大备。然皆考名物之同异，不显声读之是非也。逮郑玄注六经，高诱解《吕览》、《淮南》，许慎造《说文》，刘熹制《释名》，始有譬况假借，以证音字耳。而古语与今殊别，其间轻重清浊，犹未可晓，加以"内言"、"外言"、"急言"、"徐言"、"读若"之类，益使人疑。孙叔言创《尔雅音义》，是汉末人独知反语。[①] 至于魏世，此事大行。高贵乡公不解反语，以为怪异。自兹厥后，音韵锋出。各有土风，递相非笑。

简单的说，向来讨论语言文字的书和古书的注解，都用比喻的方法说明读音，到孙炎才用反切注音。

这里举几条《说文解字》用"读若"来说明读音的例子：

亼，三合也。从入一，象三合之形。凡亼之属皆从亼。读若集。（卷五下）
森，木多貌，从林从木。读若曾参之参。（卷六上林部）
像，象也。从人从象，象亦声。读若养。（卷八上人部）
匚，受物之器，象形。凡匚之属皆从匚。读若方。（卷十二下）

用"读若"的方法说明读音，不容易说得明白准确。"内言"、"外言"、"急言"、"徐言"之类更加不好了解。

反切是用两个字来注一个字的音，例如：

东，德红反。
同，徒红反。

"东"字的音是"德红反"，"东"是被反切的字，"德"是反切上字，"红"是反切下字。"同"字的音是"徒红反"，"同"也是被反切的字，"徒"是反切上字，"红"是反切下字。被反切字和反切上字双声，就是说"东"和"德"声母相同，"同"和"徒"声母相同。被反切字和反切下字叠韵，就是说"东"和"红"韵母声调都相同，"同"和"红"韵母声调都相同。"东"和"红"声调本来是相同的，都是古平声。北京话和大部分现代方言，古平声都依古声母清浊分化成阴平和阳平两类。"东"是古平声清声母字，所以现在是阴平。

① 《颜氏家训·书证篇》云："且郑玄（公元127～200年）以前，全不解反语。"陆德明《经典释文序录》的"条例"一项云："然古人音书，止为譬况之说。孙炎始为反语，魏朝以降渐繁。"张守节《史记正义论例谥法解》的"论音例"一项云："然则先儒音字，比方为音。至魏秘书孙炎始作反音。"孙炎字叔然，《音辞篇》作孙叔言。参看戴震《声韵考》卷一"反切之始"条。

"红"是古平声浊声母字，所以现在是阳平。"同"和"红"都是古平声浊声母字，所以现在都是阳平。从用比喻的办法说明读音，到用反切注音，是很大的进步。从此以后，每个字的读音都能用简单明白的方式表示出来。能够使用反切，就表示能够正确的分析字音。反切把每个字音分析成声母、韵母和声调三部分，这种分析法到今天还是很适用的。

陆法言的书叫《切韵》，"切"是反切上字，"韵"是反切下字。《切韵序》云："又支脂鱼虞，共为一韵；先仙尤侯，俱论是切。"这是说"支脂"的反切下字相同，"鱼虞"的反切下字相同；"先仙"的反切上字相同，"尤侯"的反切上字相同。《敦煌掇琐》第一百号"守温撰论字音之书"第一截"定四等重轻兼辩声韵不和无字可切门"云：

> 交，此字是四等中第二字，与归精清从心邪原作"耶"中字不和，若将精清从心邪中字为切，将交字为韵，定无字可切。但是四等第二字，总如交字例也。
>
> ……精交反，是例诸字也。

"交"字是二等字，二等不和"精、清、从、心、邪"这些声母拼。要是用"精、清、从、心、邪"这些声母字作反切上字（为切），用"交"字作反切下字（为韵），一定无字可切。例如"精交反"就无字可切。凡是二等字，都和"交"字一样。从这段话，可以看出，"为切"的"切"是反切上字，"为韵"的"韵"是反切下字。[①] 沈括《梦溪笔谈》卷第十五说：

> 切韵之学，本出于西域。汉人训字，止曰读如某字，未用反切。……所谓切韵者，上字为切，下字为韵。

沈括认为"切韵之学，本出于西域"，这是没有根据的。不过他对"切"和"韵"的解释是不错的。金韩道昭《五音集韵》序云：

> 斯有陆生，……定为《切韵》五卷，……夫《切韵》者，盖以上切下韵，合而翻之，因为号以为名。

直截了当认为，《切韵》的得名就是由于反切上字叫"切"，反切下字叫"韵"。既然上字为切，下字为韵，所以反切也可以叫做"切韵"。邵光祖的《切韵指掌图检例》云：

---

① 《四部丛刊续编》本《切韵指掌图》的"检例下"一项云："凡切字以上者为切，下者为韵。"又"音和切"一项下云："丁增切登字——缘用丁字为切，……用增字为韵，……"说法和"守温撰论字音之书"相同。

按《广韵》凡二万五千三百字，其中有切韵者三千八百九十。①

这里的“切韵”就指反切，是说《广韵》有三千八百九十个“小韵”，每个“小韵”一个反切，又音不计。

二、《切韵序》略释②

陆法言撰《切韵》的经过，《切韵》的性质，《切韵序》说得很清楚。现在先钞原文，再就原文略加解释。

切韵序③

昔开皇初，有刘仪同臻、颜外史之推、卢武阳思道、李常侍若、萧国子该、辛谘议德源、薛吏部道衡、魏著作彦渊等八人，同诣法言门宿。夜永酒阑，论及音韵。以古今声调，既自有别，诸家取舍，亦复不同。吴楚则时伤轻浅，燕赵则多涉重浊，秦陇则去声为入，梁益则平声似去。又支章移反脂旨夷反、鱼语居反虞语俱反，共为一韵；先苏前反仙相然反、尤雨求反侯胡沟反，俱论是切。欲广文路，自可清浊皆通；若赏知音，即须轻重有异。吕静《韵集》，夏侯该《韵略》，阳休之《韵略》，李季节《音谱》，杜台卿《韵略》等，各有乖互。江东取韵，与河北复殊。因论南北是非，古今通塞，欲更捃选精切，除削疏缓。颜外史、萧国子多所决定。魏著作谓法言曰，向来论难，疑处悉尽，何为不随口记之，我辈数人定则定矣。法言即烛下握笔，略记纲纪。博问英辩，殆得精华。于是更涉馀学，兼从薄宦。十数年间，不遑修集。今返初服，私训诸弟，凡有文藻，即须声韵。屏居山野，交游阻绝。疑惑之所，质问无从。亡者则生死路殊，空怀可作之叹。存者则贵贱礼隔，已报绝交之旨。遂取诸家音韵，古今字书，以前所记者，定之为《切韵》五卷。剖析毫氂，分别黍累。何烦泣玉，未可悬金。藏之名山，昔怪马迁之言大；持以盖酱，今叹杨雄之口吃。非是小子专辄，乃述群贤遗意。宁敢施行人世，直欲不出户庭。于时岁次辛酉，大隋仁寿元年也。

---

① 据《丛书集成》景印《墨海金壶》本39页。按《广韵》卷首“凡二万六千一百九十四言。”

② 参看：

1）国立中山大学语言历史学研究所周刊第三集第二十五、六、七期合刊，《切韵专号》，1928年出版。

2）陈垣：《切韵与鲜卑》，载北京图书馆《图书季刊》第三卷第三期83～88页，1936年出版。

3）陈寅恪：《从史实论切韵》，北京大学五十周年纪念论文集单行本，1948年出版；又载《岭南学报》第九卷第二期1～18页，1949年出版。

③ 根据故宫景印全本王仁昫《刊谬补缺切韵》，以王国维写印本《切韵》残卷第二种，《敦煌掇琐》第九十九号及《广韵》所载《切韵序》校之。异文从略不注。

陆法言名词，以字行。全本王仁昫《刊谬补缺切韵》和《敦煌掇琐》第九十九号，在序文前头都有“陆词字法言撰切韵序”等九字。《旧唐书·经籍志》和《新唐书·艺文志》都著录陆慈《切韵》五卷。“词”之韵邪母字，“慈”之韵从母字，读音相近。

陆法言的生平史籍上记载的很简略。就血统上说，陆法言的祖先是鲜卑人，步陆（或作六）孤氏。《魏书》卷十九《官氏志》：“步六孤氏后改为陆氏。”魏孝文帝迁都洛阳，一切都学汉人的样子，甚至在朝廷上不许说鲜卑语，①只许说汉语。“步陆孤氏”汉化改为“陆氏”。陆法言的父亲陆爽，就已经完全汉化。《隋书》卷五十八《陆爽传》说：“爽少聪敏，年九岁就学，日诵二千余言。”周武帝请他入关的时候，“载书数千卷”。到隋文帝的时候，他建议：“皇太子诸子，未有嘉名，请依《春秋》之义，更立名字。”所以就文化上说，陆法言完全是汉人。

《切韵序》说“昔开皇初”，刘臻等八人都到陆法言家里讨论音韵，我们不能确指开皇初是开皇哪一年，②现在姑且假定为开皇元年（公元 581 年）。陆法言的生年卒年无考。他父亲陆爽“开皇十一年（公元 591 年）卒官，时年五十三。”（《隋书·陆爽传》）假定陆法言比他父亲小二十岁，开皇元年陆爽四十三岁，陆法言二十三岁。

刘臻等八人的生年卒年不完全可考。现在列成表一，并附陆爽、陆法言，以资比较。

表一

姓名	生年（公元）	卒年（公元）	开皇元年（公元 581 年）	仁寿元年（公元 601 年）
刘　臻③	527	598	55 岁	亡
颜之推④	531	597～600	51 岁	亡
卢思道⑤	535	586	47 岁	亡

① 百衲本《魏书》卷七下 23《高祖纪》：“［太和十有九年（公元 495 年）］六月己亥，诏不得以北俗之语，言于朝廷。若有违者，免所居官。”

② 不过总在开皇五年九月以前。开皇五年九月，李若使于陈。开皇六年，卢思道卒于长安。

③ 《隋书》卷七十六《刘臻传》：“开皇十八年卒，年七十二。”

④ 生年据钱大昕《疑年录》考定。《家训·序致篇》云：“年始九岁，便丁荼蓼。”《梁书》卷五十《颜协传》云：“大同五年卒，时年四十二。”由此推定颜之推生于中大通三年。《家训·终制篇》云：“吾已六十余。”可以推知颜之推卒于开皇十一年以后。《北史》卷八十三《颜之推传》云：“隋开皇中，太子召为文学，深见礼重，寻以疾终。”曹家琪《颜之推卒年与〈颜氏家训〉之纂定、结衔》据《隋书·律历志中》与《省事篇》竞历事对比，以为：“《家训》纂定成书及之推卒年，皆当在开皇十七年（597）夏四月戊寅（据《隋书·高祖纪》）之后。开皇十七年之推年六十七岁。”（《文史》第二辑 316 页，中华书局，1963 年 4 月。）

⑤ 陈寅恪《从史实论切韵》引《张说之文集》卷二十五［《文苑英华》卷八九三］《卢思道碑》云：“隋开皇六年，春秋五十有二，终于长安。”

续表

姓名	生年(公元)	卒年(公元)	开皇元年(公元581年)	仁寿元年(公元601年)
魏彦渊①	至晚540	至晚604	至少42岁	
李　若②		586～600		亡
萧　该③				
辛德源③				
薛道衡④	540	609	42岁	存
陆　爽	539	591	43岁	亡
陆法言	约559		约23岁	约43岁

由上表可以看出,《切韵序》起头叙述刘臻等八人,大概以年龄大小为序。刘臻比陆爽大十二岁,颜之推比陆爽大八岁,卢思道比陆爽大四岁。除魏彦渊外,刘颜卢李萧辛薛七人次第,《切韵序》各种本子都是一致的。魏的次第各本不一致。全本《刊谬补缺切韵》魏在最后,《敦煌掇琐》第九十九号《切韵序》甲本同。王国维写印本《切韵》残卷第二种魏在卢李之间。《广韵》魏在颜卢之间。表一姑依王国维写印本《切韵》残卷第二种。

刘臻等八人都是陆法言的长辈,所以讨论的时候魏彦渊让陆法言"随口记之"。

陆法言后来作了小官,十几年中间都没有空闲编书。开皇二十年,太子勇废。隋文帝想起当初陆爽建议给太子勇的儿子改名,恨陆爽多事。这时候陆爽本人已经死了,不能处分,陆法言的官儿却因此丢了。⑤《切韵序》说"今返初服",就是官丢了。不作官,就有工夫编书了。对陆法言说,这个是不幸,对后人说,这个得算是大幸。第二年,就是仁寿元年(公元601年),陆法言的《切韵》写成了。

有人因为《切韵序》有"因论南北是非,古今通塞"的话,就说《切韵》所代表的语音系统包括古今四方的。这种看法是不足信的。

汉朝人就知道古今音异,可是系统的研究上古音,是从宋朝人开始的。一直到清朝,才把《诗经》用韵的情况,形声字(根据《说文解字》)所代表的音韵系统弄清楚。刘臻、颜之推和陆法言等人,虽然博学,可是限于时代,我们不能假定他们明白古代的语

① 《隋书》卷五十八《魏澹传》云:高祖"诏澹别成魏史","上览而善之。未几卒,时年六十五。"由此推知魏澹卒年最晚是仁寿四年,开皇元年至少有四十二岁。

② 《隋书》卷一《高祖纪》,开皇五年九月,李若使于陈。《北史》卷四十三《李崇传》云:"[若]开皇中,卒于秦王府谘议。"

③ 萧该《隋书》卷五十八有传,辛德源《隋书》卷七十五有传,二人生年卒年待考。

④ 《隋书》卷五十七《薛道衡传》云,被杀时年七十。《资治通鉴》卷一百八十一系此事于大业五年。

⑤ 见《隋书》卷五十八《陆爽传》。

音系统。戴震《声韵考》卷三云：

按古音之说，近日始明。

又《书广韵四江后》云：

隋唐二百六韵，据当时之音撰为定本。至若古音，固未之考也。

说到方言的差别，《孟子》就说齐人楚人话不同。① 上文引《颜氏家训·音辞篇》说"夫九州之人，言语不同，生民已来，固常然矣。""自兹(魏)厥后，音韵锋出，各有土风，递相非笑。"任何时代都有方言的差别，《切韵》的时代也不例外，可是《切韵》的时代有方言差别，并不能说《切韵》就包罗各地方言的音系。《切韵序》末题"大隋仁寿元年"，隋的都城在长安，因此也有人说《切韵》代表长安方言。陈寅恪先生《从史实论切韵》指出：陆法言和刘臻等都不是世居关中之人，《切韵序》提到吕静《韵集》等五书都不是关中人之著作。《切韵序》批评"吴楚则时伤清浅，燕赵则多涉重浊，秦陇则去声为入，梁益则平声似去。"列举各地方言的缺点，没有提到中原，可见刘臻等认为中原即洛阳及其附近的语音是正音。因此认为《切韵》代表洛阳语音，不代表长安语音。

"遂取诸家音韵，古今字书，以前所记者，定之为《切韵》五卷。"表示《切韵》编者把别的书里的字都折合成《切韵》的系统。看下文第 37 页。②

《刊谬补缺切韵》韵目下注有韵部分合，如：

十七真 职邻反，吕与文同，夏侯、阳、杜别，今依夏侯、阳。
十八臻 侧诜反，无上声，吕、阳、杜与真同，夏侯别，今依夏侯。
二十殷 於斤反，阳、杜与文同，夏侯与臻同，今并别。

有人根据韵目下所注韵部分合，以为《切韵》的原则是从前人韵部之分，不从前人韵部之合。这个看法是片面的。陈寅恪先生《从史实论切韵》指出："《颜氏家训·音辞篇》略云：'《韵集》以成仍宏登合成两韵，为奇益石分作四章。……不可依信。'《韵集》以成仍宏登合成两韵，而王仁昫本《切韵》则成在四十一清，仍在四十九蒸，宏在四十耕，登在五十登，此《切韵》不从《韵集》之合者也。《韵集》以为奇益石分作四章，而《切韵》则为奇同在五支，益石同在十七昔，此《切韵》不从《韵集》之分者也。然则《切韵》于诸家韵书固非专取其韵部之别者而捨其同者，特陆氏于注文中不载捨其韵部之

① 《孟子》卷六《滕文公下》。
② 编者按：第 37 页是原书页码，本书为第 45 页。下文依此类推。

别者而取其同者耳。”陈先生的论证是非常有力的。其实单纯依靠韵部分合，脱离反切，是考订不出音韵系统的。看下文第35页。[①]

“欲广文路，自可清浊皆通；若赏知音，即须轻重有异。”这是说明《切韵》不光是实用的，并且是审音的。清浊轻重，大概都指韵母的差别。[②]

三、《切韵》和《切韵》系统的韵书

东汉末年(三世纪初)开始用反切注音。有了反切，才有韵书。从开始用反切到《切韵》成书(公元601年)，就是从公元三世纪到六世纪，这四百年是音韵学极盛的时期，用颜之推的话来说，是“音韵锋出”，可以参看《隋书·经籍志》等书目。最早的韵书是《隋书·经籍志》著录的李登《声类》，《切韵序》提到的韵书有吕静《韵集》等五种。《切韵》一出来，好像把别的韵书都压倒了，成为韵书里的权威。长孙讷言为《切韵》作笺注，序云：

> 此制酌古沿今，无以加也。(据《广韵》卷首)

孙愐《唐韵序》云：

> 惟陆生《切韵》，盛行于世。(据《广韵》卷首)

王仁昫《刊谬补缺切韵》序云：

> 陆法言《切韵》，时俗共重，以为典规。

《唐韵》和《刊谬补缺切韵》都是《切韵》的增订本。《切韵》的增订本很多，最通行也最重要的增订本是《广韵》。《广韵》是《大宋重修广韵》的简称，陈彭年等编，景德四年(公元1007)成书。《广韵》卷首云：

> 陆法言撰本　　　　长孙讷言笺注
> 仪同三司刘臻……八人同撰集
> 郭知玄拾遗绪正更以朱笺三百字
> 关亮增加字　　　　薛峋增加字

---

① 编者按：本书为第43页。

② 参看唐兰《论唐末以前韵学家所谓“轻重”和“清浊”》，北京大学五十周年纪念论文集单行本，1948年出版。不过故宫藏《刊谬补缺切韵》残本卷首所谓清浊大概是指声母的不带音(清)或带音(浊)，看下文第34页及注③。(编者按：本书为第42页及注①)

王仁煦增加字　　祝尚丘增加字
孙愐增加字　　严宝文增加字
裴务齐增加字　　陈道固增加字
更有诸家增字及义理释训悉纂略备载卷中

《广韵》之后有《集韵》，丁度等编，宝元二年(公元1039年)成书。《集韵》卷首云：

今所撰集，务从该广。经史诸子及小学书，更相参定。凡字训悉本许慎《说文》。慎所不载，则引它书为解。凡古文见经史诸书，可辨识者取之，不然则否。凡经典字有数读，先儒传授，各欲名家，今并论著，以稡群说。

《切韵》的原本现在见不到了，这是最大的遗憾。可以庆幸的是近几十年出了很多唐人钞本韵书。大都是《切韵》的增订本。最重要的有下列几种：

王国维写印本唐写本《切韵》残卷三种。(简称切一、切二、切三。)

蒋斧藏本唐写本《唐韵》残卷，上海国粹学报馆景印。

王仁昫《刊谬补缺切韵》残本之一，《敦煌掇琐》第一〇一号。

王仁昫《刊谬补缺切韵》残本之二，故宫博物院藏，有延光室照片及唐兰写印本。

这些都收在《十韵汇编》(刘半农等编)里。《瀛涯敦煌韵辑新编》(姜亮夫、潘重规写印)收有切一(S2683)、切二(S2055)、切三(S2071)、《刊谬补缺切韵》残卷之一(P2011)，还有别的残卷。

王仁昫《刊谬补缺切韵》，故宫博物院1947年景印本。

只有这一种是完全的。这些韵书和《广韵》、《集韵》，可以总称为《切韵》系统的韵书。

根据各种唐人钞本韵书和《广韵》，我们可以知道《切韵》的大概面目。《切韵》分五卷，平声字多，占一二两卷，上声去声入声，各占一卷。《切韵》共一百九十三韵，王仁昫《刊谬补缺切韵》共一百九十五韵，《广韵》共二百零六韵。如表二。

表二

	切韵	刊谬补缺切韵	蒋斧藏本唐韵	广韵
平声	54韵	54韵	—	57韵
上声	51韵	52韵	—	55韵
去声	56韵	57韵	59韵	60韵
入声	32韵	32韵	34韵	34韵
合计	193韵	195韵	—	206韵

《刊谬补缺切韵》比《切韵》多两韵，上声多出一个广韵。上声韵目："五十一广虞掩反，陆无韵目，失"。在《广韵》里，这个韵目是"俨"。去声多出一个严韵。去声韵目："五十六

严鱼淹反，陆无此韵目，失”。韵目字形和平声韵目“五十三严语验反”字形相同，《广韵》这个去声韵目是“酽”。（但全本王韵去声正文无严韵，仍为五十六韵。）蒋斧藏本《唐韵》去声五十九韵，比《广韵》少一个“酽”韵，入声韵数和《广韵》相同。《广韵》再把《切韵》下列的十一韵各分成两韵：

切韵	真	轸	震	质	寒	旱	翰	末	歌	哿	箇
	‖	‖	‖	‖	‖	‖	‖	‖	‖	‖	‖
广韵	真	轸	震	质	寒	旱	翰	曷	歌	哿	箇
	谆	准	稕	术	桓	缓	换	末	戈	果	过

《切韵》的系统里，平上去三声没有鼻音韵尾的就没有相配的入声，收鼻音韵尾的才有相配的入声，所以入声韵数最少。去声泰、祭、夬、废四韵无相配的平上入三声，所以去声韵数最多。

每个韵都分成若干“小韵”，每个小韵是一组同音字（有的小韵只有一个字）。如《刊谬补缺切韵》东韵起头十七个小韵：（1）“东”等二字，（2）“同”等二十一字，（3）“中”等四字，（4）“虫”等五字，（5）“终”等十一字，（6）“忡”等两字，（7）“崇”等两字，（8）“嵩”等三字，（9）“戎”等四字，（10）“弓”等四字，（11）“融”等二字，（12）“雄”等二字，（13）“瞢”等三字，（14）“穹”等四字，（15）“穷”等三字，（16）“冯”等五字，（17）“丰”等六字。“东”字注云：

德红反，木方，二。

“德红反”表示本小韵的字读音都是“德红反”，每个小韵第一个字下注的反切一直管到本小韵的末了。“木方”解“东”字，和本小韵别的字无干。“二”表示本小韵一共有“东”和“涷”两个字。“涷”字注云：

凌水，从冫，音冰。

每个小韵除第一个字标明本小韵的反切外，别的字都和第一个字同音，“涷”字和“东”同音，所以没有反切。“凌水”解释“涷”字，“从冫”是说“涷”字的字形，“音冰”是说“冫”字音冰。“同”字注云：

徒红反，二十一。

“同”是个常用字，没有解释，“徒红反，二十一”是说这个小韵的字都是“徒红反”，一共二十一字。表示全小韵读音的“反切”都在第一个字的注里。表示又音的反切和解释一样，只管到本字，和本小韵别的字不相干。比如“中”小韵：

中陟隆反，景正，又陟仲反，四。衷里。忠谠言。苹草。

“陟隆反”是本小韵的反切，表示“中、衷、忠、苹”四个字都读“陟隆反”。“又陟仲反”，“陟仲反”是“中”字的又读，其他三字都没有这个又读。又如“终”小韵：

终职隆反，毕，十一。众多，又之仲反。……

“终”字注“职隆反”是本小韵的反切，本小韵十一个字都读“职隆反”。“众”字注“又之仲反”，“之仲反”是“众”字的又读，和其他十字无干。

全本《刊谬补缺切韵》每一个小韵第一字的注，先是全小韵反切，其次是本字解释（这一项可能没有），其次是本字又音，其次本小韵字数。各种韵书注的项目次第不完全一致。如《切二》“东”小韵和“中”小韵：

东德红反，二。按《说文》春方也，动也，从日，又云，日在水（当作木）中。涷水名。

中按《说文》和也，陟隆反，又陟仲反，三。 哀（当作衷）按《说文》衷，亵衣也。 忠。

《广韵》“东”小韵和“中”小韵：

东春方也，《说文》曰动也，从日在木中。……德红切，十七。……

中平也，成也，……陟弓切，又陟仲切，四。 衷…… 忠…… 苹……

我们读韵书的时候，必须小心，不能把一个字的又音当作整个小韵的音。

唐人钞本韵书都是“某某反”，《广韵》和《集韵》都是“某某切”，“某某反”和“某某切”是一样的，例如“东、德红反”和“东、德红切”同音。

《切韵》的字数，根据封演《闻见记》卷二“声韵”条，“凡一万二千一百五十八字”；[①]根据《式古堂书画汇考》书卷八所载孙愐《唐韵序》，是一万一千五百字。[②]王仁昫《刊谬补缺切韵》全本卷一、卷三、卷四、卷五及敦煌本残本卷三、卷四、卷五有总字数，卷二无总字数，四卷合计，总字数是四万八千一百七十字，内“旧韵”九千四百七十三字，“训”一万七千六百五十三字，“新加韵”四千八百六十二字。仔细比对这两

① 字数和李登《声类》相近。封演《闻见记》卷二“文字”条云：“魏时有李登者，撰《声类》十卷，凡一万一千五百二十字。以五声命字，不立诸部。”

② 序云：“今加三千五百字，通旧总一万五千文”。封演所见本比孙愐所见本多六百余字，故宫藏残本《刊谬补缺切韵》载长孙讷言序云“又加六百字”，也许封演所见本是长孙讷言笺注本。

种本子的数字，知道这两个本子的确同出一原。假定卷二“旧韵”字数相当于其他四卷的平均数，那么王仁昫所据本《切韵》是一万一千八百四十一字。

故宫本王仁昫《刊谬补缺切韵》残本内部体例不一，是个拼凑起来的本子。不过这个本子卷首有全书总字数：

右四声五卷大韵总有一百九十五
小韵三千六百七十一　二千一百廿韵清
　　　　　　　　　　一千五百五十一韵浊
已上都加二百六十五韵
凡六万四千四百廿三言　旧二万二千七百廿三言
　　　　　　　　　　　新加二万八千九百言

大韵总数是没有问题的，195 韵比《切韵》多两韵。小韵的数目也大致可信。[①] 3671 减去 265，《切韵》有 3406 个小韵。总字数 64423 比全本《刊谬补缺切韵》卷一、卷三、卷四、卷五四卷总字数 48170 多 16253 字，也可能近于事实，不过总数和所举细数不合。

根据以上所说《切韵》有 193 个大韵，3406 个小韵，一万一二千字，平均每个字大概有两个字“训解”。《切韵》全书篇幅不大，陆法言开皇二十年(公元 600 年)除名，第二年(仁寿元年，公元 601 年)就写成了。现存钞本唐人韵书中，《切一》可能近于《切韵》原本，《切三》可能近于长孙讷言注本，《切二》体例不纯，可能是个拼凑的本子。蒋斧藏本《唐韵》不知道和孙愐《唐韵》有什么关系。三种王仁昫《刊谬补缺切韵》，故宫藏残本一定是个拼凑的本子，其他两种是王仁昫本，没有什么问题。

从《切韵》到《广韵》，“大韵”的数目增加了，“小韵”的数目也增加了，字数(“韵”)和解释(“训”)也都增加了，可是就全本王韵和《广韵》说，所代表的音韵系统却是一致的。其他残卷不能考订音韵系统，不过拿来和全本王韵、《广韵》比较，看不出系统上的不同。当然这些韵书中间，反切用字不全相同，个别的字归哪一个韵，也有出入之处。不过这些出入并不妨害系统的一致。

韵书的音韵系统是根据反切研究出来的。陈澧的《切韵考》，就是根据《广韵》的反切作出来的，他的方法和结论，即使从今天的眼光来看，基本上也都是站得住的。《切韵考》和梁僧宝的《四声韵谱》，是读《广韵》的重要参考书。

《切韵》和《广韵》，一个韵可以是一个韵母，也可以有两个，三个或四个韵母。例

---

① 全本《刊谬补缺切韵》，据拙著《切韵音系》(1956 年北京新一版)的校补，共计 3617 个小韵，其中 2094 个是清声母小韵，1523 个是浊声母小韵。根据上文 27 页(编者按：本书为 33 页)引的邵光祖《切韵指掌图检例》，《广韵》有 3890 个小韵。

如江韵是一个韵母，唐韵有两个韵母，麻韵有三个韵母，庚韵是四个韵母。王仁昫《刊谬补缺切韵》寒韵有两个韵母，"干看寒"等字是一个韵母，"官宽桓"等字是另一个韵母。《广韵》把《切韵》的寒韵分成寒桓两韵，寒韵是一个韵母，包括"干看寒"等字，桓韵也是一个韵母，包括"官宽桓"等字。无论寒桓分韵不分韵，"干看寒"的韵母总是和"官宽桓"不同。离开反切，单纯就韵部分合是考订不出音韵系统的。研究音韵，必须记住这一点。

四、《切韵》的重要性

《切韵》的重要性可以分成三方面来说。第一，《切韵》如实的记录了一个内部一致的语音系统。我们能够对当时的汉语音韵系统有比较全面的认识，主要是根据《切韵》系统的韵书。

第二，研究《切韵》以前的语音系统，要从《切韵》往上推。上文已经说过《切韵》不是兼包古今的韵书，并且指出当时还没有这个条件。这两句话之间有没有矛盾呢？没有矛盾。因为语音演变是有规律的，一个时代的语音系统反映较早时代的语音系统。可以举一个现实的例子来说。北京语音没有入声，可是根据北京语音，还是可以看出某些字音古代一定是入声，某些字音古代一定不是入声。北京语音中，[p t k tɕ tʂ ts]等六个不送气塞音、塞擦音声母，逢阳平是古入声。例如：

拔白薄别博，达笛毒夺德，格革国，极局急绝节，宅浊直竹烛，杂贼昨足卒

北京语音中，[n]和[ŋ]两个鼻音韵尾字不是古入声。例如：

凡南衫染甘枕店尖剑险咸心，满饭山天眼真人近春困问云，忙方让两羊狂网冷兵轻送用

同样的道理，《切韵》系统是当时的语音系统，可是其中反映出《切韵》以前语音的情况。比如《切韵》有东、冬、鍾三韵（举平声包括上声去声），根据反切，东韵有两个韵母，现在用"东"和"中"分别表示，在上古音里东韵"东"类字（一等）和鍾韵字谐声押韵，东韵"中"类字（二三四等，简称三等）和冬韵字谐声押韵，《切韵》一个韵的两个韵母反映古代两个不同的来源。东韵"东"类字和"鍾"韵字谐声的例如：

重鍾韵	动东韵"东"类
公东韵"东"类	讼鍾韵

东韵"东"类字和"锺"韵押韵的例如：

缝锺韵　总东韵"东"类　公东韵"东"类(《诗·召南·羔羊》三章：羔羊之缝，素丝五总。委蛇委蛇，退食自公。)

东东韵"东"类　蓬东韵"东"类　容锺韵(《诗·卫风·伯兮》二章：自伯之东，首如飞蓬。岂无膏沐，谁适为容。)

东韵"中"类字和冬韵字谐声的例如：

冬冬韵　　终东韵"中"类
宗冬韵　　崇东韵"中"类

东韵"中"类字和冬韵字押韵的例如：

仲东韵"中"类　宋冬韵　忡东韵"中"类(《诗·邶风·击鼓》二章：从孙子仲，平陈与宋。不我以归，忧心有忡。)

又如《切韵》的支、脂、之三韵，在现代方言里大都没有分别，可是就上古音说，这三韵的来历是不同的。

第三，研究现代汉语，可以用《切韵》来说明各方言的变迁，和方言之间的关系。上文已经说过，《切韵》不是兼包各地方音的韵书，《切韵》的语音系统有一定的标准。既然如此，怎么能用《切韵》来说明各方言的变迁，和方言之间的关系呢？这个问题要略加说明。我们不能假定所有现代方言都是从《切韵》系统演变下来的，可是我们可以假定《切韵》时期的方言，音类上头的差别比音值上头的差别小。我们也可以拿现代方言的情况来类推。拿北京和济南说，这两处的话一听就能分出来，音值差别相当大，可是音类差别不大。这两处都有阴阳上去四个声调。两处的调值(声调的高低升降)相差很远：

	阴平	阳平	上声	去声
北京	˥55	˧˥35	˨˩˦214	˥˩51
济南	˨˩˧213	˦˨42	˥55	˧˩31
例字	飞天	人云	苦米	送旧

可是北京和济南调类(哪个字属哪个调)差别不大。古平声清声母字北京、济南都读阴平，如"飞、天"。古平声浊声母字北京、济南都读阳平，如"人、云"。古上声清声母字和次浊声母字北京、济南都读上声，如"苦、米"。古上声全浊声母字北京、济南都读去声，如"淡、舅"。古去声字北京、济南都读去声，如"送、旧"。总起来说，古平上去三声字，北

京、济南两处今调类都相同，只有古入声，两处今调类有一部分不同。古入声清声母字北京读阴阳上去四声不定，济南都读阴平，如“黑”字北京阴平，“竹”字北京阳平，“铁”字北京上声，“客”字北京去声，济南这四个字都是阴平。古入声次浊声母字北京、济南都读去声，如“麦、药”。古入声全浊声母字北京、济南都读阳平，如“十、滑”。声调如此，声母，韵母的情况也类似。济南的[ẽ]韵和北京的[ən]韵音值差得很远，可是济南的[ẽ]韵字和北京的[ən]韵字大致相当。例如“本、门、分、真、枕、沉、深、人、根、肯、恨、恩”等字，济南都是[ẽ]韵，北京都是[ən]韵。拿现在方言的情况类推古代方言的情况，我们可以假设《切韵》时期，方言之间音类的差别不大。《切韵》前后其他音韵史料，如隋代诗文押韵的情况，也是符合这个假设的，不过本文不能细说。这是一层。

其次，上文已经指出，《切韵序》云“遂取诸家音韵，古今字书，以前所记者，定之为《切韵》五卷。”《切韵》所根据的书里头一定包含有书面语成分和方言成分（这个方言的口语在那个方言里可能只用在书面上），不过这些成分都折合成《切韵》的语音系统。我们对于现代方言知道的不多，对于古代方言知道的更少，不过还是可以举两个例子来说明。比方烙饼的用具，北京叫“铛”（铛）[꜀tʂʻəŋ]，①浙江温岭叫“鏊”[ŋɔ꜄]。《广韵》庚韵：“铛，鼎类，楚庚切。”《广韵》号韵“五到切”下：“鏊，饼鏊。”我们不知道《切韵》所根据的语言到底用“铛”还是用“鏊”，还是两个都用。现代方言告诉我们，凡是用“铛”的方言，这个字的音韵地位是“楚庚切”；凡是用“鏊”的方言，这个字的音韵地位是“五到切”。

又如“针灸”的“灸”字，北京读[꜂tɕiou]上声，和数目字“九”字同音，梅县读[kiu꜄]去声，和“救护”的“救”同音。《广韵》上声“有”韵“举有切”下：“灸，灸灼也，又居又切。”又去声宥韵“居祐切”下：“灸，灼也，又居有切。”北京“灸”字从古上声来，梅县“灸”字从古去声来。我们也不知道《切韵》所根据的语言，“灸”是上声还是去声，还是上去两读，我们只能说，现代方言的“灸”字有的从古上声来的，有的从古去声来的。同义字（如“铛”与“鏊”）和异读字（如“灸”有上去两读），其中可能有一个是书面语成分或方言成分。②

《刊谬补缺切韵》所收同义字和异读字比《切韵》多。比如“筛”字，③北京读

---

① 注意，不是读[꜀tɕʻiaŋ]的字。

② 《切韵》的同义字和异读字不一定有一个是书面语成分或方言成分，一个方言里头当然允许有同义字和异读字。我们只是就韵书中同义字和异读字在现代方言中分布不同提出一些假设而已。“特别字”（音韵地位特别的字）就是各方言中来历不同的字，看《湖北方言调查报告》第1494～1507页。

③ 《广韵》“筛”有四个写法，五个读音：平声支韵“所宜切”下：“簁下物竹器。”“籭盪也，又山佳切。”脂韵“疏夷切”下：“筛……又竹器也。”佳韵“山佳切”下：“籭竹[器]名。”皆韵“山皆切”下：“簁簁箩，古以为玉柱，故字从玉，今俗作簁。”上声纸韵“所绮切”下：“簁箩也，《说文》曰，簁箪，竹器也。”加上《刊谬补缺切韵》的“簛”，共有五个写法。读韵书必须注意形音义三方面，不能专看字形。

[꜀ʂai]，浙江温州读[꜀sɿ]。全本《刊谬补缺切韵》平声支韵“所宜反”下：“簁，下物《广韵》作‘下物竹器’。籭，𥂖，亦作簁，又所佳反，亦筛、簛。”又佳韵“山佳反”下：“籭，𥂖，又山猗反。”上声纸韵“所绮反”下：“簁，箩。”北京“筛”字读音从“山佳反”来，温州“筛”字读音从“所宜反”来。《切三》支韵“所宜反”下有“簁，下物”，佳韵“山佳反”下无“簁”或“籭”，可以假定《切韵》本来如此。

《广韵》字数，据卷首所载：

凡二万六千一百九十四言

注一十九万一千六百九十二字

所收的字和注都比《切韵》多的多，内容丰富，用起来就更方便了。比方说，“块”字《广韵》有两个读法，一个见队韵：“块，土块，苦对切”；一个见怪韵“苦怪切”下：“凷，俗云土块”。北京“块”字读[k'uai꜄]，和“怪”字[kuai꜄]韵母相同，从“苦怪切”来。杭州“块”字读[k'uei꜄]，和“悔”字[huei꜄]韵母相同，从“苦对切”来。蒋斧藏本《唐韵》和《刊谬补缺切韵》，“块”字都只有队韵“苦对反”一读，没有怪韵的读法，我们可以假设，《切韵》原来大概“块”字也只有队韵一读。这就不能解释北京等处“块”和“怪”韵母相同的读法了。“块”字西南、西北方言还有上声一读，如兰州[꜂k'uɛ]，重庆[꜂k'uai]，不见于《广韵》、《集韵》。

又如《广韵》没韵“户骨切”下有“榾”字，注云：“果子榾也，出《声谱》。”北京说[꜁xur]、桃[꜁xur]、杏[꜁xur]，[꜁xur]就是“榾儿”，“榾”读[꜁xu]，读音和“户骨切”完全符合：[x]声母阳平和匣母入声符合，[u]韵母和“骨”字[꜂ku]相同。广州说[uɐt꜆]，也是“榾”字，读音也与“户骨切”完全符合：零声母阳入相当于匣母阳入，[uɐt]韵母和“骨”字[kuɐt꜀]同韵母。蒋斧藏本《唐韵》和《刊谬补缺切韵》没韵都没有“榾”字，可以假定《切韵》原本也没有这个字。

又如《广韵》祃韵“必驾切”下：“坝，蜀人谓平川为坝。”四川一带平地叫“坝子”，抗战时到过四川的人知道重庆有沙坪坝，成都有华西坝，“坝”字读[pa꜄]，读音和“必驾切”相合。《刊谬补缺切韵》祃韵无“坝”字，蒋斧藏本《唐韵》“必驾反”下：“坝，蜀人谓平川为平坝，加。”末了有一“加”字，表示《切韵》原本无“坝”字。

又如《广韵》效韵“所教切”下：“潲，豕食；又雨溅也。”“豕食”和“雨溅”，这两个意思不相关连。北京雨从窗户进来叫“潲雨”，“潲”读[ʂau꜄]，和“所教切”完全符合。成都管“泔水”叫“潲水”，“猪食”叫“猪潲”，平常用潲水喂猪，所以“潲水”和“猪潲”是同一回事。“潲”字读[sau꜄]，读音也和“所教切”符合（成都[s-ʂ-]不分，都读[s-]）。《刊谬补缺切韵》和蒋斧藏本《唐韵》效韵“所教反”下“潲”字注仅云“豕食”。可见《切韵》原本“潲”字没有“雨溅”的解释。

以上几个例子可以说明《广韵》增加的字和训解可以帮助我们了解现代汉语方

言。《集韵》字数更多，卷首韵例说“字五万三千五百二十五”，注云“新增二万七千三百三十一”。相差二万六千一百九十四，就是《广韵》卷首所载字数，可见《集韵》是据《广韵》新增。《集韵》的音韵系统已经和《广韵》略有不同，不过《集韵》增加字还是可以补《广韵》之不足。例如《集韵》去声宥韵“息救切”下：“锈，铁上衣也，或作锈、鏽。”“锈”字各方言都用，北京读[ɕiouᵓ]和“息救切”相合。又“余救切”下：“釉，物有光也，通作油。”现在说瓷器陶器表面上的一层有光的东西叫“釉”，北京读[iouᵓ]，和“余救切”相合。《刊谬补缺切韵》、蒋斧藏本《唐韵》、《广韵》都没有“锈”字“釉”字。

“续、俗”两字，《切三》、《刊谬补缺切韵》、《广韵》都同音，都在烛韵，《广韵》“似足切”。“续、俗”广州都读[tsok꜆]阳入，苏州都读[zoʔ꜆]阳入，读音都和《广韵》等符合。北京“续”读[ɕyᵓ]去声，“俗”读[꜁su]，两字不同音。北京烛韵的“足”读[꜁tsu]，“促”读[tsʻuᵓ]，“粟”读[suᵓ]（古清音声母入声字，北京今读阴阳上去不定）。“俗”字读[꜁su]，韵母和“足、促、粟”等相同，邪母入声今读[s-]阳平，读音和“似足切”符合。“续”字读[ɕyᵓ]，韵母和“足、促、粟”不同，声调读去声不读阳平，读音和“似足切”不符。《集韵》去声遇韵：“续，辞屡切，连也。”，北京“续”字读音和“辞屡切”完全符合。

《集韵》去声效韵“豹，巴校切”下：“趵、跳跃也。”浙江温岭[pɔᵓ]，是跳跃的意思，读音和“虎豹”的“豹”相同，音义全和《集韵》“趵”字相符。济南有“趵突泉”，“趵”字读[pɔᵓ]去声，泉水上跃，高出水面三尺左右，昼夜不停。泉水命名，显然取“趵”有“跳跃”之义。《刊谬补缺切韵》、蒋斧藏本《唐韵》、《广韵》效韵都没有“趵”字。这个字是《集韵》增加的。（全本及敦煌本《刊谬补缺切韵》入声觉韵“北角反”下有“趵”字，训“足击”，《广韵》“北角切”下同，《集韵》“北角切”下：“趵，从足击也。”这个字和去声的“趵”字音义有别。）

最后必须指出，方言里有些读音是《切韵》系韵书不能解释的。例如“鼻”字广州读[pei꜇]阳去，和《广韵》至韵“毗至切”相符。“鼻”字苏州读[bəʔ꜆]阳入，是从古入声来的。北京没有入声，“鼻”字读[꜁pi]阳平，也表示这是古入声字。《切韵》系韵书里“鼻”字没有入声读法。可是孙奕《示儿编》卷十八“声讹”条有“以鼻为弼”的说法，可见“鼻”字古代有入声读法，不过《切韵》系韵书没有收这个读音而已。

至于晚起的字，当然不能从《切韵》系韵书得到解释。例如北京“甭”读[꜁pəŋ]，是“不用”两字的合音，苏州“嫑”读[fiæᵓ]阴去，是“勿（不）要”两字的合音，北京“卡片、卡车”的“卡”读[꜂kʻa]是译音（“卡片”译英文 card，“卡车”译英文 car）。

总起来说，现代方言的语音现象，大部分都可以从《切韵》的语音系统得到解释。

周德清的《中原音韵》[①]

杨耐思

导言——

本文原载于《中国语文》1957年11月号，现选自杨耐思论文集《近代汉语音论》(商务印书馆，1997)。

作者杨耐思(1927.12～)，湖南临湘人。现代著名语言学家。主要从事汉语音韵、近代汉语研究。著有《中原音韵音系》、《蒙古字韵校本》等。

元代的《中原音韵》是一部规范并指导当时人作曲的曲韵。但从汉语史角度来看，该书打破旧韵书的束缚，记录了当时实际语音，因而是近代语音史上一部划时代的韵书，研究它对了解现代汉语普通话的来源有重要意义。杨耐思先生这篇文章以详尽的史料，透彻的研究，独到的见解，全面地解说了《中原音韵》的年代、作者、编例、内容及其语音性质等问题。其中介绍《中原音韵》的革新精神、内容包括音系与其重要性三部分尤为精到，不但介绍了原书的规制与内容，而且还择要介绍了作者多年研究《中原音韵》的心得。本文几乎可以目为作者《中原音韵》研究的专著《中原音韵音系》的缩写本来读。凡《中原音韵》中的疑难问题，诸如：入声有无、两收字问题等等，本文几乎都有涉及与论述，尽管有的问题目前学术界仍乏一致认识，但本文提供的资料与观点足以给治近代音学者以借鉴和启发。

《中原音韵》是十四世纪时为北曲用韵所做的一部韵书。它的最大特点是完全摆脱了传统的仿古韵书的羁绊而根据实际语言的韵部编成的。这是汉语音韵史上一次重大的变革。十三四世纪的北曲用韵代表当时北方话的语音系统。这样，《中原音韵》所代表的语音也就是当时的北方话语音，这对于我们探讨普通话的形成和发展有着重要的意义。几乎可以说，研究普通话语音系统的形成，《中原音韵》是最主要的参考资料。人们认为现代普通话的语音早在十三四世纪时就已经奠定了基础，也主要是指《中原音韵》说的。

一 《中原音韵》的产生

我们要从汉语韵书的发展的背景上来看《中原音韵》的产生。我国语言学史上，韵书的发达是一个重大的特点，三世纪到六世纪，颜之推(531～591)就称为“音韵蜂

① 本文是在陆志韦师指导下写成的，陆师提示甚多，未及一一注明，特此申谢。

出”的时代，到了七世纪初，陆法言等人做成了一部有名的《切韵》，后来陆续出现的王仁昫《刊谬补缺切韵》、《唐韵》，以及十一世纪的《广韵》、《集韵》等等都是根据《切韵》而增订的。这一类韵书是按音韵编排的汉语字典，但是它的音韵系统却不能完全代表当时的实际语音。语音是随着时代的变迁而发展的，用韵书固定了下来的音韵系统与实际语音系统也就越来越相背离。我们从域外方言对音里可以很清楚地看到这种情况(例见罗常培《唐五代西北方音》，史语所单刊甲种之十二，1933)，又从历代诗歌的用韵和别的方面也可以看到一些韵书不合乎实际语音的情形。唐末李涪批评《切韵》说：

> 吴音乖舛，不亦甚乎？上声为去，去声为上。又有字同一声，分为两韵。……法言平声以东、农非韵，以东、崇为切；上声以董、勇非韵，以董、动为切；去声以送、种非韵，以送、众为切；入声以屋、烛非韵，以屋、宿为切。又恨怨之恨则在去声，佷戾之佷则在上声；又言辩之辩则在上声，冠弁之弁则在去声；又舅甥之舅则在上声，故旧之旧则在去声；又皓白之皓则在上声，号令之号则在去声。又以恐字、苦字俱去声。今士君子于上声呼佷，去声呼恐，得不为有知之所笑乎？(见李涪《刊误·切韵》，左氏百川学海本第十五册)

李涪又说：“凡中华音切，莫过东都，盖居天地之中，禀气特正，余尝以其音证之，必大哂而异焉！”可见李涪是以“东都音”来衡量《切韵》的。

李涪把《切韵》不合乎当时东都音的地方归结为“吴音乖舛”，自然是批评得不恰当，但却为我们指出了《切韵》已经与当时北方话实际语音不合这一点，并且揭露了当时语音演变的某些重要现象。例如：从李涪所举的“去声为上”的例子看来，《切韵》中的全浊上声字在李涪时代已经变为去声，与同声韵的全浊去声字同音了(佷、辩、舅、皓——全浊上声；恨、弁、旧、号——全浊去声)。

虽然这类韵书越来越不合乎语言的实际，但是它一直流行了好几百年。其间却也经过了一些改革，比如十三世纪初金韩道昭做的一部《改并五音集韵》。《改并五音集韵》写成于1211年，它除了并韵之外，还把韵内的字按着声母的次第加以重新编排(始于见，终于日)，改并《广韵》为160部。王文郁的《新刊韵略》写成于1229年，它的归并基本上是按十一世纪的《礼部韵略》(1037)的独用，同用的界限来定的，稍有不同的是将上声迥、拯，去声径、证、嶝又加以合并，更进一步把《广韵》206韵合并为106韵。不过这些改革还只是把《切韵》系统机械地加以并合罢了。所以说，它们都属于传统韵书的范围。

在这以后不久，传统的韵书发生了一次重大的变革，这可以拿十三世纪的《古今韵会举要》和《蒙古字韵》作代表。《古今韵会举要》系元黄公绍、熊忠所作，成书于公元1297年。它的声韵系统，据考察结果，是一个与《切韵》系统很不相同的新的系统。又从它里面所附《七音三十六母通考》(作者待考)小序说“惟以雅音求之，无不谐叶”

的话看来，好像就是代表当时普通话语音系统的。《蒙古字韵》是一项对音史料，现存抄本是公元1308年朱宗文(伯颜)的校订本。这部韵书所收的汉字上面标注了元帝国于公元1269年颁行的八思巴字，是作为音译汉字所使用的范本。它的语音系统跟《古今韵会举要》基本上相一致。这次的改革才真正算是根据当时实际语言的语音来改革的，但是也在一定程度上受旧韵书的影响。比如《古今韵会举要》的分部表面上还维持《平水韵》的面貌，又如声母方面，非、敷实际上已不分，但按旧系统仍把它们加以区分。疑母演变成喻母的字音还注为“角次浊次音”(舌根鼻音)。在声调方面保存入声，《古今韵会举要》更是以入声分卷的。《中原音韵》也就是在这种风气之下产生的，从语言上看，后者比前者更有价值。

以上说的是韵书的沿革。在等韵方面，十三、四世纪的等韵对传统韵书也做了某些改革，如跟《中原音韵》同时期的《经史正音切韵指南》(1331)将《广韵》韵部简化为十六摄，它把《广韵》“痕”、“魂”与“元”分开(分隶于臻摄与山摄)，又把入声韵配阳声韵以后再配阴声韵，它的三十六字母也与《切韵》的声母类别不同，显然是受了实际语音的影响；但是除了上述的几点发明外，它基本上还是按早期描写《切韵》音系的等韵图(如《韵镜》、《七音略》等)机械地来进行归并的，这种极不彻底的改革显然不能与《中原音韵》相比。

二 《中原音韵》的作者及内容

《中原音韵》写成于元泰定元年(1324)，书里《正语作词起例》上说：

> 《中原音韵》的本内，平声阴如此字，阳如此字，萧存存欲锓梓以启后学，值其早逝。泰定甲子以后，尝写数十本散之江湖，其韵内平声阴如此字，阳如此字，阴阳如此字。……今既的本刊行，或有得余墨本者，幸毋讥其前后不一。

可见原稿写成后，最初是把平声分为三类的“墨本”(写本)在世上流传，后来才按修改稿刊行的。刊行的年月已不可考，但最早不能早于公元1333年(见陆志韦《释中原音韵》，燕京学报第31期，1946)。

关于《中原音韵》的作者周德清的历史，文献记录不多，贾仲明的《录鬼簿续编》(见《天一阁蓝格写本正续录鬼簿》中华书局上海编辑所1960年影印。《录鬼薄续编》是否贾仲明所著，尚难确定；不过它写成于15世纪初是没有疑问的)上记载：

> 周德清，江右人，号挺斋，宋周美成之后。工乐府，善音律。病世之作乐府，有逢双不对，衬字尤多，失律俱谬者；有韵脚用平、上、去不一而唱者；有句中用入声、拗而不能歌者；有歌其字音非其字者；令人无所守。乃自著《中

州韵》一帙，以为正语之本，变雅之端。其法：以声之清浊，定字为阴阳，如高声从阳，低声从阴，使用字之随声高下情为词，各有攸当。以声之上下，分韵为平分。如直促杂谐音调，故以韵之入声，悉派三声，志以黑白，使用韵者，随字阴阳，各有所协。则清浊得宜，上下中律，而无凌犯逆物之患矣！奎章虞公叙之以传于世。又自制为乐府甚多，……皆佳作也。长篇短章，悉可为人作词之定格。

江西《高安县志》(据康熙本《高安县志》第38卷，文苑传)也有一段简单的记载：

周德清，暇堂人，工乐府，精通音律之道，所著有《中原音韵》行于世……

再是明初王伯良在他的《曲律》(天启五年，公元1625年，方诸馆原刻本)里也几次地谈到周德清的《中原音韵》，除了批评周氏以外，其他与上项记载一致。

从上面的记载里，使我们了解到周德清是元代高安县人，是个“工乐府、善音律”的戏曲家。元杨朝英所辑的《朝野新声太平乐府》(1351)中收入周德清的词(即曲)25个只曲和两个套曲，写的相当好。可见他不只对戏曲有很深的研究，而且还是一个戏曲作家。

《中原音韵》的内容分为两大部分：

第一部分就是韵书，他将所收的字分隶于东钟、江阳、支思、齐微、鱼模、皆来、真文、寒山、桓欢、先天、萧豪、歌戈、家麻、车遮、庚青、尤侯、侵寻、监咸、廉纤等十九个韵部，每个韵部之中又按声调、声母、韵母的不同分为各个同音字群，同音字群之间用圆圈隔开，一共约有1600多个同音字群(相当于1600多个音节)。

第二部分为《正语作词起例》，是理论部分，讨论作曲的方法，曲词的用韵，以及语音上的某些问题。

据韵书内容，可以求出它所代表的语音系统，一般的认识如下：

(一) 声母(与等韵家所传的36字母相对照)

p	崩、並——帮、並(仄)
p‘	烹、蓬——滂、並(平)
m	蒙——明
f	风、丰、冯——非、敷、奉
v	亡——微
t	东、洞——端、定(仄)
t‘	通、同——透、定(平)
n	脓、浓——泥、娘

l	龙——来
ts	宗、匠——精、从(仄)
ts‘	愡、丛——清、从(平)
s	嵩、颂——心、邪
tʃ	庄钟、中、仲、状——照、知、澄(仄)、床(仄)
tʃ‘	窗充、宠、床、长、臣——穿、徹、床(平)、澄(平)、禅
ʃ	双春、是绳、时——审、床、禅
ʒ	而戎——日
k	工、共——见、群(仄)
k‘	空、穹——溪、群(平)
ŋ	仰——疑
x	烘、红——晓、匣
ø	央、养、义——影、喻、疑

v 这一声母,陆志韦师认为是一个半元音性质的唇齿音,不是真正的 v(参考《释中原音韵》第 7~8 页)。

tʃ、tʃ‘、ʃ、ʒ 是根据罗常培师的拟音(参考《中原音韵声类考》,史语所《集刊》第二本第四分),从音位归纳方面来看,这是正确的。要补充说明的是,做历史的考察时,还有必要把它分为两套。因为在鱼模、真文、萧豪、尤侯、侵寻等韵部里照二组与照三、知组声母有对立;只在支思韵部里,照二、照三组声母混同,却又不杂知组声母,知组声母字全收入齐微韵部。显然照三、知组声母当时还能作软颚音,因而能与-i-相接,一部分照三组声母变同照二组,不能与-i-相接,支思韵部所以别立出来,正是因为它不是 i 元音了。《切韵》系统的疑母(ŋ)在十三四世纪北方话里普遍转化为颚化音或失去。在《中原音韵》里这种演变也还没有完成,如江阳韵部里,仰与养对立;萧豪韵部里,傲与奥对立;歌戈韵部里,我与婀对立;只可解释为前一字仍为 ŋ。

(二) 韵母:

东钟		uŋ		iuŋ		
江阳		aŋ		iaŋ	uaŋ	
支思		ï				
齐微		ei		i	uei	
鱼模		u			iu	
皆来	ɑi		ai		uai	
真文		ən		iən	uən	iuən
寒山	ɑn		an		uan	

桓欢		ɔn				
先天					iɛn	iuɛn
萧豪	ɑu		au	iɛu		
歌戈		ɔ			uɔ	
家麻		a		ia		
车遮				iɛ		iuɛ
庚青		əŋ		iəŋ	uəŋ	iuəŋ
尤侯		əu		iəu		
侵寻		əm		iəm		
监咸	ɑm		am			
廉纤				iɛm		

在皆来、寒山、监咸等韵部里，同声母的一等字跟二等字，有的已经合而为一，如皆来：乃(泥一)、妳(娘二)同音；寒山：阑(来一)、斓(来二)同音；监咸：南(泥一)、喃(娘二)同音。但是舌根音声母的一等字还是跟二等字相对立的，例如：海(晓一)、骇(晓二)；赶(见一)、简(见二)；感(见一)、减(见二)不同音。按北方话现代方言拟音，这里的“骇”等该是颚化了的，可是元音还近乎 a(kian 等)，不同于先天、廉纤韵部里的舌根音字(kiɛn，kiɛm)。《蒙古字韵》正是这样注音的(本陆师说法，参考《释中原音韵》)。现在我们用 ɑ 代表一等舌根声母字的元音，a 代表其他声母的一等字跟一切声母(包括舌根声母)的二等字的元音，是为了把皆来、寒山、监咸跟下文的萧豪拟成同一格式。并且《中原音韵》的系统里，寒山和桓欢分韵，那么，把寒山的一等舌根声母字拟成 ɑ，是比较近情理的；再者，如把“间”拟成 kian，“见”拟成 kiɛn，那样的拟音，也未免太冒险，虽然《蒙古字韵》有类似的表示。

萧豪韵基本上是跟寒山、监咸等韵部平行的，可是又多出褒(帮一)、包(帮二)；脑(泥一)、挠(娘二)的对立，《正语作词起例》所载辨音例中也有“褒有包”等例子可为旁证；不过袍(並一)、庖(並二)；猱(泥一)、铙(娘二)却不对立。看来，这里的 au 韵母里还不只限于舌根声母字。《蒙古字韵》在这里也有不同，它把一等舌根声母字跟一、二等其他声母字全都合在一韵，注为-au(褒、包；脑、挠同音)，而是把二等舌根声母字独立出来，注为颚化音(kiau 等)。跟上面所提到的寒山、监咸等韵部里的情形是一样的。

(三) 声调：

平声阴

平声阳，入声作平声阳

上声，入声作上声

去声，入声作去声

这个语音系统跟《切韵》系统有很大的不同，现在只就其中几种重要的演变现象简单地谈一谈：

1）全浊声母消失：全浊声母丧失浊音的性质，演变为相对应的清声母，塞音和塞擦音变为清声母后，在声调上平声送气，仄声不送气，同时全浊上声变为去声。

2）《切韵》系统里的照三组声母与照二组声母在支思韵部里合流，如眵、差/施、师同音；支思韵部里全收舌齿音声母，但与知组绝缘，可见在这一韵部里照三组声母发生了很大的变化。

3）-m 韵开始转化为-n 韵，如寒山韵部里收凡、范、犯字；真文韵部里收品字。这种演变只限于唇音声母，是由于首尾异化作用所引起的，这与现代粤语完全相同。

4）《中原音韵》里有好些系统性的两韵并收的字。例如：

> 崩、烹、鹏、盲……
> 肱、倾、轰、宏、兄、泓、荣……（收入东钟与庚青）
> 轴、熟……
> 竹、宿……
> 褥（收入鱼模与尤侯）
> 薄、缚、铎、浊、著、杓、凿、鹤、镬、学……
> 末、诺、落、略、弱、萼、虐、岳……（收入萧豪与歌戈）

这些两韵并收的字有一部分是真正的两读，有些则是杂揉方言现象的结果。陆师云：两韵并收的字，惟有萧豪和歌戈的入声字，可能是方言异读的现象。鱼模和尤侯的入声字不能与之相提并论。尤侯韵其实没有入声，《中原音韵》所收寥寥无几，且绝大多数又见于鱼模；诸宫调尤侯无入声。东钟和庚青的关系又另是一种情形。今日的方言有东钟全同庚青的，也有庚青的某些舌根音声母合口字归入东钟的，或是东钟的唇音声母字归入庚青的。《中原音韵》的并收不以音理为准。大致是：并收不并收，只凭元曲里实在出现与否。入声字的并收更是因为曲韵的“韵缓”，不比东钟和庚青的舌根音、唇音声母字或是鱼模和尤侯的入声作平、上、去声的字。不只如此，周德清归纳各家用字时不免疏漏。就拿关、郑、白、马的韵文来校对，何字收入何韵，多跟《中原音韵》不合。我们不能根据《中原音韵》来订定某一个字的语音，在入声字方面更不能强求。

5）《中原音韵》里把入声派入三声，似乎当时在实际语言里已经失去了入声，周氏才把这种现象反映到他的韵书里的，可是他在《正语作词起例》中却说：

> 入声派入平、上、去三声，如鞞字，次本韵后，使黑白分明，以别本声、外来，庶便学者。
>
> 余曰：尚有此恨，……从葺音韵以来，每与同志包猜，用此为则：平、

上、去本声则可，但入声作三声，如平声伏与扶，上声拂与斧，去声屋与误字之类，俱同声则不可，何也？入声作三声者，广其押韵，为作词而设也。毋使此为彼，当以呼吸言语还有入声之别而辨之可也。

这种说法也贯彻到他的韵书中了，他把入声派入三声时，是附属在本韵部之后，不像对待"浊上变去"那样直接跟三声的字合并在一起，而是使"黑白分明"的！派入三声之后他又像是不敢负起这个责任。比如他在《正语作词起例》上又说：

平、上、去、入四声，《音韵》无入声，派入平、上、去三声，前辈佳作中间备载明白，但未有以集之者，今撮其同声，或有未当，与我同志改而正诸。

分派也是按声母的发音方法机械地去做的，与实际语音演变情形不完全符合。这种种情形至少可以说明周德清的脑子里是存在着入声的概念的，至于当时北方话有没有入声尚是个疑案，单凭《中原音韵》的"入派三声"来证明当时已经失去入声是比较困难的事。

6）《中原音韵》里声调演变的另一大特点是平声分为阴阳两类，《中原音韵》周德清自序上说：

字别阴阳者，阴阳字平声有之，上、去俱无，上、去各止一声，平声独有二声……试以（某）字调平仄，又以（某）字调平仄，便可知平声阴阳字音，又可知上、去二声各止一声，俱无阴阳之别矣。

这是揭露了当时语言的实际情形的，不过如我们前面所引的周氏最初的写本是平声分为三类的，那就是用两种标准同时用于一种现象的不科学的方法。卓从之的《中州乐府音韵类编》（1351，原见《太平乐府》，可是现在所见的本子未必就是"北腔韵类"。它和《中原音韵》虽然是同出一源，而卓书字数较少，当比《中原音韵》为早出）就正是这样分的。

三 《中原音韵》语音的性质

《中原音韵》所代表的语音系统的性质，我们可以从下面三方面来看。

（一）《中原音韵·正语作词起例》上说：

余尝于天下都会之所，闻人间通济之言，世之泥古非今，不达时变者众，呼吸之间，动引《广韵》为证，宁甘受鴃舌之诮而不悔，亦不思混一日久，四海同音。上自缙绅讲论治道，及国语翻译，国学教授言语，下至讼庭理民，莫非中原之音。不尔，止依《广韵》呼吸，上、去、入声姑置，未暇殚述。略举平声，如“靴”(许戈切),在戈韵;“车、邪、遮”却在麻韵,“靴”不协“车”,“车”却协麻,“元、暄、鸳、言、褰、焉”俱不协先,却与魂、痕同押。

由这段话里可以看出,周德清做书时是带着语音发展的观念的,他批评“动引《广韵》为证”的人为“泥古非今”、“不达时变”,可见他自己是坚决抛开《广韵》一系传统韵书来审音定韵的。事实上在他的韵书里也这样作了(如上所述)。

上面的话里又提到“中原之音”,并说当时社会的各种交际,都是用“中原之音”为标准,也就使人觉得这种“中原之音”似乎就是当时的普通话语音。

又在《中原音韵·自序》里说:

言语一科,欲作乐府,必正言语;欲正言语,必宗中原之音。

戏曲用韵也是遵从“中原之音”的,可见《中原音韵》的语音也就是“中原之音”的纪实。不过周德清在《正语作词起例》另一处却说:“余生当混一(统一)之盛时,耻为亡国(指南宋)搬戏之呼吸;以中原为则,而又取四海同音而编之”。看来还不是纯粹的“中原之音”的纪实。

(二)《中原音韵》是从它以前和当时的戏曲用韵中归纳出来的,这是可以得到证明的。这不仅是周氏自己一再说明他的书是根据了“前辈佳作”,就是人家的批评也是由这里而引起的,如明王伯良说:

其所谓韵,不过杂采元前贤词曲,掇拾成编(见《曲律·论韵》)。

十三、四世纪的北方戏曲是在北方话口语的基础上产生的,戏曲语言接近口语的程度是可以想见的。如果周德清以他精通戏曲的本领,对戏曲用韵进行纯客观的归纳,似乎《中原音韵》能够完全符合十三四世纪北方话的口语语音。可是事实并不如此简单,首先,这些元曲作家并非同一个地方的人,难免不杂揉自己方言的成分;就是同一地区的作家用韵也未必能完全一致。实际上,元曲用韵不合《中原音韵》的例子并不很少。

只可以说,《中原音韵》是当时戏曲用韵的规范,基本上代表了当时北方话口语的语音系统。

(三)《中原音韵》与当时改革了的韵书如《古今韵会举要》与《蒙古字韵》在语音上有很大的不同。简单说来,在声母方面,后者多出一套全浊声母并且在很大程度上保存了舌根鼻音声母(ŋ);韵母方面后者的-uŋ 韵部与-əŋ 韵部所收的字与《中原音韵》有很大差异;声调方面也不同。这样大的分歧只可以理解为两者所根据的不是同一个语音系统。

四 《中原音韵》的重要性

（一）上面已经提到《中原音韵》基本上代表了十三、四世纪北方话口语语音系统，成为探讨普通话语音的形成和演变的重要资料，从《中原音韵》出发，可以了解现代北方话各个方言的语音演变的历史概况。

（二）《中原音韵》对传统的韵书做了一次彻底的改革，这种改革也给予它以后的韵书很大的影响。如菉斐轩《词林要韵》，朱权的《琼林雅韵》(1398)是以《中原音韵》为蓝本而加以注释的；兰茂的《韵略易通》(1442)的分部也是基本上符合《中原音韵》的。不过，兰书把鱼模再分为居鱼、呼模二部，共 20 部。陆师云：元曲里齐微也跟鱼模偶然同用，南戏的用韵更只能用兰书的音韵系统来了解它，参看《西儒耳目资》。在声母方面更把当时北方话的声类用早梅诗明确地肯定了下来。毕拱宸的《韵略汇通》(1619)是改编兰茂的书而成的。它把-m 诸韵部索性并入-n 诸韵部去，为我们保存了一项极重要的语音演变的纪录，这也是受了《中原音韵》根据实际语音来审音的作风的影响的。

（三）《中原音韵》是为戏曲用韵而做的，它以后的许多年代里，戏曲作家都是根据它来作曲的，因而它对于戏曲用韵所起的规范作用很大，在一定程度上促进了戏曲用韵的统一。

＝延伸阅读＝

1. 陈第《毛诗古音考序》，见洪诚选注《中国历代语言文字学文选》，江苏人民出版社，1982。
2. 陈寅恪《从史实论切韵》，见《金明馆丛稿初编》，上海古籍出版社，1980。
3. 陈振寰《音韵学》，湖南人民出版社，1986。
4. 董同龢《汉语音韵学》，中华书局，2001。
5. 陆法言《切韵序》，见洪诚选注《中国历代语言文字学文选》。
6. 罗常培《汉语音韵学导论》，中华书局，1956。
7. 邵荣芬《汉语语音史讲话》，天津人民出版社，1979。
8. 唐作藩《音韵学教程》，北京大学出版社，1987。
9. 王力《汉语音韵》，中华书局，1963。
10. 王力《汉语语音史》，中国社会科学出版社，1985。
11. 颜之推《颜氏家训音辞篇》，见洪诚选注《中国历代语言文字学文选》。
12. 俞敏《永明运动的表里》，见《俞敏语言学论文集》，商务印书馆，1999。
13. 赵诚《中国古代韵书》，中华书局，1980。
14. 周德清《中原音韵序》，见洪诚选注《中国历代语言文字学文选》。

＝问题与思考＝

1. 试归纳音韵学的名词术语成一体系，并以现代语音学理论作出解释。
2. 试举例说明古今音变，并据以进行历史分期。
3. 简述《切韵》和《中原音韵》的内容。
4. 试述音韵学与文学的关系。
5. 试述音韵学与文字学、训诂学的关系。
6. 试根据《诗经》押韵说上古音的某些特点。

＝研究实践＝

1.

研究课题	《诗经》用韵与上古韵部
背景材料	江有诰撰《诗经韵读》，《音韵学丛书》本 江举谦著《诗经韵读》，台湾私立东海大学 1964 年初版 王力著《诗经韵读》，上海古籍出版社 1980 年版，1986 年编入《王力文集》第 6 卷
方法提示	考察各家对《诗经》用韵特点的分析及其在韵字归部上的差异，探究其中的所以然。
呈现形式	· 论文，如《〈诗经〉用韵的几个特点》、《三种〈诗经韵读〉比较研究》、《也谈采用〈诗经〉韵字等材料归纳上古韵部的合理性》等。 · 小型学术研讨会 · 写学术札记

2.

研究课题	《楚辞》用韵与上古韵部
背景材料	江有诰撰《楚辞韵读》，《音韵学丛书》本 王力著《楚辞韵读》，上海古籍出版社 1980 年版，1986 年编入《王力文集》第 6 卷
方法提示	考察各家对《楚辞》用韵特点的分析及其在韵字归部上的差异，探究其中的所以然。
呈现形式	· 论文，如《〈楚辞〉用韵的几个特点》、《两种〈楚辞韵读〉的异同得失》等。 · 小型学术研讨会 · 写学术札记

3.

研究课题	《广韵》反切上字与中古声类
背景材料	李新魁著《古音概说》，广东人民出版社 1979 年 12 月第 1 版 唐作藩《音韵学教程》
方法提示	李新魁、唐作藩等对《广韵》反切上字的分类结果并不完全一致。各家究竟存在哪些具体差异？何以会出现这些差异？如何归类才是最为合理的？《广韵》反切上字与中古声类之间又是怎样的关系？“三十六字母”的代表性究竟如何？弄清个中奥妙，有助于深化我们对中古音的认识。
呈现形式	· 论文，如《各家对〈广韵〉反切上字分类述评》、《三十六字母与中古声类归纳》、《从〈广韵〉到〈中原音韵〉看汉语声母系统的变化》等。 · 小型学术研讨会 · 写学术札记

第二章 文 字

导 论

与世界上其他现存的文字体系相比较，汉字的历史无疑是最悠久的，在其形成、演变的三千多年漫长历程中，汉字的形体构造虽然发生了很大的变化，但基本上是一系相承的。我们所说的文字学(更确切地应称为“汉语文字学”或“汉字学”)作为汉语语言学的一个分支，就是研究汉字的性质、起源、发展、体系以及汉字形、音、义的关系的一门学科。

汉语文字学作为一个古老的学科，古代称“小学”。这个名称据周制“八岁入小学”，保氏以“六书”教“国子”而来。因为周人贵族子弟入“小学”先学文字，故古人把研究汉字的学问亦称为“小学”。隋唐以来，“小学”的范围逐渐扩大，成为文字、音韵、训诂的总称。这个名称一直沿用到清末。民国初年，章太炎建议改“小学”为“语言文字之学”，人们于是把研究汉字的学问称为“文字学”。新中国成立后，多数人仍沿用此称，但也有不少人管研究汉字的学问为“汉字学”，即“汉语文字学”。

文字是人类社会步入文明的标志，对中国文字起源的探讨直接关系到我国古代文明何时开端这样重大的课题。汉字的起源同样也是汉语文字学所关注的一个重要课题。在有关汉字起源问题的讨论中，原始陶器上的刻画符号最引人注目。有学者指出这些刻画符号有的属于标记数字、族或个人的记号，尚不能称为文字；而有的像实物的图形符号则很可能是“原始文字”，即处于形成过程中的文字。现在学术界比较有代表性的看法认为：汉字是以中国原始社会晚期出现的象形符号为基础，并吸收改造了一些标记符号而发展起来的。在汉字形成完整的文字体系以前，大概经历过一个既使用表意字、假借字、形声字，又仍然夹用图画式表意手法的原始文字阶段。汉字基本上形成完整的文字体系，很可能是在夏商之际。

汉字的性质是汉语文字学所关注的另一项研究。研究汉字的性质，就是要弄清汉字属于哪一种文字类型。这个问题早在 20 世纪 50 年代就受到了注意。过去人们基本上采用两种方法来给汉字定性：一种是根据汉字字形所能起的表意、表音的作用来为它定性，另一种是根据汉字字形所能表示的语言结构的层次（也可以说语言单位的大小）来为它定性。现在学术界比较有代表性的观点认为："符号"包括两类不同层次的概念，一是指记录语言的文字符号；一是指文字本身所由构成的符号（字符）。文字体系的性质是由字符即构字符号而不是由作为语言的符号的文字来决定的。汉字在早期阶段（隶变以前）基本上是使用意符和音符的一种文字，而在隶变之后汉字里很多意符、音符已经变为既无表意作用也无表音作用的"记号"，实际上这些汉字已变成了记号文字。但毕竟隶变后的汉字所使用的符号仍以意符和音符为主，所以汉字的性质自古至今没有本质上的变化。

"六书"是汉字构造的六种基本原则，东汉许慎的《说文解字》对这六种原则进行了阐释。对"六书"和《说文》的研究是汉语文字学的另一个重点。在六书中，讨论比较多的是转注和假借。形声字结构方面的一些现象，如省声、声旁有义和"右文"等也是历来一直受到关注的问题。

除了传统文字学外，近几十年来，古文字学和现代汉字学的研究格外引人注目，它们也属于汉语文字学的研究范畴。我们所说的古文字一般是指早期阶段（隶变以前）的古汉字，古文字学就是以早期阶段的古汉字为研究对象的学科。古文字学不仅是研究古汉字本身，同时还注重释读各种出土文字资料并确定其史料价值。古文字学是介于文字学和考古学之间的一个边缘学科。目前的古文字研究已经形成了四个主要领域，即：甲骨文研究、金文研究、秦系文字研究、战国文字研究。近年来，在许多重大的考古发现中都伴随有数量众多的古文字资料出土，这些资料对于我们进一步认识先秦秦汉时期的语言面貌和历史文化具有重要的价值。

"现代汉字学"这一术语是周有光先生 1980 年在《现代汉字学发凡》中首先提出来的。现代汉字学主要研究现代汉字的现状和实用等问题，包括现代汉字的性质、特点，现代汉字所负载的各种信息属性（如字音、字形、字序、字量），现代汉字在传统领域和计算机上的应用等。随着汉字研究的深入和汉字信息处理技术的发展，现代汉字学这一研究领域有了适宜发展的土壤，已逐步形成一个完整的学科体系。

本章选文，主要从探讨汉字的性质、起源、六书、形体演变以及学习方法出发，选取了一些有代表性的论文。这些论文反映了建国以来汉语文字学领域所取得的突出成就，具有很高的学术价值，对于汉语文字学的学习和研究很有启发意义。

选　文

谈谈古文字资料对古汉语研究的重要性*

裘锡圭

导言——

本文选自《中国语文》1979 年第 6 期。

作者裘锡圭(1935.6～　),祖籍浙江宁波,生于上海。著名文献学家、古文字学家,北京大学中文系教授、博士生导师。主要从事文字学和古典文献学(先秦秦汉部分)的教学和研究。著有《文字学概要》、《古文字论集》、《古代文史研究新探》等。

长期以来,古汉语研究所凭借的资料多偏重于传世文献,裘先生在这篇论文里强调了地下出土的古文字资料对古汉语研究的重要性,对拓展古汉语的研究领域具有重要的启发意义。

裘先生认为古文字资料较之传世文献能够更加真实地反映上古语言的面貌,这种优越性是传世文献所无法比拟的。此外,由于汉字里表意字的字形和形声字的形旁表示字义,形声字的声旁表示字音,因此古文字字形本身对于研究古汉语的词义和语音也具有重要的价值。

在这篇论文中,裘先生在语音、语法、构词法和词义等方面分别举出一些实例,来强调古文字资料对古汉语研究的重要性。如在古音学方面,古文字资料的重要性是十分明显的。讲古音离不开谐声,讲谐声一般都以《说文》为根据,但从出土的古文字资料来看,《说文》小篆的字形以及《说文》对字形的分析有很多都是有问题的。古文字资料还为一些古音现象提供了重要的例证:古音有无四声和王力先生提出来的脂微分部是两个很重要的问题,在马王堆出土的帛书中四声分用和脂微分用的现象都比较明显。

对商周时期语法、词汇的特点及规律的认识,如果不借助古文字资料,有很多问题都是难以澄清的。正如裘先生所指出的,对于古汉语研究,古文字资料绝不是可有可无的,而是必不可少的。

---

* 本文所说的古文字资料包括近年来发现的秦和西汉前期用古隶书写的资料在内。古汉语主要指先秦汉语。

长期以来，国内古汉语研究工作所凭借的资料多偏重于自古流传下来的文献，地下发现的古文字资料多多少少有些被忽视。古文字资料作为语言研究的对象，确实存在一些缺点，例如：资料往往比较零碎，有相当多的文字现在还不认识，有些资料里经常出现重复的话（如甲骨文里有很多求雨、求年的卜辞，金文里有很多求福的套语）。但是另一方面，古文字资料显然有比传世古书优越的地方：一、不少古书的年代问题聚讼纷纭，因此它们所记录的语言的时代也成了问题。地下发现的古文字资料，年代绝大部分比较明确。除去当时传抄的古书以外，它们记录的通常就是当时的语言。就拿传抄的古书来说，由于抄写的时代较早，年代问题也不像很多传世的古书那样严重。有的古书正是由于地下古抄本的发现，初步解决了年代问题。例如过去很多人认为《尉缭子》是汉以后的伪作，现在由于在银雀山汉墓里发现了西汉前期的抄本，基本上可以肯定为战国时代作品。二、古书屡经传抄刊刻，错误很多，有的经过改写删节，几乎面目全非。地下发现的古文字资料，除去传抄的古书以外，很少有这种问题。就是传抄的古书，通常也要比传世的本子近真。三、古书里保存下来的商代、西周和春秋时代的作品很贫乏。尤其是商代作品，不但数量极少，而且显然经过后人比较大的修改，不能代表商代语言的真面貌。古文字资料里有数量很多的商代后期的甲骨文和西周、春秋时代的金文，正可以补古书的不足。四、流传下来的古书绝大多数是自古以来一直受到封建士大夫重视的典籍。地下发现的古文字资料，品种比较杂，往往有在古书中很难看到的内容，如近年在云梦秦墓里发现的秦律和在马王堆西汉前期墓里发现的房中术作品等。它们有时能提供一些古书里比较少见的语言资料。例如《说文》说："赀，小罚以财自赎也"，"嫴，保任也"，这两个词在古书里都很少见，在秦律里则是常用词。[①] 此外，由于汉字里表意字的字形和形声字的形旁表示字义，形声字的声旁表示字音，因此古文字字形本身，对于研究古汉语的词义和语音也具有重要价值。字形是不断变化的。如果根据古书里较晚的字形来研究词义和语音，往往会造成错误。由于上面指出的种种原因，古文字资料对古汉语研究有很大的重要性。

随着古文字学的发展，从本世纪二十年代末开始，就出现了一些比较系统地利用古文字资料来研究古汉语的著作。[②] 但是总的来看，我国语言学界对古文字资料是不够重视的。大量古汉语研究者所使用的资料，基本上局限在流传的古书的范围里；即使使用古文字资料，也往往是很不完备的第二手材料。解放以后，这方面的情况有

---

① 看《云梦秦简释文（二）》，《文物》1976年7期5～10页。"嫴"在简文中作"結"、"姑"。

② 这类著作里，较早的有何定生《汉以前的文法研究》（中山大学《语言历史学研究所周刊》3集31、32、33期）、《尚书的文法及其年代》（同上5集49、50、51期），容庚《周金文中所见的代名词释例》（《燕京学报》6期）等文。

所改进，但是并没有根本的变化。①

在这篇短文里，我们准备在语音、语法、构词法和词义等方面分别举出一些实例，来强调一下古文字资料对古汉语研究的重要性。由于作者的语言学修养很不够，所举的例子恐怕不能很好地揭示出这种重要性，而且很可能还有错误，希望同志们指正。

首先谈谈语音方面的问题。

讲古音离不开谐声，讲谐声一般都以《说文》为根据。但是从地下发现的古文字资料来看，《说文》小篆的字形以及《说文》对字形的分析有不少是有问题的。例如：《说文》说“帅”从“自”声（据段说），金文作，“自”是的讹变之形。《说文》说“畀”从“甶”声，甲骨文作，象矢形而突出扁平的镞部，应是金錍箭的“錍”的初文，根本不从“甶”。《说文》说“并”从“幵”声；又说“一曰：从持二干（段玉裁补‘干’字）为并。”甲骨文作，象二人相并，根本不从“幵”，与“持二”或“持二干”也不相干。我们在研究古音的时候，最好把这类靠不住的谐声例子剔除出去。②

为了说明古文字对研究谐声的重要性，我们举出从“去”得声之字的问题来讨论一下。“去”是鱼部字，但是从“去”得声之字的读音却分成两系。一系是属鱼部的，如“呿”、“袪”等。一系是属叶部收-P尾的，如“劫”、“怯”、“痃”、“鉣”等。《说文》把“痃”、“鉣”说为从“劫”省声，但“怯”字仍然说为从“去”声。古音学家则大都把属于叶部的从“去”声的字全都看作从“劫”省声。经验告诉我们，“省声”的说法往往是不可信的。并且从汉字结构的通例看，“劫”字本身就应该是一个从“去”声的字。《说文》把“劫”当作会意字，说“人欲去以力胁止曰劫”，显然是牵强附会。所以从“劫”省声的说法并没有把问题解决。高本汉提出一个解释，认为“去”字在谐声时代是收-b尾的，但是这在音理上又讲不通。③

从古文字来看，这个问题非常简单，原来小篆的“去”把较古的文字里两个读音不同的字混在一起了。古文字里有字，④从“大”从“口”，表示把嘴张大的意思，这就是“口呿而不合”（《庄子·秋水》）的“呿”字的初文，也就是离去的“去”字。张开跟离去这两个意义显然是有联系的。古文字里又有一个象器皿上有盖子的字（也写作），“蓋”字所从的“盍”字上部的“去”就是这个字。⑤ 这个字应该读为“盍”，正好是叶部

---

① 解放三十年来，比较系统地利用古文字资料研究古汉语的著作，主要有以下几种：管燮初《殷虚甲骨刻辞的语法研究》、《甲骨文金文中“唯”字用法的分析》（《中国语文》1962年6期），陈梦家《殷虚卜辞综述》第三章《文法》，黄景欣《秦汉以前古汉语中的否定词“弗”“不”研究》（《语言研究》3期）。

② 王力先生在《古韵脂微质物月五部的分野》一文里已经注意到这个问题。文载北大中文系《语言学论丛》5辑。

③ 看董同龢《上古音韵表稿》（《史语所集刊》18本58页）。

④ 《甲骨文编》230页。

⑤ 《说文》“盍”字篆文作“盇”，古文字多从“去”，看《金文编》31页“蓋”字、277页“盍”字。

字。甲骨文有字，①前人不识，其实就是“阖”，也就是《说文》训“闭”的“庢”。在小篆里，、这两个形状相近的字已经混同了起来。这样，问题就清楚了。从“去”得声的鱼部字，所从的是离去的“去”。从“去”得声的叶部字，所从的则是象器盖相合的“去”（盍）。过去认为是会意字的“灋”（法）字也可能是从“去”（盍）声的。有些从“去”的字有鱼部和叶部两读，这应该是后起的混乱现象。

古文字资料还可以为一些古音现象提供重要的例证。我们从马王堆三号墓出土的竹书里举一个例子。这座墓是西汉文帝时代下葬的。墓中出了一些讲房中术的竹书，估计是汉初人从《汉书·艺文志》所著录的《务成子阴道》、《尧舜阴道》、《汤盘庚阴道》一类书里抄录下来的，其著作年代大概在战国晚期。这些东西当然是古文化中的糟粕，但是从语言学的角度看，却仍然是有价值的。例如这些文章大都用韵，对于研究古音就是很好的材料。在古音学中，古音有无四声问题②和王力先生提出来的脂微分部问题，③是两个很重要的问题。在这批材料里，四声分用和脂微分用的现象都比较明显。这里举比较典型的《师癸治神气之道》一篇，简单说明一下。这篇文章除开头一小段外，基本上每句用韵，现在把各句的韵脚依次抄录于下，后面加括号注明韵部和声调（个别不入韵的字用“〇”号表示）：

纪、始（之部上声，“纪”字本读上声）

行、央（殃）、宗（东阳合韵，平声）

续、族（侯部入声）

忘（与上“行”、“央”、“宗”等字为韵。“忘”在韵书中有平声一读，汉人韵文都押平声）

施、移（歌部平声）

志、事（之部去声）

节、实、疾（脂部入声）

阴、筋（“阴”是侵部字，“筋”是文部字，可能反映了-m尾和-n尾的相混。二字皆平声）

诎（屈）、骨、〇、出、〇、物（微部入声）

〇、味、气（微部去声）

蔥（聪）、光（东阳合韵，平声）

① 《殷墟书契后编》下10.14。

② 关于这个问题，可看周祖谟先生的《古音有无上去二声辨》，见《问学集》。

③ 看王力先生的《汉语史论文集》、《汉语史稿》上以及注④所引文（编者按：这里的“注④”即本书64页注②）。

盈、生、〇、宁(耕部平声)。[①]

这一篇文字的韵脚,四声分用和脂微分用的现象非常明显,连一个例外也没有。在同时代的古书里,似乎还没有能够这样清楚地集中地说明这两个问题的资料。

其次谈谈语法方面的问题。

商代后期的甲骨文是我们现在能够利用的最古的汉语资料。古汉语里的很多语法现象,都可以在甲骨文里找到最古的例子。但是我们在研究汉语史的时候,在这方面注意得很不够,甚至连研究甲骨文的学者已经指出的有关材料都没有充分利用。例如陈梦家在《殷墟卜辞综述》里讲卜辞语法的时候,指出“王吉兹卜”的“吉”字是当动词用的(103 页),研究汉语史的同志在讲意动用法的时候,似乎很少引用这条材料。

甲骨卜辞还反映了一些商代特有的语法现象,这就更值得我们注意了。这里举否定词“毋”的例子简单说明一下。

卜辞最常用的否定副词可以分为两组,即“弜(一般释‘勿’)、弜”和“不、弗”。前者通常是表示意愿的,往往可以翻成现代汉语的“不要”。后者通常是表示可能性或事实的,往往可以翻成“不会”或“没有”。[②]“毋”在古书里的用法跟“勿”相近。在卜辞里,一般“毋”字的用法也接近于“勿”,例如:

贞:王听□,毋告。
贞:王于甲午告。(《殷墟文字乙编》5317)
丙申卜,□贞:翌丁酉其又于中丁。
贞:毋又。(《殷墟书契续编》1.12.4)
庚午卜,王曰贞:翌辛未其田,往来无灾,不遘囚。兹用。
庚午卜,王曰贞:毋田。(《战后京津新获甲骨集》3454)

向先王祷告不祷告,举行不举行“又”祭,去不去田猎,都是要不要这样做的问题。这类卜辞的“毋”字都可以用“勿”或“弜”代替。[③]

---

① 此材料尚未公开发表,蒙湖南省博物馆给予引用的方便,谨志谢意。(编者按:此材料已收入《马王堆汉墓帛书[肆]》,文物出版社,1985。)

② 另详《释弜》一文,待刊。(编者按:已发表于《古文字研究》第一辑。)

③ 除去下面要讲到的“毋其”以外,还有少数“毋”字的用法似乎与“不、弗”没有明显的区别。如第二期卜辞里的成语“兹毋用”和“兹不用”,在意义上似乎就没有什么区别(看胡厚宣先生《释丝用丝御》,《史语所集刊》8 本 1 分)。但是这类成语大概是占辞的一部分,在占辞里“勿”字的用法也有与“不”相似的现象,这类现象尚待研究(详上注所引文)。还有些卜辞,由于辞义不够明白,所用“毋”字到底属于“勿、弜”组还是“不、弗”组,不容易肯定。但是绝大多数不带“其”的“毋”字的用法显然与“勿、弜”相似。

但是在与语气词“其”的关系上，“毋”却跟“不、弗”相似。卜辞里“勿、弜”之后几乎从来不用“其”字，“不、弗”之后则常常用“其”字。“毋”字之后也可以用“其”字，并且这样的“毋”字的用法也就不再跟“勿、弜”相似，而变得跟“不、弗”相似了。例如：

贞：翌戊申毋其星(晴)。(《柏根氏旧藏甲骨卜辞》12)

丁亥卜贞：既雨。

贞：毋其既〔雨〕。(《乙编》5574)

戊毋其雨。

壬毋其雨。(《加拿大皇家安大略博物馆所藏甲骨文字》1867)

贞：毋其延有祟。(《丙编》297)

贞：王目□。

王目毋其□。(《乙编》3018)

贞：妇姘毋其有子。(《丙编》190)

癸亥卜，㱿贞：我史𢦏缶？

癸亥卜，㱿贞：我史毋其𢦏缶？(《丙编》1)

天是晴是雨，王是否遭祟、有病，妇是否怀孩子，这些都不是要不要这样的问题，而是会不会这样的问题。所以上引这些卜辞里的“毋”字的用法都与“不、弗”相似。最后所引的《丙编》1号的卜辞，其同版卜辞有说“多臣弗其𢦏缶”的，此辞的“毋其”显然与“弗其”同意。①

总之，在卜辞里，不带“其”的“毋”基本上属于“勿、弜”一组，而带“其”的“毋”则属于“不、弗”一组。这是很值得注意的一种现象。此外如卜辞里的否定词“不”和“弗”、语气词“惟”和“叀(惠)”的细微区别，词序的各种变化②等等，都是与商代语言的特点有关的重要语法问题。不把这一类问题搞清楚，对于商代语言绝不可能有深刻的认识。

对于周以后古汉语语法的研究，古文字资料也是很重要的。例如去年第二期的《文物》上发表了马王堆三号墓出土的一幅帛书的片段(图片贰、叁)，这幅帛书对于解决系词“是”产生的时代问题就极为重要。王力先生最初认为系词“是”出现于六朝。③ 后来洪诚先生根据《史记》和《穀梁传》的材料，把这个时间提前至汉初。④ 王先生在《汉语史稿》中册里修改了自己的说法。但是他认为《史记》有经后人改动的地

---

① “𢦏”大概应该读为“捷”，是战胜的意思，看管燮初先生《说𢦏》(《中国语文》1978年3期)。

② 关于词序请参看后面论复合词构词法的一段。

③ 《中国文法中的系词》，《汉语史论文集》241页。

④ 《论南北朝以前汉语中的系词》，《语言研究》2期。

方，难以为据，《穀梁传》年代未定，也不能用，所以只承认《论衡》里的系词“是”，因此把系词“是”产生的时代定在西汉末或东汉初（353～354页）。上面所举的帛书是根据星辰、彗星、云气等天象判断吉凶的一种占书。在一些彗星的图像下分别注着“是是帚彗”、“是是竹彗”、“是是蒿彗”、“是是苦彗”等句子。这些句子里的第二个“是”字显然是系词。这幅占书是汉初人所抄录的。从内容看，原书大概为战国后期的楚国人所著。[①] 由此可见，系词“是”大概在战国后期就产生了。[②]

再举一个跟“是”字有关的例子。在先秦时代，代词“是”用作宾语的时候常常前置。《马氏文通》就已经指出“是”字用作介词“以”的宾语的时候以“倒置为常”（336等页）。王力先生在《汉语史稿》中册里又进一步指出，用作宾语的“是”在某些情况下可以自由地放在动词前面（见357～358页）。在现有的古文字资料里，“是”字始见于大约作于周昭王前后的沈子簋。我们检查了一下西周、春秋金文里“是”字作宾语用或者可能作宾语用的二十来个例句，发现“是”字全部是前置的。例如沈子簋的“懿父迺（乃）是子”（“是”似指作器者自己），陈逆簋的“子孙是保”（“是”指这件簋），陈公子甗的“子子孙孙是尚”（“是”似指这件甗），虢盘的“是㠯（以）先行”，毛公鼎的“是用寿老”等等，连一个例外也没有。由于这一事实的启发，我们又检查了一下古书里把“是”字用作宾语的句子，发现凡时代可靠的西周、春秋时代的作品（如《诗经》和《尚书》中时代可靠的各篇），所用的宾语“是”也全部是前置的。尤其是《诗经》，“是”字前置的句子非常多，如“君子是识”（《大雅·瞻卬》）、“他人是保”（《唐风·山有枢》）、“是刈是濩”（《周南·葛覃》）、“是剥是菹”（《小雅·信南山》）等等。到《论语》、《左传》等书里，宾语“是”的位置已经变为以后置为常。不过，《论语》里“以”和“用”的宾语“是”仍然都是前置的。《左传》由于是根据较古史料编纂而成的，在大量出现宾语“是”后置的句式的同时，也保留了不少宾语“是”前置的句子，如“寡人是问”（僖公四年）、“小国是惧”（襄公二十八年）、“商人是因”（昭公元年）等等。《论语》和《左传》大约分别编成于战国初期和中期。宾语“是”位置的变化也许是在春秋晚期开始发生的。所以我们可以得出一条规律：在西周春秋时代（春秋晚期也许要除外），代词“是”用作宾语时必定置于动词或介词之前。这是代词“是”不同于“之”、“此”等词的一个重要特点。如果没有古文字资料，这条规律是不大容易肯定下来的。

下面再谈谈构词法方面的问题。

对于研究古汉语单纯词的构词法（也可以说是单纯词的分化），古文字资料是极有启发性的。例如：从甲骨文看，“史”、“事”、“吏”、“使”四个字的写法本来并无区别。[③] 这就告诉我们，这四个语音相近、意义相关的词，应该是由一个词分化而

---

① 看顾铁符先生《马王堆帛书“天文气象杂占”简述》，《文物》1978年2期。

② 与秦律竹简同出于云梦睡虎地11号秦墓的一种占书，也有用法与上引帛书相似的“是”字。

③ 参看杨树达《积微居金文说》103页。

成的。

对于研究古汉语复合词的构词法，古文字资料也很重要。例如：邢公畹先生曾经指出古汉语在构词法上曾经有过跟台语一致的现象——大名冠小名。① 在甲骨文里就有不少这方面的资料。除去邢先生已经谈到的“大乙”、“大戊”等先王名也可以倒作“乙大”、“戊大”等例子外，还可以在一、二期卜辞里找到很多的大名冠小名的地名，如“丘商”、“丘剢”、“丘雷”、“自荥”、“自喜”、“自裕”等等。② 结合《左传》里的“丘舆”（成公二年）、“丘莸”（昭公四年）、“城颍”（隐公元年）、“城濮”（僖公二十八年，也见于经）、“城棣”（襄公五年）等地名来看，似乎可以确定，在较早的汉语里，地名的构词法曾以大名冠小名为常。这个例子还给我们一个启示，如果要展开汉语跟亲属语言的比较研究，应该尽量利用时代较早的古文字资料。

最后，谈谈词义方面的问题。

古文字表意字的字形对于词义研究的重要性是不言而喻的。这里举两个能够纠正古书训诂的例子来说。先说“保”字。《说文》：“保，养也。”“养”其实并不是“保”的本义。《尚书·召诰》：“夫知保抱携持厥妇子以哀籲天……”，以“保”与“抱”并提。在古文字里，“保”的较古写法是，像一个人把孩子背在背上。所以唐兰先生认为“保”的本义是负子于背，襁褓的“褓”是“保”的孳生字，“养”是“保”字的后起意义。③ 这个意见是很正确的。再说“暴”字。暴虎冯河的“暴”，古书训为徒搏。从汉代学者开始，就把徒搏理解为徒手搏虎。但是，暴虎之“暴”的本字是“虣”，甲骨文写作，诅楚文写作，象用戈搏虎。可见暴虎应指徒步搏虎，并不是一定不拿武器。古代盛行车猎，对老虎这样凶猛的野兽通常是用车猎取的，所以徒步搏虎是勇敢行为。冯河是无舟渡河，暴虎是无车搏虎，这两件事是完全对应的。④

某些词在古文字资料里的用法，对于词义研究也有重要价值。例如《说文》：“自，鼻也。象形。”从字形上看，这个解释应该是正确的。但是在全部古书里，使用“自”字的这个本义的例子一个也找不到。有一条甲骨卜辞说：“贞：有疾自，唯有害。”（《乙编》6385）跟卜辞里常见的“疾身”、“疾齿”等语对照起来看，“疾自”无疑是鼻子有病的意思。这个“自”字用的正是本义，可以补古书的不足。

如果要全面研究古汉语的词汇，更是离不开古文字资料。

总之，古文字资料对于古汉语研究的各个方面都能提供重要的材料，并且还能解

① 《汉台语构词法的一个比较研究》，收入《中国语文研究参考资料选辑》。

② 以上所引甲骨文地名分别见于《乙编》4518、《殷墟书契》1.24.3、《战后南北所见甲骨录》明395、《殷契粹编》1210、1211、《甲骨续存》下663等。“𠂤”当读为京师、洛师的“师”，也可能应读为“次”。

③ 《殷墟文字记·释保》。

④ 关于“虣”字，参看拙作《说玄衣朱襮裣》，载《文物》1976年12期。

决不少仅仅依靠古书难以解决的问题。对于古汉语研究，古文字资料绝不是可有可无的，而是必不可少的。目前我们所能看到的古文字资料，数量已经相当可观。仅就有字的甲骨片来说，就多达十多万片，估计甲骨文资料的总字数已经大大超过百万。随着我国考古事业的发展，古文字资料一定还会不断地丰富起来，古文字资料对古汉语研究的重要性自然也会越来越增加。古文字资料大都是由考古工作者发掘出来的。由于这个特点，多年来古文字学一直跟考古学有密切关系，跟语言学的关系则若即若离。古汉语研究中或多或少地有忽视古文字资料的倾向，这恐怕是一个原因。这种情况不但影响到古汉语研究工作的进展，同时也影响到古文字研究工作的进展，因为古文字学是非常需要语言学的指导和帮助的。希望语言学界多多关心古文字学，把对古文字资料不够重视的倾向迅速扭转过来。①

古汉字的形体结构及其发展阶段

姚孝遂

导言——

本文选自《古文字研究》第四辑(中华书局，1980)。

作者姚孝遂(1926～1996)，湖北武汉人。著名文字学家，吉林大学教授。主要从事文字学研究。主编有《殷墟甲骨刻辞类纂》、《殷墟甲骨刻辞摹释总集》、《甲骨文字诂林》，著有《许慎与〈说文解字〉》、《小屯南地甲骨考释》。

这篇论文对于我们认识汉字的性质以及考释古文字具有不可低估的指导意义，值得详细阅读并深刻领会。

在这篇文章中，姚先生强调必须从真正的符号角度去分析认识汉字，特别是早期的古文字。长期以来一直有这样一种误解，认为古文字相当于或类似于图画，从古文字的形体可以看出其所记录的词义。姚先生指出，汉字的大部分基本形体来源于图画，但一旦这些变成记录语言的文字形体，它就不再是图画，而是变成了符号。

汉字作为一种记录语言的符号，由形、音、义三种要素组成，但辨识一个字的过程只能是由形至音，由音到义的过程。姚先生认为，文字研究应该是在对文字形体的正确分析和掌握的基础上结合对音、义的探求来完成的。他例举了前人论著中大量由于未能把握文字本形而造成的错误字例，强调考释古文字须从本形出发。这一点是考释古文字的关键所在。

此文的另一个重要观点是：古文字作为记录语言的符号必须强调其表音作用。他通过对古文字的功能和作用的考察，指出早期文字大多数是表音符号，他认为商周

① 附记：朱德熙先生对本文多次提出修改意见，给作者很大帮助，谨志谢忱。

时期的文字体系已经发展到了表音文字阶段。

姚先生这些观点对于以往的对汉字性质的许多错误认识具有一定的纠偏作用。

当前，每在谈论到古代汉字性质的时候，无论是中国的或是外国的学者，一般都把它说成是表意文字。有些是自觉地专文加以申论；有些则是人云亦云，视为理所当然。这个问题究竟应该怎样看待？这种结论是否正确？在作出明确答复之前，有必要对几个有关的基本概念弄清楚。

文字的不同发展阶段

作为一种严格意义的文字，它必须是、而且只能是记录语言的符号；它必须有固定的读音；其主要的功能只能是通过它所代表的语音来表达概念。

但是，文字并不是从一开始就已经完备，具有它所应该具有的全部功能的。它经历了一个长期的发展过程。

假若一种文字，它没有固定的读音，单纯依靠原始的图像来表达概念，或者说主要是依靠其符号的形体来表达概念，这就不可能是严格意义的文字，那只能是属于文字的原始阶段。前者我们称之为“文字画”，后者称之为“图绘文字”。它们都还不能完全胜任记录语言的任务。我们还未曾发现古汉字有利用图绘文字组成的完整句子。

文字的发展过程，大体上经历了以下这几个阶段：

一、表意文字　　　　文字画——图绘文字

二、表音文字　　　　音节文字——音素文字

“文字画”并未形成为符号，更谈不上有固定的读音，它基本上未能脱离图画的范畴。“图绘文字”虽然也还没有形成固定的读音，但已经逐渐向符号的方向发展。尽管这些符号还是比较原始的，线条化、规则化还非常不够，还不便于书写，可是，它毕竟已逐渐脱离了图画，而跨入了文字的范畴。

在汉字的早期发展过程中，缺乏有关“文字画”的资料。至于“图绘文字”的资料，我们在商周时期的青铜器铭刻中，往往可以见到。这种文字主要是通过其形体本身来表达概念，还没有固定的读音，这是名副其实的表意文字。下面不妨举例来看一看。

《金文编》799

很明显，这像一个人右手持斧钺，左手持倒人，乃是表示在某次战争行为中俘获

了敌人。其性质相当于一篇《盂鼎》铭文，或小臣艡刻辞。都是为了铭功颂德，不过具体而微罢了。如果有人试图去考释它相当于现代的哪一个字，那将完全是徒劳的。因为这个符号所要表达的概念，已大大超过了一个“词”的范围。

《金文编》843

这种形体谁一看都能明白，从手持刀以杀豕，这应该是有关祭告祖先的铭刻，与甲骨刻辞的“㞢豕于父甲”或“虘豕于匕庚”同一性质。

这些符号，容庚先生称之为“图形文字”是有道理的。（至于《金文编·附录上》所列举的是否全都属于图形文字，则是可以讨论的）其中有一部分作为氏族的徽号一直残存在西周时期的铭文中，如：

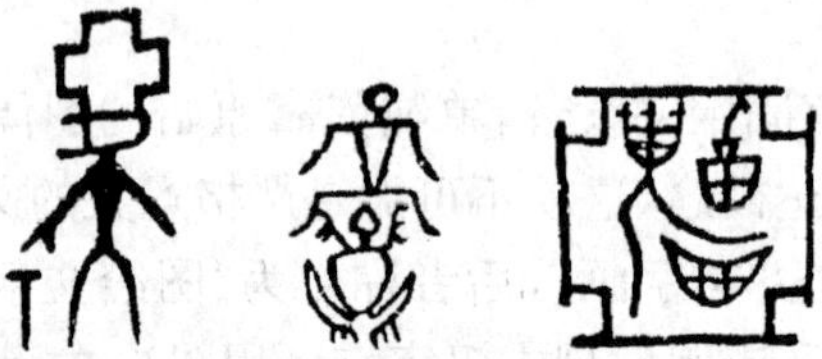

等等。这些符号，都明显地区别于当时通行的文字。

《甲》二四二二是一片习刻，其中有两个图形作：

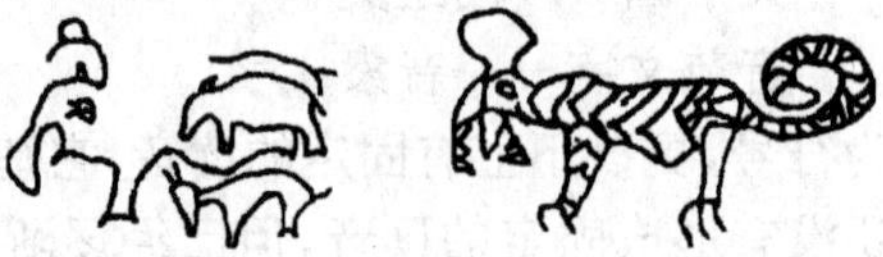

屈万里谓“本片诸辞及字，皆习书者所刻；故字皆拙劣，语不成辞。另刻图像三：一为虎形，一为子象随妊娠之母象形，又一则似兽又似虫类，漫漶不甚清晰”。

屈万里的看法大体上是正确的，以为妊娠之象显然是误解。习契者只是于空隙之处刻画小兽之图形而已。

尽管这些图形是与其他文字同刻在一块骨片上，一望即知为虎、象之形。我们认为，这不能称作严格意义的文字。这是由于：

1. 作为文字符号，这些图形尚未加以线条化、规范化；

2. 这些都是孤立的图像，还不能完全胜任记录语言的作用，还不能利用这些图像组成一个完整的句子。当然并不排斥这些图像是试图达到记载某种事件的目的。

但是，如果说这些图像与文字毫无关系，也是不够恰当的。任何文字符号都有其发生、发展过程。在形成为一种严格意义的、表音的文字以前，有一个由图画到文字的过渡阶段。人们利用某些客观事物的图像以表达某种思想，虽然是图像与语言之间的联系还不十分紧密，但终究已区别于图画，而开始进入了文字的范畴。这还不能算是严格意义的文字，而是属于文字的前期阶段——表意文字阶段。

这个界线是可以划分得出来的。我们试举虎、象二字为例：

《甲》2422　　《甲》2422　　《录遗》116

《乙》2908　　《前》4.44.5　　《续》4.7.2　　《佚》943　　《粹》987

这些图形①都不是在句子中出现的，而是孤立存在的。

自《乙》二九〇八以下，都是出现在完整的句子中，其作为文字的线条化、符号化过程是显而易见的。

《甲》2422　　《金文编》534　　《前》3.31.3　　《后下》5.11　　《乙》7645　　师汤父鼎

《甲》二四二二屈万里以为"母象形"，不称之曰"文字"而称之曰"图像"是有分寸的。《且辛鼎》的"象"形，《金文编》五三四列入象字下，固无不可。因为甲骨文、金文的"象"字确实是由此发展而来的。但我们认为，这些图形都不能算作严格意义的文字。我们还未曾发现由纯粹图形文字组成的完整句子。

两种截然不同的概念

文字的发展阶段，与文字符号的构形原则，是两种截然不同的概念，我们必须严格加以区分。文字的发展阶段，是就文字符号的功能和作用所到达的程度来说的；文字的构形原则，是就文字符号的来源来说的。这两种截然不同的概念，似乎是不容易混淆，然而事实上有很多人在不知不觉中却加以混淆了。

截至目前为止，除了半坡文化、大汶口文化陶器上的刻画和图绘符号以外，我们所能见到的最早的、成体系的汉字要算商代的甲骨文字。我们不妨拿这种最古老的

---

① 编者按："这些图形"指《甲》2422和《录遗》116的图形。

文字来说明一下我们所要说明的情况。

从甲骨文字的形体结构来看，毫无疑问，它是来源于客观事物的图像。有许多符号尽管已经线条化和简单化了，但人们还仍然可以看出它是从某一事物的图像发展而来的。例如：

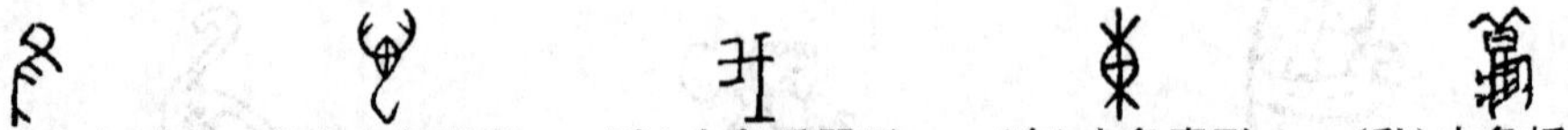

（隹）本象鸟形　（万）本象蝎形　（我）本象兵器形　（东）本象橐形　（秋）本象蟋蟀形

如果从文字的形体来源来说，我们可以称之为象形文字。但是，甲骨文字是否就是通过它的形体本身去表达概念呢？这最好还是让事实本身来作回答。

不容否认，甲骨文字有很多形体与它所要表达的概念之间是一致的。如（羊）、（犬）、（鹿）、（日）、（月）、（禾）、（木）等等。但是，我们千万不要被这种现象所迷惑住了。我们绝对不能够把某一种文字符号逐个地割裂开来，孤立地加以看待。文字都是一个完整的体系，而不是孤立存在的。

就甲骨文字的整个体系来说，就它的发展阶段来说，就它的根本功能和作用来说，它的每一个符号都有固定的读音，完全是属于表音文字的体系，已经发展到了表音文字的阶段。其根本功能不是通过这些符号形象本身来表达概念的。把它说成是表意文字是错误的。

已经著录的几万片甲骨，几乎任何一条刻辞，都能够充分地证明上述的论断。下面这一段刻辞见于《殷虚书契菁华》第一页，是武丁时期的刻辞：

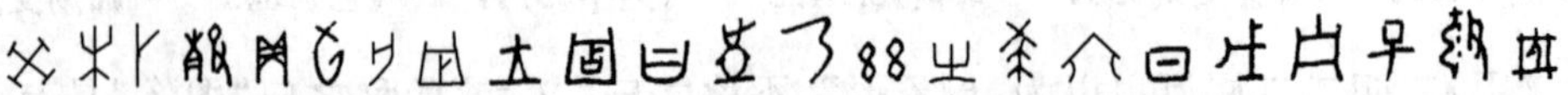

如果把这种符号作为表意文字来看待，根据它形体本身表达的概念去加以理解，那将是一堆乱七八糟，莫名其妙的东西。

小篆作，《说文》以为象水从四方流入地中之形；又谓"象人足"；有人以为象葵"四叶对生之形"；有人以为"殆似三岐矛"，全都是错误的，不可信据。这个字的形体原来究竟像什么，我们只能回答说不知道。至于它就是现代的"癸"字，则毫无疑问。

象木重枝叶。

象龟卜之纵横。

有人说象敲钟之形。《说文》训为"以上击下"。

象鼎形。

这个字的形体尚有待于进一步探索，即现在的"旬"字。

这个字的形体，《说文》的说解实在令人费解。段玉裁又加以引申说：从入ㄣ

会意，“谓入于迟曲隐蔽之处也”，纯属牵强傅会。

 有人说象盛酒器，有人说象骨头。

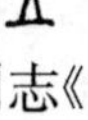 《说文》以为“一贯三”为王，不可解。实则象斧形，引申为权力的象征，见林澐同志《说王》。

 《说文》以为“象气出之难”，不可据。林义光《文源》以为象曳引之形，为扔之本字，较为近是。

 实象丝形。

 《说文》训为“木妄生”，徐锴《系传》谓“莠生门上，故从之在土上。土上益高，非其宜也”。其实有很多文字的形体，解释不通就存以待考，不必强作解人。可是有些人却故作聪明，达到了想入非非的地步，这就是其中的一个例子。

 这个字的形体目前还无法加以解释，但它的用法与“”字相同，则是可以肯定的。

 象“脩豪兽”？

 最初与“入”为同字，逐渐分化。《说文》谓“《易》之数阴，变于六，正于八”，则更加把人说糊涂了。

 象日形。

 《说文》谓“象六甲五龙相拘绞”，又谓“象人胁”，这些说解都是错误的。实际上乃象兵器之形。

 这个形尚未解决。

 象幼子之形。

 这个形体也是有争议的。疑是“弹”之本形。

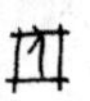 字或释死，或释葬。

很显然，我们不能够从这些符号的形体本身去了解它所要表达的概念，这条道路是行不通的。因为甲骨文字不是表意文字。

如果我们把它作为表音体系的文字符号来加以看待，这是当时语言的如实记录。这些符号的功能和作用只能是表音的。我们把它“隶定”出来，就容易理解了：

癸未卜，㱿贞：旬亡(无)囚(咎)？
××△　××　××　×

王固曰：“往乃兹有希(祟)”！六日戊子，子弦。
××○　△××××　×△××　△×○

大家都知道，所谓“假借”字，只有单纯的表音作用，这一点是没有什么争议的。即如上面这段甲骨刻辞，凡是注有“×”号的，都是“假借”字；注有“△”号的，文字形体与所表达的概念之间，也有一定的距离，属于所谓“引申义”之列；注有“○”号的，形、义一致，所谓用其“本义”。整段刻辞共二十三个字，假借字十七个约占74%；形义一致的只有两个字，还不到9%。所有甲骨刻辞大体上都是这个比例。

青铜器铭文的情况同样是如此。以近年出土的《利毁》铭文为例，这是一篇有关武王伐商的、有明确时间、有重要史料价值的，是目前所知最早的西周铭文：

“珷伐商准甲子朝岁贞克䎽夙有商辛未王才𩰤𠂤易又史利金用乍旜公宝尊彝”
（各字下标记依次为：× △ × × × × ○ × × × △ △ △ × × × × × × × × △ △ × △ × × × × △ △ ×）

这篇铭文是完全能够算得上形义一致的，只有一个“朝”字。大家对这篇铭文的考释发表不同的意见，本来是很正常的现象。但是，个别的在解释文字形体的时候，远远脱离了实际情况，结果造成铭文无法通读。造成这种错误的主要原因之一就在于：把这种文字当成表意文字，试图从文字形体的本身去寻找它实际的概念。

无论是甲骨文也好，金文也好，就这些文字符号的来源来说，是客观事物的图像，是象形文字；但是就这些文字符号的作用来说，只是利用这些符号来记录语言，它是表音的，整个的文字体系已发展到表音文字的阶段。大量的“通假”现象，就无可辨驳地证明这一点。然而不仅仅如此而已。

功能和作用

上面已经谈到，古代汉字在其运用过程中，存在着大量的“通假”现象。毫无疑问，这种文字符号已成为一种单纯的表音符号，它的形体与它所表示的概念之间，仅仅只有声音的联系。例如：

 本来象凤鸟之形，甲骨刻辞一律用作风雨的风字。这个形体与“风”有什么关系呢？

 《说文》以为短尾鸟之总名。古文字用作“唯”、“谁”、“虽”等等。

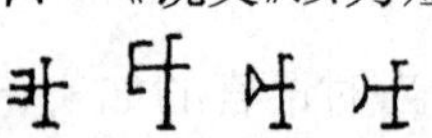 这些都象兵器之形，而分别表示“你我”的“我”，“年岁”的“岁”，干支字的“戌”和“戊”。从这些符号的形体本身，是找不出任何它们所要表示概念的迹象的。

还有一些古代的汉字，直至目前为止，根本不知道它原来的形体究竟是怎么回事，但是，对它的读音和所表示的概念，我们则是充分掌握的。例如：

㞢 早期的甲骨文大量地见到这个字，它究竟象什么形？谁也不知道。然而大家都知道“㞢”即相当于现在的“又”、“有”、“侑”等字。

此外，像“”（亡）、“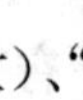”（乍）、“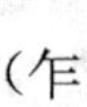”（于）、“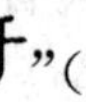”（余）等等，都是如此。这种文字符号的功能和作用，很明显，是表音的，不是表意的。

拿甲骨文字来说，几乎每一片甲骨刻辞都可以见到有所谓“天干”、“地支”字，即“甲、乙、丙、丁……”，“子、丑、寅、卯……”等等，全都属于假借字，没有一个例外。所有的专有名词在甲骨文字中占的比重是很大的。所有的否定词、代词如“不”、“弗”、“弜”、“𢎘”、“毋”、“我”、“余”、“它”、“其”、“之”、“兹”等等也都是假借字。

就这种文字符号的使用频率来说，假借字占的比重相当大，约百分之七十左右。甲骨卜辞经常所见到“前辞”和“命辞”形式是：

“××卜×贞旬亡𡆥”

具体化了可以成为：

“癸卯卜，王贞：旬亡𡆥？”

意思是：“癸卯”这一天占卜，商王贞问这十天之内有没有什么吉凶祸福？这一段卜辞共八个字，除了“卜”这一个字以外，全都是假借字。

像这样的文字体系，它所明显地体现的文字符号的功能和作用，只能是表音的，而不是表意的。

古代汉字经常是一字多义，也就是说，同一个文字符号，在不同的句子中，有可能代表不同的概念。但是，它所代表的语音基本上是不变的。例如：

“贞烄㞢雨？𢎘烄，亡其雨？”《合》三〇八

“乎舞㞢雨？乎舞亡雨？”《金》六三八

“㞢”和“亡（无）”相对，“㞢”即“有”。

“俘人十㞢五人”《菁》五

“隻（获）兕六，豕十㞢六，𪊽百㞢九十㞢九”《乙》七六四

“㞢”即“又”。

“㞢父乙一牛用”《佚》五九八

“王㞢父辛羊”《京津》二九三五

“㞢”即“侑”，乃祭名。

又如：

"甲申卜……帚好冥㚤？王固曰：'其隹丁冥㚤，其隹庚冥弘吉。'三旬㞢一日，甲寅，冥，不㚤，隹女。"《乙》七七三一

"……癸巳冥，隹女。"《乙》二三三三

"女"字作"□"，用作"男女"、"子女"之"女"，乃用其本义。

"癸丑卜，争贞，自今至于丁巳我𢦏留？王固曰：'丁巳我□其𢦏，于来甲子𢦏。'旬㞢一日癸亥，车弗𢦏，之夕□，甲子允𢦏。"

"癸亥卜，殻贞，我史𢦏缶？癸亥卜，殻贞，我史□其𢦏缶？"

以上均见于《丙》一。"□"用作否定词"毋"。

"㞢大甲□妣辛"《粹》一八二

"㞢示壬□妣庚豕"《甲》四六〇

"□"在此乃"配偶"之意。或称"母(□)"，或称"妾(□)"，甲骨刻辞往往不分（这是指独立的文字符号而言，不包括偏旁在内）。

"于□庚钔帚"《乙》三二〇五

"□癸壱王"《乙》四八三六

"□"在此乃用作"父母"之"母"。

同一文字符号，在不同的场合，可以代表不同的概念。这种现象，我们称之为"通假"。这种不同概念的区分，我们是根据其在句子中的地位和作用，词与词之间的关系来加以判定的。这种符号的功能和作用，只能是表音的。

文字形体的分析与掌握

"假借字"大多数来源于所谓的"象形字"、"会意字"。当然也有来源于"指事"和"形声"的，相对地说来，就要少一些。所谓"指事字"本来数量就很少，问题在于：占着很大比重的所谓"形声字"，是表意文字还是表音文字？

"象形"、"指事"、"会意"，"形声"是就文字的形体结构而言的，这种划分的办法是

否完全合理，我们在这里暂且不论。目前在谈论到“形声字”的时候，一般虽然不得不承认“形声字”具有一定的表音作用，但仍然强调“形声字”是一半表意，一半表形，未能脱离表意文字的范畴。有的人则称之为义音文字。

我们认为，汉字作为一种记录语言的符号，在其实际运用过程中，“字”就是一个最基本的、完整的单位，是不能加以割裂的。分析文字形体的构造，探求它的本形、本音、本义，这是文字学家的事情。作为一般的使用这种符号的人来说，是没有必要，也没有可能去做到这一点的。试问，能有多少人知道“特”是“从牛，寺声”？而“寺”又是“从寸、之声”？这不仅要懂得古文字，而且还要求懂得古音韵。何况即使是最高的“权威”，也不一定能够准确地加以掌握，因为这是一个需要长期加以探索的问题。

就拿过去认为是绝对权威的许慎《说文解字》来说，根据我们现在已经掌握的古文字资料，就可以断定他的相当一部分的说解是错误的。例如：

《说文》“ 临下也，从卧，𠘧省声。”

甲骨文“监”字作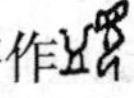，孙海波谓“象人临皿俯视之形”是对的。（《甲骨文编》三五五页）林义光《文源》根据金文明确地指出许慎说解的错误，认为“血为𠘧省，不显。监即鉴之本字。上世未制铜时，以水为鉴，故《酒诰》曰：‘人无于水监，当于民监。’象皿中盛水，人临其上之形。”“监”的形体与“卧”与“𠘧”是风马牛不相及的。

《说文》“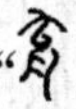，养子使作善也。从𠫓，肉声。《虞书》曰‘教育子’、育或从每。”

段玉裁《注》以为“不从子而从倒子者，正谓不善者可使作善也”，“每，艸盛也，养之则盛矣”。徐灏《段注笺》斥之为“谬”。过去均不得其解。自见到了甲骨文之后，王国维始根据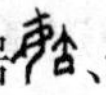、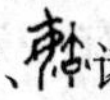诸形体，认为“其字皆从女从（倒子形，即说文之𠫓字），或从母从，象产子之形。其从· · ∵ ∴者，则象产子之有水液也。或从者，与从母从女同意。故以字形言，此字即《说文》育字之或体毓字。毓从每（即母字），从𠫓（倒古文子），与此正同。故产子为此字之本义。又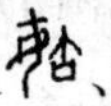、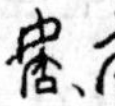、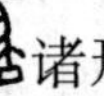诸形象倒子在人后，故引申为先后之后，又引申为继体君之后。”（《戬》三·三片考释）

“监”和“毓”，按照许慎自己的体例，其原来的形体应该是属于“会意”，可是许慎却根据小篆已经讹变的形体，误以为形声。《说文》一书中像这样的例子是很多的。许慎尚且如此，怎么能够要求一般使用汉字的人准确地分析并掌握汉字的形体结构来源呢？

一般的掌握与运用，和专门的研究不应该等同起来。这正如同我们一般的对客观事物的了解，例如对于物体，只要知道它一般的形状、性质、特征就可以了。不可能要求每个人都是化学家或物理学家。那么，有什么理由要求每一个使用文字符号的人都是文字学家呢？

因此，在实际运用过程中，所谓"形声字"的"形符"部分，对一般使用这种符号的人来说，根本不能起到什么"表意"的作用。《说文》"艸"、"木"、"水"等部，每部都有四百几十字，如果说这种"形符"偏旁有什么表意作用的话，即使对于文字学家来说，也是微乎其微的。"檄"、"榜"、"櫽"、"棔"都从"木"，很难设想，对于了解其所代表的概念，究竟能够从"木"这个偏旁中得到多大的启示。

古文字的区别符号

文字主要是随着语言的发展而发展的。人事日繁，则孳乳浸多。对于文字的最基本要求是：简单化、规则化，便于书写，容易掌握。同时还极力要求表达概念准确，避免混淆。古汉语以单音缀的词汇为主，古汉字又是来源于象形符号的表音节文字，词和字基本上是一致的。那么，以有限的符号形体，如何适应日益发展的语言需要？

古代的人们在处理这个问题上，曾经走过一些弯路。甲骨文有四千多个单字，我们现在认识的不过一千多。其余的三千多个字如果说对它们一无所知，那也不尽然。其中绝大多数是人名或地名。我们所说的不认识，只是说还找不出与之相对应的后代的文字而已。其中有很多当属于已经"死亡"了的文字。从这里面我们可以看出一个问题：古代的人们为了区别不同的概念，曾经采用过大量增加新的符号形体的办法。事实证明，这种办法不是一种最好的办法，这势必造成使用和掌握上的困难。所以后来除非在不得已的情况下，才增加新的符号。而大量的则是用通假的办法，以避免增加过多的新符号。

文字由客观事物的图像向符号化发展的结果，必然要出现形体近似，容易混淆的问题。过去大家习惯地认为甲骨文的形体"变动不居"，这种看法有一定道理，但不完全对。形体"变动不居"说明规范化的程度还不够，是文字处于早期发展阶段的一种现象。

甲骨文的形体，在与其他的字不发生混淆的时候，可以是"变动不居"的。形体或上或下，或左或右，多一划少一划，没有关系。如"人"字可以作""，也可以作""；"羌"字可以作"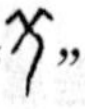"、"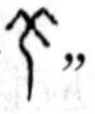"、"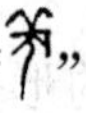"、"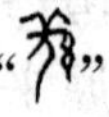"、"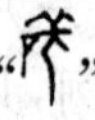"、""等多种形体。但是，当字与字之间的形体相近，容易混淆的时候，则是非常严格的，不允许"变动不居"，差一点也不行。

"气"字作""，与"三"字作""是有严格区分的。三划等长的是一、二、三的"三"；中间一划稍短一点点，则是"气"字。

"田猎"的"田"作""，笔划之间紧紧相连；而祖先之名""（或隶作"上甲"，或隶作“报甲”)的形体作“”，“十”与“”之间有空隙，不能相连。

“人”字作“”，而“尸”字则作“”或“”，仅仅在于下部有微小的区别，然而却是很严格的区别。此外像和；和等等，都是判然有别的。

“毓”字大多数的形体作或，但也有作或的，以致使某些人产生了误解。

“保”字作“”，毓字或作“”，其区别在于：“”字的“”和“”并列，而且“子”均作“”；“”字的“”均在“”的后下方，不能并列，而且“子”均作“”，不得作“”。

甲骨文的“好”字作“”或“”，“”和“”必须并列；必须是面相对；而且均从“”，不得从“”；“毓”字的或体则从“”，而且必须是在“”的后下方，不能并列。

类似这样的区别文字形体的方法，在古文字中并不经常采用，因为它还是容易造成混淆，不够明确。

另外一种则是利用附加区别符号的办法。

“”(囲)与“”容易相混，就在“”的形体上附加上了一些符号，以示区别，成为“”、“”，稍晚则较固定成“”，于是就隶定成“上甲”。

在“”的形体上加一“”，成为“”，以区别于“毓”字的或体，在金文中已成为通例。有的人不知道“”是附加的区别符号，而以为襁褓形，是错误的。

从“人”和“千”的区别中，我们可以清楚地体会到区别符号的作用。就概念的形成来说，最初应该是一个“人”代表一千，“人”和“千”最初应该是同字。这正如同古代以一个人头表示一百，一个蝎子表示一万是一样的。但在甲骨文中，“人”和“千”已经分化。“”加上区别符号就成为“”。卜辞的“”是不能认为“一人”合文。但是，“”、“”则为“二千”和“三千”，这正如同“五千”作“”是一样的。在概念不致混淆的情况下，区别符号就用不着附加了。

甲骨文“女”和“母”有时是相通的。但有时则区别非常严格，我们必须承认，“”和“”是两个完全不同的形体。有人认为“”字多出的两点象乳房形，这是对的，是符合文字的最初构形的。但是，作为附加的区别符号来理解似乎更恰当一些。

卜辞“母亲”的“母”可以作“”，也可以作“”，所以“母辛”、“母庚”等等可以作“辛”、“庚”。

但是，“子女”、“男女”的“女”则绝对不能写作“”；凡是从“女”字偏旁的，都不从“”。这说明甲骨文的这两个字已经开始分化。

更为明显的是“月”和“夕”的区分。仅仅在甲骨卜辞的范围内，也是按照不同时期，不同贞人的书写习惯而有所区分的。当“月”字作“”时，“夕”字就作“”，反之，“月”作“”，则“夕”作“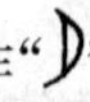”。

多出的这个“ı”，只能是属于区别符号的性质。下面这些字的区别都是如此：

“”（白）——“”（百）

“”（矢）——“”（寅）又或作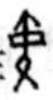

“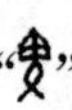”（寅）——“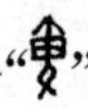”（黄）

上面所涉及到的“—”、“丨”、“ı”、“∧”、“⊔”等形体，不是一个独立的、代表具体概念的符号，这些属于“区别符号”，大家是容易理解的。

文字的孳生与形声字

通常地，大量地采用的区别概念的办法，则是以所谓“形声字”的形式。这是古代汉字孳乳分化的一种最主要的形式，这是由古代汉字本身的形体特点所决定的。我们有必要深入地分析一下形声字的形体结构及其性质。

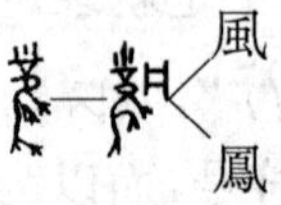

字本象“风”形，但甲骨刻辞皆用作“风雨”之“风”，是“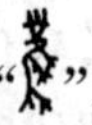”本身即已经成为单纯的声音符号，又加上“”（凡）作为声符。那么，甲骨文的“䬉”字应是从“雈”，“凡”声了。卜辞“䬉”全都用作“风雨”之“风”，无一例外。然则，“䬉”这个形声字的形符“雈”对于“风”这个概念来说，又能够有什么“表意”作用呢？

即使就小篆的形体来说，《说文》“凤，神鸟也。天老曰：凤之象也，鸿前麐后；蛇颈鱼尾；鹳鵕鸳思；龙文虎背；燕颔鸡喙，五色备举。出于东方君子之国；翱翔四海之外。过昆仑，饮砥柱，濯羽弱水，莫宿风穴，见则天下大安宁。从鸟凡声。古文凤象形。”亦古文凤。（据大徐本）“凤”是一种神鸟名的专用字，以“鸟”作为形符，对于了解“凤”的具体概念，“鸿前麐后，蛇颈鱼尾，鹳颡鸳思，龙文虎背，燕颔鸡喙，五色备举”又能够起多大的“表意”作用呢？当然，许慎所引的天老对于“凤”的形状的描述，只能是一种关于神鸟的神话。古文犹与甲骨文字相近。而另一古文，按照许慎的六书说，岂不是从(凤)、鸟声么？否则，岂不是自己违背自己的体例？

《说文》：“风，八风也……风动虫生，故虫八日而化，从虫凡声。”这纯粹是想当然的说法，林义光《文源》虽然指出“从虫于风义不切”，但他认为“象形，非虫字。象穴，象风出穴形”，更属荒诞。

“风”和“凤”都是由的形体发展而来，由于“用各有当”，所以分化成两个形体。或从“虫”，或从“鸟”。

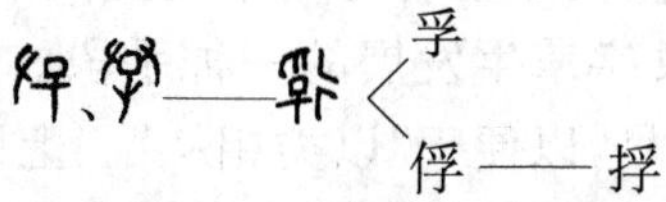

《说文》：“孚，卵孚也，从爪从子。一曰信也。”徐锴《系传》：“鸟之乳卵，皆如其期，不失信也。鸟抱恒以爪反覆其卵也。”这些解释全都是错误的。

“孚”的初形作、（甲骨文），、（金文），象以爪持子，即俘获之义。

甲骨文“孚”字的另一种写法是“”，加上了“”的偏旁，根据许慎的说法，就属于从“彳”，“孚声”的形声字了。小篆的“俘”字，当由此讹变而来。《说文》：“俘，军所获也，从人孚声。”既已从“子”，又复从“人”，是没有什么多大意义的。至于“捊”字，则当是“俘”字的进一步孳乳分化。青铜器铭文中不论是虏获敌人，或牲畜，（《师寰簋》“敺孚士女牛羊”），或金，或贝，都称“孚”。既已从“爪”，又从“手”作“捊”，也是没有多大意义的。仅就从“手”之字而言，如“援”、“授”、“挍”、“捋”、“掽”、“拱”、“捧”、“拯”、“振”，“持”等等，从“表意”的角度来说，完全是多余的、重复的，没有必要的。但是从区别概念来说，则又成为必要的了。

汉字在其发展过程中，由于其通假愈来愈多，概念容易产生混淆，于是孳生出新的文字，以使其用各有当。例如：

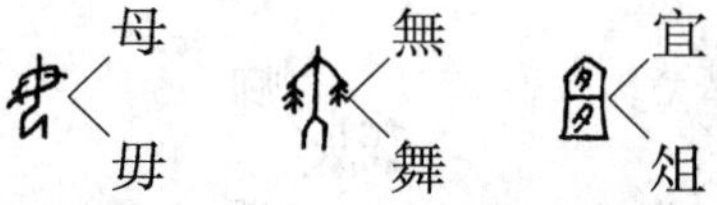

然而人们在实践过程中发现，这种产生新的符号形体的办法，将会导致符号形体愈来愈复杂，不便于掌握，只能另辟途径。许慎《说文解字叙》说：“苍颉之初作书，盖依类象形，故谓之文；其后形声相益，即谓之字。字者孳乳而寖多也。”苍颉作书，当然是神话。许慎据小篆的形体，把文字分为独体与合体，在当时的条件下，是一个非常了不起的发现。许慎把汉字分成五百四十部，相当于我们今天所说的基本形体，《说文》的九千多字，都是由这五百四十个基本形体所构成的。许慎认为是由基本形体孳生出许多新的形体，也就是说，由基本形体的互相组合，是孳生新的文字符号的一种主要手段，这一论断是非常正确的。

现在可以肯定，许慎在文字学上的贡献是巨大的，不可磨灭的。但是，五百四十部的划分则不够恰当。古代汉字的基本形体大约只有一百几十个。

《说文》的“箕”、“虩”、“郒”、“稽”、“明”、“夷”、“麻”、“瓠”、“寢”、“觋”、“欿”、“恖”，

“思”,“濒”,“然”,“焱”,“爨”、“鹽”、“蟲”、“蚰”、“劦”、“垚”等等,都很明显不应列为部首。

“形声相益,段玉裁、王筠等均谓包括“会意”、“形声”在内,这是对的,是就许慎六书体例而言的。

实际上就其作用而言,文字在其孳生过程中,为了减少通假的现象;为了用不同的符号形体来表达不同的概念;为了使符号简单而且便于掌握,充分利用原有的基本形体,组合成新的符号,这是文字孳生发展的一种手段。从广义方面来说,所谓形声字的“形符”,也是一种区别符号,以便于“以类相从”。上面已经反复论证了“形符”实际上并没有太多的表意作用。下面再举例来进一步申论这一点。

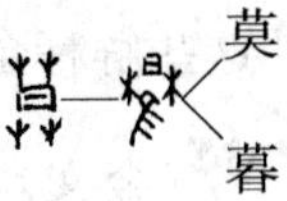

我们直至目前还不了解“莫”字为什么要加上“隹”成为“雈”字。照许慎六书的理论,“莫”是“会意”字,“雈”就是“从隹、莫声”的形声字。“隹”表什么意呢?“莫”已经从“日”,“暮”从“日”岂不是天有二日么?很显然,增加类似这样的偏旁,实际上是一种孳生的手段。下面的例子都是与此同一性质:

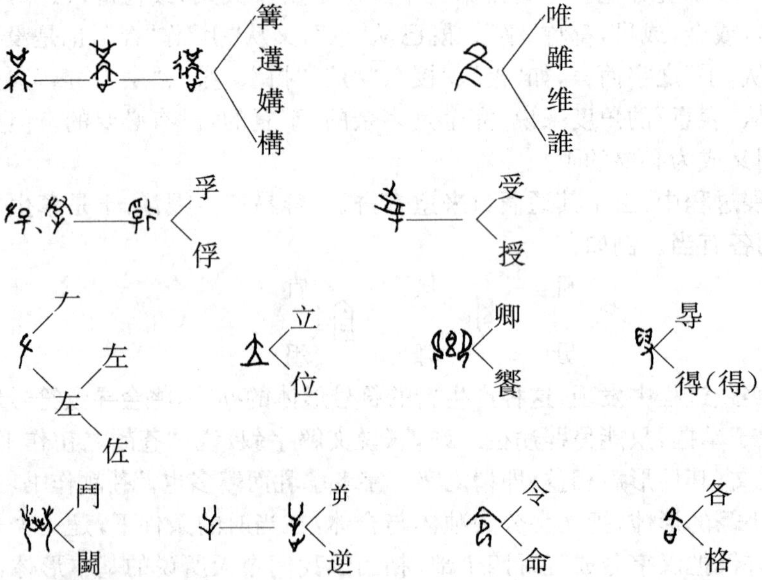

正由于很多的“形声”字,其所谓“形符”部分并不表意,如果一定要曲为之解,就必然造成穿凿傅会。《说文》此类的例子是大量的:

“即、即食也,从皀,卩声。”许慎关于“即”字的义训是正确的,但对于其形体结构却解释错了。段玉裁以为:“即当作节。《周易》所谓节饮食也。节食者,检制之使不过,故凡止于是之词谓之即……此当云从卩皀,卩亦声。其训节食,故从卩皀,卩,节古通也。”段氏的这些解释,更加违背了其原来的形体。甲骨文作“𡆧”,金文亦然,根本就不是什么形声字。小篆所有的“”（卩）”字，全都是“”形的讹变。许慎误以为“符卩”字，谓“象相合之形”，这就造成了他对所有从“卩”之字的误解。

《说文》“人”部二百四十五字，新附十八字，“形声”字共二百三十五。而许慎以为“会意”字者，如：“仕”、“佼”、“伊”、“偫”、“位”、“仰”“伍”、“什”、“伯”、“作”、“侵”、“俔”、“侻”、“倌”、“儗”以及新附之“佇”，根据许慎自己所定立的体例，都应当属于“形声”字。那么，“人”部的“形声”字当是二百五十一字。当我们谈到《诗经》“弁服俅俅”、“威仪佖佖”、“行人儦儦”、“佩玉之傩”、“硕人俣俣”、“瑟兮僩兮”、“以车伾伾”、“令终有俶”、“僾而不见”、“决拾既佽”，所有这些从“人”的字，“俅，冠饰貌”；“佖，威仪也”；“儦，行貌”；“傩，行人节也”；“俣，大也”；“伾，有力也”；“俶，善也”；“僾，仿佛也”；“佽，便利也”；我们能够通过“人”这个形符，对于这些概念得到多大的启示呢？

何况从古文字的角度来说，有许多从“人”的形符完全是重复的。如：“傀”、“侽”、“倭”，“俣”、“倨”、“侹”、“儆”、“僟”、“位”、“儹”、“併”、“倚”、“佽”、“倾”、“侒”、“侠”、“侁”、“仰”、“俔”、“优”、“伥”、“儇”、“侊”、“僻”、“佚”、“御”、“侮”、“偃”、“侻”、“侉”、“俘”、“偻”、“偺”、“侸”、“侥”、“倪”、“伶”、“价”、“仔”。

《说文》以为“企，举踵也，从人，止声”，对于形体的分析是错误的。“企”字甲骨文作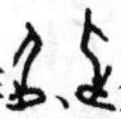、金文作（《金文编》八〇八页），有人认为是“会意”字。而实际上是一个完整的形体，不能加以分割，不可能是“形声”字。

至于“傀”或作“瓌”；“份”或作“彬”（今字作“斌”）；“侯”或作“擯”；“侯”或作“嫉”；“形符”居然可以变换，其“表意”的作用究竟有多大，不是很清楚么？

《说文》“邑”部一百八十四字。除“邑”、“邦”、“郡”、“邻”、“酂”、“鄙”、“郊”、“邸”、“郛”、“郵”、“鄙”十二字属于普通名词外，其余一百八十一字全都是专有的地名和国名（字实无其字）。任何地名或人名等专有名词是无形可象的。至于“都”、“郎”、“邪”等字现代通行汉字所具有的概念，则与“邑”毫无关系。

《说文》有些部首，如“克”、“彔”、“幵”、“五”、“六”、“七”、“甲”、“丙”、“丁”……都是孤立的，根本没有所从的字，可以无论。有许多部首，许慎的说解是不可靠，甚至是完全错误的，如“彳”、“亍”、“廴”、“丂”、“臤”、“旻”、“首”、“予”、“兮”、“叒”、“米”、“稽”、“卒”、“夲”、“夰”……都是。如何根据这些莫名其妙的偏旁去推测它们所表示的概念呢？

《说文》比较大的部首如：（据大徐本）

“水”	四六八字	加上新附二三字
“木”	四二一字	加上新附十二字
“手”	二六五字	加上新附十三字

“心”	二六三字	加上新附十三字
“糸”	二四八字	加上新附九字
“人”	二四五字	加上新附十八字
“言”	二四五字	加上新附八字
“金”	一九七字	加上新附七字
“邑”	一八四字	加上新附三字
“竹”	一四四字	加上新附五字
“虫”	一五三字	加上新附七字
“土”	一三一字	加上新附十三字

一百以上还有“辵”、“鸟”、“目”、“衣”、“马”、“车”等等。

用同一个符号来表示一百个、二百个以至四百多个不同的概念，这是不可能的。因此，我们从这些所谓“意符”的实际功能来说，它并不能起到表意的作用。（这是指通过符号形体本身能表意来说的）。

何况每一个“形声字”也都可能成为人名、地名等专有名词，也就是成为“假借字”，只有单纯的表音作用。“荷天之宠”的“荷”与“艸”何涉？“尔汝”之“汝”与“水”根本无关。姓氏的“赵、钱、孙、李”与“走”、“金”、“子”、“木”更是风马牛不相及了。多义词的存在本身就否定了所谓形符的真正表意作用。

客观事物的图像，其所表达概念的范围是不可能超越雷池一步的。如果要使某种图像通过其形体本身去表达各种不同的概念，其结果只能是什么概念也不能表达。

“形声字”本身就包含有两个独立以上的形体，所谓合体的“字”。每个独立的形体都是有形、有音、有义的。我们从分析形体结构的角度，说某一部分表音，某一部分表意，是可以的，这是比较而言的。但这并不等于说，表意符号的形体本身就能够真正表意。我们不妨看看下列的例证。

《说文》“言”部有二百四十五字，算得上一个常见的大部。然而据《说文》本身的解释，“直言曰言，论难曰语，从口辛声”，是一个形声字。我们很怀疑：究竟有多少人能知道“言”字是“从口辛声”？

再进一步根据古文字来看，许慎的说法根本是错误的。清代研究《说文》四大家的段玉裁、桂馥、朱骏声都对于“言”字的形体结构不敢赞一词。段、桂二氏只是根据徐锴的意见，把小篆的改成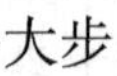。王筠曾表示疑惑，但亦模棱两可。

宋代的郑樵是比较有见地的，他看出许慎的这一说解无法讲得通，他在《六书略》中提出了另一种解释：认为“言”是“从上从舌”，“自舌上而出者言也”。他认为是会意字。这种认识是前进了一大步，但是还未尽然。

甲文、金文“言”大都作“”，既不从辛，也不从“二(上)”。我们认为，“言”字当从“舌”。

"言"是无形可象的。古人以言自舌出,"言"从舌从一,按照许慎的体例,乃"指事"字。甲骨文"言"作""、""、""等形,甲骨文的""、"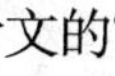"、""当即"舌"字。甲骨文"歙"字作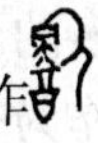、、,象俯首于尊以饮酒之形。即象舌,倒即是,可为明证。许慎解释"舌"字为"从干、从口、干亦声";"歙"字为"从欠、酓声",割裂文字形体,都是错误的。

《说文》"寢、寐而有觉也,从宀,从疒,夢声"。段玉裁解释说:"宀者覆也;疒者著也;夢者不明也;夢亦声"。这只能是愈解释愈糊涂。假如某种文字在实际的运用过程中需要绕这么多的弯路才能够理解它的含义,那么,这种文字也就没有多大的实用价值了。

至于从"寢"之字,就更加离奇。"寐"、"寐"、"寎"、"寱"、"寣"等字如果不是许慎说它"从寢省",谁能知道?何以证明是从"寢"省?

我们再进一步追问:"疒"又是什么呢?《说文》:"疒、倚也。人有疾病,象倚箸之形"。后世的从事研究《说文》的学者,曾经千方百计地想论证许慎这一说解的正确性,但都没有成功。因为从小篆"疒"的形体,怎么也得不出"象倚箸之形"的结论。

徐灏《说文段注笺》"疑只象卧寝,从爿建类,从一指事",非常接近于"疒"字的原始形体。但我们只能说徐灏这个人相当聪敏,他是"推测"出来的,不是从形体本身"看"出来的。

林义光《文源》始根据金文偏旁""的形体以为"象人在床上形",林氏的这一说法,并未引起人们的重视。

丁山根据甲骨文的大量形体和辞例,论证了""象人卧疾之形,同时还解决了""即"寢"之初形。大家始视为定论。

这些都是根据其形体发展变化的踪迹,以及其在句子中的实际运用,得到证明,加以肯定的。如果仅从其形体本身来看,既可以是"疒",何尝不可以是"卧"?"疒"与"寢"又何以区分?人躺在床上既可是正常的睡觉;也可以是在做梦;当然也可能是在生病。

脱离了语言现象,不从语言的角度去考察文字,那将是毫无意义的事情。叶玉森《前编集释》一·六七曾经释"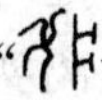"为"瘳",以为"象一病人新瘉,就床起立手足腰膂无力之状,瘳象也。"这只能是把甲骨文看成是单纯的表意文字的恶果,以为只要能够富于想象力,从文字形体本身就可以推测某一文字要表达的概念。这只能是如叶氏自己所说的"射覆",只能是臆测妄断。

如果照某些人的说法,古代汉字是表意文字,我们上文已经指出,只有极少数的文字学家才能懂得古汉字是怎样表意的,而绝大多数使用这种文字符号的人,并不知道这种符号形体的最初来源。

难道极少数的专家、权威真正懂得吗？不见得！许慎号称“五经无双”，他就把很多的形体结构完全理解错了，有许多他自己也承认不知道。但这并不妨碍古代汉字作为一种能够完全胜任的、记录语言的通行文字。不仅当时的人能懂得它的含义，我们今天仍然懂得它的含义，尽管我们到今天还不知道有些古汉字究竟何所取像。

拿近代的人来说，孙诒让是一个非常著名的、有巨大成就的金石学家、考据学家。当他在初次接触到甲骨文的时候，尽管甲骨文与金文是一脉相承，有许多共同之处，但严格说来，孙诒让并没有能够读懂甲骨文的辞例。

我们在这里并非想菲薄许慎、孙诒让，只是想通过这一些来说明：即使是专家、权威，用了一辈子的功力去探索古代汉字的形体结构，并不能够对于所有的汉字的形体都有一正确的认识；都无法从古代汉字的形体本身去真正了解其所要表达的概念，何况一般的“凡夫俗子”呢？

章太炎是位了不起的语言学家，精通声韵、训诂之学，号称国学大师。他写字是必须以《说文》为准绳。在他看来，以为只有这样才符合古代汉字表意的原则。如果不熟悉小篆，读他的学术论文时，首先读懂其文字就相当困难。他的《文始》一书，是一部探求语源、词根的专著。可惜的是，他只是迷信《说文》，以为小篆就是汉字的本源；许慎的说解就是金科玉律，小篆以前的汉字形体他根本一无所知，而且还抱着怀疑的、不承认的态度。因此，他所据以推求语源、词根的出发点就不是完全可靠的，他的许多推论是错误的。

这一切都说明了：要想通过汉字的形体本身去求得它的字义是行不通的。固然这些文字形体来源是象形符号，但是，发展的结果，它的性质和作用已经改变了。只是一个单纯的语音符号。

余　论

对于我国古代汉字形体结构的规律性，以及其所处的发展阶段的认识，不仅仅是一个纯理论性的问题，这涉及到古文字研究的各个领域。正是由于对这些理论性的问题缺乏正确的认识，带来了在古文字考释工作中不必要的混乱。不正是有人由于把古汉字当作纯粹的表意符号，而根据自己对古汉字形体的错误理解，在那里信口开河么？甚至有人还异想天开地根据古文字的形体来推考古代人们的社会活动、社会关系。这样会带来许多不必要的误解和导致完全背离实际的结论。因此，关于这些问题有详加申论的必要。

总括上述，我们认为有必要在下面各方面有一明确的认识：

所有语言文字是人们借以交流思想的工具，多数人作为一种工具去利用它，和少数人作为一种特定对象去研究它，是不能同日而语的。

人们在阅读文字的时候，“一目十行”那是过于夸张，一般是以“词”或“词组”以至于“句子”为单位去阅读的。汉字是如此，拼音文字也是如此。人们在阅读的时候，不可能是分辨其一笔一划、或其偏旁结构的。“锡荼壶”在不注意的情况下，一般地都会误认为是“锡茶壶”。“菅”误成“管”；“祟”误成“崇”；“弋”误成“戈”；“肓”误成“盲”，这些错误的发生，通常是具有相当文化程度的人。这固然是由于对汉语的语言文字掌握得不彻底、不全面所造成的，但同时也说明一个问题：一般在阅读文字的时候，并不是经常分析其一点一划，而只是看其整个轮廓。大家对于文字的形体，是作为一个整体去加以掌握的。至于这些文字形体的来源，是很少去加以推求的。对于文字所代表的概念，大家只能是“知其然”。在解释“经典”时，通常也只是谈到“训诂”而已。先秦时期传说的“止戈为武”、“自营为私”，更多的倒是一种哲理。从古文字的角度来说，这种对文字形体的解释是“似是而非”的。

汉字的形体，追本溯源，确实是从象形文字发展而来。尤其是甲骨文、金文，尽管已线条化了，但仍然可以明显地看出这些文字符号都是某种客观事物的图像。

可是，这些文字符号在其实际使用时，大多数并非其符号形体原来所显示的概念。追索这些文字符号的本形、本音、本义，是专门工作者长期研究的任务。

许慎被认为是系统地研究古文字学的鼻祖，他给我们留下了《说文解字》这一部不朽的著作。但是，从我们今天所已经掌握的古文字资料来加以衡量，许慎对于汉字形体结构的解释，多数是错误的。

“不”：说成“鸟飞上翔不下来也”，实为木根之形；借为否定词。

“隻”：说成“鸟一枚”，实为获之本字，象以手持鸟。

“至”：说成“鸟飞从高下至地也……不上去而至下来也”。实从“矢”，与鸟无涉。

“为”：说成象“母猴”形，实为从手牵象，乃会意字。又如许慎说解天干地支字，除了“子”算是说对了，“未”字说对了一半，其余廿个全都错了。甚至许多部首也错误百出。据我们的初步统计，部首中有一百多个许慎是解释错了。其中有不少是常见的部首。仅就第一、二卷而言，解释错误的有：“示”、“王”、“气”、“士”、“蓐”、“小”、“釆”、“半”、“走”、“止”、“步”、“正”、“辵”、“彳”、“亍”、“延”、“行”、“足”，这些错误是由古文字资料充分加以证明了的。像“此”、“是”的解释是值得怀疑的。至于“上”、“三”、“玨”、“蓐”、“半”、“犛”、“告”、“吅”、“哭”、“此”、“是”、“品”，根本不应算是部首。因为这些都不能算是不可分割的形体单位。

段玉裁在《广雅疏证》的序言中曾非常明确地指出：“圣人之制字，有义而后有音，有音而后有形。学者之考字，因形以得其音，因音以得其义”。

王筠《说文释例自叙》也说：“古人之造字也，正名百物，以义为本，而音从之，于是乎有形。后人之识字也，由形以求其音，由音以考其义，而文字之说备”。

这两位清代的文字学家，显然都认为从总的方面来说，古代汉字的主要功能和作用是表音的，只能“由形以求其音，由音以考其义”。英雄所见略同，这不是什么巧合，而只能是在全面地、深入地探讨了古代汉字的实际情况之后，所能够作出的唯一符合实际情况的结论。

诚然，从汉字的构形来源来说，它是由象形文字发展演变而成的。不仅仅是汉字，一切拼音文字，如果追始溯源，也都是来源于客观事物的图像，A、B、C、D……等文字符号并不例外。只不过是这些符号线条化、符号化的程度更高一些而已。

作为古文字学的专业工作者，在探讨汉字的起源的时候，说明某一个汉字符号本来是“象什么形”，或者说明某一个汉字是由哪些基本符号所组成，这是完全必要的。但是，我们绝对不能够要求每一个使用汉字符号的人都了解这些符号构成的原因，这是不现实的，也是不必要的。假若进一步混淆了文字的构形原则和文字的功能和作用这两个截然不同的概念，不深入了解和掌握古代汉字的实际运用情况，只是浮光掠影地以某些孤立的现象为依据，就断言古代汉字是表意文字，则显然是错误的。

至于还有一些人——主要是一些西方的汉学家，从他们所习惯使用的拼音文字的角度出发，认为现代通行的汉字也属于表意文字的体系，在我们对古代汉字作了上述的论证之后，似乎对于这种论断也就可以勿庸置辩了。

一九七九年六月稿

后　记

这篇文章的基本论点，实际上早在由我执笔的《古文字研究工作的现状及展望》一文中已经简要地加以阐述了。我的观点非常明确，从文字的发展阶段来说，古汉字是表音节的表音文字，不是表意文字；从文字的形体结构来说，古汉字是象形文字。我的这篇文章题目本身就明确地表达了我所要阐述的主要问题。或许是由于我表达得还不够明确，可能引起同志们的一些误解，我特此再强调一下我的上述论点。

我只准备在下列的范围内进行问题的讨论：

（一）就文字的普遍发展阶段来说，古汉字是属于什么性质的？

（二）文字的发展阶段与文字的构形原则能不能混为一谈？

对于某一客观事物，如果看问题的角度不同，或者说看问题的出发点不同，就会得出不同的结论，形成不同的观点。

同样是古汉字，按其时代来说，我们可以区分为商代文字、周代文字、战国文字、秦汉文字等等；按照其记载方式来说，可以区分为甲骨刻辞、青铜器铭刻、缯帛书、简牍、玺印、货币文字等等。或者拿一个更为通俗的例子来说，对于每一个“人”，我们可以按照其性别、年龄、籍贯、职业、种族、肤色，以至于阶级成份，政治面貌等等，给予不同的称呼。混为一谈，只能是造成不必要的纠缠。我们必须承认，古代汉字有其特殊规律性，但与此同时，它也是受文字的普遍规律性所制约的。离开了普遍规律性而空谈特殊规律性，我们将不可能正确地认识任何事物。

古文字的问题很多，需要从不同的角度，不同的方面，进行长期的、艰苦的探索。即使是同一性质的问题，也必然会产生不同的看法。而不同看法的争论，是推动我们研究工作不断深入的重要条件之一。

我在文章中所阐述的种种观点可能是离经叛道的，恳切地希望能得到同志们的指正。

一九七九年除夕补记

论 假 借

刘又辛

导言——

本文曾收入《罗常培纪念论文集》（商务印书馆，1984），现选自刘又辛著《文字训诂论集》（中华书局，1993）。

作者刘又辛（1913～ ），原名锡铭，字又新。山东临清人。1934年考入北京大学中国语言文学系，40年代初毕业于西南联合大学。解放后任西南师范大学教授。

此文对假借的定义、假借字在汉字发展过程中的地位以及"本字"与假借字的关系进行了深入透彻的讨论，是探讨假借的一篇重要论文。

东汉许慎的《说文解字》以"六书"概括了汉字构造的六种基本原则，其中指出"假借者，本无其字，依声托事，令长是也"。假借就是借用同音或音近的字来表示一个词。刘先生结合古代文字资料，肯定了许慎"假借"说的合理部分，同时也指出了其不足和错误。对于许慎的"假借"说，清代学者就有不同的理解，有的学者认为假借字应该包括字义的引申在内，此文指出这种歧解当是由于盲从许说所致。

刘先生通过对早期文字性质的考察，指出汉字发展存在三个阶段：象形字阶段（商代甲骨文以前）、假借字阶段（从甲骨文开始到秦朝统一）、形声字阶段（从秦汉到现在），并结合历史政治因素对这一发展趋势形成的原因进行了阐述。他的这一观点值得进一步商讨，而他从历史发展的角度来认识假借在汉字发展史中的地位，这对于认识汉字的本质具有重要的意义。

这篇论文还对"造字假借"、"用字假借"和"通假"的概念进行了澄清，并讨论了"本字"和"假借字"之间的关系。而对这些术语的正确理解和把握正是研究假借的关键。

这篇论文还谈到了假借对于汉字研究的价值，这些对于我们的学习和研究无疑具有重要的指导意义。

近来看到不少讨论假借字、通假字的文章，觉得有些问题还需要作进一步的讨论。例如，什么叫假借字？假借字在汉字发展过程中居于什么地位？"本字"跟假借字有什么关系？这些问题搞清楚了，对于假借字的了解就比较透彻了。这对于读古书、编字典、编写古汉语教材，都有好处，而且也牵涉到汉字整理、上古音韵研究的材料等问题。这篇文章打算就这些问题提出一些看法。

一

先谈谈什么叫假借。

《周礼·地官·保氏》、班固《汉书·艺文志》和许慎《说文解字·叙》都谈到"六书",总结了汉字六种造字方法。《周礼》只在六艺中提到六书,《汉书·艺文志》提出了六书的名称,许慎则对六种造字法一一给予解说,并且举了例。这是汉代人对汉字造字法的最有权威的说明;一直到今天,还有参考价值。我们研究假借字,也就从许慎的解说做起点。

许氏说:"假借者,本无其字,依声托事,令长是也。"现在看来,这个定义有正确的一面,也有不足的地方。

先说他正确的一面。

他把假借字的特点概括为"本无其字、依声托事"八个字。他概括得好,抓住了假借字的本质。要记录一个词,没有这个词的本字,就用一个与之同音的字来代替,用以寄托所要表达的事物。换句话说,就是用一个同音字当作记音符号来记录那个词。这种情况是文字从较原始的象形(包括指事、会意字)字向表音文字发展初期的共同现象。用象形、会意的办法造字,局限性很大,有些字不可能用这种办法造,就借用同音的字。甲骨文、金文中都有大批假借字。

比如,表示地名的"邢"字(现在河北省邢台),是汉代才造的字。甲骨文、金文都只写做"井"(如《井侯簋》),因为"井"和那个地名同音,就借用"井"做记音符号,依"井"字之声来寄托"邢"这个地名。如果用象形、会意的办法,怎么造这个代表地名的"邢"? 此外,如以"胃"假借为"谓",以"易"假借为"赐",以"才"假借为"在",以"者"假借为"诸",以"冬"假借为"终",以"某"假借为"谋",可以列出很多。

又如,现在河南许昌的"许",金文有的用"無"字(如《無曩簋》),有的作"鄦"(如《鄦子簠》),《说文》作"鄦",但古代典籍多作"许",现在"许昌"仍作"许",不作"鄦"。"無"是"舞"字初文,"许"字《说文》释为"听也"。用作地名,都是同音假借。只有"鄦"字才是本字,但以后废弃不用了。

像"鄦"字这样,《说文》中本有本字,但古今仍通用假借字的例子很多。

"郏"字下说:"周封黄帝之后于郏也。上谷有郏县。"但古代经典中多用"蓟"。如《礼记·乐记》:"封黄帝之后于蓟。"《水经·漯水注》:"蓟县,今城内西北隅有蓟丘,因丘以名邑也。"现在河北省蓟县,也作"蓟",不作"郏"。《说文》说:"蓟,芙也 。"今名大蓟、小蓟,俗名刺儿菜。用作地名,当为假借字。

又如《说文》"勼"字下说:"聚也。"当是鸠聚、鸠合的专用字。但古代典籍和现在都借用"鸠"字。如《隐八年左传》:"君释三国之图以鸠其民。"《襄十六年左传》:"敢使鲁无鸠乎?"杜注并云:"鸠,集也。"又《文选·东京赋》:"悉率百禽鸠诸灵囿。"薛综注:

“鸠，聚也。”又《后汉书·马融传》：“揫斂九薮之动物，缳橐四野之飞徵，鸠之乎兹囿之中。”注云：“鸠，聚也。”“鸠”本鸟名，本没有聚集义，因为当时没有“勼”字，所以假“鸠”为“勼”。又《庄子·天下篇》：“禹亲操橐耜而九杂天下之川。”又借用“九”为勼聚字。现在这个字仍用“鸠”字，“勼”字大概是汉代新造，并未通行。

又酸楚的“楚”，《说文》作“齭”，释为“齿伤酢也。”伤酢即为醋所伤，吃醋多了倒牙，就是这个“齭”字。但古今都多用“楚”字。“楚”训“丛木”，一名荆，是荆条一类灌木。《汉书·王允传》：“不欲使更楚辱。”《文选·陆士衡诗》：“慷慨含辛楚。”楚辱、辛楚，又是酸楚的引申义。现在“楚”字有两义：荆楚、夏楚是“楚”字本义，酸楚、苦楚的“楚”是假借义。

又豪杰的“豪”，《说文》作“势”，解为“健也。”正和豪吏、豪杰义相合。但古代典籍都用“豪”字，《说文》说：“豪，豪豕，鬣如笔管。”今名豪猪。用为豪杰字，显然是假借。

现在常用字中，还有一大批假借字，“久假不归”，已经约定俗成了。例如，“難”本鸟名，假借为困难的难；“汝”本水名，假借为尔汝的汝；“西”本“栖”字初文，假借为东西的西；“强”本虫名，假借为强弱的强；“昆”意为同，假借为昆虫的昆；“津”本渡口，假借为津液的津；“油”本水名，假借为油脂的油；“然”本燃字初文，本义是燃烧，假借为然而的然。五十年代公布的一批简化字中，有一部分也采用了同音假借的原则。例如，用“斗”字兼代鬥争的鬥；用“里”兼代裏外的裏；用“谷”兼代五穀的穀；用“后”兼代前後的後；用“干”兼代幹部的幹。不过这已经跟古代“本无其字”的假借不同；但同音代替的道理则完全一样。

可见假借字的能产性是很大的，这种方法比造象形、会意字省力得多，可以“以不造字为造字”，只要借用一个同音字就可以“依声托事”，达到造字的目的。这样看来，许慎给假借下的定义是相当正确的。

但许氏也有讲错和不够的地方。

第一，他举“令”、“长”两个字做假借的例子，很不妥当。“令”的本义是发号施令，引申为县令的令。“长”的本义当为生长（用林义光说），引申为长上的长，又引申为官长的长。这是字义的引申，不应该说是假借。许慎在《说文》中并没有明确指出哪些字是假借，但从一些字的解说中可以看出，许氏对于字义引申和假借的区别是搞不大清楚的。比如，“来”字本象麦形，假借为来往的来，完全是同音假借，意义上并没有关联。但是《说文》却说：“来，周所受瑞麦来麰。天所来也，故为行来之来。”麦子和行来本来毫无关系，他却这样迂曲地硬拉扯到一起，实在太牵强了。对“朋”字的解释也是这样。“朋”字许氏以为是“鳳”字的重文，借为朋党、朋友的朋，也只是同音假借，意义上并无关联。但《说文》却说：“鳳飞，群鸟从以万数，故以为朋党字。”姑且承认确有这个神话，凤凰飞时，群鸟随飞。但这跟朋党的朋也联系不起来。可见许氏把一些本不是引申义的字硬说成是字义的引申了。反之，“令”、“长”两个字引申为县令、官长，确确实实是字义的引申，许氏却又当作假借的例子。可见他对于引申和假借的区别本来就没有弄清楚。这也并不奇怪，我们不能用今天语言学的水平要求一千八百多年前的许慎。

可是由于许慎的这个错误，在清代小学家中却引起了争论。一派认为假借字本来就应该包括字义的引申在内；一派则认为只有同音异义的假借字才叫假借，许慎的"令"、"长"两个例子举错了。

前者可以江声、戴震、王筠等人为代表。江声在《六书说》中说："凡一字而兼两谊三谊者，除本谊之外，皆假借也。"戴震把假借分为两类：一类是"依于义以引申"的假借，一类是"依于声而旁寄"的假借。王筠也说："凡与本谊不符者，皆假借也。"段玉裁对引申义和假借的区分是比较清楚的。但他有时态度又不坚决，又使用了"引申假借"这个术语。

后者以朱骏声为代表。他在《说文通训定声述》中说："数字或同一训，而一字必无数训。其一字而数训者，有所以通之也；通其所可通则为转注，通其所不通则为假借。"按他的话说，凡一字而有几个义项的，可有两种情况：一是字义相通，有联系的，这叫转注（就是我们说的词义引申）。一是两个义项完全没有关联的，这才叫假借。他举例说："如网为田渔之器，转而为车网、为蛛网，此通以形；又转而为文网，此通以意。防为隄障之称，转而为村坊、为埵坊，此通以形；又转而为劝防，此通以意。不得谓之本训，不可谓非本字也。"——这一类字他都叫做转注，也就是词义的引申。"至如角、羽以配宫、商，唐虞下沿项譽，用斯文为幖识，而意无可求，……随厥声以成文，而事有他属；……若夫麦为来而苑为宛，豖为长而虫为彤，……以为假借则正，以为转注则纡。"朱氏把引申和假借严格加以区别，跟江、戴、王的说法大不相同。

从现代语言学的观点看来，朱氏的说法是对的。字的引申义是从本义引申出来的，是词义演变的结果，不能跟假借字混而为一。如果把字义的引申也叫做假借，那么在分析字义的义项时就不好办了。比如，前面举过的"津"字，本义当是渡口；津梁、要津，当是引申义。津液、津润、津贴则是假借义。津津乐道的津津，是另一假借义。这样对这个字的字义加以整理，才显得有条理。又如，"打"字，《现代汉语词典》分为两个字头，一个是实词的"打"，共二十三个义项；一个是用作介词的"打"，只有一个义项。前者尽管义项很多，但词义之间都有联系，都是从"打击"的本义引申而来的，例如，打架、打仗的打，距离本义较近，打电报、打交道、打主意的打，离本义很远，但都是不同层次的引申义。用做介词的打就不同了，它是同音假借，不是引申。前面朱骏声举过的"羽"、"角"等字也是这样，"羽"字本义是羽毛，"角"的本义是兽角，但二者又各借用为"宫商角徵羽"五音的音乐用语，就只是同音假借。如果我们编字典、讲字义的时候，把引申义也都叫做假借义，那么一个"打"字就有二十五个假借义，"羽音"、"角音"就有可能误会为和羽毛、角骼有关。可见引申和假借这二者不加区分是不行的。许慎只是不大懂得这个道理，所以用引申的例子当做假借；江、戴等人的说法，则是因过分相信许慎，为维护许慎而制造的错误"理论"。

许慎对假借字的解释，还有第二个缺点，他没有从历史发展的角度来加以探讨。

对于“六书”的解释，他的开创之功不可没，但是他只是从平面上对六书分别作了一些描写和说明；我们看了，也不过知道汉字中有这几种不同的构字法而已；对于汉字形成和发展的历史，却仍然不知道。事实说明，若不从历史发展的角度来说明汉字，便不可能对假借有深切的了解，对汉字的本质也不可能有深切的认识。

二

现在谈谈我对假借字的看法。

1955年我曾在一篇文章中提出过汉字发展三个阶段的论点（见本书①《从汉字演变的历史看文字改革》一文）。我把汉字发展的历史划分为三个阶段：第一个阶段是象形字阶段，这个阶段的文字以象形、指事、会意字为主，时间的下限当在商代甲骨文字以前。第二个阶段叫做假借字阶段，这个阶段的文字以假借字为主，时间从甲骨文开始到秦朝统一。第三个阶段叫做形声字阶段，从秦汉到现在，汉字以形声字为主体成为定型。

我至今对这个看法没有多大改变。关于这个问题，最近在《“右文说”说》一文中，从“右文”的角度，对假借字演变为形声字的情况又作了详细的阐述。现在再以假借字为中心做一些补充。

关于汉字发展的三个阶段这个问题，关键是在汉字发展中是否有一个假借字阶段。我的几位老师和先辈，都曾谈过形声字和假借字的关系，罗莘田先生在《音韵学导论》一书中说，有些形声字是从假借字变来的。魏天行先生在《古音研究》一书中也提出过这个问题。黎锦熙和钱玄同先生的新六书说，也看出假借字应该在形声字以前（见黎氏《汉语词典1936年序》）。

关于这个问题，陈梦家同志谈得最为详尽。他在《殷墟卜辞综述》一书中，描绘了甲骨文字的发展过程，并且附带谈到整个汉字发展的问题。他的看法有很多和我不谋而合的地方，也有些比较大的分歧。

他把甲骨文分为象形（包括指事、会意）、假借、形声三种类型，认为“这是以象形为构造原则逐渐产生的三种基本类型。”他又说：“象形、假借、形声并不是三种预设的造字法则，只是文字发展的三个过程。汉字从象形开始，在发展与应用的过程中变作了声符，是为假借字；再向前发展而有象形与假借之增加形符与音符的过程，是为形声字。形声是汉字发展的自然的结果。”这些论述也和我的论证基本相合，可以互相补充。

但他谈到汉字整个发展史的时候，却说：“我们若是把今天的汉字和甲骨文作比较，尽管经过了三千年的演变，然而基本上是相同的。也就是说，汉字在武丁时代已经大致定型了。……武丁以后三千多年，汉字在上述的基础上向前发展，只有数变而无质变。”

---

① 编者按：指刘又辛《文字训诂论集》。

这个看法，我认为还值得商榷。

诚然，甲骨文字和现代汉字一样，都有象形、假借、形声这三种文字，这是一个方面。但是，说三千年来的汉字只有量变，没有质变，那就不对了。最近吉林大学古文字教研室曾作过统计，甲骨文中常用字的假借字占百分之八十以上。假借字是文字向表音方向发展的一个标志，这个比例，说明甲骨文的这种表音倾向已居于主导地位。甲骨文中的象形、指事、会意字，比重也不小，但一则已经没有多大的能产性，二则这些字有很多当作假借的音符来使用了。所以这一类文字在甲骨文中已不是占主要地位的文字。甲骨文以后，比重则越来越下降。至于形声字，甲骨文中只占百分之十几，还处在萌芽状态。大约到春秋以后，文字发生了很大的变化。一方面是假借字的数量还在增加，一方面是形声字的数量也在增加。形声字的增加是一个新因素。我粗略地统计了一下，《金文编》正编中两千字，可以定为形声字的约八百多字，约占百分之四十多。从时代上检查，形声字的数目，东周比商代、西周多，战国时代又比春秋多。这种情况在汉字发展中是很值得注意的。

尽管如此，形声字在当时的汉字中也还没有居于主导地位。当时居于主导地位的仍然是假借字。有一个很有趣的现象，可以看出这两种文字都在增加而又互相斗争、转化的情况。

假借字的特点，是把形意字当作记音符号来用，只标音，不标形。形声字则既表音又表形，可以弥补假借字意义易混的缺点。但金文中则有形声字重新当作假借字使用的现象。例如：

《说文》："割，剥也。从刀，害声。"是个形声字。《襄三十一年左传》："未能操刀而使割也。"《乐记》："天子袒而割牲。"都用"割"字的本义。这个字金文中已经出现，但不用本义，反而假借为"曷"、"匄"等字。如《曩伯盨》："割（匄）眉寿无疆。"《无叀鼎》："用割眉寿。"

又"冲"字，《说文》释为"涌摇"。但《冲子鼎》假借为"童"字，"冲子"即"童子"。古代典籍中也有这种用法。如《尚书·召诰》："今冲子嗣，则无遗寿耇。"传："童子，言成王少，嗣位治政。"

"童"字也是形声字，本义当为罪奴，但《毛公鼎》："死毋童余一人才（在）立（位）。"假"童"为"动"。《番生簋》又假借为足踵的"踵"。

这种情况，说明汉字在发展过程中这两种倾向的斗争和互相转化的情况。一个向标音方向发展，一个又拉向半标音半标形。我们正可以在这个特殊矛盾中探索汉字发展的特殊性。

世界上的多数文字都是从象形文字向表音文字发展的。在向表音方向发展时，最初是同音假借，然后逐渐淘汰同音字，留下几百个表音节的文字符号；然后再进一步，把几百个符号再加淘汰，只留下几十个表音素的符号。最后这些符号加以简化成为字母，这就成为完全的字母文字。

汉字的前一阶段，即从象形文字发展为同音假借文字的阶段，跟其他文字的发展道路是一致的。但是在东周以后，却出现了新的情况，出现了假借字和形声字两个发展倾向相斗争的情况。这种斗争到秦始皇统一而告终。在文字上，从秦代开始，形声字的数量急剧增加；相形之下，假借字则逐渐减少，《说文》中的形声字已经占总字数的百分之八十以上。这是个决定性的数量。这个比例以后还在增大。到了宋代，形声字已达百分之九十。如果拿这个比例跟甲骨文时代的假借字的比例相比，恰好可以说明，甲骨文时代到秦以前是以假借字为主的阶段；而在秦汉以后，则是形声字的阶段。假借字、形声字在这两个阶段中的数量不同，不仅仅是量变，而且是质变。

至于汉字为什么最终走向以形声字为主的道路？为什么形声字阶段的开始应该从秦代算起？过去多认为汉语是单音节语，同音词多，拼音文字容易产生混淆，所以不能走完全表音文字的路。我看这个理由不充分。我认为这主要是中国当时的政治条件促成的。语言文字这个东西，是不能跟使用它的人民的历史相脱离的。

从秦始皇统一六国以前的政治情况来看，那时在中国的国土上，从春秋时期的上百个小国，逐渐合并成战国时期的七个国家。一方面有一种渐趋统一建立一个封建大帝国的总趋势，一方面又是“七国田畴异亩，车涂异轨，律令异法，衣冠异制，言语异声，文字异形”（许慎《说文叙》），是一种很不统一的分裂局面。有两种倾向：一种是七国分立的倾向，有可能比较长期地分建为几个或更多的独立国家；一种是最后建立一个统一的大帝国。在文字上也存在着两种可能：一种可能是在“言语异声、文字异形”的基础上，发展成为几种不同的亲属语言，分别成为各个独立国家的文字。这种文字就有发展成纯表音文字的可能。另一种可能是国家统一了，方言的统一还做不到，文字却可以走向另一条路，不走纯表音文字的路，要走形声字的路子。秦始皇统一六国以后，采取了一系列“统一”国家的措施：军事政治上已经统一了。“田畴异亩，车涂异轨，律令异法，衣冠异制”，这些都好办，完全可以用行政的办法来规定。“言语异声，文字异形”怎么办？不能下一道命令在短期内叫全国人都讲秦国方言，那是办不到的。但全国没有一个统一的交际工具是不行的，皇帝的诏令要下达，各地的情况要上报。于是采用了李斯的“书同文字”政策，规定以秦国通用的文字为规范，编几部字书，写许多石刻、铜铸的样板加以推广，“罢其不与秦文合者”。李斯的目的不过是规定一套全国通行的统一文字，并没有想到这项措施对汉字发展的影响如此深远。这个措施对汉字发展的一个决定性的影响，就是决定了汉字向形声字方向发展，从此汉字便真正定了型，结束了向拼音文字发展的倾向。秦国虽然亡了，但中国统一的形势并未改变。到了汉代，文字继续向形声字发展而达到成熟。这是历史发展的必然，也是我们祖先的一项伟大创造。试想一下，当时的中国，虽然在政治上统一了，但是方言的分歧比今天要大得多，如果不创造这种“超方言”而又能记录汉语的文字，难道还有别的更适合的文字做交际工具吗？

以上是关于汉字发展从假借阶段到形声阶段的补充论证。

其次,还可以补充一点其他文字的旁证材料。

马学良先生在论述彝文的发展情况时说:“文字不会只停留在象形象意的阶段,一般地先是在象形象意文字的基础上利用原有文字的构形形象作为表音的符号来加强文字的表达功能。”“彝文的纯表音字是假借字,……这是文字丰富发展的重要阶段。彝文字数较少,为了更好地表达语言,就不得不大量借音表意。”“经书中使用的文字据我所知约千字左右(或说有一万以上的字)……有的一字有十几个字义,需要定出本义、引申义或借义。如W本义是‘金’,引申义为‘黄’,借义是‘长’。”(见《民族语文》1981 年第一期《彝文和彝文经书》一文)。学良同志是研究彝语彝文多年的老专家,他把彝文大量应用假借字的现象,叫做“文字丰富发展的重要阶段”。这个论断对于研究汉字的发展,对于把汉字发展划出一个假借字阶段,是一个有力的旁证。

古埃及文字也有类似的假借现象。例如,表示“水渠”的象形字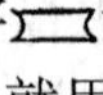读作 mer,就用这个字代表 mer 这个音节。表示“座位”的象形字读做 hiet,就用这个字表示这个音节。埃及一座古碑上有个叫“黑西利”(hesiri)的人,却画了一个神座和一只眼睛来表示。因为神座的读音是 hes,眼睛的读音是 iri,两个音合在一起是 hesiri,恰好是黑西利。这跟汉字的假借字也完全一样。埃及也有形声字,不过没有向这个方向发展,而是从假借文字逐渐走向拼音文字的道路。

纳西文字从象形文字演变为拼音文字的过程,也说明了这一点。

这些材料,都可以当作研究汉字的旁证材料。

三

如果承认汉字发展的这个轮廓,如果承认上面对假借字的分析,那么,再来讨论有关假借字的疑难问题,就好办多了。

下面谈谈所谓“造字假借”、“用字假借”和“通假”问题。

把假借字分为造字假借和用字假借两类,是从清代小学家开始的。这还要从戴震的“四体二用说”谈起。戴氏在《答江慎修论小学书》中说:

> (象形、指事、谐声、会意)四者,书之体止此矣。由是之于用。数字共一用者,如初、哉、首、基之皆为始,卬、吾、台、予之皆为我,其义转相为注,曰转注。一字数用者,依于义以引申,依于声而旁寄,假此以施于彼,曰假借。所以用文字者,斯其两大端也。

他把“六书”分为两类:象形、指事、谐声、会意四者是“体”,转注、假借二者叫做“用”。体是造字法,用是用字法。

后来许多人都承认这个说法。但又有人认为除了用字的假借以外,还有一种造字的假借。什么叫做造字的假借呢?又有两种说法:一种从文字的笔画中去找造字假借的因素。孔广居可以做这一派的代表。他说：

假借有二类：有古人造字之借，有后人用字之借。令长之类，用字之借也。人皆知之，兹不具论。

何谓造字之借？如一大为天，推十合一为士，此一字之正义也。而丙之首画，则以为阳；亟之首画，则以为天；㞢立之下画，则以为地，皆假借也。（《论六书次第·论假借》）

这种从文字笔画中觅求造字假借的说法，是很可笑的。象形、会意字的某一笔画，只是图形的一部分，怎能说是假借？况且《说文》中的“天”从一大，“推十合一”为士等说法，是据小篆解说文字造成的错误，不足为据。“天”字甲骨文金文作大，本像人形，上面是头部，后来变成横画，和“一”字无关。“士”字的古文字写法不一，诸家解说不同，但“推十合一”的说法肯定是瞎说，末画也和一字无关。这两字的横画都不是“一”字，更谈不到“正义”。至于“㞢”字的下面，即使用以代地，也只是指事字常用的手法，说不上是“一”的假借。这种说法清代已有人加以批驳，纯属无稽，可以不论。

第二种说法是用“本无其字”和“本有其字”做分类的标准。黄以周说：

假借有二例：一，有其本字依声通用者，为造字后之假借。一，本无其字依声托事者，此造字之假借也。（《六书通故》）

侯康在《说文假借例释》中也说：

制字之假借，无其字而依托一字之声或事以当之，以一字为二字也。用字之假借，是既有此字，复有彼字，音义略同，因而通假，合二字为一字者也。

把假借字按照“本无其字”和“已有此字”分为两类，而且把“用字假借”叫做“通假”，这个说法影响很大，至今一些有影响的词典和古汉语教材，都还沿用这个说法。例如，《辞海》“通假”条下说：

通假，也叫通借。用音同或音近的字来代替本字。严格说，与本无其字的假借不同，但习惯上也通称假借。

王力先生主编的《古代汉语·通论十六·双声叠韵和古音通假》一节中说：

所谓古音通假（又辛按：说“古音通假”不妥当），就是古代汉语书面语言里同音或音近的字的通用和假借。……两个字形体不同，意义不同，只是由于声音相同或相近，古人就用甲字来代替乙字。例如早晨的 zao，这个词本该写成‘早’，但是《孟子·离娄下》：‘蚤起，施从良人之所之’，却写成‘蚤’。……假借字的产生，大约有两种原因：第一种原因是本来有一个正字，但是写书或抄书的人，由于一时笔误（等于写别字），后来相沿下来，得到社会承认；或者由于地方习惯，写成了另一个字，例如早写成蚤之类。第二种原因，是本来没有正字，从一开始就借用某一个字，这一种字以虚词最为明显。

这两处解释，都跟侯康、黄以周等人传统的说法基本相同。这两段话的论点很有代表性，现在谈通假字，大概都是这么个说法。

但是，把假借字分成这样的两类，就是侯康本人也已经提出怀疑，因为一个字是本无其字还是本有其字，常常是很难判断的。侯氏说：

用字之假借无穷，制字之假借有定，而制字之假借有时混入于用字假借之中而不觉。盖假借之例，有初时用此字假借而后遂制正字者；有终古用此字假借而不复制正字者。其不复制正字之假借，后人易明。若始为假借而后制正字，则迄今二字并行已久，无以辨其孰先孰后，则无以定其为制字之假借而非用字之假借矣。如言部‘誉，稱也。’（《说文》）‘稱’训‘铨’，‘偁’训‘扬’，则偁誉之偁当作‘偁’；今作‘稱’者，许以‘稱’为‘偁’之假借也。寸部‘将，帅也。’‘帅’训佩巾，‘衛’训将衛，今作‘帅’者，许以‘帅’为‘衛’之假借也。…然未知制字之始，果先有‘偁’，而后有‘稱’；先有‘帅’，而后有‘衛’与？抑反是与？又或同时并出与？如使‘稱’、‘帅’先出，而‘偁’、‘衛’后出，则当假借时本无其字也，此制字之假借也。若其不然，则仍用字假借耳，非本无其字也。……

侯康这段话讲得很好，指出了假借字与本字出现先后的不易分辨，因而这两种假借字的划分也就失去了意义。我们今天见到的古文字材料比前人多，可以较准确地判断一些字的产生时代，有些过去认为是古已有之的字，其实出现很晚，因而也可以改正前人对某些假借字的看法。下面试举早、蚤两个字为例。

前面谈到“蚤”假借为“早”字，被认为是“笔误”，“写别字”，或“地方习惯”，本应该写做“早”，但却写为“蚤”。这是很通行的说法。这个例子也经常被人抄来抄去。好像把这个字定为“本有其字”的用字之假借，叫做“通假”，是不成问题的。可是据我考察的结果，这个“蚤”字倒是个千真万确的“本无其字”的“造字之假借”。我检查了一下，甲骨文、金文和先秦简书、帛书都没有“早”字。最早的“早”字。见于汉碑，如《尹宙碑》、《夏承碑》等碑文。《说文》日部有“早”字。这个字可以初步断定，是汉代才制的新字，秦以前都借用"蚤"字。这还可以用古代的典籍来证明。例如，《诗·七月》："四之日其蚤。"《王制》注引作"其早"。可以断定，这几处的古本当作"蚤"，"早"字则是汉代人根据当时的用字改写的。还有一条异文，更可作为这个论断的有力证据。《老子》上有一句话："夫唯啬，是谓早服。"这句话，《韩非子·解老篇》引作"夫唯啬，是谓蚤服"。究竟今本《老子》和《韩非子》引文哪个保持了最古的写法？单就这两项材料看，似乎不好判断。但长沙马王堆汉墓出土帛书《老子》乙本正作"是以蚤服"。这个帛书是现在所见到的最早的本子，可以作为这一判断的铁证。

像"蚤"这一类的情况多得很，我们如果要判断假借字与本字出现的先后，那就得像我们上面的做法一样，逐字加以认真地考证才行。不能随意说古人"写别字"或"笔误"。

其次，这种把假借字分为两类的做法，在实际上是否有必要呢？从训诂学的角度看，不管是哪种假借，只要知道它是个假借字就行了，不必管它是本无其字，还是已有其字。只有在编写专门的假借字字典的时候，才需要对每一个字的产生时代、性质（包括是不是假借），跟其他字的关系，一一作出交代。一般情况下并不需要这么做。

如果承认上面的分析，那么"通假"这个术语也就可以考虑是否需要了。因为按照前面所引的通常说法，"通假"也就是所谓"用字假借"的同义语，既然假借用不着分这样两类，那么假借就是假借，用不着多立"通假"这么个术语。但是这个术语的含义复杂得很，又很通行，因此需要对它进行一番考查。

"通假"一词，按照一般的说法，是"通用"和"假借"两词的合称。但这两个词却完全属于不同的范畴，使用的时代也不同。"假借"是六书之一，至晚当产生于秦汉，这里就不多说。至于"通"或"通用"，这个词却产生很晚。这最早是用在正字法上的术语。唐颜元孙的《干禄字书》是讲正字的较早的一部书，他把当时通行文字中的异体字分成"正"、"通"、"俗"三类。他在序言中详细说明了"通用字"、"俗字"、"正字"使用的场合，例如在考试、奏书等正式场合，不能用俗字，只能用正字或通用字等等。他说的"通用字"，是跟"正字"、"俗字"相对立的异体字。这是"通用字"或"通"的最早用法。

清代小学家用"通"、"通用"这两个词要宽得多。而且含义极不一致。有的指异体字和同源字（区别字）；有的包括假借字；有的指同义字；有的甚至指古音的通转。下面试举几个说法和用法以见一斑。

王念孙《广雅疏证》"敌、刑，正也"条下说：

> 敵读为適。《大雅·大明篇》：'天位殷適。'毛传云：'纣居天位而殷之正適也。'《士丧礼》注云："適室，正寝之室也。"《隐元年公羊传》：'正適以长。'何休注：'適，谓適夫人之子，尊无与敵也。'《杂记》：'大夫讣于同国適者。'郑注：'適，读为匹敵之敵。'——敵、適义相近，古多通用。

敵和適这两个字的"正也"义，都是假借义。《说文》解"敵"为仇敌，解"適"为"之也"，上面的用法都不是本义。(后来正嫡字又借用'嫡'字,也不是专用字。)王念孙不说它们是假借,而说"古多通用",是把"通用"的范围扩大了,两个字共同假借为一字的时候,也叫通用。在汉代,像这种情况,一般都用"读若"、"读为"这一类术语的,这时却叫做通用了。

这种把假借字叫做"通用"的做法,从清代至今,非常通行。如丁福保《说文诂林补遗自叙》说:

> 《说文系传》洫下云:'成间广八赤,深八赤,谓之洫。'……大徐本《说文》,赤皆作尺。《系传校勘记》云:'赤、尺汉通用。如赤子、赤牍等,皆尺之通用字也。'

清严章福有《经典通用考》一书,是搜集《说文》及经史诸子百家中的假借字而成的专书,而名称叫做"通用考"。

有的"通用"也包括同义字和同源字,例如段玉裁《说文解字注》"識"字下说:"意与志,志与識,古皆通用。"又"㔙"字下说:"并、併古通用。"——并和併是同源字,意和志是同义字,都叫做"通用"。

朱骏声在同一篇文章里,"通"的用法有三种,有时指字义引申,有时指同义字,有时又指语音的通转。

至于"通假"一词,如果是"通用"和"假借"两词的合称,那么通假的这个"通"又指的是哪一种"通"?并没有人认真分析过。而且用法也极不一致。

多数用法是把"通假"当成"假借"的同义词。如杨树达《造字时有通借证》一文说:

> 六书有假借,许君举令、长二字为例,此治小学者尽人所知也,然此类实是义训之引申,非真正之通假。

"假借"、"通假"二词在上下句中互用,词义完全一样。杨氏又在《拟整理古籍计划草案》一文中说:

> 经籍文字之扞格有二事:一曰文字之通假,二曰误字。明通假赖乎小学,订讹误赖乎校勘。清儒于此二事成绩卓绝者高邮王氏父子,其所著《经义述闻》、《读书杂志》,犁然有当之处最多。

他推崇王引之的《经义述闻》对通假字的研究成绩大,但王氏这部书只用"假借"一词,并没有一处用"通假"。

“假借”和“通借”混用，钱大昕早已发端，他在《古同音假借说》一文中说：

> 汉人言读若者，皆文字假借之例。……许氏书所云‘读若’、‘读与同’皆古书假借之例。……近时尊信《说文》者，知分别部居之不可杂，欲取经典正文悉改而从许氏之体，是又未谕许君通假之例矣。

可见用“假借”和“通假”完全是同义语，用哪一个词，或是两词互用，大概是各人的习惯。

但也有和“假借”义不同的用法。如郝懿行《尔雅义疏》“儀，善也”条下说：

> 儀者，義之假借也。《周礼·肆师》注：‘故书儀为義。’郑众注：‘義读为儀。’盖古书儀读義，故《说文》云：‘義，己之威儀也。’是威儀之儀作義，经典通借儀耳。

其实“義”乃是威儀字的初文，因为“義”字假借为仁谊的“谊”，于是在義字上加形旁作“儀”，以表威儀的本义。这种情况在汉字中不少，如“益”本是“溢”字初文，因益用为利益字，又造加形字“溢”。“要”本腰字初文，因假借为重要的要，又造加形字“腰”。“止”本趾字初文，因用止为停止义，又造加形字“趾”。“義”和“儀”，“益”和“溢”，“要”和“腰”，“止”和“趾”，都不是假借关系，而是初文和孳生字的关系，即同源字的关系。光说它“通”，还可以通得过，说是“通假”，就混淆了假借字和同源字的界限。

至于现在通行的词典，则又把“通假”简称为“通”，把所有假借字、同源字、古今字，一律叫做通，甚至一些读音并不相同的义近字也叫做“通”。那就比“通假”一词用得还要滥。这是另一个问题，这里就不多说了。

总之，“通假”不如仍叫假借。王引之在探讨古籍中的假借字方面，“成绩卓绝”，在《经义述闻》中考证了二百多条假借字，全书只用“假借”一词，没有用过“通假”。（他还用了“古通用”、“古通”这类术语，那是一种说明性的语言，不是当作科学术语用。）但是他把古书上的假借关系讲得明明白白，毫无含混之处，那么又何必在“假借”之外另立“通假”这样一个术语呢？

四

现在谈谈所谓“本字”问题。

什么叫做“本字”？本字和假借字有什么关系？这是在讲文字训诂学时一定会遇到的问题。现在用这个术语，也有概念不清的现象，需要讨论一下。

一种用法是把“本字”当成“正体字”的同义语。

《中华大字典》多次使用“本字”这个术语。例如：

> 對——對本字。《说文》:从丵从口、从寸。
>
> 嫥——嫥本字。见《说文》。
>
> 婣——媚本字。见《说文》。

这些字的差别,是篆字隶化后笔形的细微差异,笔画稍加调整,便于书写,连异体字也说不上,更不能说是"本字"和非本字的差别。

一种是认为"本字"一定出现最早,认为"本字"是"后起字"的对立物。

一本教材在讲到"本字"时说:"从前的文字学家们由于迷信《说文》,对于《说文》所收的字,不但不敢认为是后起字,反而认为是本字。例如'舍'字,朱骏声在《说文通训定声》里说它假借为'捨';而在'捨'字条下说:'经传皆以舍为之。'既然'皆以舍为之',可见'舍'才是本字,'捨'显然是后起字。"但在后面又说:"所谓'本字',实际上有许多是后起字。"可见这里说的"本字"是跟"后起字"相对立的。

其实,说得比较明白的还是王念孙。王氏在《说文解字注序》中说:

> 《说文》之训,首列制字之本意,而亦不废假借。凡言'一曰'及所引经,类多有之。盖以广异闻,备多识,而不限于一隅也。不明乎假借之指,则或据《说文》本字以改书传假借之字,或据《说文》引经假借之字以改经之本字,而训诂之学晦矣。
>
> 吾友段氏若膺,……尝为《六书音均表》,立十七部以综核之。因是为《说文注》,形声、读若,一以十七部之远近分合求之,而声音之道大明。于许氏之说,正义借义,知其典要,观其会通。而引经与今本异者,不以本字废借字,不以借字易本字,揆诸经义,例以本书,若合符节,而训诂之道大明。

这一段话说了几层意思,归纳起来,有下面两点:

一、"本字"的"本",就是"《说文》之训首列制字之本意"的本。

二、"本字"跟"假借字"是对立的。本字从文字上可以看出制字的本意。如山、水、鸟、鱼、江、河、训、诂等字都是本字。假借字则是利用现成的字做表音符号,从字形上看不出所借字的词义。如"无"借为有无的无,"无"只是表音符号,看不出有无的意思。

但是还有一点没有讲清楚,就是"本字"的时间是否一定很早很古的问题。过去人研究文字,把《说文》当成经典,把《说文》所收的字都当成最早的文字,《说文》又是讲本字、本义的书,因此就认为"本字"都是最早的文字。黎庶昌在《广说文荅问疏证序》中说:"六朝以降,不知《说文》本字之即古文,误以为小篆。"他认为《说文》中的字都是古文,是先秦都有了的,换言之,秦以后的文字没有收入《说文》。

这种说法的原因很多，其中之一是认为“本字”都是先秦的文字，把“本”字解为“本，始也”的本。另一个更主要的原因，是没有从汉字发展的观点来分析“本字”和假借字的关系。

根据我们前面的论述，从汉字发展的角度看来，本字和假借字的关系可以分为几种类型：

第一种，只有假借字并无本字。这一类字最初是“本无其字，依声托事”，借一个同音字来用，而且久假不归，以至约定俗成。例如，朋友的“朋”，《说文》就是“鳳”字重文（甲骨文中的“朋”像贝穿成朋状），假借后没有再造本字。来往的“来”，本义是麦子，假借后没有再制表“来”的本字。其他如离别的“離”，困难的“難”，要求的“要”，请求的“求”，容易的“易”，以及甲、乙、丙、丁、子、丑、寅、卯等天干地支的名称用字，之、者、焉、哉、然、但、其、且等虚词用字，都属于这一类。这一类字有的在甲骨文中已经这么用，有的产生较晚。

第二种，早期只有假借字，以后在形声字大量产生后，在原假借字上加形符变成形声字，也就是本字。例如，甲骨文、金文中没有“邢”字，就借用“井”字来表音。到秦汉时，才又在“井”这个音符上加上表地名的“邑”这个形符，造成“邢”这个专表地名的本字。

这一类字多极了，拿甲骨文、金文、战国帛书、简书等材料和后代的文字对比，就会发现，一大批假借字到秦汉以后都变成了形声字。例如，谋划的谋原来借用“某”，后来加形成为“谋”；诸侯的诸原来借用“者”，后来加形成“诸”；云谓的谓原来借用“胃”，后来加形成“谓”；“神”字只作“申”，后来加形成“神”；“终”字只作“冬”，后来加形成“终”；“郊”字只作“交”，后来加形成“郊”；“缺”字只作“夬”，后来加形成“缺”；“挫”字只用“坐”，后来加形成“挫”；“殃”字只作“央”，后来加形成“殃”；“隅”字只作“禺”，后来加形成“隅”；“晚”字只作“免”，后来加形成“晚”。……这类字都是假借字在前，本字在后。

秦汉以后，文字的数目大量增加，这一类形声字是新出汉字中的主要部分。

第三种，原来的象形、指事、会意字，本字本用，本来没有其他瓜葛，但后来有些字假借为他字，就另外制一个加形字表本义。

例如：“西”字本象鸟在巢中的形状，是“栖”字的初文；因为“西”借为西方的西，于是又在“西”上加个形符成为“栖”，以表示原来的意思。“栖”是本字，但“西”不是栖的假借字，而是“栖”的初文。（但是从东西、西方的“西”来说，则属于第一类，是“本无其字、依声托事”的假借。）

其他如“然”本义为燃烧，因借为然否的然，于是加形为“燃”，以表燃烧义；“某”为“梅”字初文，因“某”借为代词某某人的某，于是加形为“楳”（即梅字），以表梅树义；“要”本“腰”字初文，因“要”借为重要义，于是加形为“腰”，以表本义；“须”和“鬚”，“云”和“雲”，“而”和“耏”，“縣”和“懸”，“居”和“踞”，“巨”和“矩”，“孚”和“俘”，“止”和

"趾",都属于这一类。

第四种,有些字一方面假借为别的字,一方面还保持它的本义,一身而二任。它既是本字,又是别一词的假借字。例如,"角"象角形,本义是兽角,如牛角、鹿角等。又假借为角力的角,又假借为宫商角徵羽的"角";一个本义,两个假借义。"果"象树上的果实形,本义为果实,引申为结果义。假借为如果的果,又假借为果敢、果断的果。"索"的本义为绳索;假借为索讨、搜索,又假借为萧索,又假借为索性。"閑"字本义是"门中有木",为防闲义;又假借为闲暇义(闲暇义的本字为"閒",南北朝时閑、閒混用,现在《第一批异体字表》规定闲为闲暇字正体)。古代典籍中又曾借为娴习字;又借为娴雅字;后来都没有通行。

这一类字既是本字,又是某某字的假借字。

第五种,《说文》中有一大批本字。这类字在先秦典籍中找不到用例,古文字也不见踪影,汉代以后也废而不用。这类字可以断定是汉代新制而并未通行的本字。

例如,《说文》:"嫥,嫥壹也。"这当是"專一"、"專家"的本字。但古今典籍和现在都用"專"字。《说文》解"專"是"六寸簿",假借为专一的嫥。《说文》有"衛"字,解为"将衛也",当是将率、率领的本字。但古今典籍都用"帅"字,"帅"字的本义是"佩巾",假借为将帅、元帅字。(其实《说文》解"衛"字也不对,金文中的"衛"、"率"实只一字,可能是捕鸟的网,用为将率,也是假借,并非本字。那就应归第一类了。)又《说文》有"篙"字,解为"存也"。《论语》中的"简在帝心"的"简",当是这个字的假借。但古今都不见这个"篙"字的用例。又《说文》有"黼"字,"合五采鲜色。《诗》曰:'衣裳黼黼。'"但今本《诗·曹风·蜉蝣》作"衣裳楚楚"。"楚"本木名,此处用为"黼"的假借字。其他如前面举过的斷、鄭、勽、勢等字,都属于这一类。

这一类字都是汉代新制的本字,并未代替早已通行的假借字,大概只在一个小范围里使用过,以后又废弃了。这是些短命的本字。清代有些小学家,因为要讲究写本字,就故意把当时通行的假借字换成这一类本字,以资炫耀其为好古之士。其实这些本字并不古,比起那些与之相当的假借字来,它比较年轻而又夭折了。

第六种,还有一种复杂的情况,也谈一下。比如,拿气、氣、餼三个字的关系来说,"气"字象云气形,本是空气、气象等气字的初文。后来假用"氣"字表云气义。"氣"又是"餼"字重文,《说文》解为"馈客刍米也。"因"氣"借为云气字,就又用"餼"字来顶替。至于"气"字呢,却又假借为乞求的乞(乞、气本一字,隶化后省作乞)。

又如,"歬"字本是"前"字初文,《说文》说:"不行而进谓之歬。"金文中有这个字,象人的脚上穿上鞋子,古人履形似舟,所以作舟(用杨树达说),本是个会意字。但经典中多借"前"字以代"歬"。"前"字从刀,歬声,是"剪"字初文。"前"字借出后,又借用"翦"字为剪断的剪,后又改用加形字"剪"。

这类"鸠占鹊巢、鸢又驱鸠"的递相代替的情况,真是奇特无比。光用本字这个术语反而不容易说清楚了。

从以上六种情况看来，可以看出本字和相应的假借字之间的关系。本字可以大体上分为两类：一类是原来的形意文字，本字本用，没有多大变化的。这一类本字时代都较早。另一类是在形声字时代出现的本字，这类本字数目最多，时代则较晚。

因此，“本字”的“本”，不是“始也”的意思。“本”字本象根形，“根本”是其本义，“始也”是它的引申义。“本字”的本应是本身之本，不是本来之本。把“本字”解为“表示事物本身”的字，才能跟假借字构成对立面。有人解释这个术语老是说不清楚，反而批评朱骏声不对，原因恐怕就在这里。其实，朱骏声说“舍”在经传中假借为“捨”，与“捨”是捨弃的本字并不矛盾。

因为“本字”这个词有歧义，清代有些人就改称本字为“正字”；对于那些后起的本字，又可称之为“后起专用字”。我看术语的名称改不改，大家可以讨论；但对于“本字”这个术语的误解，则需要加以澄清。

五

现在谈谈我对假借研究的一些想法。

第一，研究假借字的目的之一是读古书。现在我们要研究古代的历史，要批判地继承和发展祖国的文化遗产，这就需要读懂古书。古代典籍中的大量假借字、同源字、异体字，是读古书的难点。中学语文课本中古代诗文的注释中就有不少“某通某”一类的术语，我看要中学语文教师把这类术语讲清楚，让学生能理解，可不容易。因为现在的专门著作也还没有把这类问题讲清楚。字典注释中所用的一套术语，也需要在理论弄清楚以后加以整理改进。

第二，研究假借字又是汉字整理工作的一个方面。

汉字是世界上现存历史最悠久、文献资料最丰富的文字。汉字一直连续使用了三千多年（可能还要长得多），用汉字写成的文献数量之大，也是无与伦比的。从字体上说，从甲骨文开始（再早的夏代陶器上的文字姑且不谈），金文、小篆、隶书直到楷书、行书，都有大量确实可信的材料。整理汉字不但对于汉语研究本身是必要的，而且从文化教育和社会主义建设的角度来看也是刻不容缓的。

汉字应该怎样整理？这是个需要解决的理论问题。要总结过去的经验教训，要弄清汉字本身的发展规律和特点。过去给汉字分类，多少年来只有个“六书”；现在有些同志不大相信这种分类法了，但还没有建立起新的体系。我认为这原因是由于没有用历史发展的眼光研究汉字。汉字有五六万个，有的在商代就有了，有的是近几十年才创造的，编在一部字典里，像一座盛满了“历史堆积物”的仓库。不用历史的眼光分析是不行的。考古学很熟悉用历史分期的方法研究地下的文化层，即使把不同文化层的堆积物弄乱了，有经验的同志也可以用比较分析的方法使之各归其历史时期的原位。我们整理汉字也要学会这一套方法。当然，汉字的情况比地下考古材料更复杂，整理起来更困难。但这个路子可以走一走，这个方法可以试一试。这几年我用这个办法探索异体字的整理；这篇文章又在探索整理假借字的路子。

我想这种整理汉字的试探，对于汉字改革，对于编字典，对于规定汉字"当用字"，都有直接的用处。

第三，关于假借字的研究，对于音韵学也可能有很大关系。大家都知道，我们研究中古音，材料很丰富。但是研究上古音，可以依据的材料就很有限。在段玉裁以前，只根据《诗经》、《楚辞》等押韵材料。段氏发现谐声字声符相同，上古音同部，因此据以做出《十七部谐声表》，使上古音研究的材料增加了许多倍。至今仍认为是个很大的贡献。

我在这里提出个疑问：根据我上面对假借字的阐述，大量形声字是在秦汉及其以后产生的。那么，根据这些材料用以当做研究上古音的主要材料，是否值得考虑？段玉裁本人也曾注意到假借字的材料，他曾写了《古假借必同部说》一篇短文，可惜没有像做《谐声表》那样写成书。如果我们利用假借字的材料，最后写成一部"三十部（或多或更少）假借字表"，那至少又可以给上古音研究开一条新路子，可能这项材料比谐声字、押韵等材料更为丰富。但假借字的时间和地点（方言）很不容易弄清楚。

第四、汉字究竟是什么性质的文字，这个问题近来大家又争论起来。我看很可以讨论一下，因为这不光是个理论问题，还直接关系到汉字改革这一类的大问题。

有三种说法：一是表意文字说。这是个老说法，来自国外。至今国外还把汉字叫做 Chinese ideographs。二是表音文字说。认为汉字从甲骨文字起就已经是表音文字了，这是最近吉林大学古文字研究室的主张。三是形音文字说。认为汉字是半表音半表形、以形声字为主体的文字。我是这样看的。

因为对汉字的性质看法不同，对于汉字要不要改革以及怎么改革，可以导致不同的看法。不管对汉字的性质有什么看法，也不管对汉字改革有什么看法，我认为都要从认真的研究工作入手。

以上是我对假借字作初步探索的一点收获，以及对有关问题的一些看法。有些问题是大问题，需要很多人花好多年的工夫通力合作，才能得出结果。这里只是把问题提出来，请各位指正。

一九八一年八月三十日

通假字质疑

徐 复

导言——

本文 1978 年 9 月为《汉语大词典》黄山会议作，载 1979 年《〈汉语大词典〉黄山会议报告集刊》,《南京师范学院学报》[社会科学版]1980 年第 3 期转载,现选自《徐复语言文字学丛稿》(江苏古籍出版社,1990)。

作者徐复(1912.1～),江苏常州武进人。著名语言学家、文献学家,南京师范大学教授。主要从事训诂学、音韵学研究。曾任中国训诂学研究会会长、中国语言学会理事,著有《语言文字学丛稿》、《语言文字学论稿》、《后读书杂志》、《訄书详注》,主编有《广雅诂林》等。

此文讨论了古籍文献中几个通假字例,对于我们认识古籍文献中的通假现象有很好的启发意义。

通假,也叫通借,即借用音同或音近的字来代替本字。严格说,与本无其字的假借不同,但习惯上也通称假借。我们在古籍文献中常见到的一些字例,如“背”字作“倍”、“响”字作“嚮”等,这些用法都是通假。

从古到今,汉语的语音是在不断变化的。现在同音的两个字,在古代的读音有可能差别很大。现在读音差别很大的两个字,在古代的读音有可能相近或完全相同。因此,要判断古籍文献中的通假字,必须了解一些古音学的知识。从徐复先生的这篇论文,我们可以看出他是根据字例古音所在的声母和韵部的关系来判断它们之间读音的关系。两个字古音所在的声母和韵部相同或相近,表明它们的读音也相同或相近。值得注意的是,读音相同或相近只是通假的一个必要的前提,并不意味着两字就一定是通假的关系。现在有不少学者在解读文献时盲目滥用通假,应当引起注意。

要确认文字的通假,在古籍文献中找出相应的例证是十分重要的。徐先生在他的考证中,正是利用字例在不同文例中的对应关系将它们系连在一起。在这方面一些重要的工具书,如高亨纂著、董治安整理的《古字通假会典》,可以帮助我们认识古籍文献中的通假文例。

段玉裁在《古假借必同部》一文中提出:“古本音不同今音,故如《夏小正》借养为永,《诗》、《仪礼》借蠲为圭,古永音同养,蠲音同圭也。”这说明训释古书,必须懂得古本音,才能得到正确的理解。有些注释家往往忽略了这一点,容易造成讹误和释义不当。以下刺举八例讲明之。

一　熙、咍通假

《晏子使楚》是中学课本中常选的一篇文章,楚王在嘲弄了晏子以后,没有得逞,不得已自己笑着承认说:“圣人非所与熙也,寡人反取病焉。”张纯一《晏子春秋校注》说:“熙,戏也。《淮南子·俶真训》‘鼓腹而熙’注。”后来的注本,都承袭了张说。熙、戏音近,调类不同,用来通假,是可以的,但楚国方言的特色没有反映出来,犹为未达一间。我们知道楚国的伟大爱国诗人屈原，他遭到谗谤，忿怼而死，他写的《九章·惜诵》有这样的自白："行不群以颠越兮，又众兆之所咍。"王逸注说："咍，笑也。楚人谓相啁（嘲）笑曰咍。"这里用楚人的方言来说明屈原的遭遇，解释比较确当。戏是一般的开玩笑，咍则牵涉到人身攻击，看楚王嘲笑晏子的话，就可知道屈原在楚国是怎样受到迫害的。楚王说的"非所与熙"的熙，不正和咍字的意义完全相同吗？从古音来看，熙借为戏，虽同晓母而不同部（熙，之部；戏，鱼部）；熙借为咍，既同晓母，又同之部，音义密合，不再有隔阂了。

二 宜、仪通假

《楚辞·九歌·湘君》："君不行兮夷犹，蹇谁留兮中洲，美要眇兮宜修，沛吾乘兮桂舟。"王逸注说："要眇，好貌；修，饰也。言二女之貌要眇而好，而又宜修饰也。"这里把宜修说成"又宜修饰"，当然会引起闻一多的不满。闻氏在《楚辞校补》中说："按修疑当为笑，声之误也。古韵笑在宵部，修在幽部，最近。此段本以幽部字为韵，笑误为修者，盖受下文韵脚之同化而改。本书屡言宜笑，《山鬼》曰：'既含睇兮又宜笑'，……案诸宜字并读为齴。"文多不具引。最后他说：宜笑为齿白，以齿见状笑貌。闻氏只凭自己臆想，先把原文修字改为笑字，再找出宜笑的几个用例，硬说宜是齴的借字。弯子绕得多了，反而无助于弄懂原义。我们看到《楚辞》中用"宜修"的例子，还有屈原自己写的《九章·桔颂》："纷缊宜修，姱而不丑兮。"王逸注说："言桔类纷缊而盛，如人宜修饰，形容尽好，无有丑恶也。"根据这里的上下文义，不能把宜修改为宜笑，是无须解释的。我们知道屈原用宜修，盖谓仪容修饰，宜为仪字的通假。《广韵》上平声五支，宜、仪同为鱼羁切，上古音又同为疑母歌部字。《诗·大雅·文王》："骏命不易，宜鉴于殷"，《礼记·大学》引《诗》下句作"仪监于殷"，证明宜、仪在古书中也是通用的。王逸已不明宜修之原义，故直解之为"又宜修饰"，但他还说了"形容尽好"，形容即仪字的意思。

三 比、皀通假

《史记·扁鹊仓公列传》："躁者有馀病，即饮以消石一齐，出血，血如豆比五六枚。"司马贞索隐："比音必利反。"没有说字义。日本泷川氏著的《史记会注考证》说："在豆字处绝句，比字连下读。"引冈白驹曰："比，比年之比。"他这样句逗，无助于说义，真可说是不知妄作了。这里豆比是一个词，不能分开读。豆比，与豆皀音近，《说文》皀下曰："或说，皀，一粒也。皮及切。"《颜氏家训·勉学篇》有豆逼即小豆一段故事，他说："吾在益州，与数人同坐，初晴日明，见地上小光，问左右此是何物？有一蜀竖就视，答云：'是豆逼耳。'相顾愕然，不知所谓，命取将来，乃小豆也。穷访蜀土，呼粒为逼，时莫之解。吾云：'《三苍》、《说文》，此字白下为匕，皆训粒，《通俗文》音方力反。'众皆欢悟。"他的解说是正确的。《史记》的豆比，与颜书的豆逼音近，也是说的小豆。泷川粗疏，以未能深考为憾。

四　亭、揨通假

《后汉书·蔡琰传》载其《悲愤诗》云："要当以亭刃，我曹不活汝。"亭刃，李贤无注。王先谦集解引沈钦韩曰："亭盖事之误，前书《蒯通传》'事刃于公之腹'，作亭止解，不可通。"束世澂《后汉书选》就是袭用沈说："亭刃，事刃(剚刃)之误。即刺杀。"改亭为剚，语出无据。今按亭当为揨字的省假。《广雅·释诂一》："揨，刺也。"王念孙疏证："《说文》：'朾，撞也。'朾与揨同。"揨有刺杀义，正可用来注解蔡琰诗。王氏于此未加征引，可以沾补。

五　沈、耽通假

《文心雕龙·序志》："茫茫往代，既沈余闻，渺渺来世，倘尘彼观也。"黄叔琳校本："沈，一作洗。"刘永济校释："按作沈不误，《梁书》作洗，亦沈之讹。"刘说是对的。按沈字借为媅，《说文》："媅，乐也。"亦通作耽。古训耽为耽乐，也说喜好过度。《诗·小雅·宾之初筵序》："沈湎淫液"，陆德明释文沈湎作耽湎；《楚辞·招魂》："娱酒不废，沈日夜些。"王逸注说："和乐且耽，言昼夜以酒相乐也。"古沈、耽通用，皆即媅字。由耽酒之义引申，凡乐道乐文皆曰沈。萧统《文选序》"事出于沈思"，与陆机《文赋》"耽思旁讯"，其义大同。又彦和《明诗篇》赞曰："英华弥缛，万代永耽。"即用耽字。亦与这里沈闻意义正合。故知《文心》用沈，为耽字的假借。

六　辄、执通假

专辄，为晋及南北朝人恒语。《晋书·王濬传》："案《春秋》之义，大夫出疆，犹有专辄。"这里是专擅、专断的意思。亦引申为固执己见。《颜氏家训·书证》："西晋已往，字书何可全非；但令体例成就，不为专辄耳。"《广韵》入声二十九葉："辄，陟葉切"，未作解释。段玉裁注《说文》辄字下说："凡专辄用此字者，此引申之义，凡人有所依恃而妄为之，如人在舆之倚于輢也。"朱骏声亦采用段说。此属望文生训，非其本义。根据音义来推求，辄当借为执。《礼记·中庸》："发强刚毅，足以有执也。"孔颖达疏："执，犹断也。"《广韵》入声二十六缉："执，持也，操也，守也，摄也。之入切。"专执是专断固守的意思。根据上面的反切，辄，知母，执，照母三等，二字声韵均近，可以借用。

七　策、憡通假

策策痛，意思是小痛。见隋巢元方《诸病源候论》卷一《风痉候》："其重者，耳中策策痛。"这里策策痛，是用的隋代西北方言，它来源于汉代杨雄《方言》卷二："憡，痛也。自关而西，秦晋之间曰憡。"郭璞注说："憯憡，小痛也。音策。"据此，知策为憡字的省假。戴震疏证《方言》,王念孙疏证《广雅》(见《释诂二》),均未征引巢元方书,嫌未致密。1978年初夏读医书得此,乐为补之。

八 沁、深通假

韩愈、孟郊《同宿联句》:"义泉虽至近,盗索不敢沁。"韩诗注家均未解释沁字,唯朱骏声《说文通训定声》临部"沁"下引此诗,说沁字假借为探、为囟,也没有在音义方面作必要的阐明。复往岁撰《韩昌黎诗拾诂》,谓沁为深字的通假。《尔雅·释言》:"深,测也。"《周礼·天官·凌人》释文:"凡度深浅曰深,尸鸩切。"王筠《说文句读》"测"下说:"深,动字,谓测之也。"这首诗用的正是深字的古义,而借用了沁字。深、沁同在《广韵》去声五十二沁:沁,七鸩切,清母;深,式禁切,审母三等。同韵声近,义又切合,故可通假。

求本字捷术

黄 侃

导言——

本文选自《黄侃论学杂著》(上海古籍出版社,1980)。

作者黄侃(1886.2~1935.10),原名乔馨,字梅君,后改名侃,字季刚,又字季子,晚年自号量守居士。湖北蕲春人。1913年起任北京大学文科教授,历任武昌高等师范、北京师范大学、山西大学、东北大学、中央大学(即南京大学前身)、金陵大学等校教授。从事小学、经学和文学的研究。著有《黄侃论学杂著》等。

此文的主题是如何破通假字。黄侃"抽其绪条,以告同道"。就通假字的语音基础而言,音同、音近、音转都有可能成为通假字。应该指出:通假字的语音基础是上古音,而非中古音。

条例一:上古声纽相同,韵部相同的字,今虽非同音字,则有可能通假。条例二:声纽全同,而韵部不同的字,因其上古声纽全同而构成音转关系的,则有可能通假。这种情况,黄侃叫做"双声正例"。条例三:声纽相近,而有旁纽等多种音转关系的字,则有可能通假。"虽喉音可以假借舌音也,虽齿音可以假借唇音也"等,此类音转关系是比较宽广的。对这一条例的使用,黄侃强调谨慎从事:"若不先计较,率尔指同,均为假借,则其过甚宏。"

以上三条,都是从语音入手讲论通假字与本字间的关系,无疑都是正确的。除语音以外,本字的确定,还须文献依据。本文的不足之处是:通假字不应以中古音为凭,基本上没有讲上古韵部对确定通假字的作用,没有强调文献依据的作用。还应说及的是:上述三条例的使用,今天可使用郭锡良先生的《汉字古音手册》(北京大学出版社，1986)和王力先生的《纽表》、《韵表》(见《同源字典》中《同源字论》一文，商务印书馆，1982)，十分灵便。

昔人求本字者，有音同、音近、音转三例，至为闳通；然亦非氂干溷乱者所可藉口。兹抽其绪条，以告同道：

音同有今音相同、古音相同二例：今音相同者，谓于《唐韵》、《切韵》中为同音，此例最易了。

古音相同者，必须明于古十九纽之变，又须略晓古本音；譬如涂之与除，今音两纽，然古音无澄纽，是除亦读涂也；又如罹之与罗，今音异韵，然古音无支韵，是罹亦读罗也。

音转者，谓双声正例。一字之音本在此部，而假借用彼部字；然此部字与彼部字虽非同韵，的系同声，是以得相通转。

音近者，谓同为一类之音；如见溪与群疑音近。影喻与晓匣音近；古者谓之旁纽双声。然求音近之假借，非可意为指斥；须将一字所衍之声通为计校；视其所衍之声，分隶几纽；然后由其纽以求其字。虽喉音可以假借舌音也，虽齿音可以假借唇音也；若不先计校，率尔指同，均为假借，则其过甚宏。朱骏声于此不甚明憭，犹不若王筠之慎也。

大氐见一字，而不了本义，须先就《切韵》同音之字求之。不得，则就古韵同音求之，不得者，盖已尠。如更不能得，更就异韵同声之字求之。更不能得，更就同韵、同类或异韵、同类之字求之。终不能得，乃计校此字母音所衍之字，衍为几声，如有转入他类之音，可就同韵异类之字求之。若乃异韵、异类，非有至切至明之证据，不可率尔妄说。此言虽简，实为据借字以求本字之不易定法。王怀祖、郝恂九诸君罔不如此。勿以其简径而忽之。

＝延伸阅读＝

1. 段玉裁《说文解字注》，上海古籍出版社，1981(据经韵楼藏版影印本，对全书加以圈点断句)。

2. 高明《中国古文字学通论》，文物出版社，1987。

3. 林澐《古文字转注举例》，见《第三届国际中国古文字学研讨会论文集》，香港中文大学，1997。

4. 陆锡兴《近年来关于汉字性质的讨论》，《语文导报》，1985 年第 10 期。

5. 裘锡圭《汉字形成问题的初步探索》，《中国语文》，1978 年第 3 期。

6. 裘锡圭《谈谈学习古文字的方法》，《语文导报》，1985 年第 10 期。

7. 裘锡圭《文字学概要》，商务印书馆，1988。

8. 裘锡圭《四十年来文字学研究的回顾》，《语文建设》1989 年第 3 期。

9. 沈培撰文、裘锡圭审订《80 年代以来大陆地区汉字学研究状况调查报告》，见许嘉璐、王福祥、刘润清主编《中国语言学现状与展望》，外语教学与研究出版社，1996，第 68～101 页。

10. 唐兰《中国文字学》，上海古籍出版社，1979。

11. 许慎《说文解字》，中华书局，1963。

12. 张照《论文字发展的规律》，《中国语文》，1965 年第 6 期。

13. 周有光《文字演进的一般规律》，《中国语文》，1957 年第 7 期。

＝问题与思考＝

1. 汉字有哪些重要特点？
2. 简述“六书”说的具体内容及其适用范围。
3. 试论“假借”与“通假”的区别。
4. 判定“通假字”的条件与方法。

＝研究实践＝

1.

研究课题	破“通假字”的方法与步骤
背景材料	高亨纂著、董治安整理《古字通假会典》 《通假大字典》 《上古韵部及常用字归部表》，《古代汉语》附录 《上古声母及常用字归类表》，《古代汉语》附录 王力著《同源字论》
方法提示	破通假字，一是语音条件，一是文献条件。所谓文献条件，就是左邻右舍的使用情况，也就是同时期中其他文献的类似用例。所谓语音条件，就是古时候两个字的读音相同或相近。所谓读音相同或相近，就是指两个字的声母相同或相近（双声、准双声、旁纽、准旁纽等），同时韵部相同或相近（叠韵、对转、旁转、旁对转、通转等）。古书中通假字的判定是个大问题，掌握好了，对古今字、同源字的判定都带来了便利。
呈现形式	·论文，如《〈诗经今注〉通假述评》，《〈古汉语常用字字典〉通假述评》等。 ·小型学术研讨会 ·写学术札记

2.

研究课题	“六书”与“三书”
背景材料	许慎《说文解字》 王筠《文字蒙求》 唐兰《古文字学导论》、《中国文字学》 陈梦家《殷墟卜辞综述》 裘锡圭《文字学概要》
方法提示	关于汉字基本类型的划分，裘锡圭先生在《文字学概要》中批评了传统的六书说；评述了唐兰先生(《古文字学导论》1935,《中国文字学》1949)的三书说(象形文字、象意文字、形声文字)；又讨论了陈梦家(《殷墟卜辞综述》1956)的三书说(象形、假借、形声)。裘先生认为，“陈氏的三书说基本上是合理的，只是象形应该改为表意(指用意符造字)。这样才能使汉字里所有的表意字在三书说里都有它们的位置”(第106页)。并主张把通假也归入假借。此外，作者对“不能纳入三书的文字”也作了分析。并分章考察了表意字、形声字、假借及其相关问题。同学们可在精读上述有关文献的基础上，慎思明辨，作出自己的独立判断。
呈现形式	·论文，如：《“六书”说的适用范围》,《“隶变”对汉字结构的影响》,《“三书”说述评》等。 ·小型学术研讨会 ·写学术札记

第三章　训　　诂

导　论

在古代，作为小学的主要组成部分训诂学完全是为解经服务的。1898 年《马氏文通》的问世，标志着中国现代语言学的诞生。但这并不意味着中国传统学术的终结。相反，训诂学不断从现代理论中吸取营养，特别是王力在 20 世纪 40 年代初提出语源学为新训诂学的科学思路，一代又一代的学者为训诂学的发展作出自己的理论贡献和学术建树，训诂学成为现代学术中不可或缺的门类科学。

什么是训诂？简言之就是解释，是后人对先代典籍作语言、文字，也包括段意、章旨方面的解释工作。这种工作，最早开始于先秦，标志性成果是成书于战国时期的《尔雅》。有的学者把训诂追溯到《国语·周语下》记载的周灵王二十二年（公元前 550 年），晋大夫叔向朝聘于周，告别时向前来送行的单靖公的家臣解释了《诗·周颂·昊天有成命》，认为这是训诂学的萌芽。这件事，比古印度巴尼尼语法（前四世纪）还早一百多年；比古希腊亚里士多德（前 384～前 322）《修辞学》早二百多年；比亚里山大里亚学派收集整理、注释和校正荷马史诗全文（前二世纪）还早三百多年。

十分重要的是，当代大学生如何学习训诂学？

一是要上好训诂学课，真正读懂一本训诂学的书。训诂学课是人文学科的基础课，是进入中华典籍宝库的金钥匙。一般来说，这门课要回答训诂学的内容、方法和运用。

二是要弄懂训诂学的内容。训诂学的内容，实际上也是讲语言学、语文学各科和训诂学的关系。训诂学和音韵学、文字学的关系最为密切。前者即清代学者讲的“因声求义”，后者也可说成“以形立训”。“因声求义”一要破假借字，二要探求语源。训诂学中的假借主要指用字假借即通假字。清儒王念孙说：“训诂之指（旨）存乎声音，字之声同声近者经传往往假借。学者以声求义，破其假借之字而读以本字，则涣然冰释；如其假借之字而强为之解，则诘籁为病矣。”最有名的例子，就是《诗·豳风·七月》“八月剥枣”的“剥”当破之为“扑”。又如《管子·入国》:“入国四旬五行九惠之教。”句中“旬”的本字为“巡”字,意即“到处巡行施九惠之教化”。古书通假字的情形十分复杂,近年来大量简帛文字的出土为研究通假字提供了新的材料。

训诂中的探求语源,与语义学、语源学中的找同源字,是密切相关的。王力《同源字典》既是他本人提出的“新训诂学”著述,也是语源学的著述。晚近章炳麟、黄侃、刘师培、沈兼士、杨树达,当代学者洪诚、张永言、郭在贻等,都对训诂中的探求语源问题有精到的论述。

训诂学与文字学的关系,主要表现在推考本字时要借助于文字学,特别是古文字学。例如弄清“宫”的本义是居室,“身”的本义是女身有孕,“向”的本义是朝北的窗子,都需由古文字形体明之。文字学是形态学,《说文解字》“以形立训”,多涉本义。许著不仅是文字学的经典,而且也是训诂学名著。

三是要懂得训诂学的方法。事实上,方法与内容是密不可分的。内容是对象本体的内在包含,内容决定方法,方法是切入本体内容的途径和手段,除了与古音学、文字学密切相关的内容“因声求义”、“以形立训”决定的方法——“因声求义”法、“以形立训”法以外,还有义训法。音训、义训两者间的关系是什么?清儒戴震说:“疑于义者以声求之,疑于声者以义正之。”(《转语二十章序》)音、形、义三者互补而证释之,方为确诂。既为义训,就会有共名(大名)、别名(小名)间的互训关系,就会有同义同训、近义互训、反义反训、以今释古、以俗释雅、以通语释方言,等等。凡此,都是一些“以通行词训释古语词、方言词”的不同做法。由于词义引申是词义发展的基本形式,在义训中要充分重视引申中的常见方式:词义的扩大、缩小、转移引起的词义变化,通过比较互证,在引申系列中使义训臻于完善。

审文例是训诂的重要方法之一。古书的文例主要有:连文、对文、俪偶等。康熙巡游镇江时,摘唐代诗人许浑诗题对:“溪云初起日沉阁,山雨欲来风满楼。”“沉”与“满”对,“沉”有满义。唐李商隐《行次西郊作一百韵》:“南资竭吴越,西费失河源。”“竭”与“失”对,“竭”有失义。

训诂学,本质上是词义考古,故王国维1926年提出的“二重证据”法始终是训诂学的重要方法。《左传·庄公十年》“(曹刿)下视其辙登轼而望之”是“登,轼而望之”还是“登轼而望之”?近年出土的车舆,特别是1989年太原金胜村251号春秋大墓车马坑5号车的发现,可证车轼是能登的。(滕志贤《从出土古车马看训诂与考古的关系》,《古汉语研究》2002年第3期)

训诂学的论著十分丰富,本章所选的五篇论文都是其中深入浅出地阐明重要问题的代表作,读者可以从中得到许多启发。

选　文

整理古籍的第一关

吕叔湘

导言——

本文选自《古籍点校疑误汇录》第一册（国务院古籍整理出版规划小组编印，中华书局1990年10月第1版）。

作者吕叔湘（1904.12～1998.4），江苏丹阳人。著名语言学家。主要从事汉语语法学研究，著有《中国文法要略》、《汉语语法分析问题》等。

文章引唐人李匡义《资暇集》里的话："学识何如观点书。"又引顾炎武《日知录》里的话："句读之不通，而欲从事于九丘之书，真可谓千载笑端矣。"说明古书标点之学术含金量、其重要地位，都处于顶级位置。文章举出32例今本标点之误以戒世人。这32误例中，致误的原因，有的是不明古代官职（例1、14、22、26），有的是不明古代礼俗（例5、6、7、9、16），有的是不明古代时节表示法（例11），有的是不明史实背景（例12、19、23、25、29），说到底是读古书的能力差，古汉语的程度不够，文史修养差。作者提出了克服错误的办法：谨慎从事，一人点、另一人通读，托付给文史修养高的人。

整理古籍的第一关是标点。为什么这样说呢？处理古籍的工作，有些不在"整理"的范围之内。比如影印善本，根本不触动原书；又比如专书研究和现代文翻译，已经离开原书，另成著作。严格意义的"整理"只包括三种工作：标点，校勘，注释。从前，一部书可以有校勘，有注释，可是刻印的时候不加句读。现在相反，重印古书，可以有也可以没有校勘或新注，可是标点是非有不可的（除非是影印）。所以说标点是整理古籍的第一关。

标点大体上相当于从前人说的句读。句读这件事，古人是很重视的。唐人李济翁在《资暇集》里说："学识何如观点书。"清人顾亭林在《日知录》里说："句读之不通，而欲从事于九丘之书，真可谓千载笑端矣。"今人标点古书，严肃认真的是多数，但是马马虎虎的也不是没有。即使谨慎从事，有时还难免出错，掉以轻心就更难说了。下面就平日读书所见，酌量举例。标点符号的使用，可以斟酌的地方很多，但是关系到正确和错误的，主要只有断句（传统意义的句）和引号起讫这两件事，举例以此为限。

(1) 永熙年中，青州从事、检校尚书、兵部郎中王宗仁者，羁游河北。（搜神后记。中华书局，1981年。112页）

“尚书”后顿号应去。兵部属尚书省，所以说“尚书兵部。”

(2) 昔有焦华至孝……其父困患，华归家曰：“兄弟二人，父若不差，身死地下，谁当事父？”（同上，116页）

应为“父若不差身死，地下谁当事父？”

(3) 近代朱崖李太尉、张读侍郎小说，咸有判冥之说。（北梦琐言。上海古籍出版社，1981年。55页）

“小说”后逗号应在“侍郎”后。

(4) 许公他日有会，乃谓顾曰：“足下何太谈谤？”顾乃分疏，因指同席数人为证。顾无以对……（同上，95页）

“分疏”后逗号应为句号，“为证”后句号可改逗号（亦可不改）。指同席人为证的是许不是顾。如是顾则底下的“顾无以对”不好讲。

(5) 公生于洛中，祖第正寝至易，箦亦在其寝。（归田录。中华书局，1981年。43页）

全句只要一个逗号，在“正寝”后。

(6) 真宗晏驾，二府受遣制：“辅立仁宗及皇太后权听断军国事。”（渑水燕谈录。中华书局，1981年。11页）

应去引号与冒号。如直引遗诏，不得称“仁宗”。

(7) 丞相王荆公志其葬，博士梅圣俞表其墓。尤悉所弃女，予子宋妇也。（同上，36页）

“墓”字后句号应在“悉”字后。

(8) 道旁有鬻汤饼者，共买食之，粗恶不可食。黄门置箸而叹，东坡已尽之矣。徐谓黄门曰："九三郎，尔尚欲咀嚼耶?"秦少游闻之曰："此先生饮酒，但饮湿法已。"(老学庵笔记。中华书局，1979 年。12 页)

"饮酒但饮湿"是苏东坡的一句诗，应加引号，中间无逗号。苏东坡在黄州的时候喝不到好酒，只好不计较好坏，所以说"饮酒但饮湿"。其后"法"字，津逮秘书本作"而"，宜从。

(9) 且英宗受天下于仁祖，故神庙所以养慈圣、光献者，备极隆厚。(同上，43 页)

"慈圣光献"是宋仁宗的曹后的谥法，神宗时她是太皇太后。不是两个人，中间不应有顿号。

(10) 予与尹少稷同作密院编修官，时陈鲁公、史魏公为左右相。一日，过堂见鲁公，语少款，少稷忽曰："穑便难活相公面上人。"又云："穑是右相荐，右相面上人。"又云："穑是相公乡人，处处为人关防。"(同上，76 页)

这样标点，这位姓尹的编修官说话简直是不知所云。要是标点成下面的样子，就不难懂了。

"穑便难活。相公面上人又云穑是右相荐，右相面上人又云穑是相公乡人。处处为人关防。"

"穑"是尹少稷的名字。相公指陈，右相指史。

(11) 己丑秋，孟访一亲旧，出示古物数种，皆所未见。(游宦纪闻。中华书局，1981 年。59 页)

"孟访"加了专名号，是误认为地名。应为"己丑秋孟，访一亲旧"，秋孟即孟秋。

(12) 开宝六年，李文正知举，下第，进士徐士廉击鼓自讼。(旧闻证误。中华书局，1981 年。3 页)

"下第"后不应有逗号。下第的是进士，不是主考官。这是由于误解唐宋也跟后世一样，要考中了才是进士，不知彼时参加进士科考试的都称进士，所以可以有"下第进士"。如果已经考中进士，就不用击鼓告状了。

(13) 寇公在长安走马，承受奏其僭侈。(同上，12页)

"走马承受"是一种官职，由武职或宦官任之。

(14) 此月丙寅，诏枢密院内诸司使副在边五年而无过者，遇带御器械阙，以名次取旨带御器械。五年而无过者，遇内侍省押班阙，亦如之。其内侍押班以上，并听特旨，乃除。(同上，23页)

"枢密院"后应有冒号或逗号。"取旨"后应为句号或分号。"器械"后的句号应删。("带御器械"是官职。)"特旨"后不需要逗号。

(15) 故宋子京为沂公墓志云：公始合姓于蔡，又合姓于李继室，以其妹后夫人独偕老。(同上，同页)

"又"字后的标点应为"又合姓于李，继室以其妹，后夫人独偕老"。

(16) 己酉诏大忠持余服缜。将行，……(同上，30页)

大忠是吕大忠，缜是韩缜。"缜"字属下不属上，属上讲不通。当时宋与辽议地界，先是派吕大忠和辽的使臣谈判，后来吕大忠丁忧，别人接替，谈不好又让吕大忠起复，继续谈判，还是谈不好，又让吕大忠继续服丧，派韩缜去与辽人会议。"持余服"是把丧期服满的意思。

(17) 李台嘏言，韩昭曰："韩八座事业，如拆袜线，无一条长者。"(苏轼诗集。中华书局，1982年。1032页)

"言"字在这里是谈论的意思，后面不应有逗号。引号里的话不是韩昭说的，他不会称自己为韩八座。

(18) 仆倾以诗得罪有司移杭，取境内所留诗。(同上，1098页)

逗号应移至“得罪”后。“移”是行文的意思。

(19) 伯父《送先人下第归蜀》诗云：人稀野店休安枕，路入灵关稳跨驴。安节将去，为诵此句，因以为韵，作小诗十四首送之(同上，1098 页诗题)

“伯父”是作者的伯父苏涣，“先人”指作者的父亲苏洵，安节是苏涣的次子不疑的儿子，从四川出来应试，到黄州来看望苏轼。这几个人的关系弄清楚了，就知道“诗”字前面不应该有书名号——哥哥怎能称弟弟(而且活着的！)为“先人”呢？

(20) 圆通禅院，先君旧游也……院有蜀僧宣逮，事讷长老，识先君云(同上，1211 页诗题)

“逮”字后逗号应在其前。

(21) 雪窦师，讳仲显，字隐之。遂州李氏子出家。参随州智门祚和尚，后居四明之雪窦。(同上，1212 页)

应为“……字隐之，遂州李氏子。出家参……”。若照原标点，“遂州李氏子出家”与雪窦和尚何关？

(22) 段缝，字约之……除知泰州谏官。蔡确言其无才能……(同上，1255 页)

句号应在“谏官”前，谏官不是州县官。

(23) 熙宁六年十二月，诏新知永嘉县沈逵，相度成都府置市易，务利害。(同上，1269 页)

“市易务”是官办商场，是一个词，不能拆开。“相度”前也是没有逗号为好。

(24) 哲宗即位，求言上书者以千计。(同上，1395 页)

逗号应在“言”字后。

(25) 东坡母成国太夫人程氏，眉山著姓。其侄之才，字正辅；第二之

元，字德孺；第六即楚州之邵，字懿叔；第七正辅。初娶东坡女兄……（同上，1433页）

照原标点，程正辅的行第不明，似是第一，又是第七。娶东坡女兄的是谁，也不清楚。正确的标点是："其侄之才，字正辅，第二；之元，字德孺，第六，即楚州；之邵，字懿叔，第七。正辅初娶东坡女兄……"

(26) 宋彭州名构。绍圣间，为金部员外郎。是时，都大提举川茶事。陆师闵移漕陕西，谋代之者，曾子宣、李邦直佥曰："宋某可。"遂使权都大管勾。（同上，1508页）

照原标点，宋构已任都大提举川茶事，后面又让他权都大管勾，管勾什么呢？按中间文义，他是代替即继任陆师闵的职务的，那又是什么职务呢？把"陆师闵"前边的句号去掉，一切都讲通了。（彭构的官阶比陆师闵低，故不称提举而称管勾。）

(27)〔顾恺之〕尝以一厨画糊题其前，寄桓玄。玄发其厨，后窃取。恺之见封题如初，但失其画，直云妙画通灵，变化而去，亦犹人之登仙，了无怪色。（同上，1538页）

"厨后"指橱的后壁。中间加逗号则"发其厨"就不能"封题如初"了。

(28) 昨见韩丞相，言王定国今日玉堂独坐，有怀其人。（同上，1544页诗题）

照原标点，苏韩二人昨天就谈论王定国今天如何如何，虽然不是绝对不可能，总是颇为奇怪。参照诗句就知道此时王定国不在汴京，独坐玉堂的是作者。"王定国"后应有逗号，"韩丞相"后可有可无。

(29) 太祖既废藩镇，命士人典州，于是置公使、库使。遇过客，必馆置供馈，人无旅寓之叹。（同上，1801页）

"公使库"类似现在的招待所，只是不收费。应标点为"置公使库，使遇过客……"。

(30)《祝辞》云：玉质金相，其重千钧。惠然背来，负者四人。眷此行

官，为留泱辰。惟师道、迨复饯。公还，履常为教授，属以迎送龙公蜕骨。（同上，1826页）

祝辞通篇都是四字句，末二句是"惟师道、迨，复饯公还"，不知道标点者为什么点到这里忽然乱了套。履常即陈师道，迨是苏轼的次子。

（31）临川黄掞，以公真迹刻于婺倅，"听事"作"小饮"，"西湖怀欧阳叔弼兄弟，赠赵德麟、陈履常"。（同上，1827页）

全诗无"听事"字，亦无"小饮"字，"'听事'作'小饮'"五字有点突如其来。"听事"应连"婺倅"为文，说的是婺州（今金华）通判衙门的大堂，"小饮"则原是诗题首二字，"小饮西湖"为句。

（32）《法华经解》：世尊十号具足世出，世间之所宗主，故名世尊。（同上，2154页）

第一个逗号应在"具足"后。"世出世间"是世间和出世间的意思。

要举例还可以举很多，不过上面这些已经足够说明问题了。说明什么问题呢？第一，不要小看标点，以为轻而易举，一定要谨慎从事。最好是一人标点，再有一人通读。其次，也是更重要的，是要为事择人，要把这工作托付给在文史方面有一定修养的同志。

我举出这些错误的标点来，绝对没有给整理古籍泼冷水的意思。（正是出于这样的考虑，我没有把这篇稿子送公开发行的刊物发表。）我完全同意整理古籍的重要性。正因为如此，我才强调要认真对待这项工作，首先把好标点这一关，避免可以避免的一切错误。上面举例的书都还是在整理古籍的号召发出之前就着手标点的，现在大兴整理古籍之风，更要防止一哄而起，泥沙俱下，贻误读者。

训诂杂议

洪　诚

导言——

本文选自《中国语文》1979年第5期。

作者洪诚（1910.12～1980.1），字自明，号诵孙，安徽青阳人。著名汉语史学家、训诂学家、三礼学家，南京大学中文系教授。著有《洪诚文集》。

本文开宗明义地回答训诂"是什么":训诂就是以今语解释古语。全文主题则是"怎样"搞训诂。怎样训诂呢?一是必须根据上古音来说明古汉语文字通假。西汉有人名审食其、郦食其、赵食其,颜师古所见荀悦《汉纪》三人名皆作"异基"。那是因为"食"上古船纽职部,"异"上古余纽职部,同为职部,且上古船、余二纽为旁纽字。《韩非子集释》以"御"(上古疑纽鱼部)"食"二字为通假,实为无据。二是破字立训,必须以古人语例为依据。高亨《老子正诂》以王本《老子》六十二章"虽有拱璧以先驷马"一语,疑"以先"二字当在"驷马"二字下,"先"借为"诜",《说文》:"诜,致言也。"洪诚先生批评"高氏不知驷马和拱璧都是聘问之物"。三是要细心观察古书用词造句的时代。例如《尔雅》全书几乎不用"声""貌""然"作描写语,近同《墨子·亲士》,《毛传》则相反,用"然"作描写语尾尤多,而此语言现象"发展于战国后期"。宋曹粹中必执言以《尔雅》成书于《毛传》之后,有误。四是古人用字自有其例,当遵从之。文中举出戴震发明《水经注》经、注分开三条例,王国维叹为"至简至赅","尤为亲切"。五要具备古代名物制度的常识。古汉语是古代社会生活的记录,不能以今代古。熟知古代礼俗文明对训诂的重大意义,例不一足。洪诚先生为"三礼"学家,尤重古礼与训诂间密切联系。

训诂就是以今语解释古语。我国古代书面语有将近四千年的历史,记录了四千年以上的历史事件、社会文化,它本身又有发展变化。训诂,如果不联系各方面有关的知识——如古代语言文字、历史事件、典章制度等等去仔细考虑,就容易牵强附会,甚至作出错误的解释。有几个问题我们必须随时注意:

一、说明古汉语文字通借,必须根据古音

两个字今音相同,在古代是否也是一对音同或音近字,必须查古韵表、古声母表,不能以意为之,强作解事,定为同音通借。例如:御,今音 yù;异,今音 yì;食,今音 shí 中古音:御,牛据切,去声,御韵,疑母;异,羊吏切,去声,志韵,以(喻四)母;食,乘力切,入声,职韵,船(床三)母。上古音:御,鱼部,疑母;异,之咍部,定母;食,之咍部,定母。异与食,上古同音,所以西汉审食其、郦食其、赵食其,食皆音异。颜师古所见荀悦《汉纪》,三人名皆作异基字(见《汉书·高帝纪上》二年注)。异字转喻纽,食字也读喻纽。《广韵》去声志韵把食字和异字列为同音字。特注为"人名,汉有郦食其"。但是御与异,现代汉语是双声字,从来不同音,御与食从来不同音,这是无可置辩的。可是《韩非子集释》664 页《外储说左上》吴起出章"今返而御"注云:"《御览》八四九引作'期返而食'。御,谓进食也。食、御二字古本同音,《史记郦食其传正义》云:'食,音异',亦可为御为食之一证。"这种说法很奇怪,食、异同音,怎么会得出食、御同音的结论呢?似乎是把自定的"异、御同音"作为暗含的小前提。他的论式是:因为古音食同

异,〔异同御〕,所以御同食。第二小前提既属虚构,则第一个小前提和结论没有因果关系,所以结论是谬误的。

二、破字立训,必须以古人语例为依据

不明语例,误读误解,滥说通借,通借成灾。且举近人著作中三事为例:

(一)王毓铨《我国古代货币起源和发展》27页说:

> 布钱的原始大铲币的形制是由农耕工具演变来的。镈除芸草而外,自然也可以掘土成甽(田中水沟),即《吕氏春秋》卷二十六所说:"其博(镈)八寸,所以成甽也。"

案王所引文见《任地》篇。原文云:"六尺之耜,所以成亩也。其博八寸,所以成甽也。"六尺之耜,指耒木之长。耜之本义是耒头铁,这里是"以小名代大名"。(俞樾发明此例)其博八寸,指耜刃之广。古亩为长方形,广一步,六尺;纵百步,六百尺。耜长六尺,当一步,用以构成一亩之广长;耜广八寸,用以构成一甽之广。"其"字指代上文耜,不指代耜以外的东西。其博的博,只能训广。这是古人常语。《周礼·考工记》:"磬氏为磬,倨句一矩有半,其博为一,股为二,鼓为三。"郑注云:"博,谓股博也。博,广也。"假令股广为四寸半,则股长九寸,鼓长一尺三寸半。又:"筑氏为削,长尺,博寸。"又:"车人为车,柯长三尺,博三寸,厚一寸有半。"(柯,斧柄。用以量物。)《礼记·玉藻》:"笏度二尺有六寸,其中博三寸。""肩、革带博二寸。"(肩,韠之两角。)又,《杂记下》:"《赞大行》曰:圭,公九寸,……博三寸,厚半寸。"凡是这类的博字,没有一个能读为"镈"的。《任地》篇下文云:"耨柄尺,此其度也。(段氏《说文》耨字注云:耨柄之尺寸,以耒六尺为度。)其耨六寸,所以间稼也。""其博八寸"和"其耨六寸"两句句法结构相同,博与耨两个词义则异。耨,《说文》作槈,云薅器也。或作鎒。《诗·周颂·臣工》毛传云:"镈,鎒。"二名同物。如果读博为镈,则"其博八寸"等于说"其耨八寸"了。即使据《国语·齐语》"挟其枪、刈、耨、镈"说耨与镈为二器,也无法把"其博"说成是"其镈",因为"其耨"、"其博"都紧接上文而言,耕田的耒耜里面是不会有镈的。王氏著书立说颇谨慎,此处未免千虑一失。

(二)《韩非子·外储说左下》:

> 管仲父……庭有陈鼎,家有三归。孔子曰:"良大夫也,其侈偪上。"孙叔敖相楚,栈车牝马,粝饼菜羹,……面有饥色,则良大夫也,其俭偪下。

又,《扬权》:

毋贵人而逼焉。

陈奇猷《集释》140页注〔八四〕说：

逼偪同，偪当为匹之同音假字。谓管仲之侈匹拟于君，孙叔敖之俭匹拟于下贱之人。若释偪为迫，俭何迫于下？不通。毋贵人而逼焉，犹言毋贵臣匹拟于君。《说疑篇》云："无尊嬖臣而匹上卿，无尊大臣以拟其主"，即此义。作匹作拟，亦可证偪为匹之借字也。

案，陈氏由于不明语例，主观强解，这一条注释出现三个错误。1. 偪字古音属职部，之部的入声，帮纽；匹字古音属质部，脂部的入声，滂纽。两字既不同音，亦非叠韵。2. 用偪，用匹，义各有当，两不相干，如何代古人改作文？匹、拟例对平敌以上而言，未见对下。改偪下为匹下，不合原意。偪下者，使下面的人受压力，感到难处，不能比孙叔敖更俭。何以不通？3. 偪上，偪下，上下指地位而言，等于说上面的人，下面的人。陈氏把下说成下贱之人，距原意太远。《韩非子》这段话，《礼记·杂记下》也有类似的记载：

孔子曰：管仲镂簋而朱纮，旅树而反坫，山节而藻棁，贤大夫也，而难为上也。郑注云："言其僭天子诸侯。"晏平仲祀其先人，豚肩不揜豆，贤大夫也，而难为下也。郑注云："言其偪士庶人也。"君子上不僭上，下不偪下。孔疏云："在平仲之下者，恒被平仲而偪也，是难可为下。"

"偪"，就是"使之难为"的童思。《世说新语·德行》："元方难为兄，季方难为弟。"《孟子·尽心上》："观于海者难为水，游于圣人之门者难为言。"《杂记》："难为上，难为下"，这些"难为"都是"不易为"的意思，跟"偪"是同一个意思的另一种表示法。如果把偪字改读为匹，那就毫不相干了。

（三）王弼本《老子》六十二章：

故立天子，置三公，虽有拱璧以先驷马，不如坐进此道。

高亨《老子正诂》重订本云：

拱璧聘问之物，驷马使者所乘。使者乘车抱璧以聘邻国，则拱璧何能先驷马哉！知其义不可通也。疑以先二字当在驷马二字下。先借为诜。《说文》："诜，致言也。"《广雅·释诂》："诜，问也。"（二上）《尔雅·释言》："聘，问也。”是诜即聘义。《庄子·秋水》篇:“庄子钓于濮水,楚王使大夫二人往先焉。”《淮南子·齐俗》篇:“颜阖鲁君欲相之而不肯,使人以币先焉。”先并借为诜也。“虽有拱璧驷马以先”,犹云虽有拱璧驷马以聘矣。

案,高氏不知驷马和拱璧都是聘问之物,他想象出一个图景,使者乘驷马之车,抱拱璧,所以毅然断定“拱璧何能先驷马哉!其义不可通”,于是大通大改,训先为聘,说是“虽有拱璧驷马以聘”。这样一改,驷马在句法中成为以聘之物更明确,所改变的仅仅是先字的词义。何不再想一想,使者即乘此驷马之车往邻国,又以此驷马为聘物,回国无马,车子怎么办呢?其义更不可通。《老子》这一节文义和句法,《左传》中与之相类似的有四处之多。摘录如下:

僖公三十三年传:“〔秦师〕及滑,郑商人弦高将市于周,遇之。以乘韦先牛十二,犒师。”杜预注:“乘,四韦。先韦乃入牛。古者将献遗于人,必有以先之。”《释文》:“先,悉荐反。注有以先之同。”孔疏云:“遗人之物,必以轻先重后,故先韦乃入牛。《老子》云:‘虽有拱璧以先四马,不如坐进此道。’是古者将献馈必有以先之。”

注意:牛十二与乘韦都是馈献之物,不是弦高乘牛车,载乘韦。沈钦韩读先字属上为句,大误。

襄公十九年传:“〔公〕贿荀偃束锦加璧乘马,先吴寿梦之鼎。”杜注:“寿梦,吴子乘也。献鼎于鲁,因以为名。古之献物,必有以先,今以璧马为鼎之先。”孔疏云:“今以此鼎贿荀偃也。古之献物,必有以先之。《老子》云:‘虽有拱抱之璧以先驷马’,谓以璧为马先也。……皆以轻物先重物。此锦璧可执,马可牵行,皆轻于鼎,故以璧马为鼎之先。以轻先重,非以贱先贵,鼎价未必贵于璧马也。”

惠栋、沈钦韩不通文例,妄驳杜注,不足辩。

襄公二十六年传:“〔郑伯〕享子展,赐之先路三命之服,先八邑。”杜注:“以路及命服为邑先。八邑,三十二井。”

《曲礼上》:“献田宅者操书致。”疏云:“板图书画以致之。”献邑当同。

同上年传:“〔宋平公〕夫人使〔圉人〕馈之(左师)锦与马,先之以玉。”杜

注:"以玉为锦马之先。"

《左传》诸文与《老子》文例相同,所以孔颖达两引《老子》为证。先字音,《老子释文》也是悉薦反。词序既不能动摇,先字就不可改读。1973 年马王堆汉墓出土汉初帛书《老子》甲本作"故立天子,置三卿,虽有共之璧以先四马,不善(诚案,善,当从乙本作若)坐而进此。"文义与今本同。帛书未出之前,明《左传》即明《老子》此文。弦高犒师在常诵之选本中。①

滥用通借不对,该用通借而不用也不对。例如:填与镇,古同音通用。《穀梁传》隐公五年:"诛不填服。"《释文》:"填音田。"填即镇压。服,来服者。王引之读填为殄,非传意,不可从。《史记·高祖纪》:汉五年,"镇国家,抚百姓。"《萧相国世家》:"填抚谕告。"填同镇。《史记·天官书》:土星,古名"填星,一名曰地侯"。填即镇定之镇。马王堆帛书《五星占》《史记·天官书》《汉书·天文志》写作填星,《淮南子·天文训》《广雅·释天》写作镇星。《史记》云:"岁填一宿,其所居国吉。"《淮南》文义同。帛书《五星占》云:"中央土,其神上为填星,□填州□,""北方水,其神上为辰星,主正四时。"(据《文物》1974 年第 11 期 28 页刘云友文转引。缺文疑是"主""国"二字,帛书上文说木星"岁处一国"。)可见土星之所以名填星者,取镇守之义。镇是通行字,填是古假借字。"填星""镇星"是一个名称的两种写法,不是两个名称。新城新藏《东洋天文学史研究》沈璿译本 479 页:"土星(填星、镇星)亦在星纪之始。"王力先生主编《古代汉语》下册 783 页文化常识(一):"土星古名镇星或填星。"《文物》1974 年 11 期 28 页说五大行星另一名称云:"土星即填星(或镇星)。"这些文章都按照两个名称加以解释,误。镇与填上古同音田,在中古,土星别名同音镇。《广韵》震韵:"填,陟刃切,定也,亦星名。"是其证。

三、用词造句之例,反映了语言发展的时代性,要细心观察

用字之例:如助词、副词的"惟"字,古文《尚书》作"惟",今文《尚书》和《诗经》作"维"(《匡谬正俗》卷二);《论语》《左传》作"唯",引《书》则作"惟";《孟子》作"惟",引《诗》则作"维",引《书》则作"惟",有条不紊。

用词之例:《尚书》多言"兹",《论语》言"斯"不言"此",《檀弓》言"斯"者五十三,言"此"者一而已(见上篇:士之有诔自此始也),《大学》以后之书多言"此"。语言轻重之间,世代之别从可知已。(《日知录》卷六。诚案,《诗经》已多言"此"。)古文《尚书》《周易》无"也"字,《毛诗》、《周官》始见。各书所用"也"字本"兮"字之音近假借。(段氏《诗经小学·君子偕老》。黄侃《与人论治小学书》与段说同)"语助词用也字,起于殷之末世(见《东山》),始于江汉之间(见《江有汜》),蕃衍于郑卫,

① 这一条,我在 1965 年《训诂学》讲义中已提出。

似续于齐鲁，传之后世不改。"（顾氏《唐韵正》卷九马韵）案，今本《老子》"兮"字，帛书甲乙本皆作"呵"。帛书中"也"字多于今本，如甲本"道，可道也，非恒道也。名，可名也，非恒名也"。四个"也"字今本无。"兮"古音读"呵"，确然无疑。"兮""也"分用，亦确然无疑。据段所举，两字有时通用，因为"也"字有表停顿的作用。只限于诗歌，散文判断句末"也"字不能改用"兮"。① 古文《尚书》不用"也"字，战国时人引用有时带进了"也"字，却没有带进"兮"的。例如：《礼记·缁衣》引《大甲》曰："毋越厥命以自覆也。"（伪古文集句删去"也"字）《墨子·尚同下》引《大誓》曰："小人见奸巧，乃闻不言也，发罪钧。"这两句中的"也"字不能用"兮"。段玉裁不考察这两个字在句子里面的语法作用，只根据单字字音相近，在一部分韵语中可通用，就认为"兮"是"也"的本字，其说不确。

整数与零数之间的"有"字，《尚书》《周官》《考工记》《论语》必用。《考工记》例如："轮人为盖：凿深二寸有半。""辀人为辀：国马之辀深四尺有七寸；驽马之辀深三尺有三寸。""弓人为弓：角长二尺有五寸。"《穆天子传》，万、千、百、十之间用"有"字。卷四："三千有四百里"，"三万有五千里"。也有不用的，如："万四千里"。卷五："得麋麕豕鹿四百有二十。"十位个位之间不用。卷五："骏马十六"。卷六："乃陈腥俎十二。"《春秋》必用。如："隐公元年十有一月"、"隐公十有一年"。《左传》撰作时代，"有"字的这种用法已渐趋于消失，所以纪年纪月一律不用"有"字。例如："晋侯在外十九年。"（僖二十八年）"晋文生十七年，亡十九年。"（昭十三年）"十二年矣，是谓一终，一星终也。国君十五而生子。"（襄九年）"七姓十二国之祖。""广车軘车淳十五乘。"（襄十一年。朱德熙、裘锡圭训"淳"为"皆"。淳，纯，屯通用。）"七十三年"（襄三十年）这一类不用"有"的句法占绝大多数。用"有"字的句法很少，而且所在的位次不定，可能是古史旧文落在作者笔下的残迹。例如：襄公三十年："四百有四十五甲子。""二万六千六百有六旬"。昭公二十八年："其兄弟之国者十有五人。"万、千、百、十，四位数之间，与百、十、个三位数之间只用一个"有"字，十位个位之间或用或不用，随音节的需要使用，不是表现语法规律。《逸周书·世俘》篇已经出现这种情况，和《尧典》"朞三百有六旬有六日"的严格性大不相同。（三位数用两个"有"字已经很严格，如果五位数之间用四个"有"字读起来就不方便了。）《孟子》引《书》，保留"有"字，如《万章上》："《尧典》曰：'二十有八载，放勋乃徂落。'舜相尧，二十有八载。"后句用有字，承用《尧典》文。作者自行文

① 马王堆汉墓出土帛书《老子》乙本卷前古佚书《经法》篇，殹与也不但通用，而且并用。例如："故执道之观于天下殹，无执殹，无册（处字）也，无为殹，无私殹。"（1974年《文物》10期30页及图版拾壹之三行）《经法》前十七行多用殹，杂用也，这种也字必是抄写人嫌殹字笔划繁，图简易杂入，第18行以下至《十大经》等三篇全用也字，不用殹，都是抄写者所改。《文物》1976年第6、7、8三期所载《云梦秦简释文》三篇，简书原文句末助词皆作"殹"，不杂用"也"，可证。

用的少，例如：《万章上》："舜荐禹于天，十有七年。"不用的多，例如："吾有司死者三十三人。"（《梁上》）"余夫二十五亩。"（《滕上》）"岁十一月，徒杠成。十二月舆梁成。"（《离下》）由此可定：《考工记》计数法的语言现象比《穆天子传》《左传》早，跟《周官》《春秋》同时。

词尾用字之例：《论语》叠音词后多用"如""乎"，单音词干后用"然"。《孟子》双音、单音之后例用"然"。它们都不用"若"。《孟子》："吾不忍其觳觫，若无罪而就死地。"旧读若字属下，是对的。杨树达说："觳觫若"犹言"觳觫然"也（见《古书句读释例》25页、《词诠》"若"字条。案朱彬《经传考证》已有此说）。把"若"字当作词尾，与《孟子》语例不合，误。又考，《孟子·滕文下》："《传》曰：孔子三月无君，则皇皇如也。"孟子引《传》词尾用"如"字，与《论语》同，文例谨严如此。

《尔雅》《毛传》两部书所反映的语言现象有一个截然不同的地方，那就是《毛传》的解释句描写事物的声貌多用"某某声"、"某某貌"、"某某然"，用词比《尔雅》细致，《尔雅》全书绝不见。如《大雅·江汉》传："洸洸，武貌"；《尔雅·释训》则云："赳赳，洸洸，武也。"《周颂·良耜》传："挃挃，获声也"；《尔雅·释训》则云："挃挃，获也。"《毛传》的解释句副词带语尾"然"字的极多。如："沃若犹沃沃然。""萋，草中之翘翘然。"这是《尔雅》里面所没有的。《秦风·晨风》："忧心钦钦"传："思望之，心中钦钦然。"《尔雅》："钦钦，忧也。"《诗经》中词尾"然"字只用于单音词干之后，叠音词后无词尾。《墨子》中叠音词集中在《亲士》篇，如"谄谄"、"延延"、"燎燎"、"尧尧"，皆无词尾。叠音词加"然"字做词尾，见于《孟》《庄》《荀》，《荀子·非十二子篇》，其中一节用"恢恢然"等语有十九个之多。这种语言现象发展于战国后期。毛公解释《诗经》双音叠字词每每加"然"字改变其形式，这种方法也是《尔雅》所没有的。《尔雅》全书几乎不用"声""貌""然"作描写语，和《毛传》相比，这是一个重要的语言现象，前人论《尔雅》《毛传》都不注意。即此一端，可决二书著作之先后（《广雅》为摹仿《尔雅》而作，不得引以为说）。果如欧阳修、曹粹中所论，今之《尔雅》乃汉人杂采诗传解诂成书，我们不可理解编集者何以要把这些字统统删尽？《毛传》用"犹"，用"亦"表示词的引申义和比拟义，如"漂犹吹也"，"艰亦难也"。此例亦《尔雅》所无，《孟子》有之。《离娄上》："泄泄犹沓沓也。"《大雅·板》传用《孟子》，不用《尔雅》。毛公立说自有选择。曹粹中说："使《尔雅》成书在毛公之前，顾得为异哉？按平帝元始四年，王莽始令天下通《尔雅》者诣公车，固出自毛公之后矣。"（引自《小学考》卷三）他认为《尔雅》必须被《毛传》所全部遵用，否则即是后出之书。这种论断是不对的。

四、古人著书，行文用字，每每自有其例，贯穿全书

（一）《春秋》书法，文例至严。例如：《礼记·曲礼下》："天子死曰崩，诸侯曰薨，大夫曰卒，士曰不禄，庶人曰死。"按等级分死的名称，这是周朝的通制。但是《春秋》

经全书记录鲁国诸侯死都用“薨”字,记录其他各国诸侯如齐桓公、晋文公等人的死,一律用“卒”字,没有例外。僖公,经:“十有七年,冬,十有二月乙亥,齐侯小白卒。”传:“十七年,冬,十月乙亥,齐桓公卒。”(传作十月为夏正)经:“三十有二年,冬,十有二月乙卯,晋侯重耳卒。”传:“三十二年,冬,晋文公卒。”仅仅看这两条,以为这里用“卒”字是偶然的,诸侯死可以称“薨”,也可以称“卒”,其实不是!因为《春秋》是鲁史,它的书法以鲁为主,所以对本国诸侯(内)称“薨”,对各国诸侯(外)称“卒”。这里仍然分尊卑,不是随便通用。关于这个问题,杜预《春秋释例》说得最正确。隐公三年经,孔疏引《释例》曰:“《春秋》所称,曲存鲁史之义。内称公而书薨,所以自尊其君,而不得不略外诸侯书卒以自异也。”王力先生在《古代汉语》57页常用词46“卒”字下说:“上古特指诸侯大夫的死。《左传·僖公三十二年》:‘冬,晋文公卒。’”又134页常用词99“崩”。〔辨〕:“《礼记·曲礼》:‘诸侯曰薨,大夫曰卒。’《左传》对诸侯有时也称‘卒’。”照这样说,“卒”既是一般地可以用于诸侯,为什么对鲁国的诸侯一个不用呢?它的性质不是很清楚吗?

“薨”与“卒”在《春秋》《左传》中有严格的区别,在《史记》汉代王侯各年表中仍然有区别,称“薨”,不称“卒”。但是《史记》对汉以前的诸侯则一律称“卒”,①虽在汉人《世家》中也是用“卒”字多,用“薨”字很少,燕王刘泽、齐悼惠王刘肥及梁孝王数人称“薨”。所以王力先生之说仅仅适用于《史记》中之《世家》,不适用于《春秋传》。

(二)裴骃《史记集解》中有一种特殊的省略式,引述两人相同之说,两个并列的主谓结构共用一个宾语,把“甲曰:……”和“乙曰:……”合并作“甲曰、乙曰:……”。意思是“甲和乙并曰:……”,不是把“乙曰……”当作“甲曰”的宾语。所以标点应该作“甲曰、乙曰:……”。例如:《鲁世家》集解:“孔安国曰、王肃云:‘祖甲,汤孙太甲也。’马融曰、郑玄曰:‘祖甲,武丁子帝甲也。’”裴骃信伪孔传为真。西汉孔安国不可能引述魏王肃的话。郑玄注古文《尚书》在中平元年(184)以后,马融早已死了,马也不可能引郑说。《尚书·无逸》孔安国传以祖甲为汤孙太甲。疏云:“王肃亦以祖甲为太甲。郑玄云:‘祖甲,武丁子帝甲也。有兄祖庚……’”又下文《集解》云:“马融曰:祖甲有兄祖庚,……”据此更可证,四个人名无衍文。关于祖甲,孔王之说同,马郑之说同,所以裴骃各用两个主谓结构并列于宾语前面。这是一种罕见的省略形式。新印标点本《史记》1521页这一条标点是正确的。由于人物时代的先后所决定,不容许产生误解。

与上文同例:《魏世家》集解云:“荀勖曰、和峤云:‘《纪年》起自黄帝,终于魏之今王。今王者,魏惠成王子。……’”这也表示《纪年》起自黄帝,终于今王,是荀勖与和峤的共同说法,不是荀勖引述和峤的话。因为晋武帝命荀、和二人撰次竹书,以隶写

① 魏安厘王在《世家》称卒,在《信陵君传》称薨。

之，实以荀为主；[①]竹书有黄帝至帝舜的材料，是二人所同见；[②]把它编列于夏殷之前，是二人所同为，关于这部书的开头人物，荀勖何须引述和峤的话来说明？把"《纪年》起自黄帝"两句话解释为荀勖引述和峤语是不合理的。由于不通《集解》文例而产生误说的有如下数例：

> 或以荀勖述和峤言，有《纪年》起于黄帝之语为今书解，……和峤之言特出于荀勖之口，荀勖之言又仅见于《魏世家》注所引，递相传述，安知其不失真？（崔述《考古续说》卷二《竹书纪年辨伪》）

案，崔氏辨今本《纪年》之伪是也。乃误解裴骃文，又以误解为依据，妄斥荀、和本，则非也。

> 和峤言起自黄帝。（郝懿行《竹书纪年通考》，据《四库提要补正》385页引）

案，郝以荀为转述者，故删去之。

> 《史记魏世家》集解引和峤云：《纪年》起自黄帝。峤与束皙同（朱氏本意是同样的同）被诏校竹书，而言各不同若此。（朱右曾《汲冢纪年存真》）

案，束皙"得观竹书"在和峤死后四五年。他完成卫恒未了之作，见《王接传》，并无受

---

① 《隋书·经籍志》史部《古史篇叙》曰："太康元年，汲郡人发魏襄王冢，得古竹简书，字皆科斗。帝命中书监荀勖、令和峤撰次为十五部八十七卷。"杜预《左传集解后序》孔氏《正义》引王隐《晋书·束皙传》曰："汲郡初得此书，表藏秘府，诏荀勖和峤以隶字写之。勖等于时已不能尽识其书。"二文皆突出荀勖。唐修《晋书》记竹书事共七处，惟《和峤传》未及，指名受诏撰次者，惟《荀勖传》一见。故知以荀勖为主。

② 朱右曾说：杜预、束皙与和峤，言各不同，"此岂编年纪事始于夏禹，而五帝之事别为一编乎？"案朱说是。杜预《左传后序》说"起自夏殷"，"最为分了"。所见《纪年》必是秘府原策无五帝事。荀、和见竹书中有五帝材料，取以编于夏殷之前，成为起自黄帝的编本。朱希祖说，杜预所见为和峤本，又疑《后序》非杜预撰（《汲冢书考》22页）。其说非是。据《晋书·王接传》，卫恒考正汲冢书，未讫而遭难，束皙述而成之。恒死于元康元年，见《惠帝纪》。束皙为佐著作郎得观竹书，在元康六年张华为司空之后，见本传。则卫、束考正本，始于夏代，与杜所见本同，亦必依秘府原策改定荀、和本。朱氏因误解裴骃引文，说荀勖不知《纪年》起自黄帝事，凭和峤知之，又臆想杜预所见为和峤本，《后序》作者所见为束本，与和本不同，因疑《后序》为伪撰（《书考》22、24页），误解，误测，误断。

诏校竹书事。朱氏删去荀勖，以和峤与束皙并提，使人理解为太康十年荀勖死后，束皙继其职，与和峤同事。

《纪年》一书殆为和峤所成，故荀勖引其语，以为起自黄帝云。又说："《纪年》有和峤初定本，有束皙重定本。""《史记集解》：'荀勖曰：和峤云《纪年》起自黄帝。'不知《集解》引自何书。"（朱希祖《汲冢书考》40页）

案，《文选·王文宪集序》注引王隐《晋书》曰："得汲冢竹书，〔勖〕身自撰次，以为《中经》。"《初学记》卷十二傅畅《晋诸公赞》曰："太康二年，汲郡冢中，得竹书，勖躬自撰次注写，以为《中经》，列于秘书。"言"身自撰次"、"躬自撰次注写"，荀勖不是挂名的长官。裴骃在魏哀王下引荀、和之说，重点在于说明《纪年》中的"今王"是魏襄王，不是哀王。这是针对杜预依《史记》定为哀王而说的。引文"云"字下一百三十七个字中无"骃案"，全是荀、和之文。荀勖《穆天子传序》曰："案所得《纪年》，盖魏惠成子今王之冢也，于《世本》盖襄王也。"这与裴骃的引文结论相同。裴氏所引是详考，荀《序》是概括。以荀《序》证《集解》，明明是荀、和二人共同之说。朱氏由于不明文例，所以作出错误的推断，把《纪年》初编工作归于和峤一人，荀勖竟不知其书从何时起，杜预亦惟见和氏本，不见原策，误人不浅！

集解 荀勖曰："和峤云'《纪年》起自黄帝，终于魏之今王'。今王者，魏惠成王子。……《太史公书》为误分惠、成之世，以为二王之年数也。……然则今王者魏襄王也。"（标点本《史记·魏世家》1849页注〔一〕）

案，这一节标点错误有三：1. 纪年以下至王也一百三十七个字都是荀、和二人共同之说，不当割出头两句作为和峤语。因为本文重点是说明"今王"，《纪年》终于今王二十年，是竹书原文所有，是荀、和、杜、卫、束等人所同见，不是和峤一人的创见。这里所标的引号，是把《纪年》起讫，当作和峤的直接知识，被荀勖间接转述，严重地违背史实。2. 把和峤以下一百四十个字当作荀勖一人之辞也是错误的。3. "惠成"是一个人的谥号，"误分惠成之世"句惠成之间不当用顿号隔开。当更正如下："曰"字后的"："号当改作"、"或"，"。去掉"和"字左上角的引号，去掉"王"字右上角的引号，去掉"惠、成"二字之间的"、"号。别的书引述《集解》这段文字标点错误的有：1.《四库全书总目提要补正》383页14、15行载郝懿行《竹书纪年校正序》引《集解》文。2. 范祥雍《竹书纪年辑校订补》第1页第2行。3. 朱希祖《汲冢书考》34、40、48页。

解释古汉语，要注意那部书用词造句的通例，就不会被字面组织形式所蒙蔽，按照句子结构的本质，如实地表达出来；否则，原文照抄，校对无误，有时竟会出现使人难于避免的误解。

掌握文例,可以简驭繁,对于校释古书,功用很大。《水经注》旧本经、注混淆难辨。戴东原分析其叙事用字的方式,得出经、注分别之例三条,[①]经、注砉然分解。(如云:凡水道所经,经例云过,注例云径。)杨守敬叹为"确凿不易","旷若发蒙",[②]王国维称为"至简至赅","尤为亲切"。[③] 这种方法,值得学习。

五、要具备古代名物制度的常识

古汉语是古代社会生活的记录。对于古代事物情况不了解,就必然要按照后世的情况去想象古汉语所反映的具体内容,牵强说明,根本不是那回事。《老子正诂》的作者所想象的"使者乘车抱璧"就是个典型例子。《韩非子集释》也有这种例子,现在只举一个常识性的问题说一说。

> 《外储说左上》说二:"设五寸之的,引十步之远,非羿、逢蒙不能必全者,有常仪的也"。(《问辩》同)引,拉弓弦发箭。全,万无一失,有把握命中。

这几句话的意思是:有了一定的目标,虽然只有十步那么远的短射程,不是神箭手也不能有把握命中。古代射礼最短的射程是五十弓,最长的射程是九十弓(量射程以弓,弓与步同六尺)。十步极言其短。这是以最短射程反衬有常仪的命中之难,其意很明显。如果射程长,有的难中,其难就在于射程长,而不在于有常仪的了。王先慎要求射程长,改十为百,根本不懂《韩非》文意。养由基百步穿杨(见《国策·西周策》),不是养由基那样的人百步不能中五寸之的,何足为异?陈奇猷说:"不必改十为百。《礼记·王制》八尺为步,则十步合八十尺,以距八十尺之远而射五寸之的,亦可谓难矣。"他认为十步已够远了,难在远,不难在五寸之的。虽不改字,与王同误。《王制》原文是"古者以周尺八尺为步",不可删截改变原意。量射程没有以八尺之步计算的,引据不当。

训诂条例前人论述很多,但是具体问题比较复杂,非条例所能尽,只能用"具体问题具体分析"的方法去解决,不可能"一以贯之"。

---

① 戴震区分《水经》经、注之条例见《东原集》卷六《水经郦道元注序》与段玉裁《戴氏年谱》乾隆三十九年。

② 见杨守敬《水经注疏要删·凡例》与《水经注疏》卷七之46页济水一疏。

③ 见《观堂集林》卷十二《戴校水经注跋》。

训诂学的新领域

——汉魏六朝以来方俗语词的研究

郭在贻

导言——

本文选自《训诂学》(湖南人民出版社,1986)第九章。

作者郭在贻(1939～1989),山东邹县人。1961年毕业于杭州大学中文系。杭州大学教授、博士生导师。从事训诂学和近代汉语词汇研究,著有《训诂丛稿》、《训诂学》、《郭在贻语言文学论稿》等。

此文旨在开拓训诂学研究的新领域:对汉魏六朝以来的方俗语词进行研究。就其重要性而言,俗语词研究是汉语词汇史不可或缺的组成部分,又是古籍整理的重要内容。关于后者,文章详论俗语词与古籍校勘、标点和注释的关系,文中共举20例说之。由于俗语词包括方言词和口头语词,故从学术史看,俗语词研究最早可追溯到西汉末扬雄《方言》。作者共列出古今中外的俗语词著述60多种,并重点表彰蒋礼鸿著《敦煌变文字义通释》,认为蒋著除了在材料的采集上超迈前人外,在研究方法上,蒋著"继承并发扬了清代朴学家的优良传统,以戴震、段玉裁、王念孙等人所创发的'诂训音声,相为表里','求诸其声则得,求诸其文则惑'作为指导思想,有意识地从语言的角度探索词义、词源,这正是以往一些俗语词著作所欠缺的"。有关俗语词的研究方法,在方法论层次上有归纳、比较、推勘,在具体方法上有审辨字形、比类综合、据对文以求同义词或反义词、据异文以求同义词或近义词、即音求义、探求语源、方言佐证等七种。

我国传统的训诂学其主要目的是为经学服务的,因此它所研究的对象主要是儒家经典,它所解释和考辨的主要是先秦两汉的古字古词。但是这并不等于说先秦两汉的古字古词便是训诂学的唯一研究对象。训诂学作为一种古代文献语言学,它应该而且必须冲破为经学服务的樊篱,去扩大自己的研究范围,开辟新的研究领域。这个新领域,主要指的是汉魏六朝以来方俗语词的研究。因为汉魏六朝以后的文言词语,基本上是承袭了先秦两汉的书面语词,没有多少新的发展变化,而汉魏六朝以后的方俗语词,则出现了许多新的情况,而又为传统训诂学所不甚措意的。今天我们研究训诂学,必须对方俗语词的研究予以充分的重视。

一　俗语词研究的意义

关于俗语词研究的意义,可以从两方面来看:

(一) 俗语词研究是汉语词汇史研究的重要环节

我们知道，在整个汉语史的研究中，关于词汇史的研究是最薄弱的环节，而在词汇史的研究中，关于俗语词的研究又几乎等于零。（试以王力先生的巨著《汉语史稿》为例，这部书分上、中、下三册，上册谈语音，中册谈语法，下册谈词汇。从分量上看，词汇部分最少，而在词汇部分中，没有讨论俗语词的问题。）其实，俗语词研究应该在汉语词汇史的研究中占居重要的地位，因为汉语的全部词汇绝不仅仅存在于历代的雅言——即规范化的书面语中，还包括历代的口头语词，即方言、俗语之类。研究汉语词汇史不能无视这些方俗语词，否则便不能认识汉语词汇的全貌。前代学者对于方俗语词虽也做过一些研究，并撰为专书，如清朝翟灏的《通俗编》，钱大昕的《恒言录》、毛奇龄的《越语肯綮录》、胡文英的《吴下方言考》、梁同书的《直语补正》、郝懿行的《证俗文》、梁章鉅的《称谓录》、陈鳣的《恒言广证》，直至近人章太炎的《新方言》等等，但基本上是资料纂集的性质，系统性和科学性都不够，作为词汇史的研究是谈不上的。今天我们要想写一部系统全面的词汇史，就必须在前人研究的基础上，进一步加强对方俗语词的研究。

(二) 俗语词研究有助于古籍整理

我们知道，我国浩如烟海的古籍，固然主要是用雅言写成的，但其中也使用了一些方俗语词，而这些方俗语词往往比雅言难懂得多，不了解这些方俗语词的特殊含意，则在古籍的校勘、标点和注释中必然会遇到一些难以克服的障碍，以致造成不应有的失误。下面试从古籍校勘、标点和注释三个方面，来看一看由于不懂得俗语词而造成失误的例子，反过来也就证明了俗语词研究有助于古籍的整理。

1. 俗语词与古籍校勘

例一，《敦煌变文集·秋胡变文》："今蒙孃教，听从游学，未季娘子赐许已不？"原校季作知，盖以为季是知字的音近讹字。今按：此校非。季当是委字之讹。考变文用字，有偏旁互换之例，如孽作蘖，字的下部以女旁代替了子旁，此文委字作季，则是以子旁代替女旁。同篇下文又云："暂请娘子片时在于怀抱，未委娘子赐许以不？"两文相照，可证"未季"确是"未委"。这里的关键是委字究为何义？这就不能仅仅依靠传统训诂学，而应吸取俗语词研究的成果。《敦煌变文字义通释》已经用翔实的材料证明了委有知义，则未委就是未知的意思，变文季字乃委字之讹，殆无疑义。同类的例子又有杜甫《示从孙济》诗："平明跨驴出，未知适谁门？"《全唐诗》、《钱注杜诗》、《杜诗详注》于"知"字下并出异文"委"，究应选择知字呢？还是选择委字？我们认为委字对，知字则可能是后人不晓委字之义而妄改的。委作知解，正如张相所说是"字面普通而义别"的一类俗语词，因而被妄改的可能性较大，若杜诗原作知，则不大会有人去节外生枝地改作委。

例二，《敦煌变文论文录》附录《苏联所藏押座文及说唱佛经故事五种》，其中有一句道："牧牛人曰：'莫是我家小勿？'"（见原书下册 846 页）原校勿作却。按：此校误。

此勿字当读为“么”，亦即今日所用的“吗”，是疑问语气词。考《太平广记》册四卷164“黄幡绰”条(出《因话录》)：“唐玄宗问黄幡绰：‘是勿儿得怜？’对曰：‘自家儿得人怜。’”是勿即是什么。勿又可写做物，如《曹溪大师别传》(《继藏经》第二编乙第十九套第五册)：“见忍大师，问曰：‘汝作物来？’能答曰：‘唯求作佛来。’”按：作物来即作么来。又写做无，《敦煌变文集·妙法莲花经讲经文》：“直待修行有次第，为汝宣扬得也无？”无当读为么。又《敦煌变文论文录》下册827页：“未委天心舍得无？”无亦当读为么。又白居易诗：“晚来天欲雪，能饮一杯无？”即“能饮一杯么？”变文中有时又写做磨或摩。王力先生在《汉语史稿》中册第五十节曾经指出“吗的较古形式是么”，“么应该是从无演变来的”，其说是矣。所可补充的是：无、勿均是唇音字，勿在唐宋诗文小说中也是一个疑问语气词，也等于后来的吗。《敦煌变文论文录》的编者不了解勿字作为一个俗语词的特殊含意及其来龙去脉，认为原文讲不通，遂误校作却。

例三，宋人周邦彦《黄鹂绕碧树》词：“纵有魏珠照乘，未买得，流年住。争如盛饮流霞，醉偎琼树？”其中“盛饮流霞”句，汲古阁本《片玉词》作“剩引榴花”。两种版本，文字判然不同，究竟孰是孰非？校勘者必须作出抉择。近代大词家郑文倬校道：“汲古阁作‘剩引榴花’四字，并以音近讹。”(见《大鹤山人校本清真词》)按：郑说非。他不懂得“剩”字是一个俗语词，其义为多。(详张相《诗词曲语辞汇释》、蒋礼鸿《敦煌变文字义通释》)“引”也是一个俗语词，是斟酒而饮的意思，杜诗“检书烧烛短，看剑引杯长”。(见《钱注杜诗》上册295页《夜宴左氏庄》，上海古籍出版社1979年10月新一版)“胜地初相引，余行将自娱。”(《全唐诗》册四页2401《陪李金吾花下饮》)并其例。“榴花”则是酒名，如梁元帝《刘生》诗：“榴花聊夜饮，竹叶解朝酲。”(《乐府诗集》卷二十四页200，四部备要本)唐沈佺期《卫中作》：“总使榴花能一醉，终须萱草暂忘忧。”(《全唐诗》册三页2113)“剩引榴花”即是多多饮酒。至于另一本作“盛饮流霞”，不过是“剩引榴花”的换一种说法而已。(“流霞”作为酒的代称，诗词中习见。)郑氏不了解剩字之义，又未察榴花为酒之代称，遂悍然断为字讹，正所谓以不狂为狂了。究其根源，实由于对唐宋以来的俗语词略无所知。(此例参用蒋礼鸿先生说，见所撰《宋词的语言运用与辞书收词》一文)

例四，《梨园按试乐府新声》关汉卿〔二十换头〕双调新水令〔大拜门〕：“忙加玉鞭，急催骏豌，恨不乘到俺那佳人家门前。”隋树森先生校云：“‘乘’原作‘圣’，兹从《正音谱》。”按：圣字不误。圣又作胜，有神速之义，(见张相《诗词曲语辞汇释》、蒋礼鸿《义府续貂》)“圣到”犹言速到也。隋氏据《正音谱》校圣作乘，盖以乘字之常义理解之，反不若作圣为贴切也。(此条亦参用蒋礼鸿先生说，见《梨园按试乐府新声校记》一文)

例五，杜甫《秋雨叹》：“阑风长雨秋纷纷，四海八荒同一云。”其中长字，《全唐诗》注道：“去声，一作伏，一作仗。”究竟哪一个对？仇兆鳌《杜诗详注》取伏字，并谓“荆公本作仗雨，当即伏字之讹耳。”浦起龙《读杜心解》、杨伦《杜诗镜铨》、郭曾炘《读杜札记》以及今人所选唐诗，也都取“伏雨”之说，其实伏字乃是仗字之讹，仗字则又是长字的同音借字。考《广韵》去声四十一漾韵内，仗、长并音直亮切，长有多余之义。（《广韵》去声四十一漾韵："长，多也。"）《世说》载王忱求簟于王恭，恭曰："丈人不悉恭，恭作人无长物。"杜诗长字，实即长物之长。阑风长雨者，谓阑珊之风、冗长之雨也。仇氏不了解长字之义，又不悟仗乃长字之借，更未察伏乃仗之讹字，遂尔是伏而非仗，可谓是非颠倒了。

2. 俗语词与古籍标点

例一，中华书局出版校点本《酉阳杂俎·诺皋记下》："郓州阚司仓者，家在荆州。其女乳母钮氏，有一子，妻爱之，与其子均焉，衣物饮食悉等。忽一日，妻偶得林檎一蒂，戏与己子，乳母乃怒曰：'小娘子成长，忘我矣。常有物与我子停，今何容偏？'"其中停字，是个俗语词，有平均分配之义。较早的用例见于汉代，其字作亭，如《汉书·张汤传》："平亭疑法。"唐宋以还则写做停，如孟元老《东京梦华录》卷四《食店》："面与肉相停，谓之合羹。又有单羹，乃半个也。"（邓之诚校注本页128）相停犹言相均、相等也。又元剧中有"匹半停分"之语，停分即均分也。《酉阳杂俎》的标点者昧于停字之义，误将上文断作"常有物与我子，停今何容偏？"致使文意晦涩不明。

例二，《酉阳杂俎》前集卷九《盗侠》："建中初，士人韦生，移家汝州，中路逢一僧，因与连镳，言论颇洽。日将衔山，僧指路谓曰：'此数里是贫道兰若，郎君岂不能左顾乎？'士人许之，因令家口先行，僧即处分步者先排比，行十余里，不至，韦生问之，即指一处林烟曰：'此是矣。'"按：上文中的排比，乃唐代俗语词，有安排和准备的意思。（见《敦煌变文字义通释》新版117页）考《太平广记》册四卷194"僧侠"条，这段话作"僧即处分从者，供帐具食。行十余里，不至。"（按：处分是部署、指挥之意）排比即是指供帐具食。《酉阳杂俎》的标点者不了解排比这个俗语词的特殊含意，将这句话断作"僧即处分步者先，排比行十余里"，误矣。

例三，唐人皇甫枚《三水小牍》卷上"王知古为狐招婿"条："……保母忽惊叫仆地，色如死灰。既起，不顾而走入宅。遥闻大叱曰：'夫人，差事！宿客乃张直方之徒也。'"文中差字，乃唐宋俗语词，有怪异、希奇之义。（差有怪义，明人胡震亨的《唐音癸签》已发之，《敦煌变文字义通释》亦有考证。）差事就是怪事、奇事。汪辟疆《唐人小说》、张友鹤《唐宋传奇选》均由于不明差字之义，将这段文字标点为"夫人差事宿客，乃张直方之徒也。"误矣。（分别见《唐人小说》291页，上海古典文学出版社1955年12月第一版；《唐宋传奇选》166页，人民文学出版社1964年5月北京第一版。）

例四，《水浒传》第三十回："张都监叫抬上果桌饮酒，又进了一两套食次，说些闲话，问了些枪法。"文中"食次"一词，乃宋代俗语词，指的是菜肴之类，如《都城纪胜·酒肆》云："有茶饭店，谓兼卖食次下酒是也。"又云："直卖店，谓不卖食次也。"又"食店"条下云："凡点索食次，大要及时。"又《武林旧事》："或少忤客意，及食次少迟，则主人随逐去之。"又《梦粱录》卷十六"茶肆"条："有一等直卖店，不卖食次下酒，谓之'角球店'。"又"分茶酒店"条："兼之食次各件甚多，姑述于后。"其例甚夥，不备举。人民文学出版社出版的《水浒传》,标点者不懂得食次之义,将上引一段话断作:"……又进了一两套食,次说些闲话。"(《水浒传》上册 345 页)将"食次"一词斩为两截,大误。

例五,《颜氏家训·书证篇》:"……殷仲堪《常用字训》,亦引服虔《俗说》;今复无此书。未知即是《通俗文》,为当有异?近代或更有服虔乎?不能明也。"按:"为当"是汉魏六朝以迄唐宋习见的一个俗语词,作选择连词用,有还是、抑或之意。(参看《敦煌变文字义通释》新版 345 页。)有人不明"为当"之义,误将这句话断作"未知即是《通俗文》为当有异近代,或更有服虔乎?不能明也。"竟不知所云了。(见《南开学报》1981 年二期,刘叶秋《阅读散记》一文;又见刘叶秋著《中国字典史略》52 页,中华书局 1983 年版。)

3. 俗语词与古籍注释

近人张相在《诗词曲语辞汇释》的叙中说过:"每念吾国文学领域,极为广袤,普通披览所及,率在《毛诗》、《楚辞》、汉魏乐府。其唐以来之近代文学,于方今有绝大关系者,辄为文字所障,未尽撢掔。"何以唐以来之近代文学,反为文字所障呢?依笔者之见,这个"障"正出在俗语词上。由于对俗语词的研究向来不够重视,可以利用的成果甚少,因而对于唐以来的诗词、戏曲、笔记小说中的俗语词,读者和注释者们便感到棘手。其实不只唐以来的近代文学为然,就是汉魏六朝的作品,也存在这类问题。笔者在平时涉猎之中,发现注家因昧于俗语词的特殊含意而造成失误的例子,是数见不鲜的。且看下列十例:

例一,魏晋小说《宗定伯捉鬼》(按:宗,一本作宋):"南阳宗定伯,年少时,夜行逢鬼。问曰:'谁?'鬼曰:'鬼也。'鬼曰:'卿复谁?'定伯欺之,言:'我亦鬼也。'鬼问:'欲至何所?'答曰:'欲至宛市。'鬼言:'我亦欲至宛市。'共行数里,鬼言:'步行大亟,可共迭相担也。'定伯曰:'大善。'"其中"大亟"二字,有的选本注为"太急"。(沈炜方、夏启良选注《汉魏六朝小说选》27 页,中州书画社版)殆非。考宗定伯捉鬼的故事,亦见于《搜神记》、《太平广记》诸书,其中"步行大亟"四字,都作"步行大迟",与太急之解适相刺谬。今谓此亟字当为极的省借,极是汉魏六朝时期习见的俗语词,有疲惫之义,如《文选》卷四十七王褒《圣主得贤臣颂》:"庸人之御驽马,亦伤吻弊策而不进于行,胸喘肤汗,人极马倦。"极、倦对文,则极亦倦也。《类说》卷四十九引殷芸《小说》:"晋明帝为太子,闻元帝沐,上启云:'伏闻沐久劳极,不审尊体如何?'答云:'去垢甚佳,身不极也。'"其中"不极"二字,一本作"不劳"。(参看《余嘉锡论学杂著》上册 292 页《殷芸小说辑证》)此均足证明极有疲惫之义。"步行大亟"是说步行太疲劳,故下文云:"可共迭相担也。"共迭相担正是解除疲劳的一种办法。

例二,魏晋小说《孙阿》:"天明,母启侯曰:'昨又梦如此,虽云梦不足怪,此何太适适,亦何惜不一验之?'"其中"适适"一词,有的选本注云:"凑巧,巧合。"(《汉魏六朝小说选》26 页)误甚。"适适"即"的的",鲜明貌。考《搜神记》卷十"谢郭同梦"条:"会稽谢奉与永嘉太守郭伯猷善。谢忽梦郭与人于浙江上争樗蒱戏,因为水神所责,堕水而死，已营理郭凶事。及觉，即往郭许，共围棋。良久，谢云：'卿知吾来意否？'因说所梦。郭闻之怅然，云：'吾昨夜亦梦与人争钱，如卿所梦，何期太的的也。'须臾如厕，便倒气绝。"的的即清楚、明白之意。乐府诗《子夜歌》："我念欢的的，子行由豫情。"的的与由豫相对成文，则其义居然可知也。《太平广记》卷271"杜羔妻"条（出《玉泉子》）："杜羔妻刘氏善为诗。羔累举不中第，乃归。将至家，妻即先寄诗与之曰：'良人的的有奇才，何事年年被放回。如今妾面羞君面，君到来时近夜来。'羔见诗，即时回去，竟登第。"诗中的的犹今言的的确确也。（古音章系归端，故适适可读为的的。）注家不知道适适这个词在汉魏六朝时期的特殊含意，遂尔望文生训，牵强为释，自然不可能得出确解。

例三，《世说新语·捷悟》："魏武尝过曹娥碑下，杨修从。碑背上见题作'黄绢幼妇外孙齑臼'八字，魏武谓修曰：'解不？'答曰：'解。'魏武曰：'卿未可言，待我思之。'行三十里，魏武乃曰：'吾已得。'令修别记所知。修曰：'黄绢，色丝也，于字为绝。幼妇，少女也，于字为妙。外孙，女子也，于字为好。齑臼，受辛也，于字为辞。所谓绝妙好辞也。'魏武亦记之，与修同。乃叹曰：'我才不及卿，乃觉三十里。'"有的选本注道："乃觉三十里，即三十里乃觉，走了三十里方始觉悟过来。"（《汉魏六朝小说选》151页）这是不明觉字之义而强为之说。今谓觉有差义，乃觉三十里即乃差三十里。意思是说：杨修当即能够猜出这八个字的含意，而曹操想了走三十里路的时间方始猜得出来，故不及杨修。这个故事，又见于六朝小说《裴子语林》，末云："有智无智隔三十里，此之谓也。"（见鲁迅辑《古小说钩沉》）两相比勘，可见觉即是隔，也就是相差的意思。觉有差义，自汉魏以迄唐宋，可谓源远流长。《孟子·离娄下》："则贤不肖之相去，其间不能以寸。"赵岐注："如此贤不肖相觉，何能分寸？"《孟子·告子上》"圣人与我同类者"，赵注："圣人亦人也，其相觉者，以心知耳。"《续汉书·律历志中》："至元和二年，太初失，天愈远，日月宿度相觉浸多。"《晋书·傅玄传》："古以步百为亩，今以二百四十步为亩，所觉过倍。"《宋书·天文志》："斗二十一，井二十五，南北相觉四十八度。"以上觉字，均为差义。（觉有差义，参看卢文弨《钟山札记》卷三，蒋礼鸿《义府续貂》页43"觉跌"条）字又作校，杜甫《狂歌行赠四兄》"与君行年校一岁"，即差一岁也。

例四，唐人传奇《南柯太守传》："虽稽神语怪，事涉非经；而窃位著生，冀将为戒。"文中著字，乃贪嗜、爱恋之义。著字是汉魏以来出现频率很高的一个俗语词，（尤其是在佛典中）《诗词曲语辞汇释》、《敦煌变文字义通释》均有诠释。有的著家不明著字之义，注云："著，借以维持生活。"（张友鹤《唐宋传奇选》68页）臆测无据。

例五，唐人传奇《裴航》："女曰：'裴郎不相识耶？'航曰：'昔非姻好，不醒拜侍。'"按："不醒"也是俗语词，又作"不省"，就是不曾的意思。敦煌变文中屡见"不省"与"未曾"对举成文，不省即不曾也。省、醒音同可通借。有时又作"不忆"，如《游仙窟》："未曾饮炭，肠热如烧；不忆吞刃，腹穿似割。"不忆与未曾对举，不忆即不曾也。有时又作"不记"，如《敦煌变文集》卷五《佛说阿弥陀经讲经文》："下至寸草不曾偷，未记黄昏偷他物。”未记与不曾对举，未记犹未曾也。上引不醒、不省、不忆、不记等词中的醒、省、忆、记等字已经虚化，不宜再按其原义作呆板的理解。有的注家不明乎此，注道：“不醒拜侍，记不得什么时候曾经在一起，记不得在哪里见过面。醒，引申作记忆、觉察解释，用如省字。”(《唐宋传奇选》163页)弯子一转再转，还是说不清楚。

例六，唐人传奇《裴航》：“航愧荷珍重。”文中愧字乃感谢之意，“愧荷”同义连文。按：惭、愧、惭愧、愧谢、愧荷，这些词在六朝和唐宋诗文小说中都有感谢之意。如《搜神记》卷二十《董昭之》条：“惭君济活，若有急难，当见告语。”惭者感谢也。唐李群玉《答友人寄新茗》：“愧君千里分滋味，寄与春风酒渴人。”(《全唐诗》册九页6611)愧者，感谢也。白居易《刘苏州寄酿酒糯米李浙东寄杨柳枝舞衫偶因尝酒试衫辄成长句寄谢之》：“惭愧故人怜寂寞，三千里外寄欢来。”(《全唐诗》册七页5161)此诗题曰“寄谢之”，则诗中惭愧分明是感谢之意。《太平广记》册四卷152“郑德璘”条：“德璘好酒，长挈松醪春过江夏，遇叟无不饮之，叟饮亦不甚愧荷。”愧荷即感谢。上文引唐人传奇《裴航》中的“愧荷”一词，无疑也是感谢之意。有的注家不了解愧有感谢义，注道：“愧荷，惭愧感谢。”(徐士年选注《唐代小说选》408页，中州书画社1982年3月第一版)未免胶柱鼓瑟。

例七，敦煌曲：“交关多使七成钱，籴粜无非两般斗。”任二北先生《敦煌曲初探》云：“交关，义未详。”任先生于所不知，存盖阙之义，治学态度不失为审慎。今按：交关是六朝以迄唐宋时期习见的一个俗语词，有交易、买卖之义，说详《敦煌变文字义通释》及拙作《〈太平广记〉词语考释》一文。(见《训诂丛稿》，上海古籍出版社1985年2月版)《太平广记》册三卷140“汪凤”条(出《集异记》)：“……请以百缗而交关焉。”这个交关，正是买卖之义。有的选本注道：“交关，交出房子的钥匙。”(齐鲁书社版，王汝涛等选注的《太平广记选》上册64页)可谓郢书而燕说了。

例八，唐人《裴铏传奇》“崔炜”条：“……我大食国宝阳燧珠也。昔汉初赵佗，使异人梯山航海，盗归番禺，今仅千载矣。”有的选本注云：“仅，唐代习用字，同经，即经过、经历。”(周楞伽辑注《裴铏传奇》19、20页，上海古籍出版社1980年10月第一版)按：此注未谛。“仅”字在唐代有多、余、颇、甚之义，清人王士祯、段玉裁、姚范等均已言之。(见《香祖笔记》卷二，《说文解字注》人部仅字注语，马其昶《韩昌黎文集校注》卷二《张中丞传后叙》补注引姚范说。)“今仅千载矣”，是说至今已有上千年的时间，仅字言其多。又《太平广记选》第61页：“子牟则曰：‘仆之此笛，乃先帝所赐也。神鬼异物，则仆不知，音乐之中，此为至宝。平生所视笛仅过万数，方仆所有，皆莫能知，而叟以为常，岂有说乎？’”注云：“……有生以来，看过笛子，刚刚超过一万。”按：训仅字为刚刚，与原文所要表达的意思恰好相反，“仅过万数”，是说看过的笛子多，不是说看过的笛子少。仅作多解，在六朝以迄唐宋的文献中可以找到无数的例证，如《太平广记》册八卷393“漳泉界”条(出《录异记》)：“俄而雷雨大至，霹雳一声，岩壁中裂，所竞之地，拓为一迳，高千尺，深仅五里。”册八卷374“八阵图”条(出《嘉话录》)：“及乎水落川平，万物皆失故态，唯诸葛阵图，小石之堆，标聚行列，依然如是者，仅已六七百年。”册八卷394“徐智通”条（出《集异记》）：“寺前古槐，仅百株，我霆震一声，剖为纤茎。”《云溪友议》卷三：“后公镇蜀，到府三日，询鞠狱情，涤其冤滥，轻重之系，仅三百余人。”以上诸例，均足证明仅有多义。

例九，宋人传奇《谭意哥传》：“张生乃如长沙。数日，既至，则微服游于市，询意之所为，言意之美者不容刺口，默询其邻，莫有见者。门户潇洒，庭宇清肃。”有的选本注云：“潇洒，这里是清静、干净的意思。”（《唐宋传奇选》219页注107）按：此注未确。潇洒在唐宋诗文中有萧条、冷落之意，《诗词曲语辞汇释》卷五“潇洒”条下云：“潇洒，凄清或凄凉之义，与洒脱或洒落之义别。”其说是矣。《敦煌变文集》卷五《维摩诘经讲经文》：“况已时光寂莫（寞），窗前之潇洒清风；节序凋零，砌畔之芬菲（纷飞）黄叶。”下文又云：“清风冷淡牵愁思，黄叶凋零打病心。”前后相照，明潇洒即是冷落、凄凉。“门户潇洒”是形容谭意哥死后的凄清冷落之状，注谓“清静、干净的意思”，未能搔着痒处。

例十，辛弃疾《鹧鸪天》：“燕兵夜娖银胡䩮，汉箭朝飞金仆姑。”其中娖字，有的选本注云：“娖：捉，握的意思。”（胡云翼《宋词选》302页，中华书局1962年2月第一版）按：此注误。娖是俗语词，其义为整顿、整理。《玉篇》：“珿，等也，齐也。”《广雅·释诂》：“珿，齐也。”娖作整齐解，可以看作是珿字的假借。字又作促，杜甫《送卢十四弟侍御护韦尚书灵榇归上都二十四韵》：“但促铜壶箭，休添玉帐旂。”促字下，《全唐诗》、《杜诗详注》并注云：“一作整。”明促有整义也。同义连文又作“称娖”，《后汉书·中山简王传》：“官骑百人，称娖前行。”李贤注：“称娖，犹齐整也。”娖又通作擉，宋·朱翌《猗觉寮杂记》云：“今人办人从行李之类，其言曰整擉，盖用娖字。”宋人诗文中每有整促、整娖、整齪等词，其义均为整齐、整顿、整理，探厥本源，盖皆由珿字变来。（参看王念孙《广雅疏证》珿字下注语，蒋礼鸿《义府续貂》129页娖字条。）

以上我们不惮烦地列举了许多例证，目的是为了说明俗语词研究对于阅读和整理古籍的重要性。同时也就说明：我们今天研究训诂学，对于俗语词决不能等闲视之。

二　俗语词研究的历史与现状

这里所说的俗语词，包括方言词和口头语词。（方言词有时也就是口头语词，二者不宜截然分开。）研究方言的最早专书，是西汉末年杨雄的《輶轩使者绝代语释别国方言》一书，（简称《方言》）王力先生在《中国语言学史》一书（山西人民出版社1981年8月第一版）中，对杨雄《方言》有专门介绍，读者可以参看。此外，清代学者曾写过一些续《方言》的书，如杭世骏的《续方言》、程际盛的《续方言补正》、徐乃昌的《续方言又补》，又有清末民初四川学者张慎仪的《续方言新校补》、《方言别录》、《蜀方言》。近人章炳麟的《新方言》，则是这方面的殿后之作。研究俗语词的最早专书，大概要算东汉服虔的《通俗文》，此书《隋书·经籍志》有著录，惜已亡佚。清人臧镛堂、马国翰有辑本。考《文选·琴赋》“嘔噱终日”，李善注引服虔《通俗篇》：“乐不胜谓之嘔噱。嘔，乌没切。噱，巨略切。”从这个例子，可以推知《通俗文》的性质，大抵是解释一些俗语词，并加以注音。(参看《颜氏家训集解》页436～437)《唐书·艺文志》又著录李虔《续通俗文》二卷，亦已佚，有臧镛堂、马国翰辑本。《隋书·经籍志》又著录梁殷仲堪《常用字训》一卷，亦已佚。这几部书，都是较早的研究俗语词的专书。继服虔《通俗文》之后，历代也都有人注意俗语词方面的问题，或著为专书，或在文集笔记中有些散论。举其要者，如宋·王观国《学林》卷四“方俗声语”条、王应麟《困学纪闻》卷十九“俗语有所本”条、明·徐渭《南词叙录》附“俗说”七十条、方以智《通雅·谚源》、田汝成《西湖游览志馀》卷21～25《委巷丛谈》、李实《蜀语》，杨慎《俗言》、清·翟灏《通俗编》、梁同书《直语补证》、胡文英《吴下方言考》、钱大昕《恒言录》、毛奇龄《越语肯綮录》、郝懿行《证俗文》、陈鳣《恒言广证》、梁章鉅《称谓录》、平步青《霞外攟屑》卷十《玉雨淙释谚》、李光庭《乡言解颐》、王有光《吴下谚联》、王鸣盛《十七史商榷》卷九十八《五代俗字俗语》、桂馥《札朴·乡言正字》、孙锦标《通俗常语疏证》、刘淇《助字辨略》和钱大昭《迩言》、胡式玉《语窦》、郑志鸿《常语寻源》、罗振玉《俗说》(以上四种再加上平步青的《释谚》，由商务印书馆于1959年汇印为《迩言等五种》)等等，都已接触到俗语词的研究问题。不过，这种研究毕竟是初步的、粗浅的。上引各书不外乎两方面：一是资料汇编的性质，就是从古书中抄撮一些俗语词(包括谚语、常语、成语等)，有的略加考证，有的则连考证也没有。二是到古书中去找某些俗语、俗字的出处，找到了出处，就算是完成了任务。所以，总的来看，中国传统训诂学对于俗语词的研究是很不够的。能够从语言学的角度对俗语词进行较为系统研究的，应该说始于近人张相的《诗词曲语辞汇释》。《汇释》一书裒集唐宋金元明人诗词曲中的特殊词语，详引例证，诠释其意义，剖析其用法，无论研究汉语词汇史还是阅读和注释古典文学作品，都是必不可少的工具书，这部巨著写成于1945年，1953年由中华书局出版。作者张相(1877～1946)，字献之，浙江杭州人，前清秀才，服务于前中华书局先后三十年。《汇释》自收集资料到全稿完成，先后历时十余年，陆续增补修改，易稿十余次。抗战胜利后，《汇释》经金兆梓、朱文叔、张润之三人校订，排版待印。解放初期，对这部稿件出版后的销路问题，曾有过争议，认为太专门，怕读者不多，卖不出去。孰料出书后立即销行一空，之后陆续重印十五次，累计印数十五万部，足见这部书是深受读者欢迎的。(参看《学林漫录》四集，吴铁声《我所知道的中华人》一文)继张相《诗词曲语辞汇释》之后，对俗语词研究作出较大贡献的，应首推蒋礼鸿先生的《敦煌变文字义通释》。这部书初版于1959年3月，至1962年6月，即出了三版。“四人帮”被粉碎后，作者对这部书又进行了大幅度的修订补充，于1981年4月由上海古籍出版社加以重版，是为第四版，又称新一版。四版比三版增加了一百余条词目(三版256条，四版382条)，篇幅增加了一倍(三版十五万九千字，四版三十一万五千字)。这部书的特点，表现在以下四个方面：

1. 从材料来看，《通释》弥补了《汇释》等著作的不足。《汇释》所使用的材料，基本上局限于古代文学作品中的诗词曲，虽然有时也涉及到这个范围以外的材料，但为数极少。《通释》则不然，它是有意识地使用了各种各样的语言材料，从而为解决变文中的疑难词语提供了较大的可能性。正如作者在该书序目中所说："研治语言，材料不能局限于狭窄的范围以内。"《通释》的特色之一，正在于它的材料的广泛性。就时间断限而言，上起先秦，下迄现代（书中曾引及柳青、梁斌、浩然的小说）；就内容而言，举凡诗、词、曲、赋、笔记、小说、随笔、杂著、语录、民谣、佛经、诏令、奏状、碑文、字书、韵书、音义、史书、文集等，无不在采摭之列。

2. 从方法来看，《通释》采纳了《汇释》的长处，而又补充了《汇释》的不足。《汇释》所使用的方法，据该书叙言所称，共有五点：一曰体会声韵，二曰辨认字形，三曰玩绎章法，四曰揣摩情节，五曰比照意义。这五点，《通释》均曾加以运用。另外，《通释》还继承并发扬了清代朴学家的优良传统，以戴震、段玉裁、王念孙等人所创发的"诂训音声，相为表里"，"求诸其声则得，求诸其文则惑"作为指导思想，有意识地从语言的角度探索词义、词源，这正是以往一些研究俗语词的著作所欠缺的。

3.《通释》在研究语言现象时，具有历史发展观点，它并不满足于对变文中的疑难词语作出诠解，还力求找出这些词语的来龙去脉，从而把词语的断代研究纳入词汇史和语言学史的轨道。

4.《通释》在考释变文词义的同时，还能联系其他许多古代典籍，连带解决了这些书中不少的训诂和校勘问题，因而《通释》不仅是一部研究敦煌变文的工具书，也是阅读和注释其他一些古书，特别是古代诗文的有用的工具书。（参看《天津师大学报》1982年第五期拙作《读新版〈敦煌变文字义通释〉》）

近人和今人所撰有关俗语词的专著，除以上两书外，值得介绍的还有如下一些：

胡朴安：《俗语典》

徐嘉瑞：《金元戏曲方言考》

朱居易：《元剧俗语方言例释》

陆澹安：《小说词语汇释》

　　　　《戏曲词语汇释》

王　锳：《诗词曲语辞例释》

徐仁甫：《广释词》

顾学颉、王学奇：《元曲释词》

以上几部书，胡朴安的《俗语典》出得较早（1922年广益书局出版），内容主要是搜罗曾见于文字记载的古今俗语，其中包括：一、一般词语和当时社会流行的特殊名词、称谓词，二、成语，三、谚语，四、文言俗语，五、口语中习用的俗语。该书的编写体例是只注明出处而不加解释，所以它只能算是资料汇编，谈不上研究。（参看吴小如、吴同宾合著《中国文史资料工具书举要》192页）徐、朱二书都是考释元曲词语的专著，但在搜罗之富和考核之精两方面，远不及张、蒋两书。陆澹安的《小说词语汇释》

和《戏曲词语汇释》，汇集了不少资料，但考核欠精，质量不高。（参看《中国语文》1981年六期，刘凯鸣《〈戏曲词语汇释〉注释商榷》、《字词天地》第5期，刘凯鸣《〈戏曲词语汇释〉注释续议》）王锳的《诗词曲语辞例释》，在张相书的基础上又考释了不少诗词曲中的特殊词语，有所发明。徐仁甫的《广释词》，虽是研究虚词之书，但也接触到俗语词的问题，对于汉魏六朝的俗语词，搜罗尤夥。顾学颉、王学奇的《元曲释词》，所收词语以元代杂剧为主，元散套、小令为辅，而以南戏、诸宫调、明清戏剧、话本小说作为佐证，旁参经史子集、笔记杂著有关资料。共收词目约五千条。除考释本词的意义外，还能上连下串，指出词义的来龙去脉，是近年所出质量较高的一部俗语词专著，也可说是一部元曲词语研究的集大成之作。

除上述专著外，解放后还发表了不少有关俗语词研究的专题论文，详观本书①附录二《俗语词研究参考文献要目》，这里不再抄录。

另外，日本的汉学家对汉语俗语词研究亦极为重视，并取得了可观的成绩。据笔者所知，其主要著述有：

吉川幸次郎：《元曲选释》

波多野太郎：《中国方志所录方言汇编》

《诸录俗语解》

《吴下方言考索引》

《〈游仙窟〉新考》（见《东方宗教》8、9、10号）

太田辰夫：《敦煌变文口语词汇索引》

《〈祖堂集〉口语词汇索引》

入矢义高：《论王梵志》（见《神田还历纪念书志学论集》）

八木沢元：《〈游仙窟〉全讲》

又据胡竹安先生见告，日本研究俗文学的近况：（一）以东京外大金丸邦三为核心，组织了中国俗文学研究会，1983年、84年夏季各出了一期《中国俗文学研究》，有元曲注释、事物俗语考释，第二期还附有“元曲研究文献目录（一）”，包括世界各国文字的文献。（二）大东文化大学校长香坂顺一为首的《中日大辞典》编纂室请人分别编写了《敦煌变文词语汇释》（阎崇璩编）等六、七种单行资料。（三）《中国语学》（每年一期）连载了冈山大学高岛俊男的《〈水浒传〉语汇辞典稿》数篇。（四）神户外大佐藤晴彦编了一本《小说词语汇释》《戏曲词语汇释》发音索引（即两书的合并音序索引），汲古书院刊。（五）东京外大金丸邦三编《中国古典戏曲辞书综合索引》（张相、王锳、徐嘉瑞、朱居易、陆澹安各一种，外加吴晓铃《大戏剧家关汉卿杰作集》所附语词部分和台北商务68年版黄丽贞《金元北曲语汇之研究》，共七种）。

① 编者按：指郭在贻《训诂学》。下同。

令人欣慰的是，近年来我国语言学界在俗语词研究方面有很大的进展，文章多起来了，研究的队伍也扩大了。（参看本书附录二《俗语词研究参考文献要目》）据笔者所知，近年来从事俗语词研究并取得了可喜的成果的，有中国社会科学院语言研究所近代汉语研究室的刘坚同志、江蓝生同志，上海教育学院的胡竹安先生，贵州教师进修学院的王锳同志，内蒙古农业学校的王贞珉同志，广州的龙潜安先生等等。尤其令人振奋的是，吕叔湘先生近年来对俗语词研究也颇为重视，除了亲自撰写这方面的考释文章外（如发表在《中国语文》上的《释"结果"》和《语文研究》上的《释"主腰"》），还专门写了这方面的书评（如发表在《中国语文》上的《读新版〈敦煌变文字义通释〉》），这对于俗语词的研究工作将是很大的推动和鼓舞。

三　俗语词研究的材料和方法

作研究工作，有两点最要注意：一是材料，二是方法。俗语词研究也不例外。

（一）俗语词研究的材料

蒋礼鸿先生在《敦煌变文字义通释》的序目中说："研治语言，材料不能局限于狭窄的范围以内。"这句话很有见地。俗语词研究作为语言研究的一个重要部分，它所使用的材料也应该是广泛的，诸凡历代的经史子集以及各种杂书，无一不在采摭之列。在本书附录二《俗语词研究参考文献要目》中，我们已经重点地列举了一些有关的文献，这里就不多谈了。

（二）俗语词研究的方法

关于俗语词研究的方法，可以从两方面来看。一是从大处着眼，即方法论的问题，不外乎六个字：归纳、比较、推勘。即是说，俗语词研究必须建立在归纳语言材料的基础上，在归纳的基础上进行比较，在比较的基础上进行推勘。与此同时，俗语词研究必须防止缺乏事实根据的主观臆断。凡是臆测出来的结论，往往是不可靠的。二是具体的考释方法。比如说有一个不见于任何字典辞书且意义不明的俗语词摆在我们的面前，我们采用什么样的方法和手段，才能使这个俗语词由未知变为已知？根据前贤、时人的著述以及笔者个人的一些研究心得，这些具体的方法和手段可以概括为如下几点：一是审辨字形，二是比类综合，三是据对文以求同义词或反义词，四是据异文以求同义词或近义词，五是即音求义，六是探求语源，七是方言佐证。下面试分别列举说明。

1. 审辨字形

由于俗语词常常使用一些俗别字和音近替代字作为书写符号，单从字面上去看会觉得莫名其妙，但是如果能够找出它们所代表的正字或本字，便能冰释雾解。所以考释俗语词，审辨字形是首先要做的一步工作。比如在敦煌写本王梵志诗中有"蛆姡"一词，极为陌生，任何字典辞书都没有收录这个词。经我们考证，发现蛆是一个音近替代字（即传统训诂学中的假借字）其本字是怚或嫭，妒的意思。姡字则是妒的俗别字。这样,蛆姑的意思就是嫉妒。(参看《中国语文》1983 年六期拙作《唐代白话诗释词》)这个词的考释,主要就是通过审辨字形,破除文字障碍这个办法得出的。

2. 比类综合

即是把同一类型的语言材料搜集排列在一起,然后加以比较和推勘。细分之,又有如下几点:

① 把出现某一词语的若干句子排比在一起,据上下文玩索推敲,确定其词义。比如敦煌变文中经常出现"波吒"一词,它的意思是什么?单从字面上无法找到答案。于是就将出现这个词的句子全部搜集起来,据上下文一一推敲其义蕴,结果发现:波吒有苦痛、灾难、折磨之义。(参看拙作《唐代白话诗释词》)此外,《敦煌变文字义通释》考释"惭愧"(122 页)、"透"(93 页),也是用这个方法。

② 把同一类型的句子排比在一起,进行比较和推勘,借以找出同义词或近义词。例如《敦煌变文集》上册 233 页《孔子项托相问书》有一句道:"天地相却万万九千九百九十九里。"同书《晏子赋》作"天地相去万万九千九百九十九里。"两文相照,可知却犹去也。又如《敦煌变文字义通释》313 页释"将为"一词,也是用的这个方法:《维摩诘经讲经文》:"谓此仏(佛)土,以为不净。"又云:"谓此仏(佛)土,将为不净。"两相比照,证明"将为"就是"以为"。

3. 据对文以求同义词或反义词

① 据对文求同义词:

《降魔变文》:"到处即被欺陵,终日被他作祖。"作祖和欺陵相对为文,则作祖即是欺陵。(见《敦煌变文字义通释》172 页)

《佛说观弥勒菩萨上生兜率天经讲经文》:"要饭未曾烧火烛,须衣何省用金钱?"未曾、何省对文,则何省就是未曾,省犹曾也。

② 据对文求反义词:

杜荀鹤《途中春诗》:"牧童向日眠春草,渔父限岩避晚风。"限、向对文,则限犹背也。

《降魔变文》:"和尚猥地夸谈,千般伎术;人前对验,一事无能。"猥地与人前对文,就是不在人前(亦即在人背后)的意思。

4. 据异文以求同义词或近义词

杜甫《秋雨叹》:"秋来未省见白日"。"省"字,陈浩然本作"曾",可知省犹曾也。

杜甫《示从孙济》:"平明跨驴出,未知适谁门?"《全唐诗》、《钱注杜诗》、《杜诗详注》于"知"字下并出异文"委",可知委有知义。

白居易《伤友》:"陋巷孤寒士,出门苦恓恓。""苦"字一本作"甚",可知苦有甚义。

5. 即音求义

这本来是传统训诂学考求词义的重要方法,对俗语词研究也同样适用。例如:

《鷰子赋》:"雀儿被吓,更害气咽。"《敦煌变文字义通释》云:"更害二字,更和间是见纽双声；害和介古韵都属泰韵，害属喉音匣纽，介属牙音见纽，喉牙发音部位相近，割字见纽，而从害声，害、介也是古双声。”从而证明了更害就是间介，而间介也就是扞格。（刘师培说）扞格者，不通也。所以“更害气咽”就是气被咽住而扞格不通之意。该书又说：“大凡表示间隔的字，发声常在喉牙之间，如梗、骾、隔、阂、噎、哽，阸、餲等。”（《通释》页 257）这样，通过即音求义的方法，便解决了“更害”这个难解的俗语词。

6. 探求语源

即通过探求语源，以确定词义的一种方法。比如“能”字在唐宋诗词以及变文中有“如此”、“这样”的意思，韩愈《杏花》诗：“杏花两株能白红”，即这样白这样红，白居易《生别离》诗：“食蘖不易食梅难，蘖能苦兮梅能酸。”即蘖这样苦、梅这样酸。“能”为什么会有“如此”、“这样”的意思呢？这是因为它跟“恁”、“尔”、“宁”是同源词。元代有“恁地”一词，如《水浒传》第三十九回，李逵道：“不曾见这般鸟男女，恁地娇嫩!”即这样娇嫩。六朝时有宁馨、尔馨，应该是能字的前身。宁馨、尔馨，也是“如此”、“这样”的意思。（馨是语助，无义。）这样，通过探求语源，我们对“能”字有“如此”、“这样”的意思，便不会感到奇怪了。

7. 方言佐证

有些古代的俗语词，在后来的书面语中消失了，但在某些方言词汇中可能还活着。于是利用这些方言词语，便能解决俗语词研究中的一些难题。比如在《董西厢》中有“台孩”一词，其确切含义是什么？各家解释很不一样。有的解作“骄傲”，有的解作“气概轩昂”，有的解作“板起面孔”，均不甚贴切。在今河北、山东一带方言中，“台孩”有大方、安逸之意，用以解释《董西厢》及其他出现于元剧中的台孩，便很恰当。这便是方言佐证法。（参看李行健《河北方言中的古词语》一文，《中国语文》1979 年三期。）又如《董西厢》七折“检秦晋传，检不着，翻寻着吴越，把耳朵撧。”陆澹安《戏曲词语汇释》训“撧”字为“拧，揪”，不确。刘凯鸣云：“‘撧’未取其本义‘折断’是对的，但释作‘拧，揪’却不对。‘撧’是借字，北方好多地区谓‘爬’‘搔’‘挠’曰 juē。本检秦晋，反而找到吴越，所以发急，有挠耳朵之举。‘抓耳挠腮’在此都可作释‘撧’之助。”（《中国语文》1983 年六期《〈戏曲词语汇释〉注释商榷》）这也是利用方言考释俗语词的佳例。

四　俗语词研究的展望

近年来，语言学界在俗语词研究方面虽然作出了很大的努力，并取得了可喜的成果，但由于这是一门新兴的带有开拓性的学门，要作的工作还有好多，就笔者所想到的，至少有如下几项工作是今后所应特别致力的：

（一）继续编著各种俗语词专书。比如《〈世说新语〉释词》、《〈二王法帖〉释词》、《唐人小说释词》、《〈太平广记〉释词》等等。

（二）介绍和整理历代俗语词著作。整理工作又包括校勘、标点和编制索引。

（三）编纂断代性质的俗语词辞典。如《六朝俗语词词典》、《唐代俗语词词典》、《宋元明俗语词词典》等等。这项工作不仅有助于古籍整理和辞典编纂，而且也是汉语词汇史研究的一个重要环节。

（四）编著《俗语词研究概论》。对以往的研究进行全面总结，使之具有条理性、系统性和科学性，进而编著一部《俗语词研究概论》，使俗语词研究工作由感性认识阶段飞跃到理性认识阶段。（这项工作，笔者已在进行中。）

“卢”之字族与义类

沈兼士

导言——

本文选自《沈兼士学术论文集》(中华书局，1986)。

文章解析一“卢”字的同源字族，引人入胜，由个别推一般，则知求同源词的普遍方法：从右文声系入手，层层剖析，遍考文献，必使音理与义类相应匹配，音形义与文献共证完密而后可。《释名·释地》：“土黑曰卢，卢然解散也。”以本字释本字，似违训诂由已知推未知之理。文章考出“土黑曰卢”之“卢”为垆字。朱骏声《说文通训定声》以“卢”假借为“黸”，以此字从“黑”为训黑之本字。沈氏批评之为“不重音而泥于形，此本字说之太拘牵处”，并改从段玉裁、阮元以“玈”字(黑色的弓)为本字。文章更举出泸水(黑水)、鸬鹚(会捕鱼的黑水鸟)、驴子(似马而黑色)、胪(黑皮肤)、头颅(因头发黑，故称)、鬛鬛(毛发黑)、庐人(起于制铁)中的从“卢”之字，如此等等，均与“卢”字为同族同源。

《释名·释地》：“土黑曰卢，卢然解散也。”刘氏所用声训有以本字释本字之例，此其一也。惟训诂之法，在以已知推未知，今用本字释本字，违此原则，殊觉费解。案《说文》：“盧，盨也，读若卢同。，篆文；罏，籀文。”“卢、饭器也。”盧卢殆同字异体，许君读若，亦示通用，不仅注音而已。又《说文》：“垆，刚土也”。即《释名》土黑曰卢之卢。《禹贡》：“下土墳垆”。《释文》引《说文》黑刚土也。而《通典·食货门》引《尚书》注：“垆，疏也”，始即《释名》解散义之所本。今以其右文声系考之，可知卢声字多有黑义。朱骏声《说文通训定声》云：

“卢假借为黸：《书·文侯之命》‘卢弓一’。《传》，黑也。《诗》‘卢令令’。《传》,田犬。《汉书·王莽传》‘是犹绁韩卢而责之获也’。注,黑色曰卢。字亦作獹。《荀子·性恶》‘钜阙辟闾’。注,卢,黑色也。(案杨注原作‘或曰,辟闾即湛卢也。闾卢声相近。卢,黑色也,湛卢言湛然如水而黑也’。)《上林赋》‘卢橘夏熟’。注,黑也。又‘簙綦胜采,有雉有卢’。又《汉书·杨雄传》‘玉女无所眺其清卢’。服注,目童子也。字亦作矑。”

朱氏谓黸为训黑之本字,以其从黑也,不重音而泥于形,此本字说之太拘牵处。似不如王念孙《广雅疏证》之宏通。《说文新附》又本《左传》僖公二十八年“玈弓矢千”之文,别作玈字,训黑色也。阮元《春秋左传注疏校勘记》云:

“《释文》:玈音卢,本或作旅字,非也。段玉裁云:古音旅卢无鱼模敛侈之别,如庐即卢声可证。古字假旅为黸。魏三体石经遗字之存于洪氏者,《文侯之命》篇有旅荒宁等字,而误系之《春秋传》。其旅旅二文,一篆一隶,即卢弓卢矢之卢字也。魏时邯郸淳卫敬侯诸家去汉未远,根据尚精。盖左氏最多古文意义,云玈本或作旅,此正古本之善。《小雅·彤弓》音义亦云玈或作旅字者非。此皆陆之疏尔。魏人石经隶体不用,则起于魏以后昧于假借之旨,而改从玄旁也。”

考之金文䡅侯白鼎“旅弓旅矢”,则段氏之说益足信矣。其他增加偏旁字如黑水谓之泸水,又鸕鹚,《字林》云,似鶂而黑,水鸟也。杜甫《戏作俳谐体遣闷诗》,家家养乌鬼,顿顿食黄鱼。或谓乌鬼即鸕鹚,以其色黑,谓之乌鬼,蜀人畜之以捕鱼,故下句云云。(鹚亦有黑义,故水黑曰滋,亦通于淄、缁,皆训黑色。)又如驴,似马而色黑,故得驴名。又胪,《说文》皮也。籀文从虘作膚。(古音肤声为P—,胪声为L—,疑古读为复辅音PL—?)王引之《经义述闻》云:

“人之颜色,见于皮肤,故古人以肤色并言。《管子·内业篇》‘和于肤色’,《列子·汤问篇》‘肤色脂泽’,枚乘《七发》‘今太子肤色靡曼’是也。肤色相连,故色亦可谓之肤。《孟子·公孙丑》‘不肤挠,不目逃’,肤挠,色挠也。《魏策》‘唐且挺剑而起,秦王色挠’,《韩子·显学篇》‘不色挠,不目逃’,正与《孟子》同义,知肤即色也。挠,弱也,面有惧色,则示人以弱,故谓之色挠,不肤挠者,无惧色也。赵注谓‘人刺其肌肤,不为挠却’,失之。”

余意王氏肤色同义之说极是。盖上古衣服宫室之制度未备,人类身体受风日之侵虐者甚剧,故其皮肤呈黧黑之色。于是肤为有色之称,转而谓色为肤矣。其他如头颅之颅,鬣鬛之鬣,皆指毛发之色而言。又刘师培《论小学与社会学之关系》铁字条云:

“《考工记》以矛为庐器，掌于庐人。庐卢古通，于训为黑，(如卢令令为黑犬，庐橘夏熟为黑橘。)而铁字亦训为黑金。(古书如驷驖，铁骊，皆假铁为黑字之训。)足证庐人之名由制铁而起。”

以铁制器，发明较晚，饮器之卢及方铲之铲，(俗作铲。《声类》，铲，火所居也。)即不因铁制，亦为火所熏灼，其色黝然而黑，故得斯称欤？

卢声又转为黎：《汉书·鲍宣传》：“苍头庐皃。”孟康注：“黎民黔首，黎、黔，皆黑也。”而王引之《经义述闻》“《诗》‘民靡有黎’”条云：

“案黎民之黎，古人但训众，训齐，至孟康注《汉书·鲍宣传》始云黎民黔首，黎黔皆黑也。下民阴类，故以黑为号。不知古人谓民曰黔首，不闻但谓之黔，汉名奴曰苍头矣，使省头字而但谓之苍，其可通乎？……更以文义求之，众民谓之黎民，犹众贤谓之黎献，《皋陶谟》‘万邦黎献’，《传》训为众贤，是其例也。”

案王氏谓黎当训众，不当训黑。不知众与黑义，亦相引申。如《诗》“鬒发如云”。毛谓黑发。《说文》引作参，而训稠发。段玉裁是许非毛，臧庸《拜经堂集·与段若膺书》驳之曰：

“镛堂以毛许之说本通，且必相兼而义始备。盖发之黑者必稠，且因稠而益形其黑，故鬒之本字从参而许以为稠。”

案臧说较段为长。由是知众义与黑义，不相违而实相成。又《说文》耇，老人面冻黎若垢。《方言》：老，燕代之北鄙曰梨。郭注：面色似冻梨。《释名》：耇，垢也，皮色骊顇恒如有垢也。或曰冻梨，皮有斑点如冻梨色也。段玉裁《说文注》：冻黎谓冻而黑色。或假梨为之。《尚书》黎老作犁老，亦假借也。案段氏以黎为本字，梨、犁为借字，似嫌执著。其实梨、犁(《说文》作犂)，亦均因其色黄黑而得名。《荀子·尧问》：“颜色梨黑而不失其所”。字亦作黧，《字林》云：“黄黑也”。又《论语》：“犁牛之子骍且角”。犁者，黄黑相杂之名也。《史记·南越列传》：“犁旦城中皆降伏波”。《索隐》：“犁，黑也，天未明而尚黑也”。(《广雅·释草》：犁如，桔梗也。本草又名卢。)又黐，《说文》，离黄也，其色黎黑而黄。《尔雅》作鵹，《方言》作鸝。又骊，《说文》，马深黑色也。又缡，《礼记·檀弓》《释文》，黑缯韬。皆其转语也。据上所述，卢之字族及其义类大齐可知矣。

写于一九四七年一月一日，载天津《大公报·文史周刊》第十二期，收入《段砚斋杂文》

论上古汉语的"五色之名"兼及汉语和台语的关系①

张永言

导言——

本文选自《语文学论集》(增订本)(语文出版社,1999 年 5 月第 2 版)。

作者张永言(1927～),四川成都人。1950 年毕业于四川大学教育学系。四川大学教授、博士生导师。从事词汇学、训诂学研究,著有《词汇学简论》、《训诂学简论》、《语文学论集》等。

色彩词是普通语言学研究语义学语义场问题时经常举到的热门话题。本文以汉语类型学为指导,在汉藏语背景上研究汉语色彩词及其词族和语源,无疑是一创举。在研究方法上,本文例同沈兼士所阐:先立义类,钩稽词汇,以音义近同裁夺之,方可归纳出一个个词族。文章强调:从时间上考察其纵向的承传,从空间上探索其横向的渊源。文章举证汉语"黑"义词 97 例,备考汉语的 40 种邻近语言"黑"义词 53 例;举证汉语"白"义词 85 例,备考 42 种邻近语言"白"义词 68 例;举证汉语"赤"义词 65 例,备考 39 种邻近语言"赤"义词 59 例;举证汉语"黄"义词 29 例,备考 40 种邻近语言"黄"义词 59 例;举证汉语"青"义词 25 例,备考 37 种邻近语言"青"义词 78 例。凡此,均能说明作者求实思路中的广袤与深邃。文章除了在汉藏语系中寻找"五色词"的同源词族以外,还说明另一个重要问题:汉语和侗台语有亲属关系,有发生学上的关系。

上古汉语里同义词极其纷繁,而迄今缺乏系统的搜集和清理。无论对汉语词汇史本身的研究还是对汉语与邻近语言的历史比较来说,这都是一个有待弥补的缺陷。由于我国自古就是一个多民族的国家,在广大的疆域上语言和方言非常复杂,彼此交融,关系密切,因而上古汉语同义词的繁衍既是汉语自身积累的结果,也是不同语言融合的结果②。与此相应,我们整理上古汉语同义词,就需要从多种角度着眼,除了就词论词,分析其意义、用法的异同而外,还应当从时间上考察其纵向的承传,从空间上探索其横向的渊源,而操作的第一道程序则是:确定若干基本的或大或小的义类(semantic groups),就上古文献钩稽有关词汇,"经以同训,纬以声音"③,归纳为一个

① 原载《汉语论丛》("四川大学学报丛刊"第 22 辑),1984。

② 参看吕叔湘:"《简明同义词典》序",《吕叔湘语文论集》,商务印书馆,1983,页 193。

③ 章炳麟:《国故论衡·转注假借说》。

个词族(word families),以此作为进行其他各种研究的张本(data)。基于这一设想,本文试就"色彩"这一义类对上古汉语里有关的词汇作一番初步的搜集排比的工作,目的在于为上古汉语同义词和词族的研究、构词法的研究、词的理据的研究以及汉语与邻近语言关系的研究提供一分材料。文中"五色之名"①的每项之末附列一部分邻近语言的材料,作为从事比较研究的参考②;本文只试图以古汉语与台语作一初步比较③,看看其间有无"关系词"可寻④。

一 黑

A. 喉牙音字

1. 黑 xə̆k⑤ 《说文》十上黑部:"黑,火所熏之色也。"

2. 黥(剠)g'iaŋ 《说文·黑部》:"黥,墨刑在面也。"

3. 𪐴 g'ĭa(-ĭag) 《说文》五下鬯部:"𪐴,黑黍也。"字亦作"秬"。《诗·大雅·生民》:"维秬维秠。"王引之云:"〈左传[·昭公四年]〉曰:'黑牡秬黍以享司寒。'秬亦黑也。〈素问·五常政大论〉曰:'……其穀黅秬。'…… 是古谓黑为秬也⑥。"

4. 虔 g'ian 春秋时孔子弟子伯虔字子析。"析(晳)"为白,"虔"为黑,这是所谓以"对文"(反义词)命字⑦。

5. 玄 ɣiwen 《说文》四下玄部:"玄,……黑而有赤色者为玄。"《礼记·檀弓

① [补]"在颜色科学领域中,中国自远古(约在公元前七世纪)至今一直不变地认为一切颜色是由青、赤、黄、白、黑五种正色(现代色度学称为基色)合成的。"见董太和、金文英:"中国古籍中有关基本颜色科学的最早记载",《中国科技史料》第11卷第2期,1990,页3。

② [补]参看冯蒸:"论汉语和藏语进行比较研究的原则与方法",《词典研究丛刊》10,四川辞书出版社,1989,页190~191。

③ 这自然并非严格的历史比较,因为正如高本汉(Bernhard Karlgren)早已指出的,那得是拿重建的原始台语(Proto-T'ai)和能够追溯的最古阶段的汉语相比较。见"Tibetan and Chinese", *T'oung Pao*, Vol. 28, 1931, p. 52.

④ 这样的"关系词",如果借用马提索夫的用语,可以称为 candidates for cognacy. 马氏在评介 G. H. Luce 的 *A Comparative Word-list of Old Burmese, Chinese and Tibetan*(1981)一书时说:"事实上 Luce 从未宣称他类列的这些形式构成了一组组真实的同源对应词。他所做的勿宁说是把我们不妨称之为'同源关系候选者'的词汇集拢来而已。"见 James A. Matisoff:"Translucent Insights: A Look at Proto-Sino-Tibetan through Gordon H. Luce's *Comparative Word-list*", *Bulletin of the School of Oriental and African Studies*, Vol. 46, pt. 3, 1983, p. 464. 本文作者所做的工作也类乎此。

⑤ 上古音构拟用王力《汉语史稿》的系统,但阴声韵部字另行括注董同龢《上古音韵表稿》的构拟,以供参考。

⑥ 王引之:《经义述闻》卷二十八"尔雅下""芑,白苗;秬,黑黍"条。

⑦ 《经义述闻》卷二十二"春秋名字解诂上"。

上》:“夏后氏尚黑,……牡用玄。”郑玄注:“玄,黑类也。”

6. 袨 ɣiwen 《玉篇·衣部》:“袨,黑衣也。”

7. 黔 g‘ĭəm 《说文·黑部》:“黔,黎也①。……秦谓民为黔首,周谓之黎民。”《左传·襄公十七年》:“筑者讴曰:‘泽门之皙,实兴我役;邑中之黔,实慰我心。’”可见“黔”是先秦口语词。

8. 黚 g‘ĭəm/-ĭam 《说文·黑部》:“黚,浅黄黑也。”《易·说卦》:“为黔喙之属。”马融注:“黔,黑也。”郑玄本“黔”作“黚”,当是同词异写。

9. 绀 kam 《说文》十三上糸部:“绀,帛深青扬赤色。”

10. 黔 kĭəm 《说文·黑部》:“黔,黄黑也。”

11. 黭 keəm 《说文·黑部》:“黭,虽皙而黑也。从黑,箴声。古人名黭字皙。”字亦作“箴”。春秋时人曾箴字皙,奚容箴字子皙。这也是以对文命字②。许慎的说解当是误反义关系为同义关系而强为之辞。

12. 黬 keəm 《庄子·庚桑楚》:“有生,黬也。”《释文》引《字林》:“釜底黑也。”

13. 黯 eəm 《说文·黑部》:“黯,深黑也。”春秋时人蔡黯字子墨,“黯”“墨”同训③。

14. 黤 eam 《说文·黑部》:“黤,青黑也。”

15. 黭 eam 《说文·黑部》:“黭,果实黭黯黑也。”徐铉本“黭”为“黤”的重文。

16. 崦(嵫)ĭam 《楚辞·离骚》:“望崦嵫而勿迫。”王逸注:“崦嵫,日所入山也。”《山海经·西山经》:“[鸟鼠同穴山]西南三百六十里曰崦(原本〈玉篇·山部〉引作‘嵫’)嵫之山。”郭璞注:“日没所入山也。”字亦作“弇”。《穆天子传》卷三:“天子遂驱,升于弇山。”郭璞注:“弇兹山,日所入也。”“崦”“嵫”同义连文。

17. 黡 ĭam 《说文·黑部》:“黡,中黑也。”玄应《一切经音义》卷九及十二引作“面中黑子也。”《汉书·高帝纪》“左股有七十二黑子”颜师古注:“黑子,今中国通呼为黡子。”

18. 阴 ĭəm 《说文》四下阜部:“阴,闇也”。

19. 黫 ĭən/ean 《史记·天官书》:“黫然黑色。”《广韵》上平声山韵引《字林》:“黫,黑色。”《玉篇·黑部》:“黫,黑也。”

20. 羥 ĭən 《说文》四上羊部:“羥,……一曰黑羊。”朱骏声云:“此以烟熏得训。”《广雅·释器》:“羥,黑也。”

21. 烟 ĭən/ien 《说文》十上火部:“烟,火气也。”当指黑色的烟气。

---

① 王筠、朱骏声、张文虎、徐灏并训“黎”为“黑”。详见丁福保辑《说文解字诂林》本条。本文引述诸家说解凡未另标出处者均据此书。

② 参看《经义述闻》卷二十二“春秋名字解诂上”。

③ 同注②

22. 殷 ĭən/ean 《左传·成公二年》:“左轮朱殷。”杜预注:“血色久则殷,今人谓赤黑为殷色。”“殷”与“黫”音义并同。

23. 燕 ien 《说文》十一下燕部:“燕,玄鸟也①。”“燕”当有黑义②。《小尔雅·广鸟》有“燕乌”。“燕乌”犹“慈(鹚)乌”,“燕”“慈”并言其色。

24. 乙(鳦)ĭět/eăt 《说文》十二上乙部:“乙,燕燕,玄鸟也,齐鲁谓之乙。”“乙”(ĭět)与“燕”(ien)仅韵尾辅音发音方法小异,为一声之转,可能只是方音的差别。比较下条“黦”字两音。

25. 黦 eăt/ean 《玉篇·黑部》:“黦,深黑也。”

26. 黦(黦)ĭwăt 《说文·黑部》:“黦,黑有文也。从黑,冤声。”《广雅·释器》:“黦,黑也。”此词语音由-n 转-t③,正如“燕”-n 之转“乙”-t。

27. 黳 iei(ied) 《说文·黑部》:“黳,小黑子。”《广雅·释器》:“黳,黑也。”

28. 鷖 《说文》四上鸟部:“鷖,凫属。”段玉裁注据《周礼·春官·巾车》“鷖总”郑众注,谓此鸟得名于青黑色。

29. 緊 《说文·糸部》:“緊,一曰赤黑色缯。”《周礼》“鷖总”故书“鷖”或为“緊”,郑众训为青黑色缯。

30. 瑿 王念孙《广雅疏证》卷八上《释器》“黝”条:“〈玉篇〉:‘瑿,黑石也。’字或作‘瑿’。〈唐本草〉云:‘瑿,状似玄玉而轻…’义并与‘黳’同。”

31. 堅 《说文》十三下土部:“堅,尘埃也。”当亦得名于黑。

32. 翳(以上五字音并同“黳”) 《说文》四上羽部:“翳,华盖也。”《方言》卷六:“翳,薆也。”又卷十三:“翳,掩也。”“翳”训阴暗、隐蔽,亦与黑义相因。

33. 黟 iei(ied)/i(ĭed) 《说文·黑部》:“黟,黑木也。”《广雅·释器》:“黟,黑也。”

34. 黝 iəu(ĭog) 《说文·黑部》:“黝,微青黑色。”《周礼·地官·牧人》:“阴祀用黝牲。”郑众注:“黝,读为幽;幽,黑也。”

35. 泑 iəu(ĭog) 《山海经·西山经》:“北流注于泑水。”郭注:“音黝,水色黑也。”

36. 幽 iəu(ĭog) 《说文》四下𢆶部:“幽,隐也。”林义光云:“幺,古玄字。从二玄,犹从玄也。玄,黝黑也。”《诗·小雅·隰桑》:“其叶有幽。”毛传:“幽,黑色也。”《礼记·玉藻》:“一命缊韨幽衡。”郑玄注:“幽读为黝,黑谓之黝。”

37. 黫 uāt 《说文·黑部》:“黫,沃黑也。”

---

① 沈括《梦溪笔谈》卷三“辨证一”:“玄乃赤黑色,燕羽是也,故谓之玄鸟。”

② 参看卜弼德(Peter A. Boodberg):“Two Notes on the History of the Chinese Frontier”, *Harvard Journal of Asiatic Studies*, Vol. 1, Nos. 3 and 4, 1936, p. 304.《经义述闻》卷二十八“尔雅下”“白州,骕”条:“盖古者谓白色为燕也。”实不尽然。

③ 参看陆志韦:“〈说文解字〉读若音订”,《燕京学报》第 30 期,1946,页 274。

38. 婠 uāt 《说文》十二下女部："婠，女黑色也。"

B. 舌齿音字

39. 卢(盧)lɑ(-âg)① 《书·文侯之命》："卢弓一，卢矢百。"伪孔传："卢，黑也。"字亦作"旅"。《左传·僖公二十八年》："旅弓矢千。"《汉书》卷五十七上《司马相如传上》载《上林赋》："于是乎卢橘夏孰。"颜注："卢，黑色也。"《说文》四上目部："矑，卢童子也。""卢童子"即黑瞳子。因色黑而名"卢"的事物不少。如：易为烟气熏黑的饭器叫"卢"。《说文》五上皿部："卢，饭器也②。"黑色的垆子叫"卢"。《汉书·司马相如传上》："乃令文君当卢。"一种黑犬叫"卢"。《战国策·秦策三》："譬若驰韩卢而逐蹇兔也③。"《文选》卷二张衡《西京赋》："韩卢噬于绁末。"薛综注："韩卢，犬，谓黑色毛也。"《汉书》卷九十九下《王莽传下》："是犹绁韩卢而责之获也。"颜注："韩卢，古韩国之名犬也。黑色曰卢。"一种黑鸟叫"卢"。司马相如《上林赋》："箴疵䴔卢。"黑瞳子叫"卢"。《汉书》卷八十七上《扬雄传上》载《甘泉赋》："玉女无所眺其清卢兮。"黑土叫卢。《释名·释地》："土黑曰卢。"黑水也叫"卢"。《水经注》卷十一"滱水"："卢奴城内西北隅有水，渊而不流。……水色正黑，俗名曰黑水池。或云：水黑曰卢，不流曰奴，故此城藉水以取名矣④。"

40. 黸 《说文·黑部》："黸，齐谓黑为黸⑤。"张文虎云："古本谓黑为卢，黸乃后起字⑥。"扬雄《法言·五百》："彤弓黸矢。"《方言》卷二："黸童子谓之䁖。"郭璞注："黸，黑也。"

41. 垆 《说文》十三下土部："垆，[黑]刚土也⑦。"《书·禹贡》："下土坟垆⑧。"《楚辞》刘向《九叹·思古》："倘佯垆坂。"

42. 炉(鑪)⑨ 《说文》十四上金部："鑪，方鑪也。"徐灏云："古祇作卢，相承增金旁。"

---

① 沈兼士云："卢声字多有黑义。"见"卢字之字族与义类"，天津《大公报·文史周刊》第12期，1947。

② 徐灏《说文段注笺》："卢为火所熏，色黑，因谓黑为卢。"这是因果倒置的说法。

③ 《孔丛子·执节》："申叔问曰：'犬马之名皆因其形色而名焉，唯韩卢、宋鹊独否，何也？'子顺答曰：'卢，黑也；鹊，白黑色。非色而何？'"

④ 《梦溪笔谈》卷二十四"杂志一"："大抵北方水多黑色，故有卢龙郡，北人谓水为'龙'，'卢龙'即黑水也。"赵彦卫《云麓漫钞》卷一："卢龙河在北方。〈唐书〉云：'狄人谓黑为卢，谓水为龙。'……古人皆以'卢'为黑，非北狄语也。"

⑤ 《说文》以"黸"为齐方言，可能是因《诗·齐风·卢令》称黑犬为"卢"之故，但韩国特产的黑色猎犬也称"卢"，可见"谓黑为黸(卢)"不限于齐人。

⑥ 段玉裁谓经典中训黑的"卢"本当作"黸"，借"卢"为之。这显然是本末倒置。

⑦ 段注："各本无'黑'字，依〈韵会〉则小徐有，〈尚书正义〉所引同，今补。"

⑧ 《汉书》卷二十八上《地理志上》："下土坟垆。"颜注："垆，谓土之刚黑者也。"

⑨ 参看陈伟："炉与卢"，《文物》1984年第7期。

43. 獹 《广雅·释畜》:"韩獹。"《初学记》卷二十九引《字林》:"獹,韩良犬也。"

44. 胪 《文选》卷七扬雄《甘泉赋》:"玉女亡所眺其清胪兮。"

45. 鸬(以上六字音并同"卢") 《说文》四上鸟部:"鸬,鸬鹚也。"段注:"鸬者,谓其色黑也。"《文选》卷四张衡《南都赋》李善注引《仓颉篇》:"鸬鹚,似鶂而黑。"

46. 黎 liei(-ied) 《说文》上七黍部:"黎,履黏也。"段注:"古亦以为黧黑字。"徐灏云:"古与黧通。"《书·禹贡》:"厥土青黎。"《吕氏春秋·求人》:"颜色黎黑。"《史记》卷八十七《李斯列传》:"面目黎黑。""黎黑"同义连文。

47. 黧 玄应《一切经音义》卷二十二引《字林》:"黧,黄黑也。"《玉篇·黑部》:"黧,黑也。亦作黎。"

48. 黧(鵹) 《说文》四上隹部:"雞,雞黄也。……其色黎黑而黄。"

49. 犁(以上三字音并同"黎") 《说文》二上牛部作"犂",经籍作"犁",借为"黎(黧)"。《论语·雍也》:"犁牛之子骍且角。"王鸣盛谓"犁牛"为黑牛。《战国策·秦策一》:"面目犁(一作黧)黑。"

50. 骊 lĭe(-ĭeg) 《说文》十上马部:"骊,马深黑也。"段注:"〈鲁颂[·駉]〉传曰:'纯黑曰骊。'按:引申为凡黑之称。"《礼记·檀弓上》:"夏后氏尚黑,……戎事乘骊。"《史记》卷二《夏本纪》:"其土青骊。"

51. 鹂 lĭe(-ĭeg) 《方言》卷八:"鹂黄……自关而西谓之鹂黄。"郭注:"其色黧黑而黄,因名之。"《文选》卷十九宋玉《高唐赋》:"王雎鹂黄。"

52. 㾖 lĭe(-ĭeg) 《说文》七下疒部:"㾖,……一曰瘦黑。"

53. 黮 dʻəm/tʻ 《说文·黑部》:"黮,桑葚之黑也。"《广雅·释器》:"黮,黑也。"《文选》卷六左思《魏都赋》张载注引《声类》:"黮,深黑色也。"《楚辞·九辩》:"尚黯黮而有瑕。""黯黮"同义连文。

54. 葚 ȡʻĭəm 《说文》一下艸部:"葚,桑实也。"《诗·卫风·氓》:"无食桑葚。"字亦作"黮"。《鲁颂·泮水》:"食我桑黮。""葚"得名于黑①,显而易见。

55. 黵 ȶĭəm 见上文喉牙音"黵"字条。

56. 黕 təm 《说文·黑部》:"黕,滓垢也。""滓垢"犹言黑垢。《楚辞·九辩》:"或黕点而污之。"《广韵》上声感韵:"黕,黑也 。"王念孙《广雅疏证》卷八上《释器》"黝"条:"黕……义与黮同。"

57. 黲 tsʻəm/-am 《说文·黑部》:"黲,浅青黑也。"《广雅·释器》:"黲,黑也。"

58. 黵 tam 《说文·黑部》:"黵,大污也。"《广韵》上声敢韵:"黵,大污垢黑。"

59. 点(點)tiam 《说文·黑部》:"点,小黑也。"春秋时人曾点字子皙,也是以

① 参看王念孙:《广雅疏证》卷八上《释器》"黝"条。

“对文”命字①。

60. 玷 tiam 《诗·大雅·抑》:“白圭之玷,尚可磨也。”“玷”指白玉上的黑斑。

61. 耇 tiam 《说文》八上老部:“耇,老人面如点也。”

62. 黗 d‘iən 《说文·黑部》:“黗谓之垽;垽,滓也。”“滓”有黑义,见下。

63. 黗 t‘uən 《说文·黑部》:“黗,黄浊黑。”《广雅·释器》:“黗,黑也。”

64. 纯 ʑiwən 《仪礼·士冠礼》:“纯衣,缁带。”《礼记·玉藻》:“大夫佩水苍玉而纯组绶。”“纯”指黄黑色的丝帛②。

65. 黵 ts‘ǐwan/tʃ‘ǐwăt 《说文·黑部》:“黵,……一曰短黑。读若以芥为齏名曰芥荃也③。”《广韵》入声辖韵:“黵,黑也。”

66. 骍 ts‘ǐwan 《尔雅·释畜》:“白马黑唇,骍。”

67. 黰 ȶǐen 《左传·昭公二十八年》:“昔有仍氏生女,黰黑而甚美,……名曰玄妻。”

68. 鬒 ȶǐen 《诗·鄘风·君子偕老》:“鬒发如云。”毛传:“鬒,黑发也。”《左传·昭公二十六年》:“鬒须眉。”《释文》:“鬒,黑也。”字亦作“缜”。《广雅·释器》:“缜,黑也。”

69. 鐵(铁)t‘iet 《说文·金部》:“铁,黑金也。”金属多以其色得名。参看下文“银”“金”“铜”各条。《礼记·月令》:“孟冬驾铁骊。”

70. 驖 t‘iĕt/d‘- 《说文·马部》:“驖,马赤黑也。”《诗·秦风·驷驖》:“驷驖孔阜。”毛传:“驖,骊也。”

71. 黵 d‘āt 《文选》卷六左思《魏都赋》:“榱题黮黵。”李善补注:“黵亦黑也。”

72. 涅 niĕt 《说文》十一上水部:“涅,黑土在水中也。”《山海经·北山经》:“其下多黄垩,多涅石。”《淮南子·说山》:“流言雪污,譬犹以涅拭素也。”高诱注:“涅,黑也。”

73. 泥 niĕt/niei 《史记》卷八十四《屈原贾生列传》:“泥而不滓。”即《论语·阳货》的“涅而不缁。”扬雄《太玄·更》:“化白于泥淄。”

74. 蛤(炱)d‘ə(-ə̂g)/t‘- 《尔雅·释鱼》:“玄贝,贻贝。”《释文》:“本又作胎,……〈字林〉作蛤,云:黑贝也。”王念孙云:“胎,黑色也。〈吕氏春秋·任数〉篇:‘台煤入甑中。’高注读台为炱,云:‘炱煤,烟尘也。’〈家语·在厄〉篇‘炱煤’作‘炲墨’。”④参看《广韵》上平声咍韵:“黸黮,大黑之貌。”

75. 黱 d‘ə(-ə̂g) 《说文·黑部》:“黱,画眉[黑]也。”

76. 黛 d‘ə(-ə̂g) 《楚辞·大招》:“粉白黛黑。”

---

① 参看《经义述闻》卷二十二“春秋名字解诂上”。

② 参看《广雅疏证》卷八上“黗”条。

③ 参看陆志韦:上引文,页 201。“荃”有-n/-t 两读,可比较《汉书》卷五十三《景十三王传》“繇王闽侯亦遗建荃葛”颜注:“字本作绘,音千金反(ts‘ǐwan),又音千劣反(ts‘ǐwăt)”。

④ 《经义述闻》卷二十八“玄贝,贻贝”条。

77. 纔 dzʻə(-ə̂g) 《说文》十三上糸部："纔，帛雀头色，一曰微黑色。"

78. 贻 dĭə(-ĭəg) 《尔雅·释鱼》："玄贝，贻贝。"见上"蛤"字条。

79. 兹 tsĭə(ĭəg) 《说文》四下玄部："兹，黑也。从二玄。〈春秋传〉曰：'何故使吾水兹?'"

80. 滋 tsĭə(ĭəg) 《左传·哀公八年》："何故使吾水滋?"杜注："滋，浊也。"《释文》引《字林》："黑也。"《史记·屈原贾生列传》："不获世之滋垢。"参看《广韵》上平声之韵："黸，染黑。"

81. 鹚 tsĭə(-ĭəg)/dzʻ- 《说文·鸟部》："鹚，鸬鹚也。从鸟，兹声。"桂馥云："兹声者，〈尔雅翼〉云：卢与兹皆黑，故名。"王筠云："兹者黑也，卢鹚色黑，卢亦黑色。"字亦作"鹚"。玄应《一切经音义》卷十九引《字林》："鸬鹚，似鹢而黑。"

82. 鰦 tsĭə(-ĭəg) 《尔雅·释鱼》："鮂，黑鰦。"[1]郝懿行谓"鮂"即《说文》之"鲨"。今按："虪"为黑虎，"鲨"当是一种黑鱼。

83. 嵫 tsĭə(-ĭəg) 见上文"崦"字条。

84. 缁 tʃʻĭə(-ĭəg) 《说文》糸部："缁，帛黑色也。"《诗·郑风·缁衣》："缁衣之宜兮。"毛传："缁，黑色。"《仪礼·士冠礼》："纯衣，缁带。"郑玄注："缁带，黑缯带也。"字亦作"纣"，见《礼记·檀弓上》。

85. 淄 扬雄《太玄·更》："化白于泥淄。"范望注："淄，黑也。"

86. 鶅 《尔雅·释鸟》："鶅，鵗轨。"以字的形音求之，"鶅"当是一种黑鸟。

87. 滓(以上三字音并同"缁") 《释名·释采帛》："缁，滓也，泥之黑者曰滓。"杨树达云："文从宰声者，宰之为言兹也。……大抵兹声音近之字多为黑。"[2]《史记·屈原贾生列传》的"泥而不滓"即是《论语·阳货》的"涅而不缁"。

88. 黓 dĭək 《尔雅·释天》："太岁在壬曰玄黓。""玄黓"同义连文。按五行学说，壬为水，水色黑，故称。字亦作"弋"。《汉书》卷四《文帝纪》："身衣弋绨。"如淳注："弋，皂也。贾谊曰：'身衣皂绨。'"颜注："弋，黑色也。"

89. 黱 dĭəŋ 《广雅·释器》："黱，黑也。"《玉篇·黑部》："黱，面黑[子]也。"

90. 蝇 dĭəŋ 《诗·小雅·青蝇》："营营青蝇。"疑"蝇"得名于黑[3]。音转为"羊"(dĭaŋ)。《方言》卷十一："蝇，东齐谓之羊。"

91. 黖 dĭaŋ 《说文·黑部》："黖，赤黑也。"

92. 虪 ɕĭəuk 《尔雅·释兽》："虪，黑虎。"《释文》作"虪"。《说文》五上虎部："虪，黑虎也。"

---

① 《尔雅》此条旧读如此，疑当与"榆白，枌"(释木)之类一例，读作"鮂黑，鰦。"

② 杨树达："释滓"，《积微居小学金石论丛》(增订本)，科学出版社，1955，页12。

③ 《说文》十三下黾部："蝇，虫之大腹者也。从黾、虫。"段注："此虫大腹，故其字从黾、虫，会意，谓腹大如黾之虫也。"此乃说其形态，非释其名义。

93. 黩 d‘ŏk 《说文·黑部》:“黩,握持垢也。”玄应《一切经音义》卷六引《声类》:“黩,黑也。”

94. 辱 ȵĭwŏk 《仪礼·士昏礼》郑玄注:“以白造缁曰辱。”《广雅·释诂》:“辱,污也。“《国语·晋语一》:“精洁易辱。”朱骏声以“辱”为“黩”的假借字,实即同源词。

C. 唇音字

95. 墨 mək 《说文》十三下土部:“墨,书墨也。从土从黑,黑亦声。”《广雅·释诂》:“墨,黑也。”《仪礼·士丧礼》:“乘墨车。”

96. 黴 muət 《说文》十上黑部:“黴,[物]中久雨,青黑。”《广雅·释器》:“黴,黑也。”《淮南子·修务》:“尧瘦臞,舜黴黑。”《楚辞》刘向《九叹·逢纷》:“颜黴黧以沮败兮。”“黴黑(黧)”同义连文。字亦作“黣”。《列子·黄帝》:“肌色皯黣。”

97. 穤 muət 《列子·黄帝》殷敬顺释文引《埤苍》:“穤,谓禾伤雨而生黑斑也。”

【备考】汉语邻近语言里的黑义词:

1. 藏语 nag－po;彝语 anɔ,na̠,ni̠;傈僳语 nɛ,nia;哈尼语 na̠;拉祜语 na̠;纳西语 nɑ;基诺语 a na;白语 xə̠;羌语 ȵiq;嘉绒语 kə－nɐk;缅甸语 nak,nɛ';载瓦语 no';独龙语 nɑ';景颇语 tʃa̠n;门巴语 tʃa̠ŋlu。

2. 壮语 dam;傣语 dām,lam,kam;泰语'dam;阿含语(Ahom)dām;黎语 dam;临高话 lam;拉伽瑶语 lam;侬语 dam;布依语 fon,waːn,lu;沙语 fɯan;侗语 nam,teŋ;水语'nam;毛难语 nam;仫佬语 nam;莫语 nam。

3. 仡佬语 lan。

4. 苗语 l̥ɛ,tlo,tɬu,ma qwe;布努瑶语tɬuŋ;勉瑶语 kie;标敏瑶语 kia。

5. 京语 dɛŋ;越南语 dɛŋ。

6. 佤语 luŋ。

7. 柬埔寨语 khmāu,kalei。

8. 占语(Cham)hatam,hitam。

这里面藏缅语的 nag/nak 和汉语的“辱”ȵĭwŏk(＜n－)有无关系,由于“辱”不宜视为黑义的代表词,可以存疑。苗语 tlo/tɬu 和汉语“卢”(lɑ＞lu)有无关系,未能确定。可以注意的是从“虑”(l－)得声的字有“摅”(t‘ĭo＞ȶ‘ĭo),而“虑”与“卢”同从“虍”声。(《说文》以“虑”为“从思虍声”,疑非。)总的看来,能同古汉语黑义词相比较的还是台语的词。布依语惠水话的 lu 和汉语的“卢”有无关系,不能断定。(惠水话另有一个调类不同的 lu,义为“青”,当是借自汉语西南话的“绿”。)可以初步肯定的是台语的 dam 和汉语的“黮”(d‘əm＞d‘am)组词的相似不是偶合。就台语说,分布在广大地区的多数语言和方言的一致性表明这个词(及其语音变体)是表示黑义的代表词；就汉语说，这一组词的同族词之多足以证明它曾经是具有优势的黑义词①，再从“葚”这个古老的词的得名又可推知它的起源之早。可见汉台两语词汇上的这一相合不是由于借用，而是出于同源。

═延伸阅读═

1. 郭在贻《训诂学》，湖南人民出版社，1986。
2. 郭在贻《谈“望文生训”》，见《郭在贻语言文学论稿》，浙江古籍出版社，1992。
3. 洪诚《训诂学》，载《洪诚文集》，江苏古籍出版社，2000。
4. 陆宗达《训诂简论》，北京出版社，1980。
5. 陆宗达、王宁《训诂方法论》，中国社会科学出版社，1983。
6. 沈兼士《声训论》，见《沈兼士学术论文集》，中华书局，1986。
7. 王力《同源字论》，见《同源字典》，商务印书馆，1982。
8. 张永言《训诂学简论》，华中理工大学出版社，1985。
9. 赵振铎《训诂学纲要》，陕西人民出版社，1987。

═问题与思考═

1. 什么是训诂？
2. 训诂史上有哪些要籍？
3. 试述训诂的基本方法。
4. 理想的词典究竟该怎么编？

═研究实践═

1.

研究课题	词典释义与古书注释的异同
背景材料	《尔雅》，《十三经注疏》本 《诗》毛传，《十三经注疏》本 朱熹《四书集注》，《新编诸子集成》本 《康熙字典》，上海古籍出版社 1996 年 1 月影印王引之校改本

① 后藤朝太郎在比较汉语和泰语的黑义词时仅以汉语的“昙”的泰语的 dam 相比。见《文字の研究》，森北书店，1942，页 1251。“昙”字不见于《说文》和上古典籍，郑珍《说文新附考》谓其本字为“黕”。后藤氏所举未当，泰语’dam 应与本文所列“黮”组字（53～61）相比。

续　表

研究课题	词典释义与古书注释的异同
方法提示	词典释义展示的是词的语言义，古书注释展示的是词的言语义，二者既有密切联系，又有明显区别。而在传统训诂学思想指导下编成的辞书，无论是上古的《尔雅》，还是直至清代的《康熙字典》、《经籍籑诂》，往往直接汇聚古书注释的材料而成，这就可能造成混同语言义和言语义的缺憾。阐明词典释义应当遵循的科学性的要求，分析古书注释随文释义的特殊规律，在对比中显示语言义与言语义的联系和区别，为词典编纂和古书注解提供有益的指导。
呈现形式	·论文，如《试论词的语言义》、《试论词的言语义》、《浅谈〈尔雅〉中的随文释义问题》、《如何从〈经籍籑诂〉〈故训汇纂〉到理想的字典和词典》等。 ·小型学术研讨会 ·写学术札记

2.

研究课题	《同源字典》的继承与创新
背景材料	刘熙《释名》 王念孙《广雅疏证》、《释大》 朱骏声《说文通训定声》 黄承吉《字义起于右旁之声说》，见《梦陔堂文集》卷二 王力《同源字典》 洪诚《中国历代语言文字学文选》“王圣美‘右文说’”后的按语 高小方《中国语言文字学史料学》第五讲“语源学史料”
方法提示	阅读上述文献，在了解语源学研究史的基础上，理清王力先生对前人相关成果的继承，进而阐明王先生自己的创新内容，并论述其方法论意义。
呈现形式	·论文，如《也谈“形声字‘声中有义’”》、《论刘熙的语言观》、《略论〈说文解字〉中的声训》、《浅论“右文说”的价值》、《王念孙对语源学的贡献》、《沈兼士先生的语源学研究》等。 ·小型学术研讨会 ·写学术札记

第四章　词　汇

导　论

古汉语的词汇部分主要是探索汉语词语古今变化的。词汇是构成语言的基本材料，是一种语言或方言的全部词或固定词组的总合，是一个有着内在结构的谨严的系统，从系统的角度看，词汇可以划分为基本词汇、一般词汇。一般词汇可变性很大，流动不居，就像现实社会生活的灵敏的晴雨表，现实社会生活的微小变化往往都能敏感地反映出来。基本词汇相对稳定，但也不是一成不变的，往往随时代而变化，时代越是久远，变化越是显著。所以对于历史悠久的古代汉语来说，无论一般词汇还是基本词汇，都有古今变化的问题。了解词汇的古今变化，首先要了解基本词汇，因为基本词汇是相对稳定的词汇。掌握了基本词汇，就可以建立古今词汇的联系。通过古代基本词汇由已知到未知，逐步掌握古汉语一般词汇。我们选编王力《汉语基本词汇的形成及其发展》和张世禄《从训诂学看古汉语的基本词》两篇文章，提供对古汉语的基本词汇的知识。

词汇是一个开放的系统，它由一个个单词以不同的方式形成各种关系，聚合而成。一个个的单词又是语言的最小的音、义结合的使用单位。离开了音义就无所谓词。其中，语音是词的形式或物质外壳，语义是词的内容或精神内涵。探讨词汇的古今变化必须从音与义即形式与内容两个方面进行。

在形式方面，古汉语的结构很有特色，先秦汉语以单音词为主，采取音变构词方式产生新词，而不改变其单音节的结构。但春秋战国时代是中国社会急剧变革的时代。随着社会的发展，为适应表达的需要，以结构造词为主的复音词应运而生，词汇的复音化是汉语词汇词形结构发展的总趋势。

与形式的变化相比，语义的变化更为复杂。这可从共时和历时的两个方面来说。共时的方面，一个特定历史时期的词有它当时使用的语义，有别于其他时代，同时又与它同时代的其他词构成各种复杂的关系，如同义词、同音词、同源词等等。由文字通假而造成的词汇特殊现象也是词汇学要解决的问题。殷孟伦《有关古汉语词义辨析的问题》运用传统训诂学对古代词语进行共时释义，杨伯峻《从上古汉语几组同义词的考察试探在词汇方面古今分合现象的规律》一文分析了五组先秦同义词。两篇文章均以共时考释为主，前者讲述传统的训诂方法，后者运用现代语言比较辨析求证词义的细微差别，同时涉及在后代的变化。两文各有侧重。

历时的方面，对于一个个具体词语来说，在不同的历史时代，其意义往往不同，新义的产生，旧义的消亡或转移，都是一个历时的演变过程，这是一个方面。另一方面，绝大多数词的意义不是单一的，而是具有复杂的多个词义，多义性是词汇的语义特征之一。但这些复杂的词义决不是一团乱麻，而是成系统的，其系统性体现为诸多词义原本都是由本义逐渐辗转引申而形成的，词义引申本身就是一个历时过程，但引申呈现出来的局面却是同时共存的。所以全面的词义系统的研究，是一个共时、历时综合的全方位研究过程。其目的是描写词的不同时代的词义系统，说明其发展演变规律。陆宗达《运用〈说文解字〉分析词义的系统性》，运用科学的训诂方法，以《说文解字》为依据，具体分析了古汉语词的本义、引申义，以及通过同源词推语源，通过语源义掌握词义的系统的方法。蒋绍愚《关于汉语词汇系统及其发展变化的几点想法》则运用结构语言学理论分析了古汉语词汇系统特征及其发展变化。

选　文

汉语基本词汇的形成及其发展

王　力

导言——

本文节选自王力先生《汉语史稿》(中华书局，1980)第四章。

本文从历时的角度简述汉语的基本词汇的形成与发展。从语法的角度看，基本词主要由名词、动词和形容词中的一部分组成，作为基本词的代词、数词和连结词则比较后起。本文主要讨论名词里面的基本词，分六小类：1. 自然现象名称，2. 肢体名称，3. 方位和时令名称，4. 亲属名称，5. 关于生产的词，6. 关于物质文化的词。

文章运用上古文献并参考出土文献等语料说明基本词的出现时代、最初含义与用法，如“风雨雷电”等自然现象词汇都出现在《书经》和《诗经》等文献中，其意义与我们今天说的大致相同，说明它们是很早就有了的基本词，并且一直沿用至今。但基本词也不是一成不变的，词语是随着社会的发展而变化的，新旧事物的兴起与消亡，必然引起基本词的调整与改变。有的基本词随着所指称对象或表述的概念不再存在，而退出使用领域，如“豭豝豵豜”等词，在中古之后就不再单用，其所表义统由猪或由猪组成的词组表示。有的基本词随着新的对象或概念的出现而产生，最明显的是物质文化词，如“桌椅”这两种家具出现很晚，所以其词大约唐宋方出现。又如方位时令词，虽在先秦时代产生了，但有早晚不均，“上下”、“春秋”等可能产生较早，而四方的概念和四季的区分可能后起，所以“东南西北”等方位词用假借字，“夏秋”等季节名词在文献中后出于“春秋”。更多的是基本词改变了词形，如“太阳”代替“日”，“脸”代替“面”等。这种改变都可以从中古以后的文献中看到其演变的痕迹。文章最后总结了基本词汇演变的五条规律，都是对于基本词的全民性、稳固性和能产性的基本特性的补充。

汉语的历史很长，它的基本词汇可以追溯到几千年以前。在奴隶时代以前的远古时期，基本词汇和一般词汇几乎可以说是没有差别的。在甲骨文时代，这二者之间的界限也还是不大的。

基本词汇包括名词、动词、形容词里的一部分词和代词、数词、联结词等。

在甲骨文里，动词和形容词的数目比起名词来是不多的，这可能是受了卜辞的性质的限制。不过，现代汉语所用的动词和形容词，有一部分在甲骨文里已经出现了。动词的“出”、“来”、“入”、“立”、“射”、“在”等，形容词的“大”、“小”、“多”、“少”、“新”、“旧”、“黄”、“白”、“黑”、“老”等，都是从甲骨文起就一直沿用下来的。到先秦时代，动词和形容词便大量地出现了，而其中有很多也是作为基本词或词素一直沿用到现代。

代词作为基本词，应该是较后起的。在甲骨文里，甚至在整个先秦时代，有一些代词（例如第三人称的主格代词），还没有出现；而且有一些代词可能是从名词转来的，在造字的时候，并没有特别为代词造字（例如“汝”就常写为“女”）。代词作为基本词，虽然比较稳固，但是也是有变化的。先秦时代有一些代词在后代消失了，例如“汝”；有一些转化了，例如“他”字由指示代词转化为人称代词。

数词作为基本词，起源也比较晚。数目概念的形成，应该是文化相当发达以后的事；而从文字上看，有些数词是假借别的字来表示的，所以，数词的出现，至少要在名词动词出现之后。不过，在甲骨文里，“一”、“二”、“三”、“四”、“五”、“六”、“七”、“八”、“九”、“十”、“百”、“千”、“万”等数词都已经出现了。由此可知，现代汉语里一些基本的数词是从几千年以前起一直沿用下来的。

联结词的出现更晚。有一些联结词是从动词转来的，在先秦时代，我们还可以看到有一些联结词仍然可以作动词用，例如“以”（《论语・子路》：“虽不吾以，吾其与闻之”）和“与”（《墨子・天志下》：“不与其劳获其实，已非其有所取之故”）。先秦时代的联结词，留存到现代口语里的已经很少了。现代汉语中所用的联结词大多数都是后代逐渐产生出来的。

在本节里，我们主要是讨论名词里的基本词。名词里的基本词，大致说来，应该包括：（一）自然现象的名称；（二）肢体的名称；（三）方位和时令的名称；（四）亲属的名称;(五)关于生产(渔猎、畜牧、农业)的词;(六)关于物质文化(宫室、衣服、家具)的词。现在分别加以叙述。

(一)自然现象的名称

自然现象的名称应该是远古基本词汇的一个主要部分。几千年沿用下来的基本词有"风"、"雨"、"雷"、"电"、"冰"、"霜"、"雪"、"星"、"云"、"露"、"水"、"火"、"山"、"土"、"天"、"地"等。例如:

天大雷电以风,禾尽偃。(《书经·金縢》)
烈风雷雨弗迷。(同上《舜典》)
禹平水土。(同上《吕刑》)
若火之燎于原,不可向迩,其犹可扑灭。(同上《盘庚》)
["向迩",接近,靠近。]
谓行多露。(《诗经·召南·行露》)
北风其凉,雨雪其雱。(同上《邶风·北风》)
风雨如晦,鸡鸣不已。(同上《郑风·风雨》)
出其东门,有女如云。(同上《郑风·出其东门》)
嘒彼小星,三五在东。(同上《召南·小星》)
["嘒",音"喙",光芒微弱的样子。]
乃生女子,载寝之地。(同上《小雅·斯干》)
[使她睡在地上。]
履霜坚冰至。(《易经·坤卦》)

"日"和"月"在上古当然也是基本词。但是,在现代汉语里,"日"已经让位给"太阳","月"已经让位给"月亮"。后者还保留"月"字作为词素,这里不详细讨论。"日"的转变为"太阳",在汉语词汇演变史中是一个很有趣的、很典型的例子,所以值得追溯它的历史。

先秦的"阳"字早已有了"日光"的意义(《诗经·小雅·湛露》:"匪阳不晞"①;《孟子·滕文公上》:"秋阳以暴之")。但是,"太阳"二字连在一起是汉代的事,那时"太阳"的"阳"是"阴阳二气"的"阳"。"太阳"在最初并不专指"日",而是指极盛的阳气,或这种极盛的阳气的代表物。例如:

日,实也,太阳之精不亏。(《说文解字》)

① 毛传:"阳,日也"。所谓"日"也是指"日光"。

六月，坤之初六，阴气受任于太阳。(《汉书·律历志》)

［“初六”，阴爻的开始；“任”，孕。］

遂人为遂皇，以火纪。火太阳也，阳尊，故託遂皇于天。(《尚书大传略说》)

但是，《淮南子·天文训》说：

“日者阳之主也……月者阴之宗也”，

这就是“日”称“太阳”、“月”称“太阴”的来源。“月”称“太阴”到后代只用于特殊的场合，没有能在全民语言中生根，算是失败了；“日”称“太阳”却成功了。例如：

王公曰：“使太阳与万物同晖，臣下何以瞻仰？”(《世说新语·宠礼》)
若太阳下同万物，苍生何由仰照？(《晋书·王导传》)
天鸡警晓于蟠桃，踆乌晰耀于太阳。(李白《大鹏赋》)
葵藿倾太阳，物性固莫夺。(杜甫诗)
幸因腐草出，敢近太阳飞？(同上)
愿君光明如太阳。(李贺诗)

在唐代，“太阳”只是“日”的别名，它在口语里是否完全代替了“日”，还不敢断定。但是，我们相信，它这样常常见用，至少从宋代起，它已经进入了基本词汇了。

（二）肢体的名称

肢体的名称自然也很早就产生了。它也是属于基本词汇的，但是它的稳固性没有自然现象的名称的稳固性那么大。几千年沿用下来的只有“心”、“手”等很少的一些词。例如：

否则厥心违怨。(《书经·无逸》)
执子之手，与子偕老。(《诗经·邶风·击鼓》)

多数的关于肢体的名称，如“耳”、“身”、“眉”、“鼻”、“发”等，到了现代汉语里，都做了双音词的词素，它们在上古显然是独立的基本词。例如：

遗大投艰于朕身。(《书经·大诰》)

［“遗”，留给；“大”，大责任；“投”，交给；“艰”，艰难的事业。］

匪面命之，言提其耳。(《诗经·大雅·抑》)

["匪",非但。]

螓首蛾眉。(同上《卫风·硕人》)

["螓首",额方广像螓一样;"蛾眉",眉弯曲细长,像蛾的触须一样。]

既多受祉,黄发儿齿。(同上《鲁颂·閟宫》)

["祉",福。]

噬肤灭鼻无咎。(《易经·噬嗑》)

["噬",咬。]

有些肢体名称,如"首"、"领"、"面"、"目"、"口"、"齿"、"足"、"肌"、"肤"等,在上古显然是属于基本词汇的。例如:

皆再拜稽首。(《书经·康王之诰》)

臣作朕股肱耳目。(同上《益稷》)

否则厥口诅祝。(同上《无逸》)

手如柔荑,肤如凝脂,领如蝤蛴,齿如瓠犀,螓首蛾眉。巧笑倩兮,美目盼兮。(《诗经·卫风·硕人》)

["荑",嫩茅;"蝤蛴",天牛的幼虫;"瓠犀",瓠瓜的子;"倩",口颊含笑的样子;"盼",黑白分明。]

匪面命之,言提其耳。(同上《大雅·抑》)

启予足,启予手。(《论语·泰伯》)

风雨节而五穀孰,衣服节而肌肤和。(《墨子·辞过》)

则若性命肌肤之不可以易也。(《荀子·哀公》)

但是,到了后代,在一般口语里,"头"代替了"首","颈"代替了"领"(在现代普通话里,"脖子"又代替了"颈"),"脸"代替了"面","眼"代替了"目","嘴"代替了"口","牙"代替了"齿","脚"代替了"足","肉"代替了"肌","皮"代替了"肤"。

"头"和"首"的声音虽然相近,但是"首"属审母幽部,"头"属定母侯部,古音并不相同。战国以前,只有"首"没有"头"。金文里有很多"首"字,却没有一个"头"字。《诗》、《书》、《易》都没有"头"字。到了战国时代,"头"字出现了。它可能是方言进入普通话里的。作为"首"的同义词,它在口语里逐渐代替了"首"。例如:

今有刀于此,试之人头,倅然断之,可谓利乎?(《墨子·鲁问》)

鸿蒙拊髀雀跃掉头曰:"吾弗知!吾弗知!"(《庄子·在宥》)

若手臂之扞头目而覆胸腹也。(《荀子·议兵》)

["扞",保护。]

《墨子》说："长椎柄长六尺，头长尺"（《备城门》），又说："椎柄长六尺，首长尺五寸"（《备蛾传》），可见"头"和"首"是同义词。《荀子》说："此夫身女好而头马首者与？"（《赋篇》），也可见"头"和"首"是没有分别的。在口语里，同义词达到了意义完全相等的地步是不能持久的，所以"首"在口语里逐渐让位给"头"。例如下面的谚语：

谚曰：白头如新，倾盖如故。（《史记·邹阳列传》）

［"白头"，在这里指认识了一辈子的朋友。"盖"，车盖。"倾盖"，在这里指路上碰到的新认识的朋友。］

灶下养，中郎将；烂羊胃，骑都尉；烂羊头，关内侯。（《后汉书·刘玄传》）

新兴的用途（例如无生之物的头）也往往用"头"不用"首"。例如：

常步行以百钱挂杖头。（《晋书·阮修传》）

我宁山头望廷尉，不能廷尉望山头！（同上《苏峻传》）

采莲渡头碍黄河，郎今欲渡畏风波。（梁简文帝《乌栖曲》）

像这些地方，再也不能用"首"了。

《说文》："颈，头茎也"；《广韵·清韵》："颈在前，项在后"。可见"颈"字在最初大约是指脖子的前面的部分。"颈"字在战国时代就已经出现了。例如：

今遂至使民延颈举踵曰："某所有贤者，赢粮而趣之"。（《庄子·胠箧》）

人知贵生乐安而弃礼义，辟之是犹欲寿而刎颈也。（《荀子·强国》）

有时候，"颈"字似乎也可以表示脖子。例如：

夫马陆居则食草饮水，喜则交颈相靡，怒则分背相踶。（《庄子·马蹄》）

如果说"颈"在这里仍指脖子的前面部分，那么，"交颈"就很难了解了。不过，"颈"字普遍用来表示脖子的意义是在汉代以后。例如：

刳腹绝肠，折颈摺颐。（《史记·春申君列传》）

百越之君，俛首系颈，委命下吏。（同上《秦始皇本纪》）

日出旸谷，入于虞渊，莫知其动，须臾之间，俛人之颈。（《淮南子》）

见一士焉，深目玄准，雁颈而鸢肩。（《论衡》）

“脸”字出现较晚。《说文》没有“脸”字。到第六世纪以后，“脸”字才出现。不过，当时“脸”只有“颊”的意义，而不是“面”的同义词。“脸”字的这种意义，一直沿用到唐宋时代。杜牧诗：“头圆筋骨紧，两脸明且光”，温庭筠诗：“芙蓉调嫩脸，杨柳堕新肩”。“脸”字在口语中代替了“面”字是很后的事。关于“脸”的词义发展，参看下文第五十九节。

《说文》：“眼，目也”；《释名》：“眼，限也”。可见汉代已有“眼”字。但战国以前是没有“眼”字的。战国时代也还少见，汉代以后才渐渐多见。

“眼”在最初的时候，只是指眼球。例如：

聂政大呼，所击杀者数十人，因自皮面、抉眼、屠肠，遂以死。（《战国策》）

子胥抉眼。（《庄子·盗跖》）

巽……其于人也为寡发，为广颡，为多白眼。（《易经·说卦》）

［“广颡”，高额；“多白眼”，眼珠白多黑少。］

抉吾眼，置之吴东门，以观越之灭吴也。（《史记·吴世家》）

露眼赤精[1]，大声而嘶。（《汉书·王莽传》）

这样，它是和“目”有分别的。后来由于词义的转移，“眼”就在口语里代替了“目”。

“嘴”本作“觜”，原指鸟嘴[2]。“觜”字大约起源于东汉，《说文》有“觜”字。晋潘岳《射雉赋》：“裂膝破觜”，指的是鸟嘴。但是《广雅·释亲》说：“策，口也”，“策”当即“觜”字，可见当时“觜”字已经兼指“鸟嘴”和“人嘴”。

“牙”字起源很早，《诗经》时代就出现了。《本草纲目》说：“两旁曰牙，中间曰齿”；段玉裁《说文解字注》说：“统言之，皆称齿称牙，析言之，则前当唇者称齿，后在辅车者称牙”。这些解释大约是可信的。

先秦时代，“牙”字不多见；而且常用于“爪牙”这一熟语中。例如：

谁谓鼠无牙？何以穿我墉？（《诗经·召南·行露》）

鸟兽之肉，不登于俎，皮革齿牙，骨角毛羽，不登于器。（《左传·隐公五

① 《说文》无“睛”字。“矑”下云：“童子精也”。王筠《说文句读》说：“精即是睛，与童子为一物”。可见在汉代“睛”只指童子，“眼”则指眼眶中的一切。

② 《说文》：“觜，鸱旧头上角觜也”，这是从字形傅会，未必可信。鸟嘴本称“噣”或“咮”，到汉代又称“觜”。

年》)

故差论其爪牙之士,皆列其舟车之众,以攻中行氏而有之。(《墨子·非攻中》)

彼爱其爪牙,畏其仇敌。(《荀子·富国》)

至少到了中古时代,"牙""齿"的分别在口语中已经不存在了,而"牙"也就代替了"齿"。

《说文》:"脚,胫也";《释名》:"脚,却也,以其坐时却在后也"。可见"脚"的本义是小腿。例如:

羊起而触之,折其脚。(《墨子·明鬼下》)

乳间股脚。(《庄子·徐无鬼》)

詈侮捽搏,捶笞膑脚。(《荀子·正论》)

["膑脚",一种刑罚,就是割掉膝盖骨。]

孙子膑脚,兵法修列。(司马迁《报任安书》)

昔司马喜膑脚于宋,卒相中山。(《史记·邹阳列传》)

臣观其臿齿牙,树颊胲,吐唇吻,擢项颐,结股脚,连脽尻。(同上《东方朔传》)

《庄子》和《汉书》"股脚"连用,就是指大腿和小腿。但是,到了中古,"脚"在基本词汇中已经代替了"足",这里有一个典型的例子:

潜无履,王弘顾左右为之造履。左右请履度,潜便于坐伸脚令度焉。(《晋书·陶潜传》)

《说文》:"肌,肉也"。段玉裁说:"人曰肌,鸟兽曰肉"①("肉"字注);朱骏声也说:"在物曰肉,在人曰肌"(《说文通训定声》"肉"字注)。就一般情况来说,这话完全是对的。《孟子》所谓"衣帛食肉"(《梁惠王》)当然是指鸡豚的肉。但是,在和"骨"对称的时候,虽然指人,也可以称"肉"②。例如:

衣三领,足以朽肉;棺三寸,足以朽骸。(《墨子·节用中》)

---

① 徐灏《说文解字注笺》云:"此亦强为分别"。但是,如果就一般情况而论,段注是对的。

② 林义光《文源》云:"生人之肉曰肌,俗亦或称肉"。他大约看见骨肉多指死人,所以说生人之肉曰肌。那种解释不是正确的,因为有些地方不指死人。

棺三寸，足以朽骨；衣三领，足以朽肉。（同上《节葬下》）

楚之南，有炎人国者，其亲戚死，朽其肉而弃之，然后埋其骨。（同上）

吾使司命复生子形，为子骨肉肌肤。（《庄子·至乐》）

安禽兽行，虎狼贪，故脯巨人而炙婴儿矣……彼乃将食其肉而龁其骨也。（《荀子·正论》）

至于“肉刑”，也不称为“肌刑”。例如：

治古无肉刑，而有象形。（《荀子·正论》）

[“治古”，上古太平之世；“象刑”，要犯罪的人穿上有特种识别的衣服，以表示精神上、名誉上的惩罚，叫做“象刑”。]

非独不用肉刑，亦不用象刑矣。（同上）

可见“肌”虽然绝对不能用于鸟兽，“肉”却不是绝对不能用于人，只是这种应用是有条件的而已。

“皮”字在先秦却是专指兽皮来说的；兽的皮叫做“皮”，人的皮叫做“肤”，分别得很清楚。例如：

岛夷皮服。（《书经·禹贡》）

[海岛上的人穿皮衣。]

具罏橐，橐以牛皮。（《墨子·备穴》）

[“橐”，鼓风用的，风箱一类的东西。]

（以上指兽皮。）

饿其体肤。（《孟子·告子下》）

无使土亲肤。（同上《公孙丑下》）

蚊虻噆肤，则通昔不寐矣。（《庄子·天运》）

[“噆”，啮；“通昔”，通夕。]

噬肤灭鼻无咎。（《易经·噬嗑》）

[“噬”，咬。]

（以上指人的皮肤。）

到了汉代，“皮”字才用于人的皮肤。例如：

乃割皮解肌，诀脉结筋。（《史记·扁鹊仓公列传》）

（三）方位和时令

方位和时令的概念的形成，比起自然现象和肢体来，应该是晚得多；因为这应该是人类文化相当发达以后的事。但是，在我们现在所能看见的最古的史料——三千多年前的甲骨文中，已经有许多表示这些概念的词出现了。关于方位，在甲骨文里，“东”“西”“南”“北”“上”“下”俱全；关于时令，甲骨文只有“年”“月”“日”和“春”“秋”，可见四季的概念是比较后起的。

关于方位，有下列的一些例子：

西序东向。（《书经·顾命》）
［“西序”，西厢房。］
南至于华阴。（同上《禹贡》）
为坛于南方，北面。（同上《金縢》）
光被四表，格于上下。（同上《尧典》）

从造字的情况来看，可能是上下的概念的形成早于四方的概念。“上”“下”是所谓指事字，属于独体，是所谓初文。“东”，据《说文》说是“日在木中”，那是靠不住的说法①。“南，草木至南方有枝任也”，也说不出个道理来。至于“西”和“北”，许慎以为是鸟栖的“栖”和违背的“背”，更和四方无关。大约因为四方的概念是后起的，就用假借字（连“东”“南”也都可能是假借字）。

时令的“日”“月”就是天象的“日”“月”，这是很自然的发展；因为每一次日升日落就是一天，每一次月圆就是一个月。天象的日和时令的日，在古埃及文字里也同属于一个字（写作◎），但是读音不同（前者读 r^c，后者读 hrw）②。在汉语里，不但同字，而且同音。至于天象的月和时令的月相一致，那是和我国古代的历法（阴历）有关系的。

“年”“岁”和“春”“秋”，都是从农业用语发展来的。《说文》：“年，穀熟也”。上古史料完全证实了这个原始意义。在最初的时候，也许“年”只是“穀”，甲骨文中的“我受年”等于说“我受禾”。但是，到了周代，“年”已经是“穀熟”的意义了③。例如：

尔厥有幹有年于兹洛。（《书经·多士》）
祈年孔夙，方社不莫。（《诗经·大雅·云汉》）
［很早就祈求丰收，祭祀方神和社神也不晚。］

---

① 林义光《文源》云：“按古作東，中不从日（古日作Э，不作⊟）”。

② 参看柯恩：《文字论》（M. Cohen，l'Ecriture），33 页。

③ “稔”字也有类似的情况，《说文》：“稔，穀熟也”；《左传·襄公二十七年》：“所谓不及五稔者”，注：“年也”。

五穀每年一熟，所以由穀熟的意义转为时令的年是很自然的。时令的“年”在先秦时代也已经出现了。例如：

天惟五年须暇之子孙。(《书经·多方》)
公其以予万亿年敬天之休，拜手稽首诲言。(同上《洛诰》)
自我不见，于今三年。(《诗经·豳风·东山》)

《说文》：“岁，木星也”，这是以后起的意义当作本义。甲骨文中有：“今岁”、“来岁”的说法，“岁”不是表时令的年岁；一岁最初可能是指一个收获的季节。由这一意义再转到“穀熟”或“年成”的意义。例如：

国人望君如望岁焉。(《左传·哀公十六年》)
[杜注：“岁，年穀也”。]
人死则曰：“非我也，岁也”。是何异于刺人而杀之曰：“非我也，兵也。”王无罪岁，斯天下之民至焉。(《孟子·梁惠王上》)
乐岁粒米狼戾。(同上《滕文公上》)
富岁子弟多赖，凶岁子弟多暴。(同上《告子上》)

由“穀熟”或“年成”的意义再转为时令的年岁。“岁”的这一意义也是在很古的时候就出现了。例如：

期三百有六旬有六日，以闰月定四时成岁。(《书经·尧典》)
四五纪：一曰岁，二曰月，三曰日，四曰星辰，五曰历数。(同上《洪范》)
三岁为妇，靡室劳矣。(《诗经·卫风·氓》)
嗟我妇子，曰为改岁，入此室处。(同上《豳风·七月》)
夏后殷周之相受也，数百岁矣。(《墨子·耕柱》)

“岁”在汉以后转化为年龄的意义(《汉书·武帝记》：“咸闻呼万岁者三”)；这样，在口语里“年”和“岁”有了分工。在汉以前，年龄称“年”不称“岁”(《左传·定公四年》：“五叔无官，岂尚年哉?”)。时令的年和年龄的相通也是很自然的。法语的 an 既表示年，也表示年龄；但 année 一般只表示年，不表示年龄。其中年和年龄的关系及其分工，同汉语的情况有相仿佛的地方。

《说文》：“秋，禾穀熟也”，可见“秋”的本义和“年”差不多。关于“秋”的本义，也有两个例子：

若农服田力穑，乃亦有秋。（《书经·盘庚》）

孟夏之月……靡草死，麦秋至。（《礼记·月令》）

［“靡草”，茎叶细小的杂草；“麦秋”，麦子熟（的季节）。］

“秋”和“年”的本义虽相近，后来却发展为不同的两种意义。“秋”指穀熟的时期；一般穀物都是秋天收成的，所以把收成的季节叫做“秋”。

《说文》“春”作“萅”，解云：“推也，从日从艸，艸春时生也”。《尚书大传·唐传》：“春，出也，物之出也”。“春”“推”文微对转，“春”“出”文物对转。声训虽然不尽可靠，但是由于春天草木出地，所以把播种的季节叫做春天，那完全是可能的。

由此可见，古人举“春秋”来代表四时（《诗经·鲁颂·閟宫》：“春秋匪懈”），上古把历史叫做“春秋”（孔子修《春秋》），这并不是偶然的。一方面，因为最初的时候一年只有“春”“秋”两季；另方面，因为“春”和“秋”是和农业生产最有关系的季节。

“夏”字的来源，也可能和农业有关。《说文》：“夏，中国之人也”。这未必是本义。朱骏声说：“此字本谊当训大也，万物宽假之时也”。这种解释比较可取。杨雄《方言》一：“秦晋之间凡物壮大谓之嘏，或曰夏”，又说：“自关而西，秦晋之间，凡物之壮大者而爱伟之谓之夏，周郑之间谓之嘏”。夏天农作物长大了，这个季节就叫做夏，和“春”“秋”二字正好相配。

《说文》：“冬，四时尽也。从仌，从夂。夂，古文终字”。这个解释相当可信。“冬”的意思只是一年最后的一个季节。

下面是一些有关时令的例子：

期三百有六旬有六日，以闰月定四时成岁。（《书经·尧典》）

［“期”，一周年。］

岁二月，东巡守。（同上《舜典》）

日中星鸟以殷仲春。（同上《尧典》）

［“日中”，昼夜平分，指春分节；“鸟”，星宿的名称；“殷”，正，“作为标准”的意思。］

宵中星虚以殷仲秋。（同上）

［“宵中”，指秋分节；“虚”，星宿的名称。］

日月之行则有冬有夏。（同上《洪范》）

最初的时候，一年只分春秋两季，而没有分出夏冬；春秋时代才有夏冬之分。从这时开始，一年才分四季。

（四）亲属的名称

关于亲属的名称，只谈“父”“母”“子”“女”“祖”“孙”“伯”“叔”“兄”“弟”“姊”“妹”这十二个词及其变化。

“父”和“母”自古是基本词。“父”和现代的“爸爸”，“母”和现代的“妈”，很可能是一个来源。“父”的上古音是 bʻĭwɑ，“母”的上古音是 mĭwə，演变为 pɑ，mɑ 完全是可能的。

“子”“女”都是基本词，不必详细讨论。只有“儿子”的“儿”字值得谈一谈。“儿”在先秦只是“孩子”的意思，例如《老子》：“常德不离，复归于婴儿”。由“孩子”到“儿子”，词义的转变是很自然的，所以到了汉代，“儿”字就兼有“儿子”的意义，例如《汉书·项籍传》：“外黄令舍人儿，年十三，往说羽”。《广雅·释亲》：“儿，子也”，就是承认这一个事实。

《说文》：“祖，始庙也”。甲骨文“祖”字作“且”，不从“示”，始庙之说自不能成立。“祖”原来就是亲属称谓，但所称的不限于一代；凡祖父的一辈和自祖父以上的皆称“祖”。《说文》说：“子之子曰孙”，这是对的。但是，孙亦不限于一代。

“伯”“叔”在上古只用于排行。“伯”是老大，“仲”是老二，“叔”是老三，“季”是老四。“伯”“叔”有时也可以只指长幼，并且通用于男女。例如：

> 伯氏吹壎，仲氏吹篪。（《诗经·小雅·何人斯》）
>
> 问我诸姑，遂及伯姊。（同上《邶风·泉水》）
>
> ［“伯姊”，长姊。］
>
> 周有八士：伯达，伯适，仲突，仲忽，叔夜，叔夏，季随，季騧。（《论语·微子》）
>
> 乡人长于伯兄一岁，则谁敬？（《孟子·告子上》）
>
> 舅姑之爱己，由叔妹之誉己也。（《后汉书·曹世叔妻传》引班昭《女诫》）
>
> ［“叔妹”，小姑。］

在上古时代，表示父亲的兄或弟要用“伯父”或“叔父”，不能单用“伯”“叔”。《释名·释亲属》：“父之兄曰世父……，又曰伯父……父之弟曰仲父……仲父之弟曰叔父……叔父之弟曰季父”。例如：

> 丧礼，君与父母妻后子死，三年丧服，伯父叔父兄弟期，族人五月，姑姊舅甥皆有数月之丧。（《墨子·公孟》）

到了中古时代，才能单用“伯”“叔”来代表父辈。例如：

诸姑伯叔，犹子比儿。（梁周兴嗣《千字文》）

伯既如此，无心独存。（《南史》）

"兄""弟""姊""妹"没有什么可讨论的。值得讨论的是：在现代口语里，"兄"让位给"哥"，"姊"让位给"姐"，这"哥""姐"是怎样来的？

《说文》："哥，声也，从二可，古文以为歌字"。这和"哥哥"的"哥"没有关系。从唐代起，"哥"字开始在口语里代替了"兄"字①。例如：

岐王等奏之云："邠哥有术"。（《旧唐书·邠王守礼传》）

帝呼宁王为宁哥。（《酉阳杂俎》）

上幸宁王第，叙家人礼，上曰："大哥好作主人"。（张九龄《敕赐宁王池宴诗序》）

这"哥"字可能是外来语。须待进一步的研究，才能确定。

《说文》："蜀谓母曰姐"，《广雅》："姐，母也"，《广韵·马韵》："姐，羌人呼母"，《集韵》："毑，母也，或作姐"。我们认为现代汉语的"姐"是"姊"字古音的残留（上古"姊"读 tsĭei，转为 tɕie）；"蜀谓母曰姐"的"姐"字也是"姊"字的转音（《说文》云："读若左"）。音小变而意义跟着改变，在方言里不乏其例。

（五）关于生产的词汇

按照社会生产发展的过程来说，应该是由渔猎社会到畜牧社会，再由畜牧社会到农业社会。但是，我们最早的语言史料——甲骨文——是殷代的东西，而殷代已经被证实为进入了农业时代。因此，我们在叙述古代关于生产的基本词汇的时候，就不必把渔猎、畜牧和农业分期叙述，我们只须把这三种有关生产的基本词，作一个综合的叙述就够了。

首先我们注意到农业词汇和渔猎词汇的历史联系。畋猎的畋在上古都只写作"田"。例如：

文王不敢盘于游田。（《书经·无逸》）

［"盘"，乐。］

---

① "哥"又可以用来称父。《旧唐书·王琚传》："玄宗泣曰：四哥仁孝"，四哥指睿宗。《淳化阁贴》有唐太宗与高宗书，称"哥哥敕"。这可能是用低一级的称呼来表示亲热；如果"哥"有"父"义，则"四哥"不可解。清高翔麟《说文字通》云："北齐太子称生母为姊姊，宋时呼生母为大姊姊"，这种情形与"哥"字同。

叔于田，巷无居人。(《诗经·郑风·叔于田》)

在甲骨文里，“田”字虽也常常当畋猎讲，但也当耕田讲(例如：“王大令众人曰协田，其受年”)。大约在远古时代，畋猎是主要的生产方式，后来耕田是主要的生产方式，就把“田”字也用到耕田上来，同时把所耕的土地叫做“田”①。

再拿“獲”和“穫”为例。对于畋猎所得，叫做“獲”(甲骨文作“隻”)；对于农作所得，叫做“穫”(甲骨文作“萑”)。其实它们是同音词，在口语里是毫无分别的。

这里我们顺便谈一个和语法有关的词汇情况。在原始时代，名词和动词往往是分不开的。这种情况，在生产方面更加突出。上面谈到的“田”字，它一方面是名词，一方面又是动词，就是很好的一个例子。此外我们可以再举“鱼”“禽”“兽”三字为例。“鱼”本来是名词(《书经·禹贡》：“淮夷蠙珠暨鱼”)，直到后来都是这样。至于动词，在最初的时候也可以写作“鱼”。甲骨文里有“王其鱼”，“鱼”是动词。《左传·隐公五年》：“公将如棠观鱼者”[“鱼者”，捕鱼的人]，亦只作“鱼”。后来人们在字形上就把名词的“鱼”和动词的“渔”分开。但是“鱼”“渔”既然同音，我们不可以为文字所迷惑，把它们分为不同的两个词。

“禽”可能是先用做动词，后用做名词(甲骨文作毕，象捕鸟的网)。不管怎样，先秦已经“禽兽”并称(《左传·襄公二十一年》：“然二子者，譬于禽兽，臣食其肉而寝处其皮矣”；《孟子·离娄下》：“人之所以异于禽兽者几希”)，可见“禽”也用作名词来指称鸟类了。在最初的时候，擒获的鸟叫“禽”，后来词义引申，猎获的兽类，甚至于擒获的人，也都叫做“禽”。《易经·井卦》：“旧井无禽”，擒的是兽类，《左传·襄公二十四年》：“收禽挟囚”，擒的是人，也都只写作“禽”。至于动词的擒，经传一般也写作“禽”。例如：

齐师败绩，知伯亲禽颜夷。(《左传·哀公二十三年》)
使死士再禽焉。(同上《定公十四年》)
王乎[手]禽费中恶来，众畔[叛]百走。(《墨子·明鬼下》)
引机发梁，適人可禽。(同上《备城门》)
服者不禽，格者不舍。(《荀子·议兵》)

写作“擒”的只有个别的例子：

---

① 后来耕田的田写作“畋”，《书经·多方》：“畋尔田”，《说文》：“畋，平田也”。可见耕田的田正是应该写作“畋”，和畋猎的“畋”同形。其所以这样显得混乱，就因为二者本来都是主要的生产方式。卜辞田猎的“田”和耕田的“田”无别。

是我兵未出而劲韩以威擒，强齐以义从矣。（《韩非子·存韩》）

“兽”字似乎只用作名词了。其实不然。甲骨文有“王弜渔，其兽”，“兽”字是动词。这个动词后来写作“狩”，就看不出它和“兽”的真正关系。例如：

叔于狩，巷无饮酒。（《诗经·郑风·叔于田》）
东有甫草，驾言行狩。（同上《小雅·车攻》）
明夷于南狩。（《易经·明夷》）

“兽”“狩”既然完全同音，我们就应该打破文字的障碍去看它们之间的词义联系①。至于冬猎为狩的说法只是后起的解释，是不能拿来说明语源的。

其次，我们注意到某些词虽然在后代死亡了，它们在上古可能算是基本词。在渔猎时代，人们有必要辨别许多的鱼类、鸟类和兽类。举例来说，鹿类有鹿，有麋，有麢（麖）等，而且牝鹿叫做“麀”，鹿子叫做“麑”（麛）。这是因为当时确有仔细区别的必要。在畜牧时代，人们也有必要区别家畜的详细种类。试以猪类为例：

乃社于新邑，牛一，羊一，豕一。（《书经·召诰》）
［“社”，某种祭祀。］
有豕白蹢，烝涉波矣。（《诗经·小雅·渐渐之石》）
［“蹢”，蹄；“烝”，众。］
（豕是总称。）
彼茁者葭，一发五豝……彼茁者蓬，一发五豵。（同上《召南·驺虞》）
［“茁”，初生壮盛的样子；“葭”，芦苇；“蓬”，蓬蒿。］
（《说文》：“豝，牝豕也”，又：“豵，生六月豚也”。）
言私其豵，献豜于公。（同上《豳风·七月》）
［“私”，自己留下。］
（《说文》：“豜，三岁豕。”）
阳货欲见孔子，孔子不见。归孔子豚。（《论语·阳货》）
（《说文》：“豚，小豕也”。）
既定尔娄猪，盍归吾艾豭。（《左传·定公十四年》）
［“娄猪”，求子猪，就是待配的母猪；“艾”，老；“归”，送还。］

---

① 《诗经·小雅·车攻》：“搏兽于敖”笺：“兽，田猎搏兽也”，可见“兽”也用作动词。《左传·襄公四年》：“兽臣司原”，“兽臣”就是主管打猎的官。

(《说文》:“猪,豕而三毛丛居者”,又:“豭,牡豕也”。)①

在农业时代,人们也有必要辨别谷物的种类。例如:

亟其乘屋,其始播百穀。(《诗经·豳风·七月》)

(《说文》:“穀,百穀之总名。”)

王出郊,天乃雨,反风,禾则尽起。(《书经·金縢》)

(《说文》:“禾,嘉穀也”。)

越其罔有黍稷。(同上《盘庚》)

[“越”、“其”,发语辞;“罔”,无。]

(《说文》:“黍,禾属而黏者是也”,又;“稷,齋也,五穀之长”。)

爰采麦矣,沫之北也。(《诗经·鄘风·桑中》)

有稷有黍,有稻有秬。(同上《鲁颂·闷宫》)

(《笺》:“秬,黑黍也”。)

王事靡盬,不能蓺稻粱。(同上《唐风·鸨羽》)

[“盬”,止息;“蓺”,种植。]

(《说文》:“粱,米名也”。朱骏声云:“今小米之大而不黏者,其细而黏者谓之秫”。)

以上所举的词,只有少数是沿用到现代并一直作为基本词的(如“猪”“稻”“麦”),其余都变了僻字或不常用的字(这是指北方话来说的。方言有不同的情况,例如“禾”在粤语里是常用字,而“稻”反而不是常用字),或仅仅作为词素来出现(如“高粱”的“粱”)。有些词虽也沿用到现代,但是意义范围缩小了。例如现代的“穀”字,只指稻子的果实,不再是五穀的总名了;现代粤语里的“禾”字,也只指稻子,不再指一般的穀类了。

(六)关于物质文化的词汇

关于物质文化的词汇,我们只举几个例子来谈谈。总说起来,也必须联系社会的发展来看物质文化方面基本词汇的发展。

(甲)宫室方面。——“宫”“室”二字起源都很早。它们都和“穴居”有关。远古人民掘地为穴,半陷在地平面下,尚未脱离原始生活“穴居”的情况。有一种连环穴,正像甲骨文的“宫”字()②。至于“室”字,它是和“垤”字相通的。《诗经·豳风·东

① 《尔雅·释兽》:“豕子,猪”。朱骏声从此说。“三毛丛居”确不好讲,但“豕子”的意义对于《左传》这一段话又讲不通。《左传》杜注:“娄猪,求子猪也”。

② 参看郭宝钧:《辉县发掘中的历史参考资料》,见《新建设》杂志1954年3月号,40页。

山》："鹳鸣于垤"，《传》："螘冢也"。其实不但螘冢[蚂蚁窠]叫做"垤"，人冢也叫做"垤"，不过写作"室"罢了。《诗经·唐风·葛生》："百岁之后，归于其室"，《笺》："室犹冢圹也"。在远古时代，室就是穴，穴就是室。到了殷代，有了版筑堂基上栋下宇的建造[①]，室和穴才有了分别。所以《诗经·王风·大车》说："榖[生]则异室，死则同穴"，把室和穴区别开来了。

"屋"在最初只是帐幕之类(同"幄")。《诗经·大雅·抑》："尚不愧于屋漏"，毛《传》："屋，小帐也"。《左传·文公十三年》："大室[太室]之屋坏"，说"室"又说"屋"，可见"室""屋"不是相同的东西[②]。但是，在《诗经》时代，版筑的房屋也可以用屋的名称，叫做"板屋"。《诗经·秦风·小戎》："在其板屋"。甚至"板"字也可以不用，而单说成"屋"。《诗经·召南·行露》："谁谓雀无角？何以穿我屋？"这个"屋"可能就是指板屋。从此以后，"屋"的指帐幕的意义就逐渐消失而专指房屋了。

《说文》："房，室在旁也"。这是正确的。段玉裁说："凡堂之内，中为正室，左右为房，所谓东房西房也"。《书经·顾命》："在西房……在东房"，《荀子·正论》："侍西房"，都足以证明《说文》的解释。

春秋以前没有楼房，战国有两层的房子(据最近出土的模型)，因此也就产生了"楼"字[③]。例如：

> 城上百步一楼。(《墨子·备城门》)
> 备穴者，城内为高楼。(同上《备穴》)
> 志爱公利，重楼疏堂。(《荀子·赋篇》)

(乙)衣服。——关于衣服，只谈帽子，裤子，鞋子和袜子。先秦时代，没有现在这种帽子，只有所谓"冠"。而"冠"是二十岁才有资格戴的。《释名·释首饰》："巾，谨也，二十成人，士冠，庶人巾"。"巾"作头巾讲，似乎是汉代的事。《说文》："冃，小儿及蛮夷头衣也"。这就是后代的"帽"字。《荀子·哀公》："古之王者有务而拘领者矣"，"务"就是"帽"。但也都不一定像现代的帽子。

《说文》："绔，胫衣也"，这是套裤(袴，绔)。若像现代的裤子，则叫做裈(朱骏声说)。无论袴或裈都不见于先秦史料；当时人们只穿裳，不穿裤子。《说文》："常[裳]，下帬[裙]也"。《诗经·魏风·葛屦》："可以缝裳"，《笺》："男子之下服"。

---

① 参看郭宝钧：《辉县发掘中的历史参考资料》，见《新建设》杂志1954年3月号，40页。

② 《诗经·秦风·权舆》："夏屋渠渠"，《笺》："屋，具也。"也不是房屋的意思。参看徐灏《说文解字注笺》"屋"字下。

③ 《孟子·告子下》："方寸之木，可使高于岑楼"，赵注："岑楼，山之锐岭者"。这楼不是楼房的楼。

最早的时候，鞋子叫做“屦”，周末以后，又叫做“履”。“屦”和“履”是古今语的分别①。例如：

纠纠葛屦，可以履霜。(《诗经·魏风·葛屦》)

公惧，队[坠]于车，伤足丧屦。反，诛[责]屦于徒人费。(《左传·庄公八年》)

郤克伤于矢，流血及屦，未绝鼓音。(同上《成公二年》)

今之禽兽麋鹿蜚鸟贞虫，因其羽毛以为衣裘，因其蹄蚤以为绔屦，因其水草以为饮食。(《墨子·非乐上》)

至舍，进盥漱巾栉，脱屦户外，膝行而前。(《庄子·寓言》)

(以上是用“屦”。)

是故圣王作为宫室，便于生，不以为观乐也；作为衣服带履，便于身，不以为辟怪也。(《墨子·辞过》)

今谓人曰：“予子冠履，而断子之手足，子为之乎？必不为。何故？则冠履不若手足之贵也。”(同上《贵义》)

夫迹，履之所出，而迹岂履哉？(《庄子·天运》)

(以上是用“履”。)

先秦还有所谓“屝”。“屝”是草做的；而且似乎是方言用语②。例如：

若出于陈郑之间，共其资粮屝屦，其可也。(《左传·僖公四年》)

后来又出现了“屩”(蹻)。例如：

嬴縢履蹻，负书担囊。(《战国策·秦策》)

蹑屩而见之。(《史记·孟尝君列传》)

蹑蹻担簦。(同上《平原君虞卿传》)

布衣草蹻而牧羊。(《汉书·卜式传》)

《广韵·药韵》：“屩，草履也”。这样，“屩”可能就是《左传》里所说的“屝”，只是古今语

---

① 段玉裁说：“《易》《诗》三《礼》《春秋传》《孟子》皆言屦，不言履，周末诸子汉人书乃言履。《诗》《易》凡三履，皆谓践也。然则履本训践，后以为屦名，古今语异耳”(《说文解字注》“屦”字下)。

② 《方言》：“屝、屦、麤、履也。徐兖之郊谓之屝”；《释名·释衣服》：“齐人谓韦屦曰屝”。依这个解释，“屝”就是方言词。

不同而已。

到了汉代，“履”已经成为鞋子的通称，《方言》：“履，其通语也”。而且在汉代，又有了“鞵”，是皮做的鞋子。“鞵”“鞋”是古今字。中古以后，一般鞋子（不一定是皮做的）都叫做“鞋”（鞵）了。例如：

> 邺下一领军贪甚，坐事籍其家，麻鞋一屋，馀财不可胜言。（《颜氏家训》）
>
> 白头厌伴渔人宿，黄帽青鞋归去来。（杜甫诗）
>
> 美人蹋上歌舞来，罗袜绣鞵随步没。（白居易诗）
>
> 竹鞵葵扇白绡巾，林野为家云是身。（同上）
>
> 刬袜步香阶，手提金缕鞋。（李煜词）

先秦已有袜子。《左传·哀公二十五年》：“褚师声子韈而登席”。“韈”“袜”古今字。顾炎武说：“古人之袜，大抵以皮为之”。

（三）家具。——关于家具，只谈床，桌子和椅子。

古人很早就有了床（《左传·庄公八年》：“遂人杀孟阳于床”；《宣公十五年》：“登子反之床”）。床是坐卧两用的。上古的人坐于床，床前有几（段玉裁说）。供坐的床一直传到近代。

上古没有桌子，只有几。几长方形，很矮，在床前或席前。除几之外还有案，案只是上食的木盘加脚。《急就篇》：“椭杅槃案”，颜注：“无足曰槃（盘），有足曰案”。汉梁鸿举案齐眉，就是这个案。后来由食盘（木制）引申为食桌，再由食桌引申为一般的桌子。《后汉书·刘玄传》已经有所谓“书案”。桌本作“卓”，后来写作“棹”“桌”，起源很晚，大约是在宋代（杨亿《谈苑》：“咸平景德中，主家造檀香倚卓”）。

上古的人们既然坐在席上或床上，所以没有椅子。南北朝人所谓“坐”（座），大约已经是坐具。椅本作“倚”，后作“椅”，大约起源于宋代；据说是因为后面可以倚靠，才叫“椅”。

* * * *

由上面所陈述的事实，可以引出下面的一些结论：

第一，汉语的基本词汇是富于稳固性的；多数的基本词有了几千年（或者是几百年）的寿命。在复音词逐渐发展以后，有些基本词转变为词素（如“月亮”的“月”）。

第二，基本词汇虽然稳定，变化还是可能的。首先是跟着社会的发展而发展。古代需要区别的东西（如“豝”、“豵”），后代不再需要区别了。古代存在的东西（如“冠”），后代不再存在了。其次是转化，如“眼”、“脚”、“屋”、“案”。有些转化是跟社会发展有关系的，如“宫”、“室”。最后是方言和外来语的影响，如“头”、“哥”。

第三，古代没有，而后代产生的东西，当然需要产生新词。战国的“楼”字，宋代的“桌”字、“椅”字，都是好例子。

第四，一般词汇的词可以转变为基本词汇的词，例如“嘴”。反过来说，基本词汇的词也可以转变为一般词汇的词。

第五，阶级习惯语和行业语也可以转变为基本词汇。例如“太阳”本来是道家的行业语。反过来说，基本词汇也可以转变为阶级习惯语和行业语，例如人称代词“朕”字（“朕”字在先秦是一般的人称代词，秦以后变成了皇帝专用的人称代词）。

这些结论还不够全面，只是拣重要的来说一说罢了。

从训诂学看古汉语的基本词

张世禄

导言——

本文选自江苏省语言学会主编的《语言研究集刊》第一辑（江苏教育出版社，1986）。

作者张世禄（1902.10～1991.11），字福崇，浙江浦江人。现代著名语言学家，复旦大学中文系教授、博士生导师。专攻音韵、训诂之学。著有《中国音韵学史》、《中国训诂学概要》等。

本文运用传统训诂学的观点，讨论古汉语基本词的性质作用以及解释等问题。

关于基本词的性质，作者取斯大林《马克思主义和语言学问题》一文中提出的经典定义，即基本词是词汇中具有全民性、稳固性和能产性的词。但作者认为从训诂学的角度来看，基本词的性质还具有广义性特征，即词义范围上概括较广。在语言中，它们为人们所熟知，是一批通常不需要解释的词，并且经常用来作为注释的工具，所以可以把它们称之为训诂学上的训释词。作者接着举例说明，在古代训诂中，基本词经常用来注释古语词、方言词和专门用语。那么在“每字必训的”词典中，基本词该怎么注解呢？作者以《说文解字》为例，归纳《说文》对于基本词的解释有六种方式：同义为训，反义否定为训、相关义为训、本字为训、同音为训、种属名为训，说明基本词不但用来解释其他词语，而且还可以解释自身。但如何判断一个词是不是基本词，文章没有讨论。

一、基本词的性质

关于基本词的性质，斯大林《马克思主义和语言学问题》有明白的说明。他说：“语言的词汇中的主要东西就是基本词汇，其中也包括成为它的核心的全部根词。基本词汇比语言的词汇窄小得多，可是它的生命却长久得多，它在千百年的长时期中生存着，并且为构成新词提供基础。”(《马克思主义和语言学问题》15 页)我们从这段话里，可以认定基本词具有下列的三种性质：

第一种是它的全民性。因为基本词是全民族语言词汇中的主要东西，所以是全民族的人所普遍认识、普遍使用的；不分地区，不分行业和社会地位，凡是同一民族里的人都要应用。因之基本词和那些限于某一范围内使用的方言词、专门用语等不同；方言词有地方性和地方色彩，专门用语有行业性和社会性(或称为“社会方言”)，都是和基本词的全民性相对立的。又由于基本词是语言词汇中的主要东西，有些基本词就成为全民族的人日常生活所不可缺少的语言词汇成分，它的全民性又是和常用性密切联系的，基本词不但为全民族所普遍使用而且经常使用，以致成为一般人所熟知习闻的东西。

第二种是它的稳固性。因为基本词的生命长久，在千百年的长时期中生存着，所以它和语法构造是语言的基础，共同构成语言本身的稳固性。基本词的这种稳固性，又是以它所代表的客观事物、客观现象的稳固性来做基础的。例如“天”、“人”、“山”、“水”、“草”、“木”、“牛”、“羊”、“大”、“小”、“行”、“走”等等，在金石甲骨古文上记载下来到现在大多数没有变化，它们所代表的客观事物、客观现象没有变化，这些事物、现象的名称也自然没有变化的需要。当然，语言词汇中一部分的词，要随着社会的发展而发展，要随着新事物、新现象的产生而产生，要随着旧事物、旧现象的消失而消失；那些有时代性的古语词正是和这种有稳固性的基本词相对立的。由于基本词汇的这种稳固性，所以大部分的基本词经千百年长时期而不变，为全民族的人所普遍认识、普遍使用，更增强了它的全民性和常用性。

第三种是它的极强的构词能力。因为基本词汇包括成为它的核心的全部根词，为构成新词提供基础，所以有些基本词具有极强的构词能力，经常作为构造其他词语的基本成分。例如“田”是一个根词，作为“田地”、“土田”、“农田”、“田亩”、“田赋”、“田畴”、“田塍”、“田舍”、“田家”、“田园”、“田猎”、“田鸡”、“田螺”(现代语里还有“试验田”等)这些词的构成的词根。因之，基本词除了一般人日常应用以外，又在各种词语的内部结构当中作为构造的基本成分，更加增强和显示了它的常用性、稳固性。

上面所列举的基本词的三种性质，是相互联系、相互助长的。这些性质使基本词在千百年长时期中为全民族所普遍认识、普遍使用，为一般人所熟知习闻，“见词明义”。

由于这样的性质，对于基本词的词义，就一般的情况来说，是用不着再加以解释的了。一般人在长时期的日常应用当中，对于一些基本词所表示的概念和具有的用法，已经完全通晓，无需乎再加以解释了。因之许多训诂学专书，如《尔雅》、《方言》、《广雅》之类，以及许多古籍当中的注解，往往略去了对多数基本词的解释，而注重于古语词、方言词、专门用语等的解释。对于基本词，不但不加以解释，而且经常用来解释古语词、方言词、专门用语等，作为它们的“训释词”，作为解释其他各种词语之用。

郭璞《尔雅注》“始也”一条下说：“此所以释古今之异言，通方俗之殊语”。他所谓“古今之异言，方俗之殊语”，大都是指古汉语中的古语词、方言词、专门用语（或称为社会方言）等；这些是一般人所需要加以解释的，就作为解释的主要对象。而进行解释时，由已知推向未知，就用一般人所熟知习闻的基本词作为注释的工具，我们可以称之为训诂学上的训释词。

二、训诂学上的训释词

古汉语的基本词，在训诂学上常常作为解释词义之用，不但本身不再需要加以解释，而且作为通晓别的词语的基础和工具，作为注释古语词、方言词、专门用语的训释词。这里分别举些例子说明如下：

1. 古汉语中用基本词训释古语词举例

《尔雅·释言》：“若、惠，顺也。”《书·尧典》：“钦若昊天”，《史记·五帝本纪》作“敬顺昊天”；这是以翻译作为训诂，就是以基本词替换当时的古语词。又伪《大禹谟》：“惠迪吉，从逆凶，惟影响”；伪《孔传》：“迪，道也，顺道吉，从逆凶，吉凶之报，若影之随形，响之应声，言不虚。”这里的“若”、“惠”，是当时的古语词，“顺”是基本词；用“顺”来注释“若”、“惠”，即以基本词训释古语词之例。

《尔雅·释诂》：“庶，众也”。《书·尧典》：“庶绩咸熙”，《史记·五帝本纪》作“众功皆兴”。《诗·大雅·灵台》：“庶民攻之”，“庶民子来”；“庶民”郑《笺》训为“众民”。这里的“庶”，是当时的古语词，“众”是基本词；用“众”来训释“庶”，即以基本词训释古语词之例。

《尔雅·释诂》：“佥、咸，皆也。”《书·尧典》：“佥曰伯夷”（今本在《舜典》中），《史记·五帝本纪》作“皆曰伯夷可”。又《书·皋陶谟》：“咸若是”。《史记·夏本纪》作“皆若是”。这里的“佥”、“咸”，是当时的古语词，“皆”是基本词，这也是以基本词训释古语词之例。

“佥”又是当时的方言词。《方言》卷七：“佥，皆也，自山而东，五国之郊曰佥”；根据《方言》的记载，可能这个词是古汉语的古语词而留存于当时山东一带的方言当中的，可以称为古语兼方言词。

这种古语兼方言词的现象，再可以举出“徯”这个词为例。《尔雅·释诂》：“徯，待也”，郭《注》：“今河北人语亦然”，在魏晋时，“徯”是方言词。可是《书·仲虺之诰》：“徯予后，后来其苏”；《孟子·梁惠王下》引《书》同；“徯”，也是古汉语里的古语词。这里的“待”，是基本词，是用来训释“徯”这个古语兼方言词的。

2. 古汉语中用基本词训释方语词举例

《尔雅·释诂》：“介，大也；”《方言》卷一：“东齐海岱之间曰介。”又《楚辞·离骚》：“彼尧舜之耿介兮”，王逸《注》：“介，大也”。这里的“介”是古汉语中的方言词，“大”是基本词；这是用基本词训释方言词之例。

《尔雅·释诂》："適、徂、逝，往也"；邢《疏》引《方言》云："逝，秦晋语也；徂，齐语也；適，宋鲁语也；往，凡语也。"《书·大诰》："若昔，朕其逝"；伪《孔传》："顺古道，我其往东征矣。"《诗·豳风·东山》："我徂东山"；郑《笺》："我往之东山。"《诗·魏风·硕鼠》："適彼乐土"；郑《笺》谓"与之诀别之乐土"；"之乐土"，即"往乐土"。同篇："谁之永号"；《笺》："之，往也"。又《小雅·巷伯》："谁適与谋"；《笺》："適，往也"。这里的"適、徂、逝"，是方言词，"往"是"凡语"，即全民性的基本词；这也是古汉语中用基本词训释方言词之例。

3. 古汉语中用基本词训释专门用语举例

由于专门用语具有行业性、社会性，和基本词的全民性相对立，所以在词义上往往属于专义性的事物和现象。王国维《尔雅草木虫鱼鸟兽释例》里，有一条是说："凡俗名多取雅之共名，而以其别别之"；例如"柽"为"河柳"，"鱏"为"白鱼"，"蟒"为"王蛇"等等，其中"柳"、"鱼"、"蛇"等，一般是广义性的"共名"，再加上"河"、"白"、"王"等的区别词，构成复合词语用来代替"柽"、"鱏"、"蟒"等专义性的"别名"。实际上那些广义性的共名，原来就是一般常用的基本词；那些专义性的别名，也就是限于一定范围内应用的专门用语。又那些在共名上附加的区别词，用来构成复合词语以代替别名的，实际也是一般常用的基本词；而所谓代替作用，实际也就是解释作用；换句话说，用基本词附加基本词来解释一些专门用语。这里，再举出几个这样的例子：

《尔雅·释器》：鸟罟谓之罗，兔罟谓之罝，麋罟谓之罞，彘罟谓之羉，鱼罟谓之罛"。郭璞《注》："罗谓罗络之"；"罝犹遮也"；"罞，冒其头也"；"羉，幕也"；"罛，最大罟也"。"罗"、"罝"、"罞"、"羉"、"罛"，都是网罟一类的专名，各有专义，是当时的专门用语。（其中的"罗"，后来也形成为基本词。）《说文》"网部"："罟，网也。"《孟子·梁惠王上》："数罟不入污池"；"罟"，是古汉语里网罟的总名，是广义性的基本词。在这个共名上附加"鸟"、"兔"、"麋"、"彘"、"鱼"这些区别词，用来解释"罗"、"罝"、"罞"、"羉"、"罛"这些专门用语。

《尔雅·释器》："鼎，绝大谓之鼐，圜弇上谓之鼒，附耳外谓之釴，款足者谓之鬲；"邢《疏》："此别鼎名也：鼎最大者名鼐，体圆敛上而小口者名鼒；《诗·周颂》云：'鼎鼐及鼒'；附耳在鼎表者名釴；款，阔也，谓鼎足相去疏阔者名鬲"。这里，"鼎"，是共名，是广义性的基本词；"鼐"、"鼒"、"釴"、"鬲"，是别名，属于鼎的一类而各有其特殊性，各有其专义，都是专门用语，都可以用"鼎"这个基本词来训释。

《尔雅·释诂》："禋、祀、祠、蒸、尝、禴，祭也"。《说文》："禋，洁祀也；一曰精意以享为禋。"又《说文》："祀，祭无已也"；《公羊传·定公八年》何休《解诂》："言祀者，无已长久之辞。""禋"是指临时的祭，"祀"是指经常的祭，都是属于"祭"的下位概念。但表示长久祭的"祀"，又有它的下位概念；《尔雅·释天》："春祭曰祠，夏祭曰礿（禴），秋祭曰尝，冬祭曰蒸"。"祠"、"禴"、"尝"、"蒸"，都是指经常的祭祀，而各有专义；"祭"是广义性的基本词,“祀”也可以认为是当时的基本词,也有它的概括性;因为“祭”和“祀”都可以用来解释关于祭祀的专门用语。

《尔雅·释诂》:“崩、薨、无禄、卒、殂落、殪,死也。”《礼记·曲礼》:“天子死曰崩,诸侯曰薨,大夫曰卒(猝),士曰不禄,庶人曰死”,“崩”、“薨”、“卒”、“无禄”,是用来分别尊卑贵贱,是阶级同行语(专门用语中的一种);“殂落”是帝尧死之称,也是阶级同行语。《左传·隐公八年》:“前后击之,尽殪”;杜《注》:“殪,死也”;“殪”是专指战斗而死,不特指人,《楚辞·国殇》:“左骖殪兮右刃伤”,也指马战斗而死。“死”是广义性的基本词,可以用来训释许多关于死亡的专义性用语。

从上面所举的三种例子来看,我们可以认定一般训诂书和古籍注解中,经常用基本词作为释词,来解释词汇中的其他词语。词汇学中作为基本词的条件,也就是训诂学上作为训释词的条件。一般的训诂,只是从已知推向未知;基本词不但为一般人所通晓,而且作为通晓其他词语的基础和工具,作为古语词、方言词、专门用语等的训释词:一般的训诂的前提,是认为基本词本身用不着再加以解释了。但是,假使基本词本身又需要加以解释的时候,那么,我们应当用什么方法来训释呢?应当用什么来作训释词呢?像许慎《说文解字》那样的古汉语词典,全书体例是“每字必释其义”,它是和一般训诂书及古籍注解中那样认为需要加以解释时才加以解释的情况不同。《说文》的说解当中,怎样来解释古汉语里的基本词,这是值得注意的问题。

三、《说文》中关于基本词的说解

《说文》是一部字书,每字必释其义,和一般训诂书,如《尔雅》、《方言》之类,和古籍中的注解,体例不同;这本书的著作,是在《尔雅》、《方言》等训诂书以及大量的古籍注解产生、行世之后,不能不受其影响,有意无意地沿袭一般训诂上用基本词作为训释词的成规。骤然看起来,《说文》里每字都有说解,与一般训诂上只是注重于古语词、方言词、专门用语等的训释,有所不同,实际上《说文》里的说解也是遵守由已知推向未知的原则,还是应用一般人所熟知习闻的基本词来作训释词,这种主张,和一般的训诂并无不同。只是训诂的对象,《说文》里更加扩大;《说文》所要解释的范围,除古语词、方言词、专门用语等以外,还包括基本词本身;除词义以外,还涉及字形和字音。因之《说文》里训释的体例,比一般的训诂更加精密完备。《说文》里关于基本词的训释,最显著的可以举出下列六种方式:

1. 同义为训

由于古汉语里基本词汇的丰富性,基本词汇当中有不少同义词,在许多基本词中间有不少词义相类相近的,可以用来相训释,这就是同义为训。《尔雅》一类书里,最常见的是“同训”之例,即甲、乙两词,同用丙来训释,足见甲、乙、丙三词同义;也有互训之例,即甲、乙两词互相训释,足见甲、乙两词同义。例如《尔雅·释诂》:“众,多也;多,众也。”又“勤,劳也;劳,勤也。”又《释宫》:“宫谓之室,室谓之宫。”《说文》中所见,除同训、互训之例以外，还有"递训"之例，即甲用乙来训释，乙又用丙来训释，足见甲、乙、丙三词同义。这里将《说文》中所见同训、互训、递训的同义基本词分别举出几个例子如下：

《说文》中基本词同训之例："走，趋也；赴，趋也。""速，疾也；迅，疾也。""晓，明也；旦，明也。""八，别也；分，别也。""训，说教也；诲，晓教也。""持，握也；把，握也。""冷，寒也；溧，寒也。""疾，病也；痛，病也。"

《说文》中基本词互训之例："步，行也；行，人之步趋也。""信，诚也；诚，信也。""意，志也；志，意也。""疾，病也；病，疾加也。""走，趋也；趋，走也。""追，逐也；逐，追也。""舟，船也；船，舟也。""讽，诵也；诵，讽也。""歌，咏也；咏，歌也。"

《说文》中基本词递训之例："正，是也；是，直也。""返，还也；还，复也。""迩，近也；近，附也。""论，议也；议，语也。""惶，恐也；恐，惧也。""恨，怨也；怨，恚也。""税，租也；租，田赋也。""刀，兵也；兵，械也。""罟，网也；网，庖牺所结绳以渔。""咙，喉也；喉，咽也。""佗，负何也；何，儋也。""定，安也；安，静也。"

上面所举同训、互训、递训的例子，都是基本词的同义为训。

2. 反义否定为训

由于古汉语基本词汇的丰富性，基本词汇当中，不但有不少同义词，还有不少反义词；在许多基本词中间，有不少词义相对相反的，有时也用这种反义词的否定来相训释，这就是反义否定为训。词义相对相反的，又加以否定，实际和词义相类相近的同义为训，其作用相仿。这里将《说文》中所见这种反义否定为训的例子举出几个来说明如下：

"少，不多也"；"多"是"少"的反义词，"不多"就是"少"的反义否定。

"假，非真也"；"真"是"假"的反义词，"非真"就是"假"的反义否定。

"很，不听从也"；"听从"是"很"的反义词；"不听从"就是"很"的反义否定。

"旱，不雨也"；"雨"(下雨)，是"旱"的反义词，"不雨"就是"旱"的反义否定。

其他《说文》中所见者，如"跛，行不正也"；"达，行不相遇也"；"鼏，不久也"；"暂，不久也"；"秕，不成粟也"；"粹，不杂也"；"宋，无人声也"；"顷，头不正也"；"次，不前，不精也"；"辤，不受也"；等等，都是反义否定为训的基本词。

3. 相关义为训

在丰富的古汉语基本词汇当中，除了有不少的同义词、反义词之外，还有更多的词义上相联系的词，用来反映客观上相联系的事物和现象；在许多的这种词义相联系的词中间，又形成相训释的一种方式，这就是相关义为训。这里将《说文》中所见这种相关义为训的例子举出几个来说明如下：

"聿(笔)，所以书也。""书(書)，箸也；"《说文序》："箸竹于帛谓之书。"这样的解释，指明笔是书写的工具，书写是笔的主要作用。

"口，人所以言、食也。"这样的解释，指明口是人们的言语器官和饮食器官。这两方面的作用，在“口实”这个词的意义上又可以得到证明：“口实”，在言语方面是指“话柄”；在饮食方面是指“食物、食品。”

“耳，主听也。”这是指明两耳是听官。

“舌，在口，所以言也，别味也。”舌头在口腔里也发生言语作用，饮食时又有辨味作用。”“口舌”这个词，用以指言语以及关于言语的争执。

“斤，斫木也”；“斧，斫也”；“斫，击也。”这样的解释，指明“斧斤”是伐木的工具。《孟子·梁惠王上》：“斧斤以时入山林，材木不可胜用也。”这里的“斧斤”，也成为一个基本词了。

“丝，蚕所吐也”；“蚕，任丝也”（或本“任”作“妊”）。这样的解释，指明“蚕”和“丝”的相关义。

“针，所以缝也”；“箴，缀衣箴也。”这样的解释，指明“针”或“箴”和“缀衣”、“缝衣”的相关义。

“钻，所以穿也。”这样的解释，指明“钻”和“穿”的相关义。

这种相关义为训，在《说文》的说解中是广泛地应用的，又因为《说文》是“形书”，也常常应用这种方式来说明字形的构造。因之，在训诂上是词义相关的，在文字上却成为字形内部的分析和连属。这里举出一两个例子来说明：

“雨，水从云下也。一象天，冂象云，水霝其间也。”“水”、“云”、“雨”，在语言上都是基本词，词义有相联系，在汉字字形上，恰好表示着它们之间的这种联系：水从天上四布的密云一直下来，有雨点霝其间。

“州，水中可居曰州，周遶其旁，从重川。……《诗》曰：‘在河之州（洲）’。”《尔雅·释水》：“水中可居者曰洲”，邢《疏》引李巡云：“四方皆有水，中央独可居。”谓水绕其旁，中央可居，这是下了“州”的定义；谓其字从重川，又将它的定义结合其字的构造。

这样的解释，又将相关义为训结合于文字的“形训”了。

4. 本字为训

《说文》里关于基本词的解释，有时一方面用相关义为训，一方面又指出这种词义的“本字”，也可以说是本字为训。例如上文所举“箴，缀衣箴也”；这种训释的方式，一方面表示缀衣和箴的关系，一方面又指出箴的本字。这种本字为训，在《说文》的说解中，又有多种形式：多数是用相关义和本字构成一个修饰关系的偏正词组或词。举出一些例子如下：

“道，所行道也。”“足，人之足也。”“心，人心，土藏，在身之中。”“角，兽角也。”“时，四时也。”“金，五色金也。”“夫，丈夫。”“毛，眉发之属及兽毛也。”“墨，书墨也。”“指，手指也。”“巾，佩巾也。”“佩，大带佩也。”“畜，田畜也。”“几，踞几也。”“风，八风也。”

也有少数用同义、类义或相关义和本字构成一个联合结构或它种结构。例如：

“左，手相左助也。”“矢，弓弩矢也。”“祭，祭祀也。”“临，监临也。”“形，象形也。”“欺，诈欺也。”“闻，知闻也。”

又因为《说文》是“形书”，对于基本词的用本字为训，也就很多结合于文字的“形训”；这里举几个例子说明如下：

“大，天大、地大、人亦大，故大象人形；”原本《老子》的话，引来表示大字像人形的意义。

“石，山石也，在厂之下，口象形。”“厂，山石之崖岩，人可居，象形。”谓石是山石，表明石字从厂之意。同样，“厚，山陵之厚也；”谓厚属于山陵，也是表明厚字从厂之意。

“交，交胫也，从大，象交形。”段《注》：“交胫谓之交，引申之谓凡交之称，故㸚下曰：交也；烄下曰：交木然也；䢒下曰：交灼木也。……”这里谓交胫，表明交字象两足相交之形。

“取，捕取也；从又，从耳。《周礼》：‘获者取左耳’；《司马法》曰：‘载献聝’；聝者，耳也。”又“耳”部：“聝，军战斩耳也；《春秋传》曰：‘以为俘聝’。”这里说取是捕取，表明取字从又、从耳之意。

“血，祭所荐牲血也；从皿，一象血形。”朱骏声谓“从皿，一指事；”这里谓血是祭祀时所荐，表明血字从皿之意。

“予，推予也，象相予之形。”依据字形，相推予是予字的本义。

形训是依据字形的构造来解释；还有一种“声训”，又是根据基本词的音义关系来解释，可以称为同音为训。

5. 同音为训

语音和词义之间，本来没有固定的必然的联系，词义相类相关的，不必定有音同音近的关系。但是在一定的条件下，语音和词义之间又有相对的适应性，语言中可以有“音同义通”的现象。因之在训诂上有“声训”之例，即以同音词相训释的方式。《说文》中经常用这种同音为训来解释基本词，举例如下：

“日，实也。”“月，阙也。”“羊，祥也。”“马，怒也，武也。”“木，冒也，冒地而生。”“土，地之吐生物者也。”“山，宣也，宣气散生万物。”“室，实也。”“户，护也。”“门，闻也。”房，室在旁也。”闾，侣也，二十五家相群侣也。”“城，以盛民也。”“田，陈也。”“龟，旧也。”“像，象也。”“谊，人所宜也。”“妃，匹也。”“妇，服也。”“尾，微也。”

这种同音为训的方式，在《说文》的说解中，也是广泛地应用的。这足以显示汉语丰富的基本词汇当中，又有不少“音同义通”的现象。在训诂学上所谓“声训”，在语言学上就是同源关系，即训释词和被训释词之间，不但词义上相类相关，在音韵上又是相同相近，可以认为由同一语源派生出来的“同源词”。同源词的众多，也表明语言词汇的丰富和发达。

形训、声训之外，其他训诂的方式，都可以说是属于“义训”。义训又有两方面：一方面关于词义的内涵的，上面所举同义为训、反义否定为训、相关义为训等，都是关于词义内涵；另一方面关于词义的外延的，即关于词义所概括的范围问题。种属名为训，就是关于词义的范围的问题。

6．种属名为训

上文举出的用基本词训释专门用语的例子，我们从中看到基本词一般是广义性的共名，而与之对立的专门用语，常常是专义性的别名；因之基本词往往是代表一类事物或现象的总称，即一般分类学上所谓"种属名"，而专门用语则经常是代表"种属名"的下位概念。《说文》的说解中，对于一些基本词，也常常用种属名为训的，举例如下：

"艸，百芔也。""艸，艸之总名也。""竹，冬生艸。""牛，大牲也。""牡，畜父也。""牝，畜母也。""鸟，长尾禽总名也。""隹，鸟之短尾总名也。""雄，鸟父也。""雌，鸟母也。""鼠，穴虫之总名也。""禾，嘉穀也。""穀，续也，百穀之总名。""虫，有足谓之虫，无足谓之豸。""蚰，虫之总名。""车，舆轮之总名。""舆，车舆也。"

从以上所举《说文》中对古汉语基本词的六种解释方式来看，可以知道《说文》是字书；和一般训诂书及古书注解中只是用来解释古语词、方言词、专门用语等不同，它还要解释基本词本身；在解释的时候，也不像一般训诂只是关于词义，它还要涉及字形和字音，体例也较为精密完备。但是，《说文》还是利用一般人所熟知习闻的基本词作为训释一切词语的工具。这一点，是继承一般训诂的传统而来的，只不过《说文》不但应用基本词来训释其他词语，还要用来训释基本词本身，这更足以显示基本词的性质。

四、训诂学与词汇成分的研究

应用训诂学上的材料，来研究古汉语的词汇成分，来分析汉语词汇成分的性质，这是汉语词汇学中的一个新途径。

词汇当中的主要东西，是基本词汇；词汇学的主要问题，也是许多基本词的性质问题。斯大林《马克思主义和语言学问题》指出的基本词汇的三种性质——全民性，为一般人所经常使用；稳固性，历经长时期而不变；极强的构词能力，经常作为构词成分——我们在训诂学上得到了证明。许多基本词，因为具有这三种性质，所以是一般人所普遍认识、普遍使用，为一般人所熟知习闻；在日常情况下，它们本身是用不着再加以解释的，而作为解释别的词语之用。在一般训诂中，基本词经常作为解释其他各种词语的训释词，它们本身往往不作为主要的训释对象。

如果基本词还是需要加以解释的时候，像《说文》那样每字必释其义的场合，则用基本词训释基本词之例，采取同义为训、反义否定为训、相关义为训、本字为训以及同音为训（即以同源词为训）等的方式。我们从这些训诂的方式当中，可以推知古汉语的基本词汇里，有不少同义词、反义词、同源词，又有很多意义上相联系的词；于以见得古汉语基本词汇的丰富性，于以见得古汉语已经是一种极其丰富、发达的语言。

跟基本词的性质相对立的，上文提到的，有古语词的时代性，方言词的地区性，还有专门用语的行业性和社会性，它们都是限于一定范围内使用的词，正是跟基本词的全民性、稳固性、常用性和极强的构词能力等相区别。此外，从《说文》训释基本词的方式中，还发现一种用种属名为训之例，就是基本词经常用来代表广义性的共名，正跟专门用语用来代表专义性的别名相对立。是不是基本词的性质，除了斯大林指出的三方面以外，还有一种词义范围上概括较广的广义性，这是值得我们深入研究的。

关于词汇成分，除了上文所提出的几种以外，还有一种外来词，就是从别的民族语言中传到汉语里来的词语。在我国训诂学上，在《尔雅》、《方言》、《说文》一类的书里，对于许多外来词，常常作为方言词来看待，把它们和方俗殊语一样地处理；因之现在在讨论训诂学和词汇成分关系问题，可以把古汉语的许多外来词隶属于方言词的范围之内，似乎不必再把它们提出来讨论。

总起来说：在古汉语丰富的词汇基础上发展起来的训诂学，我们可以从中看出古汉语各种词汇成分的性质。语言词汇中的主要东西是基本词汇。没有这许多基本词，就不成其为语言，训诂学也根本不能成立。许多基本词在训诂学上的主要作用，显示了基本词汇的几种重要性质；从基本词汇的性质上，也显示了与之对立的其他各种词汇成分的性质。所以应用训诂学上的材料，来研究古汉语的词汇成分，可以说这是汉语词汇学中的一个新途径。

有关古汉语词义辨析的问题

殷孟伦

导言——

本文选自吴文祺主编《语言文字研究专辑》(上)(上海古籍出版社，1982)。

作者殷孟伦(1908～1988)，字石臞，四川郫县人。现代著名语言学家，山东大学教授。专攻训诂学，著有《子云乡人类稿》等。

本文写于文革结束、拨乱反正之时。所以文章中对文革流行的帮八股以及曲解文言文等现象有所批判。

本文主要是讲古文词的准确理解与解释问题。作者根据训诂原理和自己多年从事古文考释、古籍整理的经验，对古汉语词义辨析与解释问题提出十项注意和两项严禁等十二项内容。这十二个内容可以归结为：1. 掌握词的本义与引申义，了解词义的时代性，2. 掌握古书用字通假的特点，3. 注意文言文的文例，4. 注意训释的证据，5. 掌握一定的训诂方法，如形训求本义、类比求证、语境求义等。文章深入浅出地介绍了训诂学的基本原理与方法。

词义辨析应该遵守哪些原则去进行，这是关系到正确了解语言文字的问题，对于古代文献的理解也是一样，以下就平日注意到的，提出来谈一谈。

一 文字问题

文字是语言的表达符号，特别是汉字和汉语的关系非常密切。一些语义的表达，只要懂得汉字的结构，就能得到明白。汉字的结构能辨清楚，也就知道它所要表达的语义是什么。我们对这样的表达，称做词义的本义，或者最早的意义，这和理解其他语言有所不同，了解汉语词义，必得从此入手。

了解词的本义或最早的意义，我们不能不依靠许慎的《说文解字》。这部书大部分的解释是可取的。从文字结构了解词义，这部书讲得最概括，每个字的一点一画都作了说明，从这些解说里，很直截了当地就使人明白这个字是什么意思。例如向字，《说文》说："向，北出牖也。"在《毛诗·豳风·七月》里有一句话："塞向墐户。"塞向，就是冬天把向北的窗口用东西塞住，免于透风受寒。话说长久了，使用语意有了发展，不单用来指向北的窗口，也就不管东西南北，都可以用这个向字来表示了。又再扩大范围，便抽象成为方向的向，这就叫做引申义或转义。再一抽象化，就引申为朝着某处的意思，所谓面向的便是，不管实指或虚指，只要目所能及或心里所想到的，都可使用这一向字来表达，所谓倾向、意向，都是这个向字的引申义。关于本义、引申义，一般都明白，这里不多举，但学习的人，对语文的了解，这两个概念要记牢，如果见到具体的语言事实，从上下文的制约关系，一定要辨清这个词语在整个句子中是用的本义或引申义，如果两者都不是，一定又有另外的原因，应作其他处理。这是辨析词义的第一步，一定要掌握好。所有的词语，都有一个发展的过程，很少停留在原来所具有的意义而不变化的。

谈到文字符号，在使用中，也曾发生过许多情况，使我们在使用或学习时产生困难，甚至产生错误的了解。因此，我们要搞好词义解释，对文字符号使用最容易发生的问题要有个轮廓的了解。下面即从这方面稍作说明。

第一种情况：字形结构，因为传抄变了样的，就变成了另外的形体，以讹传讹地流传下去，《抱朴子·遐览》引谚说："书三写，鲁成鱼，帝成虎。"所以成语有"鲁鱼帝虎"或"鲁鱼豕亥"的说法。

第二种情况：由于书写关系，两个字合写成一个字的，如《战国策·赵策》载触詟说赵太后，这个詟字就是两个字的联写，《史记·赵世家》和《汉书·古今人表》均作触龙，宋姚氏本《战国策》在詟字下注："一本无言字。"可见其原本是龙言两字。根据马王堆帛书第十八章正作为触龙言，帛书是很早的写本，确凿可据，这问题就根本解决了。

第三种情况：由于省写了字体的一部分的关系，把"谓"字写成"胃"，马王堆帛书的《老子》全书的"谓"字全写作"胃"。

第四种情况：有的又增上偏旁而把原字另写成为一个字的。如《商君书·更法》“错法务民主张”，孙诒让说主张义不可通，当据《新序·善谋》作主长为是，《战国策·赵策》亦作主长，与《新序》正同，可以互证，崇文本、指海本的《商君书》亦作主长，可见张是个误字。

第五种情况：由于避讳，除了改用其他字代用外，还有就原字缺笔的情况，如清帝玄烨和胤禛，把“玄”改作“元”外，“胤”字缺笔，作“胤”作“胄”的便是。此例很不少，可参看陈垣著《史讳举例》。

更有的因抄写或刻板时把一个字写多一点或刻多一点，也就写变了、刻变了。如“昼”(晝)字成为“画”(畫)字，《论语·公冶长》“宰予昼寝”，唐人传本写作画寝；《孟子·公孙丑》下“孟子去齐，宿于昼”，一本昼作画。《商君书·更法》：“孝公平昼〔闲居〕”，写成平画，而又脱去闲居二字，明人传本已经这样，又作了解释，后来讲解就不管文理通不通，硬把平画讲成“平论谋画”，试把上下文贯串一下，这怎么能说得通呢？同是这样的一个昼字，也还出过另外的问题。如有人校《梁书》发现卷13列传第7《范云传》，说“尝就亲人袁照学，昼夜不怠。”可是有传本却作“尝就亲人袁照学书，一夜不怠”，误分“昼”字为“书一”二字。而“昼夜不息”“昼夜不倦”的话，也多见于南北朝文书中，同样说明其人之好学。可见读书一点也不能马虎，粗枝大叶是不行的。甚至郑玄《论语序》说“公以八寸策”，误作“八十宗”，有人因曲为之说的(见《北史·儒林·徐遵明传》)；也有全句五字都写错的，如陶渊明《读山海经诗》：“刑天舞干戚，猛志固常在”二句，前一句错成“形夭无千岁”的(见宋人洪迈《容斋随笔》卷三引)，真是骇人听闻。

二　文字通假

懂得文字通假，就可以避免望文生义的毛病。中国文献的流传，刻板比较迟，写在竹简和帛上，时间较早，因此先秦两汉这段时期，好多书都不少有文字通假的现象，原因是仓卒之间没有想到该怎样写，不免就随便写上一个同音或音近的字，实际是像后来人所说的写别字。文字通假有个主要特点：字不相同而读音上相同相近，意义上了不相干，所以又称同音通假，或者同音假借。这种通假是本有其字的，它和六书里的本无其字的假借有严格区别，不可混为一谈。例如借光为横，而解释的人以光为光明之光，这就错了。《书·尧典》“光被四表”句，“光”本作“桄”。即古“横”字，所以光被即横被，班固《两都赋》里的“横被六合”，就是从《尧典》摹仿而来。横被就是广被。又如借有为又，而解释的人却误以为有无之有。《论语·公冶长》：“子路有闻，未之能行，惟恐有闻。”这里第二个“有”字，应该是“又”字的通假。

通假字出现在先秦两汉的书里的不少，这里只举一二例，前人有专著谈这个问题，应该引起我们的注意，发现有这种情况，就不能毫不注意，望文生义。文字通假的现象，有时很迷惑人，使人拿不定主意，特别是成语一类的问题，如“首鼠两端”这一成语见于《史记·魏其武安侯列传》“何为首鼠两端”,《集解》引服虔说:“首鼠,一前一却也。”《埤雅·释虫》:“鼠性疑,出穴多不果,故持两端,谓之首鼠。”《后汉书·西羌传》和《邓训传》都作“首施两端”,注:“首施,犹首鼠也。”王念孙说:“首施犹首鼠,首尾两端,即今所谓进退无据也。”《骈雅·释训》“首施,首鼠,迟疑也。”近人有谓首鼠即是踌躇,以叠韵转变而来,首鼠之鼠又转为施,其意义为迟疑。首鼠两端,首施两端,即是踌躇两端。《三国志·诸葛恪传》“缓则首鼠,急则狼顾”,这样对举,说得不对。

此外,必须注意文章用字的一般现象。在一句或一篇之内,有正字和假字同时出现的情况。《诗·王风·兔爰》:“雉离于罗,我生之初,尚无为,我生之后,逢此百罹,尚寐无吪。”这一章里有一个语言现象,就是所用的离(離)、罗(羅)、罹三字,其实是一个字。《毛传》说:鸟网为罗。《说文》亦说:“罗,以丝罟鸟也。”以丝罟鸟谓之罗,因而以丝罟鸟之物亦谓之罗,这是名动同词之例。所以这章诗的罗字在具体的语言环境中,它和《尔雅·释器》“鸟罟谓之罗”,《礼记·月令》“田猎置罘罗网中”的“罗”字,同是把“罗”字作为名词来用的。如果和《周礼·大司马》“罗弊致禽以祀祊”的“罗”字相比,那就是把它作为动词来说的。“罹”字是“罗”的别体,也是“罗”字的形讹,“罗”所从的“维”往往和训凡思的“惟”通用,所以“罗”字容易讹成“罹”。这章诗“百罹”之罹,《毛传》训为忧,和《尔雅》相同,忧之义原于遭被,就是由罟鸟义引申而来,《书·洪范》“不罹于咎”的“罹”字是同样的例。“罹”由动词复转为名词,所以在“罹”字上加上数词“百”,就有了百罹的结合。“离”字照《说文》说:“黄离,仓庚也。”原是一种鸟名,音借为罹,所以在使用上,有作为动词用的,有作为名词用的,而遭忧鸟罟之义就随以附丽。在形体现象而有这样三个不同的形体相互使用着。由此推求,在文字文章方面,我们可以理解到四点:一,文字的形体往往是正体和借体同时并用,很容易把它当成两个绝对不相同的字来处理;二,字(词)的本义和引申义(即转义)亦是同时并用的,不要误会一个字(词)只有一个意义;三,是一个字(词)作为动词或作为名词在古汉语里亦是同时兼用的,看放在文中的具体情况如何而定;四,是在文章技巧上,过去有形文之说(见《文心雕龙·情采》篇),所以错综形体,亦是为了要求文字的参错之美的。

此外,还有两个同义字结合成为一个复音词的,如“雠仇”是。《国语·越语》:“夫吴之与越也,仇雠敌战之国也。”相当相对谓之“仇”,两同为“仇”,两异亦为“仇”,后人因专训雠怨。或说:皆借为仇,《说文》:“仇,怨仇也。”经传皆以“仇”以“雠”为之。

三 汉语特例

汉语的习惯用法,不同于一般,亦是辨析词义必须注意的问题。下面举三例作说明:(一)古汉语里有无倒装句,如《左传》隐六年:“晋郑焉依”,《周语》作“晋郑是依”,这是举同文以互证的例。一般认为这是一个倒装句,“焉”、“是”同义,“晋郑焉依”的意思,动词在下,而宾语在上,“焉”、“是”是结构助词。又如《孟子·梁惠王》“夫子之谓也”,意思是谓夫子,而“之”是结构助词,因此说为倒装句。我认为这类句式,

《诗》、《书》里很多，原是上古汉语的遗留，本来就这么说，比如今天日本语的结构一样，并不是什么倒装。下文要讲到"百夫之特"，也是这个句式。（二）数目字的表意亦有沿于习惯而使用的，如"三"和"九"。有时使用并非指的实数而是虚数，清人汪中《述学》有《释三九》的文章说明这个语言现象，可作参考。（三）文章避讳，亦是古代文献突出的现象，如唐高祖祖父名虎，父亲名昞，自己名渊，儿子太宗名世民，如此等等都要避讳，所以唐人避虎作武，昞字并避丙作景，渊作泉，世作代，民作人。实际上是一个毫无道理的事，徒增加学习的人的负担。

四　句读问题

句读不同，语义因随而不同。例如《韩非子・外储说左下》说："哀公问于孔子曰：'吾闻夔一足，信乎？'曰：'夔，人也，何故一足？彼其无他异而独通于声'。尧曰：'夔一而足矣。'使为乐正。故君子曰：“'夔有一足'，'非一足也。'"按如孔子所言，则"夔有一足"四字当作两句读。"夔有一"为一读，"足"字一字为一读；而鲁哀公之所问，则直读四字为一句，故疑为夔只有一只足的意思。宋元以前的书多不断句，往往使人读起来不容易明白文义，搞得误读误断以致文义不通或讹舛的，所在多有。这里我们可以看看杨树达的《古书句读释例》，许多道理可以明白。我在写《试论碎叶城在唐代的地理位置》一文，即是从句读上领悟出来的。搞明白了《新唐书・地理志》焉耆都督府下注："贞观十八年置，有碎叶城"云云的句读，才能解决碎叶城的位置肯定不是在新疆的焉耆。

五　两说并通，择善而从

《诗・秦风・黄鸟》："百夫之特"一句里的"特"字，亦得善于体会，始能道出使用"特"字的道理。《毛传》说为"乃特百夫之德"，《郑笺》对这一"特"字说为"百夫之中最雄俊也。"两说比较，仍以毛说较好。按照语法，这一句和下两章中的"百夫之防"、"百夫之禦"结构相同，即照防训为比，禦训为当的类比而推。"特"的词义亦应和防、禦的词义相近。那么，"特"训为"匹"，为《鄘风・柏舟》"实维我特"的"特"所训的那样，才较恰切。"匹"的词义，亦就是敌、当，也和防、御二字同样是动词，所以《毛传》的"乃特"就是"乃当"，这是非常确切而自然的。同时《毛传》和《郑笺》理解的不同，一般说是可以同时并存的，但细加考虑，还是《毛传》较胜。

六　上下文的制约，必须注意

如杜甫诗《负薪行》说："夔州处女发半华，四十五十无夫家。更遭丧乱嫁不售，一生抱恨长咨嗟。……至老双鬟只垂颈，野草山花银钗并。……"有人把"嫁不售"作"嫁不出去"解，又把"野草"句释为"因穷，故野花山叶与银钗并插。"这样作解，没有从上下文的制约一同考虑。第一，没有从这样的劳动妇女四五十还未出嫁是社会原因，而不是个人原因，单从个人来理解，不确切。第二，亦没有把穷到什么程度说清楚。应当明白这样妇女的嫁不售，是不被人选中，因为要娶她的人一则嫌她穷，二则嫌她貌丑，所以不被选中，“售”是“用”的意思，引申为选中意。《诗·抑》传：“雠，用也。”售即雠的别体，这里的“不售”即“不用”可证。“并”有“比”义，既然负薪的妇女是穷人，戴不起值价的装饰品，不论金钗银钗都是值价的，自然一般都戴不上，只好用荆钗、用野草山花来装饰，所以银钗并的“并”字不是并插，而是比作银钗的意思，这才词意双切。

七　用类比法求证

例如《殷芸小说》上曾载鬼谷子与张仪、苏秦的一封信，这信上有这两句：“女爱不极席，男欢不毕轮，”有位老师考问我，我一时答不出来，后来读《文选》注才看到有和这两句同结构的句例。《文选》载阮籍《咏怀》诗：“昔日繁华子，安陵与龙阳”一首的李注说：“以财助人者，财尽则交绝；以色助人者，色尽则爱弛。是以嬖女不敝席，嬖男不敝舆。”嬖女两句正好和《殷芸小说》的两句结构相同，只是用字不同，用类比法来互证，足见敝、极、毕是同义词，极席、毕轮，等于说敝席、敝轮，这样女爱男欢的见疏远之速的意思显然纸上。由此可知，文章词义的不明了，是文章里面有时用了代字代语的原故，以同义的词语相互代替，这是语言运用中常见的现象，往往使人感到迷糊，读作品时稍加注意，自会理解。

八　古今对应

由于时代的不同，古代的东西，到后来没有了，或者起了变化，因此，不能把现在的东西勉强和古代的相比，把称呼现代的一定用来称呼古代的，那是要求恰恰相应，根本不可能。所以古人的免冠，不能说成现在的脱帽，因为免冠是一种要受到处分前的表示，脱帽则是现代的一种表示礼貌的动作，在古今习俗称谓和事物的实质上是无法作转换和对应的。又如称年岁的名称，夏商周三代称谓不同，《尔雅·释天》：“载，岁也。夏曰岁，商曰祀，周曰年，唐虞曰载。”虽然所称的实质是一样，但因时代不同，又就所以如此称谓的侧重而生出区别来。我们今天称年称岁，在用处亦有区别，至于称祀称载，只有学习古代文献时才会知道。但从其得义之由，来源不一，亦不能不分地方一律使用或相互代替。又如方言的异称，亦有类似情况。《方言》的第一条说：“党、晓、哲，知也。楚谓之党，或曰晓，齐宋之间谓之哲。”今天通言叫知，方言里有说晓或懂的，懂就是秦汉人说的党。

九　注意历史流变

人类的活动有历史的流变，词语的使用亦有历史流变，辨析词义亦应当明白词义的历史流变，解释文献或编写词典，懂得词义有这样情况，在释义时掌握有好处。如

"闻"字,古今使用,可以考察出它随时代而发生了不同的意义,和在什么时候起变化,都能考察出来。大体说,在汉语上古时期,甲骨文里已出现"闻"字,其次是《尚书》里已不止一见,但还不具有今天用鼻子闻的意义,当时专用作鼻子闻的意义的词是臭(齅、嗅)或歆,臭专用于"就臭"义,歆专用于"内气"义,闻专用于"听觉"义或由听觉义而引申出来的其他意义。到了春秋战国时候,"闻"字才有不同于上说的意义,但"闻"之有听觉义亦还有两种情况,如《韩非子·外储说左下》说:"夫树橘柚者,食之则甘,嗅之则香。"又《十过》篇说:"共王驾而往,入其幄中,闻酒臭而返。"在这时候,闻和臭的表义还是不一样。足见以鼻就臭,和由客体作用于主体的情况还不能等同。闻转用于由客体作用于主体的臭觉义和臭对比使用,从战国末期起,一直持续了很长时间,可以说宋代末期,才一般用闻字代替了以鼻就臭的臭的使用,于是成为现代汉语这一词义的来源。参看本人在《中国语文》1962 年 11 月号《闻的词义问题》一文。另外附带对我省(山东)《汉语大词典》组试释的道字的词义补充一点意见,即是"道"指道路,引申义很多,从汉到唐,尝用"道"字来称呼一定的进军路线,从北朝开始,又用"道"字来称呼一定的区域。分道并不始于唐朝,道不仅是行政区域的名称。这个意见是我的朋友卞孝萱提出的,他写过一篇《关于北朝隋唐的分道问题》的文章,可以作为我们编写词条的参考,这里谈词义的历史流变,所以也附带涉及到这一条。

十　作者用心要善体会

如杜甫诗《望岳》一首,是脍炙人口的名作,但其中"造化钟神秀"一句里的神秀,我认为还可以体会得好一些。一般把神秀作为山色的奇丽解,其实这并不确切,只是随文释义。杜甫此诗神秀二字本出自晋孙绰《游天台山赋序》:"天台者,盖山岳之神秀也。"自来说杜诗的人虽提到这条材料,但神秀的词义,终未阐明。杜诗里用神秀有两处,一是此诗,指山说;另一首诗里所说的"才士得神秀",是指人说。我认为不管指山指人,它终有一个共通的用义,必须从它的通用义来理解,比较可据。我们根据《文选》李康《运命论》"木秀于林,风必摧之"来说,李善注引《广雅》"秀,出也",可见"秀"是出众的意思,再加上"神"字,就是非常出众的意思。因此用来说山,是山不同于众山,用来说人,是人不同于众人。这样理解就近情理得多了。随文分释,不一定准确。又如《史记·陈涉世家》说:"燕雀安知鸿鹄之志哉!"这句话有什么难解?但亦要善于体会。《史记索隐》只就鸿鹄作解而没有谈到燕雀,他说:"按鸿鹄一鸟,如凤凰然,非说鸿雁与黄鹄也。"据此,则"鸿"当是大义,而燕雀亦不是两鸟,燕与鸿相对,则"燕"非飞燕,其词义为小,故燕麦就是小麦,亦可以说,照《尔雅·释草》:"蘥雀麦",郭注:"即燕雀也。"按郭注知雀麦即燕麦者,《一切经音义》廿一引璞等曰即蘥麦也。盖古义相传是这样,雀之言小也,所以燕雀同有小义。由此可见,说鸿鹄是一鸟,燕雀亦是一鸟,寻其语义,一同得于大义,一同得于小义。

说十项注意竟，下面即谈两个严禁：

一　防止望文生义

望文生义，对于某一词义的解释，根本一切都不考虑，全凭主观臆断，随心所欲，想当然尔。有的竟自鸣得意，矜为创获。训释词义，必以此作为大戒。举例来说，如不懂得“光被四表”的光原是横的假借，上文已提到，但是解释的人就有误会为光明之光的，清代学者俞正燮就有此说，有的附会为以学习有得，头上就会发出光来，这光就能照亮天下，这完全是胡说。由于解者不明白先秦两汉的文字通假现象极为普通，考虑问题亦没有从道理上去推敲，所以不管一切，就望文生义。

另外有人解释《管子·牧民》的头三句：“凡有地牧民者，务在四时，守在仓廪。”他说：凡是君王必须全力抓好农业生产，坚持搞好粮食储备。这完全抛开训诂的对应和转换原则。把守当坚持、依靠解，简直使人不知道从何生根。这完全是随心所欲，使人读《管子》还不如不解释的好。

“好学深思，心知其意，多闻阙疑，慎言其余”，这是解释文献必须遵守的准则，如不得其解，就随笔一挥，这是犯最大的禁忌。例如杜甫《秦州杂诗》里有“迟回度陇怯，浩荡及关愁”两句，照语言表达说，这是作者加了修饰工夫的，如变成平易的表达，可以写成“度陇怯迟回，及关愁浩荡”，变成杜诗的句式，把形容词迟回、浩荡放在度陇、及关之前，因而理解起来，考虑的人只顾到迟回和度陇生关系，浩荡和及关生关系，不从全句会通，这是错误的。所以有人说：陇，指陇山，亦名陇阪。关，指陇关，亦名大震关。陇阪九折，故曰迟回。关势高峻，故曰浩荡。生活无着，前途茫茫，故胆怯心愁。初看似乎不错，细审却把语言结构没搞清楚。特别是把浩荡一词解作形容高峻，则完全错误。从《楚辞》开始用浩荡二字，一直到现在用的“浩浩荡荡的大军”，从来没有表达高峻的意思。杜甫诗用浩荡，出现十五次，形容水、形容人的心胸等，从没见过是表达高峻的意思。在李白诗里亦用过多次，就是出现在宋人的词里，如刘克庄词“看浩荡千崖秋色”，张元干词：“风浩荡，欲飞去”，清人龚自珍《己亥杂诗》“浩荡离愁白日斜”，都不是表达的高峻义。所以随心所欲，不顾确切不确切，那是违背解释的原则的。

凭臆妄改，亦是不得其解的另一表现。读古代文献，当然不如读现代那样比较容易，如果初一经眼，顺不下去，就得审慎处理，否则但凭主观臆断，又不根据内证、外证，便定为形体之误，或是形近而讹，或是与偏旁有关，或说成是草变隶变，或者声音相通相近，一声之转。造成错误的理由有种种，因而解释的方式亦有种种，主要在是否所采用的处理方法合适不合适。我们在注释《商君书》时，遇到一些这类事件，例如《商君书·垦令》说：“声服无通于百县”，“声服”二字，在《商君书》只出现一次，无法找到内证，但《管子》书里却有，解释的人却忘记了《管子·侈靡》曾用过这个词语，“然则人君声服变矣”，却把声服改为声技，绕了一大弯子，说“声服义不可通，服当作技，形近而误。或原作肢，借为技，肢误为服也。声者，音乐也。技者，技艺也。即今所谓杂技也，如舞蹈及优人奏演等是也。……”这种以今概古的解释，完全不顾语言实际，能使人信服吗？

二　严禁借古喻今或心怀叵测

借古喻今，宋元人说诗，往往有此病，不仅止于穿凿附会而已。例如杜甫《茅屋为秋风所破歌》一首，黄氏集千家注引苏轼说：“古之封诸侯，分之以茅土，所谓茅屋者，制节之方州也。风，号令也。所以鼓舞万民，和四方之义也。天宝十四载，安禄山起渔阳之师，诡言奉诏诛杨国忠，是谓义兵，号令天下，陷河北郡县，是谓茅屋破也。”按此说即使出于苏轼，殊太牵强，本来只是一个现实中的生活细事，何至于非牵涉到国家大事去不可，使人读后，反而感到迷惑。像用这样的想法去解释诗语，实在是穿凿多事。

“四人帮”手下的那批无耻文人，更是把“借古喻今”弄到登峰造极的程度。特别是写《关于孔子诛少正卯问题》的那位“教授”，为了卖身投靠，挖空心思地践踏考据学、训诂学，无中生有虚构出一个所谓法家的先驱者少正卯的形象，向“四人帮”递劝进表，他们玩弄的手法，隐没确切可据的材料，而从《荀子·宥坐》篇所提到的五恶：一曰心达而险，二曰行辟而坚，三曰言伪而辨，四曰记丑而博，五曰顺非而泽。把一般罪状一口咬定是孔子给少正卯所加的特殊罪名，从而大加考据，大加训诂，这五恶二十个字，除了五个“而”字而外，其余十五个字无一不加以胡说，根本不顾原话，随心所欲地要怎么讲就怎么讲，一转再转，使人摸不着头脑，语言结构和表达的规律，在他眼里，熟视无睹。他强着训诂学为帮服务，这就把训诂学践踏得不成样子。这名教授搞逻辑就不守逻辑准则，搞训诂就不守训诂准则，古今语言的对应规则不遵守了，词义的单一性的准则也抛弃了。所以我们搞词义辨析，对这种胡说八道，必须彻底予以揭穿，严加批判。

从上古汉语几组同义词的考察试探在词汇方面古今分合现象的规律

杨伯峻

导言——

本文选自《北京大学百年国学文粹·语言文献卷》（北京大学出版社，1998）。

作者杨伯峻（1909～1992），湖南长沙人。现代著名语言学家、文献学家，在古汉语研究和古籍整理方面成就卓著，著有《文言语法》、《文言虚词》等，古籍整理有《论语译注》、《孟子译注》、《春秋左传注》等。

本文主要目的在于辨析同义词，并进而考察词汇的古今变化。文中所说的古今，正像训诂学上的古今字一样，是个相对的时间概念，并不一定是说古代和现代。文中所说的同义词，不包括等义词，作者认为等义词增加人们的学习负担，不利于交际，应当淘汰，所以不加论列。本文所说的同义词是指近义词。

本文以《论语》的五组同义词为例，进行同义词的辨析，运用传统训诂方法、语法分析法，穷尽排比例句，通过类比分析，审辞气，串文意，旁征广引，内证外证结合，同中求异，细致地分辨了五组同义词之间的同与异，尤其是明晰地指明各组词之间在语义上、语法上、辞气上、语用上和语言色彩等方面的差异，并进而探讨它们怎样进一步演变，致使在以后的发展中有的消亡了，有的改变了用法等等。在此基础上总结古今词汇变迁发展的两条途径：1. 由合而分，即由一词多义变为多词；2. 由分而合，即由一义多词归为一词。

本文对同义词的辨析细致清晰，论证方法科学合理，为我们提供了辨析同义词的成功范例。

（一）前　言

现代汉语的规范工作已经提上日程，而怎样看待并处理同义词是其中亟待研究讨论的问题之一。现代汉语的词汇，特别是基本词汇，是由古代汉语流传以至衍变而来的，那么对古代汉语的同义词作些探讨，可能有助于这一问题的解决。

首先得作一说明：我所谓的同义词并非等义词。我认为必须把两者分别开来。彼此的意义和用法毫无区别，在任何句型中，可以毫无条件地作等价替换的，这是等义词。彼此多少有些区别，同中有异，异中有同，或者含义有繁有简，或者使用范围有宽有狭，总之，不是毫无区别的，才是同义词。在现代汉语中，同义词一般还以词类相同的为限；而在古代汉语，这一限制却难以适应。所以本文的同义词的范畴是相当宽泛的。依我个人的看法，等义词集中地体现于方言中，而自古以来就有人注意了这一情况。《尔雅·释鸟》就有关于“雉”的东、西、南、北四方方言的记载，继此而成专书的有《方言》。尽管历代的字书、词书、韵书都曾搜集了许多出现于不同地区方言的等义词，但它们被运用到书面上来的却实在有限得很。几千年来，方言尽管是纷歧庞杂的，书面语言却是相当统一的。这种等义词，犹如今天的玉蜀黍、苞谷、包米、棒子之为同一事物之名称一样，不但不足以表现我国词汇的丰富，反足以阻滞社会的交际和思想的交流，阻滞词汇的正常发展。若没有这种历史悠久的、相当统一的、民族的文学语言，则以土地如此广大，人口如此众多的中国，而有历代陆续出现的统一和今天出现的空前大统一；其文化的发展竟几千年来延续不断，今天又在以前的基础上飞跃前进，那简直是不可想象的。由此可见，使方言的等义词汇泛滥地出现于书面语言，不但触犯了今天汉语规范的禁条，同时也违反了古代文学语言的发展原则。这种等义词之应该加以有计划的统一，无疑义地，不但符合于目前的形势要求，也是符合于语言历程的既定方向的。因之，本文对于古代汉语的等义词的现象，不加论列。

本文的主要内容是从《论语》中选择了五组同义词——它们是：(1) 不有、微、亡，(2) 罕、寡、鲜、希、少，(3) 恐、惧、畏、惮，(4) 能、得，(5) 无乃(与"非"同义)——结合先秦其他古书运用的情况作一番比较全面与深入的考察；先求得它们的个别的具体的规律，然后试探在词汇方面古今分合现象的一般规律。

为什么要从《论语》中来选择同义词呢？我认为《论语》这书，即从汉族语言的角度来看，也是一部首先要重视的书。第一，我们先看看《论语》以前的作品。《诗》三百篇是诗歌，其风格应和散文不同，自当别论。《易・卦爻辞》是专为占卜用的，也有它的独具的风格。至于《书》，虽然是历史文献的总集，却是大段大段地每一篇自成体系的文章，是足以反映当日语言的实际情况的。《书经》内容庞杂，有些作品的著述时代目前尚不能肯定，若只就西周的作品，如"大诰"、"康诰"、"酒诰"等篇章而论，再就流传下来的铜器铭文而论，它们的风格显然和《论语》不同。就是说，它们的用词构句(词法和句法)显然和《论语》不同。这一道理何在呢？西周和春秋之间相距也有几百年，语言的差别自然不小，但这种距离正是和《周书》与《论语》的相差一样吗？即是说，《周书》也是当日的实际语言的纪录吗？这一问题，我们暂不讨论。但有一点是可以肯定的，即那种文体，到春秋时代，已经变成了一种脱离口语的特殊体制，我们无妨称它为诏令体。譬如秦穆公的"秦誓"，正是用的这种诏令体，而不是用的当日口语。《左传・僖公十二年》有周惠王对管仲的话："舅氏！余嘉乃勋，应乃懿德，谓督不忘，往践乃职！无逆朕命！"也是这种诏令体。不但不用语气词，而且若干词汇都和当日的口语不一样。可见当时的某种文学语言有自成一格的倾向。而《论语》却是采用当时口语来记载孔子和孔门弟子言行的书。可以说，是这样的第一部书。其后战国的许多作品，又都随着《论语》而采用口语。这是一个方面。第二，便是它对后代文学语言的巨大影响。从两汉以后，《论语》已成为读书人所熟知的书；自唐以后，又由政府规定一切士子必须读它。从此一直到清朝末年，几乎家弦户诵。就是不曾识字的人，也耳熟能详。口耳相传，它的词汇和语法对后代语言自不能不产生巨大作用。总之，我以为我们无论研究汉语史也好，研究古代汉语也好，《论语》必须给以很大的注意。这便是我从《论语》选择同义词的道理。

当然，仅就《论语》来研究古代的同义词，资料是很不够的。因之，又必须结合其他先秦古书所反映的语言情况来作研究。我在先秦的古书中，又以大部分注意力放在《左传》上。因为它的词汇丰富，句例又多。其他的书，或者可以探其源，或者可以追其流，仍是给了相当注意的。

下面便分别来考察这五组同义词。

(二) "不有""微""亡"

上古表示"没有"的词一般用"无"，但在《论语》中还用了"不有"、"微"和"亡"三词。用"不有"的有下列三句：

1. 不有祝鮀之佞，而有宋朝之美，难乎免于今之世矣。(《雍也篇》)
2. 不有博奕者乎？为之犹贤乎已。(《阳货篇》)
3. 莫不有文武之道焉，夫子焉不学？(《子张篇》)

用"微"的仅一句：

微管仲，吾其被发左衽矣。(《宪问篇》)

用"亡"的，有下列八句：

1. 夷狄之有君，不如诸夏之亡也。(《八佾篇》)
2. 有颜回者好学，不幸短命死矣，今也则亡。(《先进篇》，《雍也篇》同)
3. 亡而为有。(《述而篇》)
4. 人皆有兄弟，我独亡。(《颜渊篇》)
5. 吾犹及史之阙文也，有马者借人乘之，今亡矣夫！(《卫灵公篇》)
6. 古之民有三疾，今也或是之亡也。(《阳货篇》)
7. 执德不弘，信道不笃，焉能为有？焉能为亡？(《子张篇》)
8. 日知其所亡，月无忘其所能。(《子张篇》)

"无"字的用法不必讲，现在的问题是，"不有"、"微"和"亡"三词，和"无"相比，是等义词呢？还是同义词呢？若是同义词，其区别又何在呢？就是说，这三词是否各有其特定用途呢？我的答案是肯定的：它们是同义词，各有其特定用途；不过到了后来，这三词在实际语言中已经不用，其间的必要区别却用别的语法形式来代替。语言的谨严、明确、精当的优点仍然保留着，而分歧的毛病却减少了。

让我来先谈"不有"。"不有"，我认为它是当时的常用语。因其常用，所以内容丰富，能够被用于各种不同的场合，而表现出各种不同的特定意义。吕叔湘先生曾作过这样的解释：

"不有"亦见古籍，然或表反诘，义同岂无，如《论语·阳货》："不有博奕者乎？为之犹贤乎已"；或表假设，义同若无，如《左传·僖二十八》："不有居者，谁守社稷？不有行者，谁扞牧圉？"无等于单纯的无字者。①

① 吕叔湘：《汉语语法论文集》，科学出版社，35页的附注。

吕先生这话是非常精当的。但是吕先生的论文并非专论“不有”，因此没有把它的全部用法一一列举。我现在愿意补充吕先生所论列的。

首先要谈到的，“不有”在某一场合，可以作为“无”的等义词。但这个“不有”和“无”，不是一般的“没有”。先看下面的例句：

君若辱有寡君，在楚何害？……君若不有寡君，虽朝夕辱于敝邑，寡君猜焉。（《左传·昭公三年》）

若不获扞外役，是不有寡君也。（又《昭公二十年》）

这个“不有寡君”，是表示轻视的意思，译成现代汉语，“你心目中没有我们国家的君主”，或者“你们不重视我们的君主”。这种“不有”可以用“无”。正是俗语“目中无人”的“无”。如：

君子以督为有无君之心。（《左传·桓公二年》）

蒲人狄人，余何有焉？今君即位，其无蒲狄乎？（《左传·僖公廿四年》）

和这用法相近的，“不有”和“无”都用作“不以为有”的意思：

隐何以无正月，隐将让乎桓，故不有其正月也。（《公羊传·隐公十一年》）

这里上句用“无”，下句用“不有”，尤其可以证明它们在这种场合，是可以相通的。但这仅仅是“不有”的一面，而且是它的非主要的一面。

其次，“不有”还有其独自的用法，这种用法似不能和“无”相提并论。虽不与本文的主要内容相关，却仍有略作交待的必要。（一）它有“不享有”的意思。如：

有而不有，夫故为天下贵矣。（《荀子·成相篇》）

这句“有而不有”是和《论语·泰伯篇》：“巍巍乎舜禹之有天下而不与焉”同意的。“有”即“有天下”，“不有”即“不与”。

（二）它有“不能保有”的意思，如：

卫石共子卒，悼子不哀。孔成子曰：“是谓蹶其本，必不有其宗。”（《左

传·襄公十九年》)

(三) 它有"不能得有"的意思,如:

匹夫而有天下者,德必若舜禹,而又有天子荐之者,故仲尼不有天下。继世以有天下,天之所废,必若桀纣者也,故益、伊尹、周公不有天下。(《孟子·万章上》)

这三个意义都是由"不"与"有"相结合而成的,都比"无"繁复,因之不能用"无"代替,又不能用"无"译出,所以我说不能和"无"并论。

现在回到本题上来。《论语》的第一个例子,"不有祝鮀之佞"的"不有",义同"若无",用法不仅见于《论语》,亦见于其他古书。除上面吕叔湘先生所举《左传》:"不有居者"一例外,在《左传》中还可以找到相同的例句:

不有废也,君何以兴?(《僖公十年》)
不有君子,其能国乎?(《文公十二年》)
不有是事,其能终乎?(《昭公十六年》)
不有以国,其能久乎?(《又十七年》)
不穀不有大过,天其夭诸?(《哀公六年》)

这种用法在后代仍有沿袭作为修辞手段的,如:

不有佳咏,何伸雅怀?(李白:《春夜宴从弟桃花园序》)

第二个例句"不有博奕者乎",义同"岂无",《尚书》中有此例句:

西伯既戡黎。祖伊恐,奔告于王。……王曰:"呜呼!我生不有命在天?"(《西伯戡黎》)

另外,《易经·蒙卦》的六三爻辞:

勿用取女,见金夫。不有躬,无攸利。[①]

---

① 历来句读如此。高亨先生的《周易古经今注》从"金"字断句,"夫"字属下读,未必可信。

这一“不有”，似亦可作此解释。

以上的两个解释是吕叔湘先生讲过的，我不过加以补充证明罢了。至于《论语》的第三个例句，“莫不有文武之道焉”，又与此不同。这种句例，应该作如此的解释：在否定词的后面，不用“无”，而用“不有”代之。下面便是其他古书中的句例：

> 靡不有初，鲜克有终。（《诗·大雅·荡》）
>
> 盈，莫不有也。（《墨子·经上》）
>
> 无不忘也，无不有也。（《庄子·刻意篇》）
>
> 因其所有而有之，则万物莫不有。（又《秋水篇》）
>
> 夫禽兽有父子而无父子之亲，有牝牡而无男女之别，故人道莫不有辨。（《荀子·非相篇》）

最后一例，先则以“有”“无”对言，后文却因为有“莫”字，却不用“无”而用“不有”，尤其可见此中消息。至于像《荀子·王霸篇》的这种句子：

> 无国而不有治法，无国而不有乱法；无国而不有贤士，无国而不有罢士；

“不有”之上文，虽有否定词“无”，却不是像上面“莫不有”“无不有”一样，相紧接着的，只是这种用法的引申罢了。前面那种句例，一般只有“不有”，不用“无”。后面这种例句，则可用“不有”，也可以用“无”。于此又可以看到同义词与等义词交叉的痕迹了。

“微”字的用法很简单。它的意义虽然和“若无”相同，但运用的场合又和“不有”有异。“不有”义同“若无”，用于一般的假设；“微”义同“若无”，只用于与既成事实相反的假设上。历史上有个管仲，孔子因之没有“被发左衽”。但孔子说，假定没有管仲，我就会披散着头发，衣襟向左边开了。这种用法，在先秦古籍中几乎没有例外，下面只是在《左传》《庄子》诸书中找得的句例：

> 微子，则不及此。（《左传·僖十年》，又《哀六年》）
>
> 微楚之惠，不及此。（又《僖廿八年》）
>
> 微夫子之力，不及此。（又《三十年》）
>
> 微君姬氏，则臣狄人也。（又《宣二年》）
>
> 微子，吾丧伯氏矣。（又《十五年》）
>
> 抑微子，寡人无以待戎。（又《襄十一年》）
>
> 微君之惠，楚师其犹在敝邑之城下。（又《廿六年》）
>
> 微甯子，不及此。（又《廿七年》）

微禹，吾其鱼乎！（又《昭元年》）
微武子之赐，不至于今。（又《十三年》）
微二子者，楚不国矣。（又《哀十六年》）
微夫子之发吾覆也，吾不知天地之大全也。（《庄子·田子方篇》）

“微”字这种用法，一直沿袭到后来。如《史记·樊哙列传》云：“是日，微樊哙奔入营诮让项羽，沛公事几殆。”又《周昌列传》云：“吕后侧耳于东厢听，见周昌，为跪谢，曰：微君，太子几废。”如果“微君”的说法是吕后的当日语言的实录，则可见“微”这种用法在汉代的语言中还很活跃。

最后我们讨论“亡”字。“亡”字用作没有的意思，肯定地说，比“无”字早得多。甲骨文便只有“亡”字，没有“无”字。“亡”这个字，在殷商时代读什么音呢？是否同“无”字一样呢？目前我们也很难以论断。但到了周秦时代，“无”字产生了，“亡”和“无”的声音也有了阴声和阳声的区别了（就是有了带ŋ和不带ŋ的区别），则这两个字的同时并存是否有其用法上的不同呢？我们若单就《论语》来看，其间的区别是显然的。但是，到了汉朝，这两个字又用得毫没有区别了。《史记》用了很多“亡”字，也用了更多的“无”字，两者之间似乎没有区别。《汉书》经常用“亡”字代替“无”字。许慎的《说文解字》说，“无，亡也”。以“亡”释“无”，是否以常用词来解释不常用词呢？这些地方还有待深入的研究。若只就《论语》而论，“无”字之下必带宾语，“亡”字之下不要带宾语，则是其区别所在。“亡”字下的宾语有承接上文而省略了的：

1. 夷狄之有君，不如诸夏之亡（君）也。
2. 有颜回者好学，不幸短命死矣，今也则亡（好学者）。
4. 人皆有兄弟，我独亡（兄弟）。
5. 吾犹及史之阙文也，有马者借人乘之，今亡（阙文）矣夫！

或者本来没有宾语：

3. 亡而为有。
7. 焉能为有，焉能为亡。
8. 日知其所亡。

或者宾语因倒装而提前了：

6. 古之民有三疾，今也或是之亡也。

像《诗经·邶风·谷风》的"何有何亡，黾勉求之"，也当归入此例。像《孟子·离娄篇》上的"问有余，曰：亡矣。"则属于宾语承上省略的一类。至于《尽心篇》上的"人莫大焉亡亲戚君臣上下"，是本来的例外呢，还是由于汉人的"亡""无"不分，抄写时弄乱了而未及复原的呢，则难以断定了。

我们从《论语》用"亡"字的例句来看，我们说，它的下文是不习惯于有宾语的。相反，若从用"无"字的句子来看，是不是"无"字之下是都用宾语的呢？答案是肯定的。《论语》用"无"字的次数比"亡"多得多，却全是带宾语的，下面只是随手举出的几个句子以见例罢了：

人而无信，不知其可也。大车无輗，小车无軏，其何以行之哉？（《为政篇》）

见义不为，无勇也。（又）

从以上的论证来看，对于这几个同义词，我们作如下的结论该是符合于当日的语言实际的。

（甲）"不有"是常语，而且有丰富的内含；但用为"无"的同义词时，不外三种用法：(1) 义同若无，用于一般的假设；(2) 义同岂无，构成反诘句；(3) 用于否定词"无""莫""靡"之后。

（乙）"微"字义同"若无"，但只用于对于既成事实作反面的假设的场合。

（丙）"亡"字只用于后面不跟宾语的场合。

（三）"罕""寡""鲜""希""少"

"论语"中表示"少"的意思的同义词有五个："罕"、"寡"、"鲜"、"少"、"希"。这五个字是有其相同处，也有其相异处的。《尔雅·释诂》云："希、寡、鲜，罕也"。《说文解字》云："寡，少也"。都只是就其相同处作训释。这种概括性的训诂，在今天看来，是嫌其粗略的。因为它们仍然各自具有其内在的特点。这里我企图来探讨这些特点。让我先把《论语》中有关各字的例句全部地分类地抄在下面。

"罕"字仅一句：

子罕言利与命与仁。（《子罕篇》）

"寡"字有六句，但可分为三类。第一类当谓词用的：

多闻阙疑，慎言其余，则寡尤。多见阙殆，慎行其余，则寡悔。言寡尤，行寡悔，禄在其中矣。（《为政篇》）

夫子欲寡其过而未能也。(《宪问篇》)

第二类,当"人少"讲的:

不患寡而患不均,不患贫而患不安①。盖均无贫,和无寡,安无倾。(《季氏篇》)

得其门者或寡矣。(《子张篇》)

君子无众寡,无小大,无敢慢。(《尧曰篇》)

第三类,其义等于"少",以"多""寡"对言的:

以多问于寡。(《泰伯篇》)

"鲜"字五句,都被用为谓词:

其为人也孝弟,而好犯上者鲜矣。(《学而篇》)

巧言令色,鲜矣仁。(《学而篇》,又《阳货篇》)

以约失之者鲜矣。(《里仁篇》)

中庸之为德也,其至矣乎!民鲜久矣。(《雍也篇》)

知德者鲜矣。(《卫灵公篇》)

"少"字仅一句:

少有,曰:"苟完矣。"(《子路篇》)

"希"字三句:

怨是用希。(《公冶长篇》)

鼓瑟希。(《先进篇》)

天下有道,则礼乐征伐自天子出;天下无道,则礼乐征伐自诸侯出。自诸侯出,盖十世希不失矣;自大夫出,盖五世希不失矣;陪臣执国命,三世希不失矣。(《季氏篇》)

---

① 此句当依俞樾《群经平议》的说法,改作"不患贫而患不均,不患寡而患不安"。"寡""贫"两字互相交换地位。

先谈“罕”字。“罕”字在《论语》中虽只用一次，却给了一个启示，它用作修饰动词的副词，表示动作量的稀少。这是不是它唯一的用法呢？我曾仔细翻检了若干部先秦古书，没有发现例外，应该肯定，这是它唯一的用法。它和别的同义词不一样，譬如“少”字也可以用作副词，但意义和此不同。即如上面所举的“少有”，意思是“有而不多”，“有了一些”。这是指有的数量说的。上古没有说“罕有”的(后代则有此说法)。如果说“罕有”，意思也是某种事物或者某种情况在世界上是不大有的，不常见的；也和某一人拥有不多数量的某种事物的意思不一样。又譬如说“少言”(《荀子·非十二子篇》)，意思是所说的话不多；而《论语》的“罕言”，意思却是说的次数不多。又譬如“鲜”字，偶尔也用作副词。《左传·襄廿一年》讲到薳子冯“鲜食而寝”，意思是“吃得很少便去睡了”。如果我们讲“罕食”，那意思便应该是“不常食”，吃的次数不多；而不同于“鲜食”，吃的数量不多了。总之，“罕”字的用法，只表示动作量，动作频率的。下面便是一些例句：

叔发罕忌。(《诗·郑风·大叔于田》)

罕见曰闻名。(《礼记·少仪》)

大阅者何？简车徒也。何以书？盖以罕书也。(《公羊传·桓六年》)——以大阅罕而书。

民勤于力，则功筑罕。(《穀梁传·庄廿九年》)

罕兴力役。(《荀子·富国篇》)

罕举力役。(又《王霸篇》)

养略而动罕，则天不能使之全。(又《天论篇》)

星队(坠)木鸣，……物之罕至者也。(同上)

吾见亦罕矣。(《孟子·告子上》)

现在来谈“寡”字。这个字，金文作，林义光的《文源》说：“本义为鳏寡之寡，象人在屋下，颠沛见于颜面之形。”我的看法是，它象单独一人在屋下之形，本义为人少，鳏寡只是其引申义。鳏寡之义不在本文讨论范围内。人少之义则在古书中是数见不鲜的。上文所举《论语》诸例，用这一意义的占一半。“众寡”对文，尤其是经常的现象。《左传·僖廿五年》：“彼众我寡”，《宣二年》：“夫其口众我寡”，《公羊传·僖五年》：“盖不以寡犯众也”，《孟子·梁惠王上》：“寡固不可以敌众”，都是例证。

“寡”字由“人少”的意义引申而为一般事物之少的意思，也是自然的现象。因之，“众寡”对言的一变而可以“多寡”对言。《孟子·滕文公上》：“五穀多寡同则贾相若”，《易·谦卦象辞》：“君子以裒多益寡，称物平施”，又《系辞下传》：“吉人之辞寡，躁人之辞多”，也都是例证。同样，一般的“少”也可以代替人少的“寡”字，“众寡”作为“众少”。如《穀梁传·僖二十二年》的“楚众我少”。这虽然是很偶然的例子，未必足以概论，但词义互训和词的互相借用，则是古今词汇词义的发展法则之一，不能因其罕见而忽略它。这样，"寡"和"少"的用法有时便完全相同了。这两个字就由同义词变为等义词了。然而，这仅是其可以相通的一面，它还有绝不相混的另一面。我们从这绝不相混的另一面中，便可以体会到古人运用词的谨严了。

那绝不相混的一面是什么呢？就是动词的使动用法和意动用法的分工。形容词作为及物动词，对其宾语含有使然的意思的，叫做使动用法；对其宾语含有认为的意思的，叫做意动用法。"寡"字只用于使动用法，"少"字只用于意动用法，这便是它们的分工。《论语》"夫子欲寡其过"是使其过减少的意思，《孟子·尽心下》："养心莫善于寡欲"是使其欲望减少的意思。这都是使动用法。《左传·襄十一年》："秦庶长鲍、庶长武帅师伐晋以救郑。鲍先入晋地，士鲂御之，少秦师而弗设备。"这"少秦师"是以秦师为少，轻视秦师的意思。《史记·游侠列传》："侠客之义又曷可少哉？"这句是不可低估侠客之义的意思。我们从这里便可以知道，它们的分工何等分明！

我们现在来谈"鲜"字。"鲜"字的用法有许多：（一）它可以作为形容词的谓词，如"而好犯上者鲜矣"、"鲜矣仁"、"以约失之者鲜矣"、"知德者鲜矣"。（二）它可以作为动词，后附宾语，表示事物数量的不多，如《诗·郑风·扬之水》："终鲜兄弟"。《论语》的"中庸之为德也其至矣乎！民鲜久矣"的"鲜"也当归入此类，不过"鲜"字下承上文省略了宾语而已①。（三）它可以作为副词，表示数量的不多，上文所举《左传》的"鲜食而寝"即其例证。这三者的用法纵然有些不同，但也有其基本共同点，即是都只能表示事物的数量。然而这种用法"少"字都具有。就是说，上面所举"鲜"字各例，都能用"少"字去替换。我所注意的却在"少"字以及别的同义词所不能替换的用法，就是"鲜"字所独有的用法。这种用法是把它放在动词前，表示其上文所出现的人物的少数。如《诗·小雅·苕之华》："人可以食，鲜可以饱。"这句若译为现代汉语是"人人都可以有吃，却很少可以吃饱"。这不能用"少"字。"少"字作为副词，表数量，只表示动作对象动作内容的数量，如"少言"，即"言少"；"少有"即"有的东西少"。"鲜"则表示主语所代表的事物的数量。"鲜"字的这种用法则是它所独具的②。下面再举些例证：

靡不有初，鲜克有终。（《诗·大雅·荡》）
不僭不贼，鲜不为则。（又《大雅·抑》）
德輶如毛，民鲜克举之。（又《小雅·烝民》）
中庸之为德也，其至矣乎！民鲜能久矣。（《礼记·中庸》）
孰能执热，鲜不用濯？（《墨子·尚贤篇》）

---

① 这种用法"寡"字也有，如《左传·桓十二年》："轻则寡谋"。但两者所用的场合容有不同。即以上举《诗》和《论语》的两例而论，似乎都不能改为"寡"字。

② "少"字没有这种用法，"多"字却有，如《左传·襄廿一年》："怀子好士，士多归之。"

凡我同盟，小国有罪，大国致讨。苟有以藉手，鲜不赦宥。(《左传·襄十一年》)

至于“希”字，是先秦古籍中极为希有罕见的字。《说文解字》有十一个从“希”声的字，如稀、唏、晞、絺等，却无“希”字，更是可奇怪的了。《论语》的“鼓瑟希”，可能用的《说文》“稀”字的意义，“疏也”。“十世希不失矣”的用法则和《尚书·尧典》“鸟兽希革”的用法相同，“怨是用希”的用法则和《荀子·强国篇》的“大事之至也希”的用法相同。因为可资探索的材料太少，我们所能论证的仅此而已。

最后谈到“少”字。这字的一般用法不必谈，而且其中的一些用法上面也曾顺便涉及，更不必重复。我所注意的是“少”字的独具用法，不能为其他同义词所代替的。这些是什么呢？(一) 表示比较的时候只用“少”字①。如《左传·僖十五年》：“师少于我，斗士倍我。”又《昭元年》：“此之谓多矣，若能少此(“少于此”之意)，吾何以得见？”都是其例。(二) 用为副词，表示久暂，和表示程度的也只用“少”字。如《左传·僖五年》：“可以少安”，又《七年》：“姑少待我”，《成二年》：“子不少须”，《昭廿年》：“盗少止”，又《廿三年》：“吴少进也”，都是例证。(三) 表示不足，缺少的意思的也只用“少”字：《史记·平原君列传》：“门下有毛遂者，前自赞于平原君曰，遂闻君将合从于楚，约与食客门下二十人偕，不外索。今少一人，愿君即以遂备员而行矣。”这里的“今少一人”即此用法。《史记》虽是汉人的著作，但这一段我想司马迁一定有所本，因之也援以为例证。

如果以上的论证可以成立，则这几个同义词的异同所在是：

(甲) “罕”字只用作修饰动词的副词，表示动作频率。

(乙) “寡”字与“少”字虽大体相同，但也有分工：“少”用于意动用法，“寡”用于使动用法。

(丙) “鲜”与“少”虽有相同处，但也有分工：用为副词，表示数量，“少”表示动作对象，动作内容的数量；“鲜”表示主语所表现的事物的数量。

(丁) “少”字的独具功能，除作为意动词外，还有：(1) 形容词，表比较；(2) 副词，表久暂与程度；(3) 动词，表缺少、不足。

(四) “恐”“惧”“畏”“惮”

当“怕”字讲的词，《论语》用了“恐”、“惧”、“畏”、“惮”四个字。这四个字的分别有些是古人早已指出的。《内经·宣明五气篇》说，“五气所并，精气并于心则喜，并于肺则悲，并于肝则忧，并于脾则畏，并于肾则恐。”这一种解释是否符合于人类生理与心

① 《公羊传·宣十五年》云：“古者曷为什一而藉？什一者，天下之中正也。多乎什一，大桀小桀；寡乎什一，大貉小貉。”“寡乎什一”即“少于什一”，只能看作例外。

理的活动情况，我们不去讨论。但从这里可以看出，古人把“畏”和“恐”与“喜”、“忧”、“悲”并列，都一样用不同的病理去说明它，可见他们是把“畏”和“恐”看做两回事的。“畏”和“恐”既在词义上某一方面有所不同，则其反映在句法上的一定也有区别，单从《论语》引用的情况看，也足以肯定这点。至于“恐”与“惧”之间，即在古人，却是把它们作为等义词看的。《说文解字》说，“恐，惧也。”又说，“惧，恐也。”两字互相训释。在先秦古书中有把这两字并列的，如《诗·小雅·谷风》：“将恐将惧”；也有把它们合为一词的，如《左传·成十三年》：“文公恐惧”。其实，这两个字仍然有其不同的地方，不能把它们作为完全相等的词来看待。总之，这四个字之间的关系，是较为复杂的，让我们作一番深入的考察吧。现在先把《论语》的句子抄在下面：

“恐”字计用四次：

子路有闻，未之能行，唯恐有闻。(《公冶长篇》)
学如不及，犹恐失之。(《泰伯篇》)
吾恐季孙之忧不在颛臾而在萧墙之内也。(《季氏篇》)
虽小道，必有可观者焉。致远恐泥，是以君子不为也。(《子张篇》)

“惧”字计用六次：

一则以喜，一则以惧。(《里仁篇》)
临事而惧。(《述而篇》)
勇者不惧。(《子罕篇》)
君子不忧不惧。(《颜渊篇》)
不忧不惧，斯谓之君子矣乎？(又)
内省不疚，夫何忧何惧？(又)

“畏”字计用八次①：

后生可畏。(《子罕篇》)
四十五十而无闻焉，斯亦不足畏也已。(又)
君子有三畏：畏天命，畏大人，畏圣人之言。(《季氏篇》)
小人不知天命而不畏也。(又)
俨然人望而畏之。(《尧曰篇》)

① 《论语·子罕篇》和《先进篇》的“子畏于匡”的“畏”，是“被囚禁”的意思(说见俞樾《群经平议》)，因之未计入。

"惮"字仅一次：

过则勿惮改。(《学而篇》,又《子罕篇》)

如果仅就上述资料推论，也可以看出这四个字的不同用法。它们的情况是：(一)"恐"字都带有谓语结构的宾语甚至子句的宾语，它是所"恐"的内容，而它们都是未曾显现的某种情况。这就是说，在这种句子中，"恐"字表示耽心，如"致远恐泥"，或者兼有揣测的意思，如"吾恐季孙之忧不在颛臾而在萧墙之内"。因之，它不可能带表示具体事物的名词或者指代词的宾语。(二)"惧"字使用六次，而五次是作为不及物动词，一次虽作为及物动词，却以疑问代词"何"字为宾语。则"惧"的意义是指对一般事物的恐惧或者畏惧。(三)"畏"字作为动词的七次，实际上都是对具体事物的畏惧。"畏"字如不用为被动态(如"可畏""不足畏")，则一定带有实体词的宾语(如"畏天命"，"畏之")；不然，则是宾语被省略了(如"小人不知命而不畏也")。(四)"惮"字用于对自己将从事或者应该从事的行为有所畏忌而不敢的场合。

当然，《论语》中的资料是不多的，仅仅根据这些不多的句子便作推论，不但不全面，而且是很胆大而难以正确的。但是，它已经给我们若干启发了。我们无妨根据这些启发，再从其他古书中作全面而深入的考察。

"恐"字在古书中，不外两种用法：第一种作为不及物动词，表示内心的不安，如：

祖伊恐。(《书·西伯戡黎》)

邦人大恐。(又《金縢》)

夏，齐孝公伐我北鄙。……公使展喜犒师。……齐侯曰："鲁人恐乎？"对曰："小人恐矣，君子则否。"齐侯曰："室如悬磬，野无青草，何恃而不恐？"(《左传·僖廿六年》)

以《春秋》三传而论，单用"恐"字者计廿七次，而如此用法者七次(另外二十次则作及物动词，详后)。第二种用法便是作为及物动词，表示担心；而其宾语则是所担心的内容，因之一定是谓语结构的长宾语，甚至子句的长宾语。《论语》的四个例句都是这种用法。下面再举几例：

恐人倚乃身。(《书·盘庚》)

恐不获誓言嗣。(又《顾命》)

震来虩虩，恐致福也。(《易·震卦·彖辞》)

且如桓立，则恐诸大夫之不能相幼君也。(《公羊传·隐元年》)

公子翚恐若其言闻乎桓。(又《隐四年》)

恐人犯之。(又《庄二十五年》)

督欲弑君而恐不立,于是乎先杀孔父。(《穀梁传·桓二年》)

齐燕姬生子,不成而死。诸子,鬻姒之子荼嬖。诸大夫恐其为大子也,言于公。(《左传·哀六年》)

《春秋》三传用"恐"字作为及物动词的二十次,这样的用法占十九次。只有一次是以实体词为宾语的:

荀跞掩耳而走,曰:"寡君其罪之恐,敢与知鲁国之难。"(《左传·昭三十一年》)

这是把宾语"其罪"倒置于动词"恐"前的句型。但所谓"其罪",即晋定公之罪,是指什么呢?从上下文绝看不出来。因为这段文字的内容是讲的荀跞奉晋君之命送鲁昭公回国的故事,牵涉不到晋君的什么罪过。我以为这句的宾语虽简单,内容却复杂,要明白地说出来,是非用谓语结构不可的。请看下面一段:

六月,晋人复卫侯。甯武子与卫人盟于宛濮,曰:"天祸卫国,君臣不协,以及此忧也。今天诱其衷,其皆降心以相从也。不有居者,谁守社稷?不有行者,谁扞牧圉?不协之故,用昭乞盟于尔大神,以诱天衷。自今日以往,既盟之后,行者无保其力,居者无惧其罪。"(《左传·僖廿八年》)

上文云,"不有居者,谁扞牧圉?"则居者是无罪的。则下文"居者无惧其罪",只是"居者不要害怕自己没有随卫侯出国因而有罪"的意思。由此推断,则"其罪之恐"也应该如此,正是如杜预的注所说的"言恐获不纳君之罪"。可见它的意思并不简单。可能是由于修辞吧,"无惧其罪"和"无保其力"排偶成文,"其罪之恐"因强调而倒装,便都由应该用谓语的长宾语形式变为简单的实体词的宾语形式了。严格地说来,这不能算为例外。再以《荀子》和《庄子》的用例为证。《荀子》用它为及物动词者十六次,《庄子》用它为及物动词者十七次,都是以谓语结构甚至子句作宾语,没有以实体词为宾语的,尤其可见"恐"字只有这两种用法了。

"惧"字的词义则比"恐"字广泛。它有两层意义。有时是"恐惧"的意思,有时又是"畏惧"的意思。因之它具有"恐"字的用法,又具有"恐"字所不能有的用法。同于"恐"字的用法而用为不及物动词的,除《论语》所用者外,又如:

羽父惧。(《左传·隐十一年》)

随人惧。(又《庄四年》)

用为及物动词的,如:

北戎侵郑。郑伯御之,患戎师,曰:"彼徒我车,惧其侵轶我也。"(《左传·隐九年》)

晋人惧二子之怒楚师也,使軘车逆之。潘党望其尘,使骋而告曰,"晋师至矣!"楚人亦惧王之入晋军也,遂出陈。(又《宣十二年》)

且宁子唯多邑,故死。臣惧死之速及也。(又《襄廿七年》)

《左传》中的这种用法在一百次以上。这种用法是容易明白的。它的和"恐"字不同的用法是,"恐"字为其词义所限,不能带实体词的宾语,犹如现代汉语用"恐怕"两字,不可能带实体词的宾语一样。"惧"字却因其兼有"畏惧"之义,能够带实体词的宾语。下面是从《左传》中采取的例句。

蔡侯、郑伯会于邓,始惧楚也。(《桓二年》)

使者目动而言肆,惧我也,将遁矣。(《文十二年》)

城西郛,惧齐也。(《襄十九年》)

栾氏之力臣曰督戎,国人惧之。(又《襄廿三年》)

然而这种用法虽然不能以例外来解释,却不常见。我疑心,"惧"字之有"畏惧"之义,可能是由此而来的。犹如它之有"忧惧"之义是由于《左传》下列两段文字的缘故:

秦伯使公孙枝对曰:"君之未入,寡人惧之;入而未定列,犹吾忧也。苟列定矣,敢不承命!"(《僖十五年》)

自非圣人,外宁必有内忧,盍释楚以为外惧乎!(《成十六年》)

上面两"惧"字都和"忧"字相映,词义也与"忧"字相近。这不是"惧"的本义,而是为了修辞,变更词汇,取相近之词来代替,因而产生的新义。"忧惧"之义的来源果然如此的话,则"畏惧"的来源如我所推测的,似乎可以成立了。这只是一段附言。回到本题,"惧"字还有一个用法,不但"恐"字所没有,连"畏"字也没有的。就是它能作使动词。《左传·昭二十六年》云:"众可惧也,不可怒也。"意思是"众人可使之惧,不可使之怒"。这一"惧"字不可改作"畏",因为它和"后生可畏"的简单意义不同。它的意义相当于现代语的"恐吓"。下面仍是一些《左传》中的例句:

初，鬻拳强谏楚子，楚子弗从。临之以兵，惧而从之。鬻拳曰："吾惧君以兵，罪莫大焉。"遂自刖也。(《庄九年》)

使反者得辞而害来者，以惧诸侯，将焉用之？(《宣十七年》)

逞奸而携服，毒诸侯而惧吴晋。(《成八年》)

婴曰："崔庆其追我。"鲜虞曰："一与一，谁能惧我？"(《襄廿五年》)

若惮之以威，惧之以怒，民疾而叛，为之聚也。(《昭十三年》)

又使言，公执戈以惧之。(《昭廿五年》)

且合诸侯而执卫君，谁敢不惧？堕党崇雠而惧诸侯，或者难以霸乎？(《哀十二年》)

这种用法不仅见于《左传》：

震惊百里，惊远而惧迩也。(《易·震卦·彖辞》)

惧以语，则民不应也。(又《系辞》下)——"惧"下宾语探下"民"字省略。

君子易知而难狎，易惧而难胁。(《荀子·不苟篇》)——"易使之惧"。

这便是"惧"字除"惮"而外所独有的用法。

"畏"字一般用作及物动词。如用作不及物动词，常常和别的词构成双音词，如：

四方之民罔不祇畏。(《书·金縢》)

匪言不能，胡斯畏忌？(《诗·大雅·桑柔》)

为刑罚威狱使民畏忌。(《左传·昭廿五年》)

凡听，威严猛厉而不好假导人，则下畏恐而不亲。(《荀子·王制篇》)

像《庄子》这样的句子：

尧治天下，不赏而民劝，不罚而民畏。(《庄子·天地篇》)

单独以"畏"为不及物动词，虽很自然，却是非常少见的。

"畏"字用为及物动词，一般是以实体词为宾语的。《论语》的例证已如上述，这种例证在古书中是非常多的。仍抄录一点如下：

岂不怀归，畏此简书。(《诗·小雅·出车》)

不侮矜寡，不畏强御。(又《大雅·烝民》)

畏天之威，于时保之。（又《周颂·我将》）
何畏乎巧言令色孔壬？（《书·皋陶谟》）
予畏上帝。（又《汤誓》）
畏首畏尾。（《左传·文十七年》）
不畏寇盗。（又《襄三十一年》）
鱼不畏纲，而畏鹈鹕。（《庄子·外物篇》）

当然，也可以用其他形式为宾语，而此则是在《论语》中所不曾有的：

岂不尔思，畏子不敢。（《诗·王风·大车》）
绵蛮黄鸟，止于丘隅。岂敢惮行？畏不能趋。（又《小雅·绵蛮》）
汝有积德，乃不畏戎毒于远迩。（《书·盘庚》）
许灵公畏逼于郑。（《左传·成十五年》）
怀子好士，士多归之。宣子畏其多士也，信之。（又《襄廿一年》）

“惮”字，《说文》说：“忌难也。”凡人，对于他所准备的或者应该去做的行为，因为有所顾忌，畏恐而不敢去做，便叫做“惮”。《论语》的“过则勿惮改”的“惮”正是此义。因之，“惮”的下面一般跟着动词，而这动词的施事者一定是与这句的主语一致的。这便是“惮”的语法特征。下面是随手抄录的一些例子：

岂敢惮行，畏不能趋。（《诗·小雅·绵蛮》）
小人……不惮征缮以立圉也，曰，“必报仇”。（《左传·僖十五年》）
畜老犹惮杀之，而况君乎？（又《宣四年》）

但是，“惮”字仍有和“畏”字相同的地方，我想，这一定是它的引申之义。《礼记·表记》云：

是故君子貌足畏也，色足惮也。

以“畏”和“惮”变文相映，几乎把他们作为等义词看待。这种用法自然不始于《表记》写作之时，在此以前，便已有之，如：

我心惮暑，忧心如薰。（《诗·大雅·云汉》）
不然，其何劳之敢惮？（《左传·襄廿八年》）

敢惮勤劳?(又《襄三十一年》)

岂敢惮烦?(又《昭三年》)

不思谤讟,不惮鬼神。(又《昭二十年》)

齐简公之在鲁也,阚止有宠焉。及即位,使为政。陈成子惮之。(又《哀十四年》)

因此,可以知道古代汉语的同义词,是比较复杂的。有时用其相同之处,有时又用其不同之处。不但要做个别的分析,知其同中有异,异中有同;而且要知道所以同所以异之故,这才能尽同义词之用了。这四个字的分别是:

(甲)"恐"字若用为及物动词,其宾语所表示的概念一定是所耽心的内容,因之,宾语结构只能是谓语结构或者子句。

(乙)"惧"的词义一方面和"恐"相近,一方面也和"畏"相近,因之若作为及物动词,可以用实体词为宾语。因为"畏"一般用作及物动词,于是作为使动用法职能,便完全由"惧"担任。

(丙)"畏"字经常作为及物动词,不便再赋予它以使动用法的职能;不然,便会使语意含混不清。

(丁)"惮"的正常用法是表示行事者对其将从事或者应该从事的行为有所忌惮而不敢的意思。

(五)"能"与"得"

表示可能的助动词,自《论语》以后便同时用"能"与"得"两个字。这两个字,现代汉语虽然继续运用,但其用法与上古是不完全相同的。现代汉语对这两个字的一般用法是,"能"字置于动词前,"得"字常置于动词后,如说"他能吃",或者"他吃得",两者的意义没有什么区别。"得"字若放在动词前,便常常不是表可能而是表应该,甚至是表命令(肯定)或者禁止(否定)了。譬如说"得吃下去","不得随地吐痰"。这种用法的变革是在"得"字后置以后才逐渐转移的,本文不打算谈它。本文要谈的,是在上古"能"与"得"的分别在什么地方。

我们首先要肯定的,是这两个字是两个来源。它们的韵部在上古虽然只有平声(能)入声(得)之分[1],有相通的可能,但声纽仍是有距离的。甲骨文中没有发现"能"字,金文虽有用"能"字的,都当"贤能"讲。"得"字在甲骨与金文中都常见,却一般用作动词。即是说,这两个字的最初的意义和用法各不相关。即在《论语》著作年代以

① 说明古韵的人,把"能"字列入"之咍部",把"德"字列入"职德部",和"蒸登部"的字有着阴阳平入的通转关系。

前的古书中,如《今文尚书》、《诗经》,“得”字都不用为助动词。当时用为表可能助动词的有“克”和“能”,“克”字逐渐不在当日的口语中使用了,“得”字才被用来表示可能。因之我才说,自《论语》以后,这两个字才被同时使用以表示可能。“得”之用来表示可能,是由动词“获得”的意义逐渐衍变而来的。从《论语》中便可以窥见其痕迹。《论语》有把“得”字当主要动词的,如:

夫子温良恭俭让以得之。(《学而篇》)
不以其道得之。(《里仁篇》)

又有可以把它作为主要动词看,也可以把它作为助动词看的,如:

夫子之文章可得而闻也,夫子之言性与天道,不可得而闻也。(《公冶长篇》)

也有完全作为助动词的,如:

天之将丧斯文也,后死者不得与于斯文也。(《子罕篇》)
回也视予犹父也,予不得视犹子也。(《先进篇》)

以上三种“得”字的用法,不但显示出“得”字的不同使用情况,而且也就显示出“得”字由主要动词衍变而为表可能的助动词所经过的历程。“可得而闻”“不可得而闻”的用法便是其演变的中介阶段。这种变迁之迹,从下面的句子更可以窥察出:

圣人,吾不得而见之矣;得见君子者,斯可矣。善人,吾不得而见之矣,得见有恒者,斯可矣。(《述而篇》)

因之,“得”字作为助动词,在用法上便有和“能”字不同之处,就是容许连词“而”字插入“得”与主要动词之中。如:

仲尼,日月也。无得而踰焉。(《子张篇》)
虽有粟,吾得而食诸?(《颜渊篇》)

然而,这仅是形式上的区别。“能”与“得”还有实质上的区别,即意义上的区别。我们的所谓“表可能”,实际上可以判别“可”与“能”为两个意义。吕叔湘先生在《与动词后

“得”与“不”有关之词序问题》一文中说：“能与不能，以行事者自身之能力而言；可与不可，则取决于外在之势力。……此二用，‘得’字盖兼而有之。”[①]吕先生这篇论文，是讨论“得”字的用法隋唐以后的语言现象的。若在上古，“能”与“得”的分工，则正在表“能”与表“可”的分工。“能”一般用以表示行事者主观能力的能与不能，“得”则只用以表示客观情况的可与不可。如：

> 孔子下，欲与之言。趋而避之，不得与之言。（《微子篇》）

这里就表示出，孔子之不得与之(楚狂接舆)言，是由于他“趋而避之”，这是客观情况的不许可，不是孔子本身能力所能决定的。这种场合，一定用“得”字。《论语》如此，《孟子》如此，《左传》也如此，几乎先秦古书无不如此。因此，古书中又常常以“可得”连用。《论语》中的句例在上段所举中可以连带看出，今再就《孟子》酌举数例：

> 王之所大欲，可得闻与？（《梁惠王上》）
> 其详不可得闻也。（《万章下》）
> 二者不可得兼。（《告子上》）

至于“能”字，则经常用于表示主观能力的场合。如：

> 事父母能竭其力，事君能致其身。（《学而篇》）
> 女弗能救与？（《八佾篇》）
> 唯仁者能好人，能恶人。（《里仁篇》）
> 有能一日用其力于仁矣乎？（《里仁篇》）
> 能以礼让为国乎，何有？（《里仁篇》）

《论语》使用“能”字五十多次，一般是这种情况。当然，有时能与不能是由于主观力量呢，还是由于客观情况呢，是不易区分的；也有时，客观情况与主观力量不但交织着，而且互相影响着。这种情况也常用“能”字，如：

> 夏礼，吾能言之，杞不足徵也；殷礼，吾能言之，宋不足徵也。文献不足故也。足，则吾能徵之矣。（《八佾篇》）

“吾能不能徵”，在于“文献的足不足”，这是客观情况对主观力量的影响，因之，仍用

① 吕叔湘：《汉语语法论文集》，科学出版社，59页。

"能"字。但有时"能"与"得"都可用,如:

泰伯其可谓至德也已矣,三以天下让,民无得而称焉。(《泰伯篇》)

大哉尧之为君也!巍巍乎唯天为大,唯尧则之。荡荡乎民无能名焉。(《泰伯篇》)

"民无得而称"和"民无能名",意思是一样的。却一用"能",一用"得",并不能说明"能""得"用法的一致,只能说明民之能不能,是由客观情况影响及主观能力的。"能"与"得"的区别在先秦古书中是很显然的,至少,我们可以得出下列论断:(一)"能"字一般用于表示主观能力,"得"字只用于表示客观情况。(二)主观能力与客观情况难以区分或者互相影响的时候,常用"能"字。(三)"得"字在先秦古书中还没发现用以表示主观能力的句例。

"得"字的用法,如下列诸例:

子哙不得与人燕,子之不得受燕于子哙。(《孟子·公孙丑下》)

非有天子之命,不得出会诸侯。(《穀梁传·隐公元年》)

有天子存,则诸侯不得专地也。(《公羊传·桓公元年》)

大夫之义,不得专废置君也。(《公羊传·文公十四年》)

便近似今日的表禁止的用法了。"得"字的后置,是否受此种用法的影响,目前我尚不敢论断,但后置的出现是较晚的:

今壹受诏如此,且使妾摇手不得。(《汉书·孝成许皇后传》)

田为王田,买卖不得。(《后汉书·隗嚣传》)

这种后置的用法一出现,"得"字与"能"字在形式上也有了区分,这是进一步的分化了。

(六)无乃[①]

《论语》中相当现代汉语"不是"的,除"非"字外,还有"无乃"一语。计用三次:

居简而行简,无乃大简乎?(《雍也篇》)

① 偶尔也写作"毋乃",如《左传·宣十五年》和《昭十六年》的"无乃不可乎"都写为"毋乃不可乎"。

丘何为是栖栖者与？无乃为佞乎？(《宪问篇》)

求！无乃尔是过与？(《季氏篇》)

都是用于反诘语气中。征之先秦各种古书，几乎无一例外。《左传》用得最勤，仅"无乃不可乎"这样的句子便有二十次，又用于其他各种句子的还有二十三次。其他古书虽然比较少见，但如果用它，也一定用于反诘句中。至于带不带表疑问的语气词，则不一定；带什么疑问语气词，"乎"，"与"，还是"耶"，也不一定。大概用"乎"字的多。然而这倒是无关宏旨的事。现在摘录若干例证如下：

君人者将祸是务去，而速之，无乃不可乎？(《左传·僖三年》)

对曰：臣闻之，神不歆非类，民不祀非族；君祀无乃殄乎？(又《十年》)

今君德无乃犹有所阙，而以伐人？若之何？盍姑内省德乎？无阙而后动。(又《十九年》)

今君胜郑而不有，无乃失民臣之力乎？(《公羊传·宣十二年》)

射一麋以顾献曰："子有军事，兽人无乃不给于鲜？敢献于从者。"(《左传·宣十二年》)

今天或者大警晋也，而又杀林父以重楚胜，其无乃久不竞乎？(又)

若以不孝令于诸侯，其无乃非德类也乎？(又《成二年》)

今吾子疆理诸侯，而曰尽东其亩而已，唯吾子戎车是利，无顾土宜，其无乃非先王之命也乎？(又)

识见不穀而趋，无乃伤乎？(又《十六年》)

君无乃有罪乎？(又)

若不恤其患而以为口实，其无乃不堪任命？(又《襄二十二年》)

侨闻之：君子有四时，朝以听政，昼以访问，夕以修令，夜以安身。于是乎节宣其气，勿使有所壅闭湫底，以露其体，兹心不爽而昏乱百度。今无乃壹之？则生疾矣。(又《昭元年》)

今君以汏，无乃不济乎？(又《四年》)

今豆有加，下臣弗堪，无乃戾也？(又《六年》)

是无陪台也，王事无乃阙乎？(又《七年》)

火之作也，子产授兵登陴。子大叔曰："晋无乃讨乎？"(又《十八年》)

平子曰："必子彊也。无乃亢诸？"对曰："谓之君子，何敢亢之？"(又《二十六年》)

鲁免其疾，而君又收之，无乃害乎？(又《定九年》)

吴征会于卫。……子羽曰："吴方无道，无乃辱吾君？不如止也。"(又《哀十二年》)

陈侯使公孙贞子吊焉，及良而卒，将以尸入。吴子使大宰嚭劳且辞曰："以水潦之不时，无乃廪然陨大夫之尸？"（又《十五年》）

三年之丧，亲昵之极也。主又降之，无乃有故乎？（又《二十年》）

是行也，公先至于阳谷。齐闾丘息曰："君辱举玉趾以在寡君之军，群臣将传遽以告寡君。比其复也，君无乃勤？为仆人之未次，请除馆于舟道。"（又《二十一年》）

大尹谋曰："我不在盟，无乃逐我？"（又《二十六年》）

今君王既栖于会稽之上，然后乃求谋臣，无乃后乎？（《国语·越语》）

是以带甲万人事君也，无乃即伤君王之所爱乎？（又）

今夫子曰，"圣王不为乐。……无乃非有血气者之所不能至耶？"（《墨子·三辩篇》）

卫君无乃以石为狂乎？（又《耕柱篇》）

无乃不察乎？（《荀子·尧问篇》）

既受吾实，又责吾礼，无乃难乎？（《吕氏春秋·慎大览·尚贤篇》）

从上面的许多例句看来，"无乃"之下都接上了本句的主要谓词，尤其是，"无乃"之义在今天既译为"不是"，而在古代，又可被"不是"的同义词"非"字接上，如"无乃非德类也乎"，"无乃非先王之命也乎"。这两句话若译为现代汉语，绝不能使两个"不是"都并立于句中，只好把这两个否定并为一个肯定，改说为"这岂是合理的事吗"、"这难道是先王之命吗"。可见"无乃"的被运用，不过借以表示反诘语气而已。

（七）几点体会

从以上五组同义词的分析研究，我便对古今词汇的变迁和发展的内部规律有了几点粗浅的体会：

（一）一词多义和一义多词不是两种各不相关的孤立现象，而是有其内部联系，并且互相制约着的。譬如"少"字，它有很多意义，正因其有很多意义，便难以再多地担任"少"义在语法上的全部功能，不得不把使动词的职能让给"寡"字，不得不把表示施事者（主语）数量的职能让给"鲜"字。即在词义上，也把表示动作频率的功能让给"罕"字了。这样，便使我国的语言能表达得谨严而精当，尽了同义词的分工作用，因而足以发挥一词多义与一义多词的两条词汇规律的充分效能了。

（二）古今词汇的变迁与发展是沿着两条主要的道路前进的。这两条主要的道路，一是由合而分，由一词多义变为多词，譬如"学而时习之"（《论语》）的"习"，除由这一句而产生了"学习"一词以外，还有"温习"、"演习"、"实习"诸词，这三词的意义互有不同，然而过去都统一于一个"习"字之中。这种由合而分的道路，是由于社会不断发展，由于人类思想日趋细密的缘故，它要求词汇日益丰富，表达日趋谨严、精当、显豁。这一现象的必然性是容易理解的。另一条主要道路是由分而合，由一义多词归并而为一词。譬如在狩猎、畜牧时代，各种动物因其年龄不同、毛色不同，分为多少类而都给以特殊的名称，今天已经有很多用不着了。这一现象我们不谈。即本文中的许多同义词，在现代汉语看来，也是有很多是已经死亡，另有些可能在逐渐消亡的状态中。"不有"、"微"、"亡"是已经死亡的[①]，"寡""罕"诸词也只在偶然的场合被运用，而且显然是文言词汇的残余。那么，由古今词汇的发展情况看来，显然是遵循这两条道路——由合而分与由分而合——同时并进的。可见这两条相反的道路，不是矛盾的，而是统一的，而是也有其内部联系的，甚且有其更基本的指导原则的。这一原则是什么呢？自然是语言的本身职能，它要求自己适应社会的需要，提高表达的能力，因之在词汇方面，一方面扫除其含混不清的现象，一方面也避免其纷歧庞杂的现象。由分而合便是由于避免词汇中纷歧庞杂的现象的结果。这样做，语言便能尽量发挥其社会交际和思想交流的职能，更好地为全社会服务。

（三）古今词汇的由分而合，原因当然不少，而语法规律的发展也是其重要因素之一。词汇和语法是有其内在联系的，从本文的某些结论中也可以看出一斑。以假设分句而论，古文中便有比今天复杂的现象。或者不用假设连词。而假设连词，又有各种不同的词，有些又有独特的用法。如"所"字用于盟誓之词中，"自"字只和"非"字连用[②]。在这种情况下，"微"字兼表假设，而且只表与既成事实的相反的假设；"不有"兼表假设，又专表一般的假设，才有存在的余地。到后来，事实证明了，这种细致的分工是完全不必要的，假设分句也简单化了，因之，这种假设连词"所""自"以及兼表假设的词，"微""不有"自然归于淘汰了。又如古代的汉语，经常用简单形式，非不得已，不用兼语式，因而使动用法和意动用法才经常出现。今天不但兼语式被广泛使用，而且更出现了动补结构的复合动词的形式。它比使动用法，有其简单，无其含混。比兼语式，有其明确，无其繁复。我们不再说"寡其过"了，也不必再说"使其过寡少"了，只说"减少其过"便行了。这样，"寡"和"少"的分工便不需要了。

当然，这只是一点极为粗浅的体会，而且是否正确，还有待于专家和读者的审定。但展开这一方面的工作，集中比较多的力量来进行，不但对汉语史的研究说来是必要的，不但对一部详尽而正确的汉语词典的编纂说来是必要的，不但对古书的整理、诠释以及今译的工作说来是必要的，而且，对于现代汉语的规范工作说来也是有其指导意义的，我想，这话是不过火的吧。

---

① "不有"仍在某些地区，如云南以及陕西三原等地的方言中存在，又当别论。

② 均见杨遇夫（树达）先生的《词诠》，商务印书馆出版。

运用《说文解字》分析词义的系统性

陆宗达

导言——

本文选自《说文解字通论》(语文出版社,1981)第二章第三节。

作者陆宗达(1905～1988),字颖明,浙江慈溪人。著名语言学家、训诂学家,北京师范大学教授。对《说文解字》的研究造诣很深,著有《训诂简论》、《说文解字通论》等。

本文论述如何利用《说文解字》分析汉语的词义系统。作者所言词义系统应当指的是由词的本义和引申义组成的一组意义。理清这个系统要分两步走,一是据字形求本义,二是据本义推求引申义。但作者认为更深入一层的就是要把不同词义综合起来,从中根据音义形关系互相推求,推知词的语源义,也就是"语根",然后根据语源义,一步步阐明诸种词义的引申变化。综合词义推语源,就是要不拘于字形,以音义为线索,破字形之拘,推求其语源,这是"训诂音声,互为表里"原则的具体应用。如,从说解和文献可以考见"皇翌䎅"等字音义均同,其构形义为"以羽毛装饰之冠",然后由帽子引申出"上覆下"义,孳乳出厦字、广字,引申出"大"义,又可以分别表钟声(鍠),表玉声(瑝)等等。

在文中作者运用科学的训诂方法,凭着对传世文献和出土文献的娴熟把握,讲解了推明语源、阐明变化的做法。由于文献熟悉,才有可能做到融会贯通,才有可能把《说文解字》中有关形体、说解联系起来考察字义系统,才有可能根据古代社会发展的状况、古代生活的习俗来说解字义。

同一个词常常在不同的语言环境里表示不同的含义。在这些不同的含义中,有的是这个词的原始的意义,有的是从原始意义引申出的意义,前人分别称之为"本义"和"引申义",并且用这两大类别分析词义,描写出词义的系统性。我们研究语言文字,就要把词的不同含义综合起来,推求语源,阐明变化,找出词义发展的线索,弄清楚它的系统性。这样,才能更全面地理解这个词所表示的概念的内涵和外延,更准确地掌握这个词在不同语言环境中所表示的含义。

《说文解字》的说解,不仅是由字形的结构说明词义,有时也阐述词义变化的线索,说其引申义。这种范例很多,不烦列举。需要特别指出的是:我们研究《说文解字》,不但要正确地推导每个字的本义,而且要科学地分析它的引申义。分析过程中,决不能凭主观臆测,随意引申,而必须在实际语言里去考察和证实,然后才能信而有征地掌握词义的系统性。

宋代的理学家注解古书时，往往凭主观臆测，乱用引申义，结果变成“辗转引申”，歪曲原意，因而歪曲破坏了词义的系统性，是不符合训诂学的原则的。例如《礼记·大学》：“致知在格物。”朱熹注：“格，至也。穷至事物之理，欲其穷极，无不到也。”这是一个典型的“辗转为训”的例子。朱熹主要用“穷至”、“穷极”说明“格”的词义。这种注释方法，是不科学的。按照朱熹的意思，格本训来，来可以引申训至，至又引申训极，极又引申训穷。所以他先用至字解释格，又以“穷至”、“穷极”引申训至，他的最后结论就成了：“格”是“穷究”，也就是“彻底研究”的意思。这样注释正体现了朱熹的哲学路线：人的知识和智慧是先天具有的，是万能的。人的知识可以穷至事物的真理，只要凭借知识去认识客观事物，就能最彻底地了解事物，并且是无所不到的。这是典型的唯心主义先验论。

现在我们借助《说文解字》来认识了解格字。《木部》：“格，木长皃。”段玉裁注说：“木长别于上文长木者，长木言木之美，木长言长之美也。木长皃者，格之本义。引申之，长必有所至。故《释诂》曰：‘格，至也。’《抑》诗传亦曰：‘格，至也。’凡《尚书》‘格于上下’，‘格于艺祖’，‘格于上帝’是也。此接于彼曰至，彼接于此曰来。郑注《大学》曰：‘格，来也。’凡《尚书》‘格尔众庶’，‘格汝众’是也。”段氏说格字训至训来，用“以此接于彼”和“以彼接于此”区别格字训至和训来的差别，虽亦能自成其说，但终嫌迂曲（段说本于戴震）。《方言》：“狢，来也。”《三体石经》篆、隶、古三体皆从彳作狢，与《方言》合。后世晚出误体作格，遂与《说文》“木长皃”之格相混。“格物”之“格”本应作“狢”。[①] 总之，“格物”即来物，也就是来于物，意谓知识来源于客观事物。对这句话郑玄的解释尚有朴素的唯物主义思想，到朱熹则完全变为唯心论的说教了。

朱熹的这种“辗转为训”的方法，正是他的唯心主义的哲学观点在训诂学上的反映。由此可见，对待词义的系统性，必须有严肃的科学态度，否则不只是容易在训诂上犯错误，还很容易在观点方法上走到唯心主义的邪路上去。

如何利用《说文解字》的说解分析词义的系统性呢？很重要的一点是从字形的分析上找到字的本义。例如：

> 《说文·土部》：（封） 爵诸侯之土也。从㞢，从土，从寸。守其制度也。公侯百里，伯七十里，子男五十里。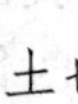 古文封省。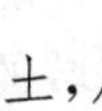 籀文封。

封字甲文作“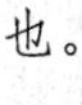”，金文作“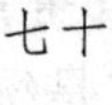”（康侯封鼎）、作“”（召伯虎敦）、作“”（散盘），古玺作

① 郭崇元说：“契文各作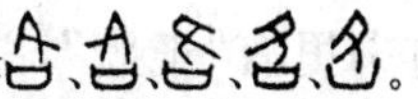。上从止。各为来格之本字。《方言》作‘狢’。案各与狢为一字。甲金文从止从彳一也。”

“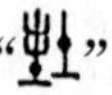”，都和《说文解字》字形相似。甲文和康侯封鼎以为封，也与《说文》重文相近。从这些形体去分析，封字的本义是培殖土田的生产。《左传·昭公二年》：“宿敢不封殖此树以无忘《角弓》。”封殖连用，可证封是培植。《左传》在这里是说以土培树，其实以土培植农作物也叫“封”。“”即丰收之正字。《诗经》毛传：“丰，丰满也。”培殖生产，必须聚土，所以《周官·封人》郑注说：“聚土曰封。”奴隶制社会中大奴隶主以土地分封小奴隶主，使其以土田进行生产的剥削，这就是《说文解字》所说的“爵诸侯之土。”用聚土作为诸侯边界的标志，并以大社之土封其社，所以这个制度也叫做封。封字的这个意义还可以从古籍中其他方面的记载得到证明。例如诸侯的土田叫“邦”。“邦”字甲文作“”，毛公鼎作“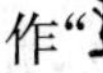”，《说文》作“”，古文作“”，实则邦就是封。段玉裁说：“邦之言封也。古邦封通用。《书序》‘邦康叔’、‘邦诸侯’，《论语》‘在邦域之中’（郑本作封），皆封字也。”《左传·昭公七年》邦也叫“封略”，说：“封略之内何非君土，食土之毛（苗）谁非君臣。”又《说文》：“培敦，土田山川也。”《左传·定公四年》：“分之土田倍敦。”培敦就是倍敦，是用聚土的方法标志边界线。（蒙古语中有“敖包”、“鄂博”也是聚土石表界的意思，其形式和“培敦”是相同的。）因此，封字又引申为边界之义。《左传·成公二年》：“无入尔封。”杜注：“封，竟（境）也。”《周礼》有“封人”，就是管边界的官吏。再有，坟也是聚土作成的，古代坟叫封。如《广雅·释邱》：“封，冢也。”《礼记·檀弓》：“吾见封之若堂者矣。”《左传·文公三年》：“封殽尸而还。”贾逵注：“封，识之。”也就是聚土把尸首埋起来做标志。因此，封字有封闭、封锁、封盖的意义。总起来说，“封”字以聚土为核心意义，由此产生了一系列的引申义。

有时我们需要联系古代社会发展的状况、古代生活的习俗才能考察出字的本义与引申义之间的联系。如：

> 《说文·玉部》： 石之美。外象三玉之连，丨，其贯也。 古文玉。

玉本来是一种最光泽最美好的石头。我国中原地区在石器时代并没有玉，最初是从西北新疆传入黄河流域的。到了铜器时代，人们由于石器时代遗留的爱好，统治阶级便把它作为国家的重器（如圭、璋、璧、璜、琮、琥等）和极其贵重的装饰品（如珩、珥、瑱、瑇[shú，音赎]等）。所以《说文解字》里玉字的形体，就是统治阶级用玉作装饰品的佩玉的形象。同时因为古代社会的人把玉看得十分珍贵，非常美好，所以玉字的字义也就引申为美好。例如《尚书·洪范》：“惟辟玉食。”玉食是极珍美的食物。《诗经·民劳》：“王欲玉女。”玉女是最好看的女子。《礼记·玉藻》：“盛气颠实扬休，玉色。”玉色是军队中战士最壮美的颜色。古书里有“玉貌”，并不是形容其貌似玉石，应直接训为美貌。

有时《说文解字》对某些字的说解与古籍中对该字的使用情况不尽相合，这就不仅需要注意古代生产生活状况，而且要旁搜佐证，才能对许慎所列的本义有所了解，进而分析由此本义派生出引申义的线索、系统。如：

《说文·率部》： 捕鸟毕也。象丝网，上下其竿柄也。

古书“率”、“帅”通用。《说文·巾部》：“帅，佩巾也。帅或从兑作帨”，是许书的帅为佩巾，以率为鸟网。清代研究《说文》的人对率字训捕鸟网找不出文献上的根据。元代周伯琦说“率即繂之异体。”他的解释是繂字经传或作“綷”。《诗经·采菽》毛传说：“绋，綷也。”《尔雅·释水》孙炎注，以綷为大索。但“率”训捕鸟网并不是毫无根据的。古代用网捕鸟，鸟入网后，必须引纲牵网，才能捉获。《左传·襄公十年》记载晋国带领诸侯攻打偪阳战役中，晋国的主帅荀罃曾骂荀偃、士匄说：“女成二事而后告余。……牵率老夫以至于此。”这是指荀偃和士匄预先策划好灭偪阳以封宋国的向戌，然后请求荀罃发兵。荀罃反对，可是无效，只好随着他们到了偪阳。围攻偪阳数月，雨季到了，二人又请求撤退回国。荀罃恼怒，于是说了上面那一番话。这里所用的“牵率”，应当解为“牵网”，意即“如同捕鸟牵网一样把我拉到这里”。后来张衡作《东京赋》有“悉率百禽”一句话，也是把率字用为捕鸟网的意思。

网可以牵，所以率字引申为率领。《淮南子·时则训》：“天子亲率三公、九卿、大夫……。”此义《说文》作“逹，先导也。”领导军队的人也叫“率”。《荀子·富国》：“将率不能则兵弱。”此义《说文解字》作“衛，将衛也。”其实逹衛都是“率”字的转注。

“率”也有绳索的意义，因为网就是结绳制成的。古代用绳作为衡量土地的标记。所谓“疆以周索”，就是以周代法定的绳子量边境。因此，有“准绳”这个词。“准绳”就是法则或限度，因此，“率”又训法则、限度。“率”也可读作吕戌切。《孟子·尽心下》：“羿不为拙射变其彀率。”张弓时，弓与弦之间的距离数字有一定的比值，叫“彀率”。这就是今天所谓“圆周率”、“出勤率”的率。

《说文·隶部》： 及也。从又，从尾省。又，持尾者，从后及之也。

隶字原指捕获禽牲，后出字作“逮”，因而捕人也叫“逮”。《汉书·王莽传》：“逮治党与。”今读 děi。隶训“及”，引申为连及。《史记·秦始皇本纪》：“以罪过连逮少近官三郎。”连逮就是“连及俱捕”的意思。现代汉语以“带”为之，如“连带”、“携带”等，本是隶字。

《说文·田部》：略 经略土地也。

经略是画界。《诗经·灵台》:“经之营之”,意谓画定灵台的地基。《孟子》:“经界不正”,即画界不正。略字亦训为绘画,《史记·赵世家》:“主父所以入秦者,欲自略地形。”略地形就是画地形图。《墨子·小取》:“摹略万物之然,论求群言之比。”摹略就是摹写。经略引申为经营谋划,这和图字引申为谋求,画字引申为计画是一样的,凡是绘画之义都可以引申为谋略之训。表示谋略义又有“虑”字。《说文解字》:“虑,谋思也。”虑字其实也是略字的引申。

略字又引申为粗疏综计之词,如“大略如是”、“略知一二”之类。古代亦作“无虑”。《周髀算经》:“无虑后天十三度十九分度之七。”注:“无虑,粗计也。”《说文·女部》又有“嫴”(gū,音估)字,训“保任也。”段玉裁说:“凡事之估计豫图耳”,引申为综计之意。《广雅·释言》:“嫴,榷也。”又《释训》:“嫴榷,都凡也。”《汉书·陈咸传》:“没入辜榷财物。”字又作估或沽。现代汉语谓不知物之实数而粗略计其价值叫“估价”。嫴与略韵相近,其实就是古代的略字,《礼记·檀弓》郑注:“沽犹略也。”

《说文·阜部》:隄　唐也。

案此说解应该和篆文隄字连读为句,作“隄,隄唐也。”《逸周书·作雒篇》有“隄唐”这个词。“隄唐”就是“池塘”(《说文》无“池”、“塘”二文)。池塘,今浙江方言犹读隄唐。

隄与塘是一个事物的两个方面,隄是阻水的屏障。《荀子·王制》:“修隄梁。”杨倞注:“隄所以防水。”《尔雅·释宫》:“隄谓之梁。”李巡注:“隄,防也,障也。”隄也作堤。《左传·襄公二十六年》:“初,宋芮司徒生女子,赤而毛,弃诸堤下。”堤即隄字。后起之“池”字亦同。《大戴礼记》:“鱼跃拂池”,是说鱼在水内蹦跳从水的边崖擦过。晋代左思诗:“衣被皆重池”,是说衣服被子都沿镶双重边。唐代又把沿边的毡子叫“池毡”。塘指池内洼下可以蓄水的地方。《国语·周语》:“陂唐汙庳,以钟其美。”《淮南子·说山训》:“坏塘取鱼。”唐、塘都是说地势洼下,“坏塘”是淘干了水。塘就是池内的空膛。因此唐、塘引申可以训空。《说文解字》:“唐,大言也。”实即说空话。由此可知隄与唐不能互训。《说文》以隄唐作隄字的说解,并不是以唐训隄。

以上诸例,都说明一个词的几个义项之间是本义和引申义的关系,这就是词义的系统性。还说明词的引申义不是主观臆测凭空捏造的,而是根据语言的实际切切实实地考查出来的。我们系统地全面地理解词的含意,不仅在整理古代文献上是十分需要的,就是对于现代汉语,也能加深我们的理解或纠正错误的认识。

在《引言》中我们曾经以“横”字为例说明这个道理,现在再举一例:

《说文·言部》:“课,试也。”又:“试,用也。”试就是在实践中试试看的意思。《楚辞·天问》:“何不课而行之。”就是何不试而行之。课字引申而有考核的意思。孔稚珪《北山移文》:“常绸缪于结课”,意思是常缠在考核等第这样的事情里。考试过去也叫考课,也是在实践中考核一下的意思。现在学生做作业,也叫做功课。“功课”一词始见于《汉书·薛宣传》:“宣考绩功课,简在两府。”是说薛宣考查成绩,核定事功的等级,都是光明正大地在丞相、御史两府里进行。所以“功课”就是考核功效定其等第的意思。在学习上所谓功课也是把学到的知识到实践中考核一下,看看功效如何。又现代汉语有“课税”一词,所谓课税,就是稽核规定收税的数目。至于课程的课,应是科字的假借,《说文解字》:“科,程也。”

有时,我们需要把《说文》中有关的形体、说解联系起来才能考察出字义的系统。如:

《说文·王部》: 大也。从自。自,始也。始皇者,三皇,大君也。

许慎对皇字形体的分析是错误的。那么,皇字何以训大呢?皇字在金文中作(毛公鼎)、(宗周钟)、(颂鼎)、(𠤕尊)。近人汪荣宝以为皇是祭祀时戴的一种冠。首先从古代文献来看,《礼记·王制》云:“有虞氏皇而祭,夏后氏收而祭,殷人冔而祭,周人冕而祭。”在这里,“皇”、“收”、“冔”、“冕”正是相当的,所以郑玄注曰:“皇,冕属也,画羽饰焉。”在《周礼·地官·舞师》中则提到有“皇舞”,其文曰:“教兵舞帅而舞山川之祭祀,教帗舞帅而舞社稷之祭祀,教羽舞帅而舞四方之祭祀,教皇舞帅而舞旱暵之事。”郑司农说:“皇舞,蒙羽舞,书或为翌。”又《春官·乐师》也说:“凡舞,有帗舞,有羽舞,有皇舞,有旄舞,有干舞,有人舞。”郑注:“故书皇作翌。郑司农云,皇舞者,以羽冒覆头上,衣饰翡翠之羽。”由此可见,“皇”与“翌”同,《说文·羽部》曰:“翌,乐舞,以羽翿(chóu,音筹)自翳其首,以祀星辰也。读若皇。”以上这些记载,都说明“皇”本是一种有羽毛装饰的冠,于祭祀跳舞时用之。至于这种冠的形制,则类似汉代的建华冠。清惠士奇曰:“皇谓冠,即《文选·东京赋》所谓‘冠华秉翟,列舞八佾’者,亦即《独断》之建华冠,饰以羽,若有虞氏之皇,故名曰皇,先郑所谓蒙羽舞者即此。”建华冠也叫鹬冠,鹬和皇古音相同。《左传·僖公二十四年》:“好聚鹬冠。”杜注:“聚鹬羽以为冠。”孔疏引李巡则曰:“鹬鸟一名翠,其羽可以为饰。”据此,我们就可以知道,皇就是在冠上装有羽毛为饰,皇舞就是戴着这种“皇”所跳的一种舞蹈,这就是所谓“以羽冒覆头上”。再从字形上来看。《说文·皃部》“(biàn,音弁),冕也。周曰覍,殷曰吁,夏曰收。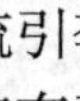,籀文覍。从廾,上象形。,或覍字。”是覍的或体,隶变作弁,就是弁冕的弁。其字之篆体上从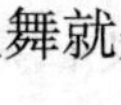,下从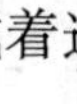,正象人着冠之形。其上与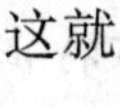字之,其形全同,为冠卷,小即羽饰也。皇字下从“”,乃象置冠之架。盖此冠系祭祀时用之,非平时所著,故置之架上以尊阁之也。至于籀文从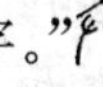,乃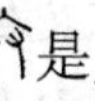之变形,者奉持之也。所以,皇之本义为饰羽之冠,这从字形上也是可以证明的。

“皇”之本义既为五采鸟羽作装饰的帽子，故引申有自上覆下之意。《说文》部首：“襾，覆也。从冂上下覆之。”襾音呼讶切，即所谓夏屋的夏，《楚辞·哀郢》：“曾不知夏之为丘兮。”王逸注：“夏，大殿也。”也就是今厦字。皇和夏为唐模对转，所以夏也就是皇。《汉书·胡建传》：“于是当选士马日，监御史与护军诸校列坐堂皇上。”师古注：“室无四壁曰皇。”只有屋顶，没有墙壁的房子叫皇，正和弁冕之自上覆下是一样的。因此，皇又有广的意思，《庄子·知北游》：“其来无迹，其往无崖，无门无房，四达之皇皇也。”这是形容至道之广阔无涯，就如同没有四壁门户的房子，能宏达四方博通万物。所以“皇”也作“广”，《说文·广部》：“广，殿之大屋也。”《汉郊祀歌》：“朱涂广，夷石为堂。”即言以丹涂堂皇，以平石为堂基。“皇”与“广”本皆指屋顶，引申而有广大之义。因而从皇之字多有广阔空旷之义，如“锽”为钟声，“瑝”为玉声，皆宽大洪阔之声；又如城池无水曰隍，则取空虚之义也。由此可见，《说文》“皇”字训大，实堂皇一义之引申。在汉字中，这类现象很多。有时是用双声相转或迭韵相变的方法来区别本义和引申义，如皇与襾与广是也。有时则按“转注”的原则另制新字，分别使用，如“皇”、“锽”是也。但是推溯语源，不难看出是一义的引申。这类现象之所以产生，都是为了更清晰地标志词义。

关于汉语词汇系统及其发展变化的几点想法

蒋绍愚

导言——

本文原载于《中国语文》1989年第1期，现选自《北京大学百年国学文粹·语言文献卷》（北京大学出版社，1998）。

作者蒋绍愚（1940～　），浙江富阳人。著名语言学家，北京大学教授、博士生导师。研究方向为汉语词汇史、汉语语法史、古典诗词语言，著有《古汉语词汇纲要》（1989）、《唐诗语言研究》（1990）、《近代汉语研究概况》（1994）等。

本文以结构主义语言学理论探讨汉语词汇系统特征，偏重于历时的考察。文章指出考察词汇的民族特征或时代特征，除了语音形式之外，义位是一个重要的基本概念。“义位是属于语言深层结构的，反映人们思想中对客观事物的分类。”义位的有无是构成词义的关键，一个词需要有义位作为其语义，如果概念系统中的语义没有分割出义位，在词汇系统中就可能会不存在相应的词。义位还可以互相结合，共同构成词义。不同民族或本民族不同时代的词汇系统结构的差异往往表现为义位不同，以及由此而引起的语义场的不同。语义场是词汇系统内部的聚合关系的体现，一组近义词在词义上互相补充形成一个语义场。而不同的历史时代这种聚合关系可以发生变化，义位的分割不同，旧有的词义改变，新词的加入都构成语义场的变化。词的使用表现为一种组合关系，即在使用中词与词的搭配。不同历史时期词的组合关系有可能不同，这是由于语言的发展变化而引起的，而观察词的组合关系的变化可以看出词汇系统的发展。词的系统性还体现在词与词之间存在着一种历时衍生的亲属关系，在词汇系统中表现为同源词。而同源词之间的同源关系也不是一成不变的，而是随着语言发展演变使得有的词之间同源关系解除，而一些新同源关系的词产生出来成为新的同源词。

词汇有没有系统？两个民族和两个历史时期的语言词汇系统的不同表现在哪里？

对第一个问题的回答当然是肯定的。第二个问题，看起来似乎很简单：词是音义结合的产物，词所反映的意义（概念），各个民族、各个历史时期大致相同，但是各个词的读音，不同民族和不同历史时期各不相同。于是，词汇系统的不同，就归结为用不同的读音来表达相同的概念了。比如，“头”和“走”这两个概念是任何民族任何历史时期都有的，只是在英语中把它们叫做 head 和 walk，日语中把它们叫做あたま和あるく，古汉语中把它们叫做“首”和“行”，现代汉语中把它们叫做“头”和“走”。

但是，稍稍深入观察一下，问题就不那么简单。上述看法，第一，是把词看成了一音一义的结合，而事实上一个词往往是多义的，或者说，一个词往往联系着几个义位。第二，是把词孤立地加以观察，而事实上词和词之间是有联系的。比如，一些相关的词构成同一个语义场。如果把这些因素考虑在内，那么情况就不那么简单了。

比如“头”，除了“脑袋”义以外，还有“顶端”义（如“竿头”），有“首脑”义（现代汉语一般说成“头头”）。这些意义，古汉语、英语、日语都有，但除此以外，英语还可以说“use one's head”，日语中也说“頭を働かす”（都是“动脑筋”之意），汉语中“头”和“首”就没有这种意义。古汉语中“首”可以用作动词（“狐死必首丘”）。现代汉语中“头”就不能，日语中的“あたま”也不能；英语中的 head 也可以是动词，但是是另一种意义：“head the ball”（顶球）。再如，现代汉语中“头”还是量词，如“十头牛”，古汉语中“首”就没有这种用法。英语中有类似的说法：“ten head of cows”（head 仍是名词）；但又可以说“three pounds a head”（每人三镑），用 head 表示人数，这又和汉语不同。

上面所举的诸种意义中，有的应看作是两个词（如现代汉语中表示“脑袋”的“头”和作量词的“头”）。但这也说明词的孳生关系在不同民族不同历史时期的语言中并不相同。

“行”、“走”、“walk”、“あるく”也有同样的情况。比如古汉语中“大道之行”的

"行",这个意义,就不能用"走"、"walk"、"あるく"来对译。更重要的是,如果我们把表示行走的词放在一起来观察一下,就可以看到:在古汉语中,"行、趋、走"是三分的,而在现代汉语中,"走、跑"是二分的,英语、日语中也是"walk、run"和"あるく、はしる"二分的。除此之外,在不同民族或不同历史时期中,都有一些独特的表示行走的词,在其他民族和其他历史时期的语言中找不到相应的词,在翻译的时候只能用词组来表达。如古代汉语的"趋",现代汉语的"遛",英语的"tramp"(用沉重的步子走),日语的"でばしり"(小跑),等等。这都说明在不同的语言(或不同历史时期的语言)中语义场的构成情况不同。

要具体地说出两种不同民族的语言或两个历史时期的语言词汇系统有什么不同,并不是一件轻而易举的事情,因为词汇系统要比语音系统、语法系统复杂得多。本文的目的,只是想探讨一下汉语词汇系统在不同历史时期的发展变化可以从哪几方面来加以考察。

一、义位的有无和结合关系

关于词汇的发展变化,一般总是说:随着旧事物的死亡和新事物的产生,旧词消亡了,新词产生了。有的词改变了意义(如"走",古代是跑,现代是行走),有的概念改变了名称(如"跑"这个概念,古代叫"走",现代叫"跑")。这样说是对的,但是并不全面。

首先,旧词的死亡和新词的产生是不是都由于旧事物的死亡和新事物的产生?并不完全如此。例如:

羹 《荀子·非相》:"然而君子啜其羹,食其胾。"

胾 例同上。

酣 《说文》:"酒乐也。"《史记·高帝本纪》集解引应劭:"不醒不醉曰酣。"

这些词的消失并不是由于它所反映的事物、动作、性状到后来不存在了,也不是因为它们到后来改变了名称。因为在现代汉语中并没有新的词来反映这些对象,要反映这些对象只能用词组:"带汁的肉"、"大块肉"、"喝酒喝得很痛快"等等。

反过来说,像下面这样一些词是出现较晚的,如:

泼 《玉篇》:"弃水也。"

掴 《玉篇》:"掌耳。"《集韵》:"批也。"

噇 《集韵》:"食无廉也。"

我们也不能说在秦汉时期不存在这些动作，或者说秦汉时已有相应的词，只是到后代改变了说法。正如上引字书的解释揭示我们的那样，秦汉时只有笼统的“弃”、“批”、“食”，后来才把“弃水”叫“泼”，把“批颊”叫“掴”，把“食无廉”叫“噇”。也就是说，把原来由词组表达的动作改用词来表达了。

这里我们需要使用“义位”这一概念。“义位”是属于语言深层结构的，反映人们思想中对客观事物的分类。上面所举的事物、动作、性状自古到今都存在，但人们在思想中对它们的分类不同。有的是古人把它们分出来作为一个义位，如“羹”、“胾”、“酣”；而在现代汉语的语义系统中却没有这些义位，在今人看来“羹”和“胾”都是肉，它们的区别可以用词组来表达。相反，有的在上古汉语的语义系统中没有形成义位，如“泼”、“掴”，当时人们觉得“弃水”的“弃”和“弃物”的“弃”并无区别。后来人们才把“弃水”这个动作从一般的“弃”中分出来，形成一个新的义位，而称之为“泼”。这就是义位的有无问题。

其次，关于“词改变了意义”和“概念改变了名称”的问题，也可以运用“义位”的概念作进一步的探讨。

对于多义词来说，在历史发展过程中词义的改变，往往不是这个词的几个义位全部改变，而是有的义位变了，有的义位没变。比如“池”，讲古汉语时常常说它的古今意义不同：“池”的古义是“护城河”，今义是“池塘”。其实，“池”在古代有两个义位：1. 护城河。2. 池塘（如《孟子·梁惠王》：“数罟不入洿池。”）。这个词从古到今的变化，是义位 1 消失了，义位 2 保留至今。

概念改变了名称，比如说“穿衣服”这个动作，上古叫“衣”，后来叫“著”，现代叫“穿”，这样描写固然不错。但我们也可以采用另一种表述方法：“穿衣服”这个义位，上古时用一个名词“衣”的孳生词动词“衣”（去声）来表达，后来和“附著”这个义位结合在一起，用“著”这个词来表达，现代和“贯穿”这个义位结合在一起，用“穿”这个词来表达。也就是说，“穿衣服”这个义位从古到今都存在，但在不同的历史时期，它或是单独存在，或是与别的不同的义位结合在一起，而取得某种语音形式，构成一个词，这样才能表达出来。这就是义位的分合问题。

义位的有无和义位的分合是相联系的。在某个历史时期，新产生的义位可以单独成词，例如上面所举的“泼”、“掴”、“噇”，这就是新词的产生；但也可以不构成新词，而只是在原有的词上增加新的义位，也就是旧词增加新义。比如，现代汉语中说“一个和尚挑水吃，两个和尚抬水吃”，“挑”和“抬”是有区别的。但在唐以前，这两种动作都叫“担”。如：

《尔雅·释天》：“何鼓谓之牵牛。”郭璞注：“今荆楚人呼牵牛星为担鼓。”（这里“担”是“挑”）

《世说新语·黜免》：“上人著百尺楼上，儋梯将去。”（“儋”通“担”，这里的“儋”(担)是“抬”。)

直到唐代还把“轿子”叫做“担子”。后来“挑”和“抬”分成两个义位,但是并没有形成新词,因为“挑”和“抬”这两个词原来就有,只不过“挑”原是“拨”的意思,“抬”原是“举起”的意思,如:

织锦心草草,挑灯泪斑斑。(李白:《闺情》)
金砌雨来行步滑,两人抬起隐花裙。(王建:《宫词》)

新产生的义位“挑”(一人肩扛)和“抬”(两人肩扛)只是和这两个旧词原有的义位结合在一起,使旧词产生了新义。如:

担挑双草屦,壁倚一乌藤。(陆游:《自题传神》)
上令侍御者抬步辇召学士来。(《开元天宝遗事》)

又如,现代汉语中“揭开帘子”的“揭”,在六朝以前就用“发”、“开”来表达。如:

二八人如花,三五月如镜,开帘一种色,当户两相映。(王僧孺:《月夜咏陈南康新有所纳》)
延之发帘熟视。(《南史·颜延之传》)

这说明当时“揭”还没有形成一个独立的义位,和前面所说的“泼水”的“泼”原先就包含在“弃水”的“弃”中一样。后来,这个义位独立了出来,但它没有构成新词。而只是在“揭竿而起”的“揭”这个旧词上加上了一个新的义位。如:

时有一沙弥揭帘欲入。(《祖堂集》卷十)

综上所述,可以看出,词是词义系统的“分子”,义位是词义系统的“原子”。研究词义,应该以义位为基本单位。说明一个多义词的词义的变化,最好不要笼统地说这个词的意义变了还是没有变,而要说明它哪些义位变了,哪些义位没有变。在研究某一时期的词汇系统的面貌或某个历史时期中词汇系统的变化时,很重要的一点,是要考察义位这些“原子”的有无,以及这些“原子”以什么方式结合成“分子”(词)。这种“分子结构”的不同,正是两种不同语言或两个不同时期的语言词汇系统的差异的一个重要方面。我们在一开头所举的“head”、“あたま”、“首”、“头”的不同,就是这方面的例子。

人们常常说，一种语言中的基本词汇有极大的稳固性。这样说是对的。但这主要是指这些基本词汇的主要意义而言，比如"黑"、"白"两个词，从它们表示颜色的意义来看，确实是几千年来一直没有变。但是如果考察它们的"分子结构"，那么它们古今还是有变化的。比如，"黑"在上古不包含"日暮"这个义位，而后来却增加了这个义位，如李清照《声声慢》："守着窗儿，独自怎生得黑?"相反，"白"在上古除了表颜色外，还包含着另一个义位："显著"。如《荀子·天论》："礼义不加于国家，则功名不白。"这个义位，在现代汉语中已经消失。这种"分子结构"的不同，说明即使是基本词汇，除了它稳定的一面以外，还有它变化的一面。

二、词的聚合关系

词不是孤立地存在的，它们处在相互的联系之中。一批有关联的词，组成一个语义场。在语言的历史发展中，同一个语义场中词的分布是会产生变化的。这种变化有多种情况。

例如：在古代汉语中，表示"门"的词有两个："一扉曰户，两扉曰门。"在现代汉语中，就只有一个"门"。在古代汉语中，表示"窗"的词有两个："在墙曰牖，在户曰窗。"在现代汉语中只有一个"窗"。反之，在古代汉语中，表示敲击乐器和表示敲击人或其他物的都叫"击"，而在现代汉语中，分成为"敲"和"打"。前面说过，在表示行走的语义场中，古代是"走、趋、行"三分的，现代是"跑、走"二分的。

在上古汉语中，"投、掷"和"弃、舍"是两个不同的语义场，分别由不同的词表示；到中古，出现一个新词"抛"，能兼表这两个语义场的意义，如东汉末的"抛车"就是投石的战具；《祖堂集》："如何抛母无人供给。"则是"丢弃"之义。到现代，又用"丢"或"扔"代替了"抛"，"丢"和"扔"都有"投掷"和"弃舍"两种意义。

在上古汉语中，表示温度的语义场中有四个词："热、温、凉、寒"，在现代汉语中，变为"热、温、凉、冷"。这个语义场古今的变化，一是以"冷"代替了"寒"，一是古代"凉"的义域和现代"凉"的义域不同。也就是说，古代汉语中在某些场合，"凉"所表达的温度，在现代汉语中要用"冷"来表达。例如：

北风其凉，雨雪其雱。（《诗经·邶风·北风》）
秋风萧瑟天气凉，草木摇落露为霜。（曹丕《燕歌行》）

其关系可以图示如下：

古代	热	温	凉	寒
现代	热	温	凉	冷

在表示未成年人的语义场中，现代汉语有"婴儿、儿童、少年"三个词。古代汉语

中有“婴儿、童子”。(古汉语中也有“少年”一词,但是是“青年男子”之义,不在此语义场中。)这里不但有二分和三分的不同,而且,古代汉语中“婴儿”的义域也有所变化。在秦汉时,“婴儿”既可指刚出生的小孩,如《老子》:“专气致柔,能婴儿乎?”也可以指七八岁十几岁的孩子,如《史记·高祖本纪》说刘邦为亭长时,“吕后与两子居田中耨,有一老父过请饮”,后来老父对刘邦说:“乡者夫人婴儿皆以君。”“婴儿”就指两个能在田中锄草的孩子。因此,“婴儿”和“童子”的义域是交叉的。到唐代,“婴儿”和“童子”就不再交叉了,如《父母恩重经讲经文》:“婴孩渐长作童儿。”因此,在这三个不同的历史时期,未成年人的语义场如下图所示:

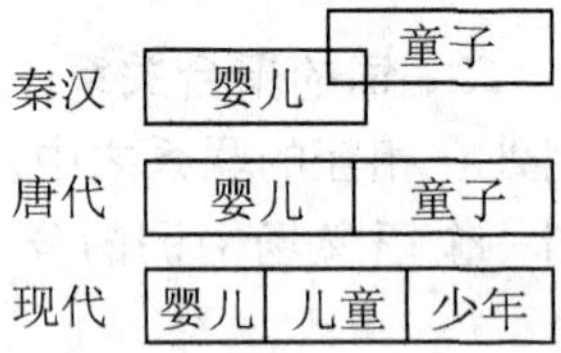

更值得注意的是:在一个语义场中,某个词的变动,会对其他词产生影响,例如上古汉语表示“到……去”的语义场中,有两组词:“之、适”为一组,是及物动词;“往”为另一组,是不及物动词。“往”的反义词是“来”,“来”绝大多数是不及物的。有极个别的“来”后面有宾语,如《春秋》昭公二十五年:“有鸜鹆来巢。”《穀梁传》:“来者,来中国也。”这就是“之、适”的反义词。而“去”为“离开”义,是属于另一个语义场的。后来,“去”的词义发生变化,成为“来”(不及物)的反义词,取代了“往”的位置,“往”也相应地变为及物动词,取代了“之、适”的位置。如《祖堂集》卷一:“大迦叶辞王往鸡足山。”而“之、适”在口语中就逐渐消失了。这时表示和“往”(及物)相反的意义用“到……来”。有趣的是,在《祖堂集》中只有“到……来”,没有“到……去”,这是因为当时“到……去”的意义由“往”来表示。到现代汉语中,“往”在口语中也消失了(只用于“来往”“开往”等词组中),于是“到……来”和“到……去”配成了对。这种变化图示如下:(↔表示反义)

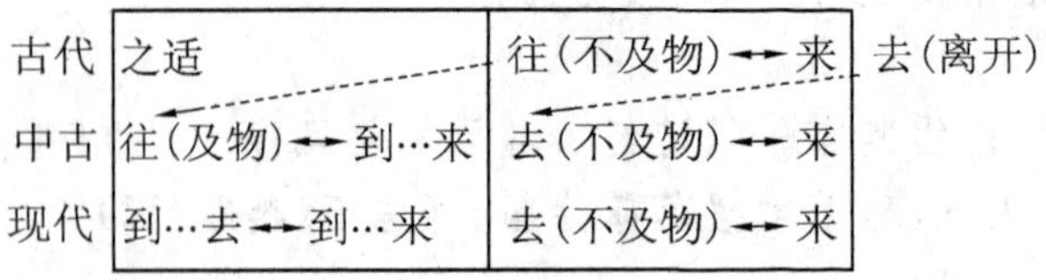

同义词和反义词是词汇聚合关系中特殊的两类,词汇系统的不同也表现在同义词和反义词系统的不同上。

比如,上古汉语中“恐”和“惧”是同义词。到中古时,“恐”主要用于表“担心”义(《祖堂集》中的“恐”几乎都用于此义),因此,“恐”和“惧”不再构成同义关系。同时,中古时新产生了“怕”这个词,“怕”和“惧”同义。这样,这一组同义关系就由上古的

“恐—惧”变成了中古的“怕—惧”。

一组同义关系的变化，有时会引起几组同义关系的重新组合，例如，上古“贫”和“窭”同义，“穷”和“尽”同义，“完”和“全”同义。到中古，“穷”的词义发生了变化，变成和“贫”同义，而与“尽”不再同义；“完”的词义也发生了变化，变成和“尽”同义，而与“全”不再同义，于是形成了新的同义词组合：贫—穷，尽—完。到现代汉语中，“贫”基本上消失，“苦”在某种场合与“穷”同义，而“尽—完”这组同义关系中，又加上一个新词“光”。其关系图示如下：

上古　窭—贫　穷—尽　完—全

中古　贫—穷　尽—完

现代　苦—穷　尽—完—光

反义词系统的变化如：古代汉语中“粗”↔“精”是反义词，现代汉语中“粗”↔“细”是反义词。古代汉语中“高”↔“下”是反义词，现代汉语中“高”↔“低”是反义词，等等。

同义词系统和反义词系统的变化是有关联的。如“富”的反义词上古是“贫”，中古是“贫”和“穷”，现代汉语中“苦”有时也可以成为“富”的反义词。

分析同义词系统和反义词系统也应以义位为单位。所以，一个多义词可以有几对同义词或反义词，在语言的历史发展过程中，这几对同义词或反义词的变化有的是同步的，有的是不同步的。这个问题在这里不拟细说。

三、词的组合关系

词的组合关系，简单地说就是词的搭配关系。词的组合关系的历史变化，主要表现在以下两个方面：

1）同一个词，词义基本不变，但在不同历史时期组合关系有所不同。现以《祖堂集》中的一些情况为例加以说明。

比如：“拔”，在上古时有两个义位：1. 攻下。这个义位后来消失了。2. 拔擢。这个义位古今并无不同。但在《祖堂集》中除了“拔根”外，还有“拔髓”、“以手拔席帽带”等说法，这种组合关系，是当时特有的，到现代汉语中，“拔”就要改为“抽”了。

“戴”，“戴在头上”这一义位古今也无不同，但《祖堂集》中除“戴帽”外，还经常出现“披毛戴角”的说法。在现代汉语中“戴”和“角”不能搭配。

“运”，表示移动、发动的义位古今一样。但《祖堂集》中除一般用法外，还有“运步”、“运足”、“运慈悲”之类的说法。在现代汉语中，“运”就要改成“动”或“发”了。

在语言的历史发展中，有的概念改变了名称，或者说新词代替了旧词。这些新词和旧词的词义基本上是一样的，但它们和其他词的组合关系却未必相同。如：

上古的“衣”，中古的“著”，现代的“穿”，意义基本相同。但“衣”的宾语只能是衣服，不能是鞋帽。“著”的宾语可以是衣服，也可以是鞋帽。“穿”的宾语只能是衣服和鞋,不能是帽子。

上古的“食”和后来的“喫”、“吃”,意义基本相同。但中古和近代可以说“喫酒”、“喫粥”、“喫东西风”以至于说“喫一顿捧”,这种组合关系在上古和现代都是没有的。

2) 在某一时期的语言平面中,既有继承前一时期的旧词和旧语法成分,又有新产生的新词和新语法成分,新旧的组合关系往往不同。这也以《祖堂集》为例加以说明。

《祖堂集》中既有“木”,又有“树”。“木”是旧的,“树”是新的。只有“树”能和词尾“子”组合,如“树子”、“枯树子”、“柏树子”,“木”就不能。

《祖堂集》中既有“道”,又有“路”,“道”比较旧,“路”比较新。因此“路”后面可以加上方位名词,如“路旁”、“路边”、“路头”,“道”后面也可以加“旁”、“边”,但不能加“头”。

又如“视”和“看”。“视”是旧的,“看”是新的。因此《祖堂集》中有“看却”、“看取”、“看得”这样的说法,而“视”不能和这些新产生的动词词尾相结合。

“言”、“语”、“说”在唐五代时都可以表示“说话”这个动作。但当时口语中最活跃的是哪一个词?《祖堂集》中情况如下:

语犹未讫

言犹未讫　言讫　言已

早说了也

而且“说”有“说似”、“说向”、“说着”、“说得”、“说不得”这样的组合,而“言”、“语”没有。可见“说”是当时口语中最活跃的。

又如《祖堂集》中表示总括的副词有“皆”、“俱”、“悉”、“咸”、“都”、“惣”、“全”、“尽”等。后四个可以有如下的组合形式:

都　尽乾坤都来是你当人个体。(卷九)

惣　与摩则大唐国内山惣被阇梨占却了也。(卷六)

全　与摩则治国之功全归臣相去也。(卷八)

尽　只如慧寂在江西时尽头无惭无愧。(卷十八)

　　如今尽会了也。(卷十二)

在形容词、副词后面加“来”(如“坐来”、“许来”)加“头”(如“长头”、“齐头”)是当时特有的语言现象,“……了也”、“……去也”是当时特有的句式。“都”、“惣”、“全”、“尽”能出现在这种组合关系中,可见是口语中使用的词。而“皆”、“俱”、“咸”、“悉”不能有这种组合,说明它们在口语中已经不大用了。

四、词的亲属关系

语言中是不断产生新词的。新产生的词，有的找不到和原有的词有什么关系，有的和原有的词有关系。这种关系可分为三大类：1) 由于语义引申或语音变化而从旧词产生新词，这些旧词和新词就是通常所说的"同源词"。2) 由原有的词加上词尾而构成新词。3) 由原有的词作为语素而构成新词。无论是哪一类，原有的词和由此而产生的新词之间的关系，我们称之为"亲属关系"。这种关系也是构成词汇系统的一个重要方面，两种不同语言和两个不同历史时期语言中的词的亲属关系，是各不相同的。

关于同源词，王力先生《同源字典》已有全面的论述和研究，此处不再赘述。有一点需要说明：同源词既然是说的词，就不限于"同源字"的范围。那些由于词义引申而产生的新义，只要在词义上和原义相距甚远，那么，即使读音和字形都没有变化，也应该看作形成了新词。这样的新词和旧词也应该看作同源词。如前面说到的"头"(脑袋)和"头"(量词)以及"把"(柄)和"把"(介词)都是。那些由名词—动词、形容词之间互相转化而成的词，无论是否有破读，也都应看作是同源词。如"衣"(名词)和"衣"(动词，读去声)，"医"(名词)和"医"(动词，读音不变)，都是同源词。

同源词是词汇系统的一个重要方面，但它还不是词汇系统的全部。因为如上所述，词汇系统还表现在别的方面。

汉语的同源词系统在汉语的历史发展过程中也是有发展变化的。这种发展变化，不能简单地想象为上古时的同源词系统在后来不断地孳生繁衍，而应该看到：上古时的同源词，有的保留至今，有的消失了；中古和近代又有一些新的同源词产生。情况是比较复杂的。

上古汉语中的同源词到后来消失，首先是由于词义和语音的发展变化。如上古时"厉"有两个意义：1. 带子。《左传·桓公二年》："鞶厉游缨。"注："厉，大带之垂者。"2. 以衣涉水。《诗经·邶风·匏有苦叶》："深则厉，浅则揭。"传："以衣涉水为厉，谓由带以上也。""厉"、"带"均为月部，两词同源。但后来"厉"这两个意义都消失了，"严厉"的"厉"应是另一个词，它和"带"这个词毫无关系。所以，上古时"厉"、"带"这一对同源词到后来已经消失。再如，上古时"直"和"特"都有"仅仅"之义。"特"的"仅仅"之义是由"特独也"之义虚化而来的，而"直"有"仅仅"义只是因为它和"特"音近(两字都是定母，职部，只是"特"为一等，"直"为三等)，所以两词同源。后来由于语言的发展，"特"的"仅仅"义逐渐消失，"直"的读音也和"特"不再相近，不再用"直"来表示"仅仅"之义，所以，上古时"直"、"特"这一对同源词也不复存在，汉语中表"单独、特别"的"特"和表"曲直"的"直"也毫无关系了。

其次，上古汉语中由名词—动词、形容词互相转化而形成的同源词，有一些后来也由于汉语的发展而消失，如上古时"医"(动词)和"医"(名词)是一对同源词，"衣"(名词)和"衣"(动词)是一对同源词，现代汉语中分别说成"医治"和"医生"，"衣服"和

"穿",前者或许可以说成"同根词",后者两个词就无关了。

在上古汉语的一些同源词消失的同时,中古和近代又产生一些新的同源词,如"倚"—"椅","登"—"凳","抛"—"礮","锸(臿)"—"插","擘"—"掰","馨"—"生","没"—"莽"—"摩","鹘突"—"糊涂","惫赖"—"泼赖"等。目前对同源词的研究偏重于上古,对中古和近代的同源词研究还有待于深入。

但总的看来,由孳生而形成新词的这种方式,在上古是一种非常能产的方式,到中古以后,它就逐渐让位给合成这种方式了。这也是汉语词汇系统在历史发展中的一大变化。在近代和现代汉语中,如果要从词的亲属关系方面来考察汉语的词汇系统,主要应把含有同样语素的合成词划为一组。如果仅仅从"同源词"角度来考察,那就只能说某些词是"五百年前同一家"了。

从原有的词和由它充当语素构成的合成词的关系来看,合成词可分为两类。

1) 由两个同义词(或近义词)复合而凝固成的合成词。这种词在中古产生得很快,在合成词中占的比例最大。这种词产生的原因,是因为随着语言的发展,汉语中同音词和一词多义的现象增加,为了区分词义,就要用合成词的方式把意义确定下来,如"镇",既是动词,义为"镇压",又是副词,义为"常常"。为了加以区别,在用作副词时就说成"镇常",这样就不会和动词"镇压"相混了。"抛",有"抛掷"义,有"抛弃"义,单用"抛"这个词不易区分,构成合成词"抛掷"和"抛弃"就不会混淆了。"清"构成合成词"清澈"、"澄清"、"清明"、"清白"等,也是同样道理。

2) 原有的词作为语素构成合成词,原来的词义只起一种提示作用,即合成词的词义不能用语素的意义拼合而成。如"告身"不等于"告"+"身","手力"不等于"手"+"力"。这类词在现代汉语中越来越多,如"电报"、"电线"、"电压"、"电厂"、"日报"、"画报"、"汇报"、"预报"等等。

如果我们不把词的"亲属关系"仅仅限制于同源词,而是全面考察上述诸方面,那么,从词的亲属关系也可以清楚地看到汉语词汇系统的历史变化。

═延伸阅读═

1. 何九盈、蒋绍愚《古汉语词汇讲话》,北京出版社,1980。

2. 罗正坚《汉语词义引申导论》,南京大学出版社,1996。

3. 马真《先秦复音词初探》,见《北京大学百年国学文粹·语言文献卷》,北京大学出版社,1998。

4. 齐佩瑢《训诂学概论》,中华书局,1984。

5. 王力《汉语词汇史》,商务印书馆,1993;曾收入《王力文集》第11卷,山东教育出版社,1990。

6. 张永言《词汇学简论》,华中工学院出版社,1982。

＝问题与思考＝

1. 试说汉语基本词汇与一般词汇的联系与区别。
2. 联系实际谈谈传统训诂学解释词语的原则与方法。
3. 怎样从共时和历时的两个方面把握汉语词汇的词义系统?

＝研究实践＝

1.

研究课题	词义的系统性与词典义项的设置
背景材料	蒋绍愚《古汉语词汇纲要》,北京大学出版社 1989 年 12 月第 1 版 罗正坚《汉语词义引申导论》,南京大学出版社 1996 年 2 月第 1 版 李开《现代词典学教程》,南京大学出版社 1990 年 11 月第 1 版
方法提示	应用系统论的观点,从古汉语常用词中选取一个(或几个)具体的考察对象,通过析字形或求语源以识别其本义,进而理清由其本义到近引申义再到远引申义的逻辑发展顺序,画出词义引申系统图,图中每个义项都选配典型书证。用以指导词典义项的设置,从而为《汉语大字典》、《汉语大词典》等大型字典、词典释义的修订工作提供科学理据。
呈现形式	· 论文,如《论多义词内部的小系统》、《论词典释义的系统性》,《"玄"词义引申系统图》、《"道"词义引申系统图》等。 · 小型学术研讨会 · 写学术札记

2.

研究课题	汉语中哪些虚词由实词变来
背景材料	王力著《汉语史稿》下册、《汉语词汇史》 杨树达著《高等国文法》、《词诠》 北京大学中文系 1955、1957 级语言班编《现代汉语虚词例释》,商务印书馆 1982 年 9 月第 1 版
方法提示	汉语中的虚词很多是从实词虚化而来的。以现代汉语的常用虚词为重点考察对象,逐一回溯它们在古代汉语中的发展演变情况,理清它们由实而虚的线索及其虚实并行与否的事实,为古书阅读和汉语教学提供有益的帮助。
呈现形式	· 论文,如《汉语中介词的由来》、《汉语中连词的由来》,《"于"字用法的历史演变》、《"和"字用法的历史演变》等。 · 小型学术研讨会 · 写学术札记

第五章 语 法

导 论

古代汉语语法是研究古代汉语语法结构规律及其发展变化的学科，在汉语近四千年的发展过程中，哪些新质语法要素产生了，哪些旧质语法要素消亡了，这都是我们要考察的问题。汉语有文字可考的历史是从商代的甲骨文开始的，考察汉语语法的发展也应该从甲骨文开始。

汉语语素绝大多数都是单音节的，不单用时是构词成分，单用时就是词。上古汉语单音节词占大多数，整个汉语词汇发展的趋势是双音节词数量不断增长。汉语里应用最广的构词法是词根复合法，也就是根据句法关系由词根构成复合词，这种构词法跟由词结合为词组的造句法是一致的。汉语里缺乏真正的词缀，词缀附加法在构词上不占重要地位。汉语缺乏形态变化，语音形态构词法很少，如以内部曲折形式构成使动范畴；变调构词也属于语音形态构词法，即一个词通过变换声调而构成具有不同的词汇意义和语法意义的新词。

上古汉语名词有无形态变化，尚无定论。“有”字可加在国名、地名、部族名前面，类似前缀。上古末期，前缀“阿”字产生。现代汉语常用的前缀“老”产生于唐代，它来源于形容词“老”。“子”在上古已有词缀化倾向，魏晋以后逐渐普遍应用起来。另外常见的后缀还有“头”和“儿”。

量词的普及化是汉语发展中的重要特点。从甲骨文开始，名量词逐渐丰富，它们与名词有特定的选择关系，而且作为数词与名词的中介而存在，如“两只羊、五头牛、十匹马”等；也有的使用范围非常广泛，如“枚、个”等。动量词萌芽于汉代，广泛运用于魏晋以后。动量词是汉藏语系特有的语法范畴。数词属于基本词汇，变化较少。发生变化的是称数法和个别数词，如“两、再”等。

代词由古代汉语到现代汉语经历了一个由繁到简的过程，上古第一人称代词有“吾、我、卬、余、予、朕、台”等，第二人称代词有“汝(女)、若、尔、而、乃”等，第三人称代词有“其、之”等。指示代词，近指用“此、兹、斯、是、若、之、时”等，远指用“彼、夫、其、尔”等。疑问代词中，“谁、孰”主要是问人，“何、曷、奚、胡”主要问事物，“恶、安、焉”主要问处所和事理。中古以后淘汰了一些代词，也产生了一些新的代词，如“身、侬”(第一人称),"渠、伊、他"(第三人称),"底"(疑问代词)等。到了近代汉语,人称代词"你",形尾"们",指示代词"这、那",疑问代词"什么、怎么"先后产生,现代汉语代词系统逐渐形成。

动词,上古类似前缀的形式有"爰、曰、言"三字,类似后缀的形式有"思、止"两字。动词词缀"得"来源于动词"得",产生于唐代,普遍运用于宋。完成貌词缀"了"来源于表终了、了结义的"了",形成于晚唐五代。持续动词后面的"着"是进行貌词缀"着"的来源,晚唐五代已有这种表示进行貌的词缀"着"。

上古汉语的形容词有类似前缀的附加成分,如"其"和"有"。"如、若、然、而、尔"则是形容词和副词共用的后缀。另外,近代汉语"底"、"地"和"的"的来源和发展历史也非常值得关注。

介词是古今汉语发生变化最大的一个词类,成员几乎全部更新。上古汉语常用的介词有"于、以、为、与",由于数目少,往往一词多用,翻译成现代汉语,往往现代有几个介词和古代的一个介词相对应。现代汉语的介词都是由古代汉语的动词演变而来的。中古和近代新介词又递有增加,某些旧介词的用法也发生了变化。

连词,上古时期已比较发达,数量多且应用范围广泛,其中有的一直沿用至今,如"然而、何况"等。

拥有大量的语气词,这也是汉语语法的一个特点。印欧语系的语气是由动词的形态变化来表示的,汉语的语气是由句末的虚词来表示的,而且虚词所表示的语气不是一个动词的语气,而是全句的语气。陈述语气,上古汉语用"也、矣",近代汉语用"的、了";疑问语气,上古汉语用"乎、哉、与、耶",近代汉语用"呢、吗、那"。另外还有表示夸张的语气词"里、哩"等。

词序是汉语语法的重要内容。从历史上看,汉语词序没有发生大的变化,这是汉语语法稳固性的最突出的一种表现,如主语在谓语前面,修饰语在被修饰语前面。但也并非没有变化,如一般来说,宾语放在动词的后面,可下面三种情况下的宾语在上古汉语都可以提到动词以前:疑问代词作宾语;名词(或代词)作宾语而又有"是"或"之"字帮助;否定句中代词作宾语。到了中古,这些前置成分渐渐地移到了动词之后,和现代汉语的语序相同了。处所状语和工具状语的位置也曾经发生过变化。

古代汉语有词类活用现象,比较常见的是:名词用如动词;动词、形容词、名词有使动用法;形容词、名词有意动用法;名词用作状语;动词用作状语。

判断句从古代汉语到现代汉语形式上发生了很大的变化。上古汉语判断句一般不用系词,而是在谓语后面用语气词"也"字来帮助判断。也有的判断句在主语后面加"者"字,然后再在谓语后面加"也"字,"者"跟"也"相照应。这两种形式的判断句是上古汉语判断句的典型结构。系词"是"产生得较晚,一般认为是两汉之交的事。

被动式是逐步形成而且形式多样化的，甲骨文中仅有“于”字式，春秋战国之交出现了“为”字式、“见”字式，战国后期“为……所……”式产生，“被”字式汉末出现，并且陆续出现了动词后带宾语、与处置式结合、动词前后成分复杂化等新特点；唐代以后，“被”字式在口语中渐渐占据了优势。近代汉语中，被动句出现了“教”字式、“吃”字式、“给”字式。

处置式是由连动结构发展而来，上古表现为“以”字式，唐代以后又有了“将”字式和“把”字式。

动补结构的产生与发展，是汉语语法史上的一件大事，印欧语里没有跟它相对应的形式。动补结构有四种类型：结果补语、趋向补语、状态补语、可能补语。结构类型不同，产生的时代也各不相同。

汉语方言是汉语历史发展的产物，由于语言发展的不平衡，古代汉语的许多语言现象在各地方言中不同程度地得以保留，因此，方言可以给古代汉语语法研究提供活的资料，可以帮助我们更好地探明古代汉语语法发展的轨迹。结合方言，是深化研究的有效途径，也是当今汉语历时语法研究所致力的方向。

汉语语法研究历史悠久，周秦已有语法意识萌芽。但早期的语法研究着重在虚词，且多融于训诂学当中。中国真正的汉语语法研究是从清末马建忠的《马氏文通》开始的，它是中国第一部系统的文言语法著作。

古代汉语语法涉及的范围非常广，篇幅所限，我们无法面面俱到。有关研究论著更是不可胜数，这里也不可能选录更多。本章所选的七篇论文都是各自领域语言研究的代表作或开山之作，读者可从中学习到一些分析问题和论文写作的方法。

选　文

汉语第三人称代词的起源和发展

郭锡良

导言——

本文原载于《语言学论丛》第六辑（商务印书馆，1980），现选自《北京大学百年国学文粹·语言文献卷》（北京大学出版社，1998）。

作者郭锡良（1930～　），湖南衡山人。著名语言学家，北京大学中文系教授、博士生导师。致力于汉语语法史和语音史研究，著有《汉字古音手册》（1986）、《汉语史论集》（1997）等。

郭锡良《汉语第三人称代词的起源和发展》从第三人称代词系统的角度出发，全面收集材料，采取定量分析的统计方法来观察问题，同时注意结合外语材料和汉语方言材料，从而得出定性分析的结论，并且对传统观点有所修正和发展。文章认为秦汉以前没有真正的第三人称代词："之、其"等指示代词虽然已经向第三人称代词转化，却都没能完全摆脱原来性质的影响，不能作主语。南北朝的第三人称代词新形式"伊"和"渠"是由指示代词发展来的，但还都限于某些方言。现代汉语普通话第三人称代词"他"是由上古的无定代词"他"演变来的，一般说来，只有"他"回指前边已经说到的某人时，才能被确认为第三人称代词，用吕叔湘的话说就是既要专指，又须有定。据此，初唐"他"开始具有第三人称代词的语法功能，盛唐以后正式确立起作为第三人称代词的地位，但和当时别的第三人称代词"渠"、"伊"、"之"、"其"等相比，数量上还处于劣势。此后，"他"的用例越来越多，以至在北方话中逐渐排除了其他第三人称代词，成为唯一的形式。

汉语的第三人称代词起源晚，并经过长期的孕育过程才确立下来。语法学家对这个问题有过一些论述，其中某些结论是大家公认的，某些结论是相互抵牾的，也有一些方面还没有谈到，或者语焉不详，本文试图在前人研究的基础上作一些整理和探索。

一、第三人称代词的起源

殷商时代第三人称代词还没产生。甲骨文中除第一、二人称代词外，还有"之""兹"两个代词，都只作指示代词用。① 例如：

> 余见它(蛇)在之。(《卜辞通纂》434页)
> 贞：今日壬申其雨？之日允雨。(《殷虚文字乙编》3414)
> 兹夕又大雨？兹御。夕雨。(《殷虚书契后编》下，18、13)

从先秦流传下来的古籍看，指示代词"之"和"其"已经向第三人称代词逐渐转化，但还处在孕育的阶段。

"之"作定语时，只具有指示代词的性质。例如：

> 之子于归，宜其室家。(《诗经·周南·桃夭》)
> 若之二士者，言相非而行相反与？(《墨子·兼爱下》)
> 之二虫又何知？(《庄子·逍遥游》)

---

① "其"在甲骨文中用作语气副词，如"邛方其来，王勿逆伐。"这与后代的代词无关。

“之”用作定语，在春秋战国时期，《诗经》中还比较多，共三十八次；其次是《墨子》《庄子》，也有好几处。其他著作，如《孟子》《荀子》只用作宾语，没有用作定语的。这虽然反映出“之”作定语的功能逐渐被别的指示代词（此、是）所取代，但也反映出“之”的指示代词性质仍是确定无疑的。

“之”用作宾语时，不少语法学家往往一律把它看作第三人称代词。确实，先秦很多用作宾语的“之”，已经由指示代词向第三人称代词转化，把它理解成现代汉语的“他”（它），比较顺当。例如：

晋侯饮赵盾酒，伏甲将攻之。（《左传・襄公二年》）

客果有能也，吾负之。（《战国策・齐策》）

白沙在涅，与之俱黑。（《荀子・劝学》）

但是，不少用作宾语的“之”，只有理解为指示代词，才是正确的。例如：

姜氏欲之，焉辟害？（《左传・隐公元年》）

使杞子、逢孙、杨孙戍之。（《左传・僖公三十年》）

齐宣王问曰：“文王之囿方七十里，有诸？”孟子对曰：“于传有之。”（《孟子・梁惠王下》）

例一，“姜氏欲之”，是说武姜要求把“京”这个地方封给共叔段，“欲之”是“要这样”，而不能理解为“要它”。例二，“戍之”是“戍守这里（郑国国都）”，而不是“戍守它”。例三，“有之”是“有这个（记载或说法）”，而不是“有它”。

有些用作宾语的“之”，似乎处于两可状态。例如：

孟尝君顾谓冯谖：“先生所为文市义者，乃今日见之。”（《战国策・齐策》）

宋君令人问之于丁氏。（《吕氏春秋・察今》）

两例的“之”，既可以理解为“它”，也可以理解为“这个”。但“见到的”或“问的”都是抽象的事情，“之”的作用重在指示，而不是重在称代，本质上仍是指示代词。

了解这一点很重要，否则上古有许多用作宾语的“之”不好理解，很容易作出错误的判断。正因为“之”经常指示抽象的事物，意思比较空泛，所以很难说出它是称代什么。例如：

战于长勺。公将鼓之。(《左传·庄公十年》)

齐师败绩。公将驰之。(《左传·庄公十年》)

填然鼓之,兵刃既接,弃甲曳兵而走。(《孟子·梁惠王上》)

例一,"鼓之"是"击鼓进攻齐军",还是"击鼓激励将士"呢?也就是说"之"是称代"齐军",还是称代"鲁军的将士"呢?莫衷一是。其实"之"就是指示"发动进攻"这件事。有的语法书在分析这类句子时说:"'鼓'作动词用,等于'擂战鼓',用不着宾语的,故'之'不能说出它究竟何所指代。"[①]于是认为这种"之"字只是"凑足一个音节",把它强列为小品词。我们认为,需要不需要用宾语,不能根据现代汉语的规律去考察,而应该根据古代汉语是否用,或者用与不用有否差别去考察。这类句子,古代汉语用与不用是有差别的。用"之"是补充说明动词谓语的,决不是毫无实际意义地凑足音节,它是动词的连带成份,不妨叫做宾语。例二,"驰之"不是"赶着兵车",而是"赶着兵车追击齐军","之"是指示"追击齐军"这件事。例三与例一情况相类似。

杨树达先生在一九二九年写定他的《高等国文法》时,改变了他在《词诠》中的看法,不把"之"列入人称代名词,而归入指示代名词一类,认为是表"泛称",[②]这是颇有见地的。

由于"之"是表"泛称"的指示代词,所以前面不一定要出现它所指代的事物名称。例如:

小子识之,苛政猛于虎。(《礼记·檀弓》)

由此观之,则强弱大小可见于前事矣。(《战国策·齐策》)

这种"之"字,当然不能看作是凑足音节的小品词,也不能像有的语法书那样,说它是"探下指代",即指代后文的"苛政猛于虎"等结论。其实,"识之"、"观之"一类的"之",甚至包括后来的"无之"、"顷之"的"之"都是一种泛指,泛指一种道理或情况。

由于不明确"之"的这种泛指作用,过分看重它的第三人称代词的性质,在讲不通时,就只好用"灵活运用"来解释,说它"有时候是说话人本人自称,有时候是指称对话人"。[③] 这就是说,它既是第三人称代词,又可作第一、第二人称用。例如:

---

① 杨伯峻《文言语法》167页(北京出版社,1956版)。

② 杨树达《高等国文法》87~89页(商务1939年版)。

③ 王力主编《古代汉语》326页。

若从君之惠而免之，以赐君之外臣首，首其请于寡君，而以戮于宗，亦死且不朽。(《左传·成公三年》)

士季曰："谏而不入，则莫之继也。会请先；不入，则子继之。"(《左传·宣公二年》)

例一，"免之"的"之"被说成是说话人知䓨自称。例二，"莫之继也"的"之"被说成指对话人赵盾，"则子继之"的"之"又被说成是说话人士季自称。其实这都是不对的。例一"免之"就是免掉被杀戮这件事；例二的两个"之"同是指向晋灵公进谏这件事。这里的"之"都是表泛称的指示代词，而不是人称代词。必须指出，现代汉语的"他"，有时用于委婉的说法，既可以是自称，也可以是指对话人；但我们决不能用现代汉语中的"他"来比附上古汉语的"之"。因为现代汉语的"他"是确定无疑的第三人称代词，而上古汉语的"之"本质上是一个泛指代词；何况所引例句，完全不是什么委婉的说法。特别是第二例，既代"我"，又代"你"，未免太"灵活"了。

"之"还可以用作兼语(宾语兼主语)和复指。用作兼语时，一般可以理解为第三人称代词。例如：

令之俯则俯，令之仰则仰，是似景也。(《墨子·鲁问》)

子谓薛居州，善士也，使之居于王所。(《孟子·滕文公》)

在这里，"之"虽然已具有第三人称代词的性质，但实际上仍未完全脱离指示代词的范畴。因为作为指示代词的"之"，既可指物，也可指人；当指人是指确定的某人时(这个人)，就容易被理解为第三人称代词，这也正是"之"向第三人称转化的客观语言条件。

用作复指的"之"，只能认为是指示代词。例如：

姜氏何厌之有？(《左传·隐公元年》)

父母唯其疾之忧。(《论语·为政》)

鲁颂曰："戎狄是膺，荆舒是惩。"周公方且膺之，子是之学，亦为不善变矣。(《孟子·滕文公上》)

古代汉语中除了用"之"复指，还用"是"复指，如上面引例中的"戎狄是膺，荆舒是惩"。"是"和"之"都是指示代词，决不可以把"之"看作第三人称代词。

总之，春秋战国时"之"已经从指示代词向第三人称代词转化，但并没有完成这一转化过程。为什么说没有完成呢？首先是"之"字用作定语时，只能是指示代词，而用作宾语就把它看成人称代词，缺乏充足的理由。并且用作宾语的"之"能否看作人称代词，情况很复杂，不少人往往是拿现代汉语去对译，把它理解成第三人称代词的。

这是不妥当的。更重要的是,“之”字在汉代以后并没有继续向第三人称代词转化,它的用途有缩小的趋势(下文还要谈到),直到隋唐时代也没有发展成为真正的第三人称代词,而是为后起的真正的第三人称代词“他”所取代。王力先生推测现代汉语的指示代词“这”是由古代的“之”转变来的,①这是有一定根据的。如果真是如此,那么“之”从古到今都是一个指示代词,不过在真正的第三人称代词产生以前,曾在一定程度上起过第三人称代词的作用。

至于“其”,在春秋战国时期的古籍中,一般只用作定语,是一个特指代词,例如:

尔爱其羊,我爱其礼。(《论语·八佾》)
或曰:“以子之矛,攻子之盾,何如?”其人弗能应也。(《韩非子·难一》)
其一能鸣,其一不能鸣。(《庄子·山木》)

这种“其”字相当于现代汉语的“那个”或“那里的”。

自然,“其”字在先秦也已向第三人称代词转化,在某些句子中把它理解成第三人称代词“他(它)的”更顺当一些。例如:

祁奚请老。晋侯问嗣焉。称解狐,其仇也。(《左传·襄公三年》)
是以臣或弑其君,下或杀其上。(《荀子·富国》)
丈夫亦爱怜其少子乎?(《战国策·赵策》)
吾视其辙乱,望其旗靡,故逐之。(《左传·庄公十年》)
是何故也?以亏人愈多,其不仁兹甚,罪益厚。(《墨子·非攻上》)

例一,语译时,“其”只能用“他的”来替代;但后面四例的“其”都可以用“那个”来语译。先秦时,人们可能正是理解为特指代词,不过,我们用现代汉语的观点来看,会觉得译作“他的”更顺当。

先秦的“其”,一般只作定语,不能作其他的句子成分。有些地方很容易被误认为是主语或兼语。例如:

秦人,其生民也狭阨,其使民也酷烈。(《荀子·议兵》)
爱之欲其生,恶之欲其死。(《论语·颜渊》)
吾见师之出而不见其入也。(《左传·僖公三十二年》)
且夫水之积也不厚,则其负大舟也无力。(《庄子·逍遥游》)

① 王力《汉语史稿》中册284页。

《马氏文通》曾把这种“其”看作“读之起词，而居主次，”[1]即认为是主语。杨树达先生不同意，在《刊误》中说道：“有时实是当作‘彼之’二字解。”王力先生也曾指出，“‘其’字后面有一个谓语形式，似乎本身居于主位”，实际上仍是作定语，其意义等于名词后面加联结词“之”字，将整个谓语变成名词性词组。[2] 马建忠的看法确实不正确。这种“其”是将后面的动词或整个谓语形式变成名词性词组，正像古代汉语中的复指代词“之”取消主谓结构的独立性一样（《左传·僖公十四年》：“皮之不存，毛将焉傅？”）。上面三、四两例最富有启示性。例三前面说“见师之出”，后面说“不见其入”；“其入”正是“师之入”。例四前面说“水之积”，后面说“其负大舟”；“其负大舟”即“水之负大舟”。我们决不可用现代汉语的句法结构去套，误认为这种“其”是主语或兼语。在这种句式中的“其”，虽然比较明显地具有第三人称代词的性质，但仍未完全丧失指示的意味。

先秦的“其”，只有在次系是判断句的递系句中，才不作定语，而必须承认它是兼语。例如：

以是知其天也，非人也。（《庄子·养生主》）
人见其禽兽也。（《孟子·告子上》）
何以知其是陈君也？（《穀梁传·桓公六年》）

这种“其”是初系动词的宾语，又是次系名词谓语的主语。但在先秦的古书中这样用例是不多的。这里虽然可以用“他”来语译，但也可以用“那个”；从全面来看，应该认作特指代词，而不是第三人称代词。

总之，代词“其”同“之”一样，原本是指示代词，在先秦虽然已经由特指代词向第三人称代词转化，但也未完成它的转化过程。它的第三人称代词的性质比“之”更弱一些。王力先生主编的《古代汉语》在讲人称代词的时候说：“有时候，‘其’字不能解作‘他的’‘她的’‘它的’，只能解作‘一定的’‘相当的’。在这种情况下，‘其’字已经变为指示代词的性质。”[3]这是没有从历史发展的角度考虑，容易使人误认为“其”是从第三人称代词向指示代词变化。

先秦古籍中，被看作第三人称代词的还有“彼”和“厥”。“厥”和“其”的情况相似（可能是“其”的早期形式），用例比“其”少得多。“彼”是与“此”相对的远指代词，指示性特别强，大多是确定无疑的指示代词，只有极少数例子好像可用现在的第三人称代词理解。例如：

---

① 《马氏文通》卷二。

② 参看王力《中国语法理论》下册8页（中华书局1954年版）。

③ 《古代汉语》上册327页。

彼，丈夫也；我，丈夫也。吾何畏彼哉？（《孟子·滕文公上》）

这是“彼”被看作第三人称代词最典型的例子。句中的“彼”固然可以用现在的“他”来语译，但实际上仍是“那个人”的意思。

全面考察先秦的古籍，“之”“其”“厥”等字虽然在一定程度上具有第三人称代词性质，但没有一个能作主语的。这是因为它们都是从指示代词向第三人称代词转化，都还没有摆脱原来词性的束缚；因此，严格说来，先秦还没有真正的第三人称代词。

第三人称代词为什么起源这样晚呢？这是因为当初人们要谈到某事物时，往往用它的名称，为了避免重复，出现了指代的要求，于是产生了指示代词。这就是“之”原先用作泛指，“其”原先用作特指的客观需要。随着社会的发展和语言交际功能精密化的要求，人们在交谈中多次重复谈到同一个人或物，“之”“其”又被经常用来称代这个人或物，于是开始向人称代词转化，反映出汉语已经迫切需要有表达第三人称的语法形式。第三人称代词产生得晚，并非汉语所独有的现象。某些现代语言仍然反映出这一事实。例如日语的第三人称代词有こてのひと（此の人）、そのひと（其の人）、あのひと（彼の人）和あのかた（彼の方）等六个。ンの，その和あの在日语中是连体词，相当于汉语中作定语的指示代词，分别表示近称、中称和远称；ひと是名词，意思是“人”，かた是表示人的敬称的接尾（词尾）。因此，这六个第三人称代词，实际上是指示代词的性质。再如蒙语，第三人称代词与指示代词完全是相同的形式：①（1）ᠲᠡᠷ（ТЭР）是指示代词，意思是“那、那个”，又作第三人称代词用，理解为“他（她、它）”，随上下文而定。ᠲᠡᠷ（ТЭР）后面加ᠬᠦᠮᠦᠨ（ХУН），意思是“那个人”，也作“他”用。（2）ᠡᠨᠡ（ЭНЭ）也是指示代词，意思是“这、这个”，也可作第三人称代词用；加ᠬᠦᠮᠦᠨ（ХУН）是“这个人”的意思，也作“他”用。（3）ᠡᠳᠡ（ЭД）是复数的指示代词，指在说话者附近的人，意思是“这些人”，也可理解为复数的第三人称代词“他们”（近指）。（4）ᠲᠡᠳᠡ（ТЭД）是复数的指示代词，只能指人，意思是“那些人”，第三人称代词的性质更强。这说明蒙语实际上还没有真正的第三人称代词，与上古汉语的情况很相似。但乌兰巴托在需要用第三人称代词时，一般已很少用ᠲᠡᠷ（ТЭР），而往往要说成ᠲᠡᠷ ᠬᠦᠮᠦᠨ（ТЭР ХУН），反映出指示代词和第三人称代词明确分化的趋势。朝鲜语同蒙语相似，指示代词和第三人称代词也是不分的。

二、“之”“其”的发展和“伊”“渠”的产生

汉以后，“其”的使用范围开始扩大，魏晋以后有取代“之”的趋势；也就是说，原来

① 蒙语第三人称代词的使用情况，请教了北大东语系的楚勒特木同志和倪申源同志。

只能用"之"的地方，逐渐可以用"其"代替。例如：

中山见其诚也，不忍与其战，果下之。(《说苑》卷五)
今夕风甚猛，贼必来烧军，宜为其备。(《三国志·魏书·满宠传》)
云是卿为其计。(《世说新语·言语》)
徒丧身命，为其所困。(《百喻经》卷下)

以上"其"作介词宾语。

可引军避之，与其空城。(《三国志·魏书·陈登传》)
有人遗其双鹤。(《世说新语·言语》)
至城卖之，诸贵长者多与其价。(《百喻经》卷下)
我有一儿，年已十七，颇晓书疏，教其鲜卑语及弹琵琶。(《颜氏家训》卷一)

以上"其"作间接宾语。

可率勉之，令其为善。(《论衡·率性篇》)
鼠本欲杀君而不能，当为使其反死。(《搜神记》卷三)
譬如芝兰玉树，欲使其生于阶庭耳。(《世说新语·言语》)
见其还债，言非我兄。(《百喻经》卷上)
闻其已生，心大欢喜。(《百喻经》卷上)

以上"其"作兼语。

"其"不仅有取代"之"的趋势，而且还可以独立用作主语。例如：

王来省视，依法集僧而问："比丘得道耶？"其便以实答，言是罗汉。(《法显传》)
又问："汝入山何所求？"其便说言，明当七月十五日，欲取桃腊佛。(《法显传》)
若其债时，则称非兄。(《百喻经》卷上)
其于初时虽无净心，然彼其施遇善知识，便获胜报。(《百喻经》卷下)
其若见问，当作依违答之。(《宋书·刘邵传》)

总的来看，到了南北朝时期，"其"除不能独立用作动词的宾语(即"时人见之"、

"弃之河上"等句式仍然只能用"之",不能用"其")外,第三人称代词的其他句法功能都已具备。这说明汉以后"其"继续向第三人称代词转化,南北朝时期在口语中可能已经成为真正的第三人称代词。至于"之"字,反而逐渐丧失了它作为第三人称代词的作用。

南北朝时期第三人称代词的重要变化还在于出现了新的形式"伊"和"渠"。例如:

> 江家伊顾我,庾家我顾伊。(《世说新语》卷中)
> 伊必能克蜀。(同上)
> 使伊去,必能克定西楚。(同上)
> 女婿昨来,必是渠所窃。(《三国志·吴书·赵达传》)
> 无奈人心复有忆,今暝将渠俱不眠。(庾信:《秋夜望单飞雁》)
> 无事交渠更相失,不及从来莫作双。(庾信:《代人伤往》)

《世说新语》中用"伊"十五次,可以出现在主语、宾语、定语、兼语等各种位置;"渠"在南北朝还少见,只在少数著作中能找到一些例证,到唐初才比较流行。

"伊"和"渠"用作第三人称代词,也是从指示代词发展而来的。在《诗经》中,"伊"除了用作句首、句中语气词外,还有用作指示代词的。例如:

> 所谓伊人,在水一方。(《诗经·秦风·蒹葭》)

郑笺:"伊当作繄,繄犹是也。"这是指示代词。"伊"后来如何由指示代词转变为第三人称代词,由于文献中用例太少,不像"之""其"那样可以看得很清楚。

"渠"最先也是用作指示代词。例如:

> 虽与府吏要,渠会永无缘。(《汉乐府·焦仲卿妻》)
> 渠怀之其几何?庶无愧兮庄子。(潘岳:《哀永逝文》)

例一的"渠",有人误认为第三人称代词,注作:"'渠',作'他'解,指府吏。"①这是错误的。"渠会永无缘"的真实意思是兰芝认定她与焦仲卿分别时那个誓不相负的约会永远没有缘分实现了。"渠"是指示代词,相当于现代汉语的"那个"。例二的"渠怀",是"那种深切怀念"的意思。

"渠"的来源,章炳麟在《新方言·释词》中认为是《易·系辞传》"则居可知矣"和

① 北京大学中国文学史教研室《两汉文学史参考资料》555页。

《庄子·齐物论》“何居”的“居”来的，他认为“居”有“此”或“彼”的意思；吕叔湘先生则认为“渠”大概就是‘其’的变式。六朝的非领格的‘其’可能就是传写口语里的渠”。①我们认为，吕先生的意见有一定道理。上面我们曾指出，“渠”在六朝还少见，唐初才盛行；“渠”盛行后，“其”一般不再使用(详见下文)。原因何在呢？这大概是因为“其”字发展到六朝有文白两读，文读随着之部其他字的读音演变了，而用作第三人称代词的白话读音却基本保存古代的读音，跟来自鱼部的“渠”的读音相近或相同了。两个字的语音演变可能是这样的：

其　＊g′ĭə → (文) g′i
　　　　　 → (白) } g′ĭo
渠　＊g′ĭa →　　　}

正因为如此，有人就写作“渠”，但多数人还是用“其”来传写它。到了唐代，接近口语的诗文中便都写作“渠”。这种看法如果能成立，那么“渠”实际上就是上古“其”字的发展；但是应该指出，完成了这一发展过程的可能只限于古代某些方言。

当然，还有另一种可能，“渠”并非从“其”演变过来的，而是跟“伊”一样，同是方言词。刘知几在《史通》中引王邵《齐志》中的话说：“渠们底个，江左彼此之辞，乃若君卿，中朝汝我之义。”②吕叔湘先生曾认为“渠们”可能是“渠伊”之误。③ 可见早在唐以前，人们就已明白指出“渠”“伊”是江南的方言词。从文献来看，“渠”“伊”一般只出现在南朝的作品中，王邵的话，不是没有根据的。再从今天的方言看，也可以得到印证。“渠”“其”“伊”在现代一些方言中使用的大致情况如下：④

渠　广州 $K\Phi y^{23}$　梅县 $k'i^{12}$　南昌 $t\mathrm{ɕ}'i\varepsilon^{24}$　永康 g′ou

其　温州 $g'i^{31}$　阳江 kei^{443}　衡阳 $t\mathrm{ɕ}i^{42}$　宁波 dʑi

伊　绍兴 i^{113}　福州 i^{44}　厦门 i^{55}　潮州 i^{33}　上海 $\mathrm{ɦ}i^{13}$　嘉兴 i

“渠”或“其”仍保存在吴、粤、客、赣、湘等方言区的某些地点，“伊”仍保存在吴方言和闽方言的某些地区，而北方话区域却没有使用的。

三、“他”字的发展过程

现代汉语普通话中的第三人称代词“他”是从上古的指示代词“他”发展来的，这是大家公认的。但是“他”字何时成为第三人称代词，看法却不一致；至于“他”怎样由

---

① 吕叔湘《汉语语法论文集》182页。

② 刘知几《史通·杂说中·北齐书》。

③ 吕叔湘《释您俺咱附论们字》，载华西大学《中国文化研究集刊》第一卷第二号。

④ 除衡阳话为本文作者标音外，绍兴话引自王福堂《绍兴话记音》(载《语言学论丛》第三辑)；上海话引自《江苏省和上海市方言概况》；其他标有调值的均引自北京大学中文系语言学教研室编《汉语方言词汇》；未标调值的均引自赵元任《现代吴语的研究》。

指示代词转变为人称代词的，则很少有人谈到。

杨树达先生是最早提到“他”作人称代词的。在《高等国文法》中“他”字归入指示代名词，但在讲人称代名词时，又附带谈到“他”字用作人称代名词，说是“始于晋宋间”，[①]并举了两个例子：

> 长房曾与人共行，见一书生，黄巾被裘，无鞍骑马，下而叩头。长房曰：“还它马，赦汝〔死〕罪。”人问其故，长房曰：“此狸也，盗社公马耳！”（《后汉书·方术传》）
>
> 他自姓刁，那得韩卢后耶？（《晋书·张天锡传》）

吕叔湘先生也曾认为“他”字作人称代词是从六朝开始的，同样举了上述《后汉书》的例子。[②] 高名凯先生对这一问题作了较多的论述。他认为上古汉语中的“他”字是一个“甄别代名词”，用作第三人称代词“是汉以后的事情”。他同意吕叔湘先生所举《后汉书》的例子，并说：“早期的佛教俗文学也已经用‘他’为第三身代名词，《百喻经》就有不少的例子。”[③]他摘引了如下例句：

> 如彼愚人，代他捉熊，反自被害。
>
> 昔边国人，不识于驴，闻他说言，驴乳甚美。
>
> 往有商人，贷他半钱，久不得偿。
>
> 昔有一人，共他相瞋，愁忧不乐。

还列举了干宝《搜神记》一例：

> 夫人食他一物，而有愧色，适来饮他酒脯，宁无情乎？

王力先生也看到了这些材料，但他不认为第三人称代词“他”是始于六朝，而认为是“起源于唐代”，他正确地指出《后汉书》的例子不是人称代词，“而仍然应该认为是无定代词”。[④] 他所举的最早的例证是《游仙窟》和杜甫的《清明》诗：

> 虽作拒张，又不免输他口子。（《游仙窟》）

---

① 杨树达《高等国文法》66页（商务1939年版）。

② 吕叔湘《汉语第三身代词说》，载华西大学《中国文化研究集刊》第一卷第二号。

③ 高名凯《汉语语法论》303～305页（开明书店1946年版）。

④ 王力《汉语史稿》中册270页。

计时应拒得，佯作不禁他。（同上）

绣羽衔花他自得，红颜骑竹我无缘。（《清明》）

苏联人古里耶维奇（Н. С. Гуревич）着重研究了《百喻经》中的“他”字，他不同意高名凯先生所举的例子是第三人称代词。但却承认：“六朝时期，‘他’逐渐从古代汉语中的指示代词‘别的’（Другой）变为第三人称代词‘他’（он）。”不过“‘他’最通常的作用是不定人称的标志”，“作为人称代词刚在这个时期出现”。[①] 他举了两个用作第三人称代词的例子：

昔有雄雌二鸽，共同一巢……雄瞋雌言：“取果勤苦，汝独食之……”即便以嘴啄雌鸽杀……天降大雨，果得滋润，还复如故。雄鸽见已，方生悔恨。彼实不食，我妄杀他。（《百喻经·二鸽喻》）

“卿等二人，俱为不是。由檀腻鞲口不付汝，当截其舌；由卿见牛，不自收摄，当挑汝眼。”彼人白王：“请弃此牛，不乐剜眼截他舌。”（《贤愚经》）

概括诸家说法，只是两种意见：一种意见认为，“他”字作第三人称代词始于六朝，一种意见则认为始于唐代，到底哪种意见对呢？我们认为，“他”字正式作为人称代词是始于唐代，但六朝是“他”字从指示代词转变为人称代词一个重要的变化阶段。这时“他”通常的用法，既不同于上古的“他”，也不同于唐以后第三人称代词的“他”。

“他”本作“它”，现存先秦古籍中有三种写法：它、他、佗。这是一个无定代词，即指示不确定的事物或人，大多用作定语，也可以用作宾语。例如：

它山之石，可以攻玉。（《诗经·小雅·鹤鸣》）

以他马反。（《左传·宣公十二年》）

他人不知，己独知之。（《墨子·非儒下》）

此无佗故焉。（《荀子·富国》）

王顾左右而言他。（《孟子·梁惠王下》）

然而不可者，无佗也，中无主而不止，外无正而不行。（《庄子·天道》）

公室四分，民食于他。（《左传·昭公五年》）

① N. C. Гуревич《Лнчные местоимения в Китайском языке Ⅲ～Ⅴ$_{BB.}$》（《三至五世纪汉语的人称代词》，载 Краткие Сообщения Института Народов Азни，68（языкознание），Академия наук СССР，1964。（苏联科学院亚洲民族研究所简讯，第68期，1964。）

用作定语时，意义很明显都是"别的"。既可以指物，也可以指人，还可以指时间、地点或表抽象概念的事物。用作宾语时，多指代抽象概念，一般不指代具体事物，更不指代人。"言他"是说别的，"无他"是没有别的原故，"于他"是在别的方面。

我们统计了《尚书》《左传》等十部先秦古籍，共用"他"字184次，除"其他"一语七次不算外，用作定语的144次，用作宾语的33次。在三十三次用作宾语的例中（包括介宾结构），"无他"占十九次（包括"靡它"），"非（匪）他"三次。列表如下：

书名＼项目＼次数	定语（"他人"）	"无他"	"非他"	用作其他动词或介词的宾语	"其他"	共计
尚　书	1					1
左　传	41(2)	4	1	3	3	52
公羊传	4(3)					4
诗　经	17(15)	1	1	2	1	22
论　语	4(1)				1	5
孟　子	16(2)	10		5		31
墨　子	18(2)		1			19
荀　子	30	2		1	1	34
庄　子	3	2			1	6
礼　记	10(1)					10
总　计	144(26)	19	3	11	7	184

考察所有宾语用例，"无他"的意思是"没有别的缘故、情况或办法"；用作其他动词或介词的宾语时，一般是表示别的方面、情况或地方；只有"非他"的例句可能理解成"别人"，①列举如下：

肖同叔子非他，寡君之母也。（《左传·成公二年》）

岂伊异人？兄弟匪他。（《诗经·小雅·頍弁》）

古之今之为鬼，非他也，有天鬼，亦有山水鬼神者，亦有人死而为鬼者。（《墨子·明鬼下》）

《墨子》一例，不可能理解为"别人"，略而不论。《诗经》一例，郑笺："无他，言至亲。"这说明郑玄没有把"他"理解成"别人"，而是理解成"别的关系"。到孔颖达作

① 参考周法高《中国古代语法·称代编》114页。

疏时，由于受唐代语言的影响，反而有点含混不清了，他说："皆王宗族，非有他人，何不燕而亲之。"宋代朱熹作《集传》时，就直接注为："匪他，非他人也。"这是直接把"他"字解释作"别人"，更是误以后代的词义作注了。同样，《左传》一例，因为上下文是指人，语译时可以译作"别人"，但实际上齐使宾媚人是就肖同叔子与齐国国君的关系来说的。两句话的本意应是："肖同叔子不是别的情况（关系），是我们齐国国君的母亲。"总之，统观先秦古籍，"他"字在当时只能作"别的"讲，不能理解成"别人"。

西汉时，"他"字的意义仍然同先秦一样。我们检阅《史记》，本纪、世家、列传部分共用"他"八十九次（其中写作"佗"的八次），①除"其他"两次外，用作定语的八十一次。例如：

> 书缺有间矣，其轶乃时时见于他说。（《五帝本纪》）
> 所以遣将守关者，备他盗之出入与非常也。（《项羽本纪》）
> 赐陆生橐中装直千金，他送亦千金。（《郦生陆贾列传》）
> 必以岑娶为太子，无令他人代之。（《大宛列传》）
> 此无佗故，其祟在龟。（《龟策列传》）

此外，有"他罪""他道""他姬""他言""他礼""他郡""他乐""他女""他国""他子""他公子""他乱""他日""他语""他言""他财物""他物""他袭""他端""他将""他庶子""他官""他事""他业""他兵器""他县""他能""佗小渠""佗奇道""佗利害""佗郡国""佗杂业"等。所有用例，全是"别的"的意思，无一例外。

不用作定语的，只有六次，列举如下：

> 令故美人才人得幸者十人从居。他可。（《淮南衡山列传》）
> 请著功令。佗如律令。（《儒林列传》）
> 有天下而不恣睢，命之曰以天下为桎梏者，无他焉，不能督责，而顾以其身劳于天下之民。（《李斯列传》）
> 其为谨慎，虽他，皆如是。（《万石张列传》）
> 一岁中往来过他客，率不过再三过。（《郦生陆贾列传》）
> 彼韩急则将变而佗从。（《韩世家》）

① 《史记》用例是由徐寒玉同志提供的。补记：后来漆权同志全面查检，《史记》全书用"他"131次，用作定语的117次，用作宾语的4次，用作主语的6次，"其他"3次，"虽他"1次，均作"别的"解。

例一的“他可”，是说奏章中所陈述的“别的事”都可以（认可）。唐司马贞《索隐》：“谓他事可其制也。”例二的“佗如律令”，是说“别的方面”都按照法令规定的。例三的“无他焉”，是说没有“别的原因”。例四的“虽他”，是说即使是“别的方面”。例五是陆贾对他五个儿子说：一年中往来“别的地方”做客，一般不过两三次探望。“过他”是探望“别的地方”。例六的“佗从”，是说韩国被逼急了，会追随“别的国家”。六个用例也都只能理解为“别的”。这里值得注意的是，“他”字可用作主语，如一、二两例，这是在先秦文献中没有发现的。

东汉前期，“他”的意义仍无变化。《论衡》用“他”四十四次，其中作定语的四十一次。例如：

其适自然，非他为也。（《偶会》）

颜渊，他姓也。（《问孔》）

皆论他事，不颂主上。（《佚文》）

此外，“他人”七次，“他日”四次，“他物”“他家”“他气”各三次，“他类”“他草”“他族”“他书”各二次，“他地”“他器”“他姓”“他谷”“他禽兽”“他占”“他言”“他鬼”“他神”各一次。所有用例，都只能理解为“别的”。

用作宾语的三次，列举如下：

儒书言董仲舒读《春秋》，专精一思，志不在他，三年不窥园菜。（《儒增》）

二者皆自有所欲为于他，而伪诱属其民，诚心不加，而民亦悦。（《定贤》）

吕不韦淮南王以他为过，不以书有非。（《书解》）

例一“志不在他”是说董仲舒全部思想集中在读《春秋》上，不在“别的方面”。例二是说齐国田成子和越王勾践收买民心都是在“别的方面”要有所作为，即“专齐政”和“雪会稽之耻”。例三“以他为过”是说吕不韦和淮南王刘安是“别的方面”有过错，不是因为招集门客著了《吕氏春秋》或《淮南子》有什么不对。三个例句的“他”都只能语译为“别的”，用法和意义仍然与先秦相同。

东汉后期，“他”字的用法开始发生变化。当时安息（今伊朗）来中国的和尚安世高翻译《佛说罪业应报教化地狱经》时，用“他”字十次，全应作“别人”解。例如：

论他好丑，求人长短。

吝惜己物，但贪他财。

坐横道作贼，剥脱人衣，使冬月之日，令他冻死。

少小孤寒，无有父母兄弟，为他作使，辛苦活命，长大成人，横罗殃祸。

但是安世高所译别的佛经，用“他”字时，没有作“别人”解的。例如：

慎莫取他人财物。（《佛说分别善恶所起经》）
他人不敢以恶语污之。（同上）
见他人有孝父母敬事长老者。（同上）
其苦万倍于他犁之苦。（《佛说十八泥犁经》）
见他客止，方复瞋恚。（《佛说鬼问目连经》）

以上各例，全只能作“别的”解。特别值得重视的是，《佛说分别善恶所起经》用“他人”十二次，没有一次是用“他”。同时期别的翻译佛经的人，也未见有用“他”作“别人”解的例证。这说明“他”字作“别人”解，可能刚萌芽。《后汉书》虽然成书在南北朝，但《方术传》一例，也可能反映东汉后期“他”字用法变化的开始。

南北朝时期，“他”字虽然仍保存先秦的意义、用法，但用作“别人”的意思已是普遍现象。《百喻经》是反映这一变化例证最多的一部作品，不过，所有这些用例都还不能认作第三人称代词。首先，高名凯先生所引《百喻经》的四个例子，都正像王力先生否定《后汉书》用例时所说的：“并不是前文已经说到某人，后面才用‘它’来指此人，而是一开始就用‘它’。”[1]因此，只能认为是无定代词，当“别人”解。其次，即使前面已经说到某人，后面再用“他”，细心体会前后文，仍然不能认为是第三人称代词。如《搜神记》一例，高名凯先生引自《汉魏丛书》八卷本卷一，为了便于分析，下面把前面的文字也补引出来：

（颜超）乃依辂言而往，果见二人围棋。次，前往，待（侍）从非常赵（衍文）。颜置脯、斟酒于前。其人贪戏，俱（但）饮酒食脯，不顾颜子。饮数巡，已戏终。北边坐者举首，忽见颜在侍立，大怒，叱曰：“何故在此？”颜唯拜之，不对。南面坐人语北面坐人曰：“夫人食他一物，而有愧色；适来饮他酒脯，宁无情乎？”

前面叙述两个下棋的人（南斗、北斗）吃了颜超的酒脯；“夫人食他一物，而有愧色”，显然是发一般议论，并非专指颜超，只能作“别人”解；后面“适来饮他酒脯”的“他”，不过重复前一句的“他”，仍是“别人”的意思。崇文书局《百子全书》本的《搜神记》文字出

① 王力《汉语史稿》中册 270 页。

入较多，没有前面两句，但从前后文的意思来体会，并考虑“他”字在整个六朝时期的使用情况，也还是应当理解作“别人”。古里耶维奇否定了《搜神记》的这个例子，却另引了两个相似的例子认作第三人称代词，其实同样是误解。例如《百喻经》一例，前面是谈到了雄鸽啄杀雌鸽，“我妄杀他”的“他”似乎是指代雌鸽；但是值得注意的是，“彼实不食”的“彼”才确是指雌鸽，“妄杀他”仍是“妄杀别人”的意思。《贤愚经》一例“不乐剜眼截他舌”的“他”同样也是“别人”的意思，对比前面的“当截其舌”的“其”才是第三人称代词。

我们全面考察《搜神记》、《法显传》、《百喻经》使用第三人称代词的情况，都是用“其”和“之”，无一例外；《世说新语》除用“其”和“之”外，还用了“伊”。至于“他”字，在《搜神记》、《法显传》、《世说新语》中除一例应作“别人”理解外，仍然保存先秦的意义和用法，在《百喻经》中既有许多用例与先秦一致，也有大量用作新义的例证。“他”字在这几部书中使用的情况，列表说明如下：①

书名 \ 次数 \ 用法	别的（作定语）	别的（作宾语）	别人（作定语）	别人（作宾语）	别人（作兼语）
搜神记	14	4	1(或 2)		
法显传	1				
世说新语	4				
百喻经	14		10	11	6

从《百喻经》的情况可以看出“他”字在六朝发生了重大变化，由“别的”向“别人”转化，并且用作宾语的也增多了，如果前面已说到某人，“他”字就很容易被误认为指代这“某人”的人称代词。这说明“他”字已经向第三人称代词的方向大大跨进了一步。

到了唐初，“他”字才真正发展成为第三人称代词。例如《寒山子诗集》：

> 可贵天然物，独一无伴侣。觅他不可见，出入无门户。
>
> 逢见一群女……谓言世无双，魂影随他去。

例一，“他”指天然物，例二，“他”指一群女。这两例必须认作第三人称代词，再作“别人”解就太勉强了。但《寒山子诗集》中大多数“他”字用例，还不是第三人称代词。有的只能当“别的”解。如：

---

① 《搜神记》用例是根据商务印书馆 1957 年标点重印的崇文书局《百子全书》本统计的。“或 2”是据《汉魏丛书》本。

何以好识字，识字胜他人。

见他高道人，却嫌诽谤骂。

大多数应作“别人”解，如：

一身无所解，百事被他嫌。

何须杀他命，将来活汝已。

他贤君即受，不贤君莫与。君贤他见容，不贤他亦拒。

少数用例也应理解为“别人”，但容易误认作第三人称代词。例如：

城北仲家翁，渠家多酒肉。仲翁妇死时，吊客满堂屋。仲翁自身亡，能无一人哭！吃他杯脔者，何太冷心腹？

时人见寒山，各谓是风颠……我语他不会，他语我不言。

例一的“他”很近似第三人称代词，易被看作指代前文的“仲翁”，但与前面的“渠家多酒肉”对比，还是应该理解作“别人”。例二的“他”虽然可以理解为指代前文的“时人”，但“时人”本身就是泛指当时的人，“他”没有确指的对象，因此还是“别人”的意思。

与寒山子同时的拾得和尚的诗集中，“他”字只用作“别人”和“别的”，没有用作第三人称代词的。但盛唐成书的《游仙窟》，“他”字的用法与《寒山子诗集》的情况相似，有作“别的”解的，有作“别人”解的，而用作第三人称代词的比《寒山子诗集》多一些，反映出“他”字进一步向第三人称代词转化的趋势。杜甫诗集中的“他”字绝大多数只能作“别的”解，作“别人”解的有两次；王力先生所举杜甫《清明》诗“绣羽衔花他自得，红颜骑竹我无缘”一例，[①]从当时口语中“他”字的发展情况看，自当认作第三人称代词，但也可以当作“别人”解。因为第三人称代词“他”固然可以与“我”相对，而作“别人”解的无定代词“他”同样可以与“我”相对。

初盛唐用作第三人称代词的“他”，大多还与用作“别人”解的“他”没有割断联系，不少用例同杜甫《清明》诗中的“他”一样，仍可勉强理解作“别人”。杨树达先生所举《晋书·张天锡传》一例：

尝大会，温（桓温）使司马刁彝嘲之。彝谓博（韩博）曰：“君是韩卢后

① 《汉语史稿》中册271页。

> 邪?”博曰:“卿是韩卢后。”温笑曰:“刁以君姓韩,故相问焉。他自姓刁,那得韩卢后邪?”

《晋书》是唐初编成的,不能认为是记录晋代的语言;这是受了唐初语言的影响,“他”字是用作第三人称代词,不应该再理解为“别人”。

在盛唐以前“他”字用作第三人称代词的用例中,高适的《渔父歌》一例是最没有疑义的:

> 曲岸深潭一山叟,驻眼看钩不移手。
> 世人欲得知姓名,良久问他不开口。

世人问的是山叟,不开口的也是山叟,这决不能再认为是作“别人”解的无定代词。这个用例很重要,它说明盛唐以前,“他”字确已用作第三人称代词。因此,我们在研究唐代“他”字的使用情况时,必须两方面都考虑到,既不要把用作“别人”解的“他”字误认作第三人称代词,又不可把用作第三人称代词的“他”再理解作“别人”的意思。

我们全面考察一下“他”字和其他第三人称代词在《寒山子诗集》《游仙窟》《李太白全集》和《杜诗详注》中的使用情况,可以得到一些启示。列表如下:

书名 \ 次数 \ 用法	他(别的)			他(别人)			他(人称代词)			渠	伊	之	其
	主	定	宾	主	定	宾	主	定	宾				
寒山子诗集		6		5	10	8			2	13	7	7	3
游仙窟		1		2	2	4	2	1	4	18	1	10	
李太白全集		25					1			2		62	35
杜诗详注	1	49	4			2	1			9		37	88

从上表可以看出,“渠”和“伊”是当时第三人称代词的主要形式,特别是“渠”,《寒山子诗集》和《游仙窟》都用例很多,正反映了这一语言事实。李白、杜甫用字比较遵循古代的规范,所用“其”字可能是传写口语中的渠。“之”字只是保存在书面语中的古代形式。“他”字在初唐主要还是用作无定代词,但已向第三人称代词过渡;盛唐以后,“他”字已确立为第三人称代词,李白、杜甫使用“他”字虽然偏重采取古代的用法,但也透露出当时口语的消息。盛唐以后,除杜甫、高适外,还有一些诗人,如白居易等也把“他”字用作第三人称代词。至于唐代的传奇小说和变文,用例更多。此后,“他”字

在北方话中逐渐排除了其他第三人称代词，成为唯一的形式，一直流传至今。①

综观先秦至唐代汉语第三人称代词的发展过程，可以得出如下几点结论：

（一）汉语第三人称代词起源较晚，周代指示代词“之”、“其”（厥）开始向第三人称代词转化，从某种意义上说具有了第三人称代词的性质，但没有完成其转化过程。

（二）两汉时期，“其”的功能开始扩大，有取代“之”的趋势，但仍没有用作主语的形式。

（三）六朝时期，“其”的功能进一步扩大，并产生了新的形式“伊”和“渠”。这时才有了真正的第三人称代词。“伊”和“渠”也是由指示代词发展来的，“渠”可能就是“其”的口语形式。“伊”和“渠”只保存在南方某些方言中。

（四）现代汉语普通话第三人称代词“他”是由先秦的无定代词“他”演变成的。先秦时代“他”的意义是“别的”，汉末南北朝时期“他”由“别的”演化出“别人”的意思，成为向第三人称代词转变的重要阶段。初唐“他”开始具有第三人称代词的语法功能，盛唐以后才正式确立起作为第三人称代词的地位。

相字偏指释例

吕叔湘

导言——

本文原载于1942年《金陵、齐鲁、华西大学中国文化汇刊》第二卷，现选自《吕叔湘文集》第二卷《汉语语法论文集》（商务印书馆，1990）。

吕叔湘《相字偏指释例》发人之未发，指出“相”字除了表“交互”（如“辅车相依”，辅依车，车亦依辅）之外，还有偏指用法，如“或相倍蓰，或相什百，或相千万”，此为彼之倍蓰或什百千万，则彼不得复为此之倍蓰或什百千万。“相”字偏指用法是由互指用法发展而来，可指称第一、第二、第三人称宾语，而尤以指第二人称居多。“相”字的偏指用法发轫于先秦，两汉渐多，魏晋以后大兴，现代汉语的北京话和方言中还偶见用例。

一　互指与偏指

《诗·行苇》传“内相亲也”疏：“相者，两相之辞”。此义之相自先秦以迄今兹，恒所习用，无待示例。而相字于互指之外复有偏指之用法。所谓偏指，由于句法之差异，亦有二义。

① “他”字何以能取代其他第三人称代词，有待进一步研究。

相字之表交互，其所表之观念为一，而实际表达之句式有二。其一，交互关系存在于A，B两辞之间，“辅车相依”（《左传·僖五》），“安危相易，祸福相生”（《庄子·则阳》）是也。其二，交互关系存在于一辞所包举之各个体之间，“四人相视而笑，莫逆于心”（《庄子·大宗师》），“布帛长短同，则贾相若”（《孟子·滕文公上》）是也。而二者皆有偏指之例。

以一辞之句言，“四人相视而笑”者，彼此相视，彼视此，此亦视彼也；而有非然者，如：

夫物之不齐，物之情也；或相倍蓰，或相什百，或相千万。（《孟子·滕文公上》）

地之相去也，千有余里；世之相后也，千有余岁。（又《离娄下》）

此二人相与，天下至欢也，然而卒相禽者何也？（《史记·淮阴侯传》）

例一，此为彼之倍蓰或什百千万，则彼不得复为此之倍蓰或什百千万；故此句之相不得谓为两相之辞。例二，“地之相去”，舜生于诸冯，文王生于岐周，二地相去也；而“世之相后”，则文王后乎舜，舜不后乎文王。例三，“二人相与”，张耳陈余二人相与也；而“卒相禽”，则张耳擒陈余，陈余未尝擒张耳。此皆一句之内再用相字，而有互与偏之别者。此类偏指，于句法无多影响，非本文所欲言。

兹所讨论者为二辞之句内相字之偏指用法。前举《左传》例“辅车相依”者，辅依车，车亦依辅。然如“其能降以相从也，无滋他族实逼处此，以与我郑国争此土也”（《左传·隐十一》），则谓许从郑，非郑亦从许，相字亦无两相之义。此类偏指用法，先秦经籍不数数见，两汉渐多，魏晋以后滋盛。

二　偏指类例

以形式言，凡互指之句，其A，B两辞互为施受，隐显相俱。偏指之句，A辞施而不受，其隐与显一循句法之寻常则例；B辞受而不施，通例不复标示，一若相字足以相代者。如上举“其能降以相从也”，其义与“降以从我”无殊，而有相字以相指示，则不复标“我”也。

今依A，B两辞之三身区别，分类举例于次：

B辞为第一身（我）。复以A辞之为第二或第三身别之。

［2—1型］　始吾与公为刎颈交；今王与耳旦暮且死，而公拥兵数万，不肯相救。（《史记·张耳陈余列传》）

小生乃欲相吏耶？（《汉书·朱云传》）

易世矣，宜勿复相怨。（又《游侠·原涉传》）

而将军受谮润之言，还相嫌疑。(《吴志·孙坚传》)

国家所以屈诸君使相承望者，以仆有尺寸可称，能忍辱负重故也。(又《陆逊传》)

卿诸人作事如此！不早相语，今祸至方告我，不亦太剧乎？(《蜀志·先主传》，注引孔衍《汉魏春秋》)

一夫有死，皆亮之罪。以此相贺，能不为愧？(《蜀志·诸葛亮传》，注引王隐《蜀记》)

此丞掾之任，何足相烦？(《后汉书·马援传》)

行矣！不能相救，无为两没也。(又《邓晨传》)

足下相难，依据者何经？(《世说·言语》)

萁在釜下燃，豆在釜中泣，"本是同根生，相煎何太急？"(又《文学》)

卿何以相负？(又《方正》)

［3—1型］ 或者人见孤强盛，又性不信天命之事，恐私心相评，言有不逊之志，妄相忖度，每用耿耿。(《魏志·武帝纪》，注引《魏武故事》载自明本志令)

后世谁相知定吾文者邪？(《魏志·陈思王植传》，注引《典略》载植与杨修书)

债家至而相敦，乃取东而偿西。(束晰《贫家赋》，见《全晋文》卷87)

我与季虽无素故，士穷相归，要当以死任之。(《后汉书·冯鲂传》)

B辞为第二身(尔)。复以A辞之为第一或第三身别之。

［1—2型］ 若望仆不相师，而用流俗人之言。(司马迁《报任少卿书》)

又念十金法重，不忍相暴章，故密以手书相晓，欲君自图进退。(《汉书·薛宣传》，与杨湛记)

我以柔弱徵，必选刚猛代；代到将有僵仆者，故相吊耳。(又《何并传》)

子敬，孤持鞍下马相迎，足以显卿未？(《吴志·鲁肃传》)

前已相敕，终不以鞭杖相加，非相欺也。(又《黄盖传》)

适吾有密事，且出就馆，事了别自相请。(又《周瑜传》注引《江表传》)

以卿善射有无，欲相试耳。(又《赵达传》)

天下大器非可稍了，而相观每事欲了。(《晋书·傅咸传》，杨济与傅咸书)

上下如何……王珉相报。(王珉杂帖，见《全晋文》卷20)

故呼巨卿，欲相属以军事，而反效儿女子涕泣乎？(《后汉书·来歙传》)

视子非卖饼者，又相问而色动；不有重怨，即亡命乎？(又《赵岐传》)

汝知悔过伏罪，今一切相赦。(又《冯鲂传》)

今岁垂尽，当选御史，意在相荐，子其宿留乎？(又《韦彪传》)

事克当相用为荆州。(《世说·识鉴》)

卿在府久,比当相料理。(又《简傲》)

若遭遇英雄主,要取万户侯,当厚相报。(《宋书·王镇恶传》)

诸王赠别,有此琵琶,今以相与。(又《张畅传》)

[3—2 型] 京兆尹赵君谢两卿……释质束手,得善相遇。(《汉书·赵广汉传》)

若卿在内俱谏,必当相从。(《晋书·卞壶传》,与温峤书)

吾子少立德行……佥曰之谈,咸以清远相许。(又《王坦之传》,答谢安书)

闻官前逼遣足下甚急,想已相体恕耳。(王献之杂帖,见《全晋文》卷 27)

毅与公同起布衣,一时相推耳。(《宋书·王诞传》)

君家民人甚相忿怨。(又《张畅传》)

B 辞为第三身(之)。复以 A 辞之为第三或第二身别之。

[3—3 型] 宗室近幸臣……不能相教,当皆免削。(《史记·淮南衡山列传》)

关东流民饥寒疾疫,已诏吏……相振救。(《汉书·于定国传》)

禹为人廉裾,为吏以来,舍无食客,公卿相造请,禹终不行报谢。(又《酷吏传·赵禹》)

穆居家数年,在朝诸公多有相推荐者。(《后汉书·朱穆传》)

众论既异,愤愤不得意,而未有以相夺。(又《李固传》)

生子无以相活,率皆不举。(《魏志·郑浑传》)

郗太尉……后朝觐,以王丞相末年多可恨,每见必欲苦相规诫。(《世说·规箴》)

群下见陛下顾遇既重,恐不敢苦相侵伤。(《宋书·庾炳之传》)

[2—3 型] 长卿故倦游,虽贫,其人材足依也,且又令客,独奈何相辱如此?(《史记·司马相如传》)

诚哀老姊垂白随无状子出关,愿勿复用前事相侵。(《汉书·杜业传》)

二年之别,千里结言,尔何相信之审邪?(又《范式传》)

先公勋业如是,君作《东征赋》,云何相忽略?(《世说·文学》)

以上诸例,相字冠于动词,动词之后胥不著受事之辞。然相字亦有先于介词者,如"相为、相与";用于偏指者,以[1—2]型为最多,间有[2—1]型(如下例一),未见 B 辞为第三身者。[1] 其例：

与君共事已来，立朝廷，君之相为匡弼，君之相为举人，君之相为建计，君之相为密谋，亦已多矣。（《魏志·荀彧传》，注引彧别传载曹操与彧书）

本为国家作豫州刺史，不来相为拾弃仗也。（又《贾逵传》，注引《魏略》）

山阳屯送将军所失大封，国家无好金，孤自取家好金，更相为作印。（《魏志·吕布传》，注引《英雄记》）

但相为惜此举动，恐有后悔耳。（《蜀志·费诗传》）

卿可去矣。至洛阳当相为美谈。（《世说·贤媛》）

相与同姓，卿兄犹我兄。（《蜀志·赵云传》，注引云别传）

相与别后，时时暂出耳，不复如往日之时也。（《吴志·潘浚传》，注引《江表传》）

讵得尔？相与似有瓜葛。（《世说·排调》）

复有动词之后自有受事之辞，相字所指有类于所谓“间接宾语”者，如：

诸君相还儿，厚矣；夫人情虽爱其子，然吾怜戬之小，请以陵易之。（《魏志·张范传》；陵，范子；戬，范弟承子）

初受郡遣，但来视章通与未耳。吾用意太过，乃相败章。（《吴志·太史慈传》）

句有偏指之相则受事之辞例不标明，已如上述；因而受事为何，只能由上文推知。如下各组之例，皆以相冠于同一动词，而受事各别者也。

满百乃相闻。（《汉书·游侠传·陈遵》）（2—1）

好自爱，屡相闻。（陆云《与杨彦明书》）（2—1）

自今以后，手书相闻，勿用旁人解构之言。（《后汉书·隗嚣传》，引光武手书）（1—2）

---

[1] 先秦文中无“相为”而有“相与”。其涵义或为“共同”，犹如《孟子》之用“相率”，如：

臧与穀相与牧羊而俱亡其羊。（《庄子·骈拇》）

伯乐教二人相踶马，相与之简子之厩观马。（《韩非子·说林下》）

或为“对往”，则与单用相字无殊，如：

儵与忽时相与遇于浑沌之地。（《庄子·应帝王》）

郑人有相与争年者。（《韩非子·外储左上》）

然皆用于互指（与字应视为动词），无偏指例。

比尔，自相闻也。(王羲之杂帖，《全晋文》卷23)(1—2)

今子相随，是重吾祸也。(《后汉书·范滂传》)(2—1)

吾闻江东……宁肯相随俱至乐土以观时变乎？(《吴志·鲁肃传》，注引《吴书》)(2—1)

吉凶当相随，终不独生活也。(又《孙和传》)(1—2)

其妻亦负戴相随。(《汉书·朱买臣传》)(3—3)

遂令诸女各归报其夫，皆曰，"安所相避。"(《汉书·霍光传》)(1—2)

尔曹若健，远相避也。(《后汉书·赵熹传》)(2—1)

乃至一贯之辞，有连用相字而所指受事不同者，如：

卓怒毖曰，"诸君言当拔用善士，卓从君计……而诸君所用人，至官之日，还来相图。卓何用相负？"(《蜀志·许靖传》)(3—1，1—2)

"还来相图"，图我也；"何用相负"，我何负诸君也。

相字所示受事之辞(B)为何，固非综观上下文未由确定，然大概言之，亦可由施事之辞(A)推得之。以前举诸类之例观之，三类之中，以受事为第二身者为较多，第一身次之；第三身又次之。而以型别言之，则以[1—2][2—1][3—3]三型为最著。故如A辞为第一身，则几于可以断言所隐括之B辞为第二身(1—3型在原则非不能有，而罕见实例)；推之A辞之为第二第三身者亦然，唯机数较差耳。

三　偏指用法之演成

相字之偏指用法，显由其互指用法变化而生，其经过当为如次之阶段：

(a) AB相V^r(^{r}表互及作用)，

上引"辅车相依"诸例属之。

(b) A与B相V^r，如：

我与若不能相知也……然则我与若与人俱不能相知也。(《庄子·齐物论》)

后世其人与人相食与？(《庄子·徐无鬼》)

季辛与爰骞相怨。(《韩非子·内储下》)

(c) A——与B相V^r，如：

逢丑父者，顷公之车右也，面目与顷公相似，衣服与顷公相似。(《公羊

传·成二》)

第中鼠暴,多与人相触。(《汉书·霍光传》)

常与赵王彭祖相非,曰,“兄为王专代吏治事……”赵王亦曰……(《汉书·景十三王传·中山靖王胜》)①

以上(a)为表互指之通常句式,(b)之内容与(a)无异,而形式上增一“与”字;(c)之形式与(b)相同,而意义有间。(b)之A与B并列,(c)则动词之所承以A为主,形式上虽为互指,用意已有所偏。若藉文法术语说之,则(b)之与为连词,而(c)之与为介词也。更进而省略B辞,仅留与字,有如下式,则句之主干显为A—V,实相字由互指流为偏指之枢纽形式也。

(d) A与[B]相V,如:

张博从房受学,以女妻房,房与相亲。(《汉书·京房传》)

夜过半,木城穿,中人却入土城,乘城呼;时康居兵……四面环城,亦与相应和。(又《陈汤传》)

质一入,不得不与曹氏相首尾;与相首尾,则命召不得不往。(《吴志·周瑜传》,注引《江表传》)

若并与字而亦省之,即为通常之偏指句式。然亦得分为两类。其始也,动词仍可视为附有互及作用,其式为

(e) A[与B]相V(r),例如:

其女孙敬,为霍氏外属妇,当相坐。(《汉书·张安世传》)

掩定襄狱中重罪二百余人,及宾客昆弟私入相视者亦二百余人。(又《酷吏传·义纵》)

我与稚季,幸同土壤,素无睚眦;顾受将命,分当相直。(又《孙宝传》)

孙君,丈夫图事,岂有无伴?烈士死,不足相牵耳。(《吴志·胡综传》,注引《吴录》)

迄乎相习既久,则虽动词绝无互及之义,亦袭用相字之式,是为

(f) A相V=AV(B),

第二节诸例属之。此类例句,若标明B辞,易为(c)式,句义率不可通,如云“公拥兵数

① “赵王亦曰”,《史记·五宗世家》作“赵王亦非之,曰”。如依此文,则上句之“常与赵王相非”已为纯然之偏指,与“常非赵王所为”无异矣。

万，不肯与我相救”(2—1型例1)，“独奈何与之相辱如此”(2—3型例1)是也。

以上分别六式：以外形言，则为a|b,c|d|e,f之四段；以意义言，则为a,b|c,d,e|f之三段。惟如此过程仅B辞为第三身之句备之。余两类则原来AB两辞为“尔与我”或“我与尔”，其明白标举者如上引b式例1；然此实罕覯，习惯上皆略而不言，如：

始姬少时与管夫人、赵子儿相爱，约曰，“先贵，毋相忘”。(《史记·外戚世家·高祖薄姬》)

此可视为b之变式(AB仍并列)。然此式极易由互指转为偏指，如：

子夫上车，主拊其背，曰，“行矣！强饭，勉之！即贵，愿无相忘”。(同上《孝武卫皇后》)

句之形式与上例同，然以意义言则(e)或(f)[2—1]型之属也。故B辞为一身二身之句鲜有(c)(d)之过渡形式。

然均之始于(a)式之AB交施而互受者，终于(f)之仅A施而B受；相字之外形依然，而其实质不得不谓为已有若干变易，犹之通衢行车，东西交往，而有时定为单程交通焉。复类列不同阶段之应用同一动词者如次，亦足为比观之资也。

父子不相见。(《孟子·梁惠王下》)(a)

寡君愿与一二兄弟相见。(《左传·襄三》)(c)

见宣甚说其能……还至府，令妻子与相见。(《汉书·薛宣传》)(d)

下有司议，皇太子得与傅太后丁姬相见不？有司奏议，不得相见。(又《外戚传·孝元傅昭仪》)(c,e)

不及黄泉，无相见也。(《左传·隐元》)(b变)

尔为吾子，生毋相见，死毋相哭。(《公羊传·隐三》；＝吾生，尔毋与我相见；吾死，尔毋哭我)(e,f)

若欲就天下而不相见，窃为足下失之。(《史记·郦食其传》)(e,2—1)

光心恐傅太后与政事，不欲令与帝相近。(《汉书·孔光传》)(c)

老臣有四男一女，爱女甚于男，……不胜父子私情，思与相近。(又《张禹传》)(d)

深与统相结而还。(《蜀志·庞统传》)(c)

君何不交欢太尉，深相结。(《史记·陆贾传》)(e)

慕乐德义，思相结纳。(《后汉书·隗嚣传》，引光武手书)(e或f,1—2)

郡国诸豪及长安五陵诸为气节者皆归慕之，涉遂倾身与相待。(《汉书·游侠传·原涉》)(d)

卓重邕才学，厚相遇待。(《后汉书·蔡邕传》)(f)

卓王孙有女文君新寡，好音，故相如缪与令相重而以琴心挑之。(《史记·司马相如传》)(c)

高祖雅相重，申以婚姻。(《宋书·谢景仁传》)(f)

楚司马子成，秦公子蒲与吴王相守。(《吴越春秋》卷四)(c)

吏士思归，不欲久相屯守。(《后汉书·公孙述传》，引光武诏)(e)

相字原来以互指为其本用，何以又演为偏指？虚助字之用法往往因时而变，其动机有未可尽得而明者；然窃疑相字之此种发展与古人应用三身代词之习惯不无关系。先秦文字不避尔我，《诗》《书》诸子皆然。秦汉以降，用君、公、臣、仆等字以相代者浸浸日甚，自非于其亲密或卑幼，不得轻为"尔汝"之称。[①] 相字之为偏指，有藉以省略宾语之用，当为甚有用之方式。是则偏指之相之所以独盛于宾语为第二或第一身之句，不为偶然也。

四　相之词性

今试就相之词性略为申说。《马氏文通》(卷二之六)以相为"互指代字"，其言曰：

互指代字即自与相、交诸字；先于动字，即以表施者受者之为一也。[②]

杨树达于《马氏文通刊误》(79页)正之曰：

按相、交皆状字，非代字。

刘复撰《中国文法讲话》，亦持此解，而为说较详(127节)。其论据有二：一者，从形

① 《孟子·尽心下》篇云，"人能充无受尔汝之实，则义不可胜用也"，此可知战国时尔汝相称已为不敬。

② 此定义颇可议，施受合一与互指实为不相容之二事。自字表施受之为一，然二者既萃于一身，则"互"于何有？相字表相互，然必先有彼此而后有相互之可言，又乌得谓为施受合一？疑"先于动字"前脱"自字"二字。因马氏于本节说明中又有"至动字之前加相字……明施者所指不一，故有交互之行"诸语也。

式言，相字改置动词之后不可通，与自字异；[①]二者，从意义言，表相互之意，可用代词，亦可用副词：英语有 each other 与 one another，然亦有 mutually，相字略与后者相当。

愚案杨刘二君之言是也。马氏盖泥于欧语之有互指代词，因而以汉文之相、交诸字当之。苟离开某种特殊语文而试从一般与抽象的见地言之，则交互之观念初无非以代词表示不可之必要，以副词表示之或更为自然。马氏之说实未免削足适履之病。

然偏指之相，其词性有无变易，似犹可商榷。自形式方面言之，相字之由互而偏，其变甚渐，无截然之界限；互指之相不能置于动词之后，偏指之相亦不能置于动词之后，则仍应列于副词。然自意义方面言之，则偏指之相其内涵实至空洞：互指之相表交施而互受，偏指之相仅表施受之非一。意义既若是其消极，即应失去其存在之理由，盖大多语句皆施受各殊，无待特殊之字为之表示也。然此相字自有其句法上之作用：用此相字则宾语可以从略，且非从略不可。由此点观之，此相字不得不谓为具有一种指代作用，而此种指代作用则寻常皆以代词行之者也。（如《庄子·人间世》“凡交，近则必相靡以信，远则必忠之以言”，即以相与之为互文。）苟以此相字列于副词，则应定为代词性副词（pronominal adverb），若不拘动词前后之形式限制，则亦得径视为一种代词也。

五 相信、相帮

动词之前有偏指之相则宾语隐而不显，此文言之通例。而亦有复出宾语者，如：

> 小蛇谓大蛇曰，“子行而我随之，人以为蛇之行者耳。必有杀子者。子不如相衔负我以行，人必以我为神君也。”乃相衔负以越公道而行。（《韩非子·说林上》）
>
> 昨道诸书，今示卿相见之。（王羲之杂帖，《全晋文》卷23）
>
> 故相报卿知。（《宋书·始安王休仁传》）
>
> 帝将赐之妾，皇后相闻晞妻。（《北齐书·王晞传》）
>
> 此等相抚儿子，咸言府君生汝。（又《苏琼传》）
>
> 誓不相隔卿。（《古诗为焦仲卿妻作》）

---

① 以一字之能否位于动词之后判断其为代词抑副词，不失为一种良好之形式评准。然如以此为准，则自字亦应列为副词，盖文言于动词之后例只用己，不得用自也。刘君谓自字可复原于动词之后，“自寇”=“寇自”，“自煎”=“煎自”，因谓自字乃代词，殊嫌牵强。自字之可否定为代词，或应由其他观点考虑之。

如斯之例，虽载籍所见不多，而语法推衍，事所恒有，未始不可于此中窥其消息。宋人平话中有类此之例：

便将崔宁到宅里相见官人。（京10.8）
免不得买些酒相待他们。（又12.7）
我因无子，相烦你二人说亲。（又13.2）

复检百二十回本《水浒》，得如下诸例：

相烦押司便行此事。（18.24）
便是主人家娘子待怎地？相伴我吃酒也不打紧。（29.21）
我三个若舍不得性命相帮他时……。（15.72）
有劳娘子相陪大官人坐一坐。（24.48）
拿了朴刀，相别曹正，拽开脚步，投二龙山来。（17.5）

同书亦仍有不出宾语者，如：

倒来相扰，多激恼你们。（15.66）
教授远来，我们也对付十来个重五六斤的相送。（15.67）
休要相谢，都是一般客人。（16.91）

然你、我等字本可略而不言。与上举诸例合而观之，则相字显已失其指代之用，仅为无特殊意义之动词前加成分，相烦犹言烦请，相扰犹言打扰，虽无宾语，亦不得与文言之同一形式相提并论矣。

类此之例，近世之语体著作中犹偶一遇之，唯已限于二三特殊动词，不复广泛应用。其例：

或遇着开坛诵经，亲友上祭之日，亦扎挣过来相帮尤氏料理。（《红》64.2）
你而今相与了这个张老爷，何愁没有银子用。（《儒》3.26）

《儒林外史》所用为长江下游官话，其中相与一词迄今沿用；《红楼梦》用北京话，而相帮一词则今日转只见于吴语。以今日而论，此式动词最习见者为相信，其例甚多，不烦列举。然以实际口语言，则仅长江各地方言中通行，北京话及其他北地方言多只用信一字也。

论南北朝以前汉语中的系词

洪　诚

导言——

本文原载于《语言研究》1957年第2期，现选自《洪诚文集》（江苏古籍出版社，2000）。

王力1937年发表了中国的第一篇汉语语法史论文《中国文法中的系词》，他认为在六朝之前，汉语还没有真正的纯粹的系词，系词“是”出现在第三世纪，萌芽于东晋。洪诚教授不同意王力先生的意见，他在《论南北朝以前汉语中的系词》中举了东晋以前的众多例子，除了一般常见的经史子集外，还有一般人少及的传注材料以及辑佚材料，显示了作者深厚的国学功底，在缺乏索引资料的时代，是难能可贵的。对于他所举的用例，王力大都承认，并在撰写《汉语史稿》时有所采纳，把系词“是”的起源时代从六朝提到了一世纪的西汉末、东汉初。洪文还从系统的角度对指示代词“是”之所以能演变成系词的内在、外在因素进行了精辟的分析，并对演变过程提出了自己的看法。同时，他对王力所谈到的“为”作为系词的各种限制条件提出了批评，认为“为”是先秦汉魏时的系词，而“惟”是“为”的前身。汉语系词尤其是“是”字的来源问题一直是汉语史的热门话题，论著很多。主要有：王力《中国文法中的系词》，《清华学报》12卷1期；又载《龙虫并雕斋文集》第一册，中华书局，1980。郭锡良《关于系词“是”产生时代和来源论争的几点认识》，《王力先生纪念论文集》，商务印书馆，1990；又载《汉语史论集》，商务印书馆，1997。汪维辉《系词“是”发展成熟的时代》，《中国语文》1998年第2期。

一、引　言

《马氏文通》说：起、表两词之间无断词为间者，常也。金兆梓氏《国文法之研究》二十一、二十二两节说：当初系词没有造完全，这种虚字可有可无，亦并非绝对不用。他引《檀弓》“夫夫也为习于礼者”为证，所指的时代当然包括周、秦。

这两种说法我认为与上古汉语的情况相符。

王了一先生在《中国文法学初探》和《中国语法理论》中对汉语中系词的发生期和“为”字的系词性有如下几个论点：

1）汉语中只有“是”是系词，它是由代词转来的。“是”之成为系词在第三世纪以后，萌芽于东晋。所举的一个最早的例句是《桃花源记》的“问今是何世”。他认为在此以前只有《史记·豫让传》有"此必是豫让也"这么一句,而这一句是来自《国策》,《国策》里这一句没有"是"字,所以《史记》这个"是"字是后人传写之讹。

2)"为"不是系词,因为"为"在先秦文中,没有像南北朝以后用"是"那样"主格为名词、表词亦具备"的典型用法。在名词性的表词前用"为"要受特殊条件的限制,不像"是"用得那么自由。所谓特殊条件就是《文法学初探》122～124页型卯、型辰、型午所说的那些条件。《孟子·公孙丑下》"周公弟也,管叔兄也",若改为"周公为弟,管叔为兄"就不合先秦的语言习惯。因为除了特殊情形之外,先秦的"为"总带动词性,即是有"作为"的意思。

3)像《禹贡》"厥惟涂泥"这类的"惟",只是和"则"字性质相近的联结词。

我对王先生这些说法有如下几点不同的意见:

1)"是"之成为系词,是由代词变来的,这话极正确。但如果系词是产生在东晋,只隔一两百年就大量运用起来,这种凭空突起的现象是不合理的。考之实际,"是"这个系词在西汉前期就产生了,不始于东晋。

2)"是"怎样由代词转为系词的过程没有讲清楚。

3)看"为"字在上古曾不曾做过系词,要用单句的语法条件来衡量它;不能在单句的结构之外加上很多的限制,时而说它系词性很强,时而又说它不是系词。先秦文有不少的名词句用"为"连系主、谓语。像"周公为弟"这种句子并不违反先秦语法,并非特殊情形。

汉人在名词句中"是,为"并用,不当把"是,为"分作两类。

4)系词性的"为",春秋以前用"惟",战国以后用"为"。以动词而论,"为"与"惟"无关;以表肯定语气与连系作用而论,"为"是替代"惟"的职务而形成系词的。

二、系词和动词的区别

讨论系词的问题,首先要规定:什么叫系词?动词和系词的界限怎样分?这两点不讲清楚,问题就无从谈起。尤其是古代的书面语言,每每各种不同类不同义的词用同一个字来标记,最容易发生误解。如果不从语法上加以分析,是很难说明的。《文通》所谓断词,金氏所谓系词,都是指"是,为"这类的词而言。就其能表示肯定或否定的作用而言,叫做系词。它不是从主语发出来的动作,它毫无动作性,它不是动词,所以别立名称。现代语有这种词,称为系词;上古如果也有这类的词,当然也可以称为系词。现代语系词的定义是:连系主语和谓语,表示主语和表语的同异关系。最典型的句子是具备名词性的主语和名词性的表语。王了一先生曾经用这样的标准给古代语的系词做过检查,我现在还用这个标准来进行研究。

"上古语以不用系词为常,又并非绝对不用。"就在这种可以不用而用的事实上显出它和动词有本质的区别。但它如果用在句子里,毕竟是述说主语的词,所以它和动词又有共同点。它们之间的区别是：1）动词和系词都能受“亦，必，皆，则，即，乃，不”这类副词的修饰。但用动词构成的句子是叙述句，外动词后面跟的是受事者；用系词构成的句子是判断句，它后面带的是表语。就三分法说，“民贵君轻”是描写句，“民为贵，君为轻”是判断句；就二分法说，“民贵君轻”是叙述句，“民为贵，君为轻”还是判断句。（二分法见《中国语法理论》上册136页。）2）动词为实词，在叙述句中不可不用；不用的是省略。一个单句如果具备了主语、宾语或补语，又无别的谓语中参，删去动词，原句就变质，或不成为一个句子。系词是虚词，除掉主、谓语同词如“我为我”的情况，名词句中的系词可以不用；不用不得谓之省略。删去系词，句型不变①。3）省略动词的叙述句，主、谓语之间能加“而”，句末不能加“也”；不用系词的注解句，主、表之间不能加“而”，句末能加“也”。《吕氏春秋·用众篇》“戎人楚言，楚人戎言”，可改为“戎人而楚言，楚人而戎言”；不能改为“戎人楚言也，楚人戎言也”。《尔雅》“绿，王刍”，可改为“绿，王刍也”；不能说“绿而王刍”。4）杨伯峻氏《文言语法》说：一切动词前面都能加“所”字、“能”字、“欲”字；宾语可用“之”；疑问代词作宾语必前置。系词（原文叫连系性的动词）前面不能加“所，能，欲”；表语不可用“之”；疑问代词作表语不前置。5）用“使”字的递系式，它的次系一定用动词。“使”的宾语常省略，次系的动词绝对不能省略（例如“可使足民”）。用“谓”字的递系式，它的次系用的一定是系词。何以知道这个是系词呢？因为“谓甲为乙”或“谓甲曰乙”原来只说成“谓甲乙”，《左传·宣四年》的“楚人谓虎於菟”就是它的原始形式。只有系词才能不用。我们可以把“於菟”当补语看，而所省略的“为”或“曰”绝不是内动词。因为内动词既不可省，而“谓，曰”又不是从“虎”发出的动作。“虎叫於菟”等于“虎名是於菟”。因为“於菟”是呼虎名时叫出来的，所以用“叫”表示“虎”和“於菟”的同一关系。“曰”之得为系词，当作如是观。“虎为於菟”，“为”的动作也不是虎发出来的。说话的人要虎“为”，所以用“为”去联系。如果“为”和“曰”是动词，这里的“虎”便不是它的主语；现在，“虎”要做它的主语，它只好变成系词。我认为“为”之得成系词，是由无主句的“谓……为……”中的“谓”脱落而形成的。从《尔雅》里可以看出这种痕迹。6）在名词谓语前面受副词修饰的“是”，或更有代词在它前头做主语的“是”，一定是系词。因为代词不虚化，不能受副词修饰；“是”本身不丧失指代作用，它本身就是主语，不须再在自己前面用代词作主语。（“此”后之“其”如非偏次，或“其”后无“为”字，亦必转副词。）

① 《左传·昭十九》的“郑国不天”，《墨子·明鬼》的“周书不鬼”，这里的“天”和“鬼”用作动词，并非省略动词。《孟子·万章上》的“牛羊父母”，等于说“牛羊为父母之牛羊”。“为”字固然可以不用，名词性词组的中心词，古语里也常常不出现。（例如《檀弓》的“伯氏不出而图吾君”等于说“……而图吾君之事”。）“牛羊父母”虽然可以意译为“以牛羊与父母”或“牛羊归父母”，它的结构实等于“牛羊为父母之牛羊”，是省略系词和表语词组的中心词，不是省略动词。无论《孟子》所述的这一段是不是《舜典》的佚文，总归不是一般句法。

7）主、表同词，系词不能不用；单音形容词作表语，句末无语气词，系词不能不用。看下面的句例，就可以知道两类词的性质不同：

《墨子·尚同下》：此皆是其义而非人之义。《庄子·齐物论》：欲是其所非而非其所是。（“是”前加“所”加“欲”。）《荀子·解蔽》：是之则受，非之则辞。（“之”做宾语。）《史记·魏其传》：主爵都尉汲黯是魏其。（汲黯和魏其不是同一人。）

上面的“是”都是形容词，用作意动词。

《穀梁·僖元》：何用见其是齐侯也？（“其”代《春秋》经文的齐师。）《史记·豫让传》：此必是豫让也。（用代词“此”作主语，又用“必”修饰“是”。）

上面的“是”是系词。

《论语·雍也》：子游为武城宰。子曰：女得人焉耳乎？曰……（如改作“子游，武城宰也”，便与下文辞气不合。）《宪问》：孟公绰为赵魏老则优。（可改为“赵魏老，孟公绰为之则优”。）《先进》：子路使子羔为费宰。（递系式用“使”字，次系的“为”字一定是外动词。）《左传·昭三》：齐其为陈氏矣！（删去“为”字即不成辞，“为”是外动词。）《孟子·滕下》：是焉得为大丈夫乎？（前有助动词“得。”）

上面的“为”都是动词。

《国语·晋语八》：楚为荆蛮。（“楚”前不能加“使”，“为”前不可加“能”。）《论语·学而》：孝弟也者，其为仁之本与！（足利本没有“为”字，“为”字可不用，是系词。）

上面的“为”都是系词。

我们认清了动词和系词不同的性质，就可以用单句的语法条件来识别它，一切因字形和译义而产生的疑似问题都可解决。

“是”字已成为现代汉语惟一的系词，所以先谈“是”的产生期及其由代词演变的过程。

三、先秦、汉、魏用“是”作系词之例

“是”之成为系词起于汉初，在纪元前一百几十年。像“问今是何世”这样用法的“是”字，在汉、魏可靠的资料中非常多；并且很多是活用法。

《艺文类聚》卷八十三引《竹书纪年》曰：岷山庄王女于桀二女，曰琬曰琰，桀斫其名于苕华之玉，苕是琬，华是琰。（末二句朱王辑校本同。）《韩非子·外储说左上·说三》：此是何种也？《穀梁传·桓六》：何以知其是陈君也[①]？又《僖元》：何用见其是齐侯也？又《文二》：无天者是无天而行也。《汉高祖手敕太子文》：吾以尔是元子，早有立意（《故苑》卷十）。《史记·商君传》：客人不知其是商君也。《史记·豫让传》：此必是豫让也[②]。又《聂政传》：政姊荣……乃於邑曰：其是吾弟与？又《季布传》：朱家心知是季布。又《儒林传》：窦太后好老子书，召辕固生问老子书。固曰：此是家人言耳。褚补《史记·外戚世家》：尹夫人与邢夫人同时并幸，有诏不得相见。尹夫人自请武帝，愿望邢夫人，帝许之。……尹夫人望见之，曰：此真是也。于是乃低头俯而泣，自痛其不如也。《盐铁论·申韩篇》：御史曰：待周公而为相，则世无列国；待孔子而后学，则世无儒墨。文学曰：有国者选众而任贤；学者博览而就善，何必是周公孔子，故曰法之而已。（但法效周、孔；所任所就，何必定是周、孔。）《说苑·敬慎篇》：诚不能慎之，祸之根也；口是何伤？祸之门也。（《丛刊》本伪《家语·观周篇》抄这节也作“口是何伤”，这里没有错字。）包咸《论语章句》：或人以为居位乃是为政。所行有政道，即是与为政同耳。（《为政篇》何氏《集解》引）又：然此但是人之末事耳。（《子张篇》何注引）《论衡·气寿篇》：百岁之命是其正也。又《龙虚篇》：昔有飂叔，宋有裔子曰董父……封诸鬷川，鬷夷氏是其后也。又《谈天篇》：海外西南有珠树焉，察之是珠，然非鱼

---

① 我们姑且不考虑《穀梁》成书是否在荀子以前的问题。无论如何，《穀梁》不会出于汉景帝以后。据凌曙《春秋繁露注·凡例》和杨遇夫《春秋繁露用穀梁传义疏证》，考明汉景帝时董仲舒作《繁露》引用《穀梁》的文义有八条之多（凌注《顺命篇》引庄元年一条包括在杨氏八证之中）。姑且信从王观堂《毛诗故训传》中的“传”成于小毛公之手的说法，毛诗《车攻》和《云汉》传已引《穀梁》文好几百个字。远在董氏前的陆贾，其《新语·道基篇》有《穀梁》书名与佚文。《辨惑篇》引《穀梁·定十年》文，文句相同者近百字，与《左传》、《公羊》异。陈澧只说《穀梁》在《公羊》后，不敢说在汉景帝后。清代反对《穀梁》的公羊家刘逢禄在《穀梁废疾申何》的序里说：“穀梁成书于荀卿申公之时。”

② 司马迁引用古书常改变原文。“此必是豫让也”的“是”并不是后人传写之讹。检核影宋百衲本《史记》，这些句子都有系词。宣、元之际的褚少孙所补的《史记·滑稽列传》：“西门豹曰：巫妪弟子是女子也。”句末虽有“也”字，并不妨碍“是”字的系词性。战国文中“是”字句末用“也”字的太多了，所以汉人文中这一类的句子句末没有“也”字的固然多，句末带“也”字的也很多。

中之珠也。 又《说日篇》：其谓贯之者皆是星也。 又《死伪篇》：杜回……夜梦见老父曰：余是所嫁妇人之父也。

最后这条很重要，《左传·宣公十五年》原文作“余，而所嫁妇人之父也”，王充无意中把“而”字换作“是”字。“而”是代词，“是”是系词。

《论衡·薄葬篇》：如以鬼非人也，则其信杜伯非也；如以鬼是死人，则其薄葬非也。

这条也极重要，如果在先秦，一定写作“如以鬼为死人”，这里却“以”“是”连用。可见汉人把先秦文中很多的“为”解作汉代口语的“是”。“谓……为”等于现在的“说……是”；“以……为”等于“把……当做”或“认为……是”（“认为”实际是从“以……为”来的，等于“认……做”或“认……是”）。《穀梁传》虽把“是”和“为”在系词方面当同义词用，还远不及《论衡》这样广泛。

《论衡·祀义篇》：风伯雨师雷公是群神也。 贾逵《左氏传解诂》：羁是曹君，赤是我之外孙，故戎侵曹，逐羁而立赤。（《左传·庄公二十四年》疏引此文作“贾逵以为云云”，疑是孔疏代述的话，这个例句留作参考。）

班固《汉书·外戚传》用“是”作系词：丞知是何等儿也。许慎《五经异义》用“是”作系词：

社是上公，非地祇，稷是田正。（《礼记》疏卷二十五引） 又：定公是鲁桓公九世孙。（《礼记》疏卷三引）

赵岐《孟子注》用“是”作系词：

凡人与王子岂非尽是人之子也？（《尽心上》自范之齐章注）

赵壹《刺世疾邪赋》用“是”字作系词：

此是命也夫。（《后汉书·赵壹传》）

郑玄的经注、经说[1]用"是"作系词：

此三官是尧时事，舜因禹让，述其前功。（贾公彦《周礼正义》序引《尧典》注） 威仪既简，亦是不享也。（《书》疏引《洛诰》注） 若是周物，何须独宝守。（《周礼·春官·天府》疏引《顾命》注） 有桃诸梅诸是其乾者。（《周礼·天官·笾人》注） 以旋当甬之中央是其正。（《考工记·凫氏》注） 甫是丈夫之美称。（《士冠礼》注） 锢疾，人之所哀；暴之是虐。（《檀弓·岁旱节》注） 言无事而居位食禄是不义而富且贵；无君民之心是思不出其位。（《表记》注） 社稷之神若是句龙柱弃，不得先五岳而食。（《礼记·郊特牲》疏引《驳异义》） 周礼是周公之制，王制是孔子之后大贤所记先王之事。（《王制》疏引《驳异义》） 祝融乃是五祀之神。（《礼记·礼器》疏引《驳异义》） 卒是寿终矣。（《礼记·杂记上》疏引《驳异义》） 赵商问：成王周官是摄政三年事，此周礼是周公摄政六年时。（《周官叙目·保氏》疏引郑志）

魏晋人用"是"作系词：

魏张揖《埤苍》：哳，不知是谁也。（《玉篇》引） 魏博士张融评王肃《圣证论》：士与大夫异者，皆是乱世尚轻凉，非王者之达礼。（《礼记·杂记上》孔疏引） 何晏《论语·里仁篇》注：时有否泰，故君子履道而反贫贱。此则不以其道得之，虽是人之所恶，不可违而去之。 袁晔《献帝春秋》曰：张辽问吴降人：向有紫髯将军，长上短下，便马善射，是谁？降人答曰：是孙会稽。（《三国志·孙权传》注引）

案何注"虽"字在"是"字前，如果"是"作代词，"虽"字必在其后，这是"虽"字用法的通例。根据何晏这个注文看，他没有意识到《论语》原文"是人之所恶也"这一句里的"是"字是代词。

晋杜预《左传注》用"是"作系词：

言取此杂猥之物以资器备是小臣有司之职，非诸侯之所亲也。（《隐五年传》注） 释例推经传日月，癸丑是正月二十六日。（《隐十年经》注） 十二公唯子同是適夫人之长子。（《桓六年经》注）

---

[1] 许慎《五经异义》和郑玄《驳五经异义》，原书已亡，这里根据陈寿祺的辑本征引，并核对孔、贾疏原文。这里面用"是"作系词的句子很多，此处没有全引。

这个句子该重视。先秦文的"以……为",《论衡·薄葬篇》作"以……是";先秦文的"唯……为",杜预作"唯……是"。从这些地方考察,我们如何能否认"为"在上古作系词的事实?

此年经传各自言其事者,或经是直文,或策书虽存,而简牍散落,不究其本末,故传不复申解,但言传事而已。(《庄二十六年传》注) 以季隗是文公托狄时妻,故复让之。(《文六年传》注) 阴侵阳是阳不胜阴。(《昭二十一年传》注)

陈寿用"是"字:

身是张益德也,可来共决死敌。(《三国志·张飞传》。还有例子见《来敏传》和《吕蒙传》,从略。)

四、"是,此,斯"的异同

"是"之成为系词是由代词变来的,王了一先生已有定论,不必重述。我这里只说明它的演变过程。说"是"由代词变为系词,并不能认为系词一个类的形成与代词这一个类有不可分割的关系;不能因为"是"这个代词变为系词就意味着凡是代词都有变成系词的必然倾向;代词总归是代词,"是"之由代词变成系词,自有它本身的内在的和外在的因素;更不能认为"是"变为系词之后,代词里就没有"是"了。

为什么指代词只有"是"字变成系词呢?它的外在的因素是:上古语在主谓语之间常带有音无义的词,有的表肯定语气,有的表提示语气。这些虚词全是舌头音,系词"是"古音也是舌头音。

《尚书·大诰》:尔惟旧人。 又《立政》:惟正是义之。 《仪礼·觐礼》:伯父实来。 《左传·襄十四》:吾令实过。 《国语·晋语九》:吾言实过。 《论语·子罕》:室是远而。 又《季氏》:无乃尔是过与?(这个"是"《经传释词》和《群经平议》的解释最正确。) 《左传·隐十一》:王室而卑矣,天而既厌周德矣。《论语·先进》:所谓大臣者,以道事君,不可则止。《孟子·尽心下》:仁者人也。

语气词"惟"和肯定副词"是"和"实"("实"和"是"又可写作"寔")都是舌音。"而"与"乃"通,它和提示主语的"者",也都是舌头音。在主语和谓语之间的虚词很多是舌头音,舌头音的代词"是"用在两个词语之间,语音环境与之相类似,虚化而为系词,没有丝毫困难。这是它能演变的外在因素。

“斯，此，是”虽然同是指示代词，但单用在两个句子或两个词组之间，它们的用法不是没有区别的。

1）“斯”字有复指作用，它的主要作用是承接两个动句，表示上下两事的因果关系与时间关系；用在两个名词组之间，顶指第一个名词组而以第二个名词组做自己的表语。《论语·尧曰》“因民之所利而利之，斯不亦惠而不费乎？”这里用“斯”字承接上下文。像《论语·里仁》的“贫与贱，是人之所恶也”，《孟子·告子上》的“公卿大夫，此人爵也”，这两句的“是、此”可以互换，只是不能换成“斯”。《论语·学而》“礼之用，和为贵；先王之道，斯为美”，这句的“先王之道”，并不是“斯”字所顶指的；“斯”字的后面也没有名词组做表语。《檀弓》：“曰：华而睆，大夫之箦与？曰：然，斯季孙之赐也。”这句的“斯”字虽有名词组做自己的表语，但头上没有被自己顶指的名词组。解作“此”的“斯”字居偏次和宾次的多，做名词谓语句的主语的仅见。像“公卿大夫，此人爵也”这类的句子，绝不用“斯”。《诗·采薇》“彼路斯何？君子之车”，《释词》不从郑笺训为“此”，而解作“维”，实有卓见。常与“斯”相呼应的句末语气词，是“矣”和“已”，不是“也”。它很早就虚化了，《诗经》曾用它做副词，《论语·微子》有“其斯而已矣”的句子。解作“则”或“乃”的“斯”，通用于《诗经》、《论语》、《檀弓》、《左传》、《孟子》诸书[①]。严格地说，“斯”和“则，乃”也不完全相同：相当于现代语的“就”，用“则，乃”；相当于现代语的“这样，这样就”，用“斯”；相当于现代语“这，这个，这些，这(正是)，这样(正是)”的用“是”。

2）“此”字为纯粹指代词。王了一先生说：“单词表语是形容词，它的主语不用此。”“此”作副词用的很少，也不能直接训为“则”。如果要把《大学》“有德此有人”的“此”解作“则”，一定要读为“斯”(“斯，此”声相近)。

3）“是”字通用于动、形、名三种谓语句。它用在上下两个句子或两个词语之间，表示上下两种事物的同异关系；借用作连词的“则”，是偶然的事。它既有“此”字的复指作用，又有“斯”的承上启下的作用。所以，用“此”字的地方，能换作“是”(“公卿大夫，此人爵也”，“此”可改为“是”)；该用“斯”字的地方，也能用“是”(《檀弓下》“昔者卫国凶饥，夫子为粥与国之饿者，是不亦惠乎？”这里的“是”，等于《论语》的“斯”)。最特殊的，“是”能用它配个“也”字回答问题，“斯”和“此”都没有这种用法。《论语·微子》“是鲁孔丘与？曰：是也”。这个“是也”不能改成“此也”，更不能改成“斯也”；也不能改成“然也”。因为在《左传》、《论语》、《檀弓》、《孟子》

① 在没有“此”字的书里(《论语》没有“此”字，《檀弓》只有一个“此”)，“斯”兼“此”义，因“此”、“斯”同是齿音。《孟子》中除了居偏次的“斯”以外，几乎所有的“斯”都当“则”讲。《左传》全书“斯”字虽不多，但用法和《论语》并没有两样。高本汉的《左传真伪考》(陆译本59～60页)所说，不完全可靠。“斯”字，成七、成八、昭十、哀八有四个；另外，成十三、襄三还有两个。

中，应对副词“然，否，唯，诺”后面不带“也”字，《论语》本章下文就有例证。再进一步看，这个“是也”和“偃之言是也”的“是也”也不同。因为这里不是“尔之言是也”的省文；“偃之言是也”不能说成“是偃之言也”，这里可以解为“是鲁孔丘也”。这两句话，一问一答，语气相承。“是也”的“是”不是形容词，不是应对副词，不是纯粹指代词。它和《史记·豫让传》“我是也”的“是”，《外戚世家》“此真是也”的“是”，以及本章下文“皆是也”的“是”，词性完全相同，充分地显示出肯定作用，它有以指示表肯定的意义。

4）“是”与“斯”的区别很明显，不必再说了；“是”与“此”的区别还有比较说明的必要。根据上文所述的情况，我们可以知道：“此”只等于名词表语句首的“是”（如《孟子·滕文公下》“是非君子之道”），毫无肯定的作用。因为它只有指代的作用，没有是认的作用，所以用单音形容词做表语的句子，表语前面用不上它。像《论语·颜渊篇》“既欲其生，又欲其死，是惑也”这种“是”字，必不能改用“此”（这是王了一先生所说的）。为什么这里不能用“此”呢？因为肯定语气重，形容性的表语才能用单音词；表语既用单音词，如果前面所用的不是语气较强的肯定词，而只是用一个单纯的指代词为其主语，描写力就不足。所以，凡是用单音形容词做表语的句子，这种表语前面不是用“为”字，就是用“是”字，绝不用“此”①。在两个名词组中间的“是”字，已带是认下文的作用，复指力就没有“此”字那样强，所以《孟子》把“王之不王”重述一遍再用“是”字，这显然是肯定语气重，复指作用轻的缘故（“王之不王，非挟太山以超北海之类也；王之不王，是折枝之类也”）。由此可见：“贫与贱，是人之所恶也”的“是”，和“公卿大夫，此人爵也”的“此”，虽然可以互换，它的作用毕竟不完全相同，无怪乎何晏要加“虽”字去说明它了。

我们可以理解用在句子中间的这三个指示代词的区别：“此”字只有复指上文的作用，“斯”字复指带连接作用，“是”字复指带肯定作用。“此”字永远是个指代词，在句中不单独受副词修饰；它偶然也虚化过，那是昙花一现的事②。“斯”字演变为连词，《论语》、《檀弓》用的最多，《孟子》以后的书用的就少了。（《孟子》字数比《檀弓》多几倍，“斯”字在《檀弓》有51见，在《孟子》只有39见。）“是”字在战国后期的人们口头常用。《尚书》三句话不离“惟”，《孟子》三句话不离“是”。（《孟子》用“此”90多次，用“是”240多次。）

“是”字有上述的内在因素，所以很容易演变为系词。

① 先秦文“为大”、“为小”这类用“为”字的句子句末可以不用“也”字；后汉郑玄的《礼记注》“是虐”，《郑志》的“是错”，用“是”字的句子之末也不用“也”字。

② “此”字能作副词用。《诗·桑柔》“胡斯畏忌”，《汉书·贾山传》引作“胡此畏忌”。《词诠》误以贾山所引为诗原文，《高等国文法》不误。

五、"是"由代词演变为系词的过程

《论语·宪问》：何为是栖栖者与？ 《孟子·尽心下》：何以是嘐嘐也？

"是"的后面跟副词，由代词转为副词的修饰词，这是它虚化的开端。"斯"和"此"也有过这样的用法，但没有发展下去。下面的情况就不是"斯，此"所能有的了。

《檀弓》：情在于斯，其是也夫！

前有代词"其"作主语，句法和《史记·豫让传》的"我是也"相同。孔疏说"其事即是"，意谓即是丧之踊。《论语》"其斯而已矣"，"斯"当"如此"讲，副词。后面不能带"也"字。

《论语·微子》：滔滔者天下皆是也。

前加副词"皆"。这个"是"字和《孟子·公孙丑下·陈臻问章》的"皆是也"的"是"不同。那个"是"是形容词，因为上文"之"字后面的"受"字已名词化；这个"是"是肯定词。

《孟子·梁惠王下》：七十里为政于天下者，汤是也。《庄子·齐物论》：地籁则众窍是已。《庄子·天下篇》：其数，一、二、三、四是也。

像"某某是也"这类的句子，先秦文很多。这些"是"字没有一个能改作"此"的①。可以证明它已经失去代词性，变为纯肯定词，"汤是也"合起来做表语。它不是副词，因为副词要修饰别的词，这些"是"字不是名词表语的修饰成分。删去"汤是也"这类的"是"字，句型不变（第一句要写成"天下皆滔滔者也"），可以看出它的虚词性。这些"是"好像已由"这个（是）"变成"是（这个）"。

再拿"此也"和上面的"是也"比较：

《墨子·兼爱上》：故天下兼相爱则治，交相恶则乱。故子墨子曰：不

① 这一类句子里的"是"字，虽然不能改作"此"，但《墨子·明鬼篇》有"此吾所谓鬼神之罚，不可为富贵众强，勇力强武，坚甲利兵者，此也"这样一个句子。第二个"此"字《傅氏文典》译为"是"。这种句例虽极少，正可以从这里看到"是"由代词转变来的痕迹。

可以不爱人者，此也。

这个“此”，指代上文相爱相恶两句，单独带“也”字作表语。上面所引《论》、《孟》、《庄》四个句子的“是”不是指代上文，而是肯定“滔滔者”、“汤”、“众窍”、“一、二、三、四”，和“天下(之人)”、“七十里为政于天下者”、“地籁”、“其数”的同异关系。它既能肯定上文，也就能肯定下文，像“是鲁孔丘与?”的“是”就是肯定下文的。如果把被肯定的词语移到后面，说成：“天下皆是滔滔者也”；“汤是七十里为政于天下者也”；“众窍则是地籁已”；“一、二、三、四是其数也”——“是”就变成纯粹系词。在它没有变成纯粹系词以前，还有“……则是……”的用法。

“是”的前面既能加“皆”，加“其”，变为肯定词，用在句末是认上文；更能加“则”，结成“则是”，用在句中是认下文。这种“则是”表示两种事理上或因果上的同异关系。“则”和“即”同声通用，“则”是副词。如果后面没有连词或副词，“则是”一律当“即是，乃是”讲。赵岐把《孟子·公孙丑下》的“则是”译做“则为”，孔颖达把《周易·井卦》王弼注的“则是”译做“即是”。用“即是，乃是”始于汉人(俱见皇疏本《论语·为政篇》苞注)，先秦只用“则是”。(“乃是”虽见于《墨子·大取篇》，意义究竟不十分清楚。依王氏校改本，该是系词。至于《洛诰》的“女乃是不蘉”，等于说“女乃不勉于是”。“是”乃代词作补语，前置在副位；不是虚词。)

“则是”的性质有两种，我们要加以区别：一种是它后面有连词的，和“则此”同义。

《荀子·天论》：上明而政平，则是虽并世起，无伤也。

“则是”之后有“虽”。前面已经说过了，不能认为“是”转为系词以后，代词这一类就减去了它。这种显然与“则此”同义的“则是”，不去谈它。另一种是后面没有连词的，即是一般的“则是”，它和“则此”好像有相似之点，但实质却截然不同。着重复指上文的用“则此”，“则”是连词；着重是认下文的用“则是”，“则”是副词。经传中“则是”多，“则此”极少，惟《乐记》一见。《墨子》里如《尚贤》、《尚同》、《明鬼》诸篇用“则是，则此”都很多。有的同用在一个句子里，不能互换，就很清楚地显出它们的区别。例如：

《明鬼下》：若神有，则是得吾父母弟兄而食之也，则此岂非天下利事也哉！

这里的“则是”和“则此”显然是不能互换的。又如：

《鲁问篇》：抑越不听吾言，不用吾道，而吾往焉，则是我以义粜也。(粜

义求禄)

上言“吾往”,下言“我桀”,只能用“则是”连系,不能用“则此”复指。“是”字前面加副词“则”,指代性已失,前面再加副词“犹”,虚词性即彻底形成。例如:

《礼记·杂记下》:大夫士将与祭于公,既视濯而父母死,则犹是与祭也①。

这种“是”字和是认上文的“无乃是,皆是”同一性质,却是用在句中作加强语气连系下文的虚词,和一般“则是”是认下文的作用微有不同。它的虚词性,比一般“则是”表现得更突出。尽管《荀子》里还有和“则此”同义的“则是”,但就“是”字演变为系词的过程而论,它变的程度已相当彻底了。因为“是”字已经这样虚化了,所以“是皆穿逾之类也”(《孟子·尽心下》),“是乃仁术也”(又《梁惠王上》),“是岂水之性哉?”(又《告子上》),“是非君子之道”(又《滕文公下》),“是则章子已矣”(又《离娄下》),很容易变为“皆是……”,“乃是……”,“岂是……”,“非是……”,“则是……”。“此”字永远是个代词,它不能有这样的变化。如果把“此皆大夫也”(《公羊·宣十一》)改成“皆此大夫也”,“此”字变为大夫的修饰语;把“此则寡人之罪也”(《孟子·公孙丑下》)改成“则此寡人之罪也”,“此”字还是主语。

先秦文“则是”后面不带名词性的词组,只有下列几种结构。《穀梁》的“则是贤”、“则是正”和《论语》的“是贤乎”、“是惑也”相类似。

《左传·成十三》:东道之不通,则是康公绝我好也。《墨子·公孟》:儒固无此若四政者,而我言之,则是毁也;今儒固有此四政者,而我言之,则非毁也,告闻也。《孟子·梁惠王下》:凿斯池也,筑斯城也,与民守之,效死而民弗去,则是可为也。 又《公孙丑下》:不识王之不可以为汤武,则是不明也;识其不可,然且至,则是干泽也。《穀梁·僖四》:则是正乎?曰:非正也。

先秦“则为”的后面能带名词性的词组,如《孟子·告子上》“今有场师,舍其梧檟,养其樲棘,则为贱场师焉”。秦汉以后“则是”的后面也能带名词性的词组。例如:

① 《小戴记》四十九篇没有汉人的作品,《杂记》又是《小戴记》中较早的文献。此句之“犹”,郑破作“由”,误。孔疏已不从郑。宋胡铨曰:“犹是,言自若也。”江永《礼记训义择言》从胡氏说。犹是当译为仍然。

《穀梁·成二》：以萧同侄子之母为质，则是齐侯之母也。《史记·李斯传》：夫不能修申韩之术，行督责之道，专以天下自适也，而徒务苦形劳神，以身徇百姓，则是黔首之役，非育天下者也。《公羊·襄二十七》：夫负羁絷，执铁锧，从君东西南北，则是臣仆庶孽之事也；若夫约言为信，则非臣仆庶孽之所敢与也。

《墨子·公孟篇》、《史记·李斯传》与《公羊传》三例，"是"与"非"对举，已是纯粹系词的活用法。《论语》无"则是"，《檀弓》只一见，《左传》、《墨子》、《孟》、《荀》、《穀梁》大量运用。这种"则是"应该是"是"这个系词的活用法。纯粹系词只有在大量的活用中才能出现。

除"则是"以外，还有"今是"和"此必是"的用法，比"则是"更近于纯粹系词的形式。因为"则是"的前面不用实体词，更不用代词。代词出现在"是"字前面，不在句末而在句首的，《檀弓》里有"其"字（"其是也夫"），《诗经》、《左传》、《国语》、《墨子》有"今"字，《吕氏春秋》有"此"字。这个"今"，不是时间副词，而是指事代词，与"此，是"同义，《经传释词》有定说。

《诗·十月之交》：今此下民，亦孔之哀。《墨子·天志下》：今是楚王，食于四境之内，故爱楚之人。

这里的"今是"、"今此"同义，都是名词的附加语。

《左传·襄二十九》：裨谌曰：今是长乱之道也。《国语·周语上》：惠王问于内史过曰：是何故？固有之乎？对曰：是皆明神之志者也。王曰：今是何神也？

杨氏《词诠》"今"字条下把《国语》这个"今是"当"此是"讲，这便是有系词的句子；如果把《左传》、《国语》这两个"今是"当"此"讲，这便是不用系词的名词表语句。要是依《左传》、《国语》成书的年代看，杨氏的解释未必可靠，"是"在那个时代还没有用在"主语为名词、表语亦具备"的典型的系词句里。再看《吕氏春秋》的例子：

《吕氏春秋·重言》：……国必有圣人……少顷东郭牙至。管仲曰：此必是已。（"此"字代东郭牙，表语是圣人。） 又《知分》：崔杼不悦，直兵造胸，句兵钩颈，谓晏子曰……子不变子言，则今是已。（高注："已，竟也；言今竟子。"高注大错，这个"已"字和《重言》篇的"此必是已"的"已"相同，为句末语气词。）

这个“今是已”分明就是“此是已”。这个“今是”分明是从《左传》、《国语》成书时代的“今是”演变来的；这个“此必是”和《史记·豫让传》的“此必是豫让也”分明是一样的话。《穀梁传》的“何以知其是陈君也?”和《檀弓》成书时代的“其是也夫!”这两个“其是”也是一样的话。把这些事例排比起来看[①]：

◎贫与贱是人之所恶也(《论语》)
曰是礼也(《论语》)
◎滔滔者天下皆是也(《论语》)
◎是鲁孔丘与(《论语》)
杀是是杀余也(《左·昭二十五》)
◎其是也夫(《檀弓》)
◎吾往焉则是我以义粜也(《墨子·鲁问》)
则犹是与祭也(《杂记下》)
◎袄是生于乱(《荀子·天论》)
◎此必是已(《吕氏·重言》)
◎何以知其是陈君也(《穀梁·桓六》)
◎此必是豫让也(《史记·豫让传》)

“是”字从《论语》的“皆是也”变到《荀子》的“袄是生于乱”和《吕氏春秋》的“此必是已”，产生《穀梁》、《史记》的典型系词句，可谓水到渠成，势所必至。它原来就能带名词表语以复指上文，前面加副词“皆，犹，必”，加强肯定表语的作用；更能加副词“则”是认下文。本身既失去代词性，所以更须用代词做主语来弥补自己的复指作用。“是”字前面能加副词，是它失去指代性的开始；它前面能再用代词做主语，是它系词性的全部完成。到张揖把“是此也”这一条列入《广雅》的时候，当代词讲的“是”已成为雅言了。

六、上古的系词“为”

上古既有纯粹系词“是”，更有以加强语气为主要作用的系词“为”。在纯粹系词“是”没有出现以前，它曾应语言的需要，担任过“是”所担任的职务。只要“为”曾用在名词谓语句的主、表两语之间，我们就得承认它是系词创造过程中的系词之一。先秦文用“为”做系词；汉魏既用“是”做系词，同时也用“为”做系词。

先秦文有不少的名词谓语句是用“为”连系它的主语和表语的，“为”字在那些句

① 句子前面加◎，是表示在演变过程中的重要的句型。

子里并不受王先生所列的条件限制。换句话说，先秦文是有“张先生为吾之友”这种类型的句子的。王先生在《文法学初探》122～124页所列的型卯、型辰、型午的句型条件，有的是语意条件，不是单句中的语法条件；有的正足以表现上古语“为”字的系词性，而王先生反而认为是一种限制。例如疑问代名词做一般外动词的宾语必在动词前，只有做表语在系词后。“子为谁？”的“为”在“谁”字前正是“为”字所以为系词的特征，为什么说这是特殊条件呢？《高僧传》“向耆年是谁耶？”“是”也在“谁”之前。又如“佛是破恶之方，道是兴善之术”，这两个并行句里的“是”王先生承认是纯粹系词，为什么“为”用在并行句，而并行句就是用“为”的特殊条件呢？“为”字在那些句子里，王先生也认为它的系词性很重，当然不是动词。既不是动词，又不是系词，究竟是什么呢？我在这里只用一种标准来辨别“为”字是不是在周、秦、汉、魏曾经担任过“是”的职务，就是只看它所在句是不是名词谓语句。这里既有像王先生所认为的特殊情形，也有像王先生所提出的典型形式。“是”是系词，“为”应该也是系词；“为”不是系词，“是”也应该不是系词。

先说先秦文用“为”连系主语和表语的例子。根据上引《论衡·说日篇》、《薄葬篇》和杜预《左传·桓六年注》的事例，我们知道汉人是用“谓……是”，“以……是”，“唯……是”代替先秦文的“谓……为”，“以……为”，“唯……为”的。从这一点可以证明先秦文这类的“为”字很多不是动词，尤其是“谓……为”，“唯……为”的“为”没有能作动词解的。

> 《论语·学而》：其为人也孝弟，而好犯上者鲜矣；不好犯上而好作乱者，未之有也。君子务本，本立而道生。孝弟也者，其为仁之本与！（“仁”郑本作“人”）

这一章里的第二个“其”和第一个“其”不同，它和“与”相呼应，应该训为“殆”。《穀梁》、《史记》有和它类似的句子。《史记·刺客传》“政姊荣……乃於邑曰：其是吾弟与？”《穀梁·僖元年》“何用见其是齐侯也？”《学而篇》的第二个“其为”与《史记》的“其是”性质相同；但《学而篇》的“其”和《穀梁》的“其”不同，《穀梁》的“其”前接“见”，是代词。“本”的附加成分是“人”或“仁”，不连“为”字读。俞曲园说：“‘其为仁之本与！’之‘为’字乃语词。阮校足利本无‘为’字，语词无实义，故省之耳。‘其为仁之本与！’犹云‘其仁之本与’。”案俞氏不把这个“为”字当动词，说它是语词可省，说明了这个“为”字的实质。像《左传·昭三年》的“齐其为陈氏矣”的“为”就不能省。一个是动词，一个是系词，性质截然不同。

> 《论语·微子》：长沮曰：夫执舆者为谁？曰：为孔丘。又：桀溺曰：子为谁？曰：为仲由。又：丈人曰：四体不勤，五谷不分，孰为夫子？

《左传·文十八》：孝弟忠信为吉德，盗贼藏奸为凶德。　又《宣四》：余为伯儵，余而祖也。　又《襄二十五》：齐庄公以崔子之冠赐人。侍者曰：不可。公曰：不为崔子，其无冠乎？　又《襄二十六》：夫子为王子围，寡君之贵介弟也；此子为穿封戌，方城外之县尹也。　又《襄二十六》：左师曰：谁为君夫人？余胡弗知？　又《昭元》：穆叔赋《采蘩》，曰：小国为蘩，大国省穑而用之，其何实非命？

案《荀子·君道篇》"君者槃也，槃圆而水圆；君者盂也，盂方而水方"，"君者槃也"可改作"君为槃"，"小国为蘩"也可以改成"小国者蘩也"。

《左传·昭元》：故辰为商星，参为晋星。（商，宋。辰是宋之星，参是晋之星。）　又《昭五》：日之数十，故有十时，亦当十位。自王以下，其二为公，其三为卿。……食日为二，旦日为三。（其二所当之位是公位，其三所当之位是卿位。）　又《昭五》：离火也，艮山也……离为火……纯离为牛。

案这个句子和《宣公四年传》的句子表现"为"字的系词性极其突出。在同一句话里，用了"也"就不用"为"；用了"为"，就不用"也"。《宣四年传》的句子，先肯定自己是什么人，再说明和对方的关系。《昭五年传》的句子是先说明"离"的性质，后加以肯定。主谓语之间要停顿的用"也"字，主谓语连续的用"为"字。可见古人虽以不用系词为常，必须用的时候，就不能省。语言是活的，语意有轻重，在文化相当发达的古代中国社会里，作为交际工具的语言，决不会太单调。虽辞书如《尔雅》，句法也有些变化。

《左传·昭十二》：中美能黄，上美为元，下美则裳。

案《经传释词》引王念孙说："能"者，"乃"也。"为"与"乃，则"并列，这是它用作连系主谓语的确证。"则"与"即"通。

《左传·昭十七》：火出，于夏为三月，于商为四月，于周为五月……星孛及汉。汉，水祥也；卫，颛顼之虚也，故为帝丘；其星为大水。

案"火出"为名词性的子句作主语，等于说火出的时候。

《左传·定四》：曹为伯甸，非尚年也。　又《昭十三》：郑，伯男也。

案"男"与"甸"都是服名。两相比较，由"曹为伯甸"可证"郑"字当一顿；由"郑伯男也”，可证“曹为伯甸”是名词句，“为”是系词。事例与上引昭五年与宣四年传正相同。

《左传·哀十七》：余为浑良夫，叫天无辜。《国语·晋语四》：黄帝之子二十五人，其同姓者二人而已，惟青阳与夷鼓皆为己姓。（凡黄帝之子二十五宗，……惟青阳与苍林氏同于黄帝，故皆为姬姓。“青阳”，汪远孙、吴曾祺说当作“玄嚣”。）

案删去“为”字，文义不变，这都是名词句。

《国语·晋语八》：昔成王盟诸侯于岐阳。楚为荆蛮，置茅蕝，设望表，与鲜卑守燎，故不与盟。《檀弓上》：夫夫也为习于礼者，如之何其裼裘而吊也？《墨子·明鬼下》：郑穆公再拜稽首曰：敢问神名。曰：予为句芒。又《耕柱》：为义孰为大务？子墨子曰：譬若筑墙然…… 又《公孟》：子墨子曰：昔者商王纣卿士费仲为天下之暴人，箕子微子为天下之圣人；周公旦为天下之圣人，关叔为天下之暴人。又《公输》：此为何若人？王曰：必为有窃疾矣。《孟子·公孙丑上》、《万章下》：尔为尔，我为我，虽袒裼裸裎于我侧，尔焉能浼我哉！《荀子·天论》：万物为道一偏，一物为万物一偏，愚者为一物一偏；而自以为知道，无知也。《礼记·士昏礼》：敢请，女为谁氏。《吕氏春秋·报更》：而名为谁？又《离谓》：此为国之禁也。又《疑似》：吾为汝父也，岂谓不慈哉！《韩非子·说林下》：民性有恒，曲为曲，直为直。《国策·赵策》：始以先生为庸人，吾乃今日知先生为天下之士也。

这些句子，除晚出的《吕氏春秋》和《国策》，句中用“为”，句末就不用“也”。这些“为”字并不能理解为“成为”或“作为”。“予为伯儵”，“予为句芒”的“为”和《三国志》“身是张益德也”的“是”并无差别。把《国语》里的“楚为荆蛮”改成“楚荆蛮也”，固然与先秦的语言习惯相合；把《孟子》里的“周公弟也”改成“周公为弟”，也并不违反先秦语言的法则。《微子篇》“子为谁?”的“为”在先秦文并不算特殊的用法，在汉魏文更多，所以不能把它和一般外动词的“为”相提并论。

两汉、魏、晋在名词谓语句中既用“是”，也用“为”。汉、魏的人在这种场合，无论是在使用上或理解上，都把“是”当作“为”的同义词，不把它当作“此”的同义词。

《穀梁·隐元》：段，郑伯弟也。何以知其为弟也？杀世子母弟目君。以其目君，知其为弟也。

案《穀梁传》这里的“为”字，和《僖元年传》“何用见其是齐侯也?”的“是”字词性相同。

《史记·赵世家》：重耳为晋文公。又《贾谊传》：孝文初立，闻河南守吴公治平为天下第一。又《仓公传》：意家居，诏召问所为治病死生验者几何人？主名为谁？ 又《李将军传》：是时汉边郡李广、程不识皆为名将，然匈奴畏李广之略。又《匈奴传》：当是之时，秦、晋为强国。又《黥布传》：楚人谓何为腐儒……谓何腐儒。

案“谓何腐儒”与《左传·宣四》“谓乳谷，谓虎於菟”句法相同。因为“为”字作系词，在名词表语前可有可无。

《盐铁论·通有》：燕之涿蓟……三川之二周，富冠海内，皆为天下之名都。《新序·杂事一》：樊姬曰：贤相为谁？王曰：为虞丘子。又《杂事四》：管仲曰：其人为谁？《说苑·辨物》：其在鸟则雄为阳，雌为阴。

《汉书》用“为”在名词句中与《史记》同。句例从略。

《论衡·变虚》：齐君欲禳彗星之凶，犹子韦欲移荧惑之祸也；宋君不听，犹晏子不肯从也，则齐君为子韦，晏子为宋君也。又《感虚》：世称申喜夜闻其母歌心动，开关问歌者为谁，果其母。又《龙虚》：人为倮虫之长，龙为鳞虫之长。俱为物长，谓龙升天，人复升天乎？又《刺孟》：孟子曰：莫非命也，顺受其正。是故知命者，不立乎岩墙之下。尽其道而死者，为正命也；桎梏而死者，非正命也。

案《孟子·尽心上》“正命”前无“为”字，王充增“为”字。“为”与“非”相对。

又《说日》：僖公十六年左氏传曰：星也。夫谓贯石为星，则谓贯为石矣。……且左丘明谓石为星。(“矣”的语气产生于“则”，不是产生于“为”。)又《恢国》：唐虞国界，吴为荒服。郑玄《论语注》：孝为百行之本。(见《孝经·三才章》邢疏引)《论语·公冶长》何晏集解引伪孔注：用意委曲，非为直人。杜预《左传·桓六年经》注：楚为小国，僻陋在夷。

两汉、魏、晋“为”作系词的数量比战国多得多，《公羊》、《史记》、《新序》、《汉书》、《论衡》，所有这些书，凡是用疑问代词“谁”做表语，它的系词一律用“为”。曹魏时张揖的《埤仓》才用“是”。《论衡》里“时，是，为”三个字并用，遇到“谁”字前面也无不用

"为"。这种用法和《论语》一脉相承。

汉人在某种场合把"是"和"为"当作同义词，并非单从翻译着眼。追原其始，《论语》的"为孔丘"和"是鲁孔丘"，孟子的"则是"和"则为"，已经不容易看出有多大区别了。同义词不能到处通用，"是也"当然不能改成"为也"。

七、"为"和"惟"[①]的关系

春秋以后在主语和表语之间用"为"加强语气，春秋以前用"惟"，这两个词有先后交替的关系。

"是"原来是代词，但我们不能以代词的"是"看待系词的"是"；"为"原来是动词，我们也不能以动词的"为"看待系词的"为"。我们也不把"介词"的"乎"当语气词的"乎"。一个词既另生新义，就等于另生一个新词。"惟"本是发语词，它用在不是发语词的地方，我们为何说它是发语词呢？

在两种情况之下，非用系词不可。一种是主语和表语完全相同，像"尔为尔"，"曲为曲"这类句子，中间必用系词；一种是主、表都是名词，句末没有表示判断的语气词，那句中就必得用系词。这两种客观条件的需要是系词产生的唯一的原因。春秋以后，不用系词的句子，在句末用"也"表判断语气；春秋以前像《尚书》，句末没有"也"字(今文《泰誓》不算)，只好用"惟"字在句中表决断语气。否则就要使做主语和表语的两个名词重叠，像《尔雅》里一些句子一样了。这种"惟"是必须的。《尚书》记言很简奥，但名词句中用"惟"的句子还不算少。"予一人"，"尔小人"和"惟予一人"，"汝惟小子"根本不同。

"为"在古代字书里没有训为"是"的；据我所知，训"为"为"是"最早的是清初刘淇。(见闻不足，不敢断定。)但东汉经师确实把这两个词在一定的场合看作同义。"惟"在《尔雅》训"伊"，训"侯"，因而得训"乃"；把它训作"为"的，据王氏《释词》和黄氏《经说略》所举，最早的是《玉篇》。(是不是顾野王的旧义不可知，所谓《原本玉篇·心部》阙。)在《玉篇》以前，东晋人的伪《孔传》早已把"惟"译作"为"。译义虽不可凭，却可以说明这两个词在同样的语法条件下，在不同的时代是担任过同样的职务的。"惟"在句子里所起的某种作用就是后来的"为"所起的作用。虽然不能说"惟"是"为"的前身，但就一个类而言，这两个词前后却有共同的用法。我们能从"惟"看出"为"的非动词性，从"为"看出"惟"不是纯粹发语词。说"为"在系词发展途程中是继承"惟"的一个词，是可以的。例如形容词谓语前，春秋后用"为"，春秋前用"惟"，这就是它们

① 金石文用"隹"，《尚书》作"惟"，《诗》作"维"，《左传》、《论语》作"唯"。引用别的书则各仿原文，《左传》引《诗》、《书》作"惟"，不作"唯"。《论语》引《书》作"惟"，引《诗》作"维"，不作"唯"。至于思惟之"惟"，虽《诗经》亦作"惟"；经维之"维"，虽虢盘亦作"维"(緌)；唯诺一律作"唯"。《诗》、《书》今古文用"维，惟"之例见《说文》段注和冯登府《汉石经考异》，这里不详说。

在用法上的共同点。《左传·僖五年》引的周书"黍稷非馨,明德惟馨"在后世必用"为"或"乃"。

"为"和"惟"的关系类似"是"和"为"的关系;不过"是"和"为"曾在长时期中并用,"惟"字一被"为"所代,就专作表仅副词和句首发语词。(也有少数例外,如《吕氏春秋·序意》"天曰顺,顺维生……"不用"乃"而用"惟"。)

先举"惟"和"为"互用的句例。"惟"字由虚而实,"为"字由实而虚,它们曾在系词的道上相遇。这和"于"与"在"曾在同动词的道上相遇的情况相似。

《叔夷钟》[①]:余命女嗣辞釐邑,造国徒四千,为女敌(嫡)寮……伊小臣隹輔。("輔",孙、王、郭皆读"辅"。伊小臣,郭说即伊尹。)咸有九州,处禹之堵(都)。

案:上文云"为女敌寮",下文云"伊小臣惟辅","惟"和"为"互用。这个"惟辅"的"惟",不是"惟德是辅"的"是":如果要是语助词中参,就变成"辅伊小臣"的意思,因为"惟德是辅"等于"辅有德者"。这个"惟"即《十月之交》"番维司徒"的"维","惟"有"为"义(孔疏说,"其番氏维为司徒之卿")。"为辅"是古人常说的话,如:

《洛诰》:诞保文武受民,乱为四辅[②]。 《诗·閟宫》:大启尔宇,为周室辅。 《左传·僖二十八》:宁武子为辅。 《荀子·成相》:得益、皋陶、横革、直成为辅。("直成"人名,"为"字属下。)

从上面的句子看,"惟,为"互用,实无可疑。"隹輔"的"隹"即"子羔为费宰"的"为"。像《诗经》"番维司徒"这一类的句子到了《论语》、《左传》时代就是"周公为太宰"一类的句子。《诗》、《书》中人名作主语,官名作宾语,主宾语之间有用"维"的,有用"作"的(《尧典下》:"汝作司徒"),《论语》、《左传》以下的书一律改成"为",就可以看出这两个词的承替的关系。

这两个词,在系词方面的地位也是前后相当的。

《诗·生民》:厥初生民,时维姜嫄,……履帝武敏歆,攸介攸止,载震载夙,载生载育,时维后稷。《尚书古文周官残语》:立太师、太傅、太保,兹惟

① 叔夷钟即齐侯镈钟。旧作"叔及",今从郭。郭定此器为齐灵公时物,和鲁襄公之时相当。"国徒四千"的"国"字郭先生近改读为"戜",即"铁"字(见1956年9月8日《人民日报》)。

② 受民,句。据王观堂的《洛诰解》所引的例证,可以断定蔡传的句读是对的,注疏是错的。"乱",章太炎的《王伯申新定助词辩》把它当"终"讲。

三公。(《周礼·地官叙目·保氏》疏引郑志赵商问)《左传·宣四》:以其女妻伯比,实为令尹子文。《吕氏春秋·音初》:辛馀靡振王北济……周公乃侯之于西翟,实为长公。又《原乱》:是为惠公……是为怀公……是为文公。

案"时维,兹惟,实为,是为"同义。《史记》里好几百个"是为某某"和《诗经》、《尚书》的"时维……"、"兹维……"同一句型。"时维,是为",相当于现代语"这就是","维"、"为"同义。同一语法格式绵延千多年,在古代不算一回事。刘邦骂郦食其:"几败乃公事!"卜辞里竟有相类似的句子(见杨遇夫《卜辞求义》)。

《诗·采薇》:彼尔维何?维常之华;彼路斯何?君子之车。(《说文》引作"彼尒惟何"。《释词》说:"斯"犹"维"也。) 又《斯干》:吉梦维何?维熊维罴,维虺维蛇。又《既醉》:其告维何?笾豆静嘉。其类维何?室家之壼。其胤维何?天被尔禄。其仆维何?厘尔女士。又《韩弈》:其殽维何?炰鳖鲜鱼。其蔌维何?维笋及蒲。《石鼓文·乙鼓》:其鱼隹可?隹鲔隹鲤。("隹"同"维","可"同"何"。)《论语·微子》:夫执舆者为谁?曰:为孔丘……子为谁?曰:为仲由。

我们看《诗经》、《石鼓文》和《论语》的句法,一边是"……维何?维……",一边是"……为谁?为……"。"何"和"谁"都是疑问代词,代物用"何",代人用"谁"。前面已经说过,凡疑问代词做一般动词的宾语,一定在动词前;只有做表语在系词后。由此可见:这里的"维"和"为"所处的地位,都是系词的地位。《论语》这几个"为"字都是处在春秋以前用"惟"的地位;是虚词的地位,不是动词的地位。"为"在春秋以前没有这样的用法;"惟"在春秋以后也没有这样的用法。"惟(唯,维)"字不但能用在名词的主语谓语之间,它还和"则"相连构成"则惟(唯)",用在两个谓语之间,与战国诸子中的"则为"和"则是"用法相同。"则惟"见《尚书·多方》,"则唯"见西周寅簋铭文。

《寅簋铭》:……受杂敽行道,乓非正命。乃敢疾绚人,则唯辅天降丧。不廷,唯死①。

"则唯"句孙释作"则为辅天降丧灾"。因为在这种句子里,只能用"则唯,则为,乃惟",不能用"则乃"或"乃则"。("乃则"不成辞,"则乃"《立政》篇一见。)

---

① "寅簋",郭氏释文作"塞盨",列在周宣王的时代。这一节的铭辞,孙、郭两家的释文小有出入;但主要的地方和句读全同。

把“惟”作系词看，在我们会觉得有点陌生，但在晋人看来还很熟习，东晋伪《古文尚书·五子之歌》，有这么两句：“民惟邦本，本固邦宁。”伪古文很多文句有出处，这两句是作者根据《穀梁传·庄十四年》“民者君之本也”的意义自造的。作者不用“为”，而用“惟”，他是很确切地知道像“民，邦之本也”或“民为邦本”这种句子，在《尚书》时代是只能说成“民惟邦本”的。《诗·柏舟》“实维我仪”，郑玄译成“实是我之匹”。他干脆就把“维”解作“是”了。

春秋以后，“非”是否定词，与“非”相对的肯定词用“是”，用“为”。《论衡·气寿》“不能满百者，虽非正，犹为命也”。（“则是，则非”并用的例见《墨子·公孟》。）春秋以前，《尚书》早已用“非”字作否定词。《高宗肜日》“王司敬民，罔非天胤”。《吕刑》“狱货非宝，惟府辜功”。与“非”相对的肯定词用“惟”，常和“非”连用在一个句子里。《康诰》“人有小罪，非眚，乃惟终。乃有大罪，非终，乃惟眚灾”。《多方》“非我有周秉德不康宁，乃惟尔自速辜”。（上二例《释词》引。）《左传·僖五》引《周书》“黍稷非馨，明德惟馨”。肯定与否定并行句，在不用“也”字的书里，用“非”，必用“惟”；在“也”字泛用的书里，有“也”字在句末，“为”字常不用。（《论语·述而》“我非生而知之者，好古敏以求之者也”。《庄子·养生主》“曰：天也，非人也。”）上引《多方》的句例如果在春秋以后，可以说成“非我有周秉德不康宁，乃尔自速辜也”。用在主、表之间的“惟”或“为”的作用只抵得上句末的“也”字。我们正可以从“也”字的作用去看“惟”和“为”的共同性质。

从上述语言实际情况来看，以现代常用的纯粹系词“是”这个词而论，它产生于汉初，流行于东汉；以系词这个类而论，比“是”早的有“为”，“为”以前有“惟”。“惟”是为了加强语气而出现的，性质和它相似的“乃，即，则”都有和它同等的作用。系词的本质是处在主语、表语之间，表明主语、表语的同异关系，只有语法意义，没有词汇意义。但如不加否定副词，它就有肯定作用。因为它能受副词修饰，所以能把它归在动词大类里。像“惟，则，乃，即”用在名词句中没有一个能加“不”的。（《庄子·胠箧》“然则乡之所谓知者不乃为大盗积者也?”“不乃”虽一见，但究竟没有“是不乃仁术也”的句子。）这和后来的“为”和“是”毕竟不同。它们只表肯定作用，否定作用有“非”字担任。就词的本身说，“惟”字不是一个成熟的系词；就这个类来说，肯定否定各有专词，语言上是够用的了。

八、上古系词的性质和种类

上古的系词绝大多数用在非名词谓语句，主要的作用在于加强语气。

上文所举的先秦、汉、魏语言现象只限于典型的系词句。前论代词演变，曾涉及“……则是……”的形式。这种形式虽然秦、汉文可以在后面用实体词词组，但它的主要用途是联系动词谓语或子句。另有“哀公问弟子孰为好学”的“为”，后面跟的也不是实体词。这一类的“是”和“为”位于主谓语之间，有的加强语气，有的表上下两事的同异关系，都只有语法作用，没有词汇意义。例如“小功不税，则是远兄弟终无服也”，有了这个“是”字就肯定了下面这种后果的必然性。“是”是虚词，去掉“是”字语意虽不变，表示“必然”的作用就不够强。“孰为好学”，这里有个“为”字构成形容性的表语句；去掉“为”字就变成叙述句。所以这个“为”字只有改变动词谓语句为形容性的表语句的语法作用，它不是动词。《韩非·外储说》“画孰最难者……孰易者”。这里面就不用“为”字，因为“最难者”和“易者”是名词性的词组做表语，本不须用“为”，如果加个“为”字，句型并不变。可见这种“为”字是虚词。

《左传·桓六》“人各有耦。齐大，非吾耦也”。这里的语气重在句末，所以上句“齐大”不用“为”字。《庄子·齐物论》“天下莫大于秋毫之末，而泰山为小”。庄子这句话，意在齐物，他真在说毫末是最大的，泰山是最小的；并不是说把泰山当做小的。句末语气重，所以用“为”字。

“民为贵”的“为”不是动词。“礼有以多为贵者”(《礼器》)的“为”却是动词，这因为前面有“以”字造成的。由此可知：不与介词“以”连用的“为”，它后面的形容词语，不是宾语而是表语。凡与介词“以”连用的“为”是动词；凡与解作“谓”的动词“以”连用的“为”是系词。把“为”字用在形容性的表语之前，先秦文中很普遍。如“里仁为美”(《论语》)，“虢、郐为大”(《国语·郑语》)，“不知此为不仁不义也”(《墨子·天志下》)，这些“为”字必不能省略。它相当于现代语“是……的”两个词连用，有加强语气的作用。用在非名词句的，比用在名词句的多得多。至于《左传·昭五》的“离为火，纯离为牛”[①]，这些“为”字语气很轻，只有联系作用。比较下面各类的句子：1)“椅，梓。灌木，丛木”，这是《尔雅》的注解句法。2)“坎，水也；坤，土也”(《国语·晋语四》)，这是周、秦以下一般的注解句法。句末有“也”字，停顿比较重。3)如果要变成停顿较轻的句子，就在句中用“为”，去掉句末的“也”字。《左传·宣四》的“余为伯儵，余而祖也”，可以改为“余为而祖，余伯儵也”。哪里用“为”，哪里用“也”，完全由停顿的需要而决定。“离为火”等于“离火也”，“坎水也”等于“坎为水”。不用“为”字的，主谓语分读；用“为”字的，主谓语连读。其差别仅此而已，并无其他。“离为火，坎为水……”只抵得上现代语的“离是火，坎是水……”，可以一连串地说下去，语气极其轻微。所以加强肯定语气的系词也可以起纯粹系词的作用。它用在名词句，看起来不像后来的“是”用得那么自由，这是由于上古语名词句中用系词少的原故。“为”字用得自由不自由，不决定于它自己，而是决定于当时的语言。这诚如王了一先生所说，吸取活的语言滋养不足(见《中国语法理论》

① 这一类的句子，《周易·说卦传》里很多。《说卦》这个篇名已见《史记·孔子世家》。书虽晚出，可并不是汉代人所作。但有些学者却硬说《史记》里“说卦”这两个字是后人加进去的。《左传》既有这类的语言现象，已足够说明问题，所以不引《说卦》，可少费考辨的笔墨。

上册233页）。不过它在古代非名词表语句里用得却相当自由了，因为加强语气是它的主要作用。

总结以上的事例，我们可以说：南北朝以前的系词应分两种：一种是语气系词，一种是纯粹系词。纯粹系词产生于语气系词。现代汉语的系词只有一个“是”字。这个“是”字是战败了很多和它同类的词的优胜者，所以它有两种主要作用：如果用在体词谓语句中间，它的联系作用较为显著；如果用在动词或形容词谓语句中间，它的肯定作用比较突出。（见《中国语文》48期吕叔湘、孙德宣：《助词说略》。）上古汉语的系词不止一个。我们可以按各个词的主要作用把它们分为两类：以表肯定语气为主要作用的叫做“语气系词”，以联系主谓语为主要作用的叫做“纯粹系词”。前者包括“惟，为，乃，则，即”，“为”是主要的；后者只有一个“是”字。语气系词有的也能起联系作用，如“为”；纯粹系词也能有加强语气的作用，如“则是”。

系词在创造未定的过程中，不但在一个长时期内新旧可以并用，就是在一部书里新旧也可以并用。以介词为例，也有同样的情况：《春秋》和金文用“于”；《尚书》通例用“于”，只《金縢》和《酒诰》有几个“於”字；《诗经》“于、乎、於”并用；《左传》“于、於”并用，用“乎”的绝少（高本汉说只有两个，见襄十、昭二十三）[①]；《论语》“於、乎”并用；《孟子》大多数用“於”。关于系词，《史记》、《论衡》、杜氏《左传注》都是“为、是”兼用，《汉书》只用“为”，不用“是”[②]。段玉裁说“于”和“於”在周时是古今字。我们也可以说“为”和“是”在汉代是古今词。

“惟，为，乃，则，即”各有它的特点。一般情况是：甲难得是乙而却是乙，或者，没有料到甲是乙而就是乙，竟是乙，带点感叹口气的，用“乃”。例如“严仲子乃诸侯之卿相也”，“是乃仁术也”。甲不是别的，就是乙，两者有同一性，用“即”。例如“梁父即楚将项燕”。具有某些条件就是乙，用“则”。例如“此则距心之罪也”，“是则章子已矣”。

---

① 金文介词用“于”，不用“於”，见胡小石先生的《甲骨文例》。《春秋经》全部用“于”，在用法上并无私名地名之分。《左传》不过在沿用《春秋》的“于”字以外再加上大批的“於”“于”而已。高本汉不联系《春秋》看《左传》，在《左传》里统计出个“于，於”分用的规律，不可靠。《左传》与《春秋》、《论语》有多方面的内在联系。左氏不像公羊、穀梁那样传《春秋》，所以产生了《左氏》不传《春秋》的说法。如果只从“斯、乎”几个方块字上去考出《左传》与《春秋》作者的学派无关，这叫明察秋毫而不见舆薪。《论语》例不用“于”；除引书而外，本文只有《宪问篇·管仲非仁章》、《季氏篇·齐景公章》用“于”，其余全用“於”或“乎”。“於，于”韵同，声不同；“于，乎”声韵皆同。《左传》之用“于，於”，等于《论语》之用“乎，於”。1957年出土的鄂君启节有介词“於”字。见《文物参考资料》1958年第4期。

② 《汉书》用《史记》成文的地方，据我检核所及，发现有如下的情况，即是：遇到名词谓语句中的系词“是”，都删去；遇到系词“为”，留；遇到意动用法的“是”，也不删。意动用法的“是”，删掉就不通，当然不能删。至于“为”和“是”同属可删的系词，为什么一去一留呢？显然，去的是俗言，留的是雅言。班固对俗言，尤其俗言里的虚词，能不用就不用。

两名共一实，甲被认为是乙，甲名叫乙，用“为”；甲是乙，也用“为”。“惟，乃，则，即”都是副词。在系词流行的时候，它们都作系词的修饰语；在系词不常用的时候，才单用它们在主谓语之间，加强语气。古人本有这么一种习惯：每每只用修饰语，省略中心词。“方五六十里之国”，只说“方五六十”；“灵公为无道之事”，只说“灵公为无道”。所以“即是”只说“即”，“乃是”只说“乃”，在当时是非常自然的。如果上文是句子或动词性的词组，才用得上“则是”。

就系词的发展过程而论，并不是一开始就专为联系主谓语而出现的，联系作用是在表现语气作用之中形成的。纯粹联系作用是在一个词熟用之后肯定语气轻化的结果。“为”如此，“是”也如此。就系词这个类而论，也是表示语气的系词产生在前，纯粹系词产生在后。这并不是说纯粹系词一旦产生，系词的用法跟着就纯粹起来，它淘汰了别的系词，但是别的系词的作用还要以它为核心，通过它去表现。

论上古系词的运用，从句型方面看，名词句不用系词的比用系词的多得多；从系词方面看，用在非名词句的比用在名词句的多得多。既不是纯粹系词产生以后才有系词的活用法，也不是专用的系词未定以前就没有纯粹系词所能表现的句型。典型的系词句的有无，应该以时代为断，不能以某一个后起的系词的有无为断。

自指和转指

——汉语名词化标记“的、者、所、之”的语法功能和语义功能

朱德熙

导言——

本文原载于《方言》1983 年第 1 期，现选自《朱德熙文集》第三卷《汉语语法论文》（商务印书馆，1999）。

作者朱德熙（1920～1992），江苏苏州人。著名语言学家，北京大学中文系教授。致力于现代汉语语法和古文字研究，著有《现代汉语语法研究》（1980）、《语法讲义》（1982）、《语法答问》（1984）、《语法丛稿》（1989）、《朱德熙古文字论集》（1995）等。

《自指和转指》提出了两组概念：“陈述”和“指称”，“自指”和“转指”。指称就是所指，陈述就是所谓。指称形态反映在语法上，是体词性成分，反映在语义上是个名称；陈述形态反映在语法上，是谓词性成分，反映在意义上是个名题。指称和陈述可以互相转化。由陈述形态转化来的指称形态，可分为两种情况，一是自指，一是转指。二者区别在于：自指是纯粹词性的转化，即由谓词性转化为体词性，语义不变；转指，不仅词性发生变化，语义也发生变化，由指行为动作或性质本身转化为指与行为动作或性质相关的事物。运用这两组概念，可以解释一些相关语法现象。“所”和“者”同为名词化标记，却有区别：“所”只能提取宾语，“者”只能提取主语；“所”仅有转指功能，

"者"既有转指功能,也有自指功能。"的"字既能提取主语,也能提取宾语;既有转指功能,又有自指功能。"之"字有自指功能。朱文两组概念的提出,使很多问题因此而得到了解决,对语言研究有很大的影响,丰富和发展了普通语言学理论(陆俭明所列汉语语法学对普通语言学的十大贡献,每一项都与朱德熙有关)。

§1 引　言

汉语和印欧语语法上的显著区别之一,是汉语的动词和形容词两者合称谓词可以直接作句子的主语或宾语而无需改变形式。过去有的语法论著认为主语和宾语位置上的动词、形容词已经转化为名词。五十年代国内"名物化"的说法,六十年代国外的"零形式名词化"(zero nominalization)的说法①都是持这种观点的。我们曾经对名物化的说法作过评论②,这里不重复。我们认为,汉语的动词、形容词本身可以作主宾语,也可以名词化以后作主宾语。不过凡是真正的名词化都有实在的形式标记。所谓"零形式名词化",对于汉语来说,只是人为的虚构。

本文打算分析现代汉语的"的"和古汉语的"者、所、之"等名词化标记的性质,并且从语法功能和语义功能两方面比较其异同。

§2 自指和转指

2.1　从语义的角度看,谓词性成分的名词化有两种。第一种单纯是词类的转化,语义保持不变。例如英语形容词 kind 加上后缀-ness 之后,转化为名词 kindness; kindness 和 kind 的词汇意义是一样的,后缀-ness 没有给词根 kind 添加新的意义。所以在词典里,kindness 可以附在 kind 之下,注明词类,无须另外释义。第二种除了词类的转化以外,词义也发生明显的变化。例如英语动词 write 加上后缀-er 转成名词 writer。writer 和 write 不仅词类不同,意义也不一样。因此词典里在 writer 下边必须另行释义(如 someone who writes 之类),不能只注明词类就算完事。前一种名词化造成的名词性成分与原来的谓词性成分所指相同,这种名词化可以称为自指;后一种名词化造成的名词性成分与原来的谓词性成分所指不同,这种名词化可以称为转指。

上文说英语后缀-ness 没有给词根添加新的意义,这倒不是说 kindness 和 kind 的意义毫无区别,只是说自指意义(kindness)只跟谓词自身(kind)的意义相关,而转指意义则跟谓词所蕴含的对象相关(例如 writer 指动作的施事,employee 指动作的受事)。

---

①　Hashimoto Anne Yue(1966), Embedding Structures in Mandarin, P. O. L. A, Ohio State University. Paris, Marie-Claude(1979), Nominalization in Mandarin Chinese.

②　《关于动词形容词"名物化"的问题》,《现代汉语语法研究》193～224 页。

英语的动词和形容词只有通过构词手段或句法手段(详下)转化为名词性成分之后才能在主宾语位置上出现。表示自指意义的名词的后缀-ness,-ity,-ation,-ment之类就是适应这种需要产生的。从这个意义上说,此类后缀只有语法上的价值,没有词汇上的价值。

英语government的本义是统治,当"政府"讲,是词义的引申;association的本义是联合,当"协会"讲,也是词义的引申。这两个词里的-ment和-ation仍旧是表示自指的后缀。

汉语的名词后缀"-子、-儿、-头"加在谓词性词根上造成的名词绝大部分都是表示转指意义的,例如:

1 -子——扳子 塞子 骗子 傻子 辣子
2 -儿——盖儿 画儿 印儿 黄儿 尖儿
3 -头——念头 楦头 吃头 看头 苦头

汉语缺乏表示自指意义的名词后缀,很可能就是因为汉语的动词和形容词本身就能充任主宾语,不像英语那样必须在形式上名词化之后才能在主宾语位置上出现。

2.2 以上说的是构词平面上的名词化。句法平面上的名词化也有自指和转指的区别。例如英语用that引出的名词从句(noun clause)就有自指和转指两种类型:

4 The diamond that she stole was lost.
5 I saw the diamond that she stole.
6 That she stole the diamond is incredible.
7 The fact that she stole the diamond has been proved.

[4~5]两句里的that she stole指diamond,表示转指意义;[6~7]两句里的that she stole the diamond指她偷钻石这件事本身,表示自指意义。[4~5]的that从句里有缺位(宾语没有出现),[6~7]的that从句里没有缺位(宾语出现)。英语用that引出的名词从句里有缺位时表示转指意义,无缺位时表示自指意义。这一点跟汉语的"VP的"是一致的。不同的是英语里表示转指意义的that从句只能在定语位置上出现,而汉语则是表示自指意义的"VP的"只能在定语位置上出现。看下文5.1。

2.3 现代汉语句法平面上名词化的主要手段是在谓词性成分后头加"的"。这样造成的名词性结构跟英语用that组成的名词从句一样,可以表示转指意义,也可以表示自指意义。这里先举表示转指意义的例子:

8 红:红的(红颜色的东西)

9　吃：吃的(食物|吃东西的人)

10　没钱：没钱的(没钱的人)

11　叶子上长刺儿：叶子上长刺儿的(叶子上长刺儿的植物)

表示转指的"的"有两方面的功能，一是语法功能的转化，就是名词化，二是语义功能的转化。如果我们只看到"的"有名词化的功能，看不到它还有语义转化的功能，那就不容易说明为什么"的"除了在谓词性成分后头出现以外，还能在名词性成分后头出现，例如：木头的|外国的|我哥哥的。"木头|外国|我哥哥"本来就是名词性成分，加上"的"以后，从一个名词性成分变为另一个名词性成分，语法功能没有变，可是语义功能变了。

2.4　"的"可以加在单独的谓词后头，也可以加在由谓词组成的各类谓词性结构(包括主谓结构)后头。如果我们把这些统称为谓词性成分，并且用 VP 来表示，那末当我们在 VP 后头加上"的"的时候，原来表示陈述(assertion)的 VP 就转化为表示指称(designation)的"VP 的"了。这种指称形式跟直接用名词表示的指称形式不同，它是通过陈述形式表示出来的一种分析形式。请比较[12]和[13]。

12　名词 ——食物　　改锥　　教员　　母亲

13　VP 的——吃的　　起螺丝的　　教书的　　做母亲的

2.5　"VP 的"所表示的转指意义的范围很广。它可以指动作的施事，也可以指受事、与事、工具等等。例如：

14　施事：游泳的|开车的|坐在主席台上的|什么事儿也不会干的

15　受事：新买的|小孩儿画的|从图书馆借来的|让人家瞧不起的

16　与事：你刚才跟他打招呼的(那个人)|我借给他钱的(那个人)|我向他请教过的(那个人)

17　工具：吃药的(杯子)|裁纸的(刀)|我开大门的(那把钥匙)|装书的(箱子)

2.6　自指的"VP 的"只能在定语位置上出现，而且不能离开后头的中心语独立。例如：

18　开车的技术|说话的声音|走路的样子|到站的时间|爆炸的原因|打架的事情

这类"VP 的"都是表示自指意义的。关于自指意义的"VP 的"的详细情况看下文5.1.1～2。

2.7　先秦汉语里没有跟"的"字功能正好相当的单字。"的"字的功能是由"者"和"所"两个名词化标记分别承担的。"者"和"所"分布不同，功能也不一样。粗略地说，"者"字加在谓词性成分后头，"所"字加在谓词性成分（双向动词以及由双向动词组成的动词结构，看4.2）前头。谓词性成分加上"者"和"所"都造成表示转指的名词性结构。区别是"VP者"往往指施事，有时也指受事；而"所VP"总是指受事、与事、工具等等，不指施事，只有个别的例外，例如：《诗·小雅·小宛》"夙兴夜寐，无忝尔所生"。[19～23]"者"字的例子，[24～31]"所"字的例子。

19　施事：新浴者振其衣，新沐者弹其冠。（荀子·不苟）
20　不救火者比降北之罪。（韩非子·内储说上）
21　入人之场园取人之桃李瓜薑者，上得且罚之，众闻则非之。（墨子·天志下）
22　受事：士之急难可使者几何人？（管子·问）
23　知士无思虑之变则不乐，辩士无谈说之序则不乐，察士无凌谇之事则不乐，皆囿于物者也。（庄子·徐无鬼）
24　受事：鱼，我所欲也；熊掌，亦我所欲也。（孟子·告子上）
25　仁者以其所爱及其所不爱，不仁者以其所不爱及其所爱。（同上尽心下）
26　与事：揖所与立。（论语·乡党）
27　好臣其所教，而不好臣其所受教。（孟子·公孙丑下）
28　工具：子夏、子张、子游以有若似圣人，欲以所事孔子事之。（同上滕文公上）
29　食者国之宝也，兵者国之爪也，城者，所以自守也。（墨子·七患）
30　处所：鲁平公将出，嬖人臧仓者请曰：他日君出，则必命有司所之。今乘舆已驾矣，有司未知所之，敢请。（孟子·梁惠王下）
31　古者尧治天下，南抚交阯，北降幽都，东西至日所出入。（墨子·节用中）

2.8　"者"字除了转指功能之外，还有自指功能。比较[32]和[33]：

32　知者乐水，仁者乐山。（论语·雍也）
33　仁者，人也；义者，宜也。（礼记·中庸）

[32]的“仁者”指有“仁”这种德性的人，转指；[33]的“仁者”指“仁”这种德性本身，自指。

“所”字只有转指功能，没有自指功能。

§3　句法成分的提取

3.1　§2里对于“VP的|VP者|所VP”等名词化形式转指意义的描写是相当浮面的。我们知道，由“的、者、所”造成的名词化形式的指称范围宽窄不同。大体说来，“VP者”和“所VP”的指称范围合起来与“VP的”相当，而“VP者”和“所VP”的所指有一种不严格的互补关系，即“VP者”大量指施事，少量指受事，不指与事、工具、处所；“所VP”则只能指受事、与事、工具、处所等等，不指施事。上文的描写不能解释为什么“的、者、所”的所指范围有宽有窄，为什么“VP者”和“所VP”的所指互补，更不能解释为什么这种互补关系又是不严格的。这种描写方法的弱点在于想要直接描写“VP的|VP者|所VP”等形式的转指意义。实际上这些形式的转指意义是通过“的、者、所”三者不同的语法功能体现出来的。为了说明这件事，我们先介绍谓词性成分名词化时“提取”句法成分的概念。

3.2　当我们在谓词性成分VP上头加一个名词化的标记——假定说是英语里的that——使它转化为名词性成分的时候，原来表示陈述的VP就转化为表示指称的that+VP了。我们可以把that+VP看成是从一个比VP略长的谓词性结构VP′里提取出来的。VP′与VP的差别仅在于所包含的名词性成分的数目不同，即VP′至少比VP多包含一个名词性成分。例如that she stole可以看成是从VP′“she stole the diamond (money, document......)”一类格式里提取出来的宾语部分，或者说它是这种格式的宾语表达式。按照上述观点，我们可以说英语名词化标记that的语法功能之一是提取宾语。（事实上，that不但能提取宾语，也能提取主语。例如：I met the woman that stole the diamond。）因为that提取宾语时，VP里宾语必须缺位。所以我们又可以说此时that的作用就是把VP′里提出宾语以后剩余的部分（VP）拿来表达宾语。

3.3　采取这种观点来看“的”和“者、所”，就会发现三者的语法功能不同：“者”是提取主语的，“所”是提取宾语的。因为古汉语里只有施事主语，没有施事宾语，所以“VP者”和“所VP”的所指互补。又因为古汉语里主语有时也可以指受事，所以这种互补关系只能是不严格的。“的”既能提取主语，又能提取宾语，所以它的指称范围最宽。大致说来，“VP的”的所指相当于“VP者”和“所VP”所指的总和。因此古汉语里“VP者”和“所VP”译成现代汉语都是“VP的”。

现在我们可以在上文讨论的基础上对“的、者、所”三者的语法功能和语义功能作比较细致一点的观察。为了避免混淆，必要时把转指的“的”和“者”分别记为“$的_t$”和“$者_t$”，把自指的“的”和“者”分别记为“$的_s$”和“$者_s$”。“所”字只有转指功能，没有自指功能，所以不加标记。

§4 “者、所、的”的转指功能

4.1 者$_t$

4.1.1 因为“者$_t$”是提取主语的，所以在“VP 者$_t$”里，主语必须缺位。换句话说，不可能有“* SP 者$_t$”的形式（SP 里的 S 指主语，P 指谓语，下同），下边的例子好像是例外：

1 臣弑其君者有之，子弑其父者有之。（孟子·滕文公下）

2 南门之外有黄犊食苗道左者。（韩非子·内储说上）

3 原（源）浊者流不清。（墨子·修身）

4 色庄者乎。（论语·先进）

5 孔子曰：过我门而不入我室，我不憾焉者，其惟乡愿乎。（孟子·尽心下）

[1]“臣弑其君者”的构造是“臣/弑其君者”，不是“臣弑其君/者”。“弑其君者”是“臣”的后置修饰成分。[2]情形相同，应分析为“黄犊/食苗道左者”。[3～5]是另一种情形。拿[3]来说，“源浊”确实是主谓结构，可是这个主谓结构本身可以另有自己的主语，譬如说“江河源浊”。“源浊者”提取的正是这个位置上的主语（所谓大主语）。由此可见，“源浊者”仍应看成是主语缺位的格式，它的构造不是“SP 者$_t$”，而是“P(SP′)者$_t$”①。

4.1.2 因为古汉语里句子的主语可以是受事，所以“VP 者$_t$”除了表示施事之外，有时也表示受事，例如：

6 治于人者食人，治人者食于人。（孟子·滕文公上）

7 吾闻用夏变夷者，未闻变于夷者也。（同上）

8 君不行仁政而富之，皆弃于孔子者也。（孟子·离娄上）

9 征于关者勿征于市，征于市者勿征于关。（管子·问）

10 士之急难可使者几何人。（同上）

11 故可使治国者使治国，可使长官者使长官，可使治邑者使治邑。（墨子·尚贤中）

有的 VP 表示被动语态，前边的主语总是指受事，因此加上“者”字以后也只能指受事。例[6～8]的 VP 里都有表示被动语态的“于”字，就属于这一类。有的 VP 的主

① 此处符号的写法参照 Otto Jespersen, Analytic Syntax，第二章。

语可以指施事，也可以指受事，因此加上“者”字以后，也可以兼指施事和受事。例[9]的“征于关者”“征于市者”在《管子》原文里虽然指受事。可是放在别的上下文里，也有可能指施事。

4.1.3　因为受事主语后边的谓语往往不是一个单独的动词①，所以单独的及物动词加上“者$_t$”以后大都指施事，不指受事。表示刑罚的动词如“刖、黥”等的主语经常指受事，很少指施事，所以加上“者$_t$”以后，“刖者、黥者”也经常指受事。再如：

12　今有功者必赏，赏者不得（德）君，力之所致也。有罪者必诛，诛者不怨上，罪之所生也。（韩非子·难三）

13　初，武城人或有因于吴竟（境）田焉，拘鄫人之沤菅者，曰：“何故使吾水滋？”及吴师至，拘者道之以伐武城。（左传·哀公八年）

14　今大国之攻小国也，攻者农夫不得耕，妇人不得织，以守为事。攻人者亦农夫不得耕，妇人不得织，以攻为事。（墨子·耕柱）

15　春秋伐者为客，伐者为主。何休注：伐人者为客，长言之，伐者为主，短言之。（公羊·庄公二十八年）

[12]的“赏者”和“诛者”分别指被赏者和被诛者，[13]的“拘者”指被拘者，[14]的“攻者”指被攻者，都与通例不合。不过[12]是可以解释的，我们可以说，“赏者”承上句提取受事主语“有功者”，“诛者”承上句提取受事主语“有罪者”。我们不知道[13]和[14]该如何解释。[15]似乎是同类的现象。这类例子少见，有待进一步研究。

4.1.4　“VP者$_t$”也很少指工具。古汉语里要把一种工具用分析形式说出来，通常总是采用“所以VP”的形式。例如：

16　所以注斛，陈魏宋楚之间谓之篇。（方言五）

17　所以除镜镜擦子一。（《马王堆一号汉墓》上册149页，遣册243，文物出版社，1973）

下例[18]好像是用“VP者$_t$”指工具：

① 主语指受事、谓语是单独的动词的例子也有，但往往是几件事对比着说的，例如：
（范蠡）自齐遗大夫种书曰：蜚鸟尽，良弓藏；狡兔死，走狗烹。（史记·越王勾践世家）
其母好者其子抱。（韩非子·备内|参看《史记·留侯世家》：臣闻母爱者子抱。）
彼窃钩者诛，窃国者为诸侯。（庄子·胠箧）

18　有人置系蹄者而得虎。虎怒决蹯而去。(战国策·赵策三)

可是和[19～20]比较来看：

19　有妇人哭于墓者而哀。(礼记·檀弓)
20　人有见宋王者，锡车十乘。(庄子·列御寇)

那么[18]“置系蹄者”的构造应该是“置系蹄＋者”，不是“置＋系蹄者”。“系蹄”应看成是一个动宾式的名词(指捕兽的工具)。

为什么“VP 者$_t$”不能指工具？因为古汉语里主语指工具的时候，谓语只能是“所以 VP”，不能是 VP。例如只能说：“篙，所以注斛”，不能说“* 篙，注斛”。因此“注斛者”只可能指人(施事)，不可能指“篙”(工具)。

4.2　所

4.2.1　现在我们来讨论“所”字。“所 VP”可以指受事、与事、工具、处所等等，不能指施事。这个现象也同样可以从“所”字的语法功能上找到解释。因为“所”提取的是宾语，而宾语在古汉语里正是只能指受事、与事、工具等等，不能指施事的。至于什么时候指受事，什么时候指与事、工具等等，则要受 VP 里动词的“向”的数目的制约①。

4.2.2　双向动词只能带一个宾语(以下把双向动词记为 V^2，三向动词记为 V^3，把双向动词和三向动词组成的动词结构分别记为 V^2P 和 V^3P)，因此在“所 V^2P”里，宾语必须缺位。换句话说，只有“所 V^2”的形式，没有“* 所 V^2O”的形式②。这是从构造上说的，从语义上说，由于古汉语里双向动词的宾语大都指受事或处所，所以“所 V^2P”也往往指受事或处所。例如：

21　从吾所好。(论语·述而)
22　鱼，我所欲也，熊掌，亦我所欲也。(孟子·告子上)
23　仲子所居之室，伯夷之所筑与，抑亦盗跖之所筑与？(同上滕文公下)
24　冀之北土，马之所生。(左传·昭公四年)
25　有司未知所之。(孟子·梁惠王下)

---

① 关于动词的“向”，看本文集第二卷《“的”字结构和判断句》。

② 前引《孟子·滕文公上》：“他日，子夏、子张、子游以有若似圣人，欲以所事孔子事之。”“所”字下省略了“以”字。同书《公孙丑上》：“孟施舍之所养勇也”，似乎不好这样解释，录以存疑。(上文“北宫黝之养勇也”无“所”字。)

26　故道之所在，圣人尊之。（庄子·渔父）

[21～23]里的“所好、所欲、所居、所筑”指受事。[24～26]里的“所生、所之、所在”指处所。

4.2.3　“所 VP”后头可以再加一个表自指的“者”字造成“所 VP 者$_s$”的格式。下边是“所 V^2P 者$_s$”的例子：

27　狄人之所欲者，吾土地也。（孟子·梁惠王下）

28　圣人先得我口之所耆（嗜）者也。（同上告子上）

29　此寡人之所见者也。（庄子·达生）

30　故天下皆知求其所不知，而莫知求其所已知者，皆知非其所不善，而莫知非其所已善者。（同上胠箧）

31　其地南至交趾，北至幽都，东西至日月之所出入者。（韩非子·十过）

因为“所”字不能加在名词性成分前头，而“者”字却可以加在名词性成分后头，所以“所 VP 者”的构造一定是“所 VP＋者”，不是“所＋VP 者”。又因为“所 VP 者”跟“所 VP”所指相同，所以这个“者”一定是表示自指的，不是表示转指的。

4.2.4　三向动词可以带两个宾语，在“所 V^3P”里，这两个宾语至少要有一个缺位。换言之，可以有“所 V^3”的形式，也可以有“所 V^3O”的形式，可是不能有“*所 $V^3O_1O_2$”的形式。由于 V^3 的两个宾语只能指受事、与事、工具、处所等等，不能指施事，所以“所 V^3P”也只能指受事、与事、工具、处所等等，不能指施事。跟“所 V^2P”一样，“所 V^3P”后头也能再加表示自指的“者”字。下边把“所 V^3P”和“所 V^3P 者$_s$”合在一起举例：

指称形式：所 V^3(O)(者$_s$)	**相应的陈述形式：$V^3O_1O_2$**
32　耳目之官不思……心之官则思……此天之所与我者。（孟子·告子上）	天与我耳目心。 我＝O_1　耳目心＝O_2
33　吾有所受之也。（同上·滕文公上）	吾受之孟子。
34　孟尝君曰：文甚不取也。夫所借衣车者，非亲友则兄弟也。夫驰亲友之车，被兄弟之衣，文以为不	借亲友兄弟衣车。 亲友兄弟＝O_1 衣车＝O_2

可。(国策·赵策一)　　　　　　　　文王避风雨其北陵。

35　其北陵，文王之所避风雨也。(左传·僖公三十二年)　　　　庇身大官大邑。

36　大官大邑，身之所庇也。(同上襄公三十一年)

[32]"所与我者"指受事，[33]"所受之"、[34]"所借衣车者"指与事，[35]"所避风雨"指处所。[36]的"所庇"似乎也指处所，可是下文说"大官大邑，所以庇身也"，可见是作为工具看待的。以上举的五个例子里，[32～35]动词后头都带宾语，构造是"所V^3O(者$_s$)"，所指是确定的。[36]的"所庇"没有带宾语，构造是"所V^3"，所指不确定。就这个格式本身来说，可以指受事(提取O_1"身")，也可以指处所或工具(提取O_2"大官大邑")。下边两个例子的情形与此类似：

37　南方有鸟焉，名曰蒙鸠，以羽为巢，而编之以发，系之苇苕。风至苕折，卵破子死。巢非不完也，所系者然也。(荀子·劝学)

38　兰槐之根是为芷，其渐之滫，君子不近，小人不服。其质非不美也，所渐者然也。(同上)

亡友马汉麟君在《古代汉语"所"字的指代作用和"所"字词组的分析》《中国语文》1962年第10期477～480页中说：

"所系"可能了解为"系"的对象"巢"，因为上文说"系之苇苕"，"系"是及物动词。但是这样了解是错误的，因为上文说"巢非不完也"。"所系"这里指的是"系"的处所"苇苕"，因为上文说"风至苕折，卵破子死"。同样，"所渐"可能了解为指"芷"，但是应该了解为指"滫"。

马文指出"所系者"和"所渐者"有歧义是很对的。根据上文的分析，这是因为二者的构造都是"所V^3者$_s$"，它所提取的宾语可以理解为是O_1，也可以理解为是O_2，跟例[36]的"所庇"情形一样。值得注意的是《荀子》本文已经告诉我们跟"所系者、所渐者"相对应的陈述形式分别是"系之苇苕"和"(其)渐之滫"。二者的构造正好是$V^3O_1O_2$，可见我们把"所V^3(O)"看成是从跟它相对应的陈述形式$V^3O_1O_2$里提取宾语得到的指称形式是合理的。

4.2.5　现在我们来讨论"所"字后头紧跟介词的格式："所JV"(J表示介词，V可以是单独的动词，也可以是动词结构)。这类"所"字结构提取的是介词的宾语，所以介词J后头宾语必须缺位。与此类格式相应的陈述形式是JOV。"所JV"后头也能加"者$_s$"。下边把"所JV"和"所JV者$_s$"合在一起举例：

指称形式：所JV(者$_s$)	**相应的陈述形式：JOV**
39 丑见王之敬子也，未见所以敬王也。（孟子·公孙丑下）	以尧舜之道敬王。
40 吾所以说吾君者，横说之，则以诗书礼乐，从（纵）说之，则以金板六韬。（庄子·徐无鬼）	以诗书礼乐、金板六韬说吾君。
41 民无所于食。（商君书·垦令）	民于斯食。
42 彼审乎禁过，而不知过之所由生。（庄子·天地）	过由此生。
43 吾闻上君所与居皆其所畏也。（韩非子·外储说左下）	上君与其所畏居。
44 其妻问所与饮食者，则尽富贵也。其妻告其妾曰：良人出则必餍酒肉而后反。问其与饮食者，尽富贵也。（孟子·离娄下）	良人与之饮食。

例[44]先说"问所与饮食者"，下文又说"问其与饮食者"。前者的构造是"所VP者$_s$"，后者的构造是"VP者$_t$"。两种说法在原文里虽然指的都是与齐人一起饮食的人，可是结构不同，语法意义也不一样，正好拿来对比。"所与饮食者$_t$"提取的是"与"的宾语，指与事；"与饮食者$_s$"提取的是"与饮食"的主语，指施事。跟"所与饮食者$_s$"相应的陈述形式是：

（良人）与之$_1$（＝富贵者）饮食。

跟"与饮食者$_t$"相应的陈述形式是：

（富贵者）与之$_2$（＝良人）饮食。

两者的主语所指不同，"与"的宾语所指也不同。"所与饮食者$_s$"提取的是"之$_1$"，因此在这个格式里，"之$_1$"必须缺位。"与饮食者$_t$"提取的是"与饮食"的主语。在这个格式里，"之$_2$"也没有出现。不过这不是缺位，而是省略。这个"之"字也可以不省，说"与之饮食者$_t$"。

因为"所与饮食者"里的"者"是自指的,"所与饮食者"跟"所与饮食"所指相同,所以这个"者"是可有可无的(optional)。"与饮食者"的"者"是转指的,去掉"者"字,"与饮食"就变成陈述形式了,所以这个"者"是非有不可的(obligatory)。如果不借助于自指、转指和句法成分的提取等观念,要想把"所与饮食者"和"与饮食者"的构造讲清楚恐怕是很困难的。

4.3　的$_{t}$

4.3.1　我们认为"的$_{t}$"跟英语的 that$_{t}$ 一样既能提取主语,又能提取宾语。"的$_{t}$"之能够提取主语是十分明显的,最直接的证据是它能够加在单向动词上造成指施事的"VP 的$_{t}$"。至于说"的$_{t}$"还能提取宾语,这要从稍微远一点的地方说起。

4.3.2　现代汉语里陈述句的主语所指的范围是很广的。它可以指施事,也可以指受事、与事、工具、处所、时间等等。例如:

45　李大夫(施事)用中草药给病人治好了关节炎。

46　这位病人的关节炎(受事),李大夫用中草药给他治好了。

47　这位病人(与事),李大夫用中草药给他治好了关节炎。

48　这种中草药(工具),李大夫用它给病人治好了关节炎。

如果我们利用 C. J. Fillmore 格语法(case grammar)①的表述形式把包含在一个句子里的名词性成分按照它们跟主要动词之间的语义关系区分为若干个格(case),如施事(A),受事(O),与事(D),工具(I),处所(L)之类,那末上引[45～48]四句虽然构造不同、意思也不一样,可是这些句子里各个名词性成分跟主要动词之间的格的关系却始终维持不变:"李大夫"是施事,"中草药"是工具,"病人"是与事,"关节炎"是受事。施事、受事、与事、工具等概念不容易下严格的定义或者规定精确的范围。不过本文提到的这类术语按通常比较宽泛的意义去理解,并不至于影响我们的讨论。至于上引四句的区别可以看成是所选择的主语不同。

由于选择的主语不同,句子的结构会受到某些制约。例如[46]选择受事"关节炎"做主语,此时与事"这位病人"最自然的位置是放在"关节炎"前边作修饰语。特别值得注意的是当主语是与事或工具时,谓语里往往要用代词"他"来复指主语,如[47～48]两句。

4.3.3 跟[45～48]等陈述形式相应的指称形式"VP 的$_{t}$"有:

49　用中草药给病人治好关节炎的(那位大夫)

50　李大夫用中草药给病人治好的(那种关节炎)

① Charles J. Fillmore, The case for case′(Universals in linguistic theory, 1968).

51　李大夫用中草药给他治好了关节炎的(那位病人)

52　李大夫用来给病人治好关节炎的(那种中草药)

很明显,"VP 的$_t$"本身也跟包含在 VP 里的名词性成分一样,属于一定的格。在 VP 里,A、I、D、O 等不能全都出现,里头总有缺位,而"VP 的$_t$"所属的格正好是 VP 里所缺的那个格。例如[49]的 VP"用中草药给病人治好关节炎"里缺施事,加上"的"以后,"用中草药给病人治好关节炎的"指的正是施事(大夫)。[50]的 VP"李大夫用中草药给病人治好"缺受事,加上"的"以后,"李大夫用中草药给病人治好的"指的也正是受事(关节炎)。[51]"李大夫用中草药给他治好了关节炎的"指与事(病人),VP 里的"他"正指与事,不缺位,似乎是例外。可是上文已经指出,这个"他"是复指成分,虽有若无,仍应作为缺位看待。

由于"VP 的$_t$"可以看成是动词的一个格,所以我们也可以用 A、I、D、O 等格的概念说明"VP 的$_t$"的转指意义,例如说[49]转指施事(A),[50]转指受事(O)等。

4.3.4　以上讨论了"VP 的$_t$"跟相应的陈述形式的语义构造。现在我们回到"的$_t$"是否能提取宾语的问题上来。

如果我们认为"的$_t$"只能提取主语,不能提取宾语,那末我们就得说[49～52]等是依次从[45～48]等陈述形式里提取主语以后得出的名词化形式。如果我们认为"的$_t$"不但能提取主语,还能提取宾语,那末我们既可以认为[49～52]是分别从[45～48]等形式里提取主语以后得出的格式,也可以认为它们是从[45～48]的任何一个形式里分别提取主语和"治好、给、用"等等的宾语以后得出的格式。

认为"的$_t$"只能提取主语,不能提取宾语的说法是有困难的,因为它无法解释某些语言事实。我们举一个明显的例子来说。"笑"和"哭"在一种意义上是不及物动词(他笑$_i$了|他哭$_i$了),在另一种意义上是及物动词(他笑$_{tr}$我|他哭$_{tr}$他爸爸)。"笑$_i$的|哭$_i$的"提取的是主语,"笑$_{tr}$的|哭$_{tr}$的"指受事的时候([我]笑的是他|[他]哭的是他爸爸),提取的只能是宾语,不可能是主语,因为这两个动词的受事只能出现在宾语位置上,不能出现在主语位置上。

关于"的"字提取句法成分的细节,我们研究得还不充分,不过有一点是清楚的,就是它既能提取主语,又能提取宾语。

§5　"的、者、之"的自指功能

"所"字只有转指的功能,没有自指的功能,"的"和"者"既有转指的功能,又有自指的功能。"之"字放在主语和谓语之间也能造成表示自指的名词化格式。以下先讨论"的",再讨论"者"和"之"。

5.1　的$_s$

5.1.1　上文 4.3.3 里指出,当 VP 里只有一个缺位的时候,"VP 的"所属的格就是缺位的那个格。要是VP里有两个或两个以上的缺位时，“VP的”就会产生歧义。例如[1]有A和D两个缺位：

1　用中草药治好了关节炎的

所以[1]这个说法既可以指大夫(A)，也可以指病人(D)。当VP里没有缺位的时候，“VP的”不能独立，后头总是带着中心语。比较[2]的甲类和乙类：

2　甲	乙
开车的(人)	他开车的技术
老王开的(那辆车)	火车到站的时间
装书的(箱子)	他用箱子装书的原因
扩大招生名额的(学校)	扩大招生名额的问题
他给我写的(信)	他给我写信的事儿

甲类的VP里都各有一个缺位，“VP的”跟后头的中心语同格。离开中心语独立时，“VP的”可以指代中心语。乙类的VP里没有缺位。修饰语“VP的”和中心语之间没有同格的关系，“VP的”不能指代中心语。例如“开车的技术”不能离开中心语光说“开车的”。光说“开车的”，只可能指人，不可能指技术。不过乙类的根本特点并不在于VP里没有缺位。例[3～4]里的VP都有缺位，可是整个偏正结构仍然属于乙类，不属于甲类：

3　休息的时间太少。

4　你说说用船运的好处在哪里。

5　难道连笑的权利也没有？

乙类跟甲类的区别在于其中的“VP的”不属于跟VP里的动词相关的任何一个格。[6]有歧义：

6　这就是他反对的办法。

如果我们把它看成是甲类格式，那末“他反对的”是受事格，这句话的意思是说：这个办法就是他所反对的。如果我们把它理解为乙类格式，那末“反对的”不属于跟动词“反对”相关的任何一个格，这句话的意思是说：他就是用这个办法来反对的。

5.1.2　我们认为[2]里乙类格式的“VP的”表示自指。其中的“的”字有时可以

省去，例如“开车技术|火车到站时间|扩大招生名额问题”。这个现象似乎也有助于说明乙类格式里的“的”是表示自指的。

5.2 者$_s$

5.2.1 现在我们来讨论“者”的自指功能。

由于表示转指的“者”是提取主语的，所以如果“者”字前头是一个主谓结构，而且这个主谓结构又不能作为一个大主语的谓语部分看待（看 4.1.1），这种“者”字就只能是表示自指的。换句话说，主语不缺位的“VP 者”一定是表示自指意义的。例如：

7 金重于羽者，岂谓一钩金与一舆羽之谓哉。（孟子·告子下）

8 然则舜有天下也，孰与之？曰，天与之。天与之者，谆谆然命之乎？（同上万章上）

9 秦攻梁者，是示天下要（腰）断山东之脊也。（战国策·魏策四）

不过自指的“者”前边的 VP 不一定都带主语，正如转指的“VP 的$_t$”里也可以有缺位一样（参看 4.3.3）。例如：

10 以顺为正者，妾妇之道也。（孟子·梁惠王下）

11 夫折大木蜚大屋者，唯我能也。（庄子·秋水）

5.2.2 现代汉语里表示转指的“的”可以加在名词性成分上头（看 2.3），古汉语里表示自指的“者”也可以加在名词性成分上头。例如：

12 虎者戾虫，人者甘饵也。（战国策·秦策二）

13 昔武王克商，光有天下。其兄弟之国者十有五人，姬姓之国者四十人。（左传·昭公二十八年）

14 有颜回者好学。（论语·雍也）

15 于是使勇士某者往杀之。（公羊·宣公六年）

16 此二人者实弑寡君。（左传·隐公四年）

17 此二物者，所以惩肆而去贪也。（同上昭公三十一年）

自指的“者”还可以加在指时间的词语上头：

18 昔者吾友尝从事于斯矣。（论语·泰伯）

19 寡人夜者寝而不寐，其意也何？（公羊·僖公二年）

20 莫春者，春服既成。冠者五六人，童子六七人，浴乎沂，风乎舞雩，咏而归。（论语·先进）

无论是名词性词语还是时间词语，加上“者$_s$”以后，所指都不变。这种位置上的“者$_s$”似乎有一种指示作用。“此二人者”表示说到的是这两个人，而不是什么别的两个人；“莫春者”表示指的是暮春，而不是别的季节。

因为自指的“者”可以加在名词性成分上头，所以名词化结构“所 VP”和“所 JV”也都可以带上这种“者”字造成“所 VP 者$_s$”和“所 JV 者$_s$”等格式。“所 VP”和“所 JV”都是表示转指的，后边加上自指的“者”之后，并不改变所指。因此“所 VP 者$_s$”（所杀者）和“所 JV 者$_s$”（所以杀人者）对于“所 VP”（所杀）和“所 JV”（所以杀人）来说，表示自指，对于 VP（杀）和 JV（以……杀人）来说，实际上表示转指。

5.2.3 《马氏文通》以来的语法著作大都把本文所谓自指的“者”字看成是有“提顿”作用的语气词，而把我们说的表示转指的“者”字看成是代词。把自指的“者”字看成语气词，主要因为此类“者”字在句子里不是具体意义的承担者，而且经常在主语或复句里前置从句的末尾出现。说它有提顿作用是因为后头往往跟一个句中的停顿。其实自指的“者”字能够出现的位置并不限于主语和从句的末尾。例如[21～22]里的“三子者”在修饰语的位置上，[23]的“三子者”在宾语的位置上①，这些“者”字显然不能解释为语气词。

21 异乎三子者之撰。（论语·先进）

22 夫三子者之言何如？（同上）

23 君曰告夫三子者。（同上宪问）

以上举的是名词性成分后边的“者”字的例子。现在再来看“VP 者$_s$”的例子：

24 （孟尝）君所以得为长者，以吾毁之者也。（战国策·齐策三）

25 晋荀吴伪会齐师者。假道于鲜虞，遂入昔阳。（左传·昭公十二年）

26 阳虎伪不见冉猛者，曰：猛在此，必败。（同上定公八年）

27 晋赵鞅纳卫大子于戚……使大子绕，八人衰绖，伪自卫逆者。服虔曰：衰绖，为若从卫来迎大子也。（同上哀公二年）

---

① 周法高《中国古代语法》称代篇 425 页认为这个“者”字是加在“全句之末”的。只要比较[21～23]三例，就知道这个说法是不对的。

28　齐陈乞伪事高，国者。杜注：高张国夏受命立荼。陈乞欲害之，故先伪事焉。（同上六年）

29　不识舜不知象之将杀己与？曰：奚而不知也。象忧亦忧，象喜亦喜。曰：然则舜伪喜者与？（孟子·万章上）

30　孔子于乡党，恂恂如也，似不能言者……过位，色勃如也，足躩如也，其言似不足者。摄齐升堂，鞠躬如也，屏气似不息者。（论语·乡党）

上引[24～30]等例里的"VP 者$_s$"都在宾语的位置上，其中的"者"不可能是语气词。[24]的"吾毁之者"是介词"以"的宾语。"以吾毁之者"等于说"以吾毁之之故"。[25]的"会齐师者"是动词"伪"的宾语。"伪会齐师者"等于说"伪为会齐师之状"，翻译成现代话，就是：装做要跟齐国的军队会合的样子。[26～29]的情形跟[25]相同。[30]的"不能言者|不足者|不息者"都是动词"似"的宾语。"似不能言者"等于说：好像不善于说话的样子。余同此。

像[25～29]里"伪"字的那种用法，《左传》里一共见到十九次，其中九次后头有"者"字，十次后头没有"者"字。后者例如："我伪逃楚，可以纾忧。成公十六年|冉猛伪伤足而先。定公八年|华亥伪有疾以诱群公子。昭公二十年"可见"伪"字的宾语可以是谓词性成分，也可以是名词性成分（VP 的名词化形式）。这正像在现代汉语里"假装没看见"也可以说"假装没看见的样子"一样。

5.2.4　既然"VP 者$_s$"处于定语和宾语位置上的时候，"者$_s$"不可能是语气词，那末当它处在其他语法位置上的时候，自然也不能说它是语气词。过去的语法著作大都把判断句里主语后头的"者$_s$"看成是跟句末的"也"字相配的语气词，并且认为"者$_s$"的作用在于表示"提顿"语气。现在我们知道语气词的说法是难以成立的。至于这类判断句里表现出来的"提顿"语气，应该说是"VP 者$_s$"所处的语法位置（主语）造成的，跟"者"字本身没有多少关系。因为只要把"VP 者$_s$"换到别的语法位置上去，这种"提顿"语气就完全消失了。跟"VP 者$_s$"相比，"VP 也者$_s$"的"提顿"语气似乎更为明显：

31　故素也者，谓其无所与杂也；纯也者，谓其不亏其神也。（庄子·刻意）

32　凡术也者，主之所以执也；法也者，官之所以师也。（韩非子·说疑）

可是就连"VP 也者$_s$"也可以放到宾语的位置上去。例如：

33　鲁人有周丰也者。(礼记·檀弓)

34　见其可欲也,则必前后虑其可恶也者;见其可利也,则必前后虑其可害也者。(荀子·不苟)

35　有始也者,有未始有始也者,有未始有夫未始有始也者,有有也者,有无也者,有未始有无也者,有未始有夫未始有无也者。(庄子·齐物论)

由此可见,“VP 也者$_{s}$”也是表示指称的名词性结构。这个“者”也不能看作语气词。

5.2.5　一个 VP 加上自指的“者”以后,从语法上说,是从谓词性成分转化为名词性成分;从语义上说,是从陈述转化为指称。由于指称形式跟相应的陈述形式意义上相通,要是把一个句子里包含的“VP 者$_{s}$”的“者$_{s}$”取消,往往不至于影响原句的基本意义。有的“者$_{s}$”不能取消,是因为所在的语法位置只能容纳名词性成分,如上引[35]。

自指的“VP 者$_{s}$”跟相应的 VP 的意义相通而又有区别。撇开语法功能不论,专从语义的角度看,“VP 者$_{s}$”的作用就是把 VP 所表示的意义加以事物化。如果说 VP 是表示行为、动作、状态的,那末“VP 者$_{s}$”表示的就是事物化了的行为、动作、状态。举例来说:

36　鱼,我所欲也;熊掌,亦我所欲也。二者不可得兼,舍鱼而取熊掌者也。生,亦我所欲也;义,亦我所欲也。二者不可得兼,舍生而取义者也。(孟子·告子上)

把“舍鱼而取熊掌者也”和“舍生而取义者也”里的“者”字取消,句子仍然站得住,区别在于:不带“者”字,“舍鱼而取熊掌也”和“舍生而取义也”是陈述形式,说的是行为,是这么做(舍鱼而取熊掌)还是那么做(舍熊掌而取鱼)的问题。加上“者”字,转为指称形式,说的是事物,是要这个(舍鱼而取熊掌者)还是要那个(舍熊掌而取鱼者)的问题。比较同书下例:

37　充仲子之操,则蚓而后可者也。(同上滕文公下)

这个“者”也是“者$_{s}$”。不带“者”字,“蚓而后可”是一个判断,加上“者”字,就变成了“事类”。这句话的意思是说,如果“充仲子之操”,那末他的行为就要属于“蚓而后可”那一类了。

5.2.6　我们关于自指的“者”的说法在分析下边一类句子的时候似乎碰到了困难:

38 鲁无君子者，斯焉取斯？（论语·公冶长）

39 为君计者，勿攻便。（战国策·魏策）

40 故从山上望牛者若羊，而求羊者不下牵也，远蔽其大也。（荀子·解蔽）

41 若告我以鬼事，则我不能知也。若告我以人事者，不过此矣，皆我所闻知也。（庄子·盗跖）

42 若宿者，令人养其马，食其委。（管子·大匡）

43 客亦何面目复见文乎？如复见文者，必唾其面而大辱之。（史记·孟尝君列传）

这些句子里的“VP 者$_s$”都表示假设意义，有的前边还有表示假设的连词“若”或“如”。这种场合的“VP 者$_s$”似乎应该看成是复句里的前置分句，不宜看成名词性主语。如果真是如此，那末其中的“者”字就只能解释为语气词，不能解释为名词化标记了。

5.2.7 何莫邪在他的近著《古汉语语法四论》①里对这种句式提出一种看法。他认为先秦汉语里除了作为名词化标记的“者”（相当于本文的“者$_t$”）之外，还有一个从句句尾(subordinating particle)“者”。何氏的看法实际上跟《马氏文通》以来的传统看法是一致的。他所谓名词化标记“者”，相当于传统说法的代词（《马氏文通》的接读代字）；他所谓从句句尾，大体上相当于传统说法的语气词（《马氏文通》的传信助字）。不过何氏认为这两种“者”并不是两个互不相干的语法成分，它们之间是有联系的。这种联系可以从下边这件事实上看出来：凡是包含“VP 者”的句子，不管这个“者”是名词化标记，还是从句句尾，否定的时候都不是对 VP 的否定，换言之，用以否定全句的否定词不能进入 VP。例如“不遇时者（名词化标记）多矣荀子·宥坐”的否定形式不是“遇时者多矣”，而是“不遇时者不多矣”。同样，“苟无之中者（从句句尾）必求于外荀子·性恶”②的否定形式也不是“苟非无之中（＝有之中）者必求于外”，而应该是“苟无之中者（亦）未必求于外”。

何氏提到的这种现象虽然是事实，可是光凭这一点并不足以证明两种“者”之间有什么关系。根据这条标准，我们同样可以把“所”和“者”联系起来。因为包含“所VP”的句子的否定式也服从这个规则，例如“从其所好”的否定形式不是“从其所不好”，而是“不从其所好”。在我们看来，何氏想把假设句后头的“者”跟转指的“者”统一起来的尝试是不成功的。

---

① Christoph Harbsmeier, Aspects of Classical Chinese Syntax. Denmark 1981.

② 何氏书在谈到包含从句句尾的“者”的句子的否定形式时没有举例。这个例子是我们替他举的。又上文[40]和[42]两例何氏书已引。

我们不知道假设句后头的“者”跟转指的“者”是不是有联系，可是我们知道假设句后头的“者”跟自指的“者”确实有联系，下边就来说明这一点。

5.2.8 在[38～43]六个例子里，有的“VP 者$_s$”前头有“若”字或“如”字，有的没有。我们推测带“若”字或“如”字的格式起源比较早，后来才出现了省略“若”或“如”的说法。“若”和“如”本来都是动词。后头的“VP 者$_s$”原是它的宾语。“若 VP 者$_s$”跟上文 5.2.3 里讨论过的“似 VP 者$_s$”一样，本来是表示比拟的。比拟是把“非 A”当作 A 看待，假设是把没有实现或不可能实现的事当作已经实现的事看待。换言之，假设也可以看成是一种比拟。二者之间的关系可以从本来表示比拟的“如此、如是”可以用来表示假设这件事里看出来：

44 信能行此五者，则邻国之民仰之若父母矣。率其子弟攻其父母，自生民以来，未有能济者也。如此，则无敌于天下。（孟子·公孙丑上）

45 夫如是，则四方之民襁负其民而至矣。（论语·子路）

我们现在还说“像这样就好了”，意思是“如果这样就好了”，跟“如此、如是”的情形相同。

关于表示假设的连词“若”和“如”是从原来表示比拟的动词发展来的这一点，比利时教士 Joseph Mullie 早在四十年前就已经指出来了①。为了跟汉语的“若”和“如”比较，他还举了法语的 si 和荷兰语的 zoo 都是兼有“如此”和“假若”两方面的意思作为例证。

5.2.9 归结起来说，我们认为表示假设的“若(如)VP 者”里头的“VP 者”仍旧是名词性结构，其中的“者”仍旧是自指的“者$_s$”。不过这是针对“若”和“如”还是纯粹的动词的时候说的。等到“VP 者$_s$”可以离开前边的“若”和“如”独自负担起表示假设的功能时，它就变得越来越像谓词性结构(从句)了，后头的“者$_s$”也变得越来越像语气词(或从句句尾)了。这个时候，加在“VP 者$_s$”前边的“若”和“如”也由动词逐渐演化成为连词。这种情形跟现代语里表示假设的“VP 的话”的情形如出一辙。表示假设的“VP 的话”本身显然是名词性结构，原先大概是作为动词“说”的宾语在假设句里出现的(要说下雨的话，就去不成了)。等到它能够离开动词“说”独自表示假设的时候，就显得像是一个谓词性结构，后头的“的话”也变得像语气词了。

5.2.10 最后，我们讨论一下屡见于《左传》等书的誓辞里的“所 VP 者”句式。

① Joseph Mullie, Le mot-particule 之 Tche, Tirage-a-part du 通报 T'oung pao, Vol. 36. 1942.

46　所不与舅氏同心者，有如白水。（左传·僖公二十四年）
47　若背其言，所不归尔帑者，有如河。（同上文公十三年）
48　所不杀子者，有如陈宗。（同上哀公十四年）
49　余所有济汉而南者，有若大川。（同上定公三年）
50　予所否者，天厌之，天厌之。（论语·雍也）

历来讨论这种句式的人都把注意力集中在“所”字上，提出了种种不同的解释。其实就语法结构说，关键在“者”字上。这类句子跟5.2.6里讨论的句子完全一样，都是用自指的“VP者$_s$”表示假设的。至于这类句式里的“所”字恐怕跟名词化标记“所”无关，很可能代表一个意义与“若”类似的词。王引之《经传释词》卷九讨论这类“所”字时说：“所犹若也，或也。”又参看周法高《中国古代语法》称代篇399～403页。

5.3　之

5.3.1　“之”字的语法作用是联系修饰语和中心语。当我们在主谓结构的主语和谓语之间加上“之”字的时候，谓词性的主谓结构就转化为名词性的偏正结构了。就这一点而论，可以说“之”的作用是使主谓结构名词化，因此我们把“之”字也看成一个名词化标记。下边是“N之V”的例子：

51　君子之过也，如日月之食焉。（论语·子张）
52　夷狄之有君，不如诸夏之亡也。（同上·八佾）
53　民之归仁也，犹水之就下，兽之走圹也。（孟子·离娄上）

5.3.2　“所VP”和“所JV”都是提取宾语的。从语义上说，指的是受事、与事、工具等等。这两种格式都预先假定（presuppose）有一个施事存在。代表这个施事的名词性成分只能作为整个格式的修饰语（直接或凭借“之”字的联系）在“所”字前边出现。例如：

54　姑舍女所学而从我。（孟子·梁惠王下）
55　此吾所以不受也。（庄子·让王）

为了跟“N之V”比较，我们可以把“N所V”（汝所学）和“N所JV”（吾所以不受）分别看成是主谓结构“NVN′”（汝学之）和“NJN′V”（吾以此不受）的名词化形式。因为“所”是提取宾语的，所以在“N所V”和“N所JV”里，宾语（N′）必须缺位。

按照这种看法，我们可以说“N所V”和“N所JV”也跟“N之V”一样，都是主谓结构的名词化形式。不同的是“N所V”和“N所JV”表示转指，而“N之V”表示自指。

因为古汉语里跟“第三人称代词+之”相当的形式是“其”，所以“其 V”也应该看成是主谓结构的名词化形式[①]。例如：

56 吾见师之出而不见其入也。（左传·僖公三十二年）

57 吾见其居于位也，见其与先生并行也。（论语·宪问）

5.3.3 “N 之 V”是先秦汉语里非常活跃的一种语法构造。关于它的结构和功能，我们准备另文讨论。这里只说一件事，就是“N 之 V”也跟“VP 者$_s$”一样，能够表示假设意义。前边可以有“若”字，也可以没有。这个时候，“N 之 V”带着明显的谓词性。例如：

58 我之大贤与，于人何所不容？我之不贤与，人将距我，如之何其距人也。（论语·子张）

59 事之不捷，恶有所分。与其专罪，六人同之，不犹愈乎？（左传·宣公十二年）

60 若事之捷，孙叔为无谋矣。不捷，参之肉将在晋军，可得食乎？（同上）

61 君无秽德，又何禳焉？若德之秽，禳之何损？（同上昭公二十六年）

“N 之 V”跟 NV 的意思十分接近（“N 之 V”是 NV 所指的行为、动作、状态的事物化。参看上文 5.2.5 关于“VP 者$_s$”的意义的讨论）。这种语义上的相通促成了语法功能上的同化。这大概就是上述现象产生的原因。

英语里的不定式动词（infinitive）和动名词（gerund）都兼有动词和名词双重性质，所以 Otto Jespersen 曾把英语动名词比喻为名词和动词的混血儿[②]。我们在先秦古汉语的“N 之 V”和“VP 者$_s$”等名词化形式上也看到了类似的现象。

§6 余 论

6.1 上文提到何莫邪想要把假设从句末尾的“者”跟“者$_t$”联系起来，可是他并没有成功。我们认为假设从句末尾的“者”就是“者$_s$”。因此何氏的问题到了我们这里就变成“者$_s$”和“者$_t$”之间是否有联系的问题了。这个问题我们现在还不知道怎么回答。这里只想提一点线索作为今后研究这个问题时的参考。

① 看吕叔湘《中国文法要略》6.72。

② Otto Jespersen, Essentials of English Grammar, P. 320.

6.2 “者$_s$”有可能只是“者$_t$”的一种特例。换句话说,“者$_s$”有可能也是提取主语的。不过与“X者$_s$”相应的陈述形式只限于主语和谓语之间有同一性的那种类型的主谓结构。我们所以会有这种想法,是因为有下边这类句式,特别是[3]和[4]。

1 篤,所以注觧也。——所以注觧者,篤也。

2 虎,戾虫也。——戾虫者,虎也。

3 乱臣者,必重人。重人者,必人主所甚亲爱也。人主所甚亲爱也者,是同坚白也。(韩非子·外储说右上)

4 孔子之谓集大成。集大成也者,金声而玉振之也。金声也者,始条理也。玉振之也者,终条理也。始条理者,智之事也。终条理者,圣之事也。(孟子·万章下)

例[3]一共三句话。前两句都是同一性主谓结构。我们可以把第二句的主语“重人者”看成是以第一句为相应的陈述形式提取主语得出的“VP者$_t$”①,把第三句的主语“人主所甚亲爱也者”看成是以第二句为相应的陈述形式提取主语得出的“VP者$_t$”。例[4]的情形跟例[3]基本相同。按照这种看法,“X也者”里的“X也”应该看成是一个潜在的同一性主谓结构的谓语部分。这样不但可以对于“也”字的存在作出合理的解释,而且还可以说明为什么以“X也者”为主语的句子总是包含着对上文已经提到的事情进行解释的意味。

假定说我们终于找到了一种能够给“者$_s$”和“者$_t$”作出统一的解释的理论。随之而来的问题是:“的$_s$”和“的$_t$”之间是不是也有联系?如果有,那末这种联系是不是能用同一个理论来解释?

一九八〇年六月初稿,一九八二年十一月定稿。

四声别义释例

周祖谟

导言——

本文选自《问学集》(上)(中华书局,1966)。

作者周祖谟(1914～1995),字燕孙,北京人。著名语言学家,北京大学中文系教

① 因为同一性主谓结构的谓语是名词性成分,所以用“者”字提取主语得出的指称形式事实上是“NP者$_t$”。

授、博士生导师。从事汉语音韵学、汉语史、目录学和校勘学的研究，著有《问学集》等。

对于四声别义，清代学者如顾炎武、钱大昕、卢文弨、段玉裁等都认为是六朝经师强生分别，不是当时口语的反映，因为先秦并不如此。周祖谟《四声别义释例》通过考察郑玄"三礼"注、高诱《吕氏春秋》注及《淮南子》注等诸多注释音训材料，认为以四声区别语词是汉语的一种曲折构词法，始于汉代，而以西汉末杜子春为最早。四声别义从作用来看可分为两类：一是因词性不同而变调；一是因意义不同而变调。而从形式来看，由平变入和由入变平的很少，由平变去和由入变去的较多，据此可知上古平入二者关系较远，而魏晋以后去声字渐多的原因也在于此。后来，唐作藩《破读音的处理问题》(《辞书研究》1979 年第 2 期)从现代字、词典注音的角度对这个问题进行过研究。孙玉文《汉语变调构词研究》(北京大学出版社，2000 年)则更广泛地收集同类材料，选取了 100 组古代汉语变调构词词例，对每组配对的原始词和滋生词的音义进行历史考察分析，是该领域比较新的成果。

一、四声别义之所始

古人一字每有数音，或声韵有别，或音调有殊，莫不与意义有关。盖声与韵有别者，由于一字所代表之语词有不同，故音读随之而异。如敦厚也，音都昆切。诗敦彼独宿，敦独貌，音堆。贲饰也，音彼义切。贲勇则音奔。其例至广，无烦觇缕。至若音调有殊者，则多为一义之转变引申，因语词之虚实动静，及含义广狭之有不同，而分作两读。或平或去，以免混淆。即如物体自有精粗美恶，人心亦有爱憎去取，物之精者美者，谓之好，音呼皓切；粗者劣者，谓之恶，音乌各切。而心之所喜所爱，则谓之好，音呼号切；所憎所恶，则谓之恶，音乌故切。夫物之美恶与人之好恶义虽相关，但以其词类不同，用于文句之地位亦不同，故古人区分为两词两音，一读上，一读去，斯即以四声别义之例也。

考四声别义之所始，清人多谓肇自六朝经师。盖北齐颜之推家训音辞篇尝谓好有呼号一音，恶有乌故一音，见于葛洪要用字苑，徐邈毛诗左传音。二人皆晋人也。而陆德明经典释文所录晋宋以下经师以四声别义之例尤多。故顾炎武、钱大昕、卢文弨、段玉裁皆谓此乃始自六朝经师，不合于古。如顾氏音论卷下"先儒两声各义之说不尽然"条云：

> 凡上去入之字，各有二声，或三声，四声，可递转而上同以至于平，古人谓之转注。(此语非是)其临文之用，或浮或切，在所不拘。而先儒谓一字两声各有意义，如恶字为爱恶之恶，则去声，为美恶之恶，则入声，颜氏家训言此音始于葛洪徐邈，乃自晋宋以下同然一辞，莫有非之者。余考恶字，如楚

辞离骚有曰"理弱而媒拙兮，恐导言之不固，时溷浊而嫉贤兮，好蔽美而称恶"，此美恶之恶，而读去声；汉刘歆遂初赋"何叔子之好直兮，为群邪之所恶，赖祁子之一言兮，几不免乎徂落"，此爱恶之恶，而读入声。乃知去入之别，不过发言轻重之间，而非有此疆尔界之分也。凡书中两声之字，此类实多，难以枚举。自训诂出而经学衰，韵书行而古诗废，小辩愈滋，大道日隐。噫，先圣之微言，汩于蒙师之口耳者多矣。

自此说出，学者多承其绪论。钱氏十驾斋养新录论易卦之观字云：

古人训诂，寓于声音，字各有义，初无虚实动静之分。好恶异义，起于葛洪字苑，汉以前无此分别也。观有平去两音，亦是后人强分。易观卦之观，相传读去声，彖传大观在上，中正以观天下，象传风行地上观，并同此音，其余皆如字，其说本于陆氏释文。然陆于观国之光，兼收平去两音，于中正以观天下云徐唯此一字作官音，是童观阚观观我生观其生观国之光，徐仙民并读去声矣。六爻皆以卦名取义，平则皆平，去则皆去，岂有两读之理？而学者因循不悟，所谓是末师而非往古者也。（一卷）

又论长深高广字音云：

长深高广俱有去音，陆德明云：凡度长短曰长，直亮反。度深浅曰深，尸鸩反。度广狭曰广，光旷反。度高下曰高，古到反。相承用此音，或皆依字读。（见周礼释文）又周礼前期之前，徐音昨见反，是前亦有去声也。此类皆出乎六朝经师，强生分别，不合于古音。（见卷四、又卷五"一字两读"条意亦相若）

此与顾氏之说，同出一辙。余如卢文弨锺山札记卷一，谓字义不随音区别，段玉裁六书音均表卷一古音义说，谓平转为仄，上入转为去，今韵多为分别，皆拘牵琐碎。其说又散见说文解字注。立论虽各有所据，然不察其所由起，概视为末儒妄作，则非也。

以余考之，一字两读，决非起于葛洪徐邈，推其本源，盖远自后汉始。魏晋诸儒，第衍其绪馀，推而广之耳，非自创也。惟反切未兴之前，汉人言音只有读若譬况之说，不若后世反语之明切，故不为学者所省察。清儒虽精究汉学，于此则漫未加意。间尝寻绎汉人音训之条例，如郑玄三礼注，高诱吕览淮南注，与夫服虔应劭汉书音义，其中一字两音者至多，触类而求，端在达者。今就诸儒之说，诠次于后，申其指趣，而以魏世苏林、如淳、孟康、韦昭之说附焉。

渔　说文捕鱼也，广韵语居切，在鱼韵。

案吕览季夏纪“令渔师伐蛟，取鼍”。高注云：“渔师，掌鱼官也。渔读若相语之语。”淮南子时则篇“乃命渔人伐蛟取鼍”注同。季冬纪“命渔师始渔”，注云：“渔读如论语之语。”此指渔师之渔而言。淮南子时则篇“命渔师始渔，”说林篇“渔者走渊”注同。淮南子原道篇“期年而渔者争处湍濑”，注云：“渔读告语。”此相语，告语，论语之语，并读去声，广韵牛倨切。与言语之语，读上声，音鱼巨切者，不同。今韵书渔字有平声，无去声，高诱音去声者，以渔师渔人渔者之渔，与易以佃以渔之渔，为用不同，前者为由动词所构成之名词，后者为动词，故吕览决胜篇“譬之若渔深渊”，异宝篇“方将渔”，慎人篇“舜之耕渔”，具备篇“见夜渔者”，“渔为得也”，诸渔字并如本字读，而不别加音释。是渔字汉人有平去二音也。斯即以四声别义之一例。

语　广韵鱼巨切，在语韵，论也。又牛倨切，告也。

案二者音义略有不同，如易系辞“或默或语”，礼记文王世子“既歌而语”，皆读如本字。而论语阳货篇“居，吾语女”，礼记杂记“言而不语”，释文皆读去声。此固晋宋以后经师所口相传述，然自上例观之，高注称渔读相语之语，又曰渔读告语之语，是告语相语之语，与言语之语有别，自汉末已然矣。

为　广韵薳支切，在支韵，尔雅作，造，为也。又于伪切，在寘韵，助也。

案“作为”与“助为”义虽相因，而有广狭之异，故相传分作两读。如吕览审为篇“杀所饰要所以饰，则不知所为矣”，高注云：“为读相为之为，”相为之为，即音于伪切。又汉书高纪上“明其为贼”，集注云：“应劭曰为音无为之为，郑氏曰为音人相为之为。”应郑皆汉末人，其言已如此。

遗　广韵以追切，在支韵，失也，亡也。又以醉切，在至韵，赠也。

案遗失，遗留，与遗赠，遗送之音有别，自古已然。如周礼地官序官“遗人”，郑注云：“郑司农云：遗读如诗曰弃予如遗之遗。释文云郑众音维。玄谓以物有所馈遗。”淮南子览冥篇“猿狖颠蹶而失木枝”，高注云：“狖读中山人相遗物之遗。”皆其证也。

难　广韵那干切，在寒韵，艰也，不易称也。又奴案切，在翰韵，患也。

案经典相承，难易之难，与问难，难却，患难之难，音有不同。难易之难为形容词，读平声；问难难却之难为动词，读去声。患难之难为名词，亦读去声。此本为一义之引申，因其用法各异，遂区分为二。如周礼占梦“遂令始难欧疫”，郑注云：“难谓执兵以有难却也。故书难或为傩，杜子春傩读为难问之难。”又淮南子时则篇“仲秋之月，天子乃傩，以御秋气”。高注云：“傩犹除也，傩读躁难之难。”躁难，难问，皆读去声也。杜子春者，河南缑氏人，尝问业于刘歆，见贾公彦周礼注疏论周礼废兴所引马融周官传序。而郑众贾逵又皆从其受学，自其读傩为难问之难，可知难字分作两读。远始于东汉之初。

劳　广韵鲁刀切，在豪韵，倦也，勤也，病也。又郎到切，在号韵，劳慰也。

案劳慰云者，即孟子"劳之来之"之劳，其与勤劳之劳，义实相承，而古人已分作两读。如淮南子氾论篇"以劳天下之民"，注云："劳犹忧也，劳读劳勑之劳，"此即作去声读。汉书平当传"劳倈有意者"注"劳者恤其勤劳也"。

任　广韵如林切，在侵韵，堪也，保也。又音汝鸩切，胜也。

案堪任，保任，任使之任，盖皆读平声。胜任，信任，任用之任，皆读去声。如淮南子精神篇"养性之具不加厚，而增之以任重之忧"，注云："任读任侠之任。"任侠一词，古之通语也。史记季布栾布传"为气任侠"，集解引孟康云："相与信为任。"汉书颜注云："任音人禁反。"是任侠之任读去声。又说林篇"短绠不可以汲深，器小不可以盛大，非其任也"，注云："任读堪任之任。"此即读为平声矣。是任之分作两音，由来已远，非近世所兴也。

量　广韵吕张力让二切。

案豆区斗斛之属，谓之量，读去声。以之度物之多少，亦谓之量，读平声。去声为名词，平声为动词。周礼考工记栗氏"准之然后量之"，郑注云："量读如量人之量。"即读平声也。

阴　广韵於金切，在侵韵。

案经典相承又有去声一音，前者为名词，后者为动词，谓覆蔽之也。如礼记祭义"阴为野土"，郑注云："阴读为依廕之廕，"是其证。阴覆之阴又通作廕，或作荫。

与　广韵余吕羊洳二切。

案凡党与，相与，许与之与，皆读余吕切，而参与，干与之与，皆读羊洳切。盖由相与亲与之义引申之，以我临物亦谓之与也。如易杂卦传"或与或求"，王弼注与读去声，是余吕为本音，羊洳则转音也。然两声各自为义，自汉已然。如仪礼特牲馈食礼"祝曰酳，有与也"，郑注云："与读如诸侯以礼相与之与。""诸侯以礼相与"礼记礼运文。与即读为上声。如礼记中庸"可以与知焉"，郑注云："与读为赞者皆与之与。""赞者皆与"仪礼士冠礼文。汉书高纪下"万民与苦甚"，集注云："如淳曰与音相干与之与，师古曰音弋庶反。"与皆读去声，是其例也。

子　广韵即里切，在止韵。

案经师相承又有将吏切一音，盖子者本为对父之名，爱人如其子，则读去声。礼记乐记云："致乐以治心，则易直子谅之心油然生矣，"郑注曰：

"子读如不子之子。"祭义亦有此语，注同。释文云："子如字徐将吏反。"考尚书益稷云："启呱呱而泣，予弗子，惟荒度土功，""弗"史记夏本纪作"不"，不子者，不能爱念之如子也。此云易直子谅之心者，亦为子爱之义，故郑云读如不子之子。陆德明尚书释文云："子如字，郑将吏反，"是不子之子郑殆读去声无疑。孙星衍尚书今古文疏证谓郑盖读如字恐非。乐记注云云，匪特明其义训，抑且通其音读，故称读如，或者不察，仅以为疏通故训则拘矣。又子爱之子亦通作字，广韵疾置切，去声。列子杨朱篇云："惟荒度土功，子产不字，过门不入，"不字，即不子也。左传成公四年"其肯字我乎"，周礼大司徒注"小国贡轻，字之也"，字并训爱。

比　广韵卑履切，校也。又毗至切，近也。

案比较，比拟，比例，比方之比，前人多读上声，比近，比次，党比，频比之比，多读去声。前者为本音，后者为转音。汉书任敖传"吹律调乐入之音声，及以比定律令"，集注云："如淳曰比音比次之比，谓五音清浊各有所比，不相错入，以定十二律之法令，于乐官使长行之。或曰谓比方之比，音必履反。师古曰，依如氏之说，比音频二反。"由此观之，比有两读，魏世已然。

下　广韵胡雅切，在马韵，贱也，后也，底也。又胡驾切，在祃韵，行下。

案前者为形容词，后者为动词，故分为二音。汉书高纪下云："葬长陵已下，"集注云："苏林曰下音下书之下。"下为动词，故师古曰下音胡亚反，足证下有两读，由来已久。

假借　假，广韵古疋古讶二切，皆训借也，而有上去之异。借子夜资昔二切，皆训假借，而有去入之分。左氏庄公十八年传孔疏云："假借同义。取者，假为上声，借为入声。与者，假借皆为去声。"

案古人已有此分别，如汉书文帝纪赞"常假借纳用焉"，集注云："苏林曰假音休假，借音以物借人之借。"薛宣朱博传赞"假借用权"集注引邓展音同。又晁错传"里有假士"，集注云："服虔曰假音假借之假。"是也。

被　广韵皮彼切，在纸韵，寝衣也。又平义切，在寘韵，覆也。

案书尧典"光被四表"，郑注云："言尧德光耀及四海之外。"见诗噫嘻疏。释文被音皮寄反，作去声读。考淮南子俶真篇"被施颇烈"，高注云："被读光被四表之被也。"汉书韩王信传"国被边"，集注云："李奇曰被音被马之被。"史记南越尉佗传"即被佗书"，集解引韦昭云："被音光被之被。"由是可知覆被之被，动词。与寝被之被，名词。音读不同，有自来矣。

走　广韵子苟则候二切，并训趋也。

案走之字义，有趋走走向之分。古者趋走之走，读上声；走向之走，读去声。如孟子"弃甲曳兵而走"，走退走也，读上声。淮南子说林篇"渔者走渊，木者走山”，高诱云：“走读奏记之奏，”则读去声矣。又汉书高纪上“步从间道走军”，集注云：“服虔曰走音奏。师古曰走谓趣向也。”张释之传“此走邯郸道也”，集注云：“如淳曰走音奏，趣也。”凡此之类，并读去声。夫趋走与走向义近，而古人分为二音者正以其为用不同耳。

过　广韵古禾切，在戈韵，经也。又古卧切，在过韵，误也，越也，责也。

案经过之过读平声，过越之过读去声，汉人即已如是。淮南子览冥训“过归雁于碣石，轶鹍鸡于姑馀”，高诱曰：“过去也，过读责过之过。”云责过之过，即所以别于经过之过也。

数　广韵所矩色句二切。凡计数之数读上声，数目之数读去声，而频数之数则又音所角切，是一字有上去入三音也。

然考之汉代，固已若是，犁然不紊。如汉书东方朔传“朔曰是窭数也”，集注云：“苏林曰数音数钱之数。”案此即读为上声一音。史记李广传“以为李广老，数奇”，索隐引服虔说云：“作事数不偶也，音朔。”此则读为入声矣。

告　广韵古到切，在号韵，报也。又古沃切，在沃韵，告上曰告。盖上告下音古沃切，下告上音古到切。一读去声，一读入声。

案汉人此字已有两读，诗“日月告凶”，汉书刘向传作“日月鞠凶”；礼记文王世子“则告于甸人”，注云：“告读为鞠，”鞠告双声，鞠入声字也。释名云：“上敕下曰告，告觉也，使觉悟知己意也。”觉亦入声字。又史记高祖本纪云：“高祖为亭长时，常告归之田。”集解云：“服虔曰告音如嗥呼之嗥。李斐曰休谒之名也。孟康曰古者名吏休假曰告。告又音喾。”索隐曰：“韦昭云告请归乞假也，音告语之告，刘伯庄颜师古并音古笃反，服音如嗥呼之嗥。按东观汉记田邑传云：邑年三十，历卿大夫，号归罢厌事，少所嗜欲。寻号与嗥同，古者当有此语。今服虔虽据田邑号归，亦恐未为得。然此告字，当音诰。诰号声相近，故后告归号归遂变也。”据是可知告归之告，古有数读，服虔音号，孟康音喾，颜伯庄音梏，梏喾并入声，沃韵字也。淮南子氾论篇“乾鹄知来，而不知往”，高诱云：“鹄读告退之告。”鹄亦沃韵字，而高诱音“告退之告”，可证高诱读告亦有入声一音，韦昭音告语之告亦然。今人读告归之告多读为梏，殆即本乎高诱韦昭矣。

由上所述，可知以四声别义远自汉始，确乎信而有征。清人所称此乃六朝经师之所为，殆未深考。即诸儒之音观之，以杜子春之音周礼“傩读难问之难”为最早，尔后郑玄高诱分别更广。郑玄与卢植同为马融之门人，而高诱又为卢植之弟子，二人师友之渊源既深，故解字说音，趣旨亦同。后儒继作，遂成风尚。迨夫晋世，葛洪徐邈，更趋精密矣。论其所始，不得不谓其昉自汉世也。

二、四声别义释例一

以四声区分字义，远自汉始，至晋宋以后，经师为书作音，推波逐澜，分辨更严，至陆德明经典释文，乃集其大成。后之传文选史汉之学者，论音定义，亦莫不宗之。如公孙罗文选音决，刘伯庄史记音义，司马贞史记索隐，张守节史记正义，颜师古汉书集注，何超晋书音义，皆是也。及其传习日久，学者濡染已深，凡点书，遇一字数音，随声分义者，皆以朱笔点发，以表其字宜读某声。见唐张守节史记正义发字例及李匡义资暇集上字辨条。若发平声，则自左下始，上则左上，去则右上，入则右下。至宋人复易点为圈，以求明晰，斯即所谓圈发之法。此与汉石经以点分章而后世易点为圈正同。如岳刻相台九经三传，是其例也。后之塾师以朱笔圈点经书，即袭唐宋之旧，积习相沿，其来已久。

然自汉魏以迄隋唐，以声别义之法，其例虽广，而皆散见诸书音释，鲜有集其全体，分辨其义类者。有之，则自宋贾昌朝群经音辨始。书分七卷，五门。其中辨字音清浊，辨彼此异音，辨字音疑混等，即以声别义之例也。所谓辨字音清浊者，如衣施诸身曰衣，於既切；冠加诸首曰冠，古乱切；此因形而著用者也。物所藏曰藏，才浪切；人所处曰处，尺据切；此因用而著形者也。所谓彼此异音者，谓一字之中，彼此相形，殊声见义。如求于人曰假，与人曰假，价音。毁他曰败，音拜；自毁曰败。是也。所谓字音疑混者，如上上时亮切，时掌切。下下胡贾切，胡嫁切。之类，或指高卑而言，或指升降而言，皆随声别义者也。并见序文。彼以昔贤未尝著论，故参考经籍故训，为之训说，然揆其例证，错乱实多。且字音清浊之论，尤含胡不清，是虽具条例，犹不具也。第前代经书传注以声别义之例均已甄录无遗，故丁度纂脩集韵，均取以入书，其沾溉后学，固已多矣。自是之后，元刘鉴复有经史动静字音之作，附切韵指南之后，细绎其书，即昌朝上述之三类。其所以称之曰动静字者，未加解说。但云："凡字之动者，在诸经史当以朱笔圈之。静者，不当圈也。"上虞罗氏写印本。即此论之，盖字读本音者，多为静字，读变音者，多为动字。其意似今文法家有名词形容词动词之分，故以动静字名之耳。然实不能概其全也。至明则有张位问奇集，复备举常用之字随音圈发之例，见假借圈发字音条。然亦散漫无纪，聊备一家而已。由是观之，前人纂述之功虽勤，而类例分判之法尚疏，盖以声别义之事，本为文法学语义学之一部，古人虽有文法上之意识，然无文法之学理及称谓之名号，故不能条分而缕析之也。兹就群经音辨所举之词略释其例，凡所取证，即以释文及前代诸书音释为主，虽不尽悉，其要盖具备于是矣。

夫古人创以声别义之法，其用有二：一在分辨文法之词性，一在分辨用字之意义。前者属于文法学之范畴，后者属于语义学之范畴。依其功用之不同，可分为两类：一因词性不同而变调者，一因意义不同而变调者。今分别述之：

A　因词性不同而变调者

（一）区分名词用为动词：

王，君也，于方切。平声。君有天下曰王，于放切。去声。案易师卦“以王”释文云：“王如字，物归往也。徐又往况反。”汉书高纪“项羽背约，而王君王于南郑”，集注云：“上王音于放反。”往况于放音同。凡为王，或使之为王，均读去声。

子，男女之通称也，将此切。上声。子育下民曰子，音将吏切。去声。案礼记乐记“则易直子谅之心油然生矣”，郑注曰：“子读如不子之子。”书金縢“是有不子之责于天。”孔疏云：“子谓子爱下民。”又中庸“子庶民也”，注云：“子犹爱也。”凡爱之如子，视之如子，皆读去声。

女，未嫁之称也，尼吕切。上声。以女嫁人曰女，尼据切。去声。案书尧典“女于时”，孔传曰：“女妻也。”释文云：“女愿据反。”左氏桓公十一年传“宋雍子女于庄公，曰雍姞”，注云：“以女妻人曰女。”国语越语“请勾践女女于王”，韦注云：“进女为女。”女字并音去声。

妻，与夫齐者也，七奚切。平声。以女适夫曰妻，七计切。去声。案诗有女同车序“齐侯请妻之”，释文云：“妻七计反，以女适人曰妻。”左氏桓公十一年传“尽人将妻之”，释文云：“妻七计反。”

宾，客也，必邻切。平声。客以礼会曰宾，必吝切。去声。案以礼接待宾客之宾，经典多作傧，或作擯。周礼大宗伯“朝觐会同，则为上相”，郑注云：“出接宾曰擯，入诏礼曰相。”释文云：“擯必刃反，本或作宾同。”又司仪“及其擯之，各以其礼”，礼记曲礼下“其擯于天子也”，字并作擯。

衣，身章也，於希切。平声。以衣施诸身曰衣，於既切。去声。案论语子罕“衣弊缊袍”，皇疏云：“衣犹著也。”释文云：“衣於既反。”

冠，首服也，古桓切。平声。以冠加诸首曰冠，古玩切。去声。案仪礼士冠礼，释文云：“冠古乱反。”汉书萧何曹参传赞“位冠群臣”，集注云：“冠谓居其首，古乱反。”

枕，藉首木也，章荏切。上声。首在木曰枕，章鸩切。去声。案易坎卦“险且枕”，释文云：“徐针鸩反，王肃针甚反，郑玄云木在首曰枕。”又论语述而篇“曲肱而枕之”，释文枕之鸩反。引申为枕临之枕，亦音去声。汉书严助传“南近诸越，北枕大江”，集注云：“枕临也。”

麾，旌旗也，许为切。平声。所以使人曰麾，许类切。去声。案左氏隐公十一年传“周麾而呼”，杜注云：“麾招也。”释文：“麾许危反，又许伪反。”

膏，脂凝也，古刀切。平声。以膏润物曰膏，古到切。去声。案诗羔裘“羔裘如膏”，左氏襄公十九年传“若常膏之”，膏释文并音古报反。

文，采章也，无分切。平声。施以文饰曰文，亡运切。去声。案论语宪问篇“文之以礼乐”，荀子儒效篇“取是而文之也”，并文读去声。

粉，白饰也，夫吻切。上声。以粉传物曰粉，夫问切。去声。案周礼考工记㡛氏“浫之以蜃”，郑注云：“浫薄粉之，令帛白。”释文：“粉如字，刘方问反。”

巾，帨也，居银切。平声。以巾被之曰巾，居吝切。去声。案周礼春官序官“巾车”，注：“巾犹衣也。”释文：“巾如字，刘居觐反。”华严经音义下引隋诸葛颖桂苑珠丛云：“以衣被车，谓之巾也。”又仪礼士昏礼“醯酱二豆，菹醢四豆，兼巾之”，释文：“巾如字，刘居近反。”士丧礼“祝受巾，巾之”，释文：“下巾刘居觐反。”

阴，气之浊也，於金切。平声。所以庇物曰阴，於禁切。去声。案覆阴之阴亦作荫廕。诗桑柔“既之阴女”，释文：“郑音荫，覆荫也。”礼记祭义“阴为野土”，郑注：“阴读为依廕之廕。”

蹄，兽足也，杜奚切。平声。足相躛曰蹄，大计反。去声。案仪礼士昏礼“其实特豚，合升去蹄”，释文：“蹄大西反”，此名词也。礼记月令“仲夏之月，游牝别群，则縶腾驹”，郑注云：“为其牡气有余，相蹄啮也。”释文云：“蹄大计反，蹋也。或作踶。”此则动词也。

棺，柩也，古桓切。平声。以棺敛曰棺，古患切。去声。案礼记曾子问“召公谓史佚曰，何以不棺敛于宫中”，左氏僖公二十八年传“为其所得者棺而出之”，释文棺并音古患反。

被，寝衣也，所以覆体者，部委切。上声。覆之曰被，部伪切。去声。案书尧典“光被四表”，释文：“被皮寄反。”汉书高纪“高祖被酒”，集注云：“被，加也，被酒者，为酒所加。被音皮义反。”又礼乐志“圣主广被之资”，集注云：“被犹覆也，音皮义反。”

丧，死亡之称，息郎切。平声。亡失曰丧，息浪切。去声。案公羊桓公十八年传“公之丧，至自齐”，何休云：“丧者，死之通辞也。”此为名词，音平声。诗皇矣“受禄无丧”，传云：“丧亡也。”此为动词，音去声。

间，中也，古闲切。平声。厕其中曰间，古苋切。去声。案间音去声，为动词。凡间隔、间代、间谍、非难、病间之义，并同。

（二）区分动词用为名词：

采，取也，仓宰切。上声。所以取食曰采，仓代切。去声。案韩诗外传八云：“天子为诸侯受封，谓之采地。”左氏庄公元年经注“单伯采地”，释文：“采七代反。”

染，濡也，而琰切。上声。既濡曰染，音而艳切。去声。案周礼天官冢宰“染人，掌凡邦之染事”，释文：“染而艳反。”染为动词，音上声；染人则合为一名词，故变为去声。犹渔师、缝人，见周礼天官冢宰。渔缝二字并读去声也。贾云“既濡曰染”，非是。

贯，穿也，古桓切。平声。既穿曰贯，古玩切。去声。案前者为动词，后者为名词。易剥卦“贯鱼”，释文：“贯古乱反，徐音官，穿也。”据是贯有平去两读，似自徐仙民始。然说文云：“毌，穿物持之也，读若冠。”毌即贯字，读若冠之冠，作平声读也。是贯有平声一读，自汉已然。冠亦有平去二读，此作平不作去。若作去，则许氏必云读若冠礼之冠矣。前人多不达此旨。

缝，紩也，符容切。平声。既紩曰缝，符用切。去声。案说文：“缝，以针紩衣也。”礼记玉藻“缝齐倍要”，左氏僖公二十六年传“弥缝其阙”，缝为动词，并音平声。周礼天官冢宰“缝人，掌王宫之缝线之事”，释文：“缝扶用反。”又衣之界缄，亦读去声，皆名词也。

过，逾也，古禾切。平声。既逾曰过，古卧切。去声。案过者，经过也，读平声。过失为其引申义，读去声。

行，履也，户庚切。平声。履迹曰行，下孟切。去声。案荀子法行篇云：“所以行之之谓行。”易大畜“君子以多识前言往行，以畜其德”。释文：“行下孟反。”礼记坊记“民犹贵禄而贱行”，行亦音下孟反，皆名词也。

操，持之也，七刀切。平声。志有所持谓之操，七到切。去声。案操者执持之义，引伸之，能持其志，亦谓之操。风俗通义声音篇云：“操者言遇铓遭害，困厄穷迫，虽怨恨失意，犹守礼义，不惧不慑，乐道而不倦者也。”楚辞谬谏“夫何执操之不固”，是其义矣。操读去声。

宿，止也，思六切。入声。谓日星所止舍曰宿，思宥切。去声。案星宿字读去声，宿卫字古亦有读去声者。周礼修闾氏“掌比国中宿互柝者”，宿者所守卫之人，释文：“宿如字，刘昌宗息就反。”

吹，呴也，昌垂切。平声。谓呴气曰吹，尺伪切。去声。案礼记月令“仲秋之月，上丁，命乐正入学习吹”，释文：“吹昌睡反。”

缘，循也，羊专切。平声。谓循饰其旁曰缘，羊绢切。去声。案仪礼士冠礼“青絇繶纯”，郑注云：“纯缘也。”孔疏云：“谓绕口边缘也。”释文：“缘以绢反。”

编，次也，补年切。平声。谓所次列曰编，步典切。上声。案周礼追师“掌王后之首服为副编次追衡笄”，释文：“编步典反。”

种，播谷也，之用切。去声。五谷曰种，之陇切。上声。案周礼草人“掌土化之法，以物地相其宜而为之种”，又舍人“以岁时县穜稑之种”，种释文：“并章勇反。”贾昌朝以上声为本音去声为变读，非。

乘，登车也，食陵切。平声。谓其车曰乘，食证切。去声。案诗株林“驾我乘马，说于株野”，释文：“乘绳证反。”

卷，曲也，居究切，上声。谓曲者曰卷，居恋切。去声。案礼记曲礼上“请业则起”，郑注云：“尊师重道也，业谓篇卷也。”释文：“卷音眷，徐邈久恋反。”

传，授也，直专切。平声。记所授曰传，直恋切。去声。案传记字音去声，以其为名词也。经典释文周易义云：“传直恋反，以传述为义。”

含，实口中也，胡南切。平声。谓口实曰含，胡绀切。去声。案左氏文公五年经“王使荣叔归含且赗”，注云：“珠玉曰含，含口实也。”释文云：“含本亦作唅，户暗反，口实也。说文作琀，云送终口中玉。”玄应一切经音义卷二引字林，琀瑚绀反。

收，敛也，式周切。平声。敛获曰收，式救切。去声。案礼记月令“仲秋之月，乃命冢宰藏帝藉之收于神仓”，收谓所收之禾谷也，释文：“收如字，又守又反。”

敛，收也，力检切。上声。收聚曰敛，力剑切。去声。案周礼委人“掌敛野之赋敛”，释文赋敛字音力艳反。礼大敛小敛字并同，皆名词也。礼记檀弓下“敛手足形，还葬而无椁”，释文敛力检反，敛为动词，则音上声。

陈，列也，池珍切。平声。成列曰陈，直刃切。去声。案论语卫灵公问陈，释文陈直刃反，字今作阵。

藏，入也，徂郎切。平声。谓物所入曰藏，徂浪切。去声。案周礼天府“掌祖庙之守藏，凡国之玉镇大宝器藏焉”，藏焉之藏，为动词；守藏之藏，为名词；释文：“守手又反，藏才浪反。”

爨，炊也，七耑切。平声。谓所炊处曰爨，七乱切。去声。案周礼挈壶氏“及冬则以火爨鼎水而沸之”，释文爨七端反。庄子天运篇“苏者取而爨之”，释文爨七丸反。此皆为动词。周礼亨人“职外内饔之爨亨煮”，释文爨七乱反，此为名词。

誉，称也，羊诸切。平声。称名当体曰誉，羊洳切。去声。案毁誉字皆曰平声，声誉则读去声。如诗“式燕且誉”，车舝。“以永终誉”，振鹭。是也。

处，居也，昌吕切。上声。谓所居曰处，昌据切。去声。案易乾卦九二“见龙在田”，王弼注云：“处于地上，故曰在田。”释文处昌吕反。此为动词。居处之处为名词，故读去声。

帅，总也，所律切。入声。总人者曰帅，所类切。去声。案仪礼聘礼“帅大夫以入”，礼记王制“简不帅教者以告”，帅并读入声。周礼夏官司马“师帅皆中大夫”，礼记月令“赏军帅武人于朝”，帅并读去声。

将，持也，即良切。平声。持众者曰将，即亮切。去声。案荀子成相“将之无铍滑”，杨倞注：“将持也。”史记秦本纪“将军击赵”，正义云：“将犹领也。”

将并读平声。周礼夏官司马“军将皆命卿”,将则读去声。

监,莅也,古衔切。平声。莅事者曰监,古陷切。去声。案礼记王制“天子使其大夫为三监,监于方伯之国。”释文:“上监字古蹔反,下古衔反。”

守,保也,式帚切。上声。谓保曰守,式救切。去声。案周礼内宰“而纠其守”,左氏庄公二十一年传“王巡虢守”,守为名词,并音狩。

数,计之也,色主切。上声。计之有多少曰数,色句切。去声。案数计之数,旧多以朱笔圈发。荀子王霸篇“不足数于大君子之前”,列子汤问篇“灼其骨以数焉”,数并读上声。

量,酌也,龙张切。平声。酌之有大小曰量,龙向切。去声。又度、约也,徒洛切。入声。约之有长短曰度,徒故切。去声。案量度之量,度计之度,旧多以朱笔圈发。

(三)区分自动词变为他动词或他动词变为自动词:

饮,酒浆也,於锦切。上声。所以歠曰饮,於禁切。去声。案诗六月“饮御诸友”,释文:“饮於鸩反。”又周礼宰夫“掌其牢礼委积膳献饮食宾赐之飧牵”,释文:“饮,郑徐於鸩反。”饮皆谓饮之以酒,为他动词,故读去声也。

语,言也,仰举切。上声。以言告之,谓之语,牛据切。去声。案礼记杂记“言而不语”,郑注:“为人说为语。”庄子在宥篇“来,吾语女。”语释文:“并鱼据反。”

离,两也,力支切。平声。两之曰离,力智切。去声。案易离卦“象曰六五之言,离王公也。”书胤征“畔官离次”,礼记学记“虽离师辅而不反也”,离释文并音去声。

毁,坏也,坏他曰毁,许委切。上声。自坏曰毁,况伪切。去声。案自毁,毁他,音有不同。周礼司厉云:“凡有爵者与七十者,与未龀者,皆不为奴。”郑注曰:“龀,毁齿也,男八岁,女七岁而毁齿。”释文毁况伪反。毁之有异读见此。据是音去声者,乃毁他之义也。贾说自毁音况伪切,立义有异。毛居正六经正误卷五云:“凡物自坏曰毁,音上声,况伟反。从而坏之曰毁,音去声,况伪反。贾氏音辨以自坏之毁为去声,坏之之毁为上声,非也。”考韵会云:“凡成败之毁上声,非自坏而隳毁之则去声。”与毛说同。今多承用之。

去,离也,弃也。除之曰去,羌举切。上声。自离曰去,丘倨切。去声。案左氏闵公二年传“卫侯不去其旗”,论语乡党篇“去丧无所不佩”,吕览下贤篇“去其帝王之色”,去并训除,均读上声。至于离去之去,则读去声。此种分别,自汉末已然。如吕览审分篇“居无去车”,高注云:“去释也,去读去就之去。”云读去就之去者,以别于除去之去也。足证去有两读,由来已久。

禁，制也，居吟切。平声。制谓之禁，居荫切。去声。案前者为自动词，后者为他动词。情不自禁，音平声，如文选阮籍咏怀诗“涕下谁能禁”，是也。至如禁止之禁，则音去声，如国策西周策“禁秦之攻周”，是也。

（四）区分形容词用为名词：

高，崇也，古刀切。平声。度高曰高，古到切。去声。深、下也，式金切。平声。测深曰深，式禁切。去声。长、永也，持良切，平声。揆长曰长，持亮切。去声。广、阔也，古党切，上声。量广曰广，古旷切。去声。案前者为形容词，后者为名词，周礼凌人郑注“汉礼器制度大槃广八尺，长丈二尺，深三尺”，释文云：“凡度长短曰长，直亮反。度浅深曰深，尸鸩反。度广狭曰广，光旷反，度高下曰高，古倒反。相承用此音，或皆依字读。”此盖周礼经师之所分可知。

（五）区分形容词与动词：

好，善也，呼皓切。上声。向所善谓之好，呼到切。去声。恶、否也，乌各切。入声。心所否谓之恶，乌路切。去声。案礼记大学“如好好色，如恶恶臭”，上好恶字为动词，下好恶字为形容词，音读各异。

远，疏也，对近之称，于阮切。上声。疏之曰远，于眷切。去声。案六经正误卷一云：“凡指远近定体，则皆上声。离而远之，附而近之，则皆去声。”斯即形容词与动词之殊。论语雍也篇“敬鬼神而远之”，国语晋语“诸侯远己”，汉书成帝纪云：“退远残贼”，远并音去声。

近，迩也，其谨切。上声。附近之曰近，其靳切。去声。易剥卦“象曰剥床以肤，切近灾也”，释文：“近，徐巨靳反。”汉书刑法志云：“近古而便民者也。”集注：“近，其靳反。”

空，虚也，苦红切。平声。虚之曰空，苦贡切。去声。案诗节南山“不宜空我师”，空读去声。

卑，下也，对高之称，补支切。帮母，平声。下之曰卑，部此切。並母，上声。案礼记中庸“辟如登高，必自卑”，释文卑音婢。周礼匠人注“禹卑宫室”，释文：“卑刘音婢。”皆读上声也。

上，下之对称，居高定体曰上，时亮切。去声。自下而升曰上，时掌切。上声。案易需卦：“象曰云上于天，”释文：“上时掌反，干宝云升也。”

下，底也，居卑定体曰下，胡贾切。上声。自上而降曰下，胡嫁切。去声。案易讼卦九二“不克讼”，王注云：“以刚处讼，不能下物，”释文：“下遐嫁反。”又谦卦六四“无不利㧑谦”，王注云：“处三之上，而用谦焉，则是自上下下之义。”释文：“下下，上遐嫁反，下如字。”

（六）区分名词之时间词用为动词：

先，前也，思天切。平声。前之曰先，思见切。去声。后，对先之称，居其后曰后，胡苟切。上声。从其后曰后，胡豆切。去声。案易乾卦“先天而天弗违，后天而奉天时”，释文：“先，悉荐反；后，胡豆反。”六书正误卷一云：“先后二字，指定体之在先在后，则先平声，后上声。若当后而先之，当先而后之，则去声也。”

（七）区分数词用为量词：

三，奇数也，苏甘切。平声。审用其数曰三，苏暂切。去声。案三为数词，用为量词，则读去声。如易蒙卦“再三渎，渎则不告”，晋卦“昼日三接”，论语公冶长“季文子三思而后行”，释文三并音息暂反。

以上所举，但挈其纲领而已。至如名词用为介词，动词用为形容词，副词用为动词，助动词用为名词，介词用为动词，间亦有之，今不备举。

三、四声别义释例二

B 因意义不同而变调者

（一）意义有彼此上下之分，而有异读：

假，借也，取于人曰假，古雅切。上声。与之曰假，古讶切。去声。案礼记王制“大夫祭器不假”，释文：“假古讶切。”

借，假也，取于人曰借，子亦切。入声。与之曰借，子夜切。去声。案左氏襄公四年传“寡君是以愿借助焉”，借音入声；论语卫灵公“有马者，借人乘之”，释文：“借子夜反，”音去声。

乞，求也，取于人曰乞，去讫切。入声。与之曰乞，去既切。去声。案晋书谢安传云：“谢安谓其甥羊昙曰，以墅乞汝。”乞者，与之也。读去声。

贷，假贷也，取于人曰贷，他得切。入声。与之曰贷，他代切。去声。案孟子滕文公上“又称贷而益之”，贷音入声。左氏昭公三年传“以家量贷而以公量收之”，贷音去声。

风，教化也，上化下曰风，方戎切。平声。下刺上曰风，方凤切。去声。案诗关雎序云：“风，风也。”释文云：“下风字，徐音福凤反，崔灵恩集注本下即作讽字，云用风感物则谓之讽。”又序云：“上以风化下，下以风刺上，”释文云:“下风字亦音福凤反。”

告,示也,语也。下白上曰告,古禄切。入声。上布下曰告,古报切。去声。案书大禹谟“不虐无告”,释文:“告故毒反。”盘庚中“今予告汝不易”,释文:“告工号反。”

养,育也。上育下曰养,余两切。上声。下奉上曰养,余亮切。去声。案书大禹谟“政在养民”,养音上声。易渐卦注“无禄养进而得之”,释文:“养羊尚反,”音去声。

仰,向也。上委下曰仰,鱼亮切。去声。下瞻上曰仰,语两切。上声。案仰古亦作卬。诗车舝“高山仰止”,荀子议兵篇“上足卬,则下可用也”,仰并读上声。易屯卦王注“穷困曰厄,无所委仰”,释文:“仰如字,又鱼亮反。”汉书食货志“衣食仰给县官”,集注:“仰牛向反。”此皆读去声。

(二)意义别有引申变转,而异其读:

迟、缓也,直尼切。平声。缓而有所待曰迟,直利切。去声。案迟者徐行也,凡迟缓义皆平声。或为形容词,或为动词,如史记荆轲列传:“今太子迟之。”若迟而有所待,则读去声。汉书高帝纪“迟明”,颜师古注云:“明迟于事,故曰迟明。变为去声,音文二反。”又文选西征赋“宾旅竦而迟御”,曹子建责躬诗“迟奉圣颜”,谢灵运酬从弟惠连诗“倾想迟嘉音”,南楼中望所迟客“临江迟来客”,迟字并音直利切。

闻,聆声也,亡分切。平声。声著于外曰闻,亡运切。去声。案声闻字为名词,诗卷阿“令闻令望”,书尧典伪孔传“名闻充溢”,释文闻并音问,本亦作问。

首,头也,书九切。上声。头所向曰首,书救切。去声。案礼记玉藻“寝恒东首”,楚辞远逝“登昆仑而北首兮”,史记淮阴侯列传“北首燕路”,首并训为向,读去声。

听,聆也,他丁切。上声。听受谓之听,他定切。去声。案周礼鄙长:“凡岁时之戒令皆听之,”郑注云:“听之,受之而行也。”国语周语“民是以听”,韦注云:“听从也。”国策齐策“靖郭君不听”,高注云:“听受之。”听并读去声。

应,当也,於陵切。平声。相当曰应,於证切。去声。案凡物相应,上作下应,此感彼应之类,皆读去声。诗麟趾序云:“关雎之应,”注:“麟应之时,”又云:“麟信而应礼,”皆音应对之应。唯笺云:“公子信厚,与礼相应,谓德与礼适相当,”故音鹰。释文云:“当也。”见六经正误卷三。

当,宜也,都郎切。平声。得宜曰当,都浪切。去声。案匹敌、当值、相当字皆音平声。礼记月令“行爵出禄,必当其位”,学记“鼓无当于五声”,庄子徐无鬼"于五者无当也"，当并音去声，此乃相合中理之义也。

喜，悦也，虚己切。上声。情有悦好谓之喜，虚记切。去声。案易蹇卦"内喜之也"，诗彤弓"中心喜之"，汉书宣帝纪"然亦喜游侠"，喜皆喜好之义，读去声。字亦作憙。如汉书郊祀志："上独憙其事。"

劳，勤也，力刀切。平声。赏勤劝功曰劳，力到切。去声。案周礼大司马"王吊劳士庶子"，释文："劳老报反。"汉书元帝纪"是月劳农劝民"，颜注云："劳农谓慰勉之，劳音来到反。"

兴，举也，虚凌切。平声。举物寓意曰兴，许应切。去声。案诗关雎序"诗有六义焉，四曰兴。"释文："兴虚应反。"引申之，凡意有感发，情之所寄亦曰兴，音去声，如兴味感兴是也。

重，再也，直龙切。平声。增益而多曰重，直用切。去声。案吕览制乐篇"是重吾罪也"，史记司马相如传"重烦百姓"，重并音去声。

相，共也，息良切。平声。共助曰相，息亮切。去声。案相者两相之辞。共助曰相者，如易泰卦"辅相天地之宜"，书盘庚下"予其懋简相尔"，相皆相助之义也。释文并音息亮反。

调，和也，徒聊切。平声。选谓之调，徒料切。去声。案选调之义，即使之调和也，义实相因。犹音声之和谓之调，徒料切，名词。汉书宣帝纪"调关东轻车锐卒"，调谓发选也，去声。

彊，坚也，其良切。平声。勉之自彊曰彊，其两切。上声。案彊通作强，易艮卦注"强止之"，释文："强其两反。"周礼考工记梓人"强饮强食"，亦同。

齐，等也，徂奚切。平声。等而和之曰齐，在诣切。去声。案周礼盐人"凡齐事鬻盐以待戒令"，注"齐事和五味之事"，礼记少仪"凡羞有湆者不以齐"，注"齐和也"，齐并读去声。考淮南子时则篇"秫稻必齐"，注"齐读齐和之齐"，是齐有二音，自汉已然。

任，堪也，如林切。平声。堪其事曰任，如禁切。去声。案周礼考工记瓬人注"为其不任用也"，释文："任音壬。"礼记王制"任事然后爵之"，释文："任而鸩反。"是其例。

胜，举也，识烝切。平声。举之克曰胜，诗证切。去声。案国语周语"不过一人之所胜"，韦注："胜举也。"诗玄鸟"武王靡不胜"，释文："胜毛音升，任也。郑式证反。"

便，利也，蒲练切。去声。巧佞曰便，蒲连切。平声。案巧佞谓言辞捷给也。论语季氏"友便佞"，书冏命"便辟侧媚"，便并音平声。

雨，天泽也，王矩切。上声。谓雨自上下曰雨，王遇切。去声。案雨，水从云下也，引申凡物之如雨下降者，亦谓之雨，读为去声。如诗"雨雪其雱"，左氏文公三年经"雨螽于宋"，是也。诗大田"雨我公田，遂及我私"，雨亦音去声。

称，举也，尺烝切。平声。举事得宜曰称，尺证切。去声。案周礼考工记舆人“谓之参称”，注云：“称犹等也。”释文：“称尺证反。”

治，理也，直基切。平声。致理成功曰治，直吏切。去声。案六经正误卷一云：“治字本平声，音持，攻理也。借为去声，平治治道字，音直吏反。”

比，近也，卑履切。上声。近而亲之，比而次之曰比，毗至切。去声。案论语里仁“义之与比”，皇疏：“比亲也”，释文：“比毗志反。”

少，微也。凡微曰少，施沼切。上声。又小曰少，施照切。去声。案礼记少仪，释文云：“少犹小也。”左氏僖公二十八年传“少长有礼”，少长犹言大小，少并读去声。

（三）意义有特殊限定而音少变：

走，趋也，臧苟切。上声。趋向曰走，臧候切。去声。案汉书高纪“步从间道走军”，集注云：“服虔曰走音奏。师古曰：走谓趣向也，服音是。”又史记蒙恬传“北走琅邪”，黥布传“疾走汉”，走并读去声。

足，止也，子六切。入声。益而止曰足，子预切。去声。案论语公冶长“巧言令色足恭”，释文：“足将树反。”

迎，逆也，鱼京切。平声。谓迓为迎，鱼映切。去声。案仪礼士昏礼“壻亲迎”，榖梁桓公三年传“冕而亲迎”，释文迎并读去声。盖物来而接之为平声，物未来而往迓之使来，则去声。

乳，生子也，耳主切。上声。谓饲子曰乳，而遇切。去声。案经师相承，乳有去声一读，皆指产生而言。若湩谓之乳，则作上声。书尧典伪孔传云：“乳化曰孳。”释文：“乳儒付反。”左氏宣公四年传“虎乳之”释文：“乳如主反，”是也。

遣，送也，苦演切。上声。送终之物曰遣，去战切。去声。案周礼牛人“丧事共其奠牛”，郑注云：“谓殷奠遣奠也，”释文：“遣弃战反。”又仪礼既夕礼“读遣”，郑注云：“遣者入圹之物，君使史来读之，成其得礼之正以终也。”遣音同。

临，莅也，良寻切。平声。哭而莅丧曰临，力禁切。去声。案周礼寺人“掌内人之禁令，凡内人吊临于外，则帅而往。”释文：“临良鸩反。”左氏宣公十二年传“卜临于大宫”，注“临哭也”，释文音同。又汉书高纪“哀临三日”，集注曰：“众哭曰临，音力禁反。”

轻，浮也，对重之称，去盈切。平声。所以自用曰轻，苦政切。去声。案左氏隐公九年传“戎轻而不整，贪而无亲”，释文：“轻遣政反。”又书太甲上伪孔传云：“太甲性轻脱，伊尹至忠，所以不已。”释文音同。又周礼车仆“轻车之萃”，郑注云：“轻车，所用驰敌致师之车。”释文轻亦遣政反也。

施，行也，式支切。平声。行惠曰施，式豉切。去声。案易乾卦象曰云行雨施，象曰德施普也，释文施并始豉反。

呼，声也，火吴切。平声。大声曰呼，火故切。去声。案呼出气也，音平声。大声号呼，则音去声。礼记曲礼上“城上不呼”，释文云：“呼火故反，号叫也。”

（四）义类相若，略有分判，音读亦变：

涕，目汁也。目汁曰涕，他礼切。上声。鼻汁曰涕，他计切。去声。案易离卦“出涕沱若”，释文云：“涕，徐他米反。”又萃卦“赍咨涕洟”，释文云：“涕徐音体，洟他丽反。郑云自目曰涕，自鼻曰洟。”夫涕洟实为一字，从弟从夷，往往相同。故贾氏均书为涕。

巧，功巧也。善功曰巧，苦绞切。上声。伪功曰巧，苦教切。去声。案礼记月令“毋或作为淫巧”，表记“无作淫巧”，释文巧并音苦教反。又吕览上农篇“多诈则巧法令”，高注云：“巧读如巧智之巧。”亦作去声。周礼胥师注“使人行卖恶物于市，巧饰之，令欺诳买者”。释文巧苦教反，是其例。

遗，亡也。有所亡曰遗，以追切。平声。有所与曰遗，羊季切。去声。案诗鸱鸮序云：“乃为诗以遗王”，汉书严助传“遗王之忧”，遗并读去声也。

降，下也。下谓之降，古巷切。去声，见母。伏谓之降，户江切。平声，匣母。案降之读为去声，若左氏僖公十九年“军三旬而不降”，释文降音户江反，即其例也。

披，开也。开谓之披，铺悲切。平声。分谓之披，铺彼切。上声。案凡分开之义为平声，析裂之义为上声。如史记魏其武安侯传“不折必披”，方言卷六“东齐器破曰披”，披并读平声。左氏成公十八年传“而披其地”，昭公五年传“又披其邑”，史记“木实繁者披其枝”，披并读上声。

倒，倾也。倾谓之倒，都老切。上声。颠倒反正曰倒，都导切。去声。案诗东方未明“颠倒衣裳”，释文：“倒多老反，”亦读上声，今多读为去声。倒悬字亦然。

此皆为因意义不同而变换声调者。

以上所论皆就变换声调之功用而言，若论其形式则有由平声变为上去二声者，有由入声变为去声者。其中由平变入，或由入变平者，则绝少。据是可知古者平与入截然为二。因语义之蕃衍，而平声可以读去，入声亦可以读去。此即魏晋以后去声字所以日益增多之故。昔段玉裁为六书音均表，以为古无去声，固未可信；然谓平与上最近，去与入最近，诚得其理。而藉四声变换以区分字义者，亦即中国语词孳乳方式之一端矣。其中固以变字调者为主，然亦有兼变其声韵者。盖凡入声变有去声一读者，其入声之韵尾必已消失，是即所谓变韵者也。若分方云切。分扶问切。卑补支切。卑部此切。之类，则所谓变声者也。凡此所举，要无一致之标准，其中字调之改变，凡类例相同者，变易之形式亦同，此殆由类推而来，即语言学所谓类比作用也。

四、四声别义与语词之分化

世界各民族之语言不同，印欧一系之语言富于形态变化，一般之语词，如词义有改变，则可以增添形式不同之附加成分（affixation）以构成新词；语法意义有改变，则藉形式之变化，以表明各种不同之意义。至于汉语，则形态变化较少，古代一般之语词不因其在语句上功用之不同而发生变化（conjugational and declensional alterations）。语义之为此为彼，皆于语词次第之先后（syntax）见之；或增加语助词（empty auxiliary words），以表达语意。其性质与印欧一系语言不同。然汉语古代书音以四声区分词性及词义，颇似印欧语言中构词上之形态变化。例如取鱼之渔，与渔师之渔，一为动词，一为名词，与英语之 fish，fisherman 相当，操行与行事，一为名词，一为动词，与英语 con′duct，conduct′相当。英语或增添语尾，或改变重音，而汉语古代书音则皆改读声调，以示分别。进而论之，分方云切。之与分扶问切。犹如英语之 shear 与 share，选思兖切。之与选思绢切。犹如英语之 choose 与 choice，食时力切。之与食音寺。犹如英语之 food 与 feed，膏古刀切。之与膏古到切。犹如英语之 grease[griːs]与 grease[griːz]，衣於希切。之与衣於既切。犹如英语之 clothing 与 clothe，语仰举切。之与语牛据切。犹如英语之 talk 与 tell。盖凡英语中一语词分化为其他词类之语词，或变元音，或变字尾子音者，汉语书音亦每以变换声调之方式表现之。故根据此类现象，一则可以考见古人对于语法之认识，一则可以知汉语语词之分化派生与四声变读之关系。以好好去声。为例，好好去声。分为二词，其分别即在于四声变读，其他如分分去声。膏膏去声。之类皆是也。

古人以四声变读分别词性及词义见之于古代书音者，群经音辨搜罗已富，其流行于人民口头而不见于旧书雅记者尚多。即以北京语所有者而论，如：

背，脊背也，去声。以背负之，则读平声。阴平。

把，持也，上声。物之把柄，则读去声。

簸箕，去声。以箕簸米，则读上声。

傍，近也，去声。以物附其旁，则读平声。阴平

泡，浮沤也，去声。谓物之质松曰泡，读平声。阴平。

铺，张也，平声。阴平。商肆谓之铺子，则读去声。

磨，石磨也，去声。磨刀，则读平声。阴平。

闷，气不畅也，去声。闷于胸中，则读平声。阴平。

曚，盲也，读阳平声，欺骗曰曚，则读阴平。

淋，淋漓也，平声。阳平。使水漉下曰淋，读去声。

凉，寒也，平声。阳平。置热物于风寒之处，使之自凉曰凉，读去声。

空，隙也，平声。阴平。闲暇曰闲空，留出余地亦曰空，并音去声。

雪，寒气所凝，上声。古为入声。如雪之白，谓之雪白，音去声。

旋，转也，平声。阳平。旋风音去声。

沿，循也，平声。阳平。河之两岸曰河沿，去声。

钻，所以穿孔者，去声。以钻穿孔曰钻，音上声。

奔，赴也，平声。阴平。直往而赴之曰奔，去声。

撇，远投也，上声。古为入声字。撇开不顾，音平声。阴平。

谝，巧言也，平声。阳平。自伐已能谓之谝，上声。

当，认以为是曰当，去声。意以为如何，曰当，音上声。

吐，泻也，上声。呕吐，则读去声。

脱，离也，解也，平声。阴平。离去谓之脱开，音上声。脱古为入声。

裂，分也，去声。裂开，音上声。裂古为入声。

拧，扭也，平声。阳平。用力扭转曰拧，上声。

搂，抱也，上声。聚于一处，音平声。阴平。

豁，开朗也，去声。古为入声。豁口豁开音平声。阴平。

熏，烟气上出也，平声。阴平。为烟气所熏曰熏，音去声。

撒，放开也，平声。阴平。以手散播曰撒，上声。撒古为入声。

散，分散也，去声。松开，音上声。

由是可知此种以四声区分语词，不仅见于书音，抑且见于口语。古代书音中亦有不变调而仅变声纽者，实亦与文法或意义有关。即如：

折，屈折也。自折曰折，市列切。禅母。为物所折曰折，之舌切。照母。案礼记曲礼下云："短折曰不禄，"祭法云："万物死皆曰折，"折并读市列反。易丰卦"君子以折狱致刑"，诗将仲子"无折我树杞"，折者断也，伤害之也，并读之舌切。

别，分也。离别音皮列切，並母。分别音彼列切。帮母。案易简卦王注云："节之大者，莫若刚柔分，男女别也，"诗关雎传"鸷而有别"，别并音彼列反。

解，释也，古买切。见母。既释曰解，胡买切。匣母。案易解卦，释文："解音蟹，"孔疏云："解有两音：一音古买反，一音胡买反。解见母。谓解难之初，解匣母。谓既解之后。"

断，绝也，都管切。上声端母。既绝曰断，徒管切。上声定母。案前者为他动词，后者为自动词及形容词。即如礼记曲礼"庶人龁之"，郑注云："不横断。"释文断音短。端母。周礼司刑"刖罪五百"，郑注云："刖，断足也。"释文："断丁管反。"至于"若司寇断狱"，断者乃断绝之义，释文无音，是音徒管反也。

尽，极也，即忍切。上声精母。终竭曰尽，慈忍切。上声从母。案易大有"自天祐之，吉无不利"，王弼云："爻有三德，尽夫助道，"释文："尽津忍反。"精母。礼记曲礼上"虚坐尽后，食作尽前"，音同。

著，置也，陟略切。入声知母。置定曰著，直略切。入声澄母。案周礼疡医注云："注谓附著药刮，"释文："著猪略反。"知母。又"烧之三日三夜，其烟上著"，释文："著直略反。"彰著之著音张虑反。

系，属也，古诣切。去声见母。属而有所著曰系，胡计切。去声匣母。案幽系缚系字读见母，联系字读匣母。

属，联也，章玉切。入声照母。联而有所系曰属，时玉切。入声禅母。案礼记经解"属辞比事"，释文："属音烛，"照母。仪礼乡饮酒礼"皆不属焉"，释文如字，禅母。是其例也。

畜，聚也，敕六切。入声，彻母。养谓之畜，许六切。入声，晓母。案易小畜，释文云："畜又作蓄，同。敕六反。积也，聚也。郑许六反，养也。"易师卦"君子以容民畜众"，释文云："畜，聚也，敕六反。"诗日月"蓄我不卒"，传"畜养也"，释文："许六反。"分别甚明。今人音六畜字为敕六切，则与古音不合。见钱大昕十驾斋养新录卷一。

大，巨也。广曰大，徒盖切。泰韵，定母。其极曰大，土盖切。泰韵，透母。案大甚之大今通作太。如大室，大庙，大古，并音徒盖切。

会，合也。相合曰会，胡沛切。废韵，匣母。聚合曰会，古内切。队韵，见母。案大计曰会计，读见母。周礼小宰"八曰听出入以要会"，郑众曰："要计谓计最之簿书。月计曰要，岁计曰计。"释文云："会古外反，凡要会会计之字放此。"

焉，何也，常居语初，於乾切。仙韵，影母。焉，已也，常居语末，于乾切。仙韵，喻母。案颜氏家训音辞篇云："诸字书焉者鸟名，或云语辞，皆音於愆反。自葛洪要用字苑分焉字音。训若，训何，训安，当音於愆反；若送句及助词，当音矣愆反。"据是则焉音於愆反者，为副词；音矣愆反者，为助词；此类经典释文分别甚严。

坏，毁也。自坏曰坏，户怪切。去声，匣母。毁之曰坏，音怪。去声，见母。案坏字有二音，盖起自晋吕忱字林。尔雅释诂"坏，毁也"，释文云："字林，坏自败也，下怪反。"礼记问丧"如坏墙然"，释文引字林云："坏音怪。"是也。

败，坏也。自毁曰败，薄迈切。夬韵，並母。毁他曰败，音拜。怪韵，帮母。案败有二音，亦起自晋宋以后，经典释文分析甚详。如左氏隐公元年传“败宋师于黄”，释文云：“败，必迈反，败佗也。”即是一例。他如“败国”，“必败”，“败类”，“所败”等败字，皆音必迈反。

此皆字调不变而变其声纽者，其用意与变字调者同。

综合言之，汉语语词声音之变转，约有四端：

(a) 声调变读，

(b) 变调兼变声母，

(c) 变调兼变韵母，

(d) 调值不变仅变声韵。

此但就字形不变者而言，推而广之，凡由同一语根孳生之语词，虽形有增变，义有转移，而音则每藉声调之变换以区分之。追溯其始，盖古人一字兼备数用，尔后增益偏旁，分别之字乃多。或变其声韵，或变其字调，卒然观之，似别为一字，实即由一意义相关之语词而来。如内之与入，位之与立，姓之与生，威之与畏，鉴之与监，教之与学，俨之与严，俱之与具，潮之与朝，朝夕之朝即古潮汐字。皆其类也。学者执此义以推寻文字语词日益蕃衍之轨辙，自当得其鳃理。惜乎言音韵者，多不注意训诂；言训诂者，则又略去声音。研求古韵者，汉魏且不屑道，遑论晋宋。是皆偏于一隅者也。夫以声别义之事，乃汉语之特色，与文法训诂音韵，皆息息相关。事虽不古，自汉已然；旧日两声各义之说虽不尽行于近代，而其意义不可不明。昔洪亮吉之著汉魏音，不知读如读若之中，实兼言义。阮元之谍集经籍簒诂，言义而不言音。且其一字两音各义者，随意错置，乖戾不伦。盖皆不达此旨也。然则异日编制中国辞书者，何去何从，不难辨之矣。

一九四六年一月

《马氏文通》述评

周锺灵

导言——

本文选自《中国语文》1978 年第 4 期。

作者周锺灵(1918～1993)，江苏省溧阳人。南京大学中文系教授。致力于语言学和逻辑学研究，著有《韩非子的逻辑》等。

《马氏文通》是我国第一部泛时的古代汉语语法专著，研究汉语语法和汉语语法学史的人自是非读不可。周锺灵《〈马氏文通〉述评》首先介绍了《马氏文通》语法体系的构成，用现代语法术语梳理了其中一些重要的概念像字类、词、位次等，然后举例阐明了《马氏文通》所揭示的古代汉语语法特点和它们的价值。同时，《述评》还揭示了《文通》对后来古代汉语和现代汉语语法著作的影响，从而表明了《文通》在汉语语法学史上的地位和价值。《述评》还指出了《文通》的不少缺点，如把“皆、悉”等字看成是约指代字，等等，这对于我们今天理解和利用《文通》都很有好处。

但受篇幅所限，《述评》对于很多问题只是一笔带过，没有展开充分的论述；同时受时代影响，有些说法可能今天已不能为学界所普遍接受。研究《文通》的著述很多，如吕叔湘、王海棻《〈马氏文通〉述评》，廖序东《〈马氏文通〉所揭示的古汉语语法规律》等，张万起编《〈马氏文通〉研究资料》（中华书局，1987），侯精一、施关淦主编《〈马氏文通〉与汉语语法学》（商务印书馆，2000）以及江苏省语言学会主编《语言研究集刊》第七辑（江苏教育出版社，2000）收录了不少，可以参看。

马建忠所著的《马氏文通》（以下简称《文通》）出版于 1898 年，到今年整整八十年了。《文通》是我国最早的语法书，马建忠是我国语法学的创始人。尽管《文通》有缺点，后来的语法学家曾经多次批评与指摘，但它的开创之功不可没，而且它反映了古代汉语语法的面貌，具有完整的体系。它自成为一家之言，不愧为一部不朽的科学名著。本文先叙述《文通》的语法体系，而后评论它的价值。

一、《马氏文通》的语法体系

《文通》的内容分字类和句读两部分。《例言》说：“是书所论者三：首正名，次字类，次句读。”正名是字类和句读的总纲要，所以本书实质上只有字类和句读两部分，即词法和句法两部分。只是由于“夫字类与句读，古书中无论及者，故字类与字在句读所居先后之处，古亦未有其名。”（《例言》）。因此，卷一《正名》就对本书的字、词、次、句、读作出界说。《序》又说：“部分为四：首正名”，“次论实字”，“次论虚字”，“故以论句读终焉。”这不过是把字类再分成虚实两部分来加以叙述罢了。《文通》全书共十卷。篇卷的安排是：卷一是正名；卷二到卷九共八卷论字类，其中卷二到卷六共五卷论实字，卷七到卷九共三卷论虚字；卷十论句读。

《文通》的字类

字类就是词类。《文通》所选用的语言材料是先秦两汉以及唐代韩愈的古典散文，在极大多数情况下，字就相当于词。

字分两个大类：实字和虚字。实字和虚字的分别是由来已久的传统说法，从《文通》开始，才给以明确的定义。卷一界说一，说：“凡字有事理可解者曰实字，无解而惟以助实字之情态者曰虚字。”《序》也说：“凡字有义理可解者皆曰实字”，“凡字无义理可解而惟用以助辞气之不足者曰虚字”。这两对定义是相仿的，都是本质性定义。

《例言》又说:“构文之道,不外虚实两字,实字其体骨,虚字其神情也。”这是从文章写作的角度给实字和虚字所下的一对描述性定义。

实字分五类。卷一的界说二到界说六,给名、代、动、静、状五个字类下了定义。(1) 名字。界说二,说:“凡实字以名一切事物者曰名字,省曰名。”(2) 代字。界说三,说:“凡实字用以指名者曰代字。”(3) 动字。界说四,说:“凡实字以言事物之行者曰动字。”(4) 静字。界说五,说:“凡实字以肖事物之形者曰静字。”(5) 状字。界说六,说:“凡实字以貌动静之容者曰状字。”

虚字分四类。卷一的界说七到界说十,给介、连、助、叹四个字类下了定义。(1) 介字。界说七,说:“凡虚字以联实字相关之义者曰介字。”(2) 连字。界说八,说:“凡虚字用以为提承展转字句者统曰连字。”(3) 助字。界说九,说:“凡虚字用以煞字与句读者曰助字。”(4) 叹字。界说十,说:“凡虚字以鸣人心中不平之声者曰叹字。”

实字和虚字共计九类。卷一说:“字类凡九,举凡一切或有解或无解与夫有形可形有声可声之字胥赅矣。”

《文通》的句、词(句子成分)和读

句是句子。卷一界说十一,说:“凡字相配而辞意已全者曰句。”“字相配”是说以字为单位而互相配合,“辞意已全”是说表达了完整意思。句子的各个部分叫做句子成分。“意达于外曰词”,所以《文通》把句子成分称为词。《文通》共列七种词,现在叙述如下。

(1) 起词。起词即主语。界说十二,说:“凡以言所为语之事物者曰起词。”这是用作为陈述对象的事物来给起词下定义的。

(2) 语词。语词即谓语。界说十三,说:“凡以言起词所有之动静者曰语词。”这是用起词作为先行概念来给语词下定义的。

(3) 止词。止词即宾语。止词是外动字的止词,宾语是及物动词的宾语。界说十六,说:“凡名代之字后乎外动而为其行所及者曰止词。”

(4) 表词。表词即表语。静字作语词称为表词,名字或代字作语词也称为表词。

(5) 司词。界说二十二,说:“凡名代诸字为介字所司者曰司词。”司词是介字的司词,也就是介词的宾语。司词和止词的区别是:司词受介字的支配,而止词则受外动字的支配。

(6) 加词。这有两种。1,介字加司词所构成的介司结构称为加词。这种介司结构相当于现代汉语的介宾结构。这种加词相当于现代汉语的状语或补语。2,加词的另一种相当于现代汉语的同位语。

(7) 转词。转词就是后人所说的间接宾语和副词性宾语。外动字和内动字都可以带有转词。转词有两种:一种是外动字所带止词所转及的名字或代字;一种是内动字所转及的名字或代字。转词和司词是密切关联的一对概念,它们实际上是同一

个对象。这个对象对介词来说叫做司词，而对动字来说则叫做转词。

读是不独立的或半独立的句子。界说二十三，说："凡有起语两词而辞意未全者曰读。"读有几种情况，它包括：(1) 主谓结构的词组，(2) 主谓结构的句子形式，(3) 主谓结构的从属分句。总起来说，读是主谓结构的词组。

《文通》的位次说

什么叫位次？卷一界说十七，说："凡名代诸字在句读中所序之位曰次。"《文通》根据"中国文字无变也"(见卷七介字部分)的特点，在字和句子成分的相应关系上建立了位次的理论。名字和代字都有六次即六个位次：(1) 主次和宾次；(2) 正次和偏次；(3) 前次和同次。

主次和宾次是一对互相联系的概念。主次的含义是："凡名代诸字为句读之起词者，其所处位曰主次。"(界说十八)主次的范围是：(1) 起词是主次；(2) 表词是起词的同次，所以表词是同主次。宾次的含义是："凡名代诸字为止词者，其所处位曰宾次。"(界说十九)宾次的范围是：(1) 外动字所带的止词是宾次；(2) 介字所带的司词是宾次；(3) 动字所转及的转词是宾次。

正次和偏次又是一对互相联系的概念。正次和偏次构成偏正结构。正次的含义是："凡数名连用而意有偏正者，则正意位后，谓之正次。"(界说二十)即偏正结构中的中心词。偏次的含义是："凡数名连用而意有偏正者，偏者居先，谓之偏次。"(界说二十一)即偏正结构中的前附加语。

前次和同次是表示同一概念的两个语言成分。在前的叫前次，在后的叫同次。同次的范围是：(1) 表词是起词的同次，因为起词是主次，所以表词是同主次；(2) 同位语性质的加词是同次。这种加词的前次可以是主次或宾次或偏次，因此它也可以是同主次或同宾次或同偏次。

总起来说，六次即六个位次是三组互相联系的相对概念。(1) 主次、宾次和偏次是主要的次。正次可以是主次或宾次。前次可以是主次或宾次或偏次。同次是同于前次。(2) 主次和宾次所涉及的语法结构的范围较大，而正次和偏次的范围则只限于偏正结构的词组。前次和同次的范围则与主次、宾次、偏次互相交织联系在一起。

二、《文通》的科学价值和历史意义

由于《文通》的语法体系具有完整性和系统性，反映了古代汉语语法的特点，因此它有可贵的科学价值。又由于"此书为古今来特创之书"(例言)，是我国最早的第一部语法书，奠定了我国语法学的基础，因此它有重要的历史意义。

《文通》的科学价值

《文通》论述并分析了九个字类、七种句子成分、六个位次以及顿、读和句。《文通》的语法体系是很有条理的。它先讲字类而后讲句读，对其体系中的每个概念都给以确切的释义，对于各种语法结构和语法规律都有比较周密的剖析和比较细致的解释。跟这个语法体系相配合，《文通》的篇章安排也具有合理的系统性。卷一正名是个综合性的大纲，给二十三个基本概念下了定义；卷二到卷六讲实字，卷七到卷九讲虚字，最后卷十讲句读，做到了循序以进。卷二讲名字和代字，接着卷三就讲位次，因为只有名字和代字具有位次。卷四讲动字，接着卷五就讲坐动和散动，因为坐动和散动是动字的运用。

《文通》对古代汉语语法的特点是有所发现，有所阐明，有些地方颇有独创见解，能够启发人们深思。

它重视词法和句法之间的密切关系，结合具体的字类论述句子成分和句子类型。例如：静字部分分析了静字语词句的各种类型；动字部分分析了动字语词的复杂情况；连字部分分析了复句的各种类型，包括偏正复句和并列复句的多种格式。

它强调介字在句子成分的扩展上的重要作用。介司结构所构成的加词很突出地被运用在次要的句子成分上。《文通》周遍而详尽地分析了这种加词的丰富多彩的格式。《文通》卷七说："泰西文字，若希腊、辣丁，于主宾两次之外，更立四次，以尽实字相关之情变，故名代诸字各变六次。中国文字无变也，乃以介字济其穷。"这种用中西语法相比较而观其不同特点的见解是很正确的。

它建立了"华文所独，所以济夫动字不变之穷"（见卷九虚字助字部分）的助字这个字类。它规定了助字的含义，划清了助字跟其他字类的界限，把助字的范围限制于用来表示语气。它分析了助字的种类，并且阐明了以语气为标准而分成的各种句子类型。

它区别了顿和读的范围。顿是非主谓结构的词组，而读则是主谓结构的词组，这使它们具有了明确的定义。特别是读的阐明具有重要的意义，因为这对于分析古代汉语语法结构是有一定的实践价值的。

《文通》在论述并分析字类和句读时，既重视语言材料，又讲究研究方法。既有分析，也有综合；既用演绎法，也用归纳法。既参考了西方的语法学，认识到语法具有一般的通性，也注意到古代汉语的特点，寻求出汉语独具的语法事实。

《文通》的历史意义

《文通》开始建立了我国的语法学。它开辟了新纪元，使汉语的语法研究成为一门独立的学科。在我国历史上，从先秦时代直到清代，确实有过一些语法思想、语法概念和语法分析，但都是零碎片断的，不成科学系统。《文通》的诞生使汉语的语法研究脱离了经学家和古文家的束缚，进入了科学的领域。

自从《文通》发表以后，研究古代汉语语法的都以《文通》为基础。例如章士钊的《中等国文典》的九个词类跟《文通》的九个字类实质上完全相同，只是名称上略有不同。又如陈承泽的《国文法草创》的八个字类跟《文通》的九个字类实质上也完全一致，也只是名称上略有不同，另外把代字称为代名字并归入名字之中罢了。

后来研究现代汉语语法的也都参考了《文通》，对《文通》的语法体系也都有所继承。继承得最多的是黎锦熙的《新著国语文法》。《新著国语文法》的九个词类跟《文通》的九个字类实质上完全相同，只是名称上略有不同。《新著国语文法》的名词和代名词的七个位，跟《文通》的名字和代字的六个次相比，虽然在名称和实质上都有些不同，但仍然是继承了《文通》而加以发展而来的。

“暂拟汉语教学语法系统”的十一个词类是根据现代汉语语法的特点确定的，比《文通》多了数词和量词两个词类。《文通》介绍的是古代汉语语法，因此没有量词这个词类，把数词并入静字之中称为滋静字。“暂拟汉语教学语法系统”没有直接因袭《文通》的词类，但我们应当承认《文通》奠定汉语词类划分的基础这个首创功绩。

以上这些比较既表明了《文通》的历史意义，同时也可以作为《文通》的科学价值的论据。正因为《文通》是最早的有系统的语法著作，所以后来的无论是古代汉语语法著作或者是现代汉语语法著作都或多或少地参考了它。这就使《文通》的科学价值和历史意义汇集在一起了。

余　论

科学是不断地进步的，语法学也是如此。在《文通》出版以来的八十年中，我国的语法学已经有了巨大的发展和革新。现在回顾《文通》，它有不少缺点。

首先，用八卷的篇幅讲字类而只用一卷讲句读，这就是它“仿葛郎玛而作”(例言)的篇卷安排的特别格局。这个格局对于分析汉语语法是不太适合的。

《文通》的字类部分有缺点。例如名字部分把公名分做群名和通名两类是不周延的。又如代字部分的接读代字没有建立的必要，把指名代字分做指所语者和指前文者两种也是多余的，把“所”或“者”所构成的词组解释为主谓词组是错误的，把“皆”“悉”等字看作约指代字也是不对的。又如动字部分的受动字和自反动字两类动字也没有成立的依据。又如静字部分把平比和差比相提并论是不妥当的，极比的说法更是无稽之谈。又如介字部分错误地把并列结构中的“与”字看作介字，连字部分错误地把“方”“当”等字看作连字。又如断辞属于什么字类，始终没有说明。

《文通》的句读部分也有缺点。例如它有时用字类上的名称去说明句子成分，有时用位次的名称去解释句子成分，这就混淆了这三者的界限。又如它把读的范围推衍得太宽广，把一些句子解释为读，这就使读的定义跟引例发生了矛盾，从而造成读和句子的范围交错不清的后果。

《文通》的缺点虽然不少，但从整体上看，它仍是自成系统的学术著作。它繁征博引，取材丰富，寻求法则，建立理论。例如位次说的根据虽然是参考了西文的语法，但用它可以讲明字类和句读的关系，讲明名字和代字在句法范围中的功能。位次说虽然在实践上好像多说了一套，并且说起来比较烦琐，但是在理论上还是站得住脚的。

又如句读共一个起词的理论也是符合汉语实际的一种说法。又如坐动和散动是用来说明动字在句读中的功能的,实际上是区别主要动字和次要动字。如果承认兼语式和连动式,那就不需要这种区别,但是兼语式和连动式都是难于用直接成分分析法进行分析的,这就产生了问题,因而对于动词分为坐动与散动的说法还值得我们深入探讨。又如《文通》认为区分字类就是"类其义"(见卷一),但是在实践上它对于不同字类的功能作用却有所分析和发现,并且对于字类的通假也有所限制。总之,《文通》在理论方面和实践方面是互相补充的,都是有所贡献和成就的。

《文通》在我国语法学史上是一部划时代的不朽名著。它持之有故,言之成理,自成为一家之言。虽然有缺点,那是次要的。我们应该尊重《文通》的特创性的历史意义,应该珍惜它的系统性和完整性的科学价值。至于它的美中不足之处,应予批评指出。另外有些疑难的问题,还有待于作进一步的深入研究。

《文通》的作者在《序》的结尾处说:"爰积十余年之勤求探讨以成此编;盖将探夫自有文字以来至今未宣之秘奥,启其缄縢,导后人以先路。挂一漏万,知所不免。所望后起有同志者,悉心领悟,随时补正,以臻美备,则愚十余年力索之功庶不泯也已。"作者的那种勤求探讨的治学精神和虚心承教的科学态度是值得我们后人学习的。

中国文法学小史

杨树达

导言——

本文选自《古汉语论集》(湖南教育出版社,1985)。

作者杨树达(1885～1956),字遇夫,号积微翁,湖南长沙人。现代著名语言学家,湖南师范学院教授、中国科学院哲学社会科学部委员、湖南文史馆馆长。早期主要从事古汉语语法研究,兼及修辞等,著有《词诠》、《高等国文法》、《中国修辞学》、《积微居小学述林》等。

中国语法学的奠基之作《马氏文通》出版以后,迄杨树达写作《中国文法学小史》之际,出现了不少的语法著作,如陈承泽《国文法草创》等,标志着中国语法学已经创立起来。可在《文通》之前,汉语语法研究是怎样的呢?杨树达《中国文法学小史》是较早回答这个问题的古代语法学史专题论文。他认为,中国古代虽还没有专门的语法学,但语法意识却萌芽很早,《春秋》之《公羊传》、《穀梁传》就注意到了语法意义。汉魏六朝以至唐代长于训诂,却疏于文法。朱熹注经,涵咏文义,注意与文法词气相协调,开清人研究文法之先河。清代语言学进入全面总结提高阶段,对于语法研究也取得了前所未有的成就,对于虚词的论述尤多,研究虚词的专著也出现了,如刘淇《助字辨略》、王引之《经传释词》等。就成就而言，高邮王氏父子当为最高。朱骏声、王筠也多所发明。在语法学史上，杨文可算得上是荜路蓝缕之作，但限于时代，其中论述不确切和不详之处甚多。比如早在元代就有了虚词研究专著——卢以纬的《语助》，清代袁仁林《虚字说》也比刘淇的《助字辨略》要早一年，文中却都没有提及。有关古人汉语语法研究的论著，后出转精者甚多，可参阅，如孙良明《中国古代语法学探究》(商务印书馆，2002)。郑奠、麦梅翘编《古汉语语法学资料汇编》(中华书局，1983)也值得参考。

一、我国古代之文法学

吾国今日文法之学自欧洲移植而来，此事实也。欧洲文法之学创始于希腊。希腊何以产生文法学？盖与希腊先贤之哲学有关，而与论理学关系尤切。论理学贵分析，尚别类。以论理学为出发点，一切科学皆由此产生，乃有近世纪科学灿烂之世界出现，文法学特为无数科学中之一端耳。反观吾国，先民果无论理学之观念乎？曰：否！否！古代所谓九流，名家实居其一。即今日吾辈读庄周、墨翟、荀卿之书，其论理之精核决不后于古代希腊之哲人。本文非述吾国名学史，似不必为之引证，惟以吾先民有精核之文法知识，欲推求此等知识之来源，不能不涉及古代之名学也。试观《荀子·正名篇》云：

> 故万物虽众，有时而欲遍举之，故谓之物。物也者，大共名也。推而共之，共则有共(有与又同)，至于无共然后止。有时而欲遍举之，故谓之鸟兽。鸟兽也者，大别名也。推而别之，别则有别(有亦同又)，至于无别然后止。

别则又别，至于无别然后止，非今日科学界分类之金科玉条乎？吾先民固早言之于二千年前矣。

吾先民惟有此科学精神也，故今日所谓文法之学，在周代已有其萌芽。其尤显著者为孔子之《春秋》及传《春秋》之《公羊》、《穀梁》二传，盖孔子本以正名为主旨者也。今举五证明之：

证一：

> 一、僖元年夏六月，邢迁于陈仪。
> 二、僖三十一年十有二月，卫迁于帝丘。
> 三、成十五年，许迁于叶。
> 四、昭元年，许迁于夷。

五、庄十年三月，宋人迁宿。

六、闵二年春王正月，齐人迁阳。

上举六例，同以迁为动字。但一、二、三、四自迁者为一类；五、六我迁人者为一类。此明示同一动字有内动外动二用法之不同也。僖元年《公羊传》云："迁者何？其意也。迁之者何？非其意也。"解释二事之不同，至为精确。盖自迁者出于己意，故云"其意"；我迁人者，人被我迁，不由被迁者之意，故云"非其意"也。夫科学之事，其最初起点，为发现差异，其次则为研究其差异之故而说明其所以然。《公羊传》发现《春秋》之差异而付以如此精确之说明，欲谓吾先民无科学精神，得乎？

或谓此二类书法之有别，乃由于事实之本殊。则更举一例明之：

"成元年秋，王师败绩于贸戎。"《公羊传》曰："孰败之？盖晋败之，或曰：贸戎败之。然则曷为不言晋败之？王者无敌，莫敢当也。"《汉书·五行志》曰："《春秋》曰：'王师败绩于贸戎。'不言败之者，以自败为文，尊尊之意也。"

按此事实，晋败王师，败字本当作外动用法，第以尊王之故，改其事作王师自败，而以内动字之用法书之。然则书法之不同，不必尽根于事实。同一动字，可以有内动外动二用法，而此二用法又可以互相变易，古人固明知之矣。

证二：

"僖十六年春王正月，戊申朔，陨石于宋五。是月，六鹢退飞过宋都。"《穀梁传》曰："后数（按谓"陨石于宋五"，数词五字在石字之后），散辞也。'六鹢退飞过宋都'，先数，聚辞也。"

按静字有二用法，一置于名字之上，一置于名字之下，今通行文法皆言之。然在吾国，传《春秋》者早已留意及此，而分赋以聚辞散辞之定名矣。

证三：

"桓七年夏，穀伯绥来朝，邓侯吾离来朝。""隐十一年春，滕侯薛侯来朝。"《穀梁传》曰："犆（与特同）言，同时也；累数，皆至也。"范注云："犆言，谓别言也。若穀伯绥来朝，邓侯吾离来朝，同时来，不俱至。累数，总言之也。若滕侯薛侯来朝，同时俱至。"

按此二例同为二诸侯来朝，而《春秋》书法不同：一分叙二人，一总叙之。传《春秋》之穀梁子又发见其差异，而付以合理之说明焉。

证四：

“僖五年，公及齐侯、宋公、陈侯、卫侯、郑伯、许男、曹伯会王世子于首戴。”“秋八月，诸侯盟于首戴。”《公羊传》曰：“诸侯何以不序？一事而再见者，前目而后凡也。”何注云：“省文，从可知。”

按此亦因比较而发现差异之问。盖上文首戴之会既历叙公及齐侯、宋公云云，又《春秋》他盟，无不历叙与盟之人，而秋八月首戴之盟独不叙及，故作传者设问而与以合理之解答。前目后凡，犹今言前详叙后总叙也。

证五：

“宣元年，公子遂如齐逆女。”“三月，遂以夫人妇姜至自齐”。《公羊传》曰：“遂何以不称公子？一事而再见者，卒名也。”何注云：“卒，竟也。竟但举名者，省文。”

按此经上文称公子遂，下文但称遂，故传《公羊春秋》者又设问，而以极合理之说明答之。此文例与第四证异，而解答之理由则同，皆前详而后略也。《穀梁传》说此事云：“其不言氏，丧未毕，故略之也。”说不及《公羊》之善。又成十四年《经》：“秋，叔孙侨如如齐逆女。”“九月，侨如以夫人妇姜氏至自齐。”《左传》以前文之称叔孙为尊君命，以后文之不称叔孙为尊夫人，亦不及《公羊》此传义长也。

以上五证，皆据《春秋》《公羊》、《穀梁》二传证明我国古代文法观念之精确者也。今再举一证，以说明古代文法学改进之迹。

证六：

《春秋》：“庄二十八年春王正月甲寅，齐人伐卫。”《公羊传》曰：“《春秋》伐者为客，伐者为主。”何注云：“伐人者为客，读伐长言之；见伐者为主，读伐短言之。”

《老子·六十一章》云：“故大国以下小国，则取小国；小国以下大国，则取大国。故或下以取，或下而取。大国不过欲兼畜人；小国不过欲入事大。夫两者各得其所欲，大者宜为下。”按“取小国”与“或下以取”，二取字谓取人；“取大国”与“或下而取”，二取字谓见取。

《墨子·耕柱篇》云：“大国之攻小国，攻者农夫不得耕，妇人不得织，以守为事；攻人者亦农夫不得耕，妇人不得织，以攻为事。”按攻者谓被攻者。

《孟子·尽心篇》云：“盆成括见杀。”

《韩非子·说难篇》云:“昔者郑武公欲伐胡,故先以其女妻胡君以娱其意。因问于群臣:‘吾欲用兵,谁可伐者’?大夫关其思对曰:‘胡可伐。’武公怒而戮之,曰:‘胡,兄弟之国也。子言伐之,何也?’胡君闻之,以郑为亲己,遂不备郑。郑人袭胡,取之。宋有富人,天雨,墙坏。其子曰:‘不筑,必将有盗。’其邻人之父亦云。暮而果大亡其财。其家甚智其子而疑邻人之父。此二人者说皆当矣,厚者为戮,薄者见疑,则非知之难也,处之则难也。”

《战国策·赵策》云:“赵王封孟尝君以武城,孟尝君择舍人以为武城吏而遣之,曰:‘鄙语岂不曰,借车者驰之,借衣者被之哉?’皆对曰:‘有之。’孟尝君曰:‘文甚不取也。夫所借衣车者,非亲友则昆弟也,夫驰亲友之车,被昆弟之衣,文以为不可。’”

《汉书·高帝纪》云:“高祖被酒,夜径泽中,令一人行前。行前者还报曰:‘前有大蛇当径,愿还。’高祖醉,曰:‘壮士行,何畏?’乃前,拔剑斩蛇,蛇分为两,道开。后人来至蛇所,有一老妪夜哭。人问:‘妪何哭?’妪曰:‘人杀吾子。’人曰:‘妪子何为见杀?’妪曰:‘吾子,白帝子也。化为蛇当道,今者赤帝子斩之,故哭。’……高祖乃立为沛公,祠黄帝,祭蚩尤于沛廷而衅鼓,旗帜皆赤,由所杀蛇白帝子,杀者赤帝子故也。”

凡外动字有能动被动二用法,普通分别甚明。上举七例,《公羊传》二伐字,一为伐人,一为见伐;《老子》四取字,二为取人,二为见取,文义不同,形式则一,颇有混淆不别之嫌。至《墨子·耕柱篇》,称被攻者为攻者,与《公羊传》之称被伐者为伐者仍同,而能动之攻则特称为攻人者,以与被攻之攻者相别白,已较《公羊传》两文略无区别者为有进矣。至《孟子》称被杀为见杀,韩非称被疑为见疑(《诗·褰裳·序·疏》云:“见者,自彼加己之辞。”),《国策》称被借衣车者为所借衣车者,则特用见字或所字加于动字之上,以表动字之被动用法。于是《汉书》乃以所杀蛇与杀者相对成文,与《公羊传》之二用法同形者大异其趣矣。此种文法改进之痕迹,非至明显易寻者乎?

夫以《公》、《穀》二传发见差异,说明差异之原因为始事,而以《荀子》“别则又别,至于无别然后止”,要其终。试问所谓科学者,此外尚有何事乎?故吾国科学之不产生,乃后来继承人之不力,非吾先民之过也。

二、汉以后人之疏于文法

汉儒训释古书,最疏于文法,详见下文,今不及。魏晋六朝承用汉儒之学,于文法无可特言者。北齐颜之推著《颜氏家训》,其《音辞篇》云:“江南学士读《左传》,口相传述,自为凡例。军自败曰败,打破人军曰败,补败反。诸记传未见补败反，徐仙民读《左氏》，唯一处有此音，又不言自败败人之别，此为穿凿耳。”按江南学士欲分别败字自败败人二义之音读，意乃欲别白败字内动外动二用法之不同，实为具有文法观念者，而颜之推乃讥其穿凿，六朝人之不重文法，于此可见一斑矣。

唐代文学甚盛，文人皆深解文法，但不以为专学，故皆略而不言。唯刘知几撰《史通》，评论古今史籍之文字，颇多妙解。如《叙事》、《点烦》、《五行志错误》诸篇所言是也。惟纠弹之意多，说明之语少，是为可惜耳。

三、宋朱子注经留意文法

汉儒注经，虽长于训诂名物，而于词气文法绝不留意，故其训释往往与词气不调，诘籀为病。有宋朱子有见于此，其于诸经，先之以涵泳本文，故于文理词气之间往往䜣合无间。今试取《诗经》二事，以《郑笺》与朱子《集传》合勘之，则其优劣显然可见焉。

《诗·小雅·鱼丽·一章》云：“鱼丽于罶，鲿鲨。君子有酒，旨且多。”《笺》云：“酒美而此鱼又多也。”《二章》云：“鱼丽于罶，鲂鳢。君子有酒，多且旨。”《笺》云：“酒多而此鱼又美也。”《三章》云：“鱼丽于罶，鰋鲤。君子有酒，旨且有。”《笺》云：“酒美而此鱼又有。”朱子《集传》释“旨且多”云：“旨而又多也。”释“旨且有”云：“有犹多也。”今按此章朱子说胜于《郑笺》者有二：《郑笺》以“旨且多”、“多且旨”、“旨且有”三句分属鱼酒，然此三句皆承“君子有酒”为言，无兼说及鱼之理，郑君所释显与文法不合。朱子易之为均属酒言，则文从字顺矣。一也。郑释“旨且有”为“酒美而此鱼又有”，训有为有无之有，既与“旨且多”、“多且旨”本篇之文例不符，尤与文法条例不合。盖且字为连词，必连词类相同之字。旨为静字，如郑释则有为动字，不能与旨字相连。朱子释有为多，则有亦静字，文法适合矣。二也。《诗·邶风·谷风》云：“何有何亡。”《毛传》云：“有谓富也。”《列子·说符篇》云：“羡施氏之有。”张注云：“有犹富也。”是有字有富义也。富多同义，然则朱子释有为多，于古训固有明征也。

又《大雅·桑柔》云：“匪言不能，胡斯畏忌？”《郑笺》云：“胡之言何也。贤者见此事之是非，非不能分别皂白之于王也，然不言之，何也？此畏惧犯颜得罪。”按如《笺》说，则“胡”字为一句，“斯畏忌”为一句，与文法不合。朱子《集传》云：“我非不能言也，如此畏惧，何哉？”(顺《诗》文次序言之，则当云“何如此畏忌乎？”)释斯为如此，文气大顺矣。按《诗·皇矣》云：“帝谓文王，无然畔援，无然歆羡。”谓毋如是跋扈，毋如是贪羡也。《孟子·告子上篇》云：“富岁，子弟多赖；凶岁，子弟多暴，非天之降材尔殊也，其所以陷溺其心者然也。”“非天之降材尔殊”，谓非天降材如此殊异也。《庄子·德充符篇》云：“子无乃称。言无如是称说也。”《哀江南赋》云：“以鹑首而赐秦，天胡为而此醉？”“此醉”，如此醉也。“然”、“尔”、“乃”、“此”诸字与《诗》文“斯”字用法皆同，是其证也。

要之，汉儒所释古书有诘籀之病者，朱子以涵泳本文之法救之，颇有文从字顺之乐，此自汉以来训诂学之一大演变，而实开清儒研究文法之先声者也。

四、清儒对于文法之研究

宋代朱子训释古书，颇留意于文法词气，前既言之矣。朱子之后有陈骙者，著《文则》一书，凡二卷，颇注意于文章体式，惜其罕所发明。至清代诸儒崛起，上承朱子之流风，群留心于文章之词气，于是文法之学始渐为学人所重焉。

清初康熙间，确山刘淇字武仲者，著《助字辨略》五卷，上自经传，下至唐代，凡虚助之字，一一加以解释，材料既丰，诠释亦多精当。其书远在王引之《经传释词》之前，而王氏所说之新义，刘氏多已言之，其详刘毓崧伯山《通义堂集》已述之矣。其书康熙乾隆间两次付刊，传布未广，故清廷修《四库全书》时未经采录，而高邮王引之著《经传释词》亦未见其书，故绝未称引。其后海宁陈鳣著《对策》，于助字一条全取刘氏之说。钱泰吉著《曝书杂记》，大为表章，聊城杨以增三刻其书，刘毓崧力加赞誉，于是世人得见其书。清末张之洞遂据以录入《书目答问》。由今而论之，刘氏著作自不及后来王氏《经传释词》之精，然其立说亦有胜于王氏及王氏所未及者，刘毓崧亦曾详言之。民国十四年，亡弟季常四刻刘氏书，余为之跋，亦尝偻指及之，兹不赘论云。（余文又见《积微居文录》，商务印书馆出版。）

乾嘉之际，小学之盛，如日中天，除实字义训外，虚助之字亦时有创获。（此虚助字用旧义。）如阮元释《尚书·无逸篇》之"惠鲜鳏寡"，《立政篇》之"知恤鲜哉"，《诗·小雅·蓼莪篇》之"鲜民之生，不如死之久矣"，诸"鲜"字谓为"斯"字之通假，义当训"此"，其一事也。

金坛段氏玉裁著《说文解字注》，小学与王念孙齐名，其人亦极留心文法。试观其《说文注·卷六上》"梳"字下云："器曰梳，用之理发亦曰梳。凡字之体用同称如此。"此说明梳字有名字与动字二用法也。

五、清王念孙引之父子之文法学

元明两代承受朱子之学，与魏晋至唐承受汉儒之学相同，无可特纪者。清儒崛起，崇尚朴学，乾嘉之际，经学家小学家辈出，训诂之学，臻于极盛，而其尤为杰出者，则为高邮王氏念孙引之父子。考王氏校释诸经子史之所以卓绝者，原因甚多，而其注意文法，则其最重要者也。今分"明句例"、"审词气"二事述之。

甲、明句例

前人于训诂之学有一大病焉，则不明句例是也。大言之，一国之文字，必有一国之句例；小言之，一书之文字，必有一书之句例。然古人于此绝不留意，但随本文加以训诂，其于通例相合与否，不之顾也。故往往郢书燕说，违失其真。王氏说经，乃始注意及此，故往往据全书通例以说明一句之义，故能泰山不移。今取其说经三事明之。

《易·大壮·六五》云："丧羊于易，无悔。"王弼注云："羊，壮也，能丧壮于易，不于险艰，故得无悔。"按王注以易与险艰为对文，是释易为平易之易。《释文》："易陆作埸，谓疆埸也。"王氏云："作埸者是也。凡《易》言'同人于野'、'同人于门'、'同人于宗'、'伏戎于莽'、'同人于郊'、'拂经于丘'、'遇主于巷'，末一字皆实指其地。'丧羊于易'，文义亦同。"①此以《易经》句例为证也。

《诗·终风篇》云："终风且暴。"《毛诗》曰："终日风为终风。"《韩诗》曰："终风，西风也。"王氏云："此皆缘词生训，非经文本义。终犹既也，言既风且暴也。《燕燕》曰：'终温且惠，淑慎其身。'《北门》曰：'终窭且贫，莫知我艰。'《小雅·伐木》曰：'神之听之，终和且平。'《甫田》曰：'禾易长亩，终善且有。'终字皆当训为既，既终语之转，既已之既转为终，犹既尽之既转为终耳，解者皆失之。"②

又《汝坟篇》云："遵彼汝坟，伐其条枚。"《毛传》云："枝曰条，干曰枚。"王氏云："条当训为'有条有梅'之条，谓伐其条树之枚耳。'遵彼汝坟，伐其条枚'，犹言'陟彼高岗，析其柞薪'，第七字木名也。以全《诗》之例考之，凡言伐木者或直称为木为薪为林：如云'伐木丁丁'，'伐木掎矣'，'析薪杝矣'，'析薪如之何'，'会伐平林'，木也，薪也，林也，皆大名也。或专指其木之名：如言'翘翘错薪，言刈其楚'，'蔽芾甘棠，勿翦勿伐'，'树之榛栗，椅桐梓漆，爰伐琴瑟'，'坎坎伐檀兮'，'墓门有棘，斧以斯之'，'蚕月条桑，取彼斧斨，以伐远扬'，'薪是获薪'，'析其柞薪'，'樵彼桑薪'，'芃芃棫朴，薪之槱之'，'徂来之松，新甫之柏，是断是度'，'松柏丸丸，是断是迁'皆是也。若不专举其木之名，而遽云伐其枝干，则文不成义，《传》说疏矣。《大雅·旱麓篇》：'莫莫葛藟，施于条枚。'《笺》曰：'葛也，藟也，延蔓于木之枝本而茂盛。'此说亦非也。'莫莫葛藟，施于条枚'犹言'茑与女萝，施于松上'，第七字，木名也。《诗》凡言'葛生蒙楚，''葛生蒙棘'，'有敦瓜苦，烝在栗薪'，'南有樛木，葛藟纍之'，'南有樛木，葛藟萦之'，皆实指其所依之树，不得如笺所云也。"③

按以上二事，皆以《诗经》句例为证也。

---

① 王引之：《经义述闻·卷一》。

②③ 王引之：《经义述闻·卷五》。

乙、审词气

朱子解经，以涵泳本文，审核词气匡汉儒诘籀之病，前既言之矣。若王氏者，义诂之深彻，既能抗手汉儒，而又兼承朱子审核词气之美，其所著《经传释词》一书，实其审核词气之结晶品也。水以合流而大，学以兼受而精，王氏兼采汉宋之长，故其训诂学之成就，实超越汉宋两朝诸儒而上之，良非无故也。今以二证明之：

《老子·三十一章》云："夫佳兵者不祥之器，物或恶之，故有道者不处。"《释文》云："佳，善也。"河上云："饰也。"王氏云："善饰二训皆于义未安。案佳当作隹，字之误也。隹，古唯字也。唯兵为不祥之器，故有道者不处。上言'夫唯'，下言'故'，文义正相承也。《八章》云：'夫唯不争，故无尤。'《十五章》云：'夫唯不可识，故强为之容。'又云：'夫唯不盈，故能蔽不新成。'《二十二章》云：'夫唯不争，故天下莫能与之争。'皆其证也。古钟鼎文唯字作隹，石鼓文亦然，又夏竦《古文四声韵》载《道经》唯字作隹，据此则今本作唯者，皆后人所改，此隹字若不误为佳，则后人亦必改为唯矣。①

《诗·小雅·小旻篇》云："如匪行迈谋，是用不得于道。"《笺》曰："匪，非也。君臣之谋事如此，与不行而坐图远近，是于道路无进于跬步何以异乎？"襄八年《左传》引此诗，杜注云："匪，彼也。行迈谋，谋于路人也。不得于道，众无适从也。"顾氏宁人《杜解补正》曰："《诗》上文云：'谋夫孔多，是用不集，发言盈庭，谁敢执其咎。'则杜解为长。"古人或以匪彼通用，《二十七年》引《诗》"彼交匪敖"作"匪交匪敖"。惠氏定宇《毛诗古义》曰："此必三家诗有作彼者，故杜据彼为说。"《雨无正》云"如彼行迈"，其意略同。又《汉书》引《桑扈》诗亦作匪，《荀子·劝学篇》引《采菽》诗"匪交匪舒"，今诗上匪字作彼，或古匪彼通用如顾说也。王氏云："《广雅》曰：'匪，彼也。'其训盖本于三家。《小旻》三章曰：'如匪行迈谋，是用不得于道。'四章曰：'如彼筑室于道谋，是用不溃于成。'语意正相同，则匪即彼也。故《广雅》及《杜注》皆训匪为彼。《诗》中匪字多有作彼字用者：《鄘风·定之方中》篇：'匪直也人，秉心塞渊'，言彼正直之人秉心塞渊也。《桧风·匪风篇》：'匪风发兮，匪车偈兮'，言彼风之动发发然，彼车之驱偈偈然也。《小雅·都人士》篇：'匪伊垂之，带则有馀，匪伊卷之，发则有旟'，言彼带之垂则有馀，彼发之卷则有旟，犹上文言'彼都人士，垂带而厉，彼君子女，卷发如虿'也。说者皆训匪为非，而其义遂不可通矣。②

① 王念孙：《读书杂志·志馀卷上》。

② 王引之：《经义述闻·卷五》。

按上二条皆以文字音韵与语气文法交错组织而成。详言之，以文字音韵为方法，而以合于文法词气为归趋，故能令人怡然理顺，涣然冰释也。

王氏著书专明虚助字者曰《经传释词》，其书与刘武仲之书体例相同，而精湛则远过之。虽未能成为系统整然之文法学，而文法学材料之丰富与精当，未有过之者。盖王氏父子文法观念之深，确为古人所未有，故其说多犁然有当于人心也。其后续王氏书者有惠安孙经世之《经传释词续编》与南丰吴昌莹之《经词衍释》，皆远不及王氏书。吴书所举例证，错误甚多，尤为荒谬。余昔著《词诠》十卷（商务馆出版），意欲将从来所谓虚字之解释作一总清算，每字分别其词类，冀欲使人得系统之知识也。书中除一己心得外，采录王氏之说最多。至孙吴两家之书滥而不节，取之最慎，诚以学术之事，贵当不贵多，深恐贻误后生也。近闻有不足于余书而欲以多说为事者，非余之所敢知也。

六、王氏以后之文法学

时代后于王氏，文法学不逮王氏之精，而亦颇有新知者，则吴县之朱骏声，安丘之王筠二人是也。朱氏《说文通训定声》丰部云：

> 攻，假借为工。《尔雅·释诂》："攻，善也。"《西周策》："是攻用兵。"注："巧也。"《小尔雅·广诂》："攻，治也。"《考工记》"凡攻木之工七。"按犹《诗》"雉离于罗"、"薪是获薪"、"景行行止"、"如涂涂附"、"行彼周行"、"载输尔载"、"于时庐旅"、"言授之絷，以絷其马"，《仪礼》"士羞庶羞"，《论语》"求善价而沽诸"，皆一静字，一动字也。

王氏《说文句读》卷二十五云：

> 纺，网丝也。案网似借为动字。

朱氏立动字静字之名，王氏亦称动字，此为后来《马氏文通》动字静字名称所本。两家所称动字，固即今文法之动字；朱氏所称之静字，皆今之名字，与马氏所谓静字不同。学科未立，名义不免纷歧，事所恒然，不足深异。而二君之于文法，颇极用心，固无可疑也。

清咸同间，湘乡曾国藩工为古文，兼通小学。其论小学最服膺高邮王氏，故颇深于文法。曾氏有《与李眉生书》云：

> 何以谓之实字虚用？如"春风风人，夏雨雨人"，上"风"、"雨"，实字也，下"风"、"雨"，则当作养字解，是虚用矣。"解衣衣我，推食食我"，上"衣"、"食"，实字也，下"衣"、"食"则当作惠字解，是虚用矣。"春朝朝日，秋夕夕

月”，上“朝”、“夕”，实字也，下“朝”、“夕”，则当作祭字解，是虚用矣。“入其门无人门焉者”、“入其闺无人闺焉者”，上“门”、“闺”，实字也，下“门”、“闺”则当作守字解，是虚用矣。何以谓之虚字实用？如步，行也，虚字也。如《管子》之“六尺为步”、韩文之“步有新船”、《舆地》之“瓜步邀笛步”、《诗经》之“国步”、“天步”，则实用矣。薄，迫也。虚字也。然因其丛密而林曰林薄，因其不厚而帘曰帷薄，以及《尔雅》之“屋上薄”，《庄子》之“高门悬薄”，则实用矣。覆，败也。虚字也。然《左传》设伏以败人之兵，其伏兵即名曰覆。如“郑突为三覆以待之”，“韩穿帅七覆于敖前”，是虚字而实用矣。从，顺也。虚字也。然《左传》于位次有定者，其次序即名曰从。如“荀伯不复从”，“竖牛乱大从”，是虚字而实用矣。

又有《与朱仲我书》云：

凡古今文字，何字不有虚实两用？如屦字以实用者为本训，而《羽猎赋》之“屦般首”，则虚用矣。舄字以实用者为本训，而《鲁颂》之“松桷有舄”，则虚用矣。推之衣冠巾带，皆实字也，而《孟子》之“衣褐”，《周礼》之“巾车”，《史记》之“冠玉”，《月令》之“带弓”，则虚用矣。宫室门户，皆实字也，而《尔雅》之“大山宫小山”，《左传》之“复室其子”，《公羊》之“无人门焉者”，《汉书》之“王嘉户殿门”，则虚用矣。

大抵曾氏所谓虚字实用者，动字作名字用也；实字虚用者，名字作动字用也。段氏谓之体用，曾氏谓之虚实，其用词不同，其为好学深思心知其意则一也。（《诗鲁颂》“松桷有舄”，《毛传》训舄为大貌，系静字，非动字。其余曾举虚用之例，皆动字也。）

七、西学东渐后之文法学

吾国古代有极精确之文法学，第一节已言之矣。乃以继起无人，此学遂致中绝。清代儒生稍有发挥，然于构成系统俨然之文法学，则未遑及也。明朝末叶，吾国与欧洲人之交通日渐频繁，迄清道光鸦片之役以后，国人大受惩创，士大夫渐知西土学艺之不可不讲。咸丰同治二朝，讲求洋务之风颇盛，于是有遣派学生留学欧美之举。丹徒马建忠者，当时留学生之一人也。留学于法兰西，肄习其政治、法律、声、光、化、电之学，见彼国人授其本国语言文字，有所谓葛朗玛者，其学子人人传习，有事半功倍之效。归国后，著《文通》一书，取西方之法式，驭中土之言文，于是吾国系统整然之文法学至此始建立，其功诚不可没，其识尤加人一等矣。据其自序，于此书精思力索者前后十余年。虽其草创从事，不免间有失吾国文法本来面目之病（详见余所著《马氏文通刊误》），其筚路蓝缕之功，岂可没哉？马书出版以后，近日续治此学者有亡友闽侯陈君承泽、友人同县章君士钊、绩溪胡君适。陈君著有《国文法草创》，章君著有《中等国文典》(皆商务馆出版)，皆于此学有所增益。胡君虽无专著，而提倡文法之学甚力，所言治文法学之方法尤为扼要。[①] 余不自揣，亦尝妄冀补苴马氏之说，著《高等国文法》一书，似颇足供留心此学者之参考。后起之士，努力精治，使此学臻于极盛，固吾人所祷祀以求者也。

世人有谓中国向无文法，今日文法之学袭自欧洲，可以不必研求者，此谬论也。夫所谓文法者，文字词句组织先后次序之习惯规则及其活用之现象也。谓我国文字之组织无一定之习惯规则，无活用之现象，何自诬之甚也？特国人有此习惯规则者数千年，日用而不知，习焉而不察，及与欧洲人交通，彼中有此科学，马氏遂取为借镜而以适用于吾国之文字耳。故我所无者，整个系统之文法学耳，非无文法也。若果无文法也，古书所言自败他败之分，段氏所云体用之别，曾氏所云虚实用法之异，果何指乎？彼时或尚不知有欧洲，或知之矣，而其文法之学尚未大输入中土，岂其时便有全盘西化之说乎？若谓非我国所固有，即不必为，请问论者出外亦乘火车汽车否乎？家居亦用电灯电话否乎？夫时代进步，吾人之治学亦当后胜于前，不能自封故步。必如论者之说，则吾人今日应茹毛饮血否乎？大抵科学之为术也，重理解，贵分析。而国人之大病在囫囵，在含混，故与科学不相容。以个人之短见，欲塞四达之康庄，不惟势有不能，亦难免于不仁不智之讥矣。

三十二年十二月二十日

草讫于辰溪湖南大学

═延伸阅读═

1. 管燮初《甲骨文金文中"唯"字用法的分析》，《中国语文》，1962 年 6 月号。

2. 郭锡良《汉语史论集》，商务印书馆，1997。

3. 黄景欣《秦汉以前古汉语中的否定词"弗""不"研究》，见《黄景欣语言研究论文集》，江苏教育出版社，1995。

4. 蒋绍愚《近代汉语研究概况》，北京大学出版社，1994。

5. 蒋绍愚《内部构拟法在近代汉语语法研究中的运用》，《中国语文》，1995 年第 3 期。

6. 柳士镇《魏晋南北朝历史语法》，南京大学出版社，1992。

7.《吕叔湘文集》第二、第三卷，商务印书馆，1995。

8. 吕叔湘、王海棻《马氏文通读本》，上海教育出版社，2000。

9. 王力《汉语史稿》中册，中华书局，1980 新 1 版。

① 见《胡适文存》。

10. 向熹《简明汉语史》下册，高等教育出版社，1993。

11.《中国大百科全书·语言文字》“汉语”和“汉语语法”条，中国大百科全书出版社，1988。

＝问题与思考＝

1. 试述汉语判断句的发展。
2. 谈谈古汉语中的被动式。
3. 试析《马氏文通》的语法体系。
4. 试论破读的实质。
5. 清代虚词研究述评。

＝研究实践＝

1.

研究课题	汉语虚词分类变迁史
背景材料	卢以纬《语助》 刘淇《助字辨略》 王引之《经传释词》 杨树达《词诠》 裴学海《古书虚字集释》 吕叔湘《文言虚字》
方法提示	• 了解上述文献的版本情况和内容特色，对前人的虚词分类法做到心中有数。 • “汉语虚词分类变迁史”是个大题目。同学起始只需选取汉语中某个虚词或某类虚词来考察历代分类变迁的情况就可以了。
呈现形式	• 论文，如《古今汉语中“所”字的词性问题》、《古今汉语中“者”字的词性问题》等。 • 小型学术研讨会 • 写学术札记

2.

研究课题	某一句式发展史
背景材料	王力《汉语史稿》中册 洪诚《王力〈汉语史稿〉语法部分商榷》，原载于《中国语文》1964 年第 3 期，后收入《洪诚文集·雒诵庐论文集》 向熹《简明汉语史》下册

研究课题	某一句式发展史
方法提示	可选取“是”字句、“被”字句、“把”字句等分别作专题考察；可作断代史研究，亦可作通史研究。
呈现形式	• 论文，如《“是”字句研究》、《“为”字句研究》、《“把”字句研究》、《“将”字句研究》、《“被”字句研究》等。 • 小型学术研讨会 • 写学术札记

3.

研究课题	汉语第三人称代词“他”的起源
背景材料	杨树达《高等国文法》，商务印书馆《汉语语法丛书》本 吕叔湘《汉语语法论文集》，科学出版社 1955 年版 洪诚《王力〈汉语史稿〉语法部分商榷》 郭锡良《汉语第三人称代词的起源和发展》
方法提示	在上古汉语中，“他”是无定代词。后来才演变成了第三人称代词。一般说来，只有“他”回指前边已经说到的某人时，才能被确认为第三人称代词，用吕叔湘先生的话说就是既要专指，又须有定。那么究竟到何时“他”才演变成了第三人称代词？目前学界的看法尚不一致。 • 王力《汉语史稿》270～271 页说：“他”字起源于唐代。例如：“绣羽衔花他自得，红颜骑竹我无缘。”(杜甫诗)……宋代以后，“他”字就更普遍的应用了。270 页附注：杨树达《高等国文法》(70 页)引《后汉书 · 方术传》“还他马，赦汝罪”一例，以为其中的“他”是第三身人称代词。查《后汉书》原文，……都不应该认为是人称代词，而仍然应该认为是无定代词，作“别人”解。因为并不是在前文已经说到了某人，后面才用“它”来指此人，而是一开始就用“它”。 • 郭锡良先生也认为：初唐“他”开始具有第三人称代词的语法功能，盛唐以后正式确立起作为第三人称代词的地位，但和当时别的第三人称代词“渠”、“伊”、“之”、“其”等相比，数量上还处于劣势。此后，“他”的用例越来越多，以至在北方话中逐渐排除了其他第三人称代词，成为唯一的形式。 • 洪诚先生则认为：王先生没有认清“他”字在上古的意义，因而误解《后汉书 · 方术传》的“他”字。“他”没有变成第三身代词以前，单用时只指事物，不指人，意义作“别的”解，不作“别人”解。如果要用它表示“别人”，“人”字就非用不可。只有“他人”才有“别人”的意思，光一个“他”字没有“别人”的意思(《百喻经 · 以梨打破头喻》有作“别人”解的“他”字)。王先生把“还他马”的“他”解释为“别人”，是个误解。正因为“他”字单用不指人，到后汉佛经的译文中才有指人的用法，所以转变为第三人称代词才很迟，如果原来就可以指人，它转成第三身代词就要快得多了。《后汉书》这一段文章劈头是命令语，所以“他”的先行词“社公”补说在后，语言更生动逼真，在前文是插不上的。如果在前文用上它的先行词，就必须叙述情节，文字增多。请看原文： 长房曾与人共行，见一书生，黄巾被裘；无鞍骑马，下而叩头。长房曰：“还

续 表

研究课题	汉语第三人称代词“他”的起源
	他马，赦汝死罪。”人问其故，长房曰：“此狸也；盗社公马耳！” 杨树达依据《后汉书》这一段材料和《晋书·张天锡传》论定第三人称代词“他”起源于晋宋之间是正确的，王先生误解误驳。《百喻经》卷上《认人为兄喻》出现第三人称的“他”字： 昔有一人，……复多钱财。时有愚人，见其如此，便言我兄。……见其还债，言非我兄。傍人语言：“汝是愚人，云何须财，名他为兄，及其债时，复言非兄？” 《百喻经》译于齐永明十年。赵翼《陔馀丛考》卷14《史传俗语》举出《南齐书》一条。今录《南齐书》原文如下： 上数幸嶷第，宋长宁陵隧道出第前路。上曰：“我便是入他冢墓内寻人。”（见《豫章文献王嶷传》） 这个“他”是第三人称用于领位。根据刘宋时范晔的书和齐译《百喻经》以及梁萧子显的《齐书》，证明王先生第三身代词“他”起源于唐代之说是错误的。唐诗里“他”字是常见的字，变文用“他”字作第三身代词极其多。王先生也引用了变文《鷰子赋》，为什么要说“他”字普遍应用在宋代以后呢？令人难解。 • 在了解上述不同观点后，同学们可以通过查证魏晋南北朝时期文献用例，再作出自己的独立判断。
呈现形式	• 论文，如《也论汉语第三人称代词“他”的起源》、《魏晋南北朝文献中“他”字的新用法》等。 • 小型学术研讨会 • 写学术札记

第六章　方法论

导　论

所谓学术，学指学识、学问，术指方法，所以搞学术研究的人都是既注重学识的提高，又重视方法的改进的。孔子云："工欲善其事，必先利其器。"(《论语·卫灵公》)科学的方法乃是研究工作的利器。

方法无论新老，无分中西，只要是能解决问题的，就都是好方法。但治学的好方法也要由正直之人来掌握才能利国利民，所以学人首先必须掌握正直为人之法。在为人和为学的诸多好方法中，什么是最为便捷有效之法？对此，中国古代多位哲人都有明训。孔子说："居是邦也，事其大夫之贤者，友其士之仁者。"(《论语·卫灵公》)荀子也一再说："学莫便乎近其人。""学之经(径)莫速乎好其人。"(《荀子·劝学》)这都是在说，向德高才卓的良师益友学习乃是为人为学的最便捷有效的途径和方法。因此，我们选取李荣先生写的《丁声树先生》，作为青年学友提升学术道德、掌握为人和为学之法的好教材。

关于古代汉语研究的具体方法，我们运用辩证唯物主义和历史唯物主义的观点，从历代学人大量的学术实践中可以归纳、抽绎出很多条。比如：1. 类聚法，具体包括：(1) 义类法——《尔雅》就是这一方法的代表作，(2) 形类法，即部首法——《说文》就是这一方法的代表作，(3) 音类法——《切韵》、《广韵》等同音字典就是这一方法的代表作；2. 解析法，具体包括：(1) 析形法——这就产生了"六书"的理论，(2) 析音法——这就产生了"等韵学"理论，(3) 析义法——这实际是"破读"产生的基础；3. 体系法，把"整体系统论"的观念用于学术研究；4. 系联法，具体包括：(1) 据形系联法，(2) 韵字系联法，(3) 据义系联法；5. 实证法；6. 枢纽法，语文研究以声音为枢纽；7. 比较法，具体包括：中外比较、古今比较，对读(或称校读)法；8. 统计法，作定量分析；9. 实验法；10. 替换法，如互文见义法；11. 插入法；12. 紧缩法，如缩句法；13. 描写法，具体包括：(1) 语音描写，(2) 语义描写，(3) 语法描写；14. 构拟法，用直观的符号展现虚拟的语音系统；15. 位次法，从对象的位次上研究其性质和作用；16. 语境法，如"上下相因见义"即是；17. 溯源法；18. 沿波法；19. 类比法；20. 演绎法；21. 文例法；22. 图示法；23. 表谱法；24. 解构法，以语义为轴心，用于揭示同形异构的语言片断的奥秘；25. 合成法，包括语音合成、语义合成；26. 定向法，如研究动词的"向"；27. 符号法；28. 声光电法，如音像手段、缩微手段、计算机技术；等等。对此，高小方《中国语言文字学史料学》第十四讲"语文研究方法史料"有所论列，可以参看。

这些具体的研究方法，每一条单用固然各有其效，若能巧妙地互相配合运用，则成效尤著。比如：文献考证法和历史比较法相结合，确为推进汉语史研究的利器。所以我们选取鲁国尧先生的《论"历史文献考证法"与"历史比较法"的结合》一文。

在汉语研究中，如何摆脱用"印欧语的眼光"来观察汉语的结构，更加重视汉语的结构特点，找到完全适用于汉语结构类型的句法分析方法，这是汉语研究中的大问题。所以我们选取徐通锵先生的《语义句法刍议》一文。

充分应用现代科学技术手段于学术研究，以显著地加快研究的进度，提高研究的精度，这乃是时代的需要。无论老、中、青，每一位与时俱进的学人都应给自己提出这样的要求。青年同志更应在这方面多作探索，多有作为。比如，把计算机数据库技术与汉语研究结合起来，建设汉语史语料库。为此，我们选取尉迟治平先生的《计算机技术和汉语史研究》一文。

对方法论的总结、探索和改进，必将大有益于学术的进步。希望有更多的年轻朋友能够认真地继承和发扬前修时贤为人和为学的好方法，并在此基础上不断改进，不断丰富，以求做人达到高境界，为学取得新进展。

选　文

丁声树先生

一九〇九年三月九日～一九八九年三月一日

李　荣

导言——

本文选自《中国语文》1989 年第 4 期。

此文是李荣先生悼念丁声树先生的文章。丁声树(1909～1989)，号梧梓，河南邓县人。现代著名语言学家、词典编纂专家，曾任中国科学院学部委员。丁声树先生既是杰出学者，更是忠厚长者，他的道德文章，在现代中国学术界都是一流。1989 年 3 月，他因病逝世，他的同事和朋友李荣先生写下这篇文章，深切缅怀这位尊敬的长者、杰出的学者、亲密的战友。

文章简要回顾了丁先生的工作经历，早年在前中央研究院参与方言调查。解放后一直在中国科学院，文革后在中国社会科学院工作。“从语法组到方言组，到词典室”，直到因病住院。他把他的一生都献给了中国语言学事业。文章择要介绍了丁先生的学术成就，在音韵、语法、训诂和方言各个领域，丁先生都有很高造诣，写下足以传之后世的科学论著。中国学人素重为学为人的统一，丁先生的道德文章就是他一生为学与为人的真实写照，堪称学界楷模。文章浓墨重彩描述了丁先生毕生好学不倦、精益求精的严谨治学精神，同时又向我们展现了在生活上随遇而安、淡于名利的坦荡人生态度。他工作在前，享受在后，担任部门负责工作，对学术作出重大贡献，可长期一家挤两间潮湿的小房，“丁声树不言房，房亦弗及”。他做学问一生谨慎，尽管博闻强志，但写文章还一条条核查原始材料，三遍五遍地修改重抄。他手不释卷，活到老学到老，文革中遭批斗游街，回到家仍看书。就是到了病床上也照样背书，认难字。一生勤奋，积累了深厚的学养，如住医院时，知道照顾他的同志名字中有个“瞰”字，他脱口说出这个字有两个读音。作者似不经意记下的这则佚闻，正是丁先生勤奋为学的写照。从丁声树先生身上，我们看到老一辈学者的严于律己、严谨治学、追求真理的高尚精神，这是老一辈留给我们的宝贵精神财富，我们要继承下来并努力使之发扬光大。

一九三九年秋天，我到昆明上西南联合大学，才听说丁声树的名字。那时候丁先生的成名之作——《释否定词“弗”“不”》已经发表了五年了。《诗经“式”字说》发表了也有三年了。一九五〇年夏天语言研究所成立。我那年秋天进语言研究所，这才第一次见到丁先生。丁先生高个子，总在一米七五以上，脑门子(前额)也高。

丁先生在中央研究院历史语言研究所的时候，先后参加过四个省的汉语方言调查：一九三五年十月湖南，一九三六年四月湖北，一九四〇年三月云南，一九四一年十月四川。语言研究所成立后，一九五二年到一九五三年，丁先生主持语法小组的工作，《语法讲话》在《中国语文》连载。一九六一年出单行本，书名为《现代汉语语法讲话》。后来丁先生的工作逐渐转移到方言上。一九五六年起，教育部和语言研究所合办普通话语音研究班，半年一期，前三期着重培养方言调查人员，丁先生率领方言组全班人马都住到研究班。一九五八年夏天，丁先生率领方言组到张家口地区调查方言。一九五九年春天，丁先生率领方言组到昌黎县调查方言。《昌黎方言志》一九六〇年七月由科学出版社出第一版，一九八四年七月由上海教育出版社出新一版。一九五九年起，丁先生的工作又逐渐转移到词典上。《现代汉语词典》的试印本是一九六〇年印出来的。其中有三分之一是丁先生看过油印稿才发排的。一九六一年，丁先生正式调到词典室主持工作；一九七九年十月九日住院，一直卧病到一九八九年三月一日逝世。一九六一年，我也临时调到词典室，帮忙修订《现代汉语词典》，到一九六三年冬天为止。从语法小组到方言组，到词典室，我一直跟着丁先生工作。我们把词典修订工作叫做“通读”,“通读”就是把试印本从头到尾读一遍,能修改的就修改,不能修改的就“仍旧贯”。我总是先走一步,把“把关”的权力和责任留给丁先生。

丁先生有一回填干部履历表,在“专长”一栏填“粗知汉语音韵训诂,略有方言调查经验。”现在说说丁先生在这三方面的贡献。

丁先生在音韵方面的专著有 1957《汉语音韵讲义》[①]与 1958《古今字音对照手册》。《手册》是《讲义》的基础,《讲义》是《手册》的升华。《汉语音韵讲义》文字精炼,条理清楚。事实都是已知的,说法全是新鲜的。《讲义》跟《方言调查字表》对读,可以初步掌握《切韵》系统与北京语音的关系。《手册》有好些本字的考订。考订本字根据古今音变的规律,又充实了古今音变的规律。还有,《手册》的例言是一篇无懈可击的文字。

现在说到音韵方面的论文。音韵学的中心内容是语音的构造、对应与演变。1952《谈谈语音构造和语音演变的规律》,这篇用最浅显的文字,说明最基本的道理。1943《“碚”字音读答问》,1962《说“匼”字音》,这两篇贯串古今,解决音韵学的实际问题——什么字读什么音。《“碚”字音读答问》一文末了说:

> 川省地名,他方人误读者,不仅北碚一例。綦江之“綦”本音旗帜之“旗”,犍为之“犍”本音乾坤之“乾”,每闻他方人呼“綦”如“基”,呼“犍”如“健”,而本省人则未尝误。盖口耳相传,易存旧读,而望文为音,辄致讹变,亦语文之通例然也。

从个案引出通例,这是丁先生作文的一种方法。

在训诂方面,丁先生以剖析文义起家,终于坠入字网——编字典。剖析文义最难人的是差不多的字眼。盘根错节,乃见利器。这才显出作者的工夫。这里举四篇论文来说。每篇篇目之后,节引原文要点。

1934《释否定词“弗”“不”》——“弗”字似乎是一个含有“代名词的宾语”的否定词,略与“不之”二字相当;“不”字则只是一个单纯的否定词。

1938《诗卷耳芣苢“采采”说》——[诗]采绿之“采”自为外动词,而卷耳芣苢之“采采”自为形容词,二者不可牵合。依文法构造言:“终朝采绿,不盈一匊。”“终朝采蓝,不盈一襜。”各有二述语而为两句,而“采采卷耳不盈顷筐。”则止有一述语而为一句。

1942《论诗经中的“何”“曷”“胡”》——㊀“何”字在诗经中有以下几种用法是“曷”“胡”二字所少有或者根本没有的:① 表“何物”“何事”,如今语“什么”。[例如]其赠维何? |亦又何求? |② 加于名词(不限事物)之上。也如今语“什么”。[例如]彼何人斯? |何草不黄? |③ 与“如”连用,“如何”“如之何”表方法程度状态等,如今

---

① 丁先生著作前用阿拉伯数字注明写成的年份。《讲义》与《手册》几乎同时开始写作。

语“怎么”“多么”。[例如]伐柯如何？|析薪如之何？|夜如何其？|我劳如何！|④表“何处”，如今语“什么地方”“哪里”。[例如]云徂何往？|于何其臻？|㊁“曷”在诗经中最大多数的用法是表“何时”，而且专指未来时间。如今语“到什么时候”，“到哪一天”。[例如]曷至哉？|曷云其还？|这种用法是“何”“胡”二字所没有的。㊂“胡”在诗经中几乎一律是表“何故”。如今语“为什么”。[例如]胡不归？|胡俾我瘉|“何”“曷”二字在诗经中这么用的很少。

1948《“早晚”与“何当”》——[“早晚”与“何当”皆问时之词。]盖“何当”之用局于未然(将来之何时)，“早晚”则可施于未然，亦可施于已然(过去之何时)，用法上范围较广耳。

这些论文都可以作论说文字的范本。

本文起稿时，作者对读史汉《辕固生传》，无意中为《释否定词“弗”“不”》发现一对好例句：

> 桀纣之民不为之使而归汤武《史记》一二一《辕固生传》
> 桀纣之民弗为使而归汤武《汉书》八十八《辕固生传》

《汉书·辕固生传》根据《史记》，《史记》的“不为之使”《汉书》作“弗为使”，证实丁先生“弗”字略与“不之”二字相当的说法。

现在说到编字典。通读《现代汉语词典》虽说费了三年，一九六一年到一九六三年，其实只有两年半。开头半年是校改《新华字典》，一面校对清样，一面修改。用丁先生的话说是“先练练兵”。《现代汉语词典》用白话解释白话，突破前人用文言解释白话的框框，意义分析周到妥帖，虚字用法提要钩玄，可以说是训诂学上一项成就。《新华字典》与《现代汉语词典》，书成于众人之手，得失利弊，是非功过，帐不能全记在丁先生名下。丁先生是最后把关人，责任最大。这里只举“未免”跟轻声“了”[·lə]字两条为例。这两条丁先生都仔细推敲过。

先说轻声“了”字，这一条改过两次。第一次是修订《新华字典》，最妙的是义项②第一条的例句：

②助词，用在句子的末尾或句中停顿的地方，表示变化，表示出现新的情况。1. 指明已经出现或将要出现某种情况：下雨～|开饭～|今天已经星期六～，明天就是星期日～。定义给读者轮廓，例句给读者全貌。配上合适的例句，整个注释就活了。第二次是通读试印本，试用本轻声“了”字的注释就更细密了。抄录如下：

> **【了】**·le助词。①用在动词或形容词后面，表示动作或变化已经完成。a)用于实际已经发生的动作或变化：他们这个小组受到～表扬|水位已经低～两米。b)用于预期的或假设的动作：你先去，我下～班就去|他

要知道～这个消息，一定也很高兴。② 用在句子的末尾或句中停顿的地方，表示变化，表示出现新的情况。a) 表示已经出现或将要出现某种情况：下雨～|春天～，桃花都开～|他吃了饭～|天快黑～，今天去不成～。b) 表示在某种条件之下出现某种情况：天一下雨，我就不出门～|你早来一天就见着他～。c) 表示认识、想法、主张、行动等有变化：我现在明白他的意思～|他本来不想去，后来还是去～。d) 表示催促或劝止：走～，走～，不能再等～！|好～，不要老说这些事～！

"未免"很难下注。请对比试印本与试用本"难免、不免、未免"三条注释的异同：

试印本【难免】不容易避免：开始搞一个新的工作时，困难是～的。
试用本【难免】不容易避免：没有经验，就～要犯错误。
试印本【不免】免不了：他想到自己的缺点，～有些惭愧。
试用本【不免】免不了：这段公路太窄，往来车辆有时～拥塞。
试印本【未免】不免：你的话～多了些。
试用本【未免】实在不能不说是……(表示不以为然)：你的话～多了些|他这样对待客人，～不礼貌。

"难免、不免"两条试用本沿用试印本的定义，更动例句。"未免"条试用本改定义，点出"未免"跟"不免"的差别。《现代汉语词典》一九七八年第一版第一次印刷又有改动：

第一版　【未免】① 实在不能不说是……(表示不以为然)：你的顾虑～多了些|他这样对待客人，～不礼貌。②〈书〉不免。

主要是恢复试印本的定义作为义项②，因为"未免"跟"不免"有共同之处。例如《世说新语·言语》"苟未免有情，亦复谁能遣此。"不过"未免"口气比"不免"婉转些，好比"他没说，他没同意"口气比"他不说，他不同意"婉转。"未能免俗"口气也比"不能免俗"婉转些。一九八九年四月八日下午五点左右，中央电视二台播放的故事片《大侦探》里，主人对夜里进入他家用武力取回宝物的杜先生说："你这样做未免太不公道。"这句话可以作"未免"义项①的例句。

丁先生编字典，造句用字，十分拘泥。丁先生也有不拘泥的时候。有一次我提出，"国家"等若干条目，定义都有堂皇的依据，可是不合平常的说话。丁先生的回答很简单："食肉不食马肝，不为不知味。"这是《史记》一二一《辕固生传》，汉景帝裁决两个书呆子争论“商汤周武是受命还是放杀桀纣”的话。司马迁接着点出：“言学者无言汤武受命，不为愚。”丁先生是想说，进退两难的条目不必死抠，不能较真儿。汉景帝的金口玉言，一定减少了《现代汉语词典》很多麻烦。可是这又有什么用呢？无论你是谨慎还是冒失，无论你编字典编得好，还是编得不好，挨批是必然的，在劫难逃。李锐挽田家英诗云：

水暖春江犹在劫，只缘佛法本无边。

丁先生在方言研究上的贡献有三项：一是培养干部。一九五六年全年跟一九五七年上半年，他率领方言组全班人马都住在语音研究班投入教学工作，一星期回一天家。三十年来研究班学员做了很多方言工作，有的在教学上研究上颇有成就。二是编1956《方言调查词汇手册》与1958《方言调查词汇表》。前者经过几十年使用，证实有适当的预见性。三是写方言调查报告。1938《湖北方言调查报告》与1960《昌黎方言志》都是集体写作的。《湖北方言调查报告》是赵元任先生主持的。那里头有许多深刻的见解，精彩的议论，不知出于何人手笔。有一次我跟丁先生说起，《总说明》里调查用字表所附词汇常见字说明，交代一些常用字的音韵地位，简单明白。丁先生说是他起草的。藕是嫩的甜，姜是老的辣。青年思想新鲜，老年境界开阔。丁先生的作品，无论早年的晚年的，都有看头，耐咀嚼。《湖北方言调查报告》的序文末了一段是：

湖北报告写完了，有了个模型以后，湖南江西比较的好写，我们的调查队不久又可以向河北东三省等处去调查方言了。

序文署的年月日是“中华民国二十七年七月七日”，署的作者是五个人序于昆明。这是卢沟桥事变周年纪念日。序文的年份一定不错，月份虽不中不远矣，日子我怕没有那么巧，大概是有意写的。那时候我国东部半壁江山都被敌人占领，东三省早在九一八事变后就沦陷了。所以说“我们的调查队不久又可以向河北东三省等处去调查方言了。”民国二十七年是一九三八年，那一年丁先生年方而立。《昌黎方言志》是丁先生主持的，声韵调是他定的，分类词表是他起的稿。全书他都过过目。方言地图他每条每处校对。语法特点他老强调话不要说满了。

一九七九年《方言》创刊。我事前没有跟丁先生商议。当时想出满一年之后再跟他研究如何改进。《方言》第三期八月二十四日出版，179～181面登了美国学者罗杰瑞的《闽语里的“治”字》。九月，方言组黄雪贞准备到福建永定调查客家话，去看丁先生。黄雪贞提起，据说永定音硬，梅县音软，不知道什么叫音硬音软，怕对付不了。丁先生听黄雪贞说要出门调查挺高兴。他说《方言》办得还好，不仅登国内的文章，还登外国人的文章，这在以前是没有的。我仔细看了罗杰瑞讨论"治"字的文章，写得不错。外国人对中国方言的问题研究得这么深，说明人家这么多年一直在研究，没有停止。我们的步伐要加大，否则就要落后。研究方言要实地调查，要掌握第一手的资料。耳听为虚（别人对方言的评语是空的），眼见为实（自己调查的是实在的）。要调查事实，不管别人说音硬音软。有问题回来可以一起讨论，一起研究。我老了，跑不动了，希望你们多跑跑。不要老觉得自己不行，出去几次，掌握的第一手资料多了，就行了。

这是丁先生晚年发表的对方言工作的重要意见。丁先生说他老了，不能出去调查方言了，就好比好酒的人说他再不能喝酒了。

十月，丁先生病了。病了还是丁声树，照样背书，照样认难字。他在病床上背着书教他的独生女丁炎学习。有一次，方言组邵颖瓛到医院照顾丁先生。丁先生问他的姓名，他就把名字的读法跟写法都说了。丁先生立刻说"瓛"字有"桓"跟"獻"两个音。我听了真高兴，我想丁先生出院还是八级工。谁知道后来丁先生在病床上又犯了脑溢血。

丁先生不但善于研究语言，剖析文字，还善于运用语言，调度文字。这里举出丁先生的三条"创作"，两条他引用的诗文。

丁先生坐公共汽车有两条口诀："车上的人多不上，上车的人多不上。"怪不得丁先生上班常常早到迟退。上车的"上"古音上声，车上的"上"古音去声，这是丁先生的文字游戏。

五十年代，语法研究很热闹。有个妄人很希望丁先生能对他的作品表示意见。丁先生说："你有胡说的自由，我有不理的自由。"

一九七四年，坦克车里的乱箭手吹捧《现代汉语词典》是"封资修的大杂烩"。有人大批判开路，一面批试用本，一面编词典，还嫌批判对象老跟着他。丁先生说："你老抄他，他怎么不老跟着你！"

大概一九六六年天下已经大乱全所还没集中的时候，丁先生我们六位都上日托的牛棚。牛者，牛鬼蛇神也。日托是说上班进棚，下班回家。牧童手不持鞭，往往分付完了就走。有一回有件需要技巧的工作，连那位最有机械脑子的同棚都无所施其技。我就哼了一句"蚊子叮铁牛"，丁先生立刻接着说"无渠下觜处"。我浙江台州人，寒山子久居天台，我读《寒山子诗集》是乡曲之见。丁先生河南邓县人，《寒山子诗集》这么熟。牛棚顶上的太阳是钉着的，只有寒山子才能叫他移动。

丁先生一生谨慎，常常引用薛宝钗的名言："小心没过逾的。"所以《现代汉语词典》先出试用本。这一回可上了薛宝钗的当。十年编不出词典，成了丁先生批判会的保留节目。

丁先生做学问有什么秘诀？五十年代早期，语言所常常讨论培养干部。有人大声疾呼，要有学问的把秘诀交出来，不要保留。丁先生当然是个喊话对象。丁先生的秘诀在哪里？丁先生的秘诀在一个对子里。丁先生善于对对子。三十年代早期，北京有人命题，上联是"孙行者"，有人对的下联是"胡适之"，丁先生说他对的下联是"祖冲之"。要找第三个下联恐怕不容易了。丁先生记得很多好对子，有一个是他用来劝人好学的：

书山有路勤为径，学海无涯苦作舟。

丁先生的秘诀原来就是勤学苦练。丁先生脑子好，这是天赋，没有办法学。丁先生勤学苦练，这可是谁都能学的。

读书是丁先生的生活，作文是丁先生的工作。读书作文是他平日安身立命之所；无可奈何之日，也是他安身立命之所。一九三八年，丁先生在《诗卷耳芣苢"采采"说》末了一段假设外动词重叠始于汉代：

夫外动词之用叠字，此今语所恒有如言"采采花"，"锄锄地"，"读读书"，"作作诗"之类，而稽之三百篇乃无其例；且以声树之寡学，仰屋而思，三百篇外先秦群经诸子中似亦乏叠字外动词之确例：是诚至可骇怪之事。窃疑周秦已上叠字之在语言中者，其用虽广如上所举"名""状""内动"诸词皆是，而犹未及于外动词；外动词盖只有单言，尚无重言之习惯，故不见于载籍。降及汉代，语例渐变，叠字之用浸以扩张，向之未施于外动词者今亦延及于外动词。习之于唇吻者，不觉即形之于简编；毛氏诗传训"采采"为"事采之"，韩诗章句亦言"采采而不已"，殆皆狃于当日语言之常例以释诗，而不自知其乖违；郑玄注经，每以汉代之典制况古礼，毛韩两家诗说之解"采采"乃以汉代之语例揣古言：此固汉儒说经之通蔽；然古今语言迁变之迹，藉此犹得略窥其一二。此亦中国语言史上语例演化之一端，考文者所宜深究也。

谦逊的口气略带"踌躇满志"的自信。

一九六六年，那时候我国正大踏步走向灾难的深渊，有一天，丁先生回家还手不释卷。老婆孩子说："还看书？"意思大概是读书闯了这么大祸，整天挨批挨斗，回家该歇歇了。丁先生的回答出乎妻女意料之外：

黑牌也挂了，街也游了，小锣儿也敲了，还不让看点儿书呀！

这是丁太太告送我的。我想游街是在北京相传三大凶宅之一端王府大院里游的，但是一不能说"游园"，二不能说"游院"，原话一定说的是"游街"。上天无路，入地无门，不看书你干什么？

我问过丁先生想写什么文章，想写什么书，他说想写几条《诗经》的笔记。请看丁先生《诗卷耳芣苢“采采”说》的后记：

> 民国十九二十年间，声树尚在北京大学读书，时黄晦闻先生主讲毛诗，箸有诗旨纂辞印授诸生。声树受读之余，每生疑滞；或有触发，随笔疏记，一年之间积得读诗札记三十余条；自惭陋学，杂之旧稿中，不敢示人。去岁卢沟桥之变，岛夷肆虐，冯陵神州；庐山一呼，全国赴难。不自揣量，亦欲放下纸笔，执干戈以卫社稷，遂举十年中藏读之书积存之稿而尽弃之。人事因循，载离寒暑，未遂从戎之愿，空怀报国之心。……即以曩之读诗札记第一条说“采采”者，就所忆持，撰为此篇。

丁先生当年的札记三十余条，写成发表的几篇上文都已经说了。我常跟他提《汉书》八十一《匡衡传》里的四句话：“无说诗，匡鼎来。匡说诗，解人颐。”希望他能够写出来，先睹为快。大匠不示人以璞，丁先生不轻易作文。别看丁先生博闻强记，他写作时总要查对原始资料。丁先生思想敏锐，反应迅速，可是下笔不苟，反复推敲，写一遍，改一遍，再抄一遍。《说“匼”字音》一篇，我亲眼看他抄了三四遍。《广陵散》于今绝矣。

丁先生在学问上主张精益求精，并且说到做到。通读字典不怕人家说“瓶口细”，坚持一条一条看完。

丁先生在生活上主张随遇而安，并且说到做到。长安居，大不易。辇毂之下，寸土千金。除了住医院，下干校，在语音班教书，土改，出差，集中学习或开会，一九五〇年以来，丁先生在北京至少住过四处房子：最早是住在考古研究所大院紧靠南墙的两间屋子里，我去过一两次。最后是住在经济研究所分配给丁太太的宿舍里，我没有去过，据说二层两间，三层一间。一九七九年十月八日夜里，丁先生脑溢血发作，据说当时他跟家里人并不住在同一层。当中丁先生至少租过两次房子，一次是在一九五六年年底前后，丁太太带丁炎从纽约联合国绕道罗马回国，丁先生在史家胡同租了房子，我去过一次。除此以外，丁先生至少还租过一次房子，我不知道房子在什么地方，也不知道什么时候租的，我只听丁先生说过厨房的位置不好。丁先生喜欢安静，读书写字都需要安静。我知道他房子挤，所以很少到他宿舍去。算起来，我到医院看他的次数要远比到他宿舍看他的次数多。丁先生有涵养，从来不发牢骚，对房子住得不好没有怨言。只有一次，大概在一九五四年前后，丁先生身体不好，还是天天上班。罗先生，语言所第一任所长罗常培先生老劝丁先生回宿舍休息，丁先生总是笑笑不理。有一天，丁先生对我说，那屋子太潮，我根本不想回去。这是我知道的丁先生唯一的一次怨言。大家都知道，屋子潮对心脏病没有好处。丁声树不言房，房亦弗及。丁先生住院以后两年，中国社会科学院分给丁家一套“高级宿舍”，二层，四居室。可惜治疗脑溢血，近年来医学上并无奇迹出现，丁先生本人已经无力读书写字了。

一九八二年，丁炎到美国留学。动身前丁太太带他到我宿舍辞行。丁太太说：“总不能老让父亲的病耽误孩子上学。”丁炎在国内已经过了上大学的年龄了。后来丁太太告诉我，丁炎半工半读，功课都得甲等。最近听说，他上哈佛研究院了。周树人诗云：

无情未必真豪杰，怜子如何不丈夫！

丁先生九泉之下，可以含笑。

一切有为，皆属无常。死者，人之所必不免也。大块劳我以生，息我以死。丁声树毕生从事语言学工作，鞠躬尽力，死而后已。丁先生盖无遗憾。

论“历史文献考证法”与“历史比较法”的结合

——兼议汉语研究中的“犬马鬼魅法则”①

鲁国尧

导言——

本文选自《古汉语研究》2003年第1期。

作者鲁国尧(1937.11～)，江苏泰县人。南京大学中文系教授，博士生导师。1960年北京大学中文系语言学专门化毕业，1965年北京大学汉语史专业研究生毕业，同年至南京大学中文系任教。现为全国哲学社会科学基金语言学科规划组成员，中国音韵学研究会会长，《古汉语研究》、《中国语文》编委。

此文着重论述汉语史的研究方法。中国三千多年来传世文献汗牛充栋，出土文献也大量涌现，这是我国学人得天独厚的条件，所以，无论研究上古、中古、近古、近代汉语，我们都应将历史文献考证法列在首位。但在研究史前史时，在无历史文献可用或文献不足徵时，就需要着重采用或结合使用“历史比较法”，以便通过现代语言或方言的比较，证明亲属关系，进而推究原始母语或母方言的形式。所以，研究汉语通史的最佳方法，或者最佳方法之一是“历史文献考证法”与“历史比较法”二者的结合。要将“历史比较法”移植到中国语言学中来，必须与中国的传统方法即“历史文献考证法”相结合，以臻会通、融合的境地，才能获得长久的生命力。此文的副标题为《兼议

① 此文本系拙作《“颜之推谜题”及其半解》的最末一节，兹独立成文发表。本文的基本思想曾在中国语言学会第11次学术年会(2001年11月3日，扬州)宣讲。文中自创术语“犬马鬼魅法则”，曾向科学技术哲学专家林德宏教授请教，得其首肯。谨向林先生和赐教的多位先生统致谢忱。

汉语研究中的“犬马鬼魅法则”》。作者认为，在汉语史中，越是接近近代，“犬马”的成分越高；越是到上古、远古，乃至史前，“鬼魅”的因素越多。并正确地指出：“鬼魅犬马化”和“犬马鬼魅化”都是值得警惕的现象，实事求是是语言研究的基石，是语言学人的灵魂。这对当今语言学坛是及时的针砭，极富教益。

二

凡研究必有方法，而且方法往往多种多样。汉语史作为一个有悠久传统的成熟的学科，当然也有其研究方法，方法也必然多种多样，笔者以为研究汉语史的最佳方法，或者最佳方法之一是“历史文献考证法”与“历史比较法”的结合。特别声明，笔者并无摈弃其他方法之意，任何方法只要经过实践的检验，行之有效，都是可取的。

先谈“历史文献考证法”。

不仅是研究汉语史，凡是做有关中国的各种学科的历时研究，几乎都要使用“历史文献考证法”，而且无不取得显著成效，这说明“历史文献考证法”是锋利的武器。为什么？当代著名学者任继愈先生说：“中国历史在世界史上有很特殊的地位。没有哪一个国家的历史文化像我们中国这样长，由古至今五千年一脉相承、延绵不绝。其他国家不是这样，古埃及、古希腊、古罗马曾经是中心，那些地方的国家却是有古无今。唯有黄河和长江流域孕育的中华民族在世界舞台上没有中断过。所以讲历史，只有我们有这样得天独厚的条件。美国就不行，历史课一年就可以讲得很充分，而且再讲就讲到欧洲去了。”[1]我们中国还有一个“唯一”，我们的先人特别重视文化的记录，所以三千多年来历史文献延绵不绝，异常丰富，当代著名学者季羡林先生说：“在世界所有古代语言中，梵语文献的数量仅次于汉语，远远超过希腊语和拉丁语。”①我国历代学者十分懂得充分利用这笔宝贵的遗产，撰写了大量鸿文巨制，考证大家无代无之，最近即2001年云南人民出版社出版了《二十世纪中国文史考据文录》，收缪荃孙、孙诒让、章炳麟、王国维等160多家的考证文章，都350万字。可见在中国学术界，考证法也是延绵不绝的。“历史文献考证法”是我们的传统，考证就是求是，就是追求真理，千百年来的考证成果其作用都使我们趋向真理，逼近真理。我们中国学人的得天独厚的条件就是传世文献汗牛充栋，而且地不爱宝，出土文献大量涌现，最近轰动国际学术界的郭店楚简、上海博物馆藏战国楚竹书、湘西里耶古城的二万枚秦简等等出土古文献也同样是我们研究古代汉语史的极为珍贵的资料。本文所提出的“历史文献”涵盖传世文献和出土文献二者，这是必须明确的。在论述汉语史的研究方法的时候，我们中国研究汉语史的学人应该扬己之长，理直气壮地将“历史文献考证法”列入，而且置于首位。要研究汉语几千年的历史，如此辉煌、如此丰富的文献，

① 见《中国大百科全书·语言文字卷》(中国大百科全书出版社，1988)页75。

如果我们不高度重视、不充分利用，就难免遭“数典忘祖”之讥。汉语史，其最简洁的定义就是，研究汉语历史的学科，因此汉语历史上的各个时期的状况都应该是研究对象，不只是史前时期、原始时期的状况，也不只是为了“重建”原始形式，诚然这些是重要的，但它也只是汉语史研究的部分内容，或者说，内容之一。粗略地说，历时研究应该包括上古、中古、近古、近代，对任何时代语言状态的研究都理所当然地应该受到平等的重视，语言史家不应有所轩轾。而且，汉语史(包括其各个分支学科)上任何一个时段的研究都不能称作整个汉语史(包括其各个分支学科)的研究。而研究有文字记录以来的汉语史，无论是什么时期的，当然要首先利用我们中国特多的传世文献和源源而出的出土文献。即令是研究语言的史前史，也不能不依赖古代文献特别是上古文献的支撑。文献，只要不是伪书，给汉语史提供的史料都是确凿的，可信的。① 比如《颜氏家训》，这是一本比较文化学的专著，历代学者公认它是一本严肃的学术著作，它对中国南北朝后期语言、方言的地域特点和社会使用状况的记述，其诚信度是非常高的。《颜氏家训·音辞篇》云：“南方水土和柔，其音清举而切诣，失在浮浅，其辞多鄙俗。北方山川深厚，其音沉浊而鈋钝，得其质直，其辞多古语。然冠冕君子，南方为优；闾里小人，北方为愈。易服而与之谈，南方士庶，数言可辩；隔垣而听其语，北方朝野，终日难分。而南染吴越，北杂夷虏，皆有深弊，不可具论。其谬失轻微者，则南人以钱为涎，以石为射，以贱为羡，以是为舐；北人以庶为戍，以如为儒，以紫为姊，以洽为狎：如此之例，两失甚多。”《颜氏家训》的这段话，引用率很高，“南人”、“北人”的“谬失轻微者”数语尤其受到重视，研究者如过江之鲫，这就是文献的“启示”力量。至于“南方”“其辞多鄙俗”，“北方”“其辞多古语”，似乎还没有人就此作出充分的阐述，可能因为中古汉语的词汇研究尚未深入到地域差异的层面的缘故，其实这是高难课题之一。笔者认为“南染吴越，北杂夷虏，皆有深弊，不可具论”四句是颜之推对南北朝时期语言情状论述的“重中之重”，南语、北语竟然到了“皆有深弊”的严重地步！至于“谬失轻微者”，那更是“两失甚多”！可见两百多年的战乱和分裂使得三世纪的汉语通语到了六世纪分裂为以洛阳为中心的北朝通语和以建康为中心的南朝通语。南朝通语和北朝通语的“深弊”为何？颜之推只肯用“不可具论”四字了之，令人深为遗憾；他虽然也讲了“深弊”之源，可是只有八字：“南染吴越，北杂夷虏。”惜哉语焉不详。因此笔者认为“南染吴越，北杂夷虏，皆有深弊，不可具论”四句，这就是颜之推留给我们后人的千古之谜，道道地地的千古之谜！我命名为“颜之推谜题”。[2] 既然历史上有此谜题，我们后人就应该殚精竭虑，以破解这对汉语史和方言史都极有意义的谜题，犹如众多数学家破解历代的数学谜题和数学猜想一样。在推进学术发展的过程中，大哉历史文献的作用！

我们再举一个个案，说明在汉语史的研究中，“历史文献考证法”的“微观”作用。江淮官话的东支通泰方言的泰州点“二”、“儿”、“耳”，今音[ɚ]或[ə]，但是据故老相

① 按，伪书如果考得其作伪年代，可以作为该时代的研究资料。

传，本来并非如此，一百多年前念作[zʅ]。是否如此？如是，又如何断代定时？只得求证于文献了，李汝珍（清直隶大兴人）《李氏音鉴》："即如'儿'字，古皆瓤移切，以近时南北方音辨之，读昂移切，吴音或读娘移切，唯泰州方音读瓤移切，音与古同。"早在李汝珍之前，广大官话方言"儿""二"等古止摄开口三等日母字已经念成[ɚ]，李汝珍以零声母的"昂移切"表示之，他又指出唯独泰州方音特殊，读瓤移切，可见其时读[zʅ]。到了怀恕轩主人（清江苏泰州人）《字音集义通考》，却未将"儿"、"二"、"而"等置于"支部"，却独立为"而部"，说明其时它们已经变为[ɚ]或[ə]了。《李氏音鉴》刊印于嘉庆十五年（1810），《字音集义通考》作于同治年间（1862～1874），那么泰州方言[ɚ]或[ə]音的产生当在其间，在这么短的时距内能确定音变的时间，全赖文献为依据。① 这是其他方法办不到的。

那么，"历史文献考证法"既然如此有效，我们汉语史学人仅仅掌握这一种方法就行了吗？不行！因为任何一种方法都不是万能的，都有不足和缺点。一种语言，没有文字，当然就无所谓历史文献，那么要研究这种语言的历史，"历史文献考证法"就英雄无用武之地了，这时必须依赖"历史比较法"。有很多语言虽有文字，但是要研究其文字产生以前的历史，即所谓史前史，也要着重采用"历史比较法"。即使在有史时期，文献也不可能将任何时期的语言状况纤微毕现，这也需要结合使用"历史比较法"。"历史比较法"目的是通过现代语言或方言的比较，证明亲属关系，进而推究原始母语或者母方言的形式。"历史比较法"有其西方学术的背景，是在印欧语言研究的基础上建立的，它滥觞于18世纪，大盛于19世纪，取得重大成绩，这是西方学者对人类语言学史的贡献，这笔宝贵遗产我们也应该珍视、继承、发扬。笔者研读《颜氏家训》，揭明"颜之推谜题"，并企图部分破解此谜题，颜之推明确说"南染吴越"，这启发我们运用"历史比较法"，探索现代吴方言、通泰方言、赣方言的共同点，进而研究六世纪南朝通语和吴方言的接触与相互影响，提出了假说。

"历史比较法"作为一种方法，同样也有其缺点、不足，例如法国语言学家房德里耶斯《语言》说："不过，从本身的能耐看，比较法有时是无能为力的。比较法假定语言的发展总是有规则的、连续的，没有任何外部的事故。比较法虽然是历史的延伸，却反而轻视历史，因为它只利用理论上的资料，假定出一种简化的历史，把它归结为一系列因果的有规则的衔接，缺乏构成历史的真实的复杂性和多样性。有人说，这是出于无奈：比较法正是要用语言学的方法重建语言的史前史，不问语言发展的政治条件和社会条件；它踩的这块土地是坚实的，因为经验表明语言的传授具有连续的性质。但是如果没有任何关于历史发展条件的确切资料，人们从比较法可能得出的有关确定语言亲属关系的结论就会大大减弱。"[3][p338]关于"历史比较法"的缺点，《中国大百科全书·语言文字卷》指出："对在所有子语言中都无残存表现的母语特征，比较

① 见《通泰方言研究史脞述》，《方言》2001年4期页306～307。

方法是无法揭示出来的。同时，它也很难确定某一特征到底是原始母语的特征，还是在分化后的子语言中独立发生的平行性变化。再有，历史比较方法偏重于语言的前后相继，忽略了语言之间的相互影响。根据这套方法所拟定的原始母语，是一个内部无差别的语言系统。……现在一般看法是，把原始印欧语看做单一性的，规律绝对严格的、内部无分歧的语言，未免理想化。”我从另一个角度来补充几句，在中国，如果说，先秦的“雅言”是通语，那么汉语至少有二千多年的通语史，历代通语的状况如何？其基础方言为何？通语移迁的情况又如何？等等，这是不是汉语史的研究内容，而且是十分重要的内容？我想没有谁能否认，而要研究上述种种问题，看来“历史比较法”无能为力，还是得靠文献。在汉语史中，通语史这么一个重大的课题却很少有人去研究，例如，先秦和两汉的通语状况如何？南北朝又怎样？南北朝的通语之后，唐代通语是否以长安方言为基础方言？宋代通语如果以汴洛方言为标准，那么怎么后来又出现明清官话？明清官话是以南京音为标准还是以北京音为标准？等等，诚然通语的问题在很多语言中都存在，但是在汉语史上，却显得非常突出和重要，因为汉语有这么长的历史！汉语通语史的重大特点是两千多年来其基础方言的移迁。可是汉语学界对通语史的研究显得十分薄弱，其原因在，一研究的难度特大，二人们的注意力被吸引到他处。中国学者应该重视，应该带头，努力研究汉语史的这一重大课题。

徐通锵先生《历史语言学》指出：“历史比较法也有严重的缺点和局限。”“就历史比较法本身来说，所重建的原始形式属于哪一个时代，无法确定。”“语言发展的情况是复杂的，有分化，有统一，也有相互影响，但是历史比较法只适用于语言的分化。”“运用历史比较法所能取得的成果是与材料的丰富性、可靠性成正比例的。”[4][p99]最后一句话尤为精到，如何搜集材料，甄别材料，读懂材料，并正确运用材料，这是材料的可靠性问题；材料的丰富性即通常所说的“充分占有材料”，鄙见，应该对学人有更高的要求，就是尽可能使用穷尽法。笔者拟就方法和材料的关系试作阐述如下：方法是毛，材料是皮，皮有疤瘢，毛将焉附？材料是否可靠和丰富，这对“历史比较法”的运用者的成败是至关重要的。当然上面关于材料的观点，也完全同样适用于“历史文献考证法”。可以说，汉语史的任何成功的论著都与材料的精审和全面有十分密切的关系。

我们必须廓清一种说法：“历史文献考证法”是中国古人的陈旧方法，“历史比较法”是从西洋传来的新方法，自然新胜于旧，洋胜于中。其实到了二十世纪，历史比较法也已风光不再，二十世纪的语言学的显学不是历史比较语言学，这是尽人皆知的事实。如果说“旧”，历史比较法也是“旧”，但是我们从来都重视历史比较法，我们认为这个方法虽然也已经成为传统，今天仍旧管用，仍旧是好武器，正如“历史文献考证法”今天在人文学科的历时研究中依然大放光彩一样。我们评价一个理论、一个方法，就看实践，也只能看实践，当代中国无人不知的格言：“实践是检验真理的唯一标准。”我们模仿说：“实践是检验方法的唯一标准。”“历史文献考证法”对研究汉语史确有大效，这是经过千百年实践检验了的颠扑不破的真理，“历史比较法”在近百年来的汉语史的研究中也作出了重大贡献。

我们认为，不可将"历史比较法"和"历史文献考证法"对立；我们主张，最好的办法是将二者结合，相得益彰。某些场合需要使用文献考证法或更依赖文献考证法；有些则需要多利用历史比较法。岳飞说过："运用之妙，存乎一心。"（《宋史·岳飞传》）一位古代的杰出军事家不肯搬用阵图而主张灵活作战，一个现代的有头脑的汉语学者当然也不会依据方法的分类死守某种现成的教条。我们主张"历史文献考证法"与"历史比较法"二者的结合。在中国人文学术史上，王国维1915年的《三代地理小记》提出"地下之新材料"补正"纸上之材料"的"二重证据法"，是光辉的典范。① 他在殷商古史的研究中所取得的空前成就至今仍有震撼的力量。步武前修，我们在汉语史的研究中应该将"历史文献考证法"（按，"历史文献"含"纸上之材料"和"地下之材料"）和"历史比较法"结合起来，甚至"融会"，这是新的"二重证据法"，或是汉语史研究中的"二重证据法"。

确实，历史比较语言学兴起时，曾激烈地否定过欧洲的以文献为主要研究对象的"语文学"，大有"天上地下，惟我独尊"的气势，历史比较语言学家说："比较研究是语言学家用来建立语言史唯一有效的工具。"[5][p11]时至今日，我们可以用省察的眼光纵观学术史：大凡一个"新"的学派、学说孕育、诞生之际往往要大嚷大叫，猛烈攻击、批判"旧"的学派、旧的学说，视之如寇仇，只有自己才是真理的化身，在学术史上这屡见不鲜，几乎是一个通则，可谓之"欲立先破"或"不破不立"现象。但是经历过一段长时间后，特别在"新"学派、"新"学说已经立稳以后，对对立面的批评就会缓和下来。再过若干年之后，情况又会发生喜剧性的变化。历史是经常揶揄人的："昨日犹为'新'，转眼亦成'旧'。"在往日的"旧"、"新"两派都成了历史的过去的时候，亦即都是"旧"的时候，没有卷入当时辩争，不带什么感情倾向的后代学人自会以冷静的态度细察前代的两派，洞烛其长处和短处，其必然的趋势是，取二者之长，折衷之，调和之，结合之，融会之，这融会体自然能上升到一个更新的层级。本文笔者在《"颜之推谜题"及其半解》论文中，就是力图将"历史文献考证法"和"历史比较法"结合起来，以探究南朝通语受当时吴方言感染的这一历史语言事实。

历史比较语言学大盛于19世纪，20世纪初年已是余波。如今已经进入21世纪，如果我们再效仿19世纪的先辈们的偏执，那就近乎"寿陵余子，学步邯郸"。我们怎能再对"历史文献考证法"有任何轻视和偏见？汉语学是民族的，也是世界的。汉语作为人类语言的一种，自然具有语言的共性，也须知，它是一个具体的语言，当然具有民族的特色，从这个角度看，汉语学跟物理学、数学、计算机技术是不一样的。本文开始就说过，汉语有延绵不绝的丰富辉煌的历史文献，中国的汉语史学者，更应该理直气壮地将"历史文献考证法"列为汉语史研究方法的首位，我们绝不排"外"，我们有

① 一般说法，王国维在《古史新证》（1926年出版）中首次提出二重证据法，其实早在1915年就提出。此承周勋初教授赐教。

强健的吞吐能力，我们将“历史文献考证法”和“历史比较法”都视作前人的宝贵遗产，我们坚定地主张将二者调和、结合、整合，运用于具体课题的研究中，产出精品、甚至传世之作，这是汉语历史语言学的必由之路。中国是汉语学的中心，这是绝无疑义的，中国学者跟域外学者，都应尊敬对方，珍重自己，彼此交流，相互促进，取(人之)长，补(己之)短，这是所有研究汉语的学者应该具有的学术品德。

我们还想将汉语史研究方法的讨论置于中国文化史的背景之下。只要纵观中国文化史、中国学术史，就必然会发现：外来的东西，只要是有益的，中国必然会吸纳消化以强健自己、壮大自己；但是外来品，只有与中国的固有传统相结合，亦即必须中国化，才能生根。现在让我们将中国佛教史作为借鉴对象，中古时代，佛教的各种学说纷纷传入中国，中国的佛教徒随之相继开宗立派。中国历史上伟大的赴外访学者玄奘(600～664)，游学印度17年归国，他创立了慈恩宗，亦称法相宗，或唯识宗，玄奘是一位具有极高学识又极其勤奋的佛学专家，他受到唐太宗、高宗父子的极高礼遇，在僧俗两界都有极高的声望，翻译、传教的条件极好，但是他创立的法相宗却数传即止。其原因是，“在隋唐佛学的各个宗派中，慈恩宗被看作最接近于印度佛学的。”[6][p2716]“唯识宗，基本上是玄奘照搬印度的一个佛教宗派。……尽管由于太宗、高宗父子两代的大力支持，由于玄奘、窥基师弟二人的积极努力，唯识宗得以创立，并曾盛极一时，但是，窥基去世之后，唯识宗实际上也就随之而衰微了。在中国佛教史上，它是继三论宗之后的第二个短命的宗派。……这就再一次地清楚地表明了：任何宗教(以及各个宗教的任何教派)，不管它们如何把自己高悬于太空之上，而归根结底，它们却始终是深深地植根于现实社会的土壤之中的，一旦脱离了这一土壤，它们也就必然地要自身难保了。”[7][p234]可是岭南樵夫、身为文盲的慧能(638～713)，他创立的禅宗却能发展为中国佛教的主流，绵亘千余年，并且泽流东瀛。“翻译佛经，是移植；创立宗派，是改造。唐代宗派佛教的创建过程，也就是在当时的历史条件下形成的中国僧侣地主阶级对于佛教进行改造的过程，也就是完成佛教‘中国化’的过程。因此，‘中国化’程度越高的宗派(例如禅宗)，生命力就越强；反之，就将是短命的(例如三论宗、唯识宗)。”[7][p235]“以史为鉴”，所以我在学习“历史比较法”，运用“历史比较法”的时候，我认为要将这种西洋的传统方法移植到中国语言学中来，必须与中国的传统方法即“历史文献考证法”相结合，以臻会通、融合的境地。

这就是我的主张，我深深知道，与其托诸空言，不如见之实践，所以我以17个月的时间，殚精竭虑，写成《“颜之推谜题”及其半解》，以就正于学界。

二

既然是讨论方法，笔者以为在汉语的研究中存在着一种“犬马鬼魅法则”。中国古代的重要典籍《韩非子·外储说》云：“客有为齐王画者，齐王问曰：‘画孰最难者？’曰：‘犬马最难。’‘孰最易者？’曰：‘鬼魅最易。夫犬马，人所知也，旦暮罄于前，不可类之，故难。鬼魅，无形者，不罄于前，故易之也。'"我以为，现代汉语就是"犬马"，而汉语史则是"鬼魅"。我的专业是汉语史，我坦率地承认，我的研究对象是"鬼魅"，而且在汉语史中，越近于近代，"犬马"的成分越高；越是到上古、远古，乃至史前，"鬼魅"的因素越多。我想，只要是懂得汉语的人，都能理解我从二千多年前的典籍中引发出的这一"犬马鬼魅法则"。我读过不少淮河到浙江地区的考古文章，我看过若干关于春秋时期吴国的历史的论著，读后感是：读毕第一篇，我很相信，因为有道理；读另一篇，又发现，也有它的道理；读完若干篇，觉得篇篇有道理，但是篇篇道理都不能完全服人。其所以篇篇有道理，因为是"鬼魅"；其所以篇篇道理都不能完全服人，因为是"鬼魅"。令人不肯信其是，不愿言其非。何以如此？不肯信其是，因为是"鬼魅"；不愿言其非，因为是"鬼魅"。我在这里要郑重声明，我绝无取消古代史或者远古史研究的意思，我不是虚无主义者，我自己为了研究古吴国、古吴语的历史，花费了大量的时间，去研读多种新石器时代的考古报告。人们为了求真求美，当然需要对上古、远古史作研究，而且这种研究应该受到鼓励，只是研究者的心里必须有这"犬马鬼魅"法则垫底，譬如说，我在《"颜之推谜题"及其半解》一文中指出，古"谈韵""覃韵"和"寒韵""桓韵"在现代吴方言、通泰方言、赣方言中，具有平行性，这是"犬马"，因为在当今好几千万活人的口语中确是如此，"铁证如山"。而据此推论出 1500 年前南朝通语受吴方言的影响，以此半解谜题，这只是假说，这是我在此要特别说明的。虽然正史明载梁齐周隋时确有颜之推其人，传世文献中确有《颜氏家训》其书，且非赝品，但是这"谈""覃"和"寒""桓"的平行性现象是否就存在于一千多年前的江南江北(包括今苏中东南地区)的上百万人的口语中，"南染吴越"的情况是否真的如此？这是无法验证的，古人不能复生，回溯时空而使古代某一时期的场景和人物对话得以再现，那是科幻小说或者时尚杂志的内容，将过去真实地再现是不可能的，语言是人说的，古人已死，岂能复活？因此研究古代的语言状况是必要的，但都是假说，正因为如此，时间越古，假说越多，"篇篇都有道理，篇篇道理都不全"，这就是"鬼魅性"。

我还要在此指出，似乎在汉语研究中存在"鬼魅犬马化"现象和"犬马鬼魅化"现象。此话怎讲？有些研究古代特别是研究上古、远古汉语史的论著认为其中的结论就是上古、远古汉语的实际，非此莫是，这可就有点"鬼魅犬马化"的意味。与之相反，据几位诚信度很高的现代汉语专家讲，有些研究现代汉语语法的论著，特别是某些海外的理论著作，洋洋×万言，甚至××万言，可是其中作为证据，甚至赖以为基础的若干汉语例句，却是中国人不说的！名之曰"犬马鬼魅化"，岂不确当？对于当今学坛上的形形色色的学说、论著，我们中国学人的正确态度应该是，其善者则从之，其不善者则正之。[①] 学术者，天下之公器也，争鸣是学术繁荣的途径，中国语言学者应该一改

① 朱德熙先生指出"美国语言学有重理论轻事实的弊病"(见《语文研究》2002 年 4 期，页 1～3)，这是我们的典范。

长期怯于争鸣、很少争鸣的状况，要敢于参加、踊跃参加国际学坛的争鸣，积极开展批评和反批评，特别在汉语学的领域，因为汉语学的中心在中国。诚然 17 年闭关特别是 10 年荒漠，使中国的汉语学研究遭受重创，但是从复苏至今，也已有 26 年了，如今的中国语言学已经走在自立和复兴的大道上。在今日，汉语学者约一千人的队伍正在全方位、多层次地对汉语及其历史作深入的研究，已经有很可观的积累了，我们今后应该重视数量，更重视质量，多出精品，甚至传世之作，以奉献给国际汉语学学坛。

我认为，2002 年将作为中国汉语学走向完全自立和伟大复兴的标志性的一年而载入史册。

参考文献

[1] 任继愈，重学史才能强“立志”[J]，光明日报，2002 年 1 月 29 日。

[2] 鲁国尧，“颜之推谜题”及其半解[J]，中国语文，2002，(6)，2003(1)。

[3] 房德里耶斯，语言[M]，北京：商务印书馆，1992。

[4] 徐通锵，历史语言学[M]，北京：商务印书馆，1991。

[5] 梅耶，历史语言学中的比较方法[A]，岑麒祥，国外语言学论文选[C]，北京：语文出版社，1992。

[6] 吕澂，吕澂佛学论著选集[C]，山东济南：齐鲁书社，1996。

[7] 郭朋，中国佛教简史[M]，福建福州：福建人民出版社，1993。

语义句法刍议①

——语言的结构基础和语法研究的方法论初探

徐通锵

导言——

本文原载于《语言教学与研究》1991 年第 3 期，现选自《徐通锵自选集》（大象出

① 本文所述的主要内容原是前三篇论文的续篇，重点讨论“结构——有序状态的变异——结构”这个公式中的“结构”的自组织性的动态性质。1991 年 3 月因参加《世界汉语教学》和《语言教学与研究》两个编辑部联合召开的语法研究座谈会，就把它改造为《语义句法刍议》，发表于 1991 年第 3 期的《语言教学与研究》。邢公畹先生看了这篇文章之后给我写了一封长信，在肯定大方向的同时提了很多中肯的意见。这里根据邢先生和其他读者的意见对《刍议》进行了一些修改、调整和补充。主要有三点：一、突出“字”在汉语结构关联中的地位，以代替原文中的“音节”；二、有关印欧系语言的结构基础，原来依附于“语义句法的结构框架”一节，现在独立成为本文的第四节；三、有关语义句法结构框架的分析，原来太简单、抽象，现在作了一些重要的补充。

版社,1993)。

作者徐通锵(1931.11～　),浙江宁海人。北京大学教授。致力于语言理论研究,将语言变异的理论和汉语的实际情况相结合,探索有序和无序之间相互转化的规律。

此文是作者继《语言变异的研究和语言研究方法论的转折》、《变异中的时间和语言研究》、《结构的不平衡性和语言演变的原因》等三篇文章而作的续篇,其副标题是《语言的结构基础和语法研究的方法论初探》。作者从语言和文字的关系去认识"字"的性质,认为"字"不光是文字问题,而且也是语言问题,"字"所反映的语言现象与印欧系语言的语素不同,它不是单层次的结构单位,而是语音、语义、语汇、语法的交汇点,需同时接受各个结构层面的结构规则的制约。汉语以"字"中的"1"为基础,通过"1×1=1"的结构格式,由下而上,由简单到复杂,从为"对立项的选择"提供以"1"为基础的结构框架开始,到编码原则、语言范畴和逻辑范畴的关系,直至语句结构的"话题——说明"原则,都是环环相扣,层层关联,在不同的层次上为"语义句法"奠基。汉语的句法结构以"序"为基础,是一种典型的语义型语言。并在此基础上对语法、语义、语用三结合的研究途径提出了两点极为重要的补充:第一,"三结合"应该以语义为基础。第二,"三结合"应该有一个框架结构,而"话题——说明"的框架可以成为"三结合"研究的一种可供选择的结构框架。这一方法有利于摆脱"印欧语的眼光"的束缚,有利于汉语特点的研究。这对于寻求汉语句法研究的新突破具有重要的指导意义。

80年代的汉语语法研究取得了很大的成就。这主要表现在两方面:第一,对西方的语法理论、方法有所补正;第二,开始以北京话为基础进行方言间的横向比较研究和古今汉语的纵向比较研究,突破了索绪尔以来关于共时和历时的机械划分。但是有一些老大难的问题,例如词类的划分,句子成分的分析等,至今还矛盾重重,进展缓慢。自《马氏文通》以来,这些问题为什么长期得不到有效的解决?这恐怕与我们用"印欧语的眼光"来观察汉语的结构这种思路有关。要摆脱这种思路的束缚,首先需要弄清楚语言系统的内在结构基础,为语法研究确立方法论的根据。这或许有助于从宏观上把握一种语言的结构特点,为摆脱"印欧语的眼光"提供一种可供选择的途径。我们这里以这一认识为基础讨论汉语的语义句法问题。

一、词位句法和义位(语义)句法

自结构语言学兴起之后,大多数语言学家都把语言看成为一种能进行形式运算的数学系统,而把语义排除在语言研究的大门之外。转换—生成语法的出现把数学运算的研究方法升华到了顶点,认为依据少数的语法规则就能生成语言中全部合乎语法的句子。物极必反。一种理论,哪怕是一种非常有价值的理论,一旦进入极端,就会暴露出很多矛盾而走向它的反面。转换—生成的运算规则虽然能够生成语言中一些为人们所接受和理解的句子,但是也能够生成形式上虽然合乎语法规则但在语义上却根本说不通、在实际语言中根本不可能出现的句子,例如:

Tomorrow the sleeping table married its jumping lake.
(明天那睡着的桌子嫁了它的跳跃着的湖)

为了解释这种违反常规的句子,兰姆(S. M. Lamb,1969)认为应进行词位句法(lexemic syntax)和义位句法(sememic syntax)的研究:在词位句法中人们碰到的范畴是名词、动词、介词、形容词等,而在义位句法中这些范畴并不出现,人们碰到的是"分类等级所给予的","义位句法规定哪些义位的结合是允许的,哪些是不允许的。例如动作义位的等级和事物义位的等级就有联系,联系的方式是规定只有某些类事物能施行某些类动作,又只有某些类的事物能作为某些动作的对象。只有有生之物能够实行死的动作;只有食物可以吃,只有歌儿可以唱"。兰姆认为,符合词位句法规则的句子不一定符合义位句法,只有符合词位句法的句子同时符合义位句法的规则才能成为现实语言的真实句子;"这两种句法模式是各自独立存在的",应该分别加以独立的研究。

词位句法和义位句法的区分是语法理论研究的一次重大进展。在传统语法中这两类句法是混而不分的,主、宾语和施、受事之间的联系和矛盾就是两类句法相互纠缠的具体例证。为了推动学术研究的深入发展,纠缠在一起的不同现象应该区分开来进行独立的研究,不然就难以掌握每一类现象的性质和特点。实践证明,格语法、生成语义学、认知语言学的诞生以及它们对义位句法或与义位句法有关现象的研究已为语法理论的发展做出了重要的贡献。语义作为语法结构的一项内容,已在语法研究中确立了它不可动摇的地位。

义位句法的提出有重要的理论价值,但这一概念的名称则有商榷的必要。义位(sememe)是瑞典语言学家诺伦(A. Noreen)于1908年首创的一个概念。1926年布龙菲尔德把它引入结构语言学的研究,指一个最小的意义("一个最小的形式就是morpheme,它的意义就是sememe")。兰姆的义位概念又是另一种理解,既指多义词的一个义项,也指一个义项的语义成分(如词位mare的两个义位是horse"马"和female"牝"),以及与此相联系的语义分类等级。不同的语言学家还可以有不同的理解,这里没有必要详加讨论。就一个概念的本身含义来说,兰姆的独特理解无可非议,但就句法结构的原则来说,这样的理解似嫌狭窄。如我们将在后面分析的那样,以语义为基础的句法结构,它的最重要的特征是句法单位的组合顺序。义位句法这一概念不能确切反映这一特征,因而我们下面就干脆把这种句法称为语义句法。

语义句法在不同结构类型的语言中所处的地位和所占的比重是不一样的。印欧系语言一直以词位句法为基础开展语法结构的研究，提炼出一整套理论和方法。现在流行的语法理论差不多都是这种理论的不同变体。汉语是一种孤立语，它的研究传统没有印欧语研究中的那种词位句法，而语义句法，虽然没有系统的理论著作，也没有"语义句法"这样的概念，但它的精神一直渗透于"注"和"疏"之中，一个句子，只要把词的意义和意义之间的关系搞清楚了，一个句子的意义也就弄清楚了。王力(1957,144～154)所说的"意合法"就是这种句法精神的一种具体表现。我们的祖先不讲主语、谓语、宾语和名词、动词、形容词这些词位句法的概念，照样可以看书写文章，可以进行教学活动，而在印欧系语言的研究中这是不可想象的。所以，一种语言可以不讲词位句法，但是必须有语义句法。语义句法在语言研究中应该占有它的重要地位，不要把它视之为不可思议的"怪物"。不过目前人们对这种句法还比较生疏，研究工作也还没有充分展开，因而我们的讨论也只能说是"刍议"。

二、语义句法和汉语

汉语的语法研究，自《马氏文通》以来，一直师承西方的语法理论。吕叔湘(1986)曾就这一点指出："过去，中国没有系统的语法论著，也就没有系统的语法理论，所有的理论都是外来的。外国的理论在那儿翻新，咱们也就跟着转。这不是坏事，问题是不论什么理论都得结合汉语的实际，可是'结合'二字谈何容易，机械地搬用乃至削足适履的事情不是没有发生过。"这是对汉语语法研究的历史回顾和理论总结。面对西方语言理论的新变化，80年代的汉语语法研究也出现了一些新的发展趋向，这就是开始摆脱结构分析法的纯形式的研究，吸取义位句法的某些精神引入语义特征、语义指向之类的理论和方法，以辅助形式分析的不足(参看陆俭明，1989,1990)。汉语的语法研究又艰难地前进了一步。不过就总的情况来看，结构分析法的基本格局还没有发生重大的变化，语义特征之类的概念的运用也还比较零散，不系统，没有形成一些独立的理论和分析原则，即不是对语义句法进行独立的研究，而只是用来解释词位句法中一些难以解释的现象。当然，这比以前的研究深入了一步，但基本情况仍然是用西方的语法理论来解释汉语的现象，只涉及那些"说得通"的部分，而还有哪些"说不通"，还缺乏有效的研究。一种理论能不能成立，需要经得起那些"说不通"的反例的检验。这犹如语音规律，如果不能经受例外的考验，就很难说它是一条规律。现在语义特征这一类概念还没有经受这种检验。

"'结合'二字谈何容易"，这是老专家的经验总结，非常宝贵。确实，要做到"结合"，难度很大。结合，它不是国外的理论加汉语的例子，也不是用国外的理论来解释汉语，而是要参照国外语言理论的立论根据，从中吸取精神，在汉语的研究中提炼出自己的理论和方法，以便能在宏观上把握汉语结构的特点；不能实现这样的要求，说明我们还没有摆脱用"印欧语的眼光"来观察汉语的窠臼。根据这样的标准，我们的研究实际上离“结合”还有一段很大的距离。汉语的研究传统一直是务“实”不务“虚”,重功力而轻理解(参看《国学季刊》发刊词,1923),不大注意理论的研究,因而也就没有很好地探索如何从宏观上去把握汉语的特点。自《马氏文通》以来,汉语的语法研究取得了一些重要的进展,解决了很多实际的问题,但理论建树,应该老实地承认,并不很多。这与我们重功力而轻理解的研究传统有关。在这方面,国外的一些汉学家由于其学术环境和我们不同,思想上的框框比国内语法学家少,因而思路比较开阔,已经在理论上提出了一些有助于我们从宏观上去把握汉语结构特点的理论和方法。戴浩一(1985,1989)的《时间顺序和汉语的语序》《以认知为基础的汉语功能语法刍议》可以看成为这方面的两篇有代表性的文章。他立足于 Perice 的临摹性(iconicity)原则,认为语法结构来自现实的象征,可以参照概念领域的原则来了解汉语语法的结构。他提出的最重要的一条原则就是时间顺序原则(the principle of temporal sequence):两个句法单位的相对次序决定于它们所表示的概念领域里的状态的时间顺序。戴浩一认为这条原则“在汉语语法中具有独立的依据和很高的解释价值。它在一条总原则下概括了至今被认为互不相干的大量的语序原则。它管辖着汉语中大多数可以定出的句法范畴的语序表现。因此 PTS 可以看成是一条总的句法限制”“汉语语法的基本手法仿佛是按照某些具体的概念原则把句法单位编织在一起”“它的语序跟思维之流完全自然地合拍”(18 页)。戴浩一和其他的汉学家还提到一些其他的原则,如时间范围原则、整体先于部分的原则,等等。这些原则都是语义句法的结构规则,已经摆脱传统语法、结构语法、转换—生成语法的束缚而向着一个新的方向发展。这方面的研究成果,现在虽然还比较粗疏,但开辟了一个新的研究方向,已为建立语义句法迈出了艰难的一步。

语义句法的建立,这不是语言学家的个人癖好,而是由语言的性质决定的。语言与人类的认知活动有紧密的联系。认知,这是主观经过分析、综合、比较而对客观的认识,用语言将复杂、纷繁的现实现象编成各种各样的“码”,人们依靠这种“码”的指引去认识现实。就这一点来说,语言就是现实的一种编码体系。不同语言的差异主要表现为编码方式、编码原则的差异,而需要将现实编成“码”,以实现认知现实、进行交际的功能,这是人类语言的一种共同性质。临摹性是编码的一种方式。“语言中成素(elements)的次序平行于实际的经验或认识的顺序”,这是 Perice 关于临摹性原则的一句名言,研究语序的语言学家差不多都要引用这句话。前面提到的时间顺序原则,整体先于部分的原则等都不过是这条总原则的具体表现,用它来考察汉语语句结构的规则,应该说是比较适合的。它有助于我们从宏观上去认识汉语的结构特点。我们由于身处“庐山中”,不易认识庐山的真面目。国外的语言学家对汉语的这种特点非常敏感,洪堡特(1836～1840)早就说过汉语的句子跟思想的简单明确的顺序一致是汉语的特殊的优点。时间顺序原则等以临摹性为基础的句法结构规则实际上是洪堡特理论的深化和具体化。

把临摹性原则看成为汉语句法结构规则的基础,这可是违背传统语法理论的一种"离经叛道"的大胆假设。它虽然得到了时间顺序之类的原则的支持和验证,但毕竟还只涉及汉语的一些局部情况。语言现象很复杂,一般的理论假设都不难从语言中找到一些必要的例证。时间顺序之类的原则是不是只是一些个别的、孤立的例证,汉语中是不是还有大量与这种原则相矛盾的现象,我们现在还不敢说。所以,临摹性原则是不是汉语语义句法研究中的一条简明而又有解释力的原则,还要看我们能不能在语言系统中找到它的立论根据。

语言是一种复杂的系统,由很多个大小不等、层次不同的子系统联合组成的一种非线性结构。要为语义句法寻找立论的根据,需要弄清楚把各个子系统组成为一个结构整体的"纲"。根据现在流行的说法,这种"纲"就是索绪尔的聚合关系和组合关系。不过我们不想以这一理论为基础,因为它有明显的局限性。第一,它以"语言是形式,不是实质"为前提,因而只能适用于无时无空、完全封闭的语言系统的分析。我们把语言看成为一种现实的编码体系,是在时、空中运转的开放系统,因而与索绪尔所说的语言系统的前提不一致。第二,聚合关系和组合关系理论以语言的线性结构为基础,虽然可以有成效地对同一结构层内的语言现象进行静态的研究,但是难以探索处于非线性结构中的各个子系统的结构关系。美国结构语言学派着眼于组合关系去考察各个结构层面(子系统)之间的结构,认为音位的线性组合构成语素,语素的线性组合构成语句,结果在方法论上留下了不可调和的矛盾(霍盖特,1961,7~13;帕默,1971,118~133)。第三,组合关系和聚合关系的概念只能用来分析完全静态的结构,无法用来研究在时、空中运动的动态系统。基于上述考虑,我们在讨论语言系统的结构时放弃聚合关系和组合关系理论,而用结构关联这一概念来分析语言系统的非线性结构。结构关联的具体含意是:结构成分或结构子系统之间相互依存、相互制衡,彼此组成一种组织有序、协同配合的函数关系,使语言能根据交际的需要而自发地进行自我调整;或者说,结构关联是协调、支配语言各子系统之间的相互作用,使其最有效地完成交际功能的结构原理和原则,而与子系统的性质无关。因此,从某一个子系统中提炼出来的结构原则或理论假设,如果在其他子系统中能够找到它的结构关联,那么这种理论假设不仅能够成立,而且可以从宏观上把握一种语言的结构特点,因而有很大的理论意义。我们现在需要对语言系统进行深入的结构分析,看看能不能为以临摹性为基础的汉语语义句法的研究找出它的立论根据。

三、汉语的结构基础

语言是现实的一种编码体系,而"码"的基本单位在语言中就是词。词是一种重要的结构单位,语言中的各种特点,语音的,语法的,语义的,都会通过这样或那样的方式体现在词之中,因而很难给词下一个确切的定义。汉语中和词相当的单位,粗略地说,就是"字"。"五四"以来的汉语研究都把"字"看成为文字问题,这未免把复杂的问题简单化了。不错,“字”是文字,在有“字”之前,汉语早就存在,但“字”是语言结构特点的文字表现,没有语言的基础,“字”就不可能存在。印欧系语言为什么没有“字”? 因为语言中没有这种结构特点。我们还得从语言和文字的关系去认识“字”的性质,认为“字”不光是文字问题,而且也是语言问题。“字”所反映的语言现象与印欧系语言的语素不同,它不是单层次的结构单位,而是语音、语义、语汇、语法的交汇点,需同时接受各个结构层面的结构规则的制约。它是一种立体性的结构单位。传统的汉语研究,不管是哪一个领域,都以“字”的分析为基础。我们今天在分析汉语的结构时也不能毋视“字”或“字”所代表的语言现象的存在。但为了和文字的“字”区别开来,我们在行文中都给它打上引号。

编码的机制实质上就是音和义的关系。我们如果以词的语音形式为结构框架,考察每一个结构位置中结构成素的替换与对现实的编码的关系,那么就可以发现不同语言在编码方式上的一些特点。汉语的一个“字”在语音上是一个音节,包括声、韵、调三部分,构成语言中典型的词的音型(单音节词)。语音的区别特征,即对立项的选择(雅科布逊等,1951,3～4),不同的语言在性质上是差不多的,不外是口音、鼻音、清音、塞音……这一些特征。不同语言的特点主要是通过它为对立项的选择提供一个什么样的结构框架表现出来的。汉语为对立项的选择提供的结构框架比较简单,而且很有规则,即:一个结构位置中只允许出现一个结构成素,即一个音节只允许有一个声母、一个韵母、一个声调;韵母这个层次又可以根据音位的出现位置而分出韵头、韵腹、韵尾,每一个位置也只允许出现一个结构成分,其中韵头和韵尾可以出现,也可以不出现。这就是说,汉语“字”的结构基础是一个“1”,而结构格式就是“1×1=1”:

层序	层组织	结构公式
1	(1个韵头)×1个韵腹×(1个韵尾)=1个韵母	(1)×1×(1)=1
2	1个声母×1个韵母=1个音段	1×1=1
3	1个音段×1个声调=1个音节	1×1=1
4	1个音节×1个概念(意义单位,下同)=1个“字”	1×1=1

这个“1×1=1”的简单结构格式隐含着汉语自我运转、自我调整的结构机理,是不同子系统的非线性的结构关联的基本方式。它由下而上,以“1”为基础,层层关联,形成一种严密的结构。等号后的“1”是等号前的“1”的乘积。它是一种结构、一种子系统,但它又可以以“1”个结构成分的身份进入高层的结构。等号前后的“1”,相互之间是一种函数式的结构关系:等号后的“1”是一个常数,而等号前的“1”是变数,即它可以是“2”、是“3”,这就产生了“1×2(或3)=1”这种奇怪的结构等式。语言中如果出

现这种情况，子系统之间的相互依存、相互制衡的结构关联就会进行调节，通过变异调整相互之间的关系。如果常数“1”制约变数“2”或“3”，使它们通过变异而转化为“1”，那么语言就会出现通过变异而改进结构的格局，简单地说，就是结构（常数）制约着变异的方向和目标，借此以维持“$1\times1=1$”的结构格式。上古的复辅音已经根据这种结构格式进行了调整，在现代的各个方言中都已变成了“1”。联绵词的“2”原就是“合二字而成一语，其实犹一字也”（王国维），相当于一个音节。它是在语言发展中产生的一种畸形儿，可能是始原汉语（Proto-Chinese language）经过“$1\times1=1$”这种结构格式的调整而在语言中留存下来的遗迹。它在始原汉语的研究中将占有重要的地位。现代汉语存在着大量的复音词，似与这里所说的“1”矛盾，但是这种“2”或“3”已经或正在接受结构关联的支配，通过变声、变韵、变调的办法进行单音节（“1”）化的改造（参看第233～235页的分析）。这些都是结构常数“1”制约变数（1、2、3）的变异方向和目标的一些具体例证。如果出现相反的情况，即变数“2”或“3”通过变异而迫使常数“1”的值发生变化，那么语言结构的类型就会发生重大的变化。我们说，语言是一种动态的系统，这种“动”不是外力推动的，而是语言系统内部相关系列相互制衡的结果，“$1\times1=1$”这一结构格式可以从结构上解释语言系统的动态性。这种结构格式是语言的一种结构格局，非常稳固，汉语历经几千年的变化，形成如此复杂的方言差异，但是这种结构格局并没有发生变化。这些讨论好像与前面所说的以临摹性为基础的汉语句法结构原则没有什么关系，但这却是探索和解决这一问题的一个基点。

汉语的“字”音型，由于一个结构位置只能出现一个“1”，因而它为音位“对立项的选择”提供的活动舞台简单而有规则，即使把声调包括在内，一共也只有五个位置，我们可以把它简化为如下的公式：

$$\frac{T}{C(M)V(E)}$$

（T：声调；C：声母；M：韵头；V：韵腹；E：韵尾；
（　）表示其中的结构成分可以出现，也可以不出现）

声调是驾凌于整个音段之上的语音特征，是音位进行“对立项的选择”的一种环境，应另作讨论。这样，汉语的音位就只能在C(M)V(E)这样四个结构位置上进行“对立项的选择”。所谓“对立项的选择”，它的实质就是对现实的编码，只要在“字”音型的结构位置上进行“对立项的选择”，就能编成语言的“码”。假定说，在C(M)V(E)这个公式中每个位置上能出现的音位是：

C = p, t, k, ts

M = ø, i, u, y

V = a, o, e, i, u, y

E = m, n, ŋ, i, u, y, ø

我们可以根据收集到的“字”音型的样品制定一条编码规则：每个位置上每次选择一个音位，并依次组合起来，就能直接编成语言中的“码”。根据这条规则，我们就能编成如 pam、pioŋ、ta、tiau、tuen、kaŋ、kyen、tsim、tsan……这样的语码形式，其中有些是汉语中实际存在的“码”的语音形式，如 tiau、tuen、kaŋ……，有些则不是（至少在某一方言中），如 pam，kyen……，但这不能否定规则的编码能力，因为这些在语言（例如北京话）中现在不存在的语音组合序列同样是符合汉语“字”音型的结构规则的，它们可能在过去用过，只是后来在发展中废弃不用了；将来一旦有需要，语言也会毫不犹豫地用这些语音序列对现实进行编码，成为词的语音形式。这种在语音规则上可以接受，但在实际语言中未被实现的语音组合序列是“码”的一种潜在语音形式，与 iempt……之类的不合规则的语音组合完全不同。这种潜在的形式在语言发展中有重要的作用，是语言系统富有弹性的一种具体表现。如果说，一种语言没有任何规则上允许而在实际语言中未被实现的潜在的语词语音形式，那么这个语言的生命也就完结了。

根据上面这条编码规则，也能生成如 piii，tuau……之类的形式。为了防止这一类形式的出现；我们可以制定一条补充规则：同一音位不能依次连续出现；如果隔位出现，语音的异化作用会促使语言通过变异而进行自我调整。皆、佳、夬三韵（赅上去）的开口字在北京话的语音表现可以为这一条补充规则提供一个具体的例证。它们原为二等字，语音可以合并拟测为 * -ai，见系字“皆阶”等由于在语言发展中产生了一个介音（韵头）i，即-ai 变为-iai。这样音位 i 就隔位重复出现，与同一音位不能在韵母的不同位置上同现的原则发生冲突，因而出现变异：-iai 变为-iɛ（皆阶稭介界疥届戒诫械，佳街解懈涯崖捱鞋蟹），还有一部分字（揩楷骇挨矮隘）则抗拒介音的进入，仍保持旧读-ai。1950 年出版的《增注中华新韵》，“厓崖崖”等字还读-iai。合口韵“乖怪怀”等字的韵尾仍为-i，因为它们的介音是 u，没有违背上述不能同现的原则，因而形成开、合口的韵尾不配套的结构格局。

根据上面两条规则，汉语就能以“字”音型中的“1”为基础，直接编出语言中的“码”。对比英语等印欧系语言，情况就不同了。英语是多音节语，而“对立项的选择”只能在单音节的结构框架中进行，这就迫使语言学家挖空心思地去寻找为数有限的一些单音节词，为音位找出最小的对立环境（霍盖特，1958，15～24），而后以此为基础去分析以多音节为特征的音系的结构。音系中的单音节词在语言系统中的地位相当于语素。所以，从原则上说，英语等印欧系语言为“对立项的选择”提供的结构框架只是语素的语音形式，词的结构还需要在此基础上进行新的组合。其次，即使以那些单音节词的语音形式为基础，我们也无法概括出像汉语那样的编码规则，因为印欧系语言的词音型为“对立项的选择”提供的结构基础不是“1”，一个音位能出现在音节的哪一个结构位置上是不定的，而一个位置能出现几个音位（复辅音、复元音）也是不定的。这两方面的原因给编码规则带来的影响是：印欧系语言从“对立项的选择”到“码”需要分两步实现：第一步先编出半成品——语素，它不能直接用于交际；第二步把语素组合成词，实现对现实的编码。语素虽然也是一种"码"，但只能说是"码"的初胚或半成品，不能独立；独立的标志是音段必须有特定的、能使长短不定的音节组合内聚为一个整体的超音段特征（声调、重音、音长或元音和谐）。所以，从"对立项的选择"到交际中能独立使用的"码"，汉语是直接的，一次实现；英语等印欧系语言是间接的，分步骤实现。为行文方便，下面把汉语称为直接编码型语言，英语等为间接编码型语言。

编码方式的差异进一步给语言的结构带来了深刻的影响。直接编码型语言由于"字"的音型短，音位的组合规则简单，它的功能负荷得到最充分的发挥，因而能直接编出来的"码"就多，即根词的数量大，用不着什么构词法。汉语除了上古汉语的同族词需要另待研究以外，我们传统的研究根本就没有什么构词法；现在的所谓联合式、偏正式、述宾式的复合词和以子、儿、头之类的词缀为特征的派生词，都是语言发展中的产物，是词组凝固为单词，即把词降格为语素的结果，而不是组语素为词，因而谈不上什么"法"。刘叔新（1990，241，245）曾对此有很好的分析，认为"复合词结构无论其词素的顺序形式还是意义关系，都无句法性质，也非词法现象，而只是词汇性的"，其中唯一有可能成为语法形式的东西就是词素序，"但是词素序不仅不是句法的词序，而且根本上不成其为语法形式。原因在于，无论词性还是词素意义关系类型，都往往不与特定的词素序形式相因应，即一种词素序可表示多种词性和不同的意义关系，不同的词素序则可表示同样的词性和意义关系"。这段话我引述得长一点，因为我们思想中的印欧语习见太深，需要进行一些冲击。相反，间接编码型语言由于要分步骤实现编码的要求，语素的数量相对地说是有限的，但通过它的不同组合而构成的词，数量上却可以比它大几十倍到上百倍。所以这种类型的语言的构词法很复杂，需要重点讲清楚词缀、词尾、词根之间的相互关系，因而在相当长的时期中成为语言学家重点研究的对象。两种不同语言的结构差异说明，直接编码型语言由于直接地一次编码成功，因而不需要或不大需要用构词法进行二次再编码。汉语构词法的贫乏反映汉语的结构特点，它是由"字"音型的结构基础"1"决定的。

其次，以词为单位，两种不同类型的语言在语言发展中也会呈现出重大的差别。在创造新词的时候，间接编码型语言偏重于组合，特点是"加"，根据构词的规则一个语素加一个语素就可以构成一个词，反正词的结构基数不是"1"，一个词有几个音节、几个语素，在理论上是没有限制的。而直接编码型语言则偏重于"整合"或"化合"，特点是"合二为一"，把本来已经组合起来的词组通过"变音"的办法而"整合"为一个词，使"2"或"3"通过变异而转化为"1"。两种不同的过程产生了两种不同的特点，由"加"而产生的语言单位可以从分布的角度加以分析，而由"合二为一"的"化合"产生的语言现象，如儿化之类，"化"到一定程度就会混同于音节的结构，很难用对立、互补、语素音位之类的分布分析法来分析。这需要我们进行一些独立的探索，并从中总结相应的理论和方法。

第三，语言是现实的一种编码体系，现实的特征都会在语言中得到这样或那样的反映。总的情况是：它在直接编码型语言中会得到直接的反映，因而语言范畴和概念范畴一致；而在间接编码型语言中则是间接的或屈折的反映，表现为语言范畴和概念范畴的不一致。间接编码型语言都有形态变化，借此以体现与概念范畴相对应的语言范畴。像英语这种间接编码型语言，语言范畴与概念范畴是不一致的：

	性	数	格	时	体	式	人称
语言范畴	gender	number	case	tense	aspect	mood	person
概念范畴	sex			time			

“性”和“时”分别用不同的词表示语言范畴和概念范畴。“数”“格”等只有一个表示语言范畴的词，除格范畴外，它们都以概念范畴为基础，但必须以特殊的词形变化表示它们的语言范畴的性质。这里，“性”和“时”各自用两个不同的词来表示不同性质的范畴，这一点耐人寻味。“性”范畴的实质是名词的语义分类，与自然的“性”(sex)并无必然的联系。语法“性”的语义基础可以是 sex，也可以是形状、质地、颜色、可食性等等，总之任何一套自然的属性都可以成为语法的“性”的基础。印欧系语言的“性”既然不等于自然的性别，那为什么还要和 sex 联系在一起？那纯粹是为了方便，因为“我们找出了这些差别，就需要给它们一个名称。我们选择最容易记住的名称：它们主要要有助于记忆而不要求别的什么。语言学并不是用这样一种方法的唯一的学科。大熊猫单纯靠竹子生活，但是按照动物学却把它列入食肉动物”(帕默，1971,93)。“性”是名词的各种范畴的基础，格与数的变化方式往往与“性”的语义特点有密切的关系。从总的特点来说，“性”和以“性”为基础的语言范畴表示空间，因为典型的事物都占有一定的空间，表现出大小、高低、厚薄、聚散、离合、多少等特征。“时”(tense)是动词各项范畴的核心，以 time(时间)为基础。“性”和“时”是集中体现名词和动词的结构特点的两个特殊的语法范畴，它们以概念范畴为基础，但又不等于概念范畴。这样，间接编码型语言在造句的时候就需要调整语言范畴与概念范畴的关系，因而语法的形式结构比较复杂，而直接编码型语言在这方面就要简单很多。

词音型的结构基础“1”还是非“1”直接导致编码方式的“直接”或“间接”，而这又给语句结构的原则带来了重大的差异。

四、印欧系语言的结构基础

前面我们用“汉语的眼光”附带地考察了印欧系语言的编码方式，这恐怕难以说明其中的奥秘。为了反衬汉语的特点，为了摆脱汉语研究中的“印欧语的眼光”的束缚，我们这里有必要再用“印欧语的眼光”来分析印欧语编码方式的特点，以便为语义句法的结构框架的研究清除理论上的一些障碍。

如前所述，语言是现实的一种编码体系，是人们认知现实、进行交际的工具。不同的语言都具有这样的性质。可能正是由于这一共同的性质，不同结构类型的语言的结构基础或结构常数都是一个"1"，它决定、控制着语言的基本结构面貌。不同语言的差异主要决定于这个控制语言各子系统的"1"处于哪一个结构层次上。汉语的"1"以"字"的结构规则（语音、语义、语汇、语法的交汇点）为基础，由此产生前述的一系列结构特点。像英语等印欧系语言，它的结构基础"1"不在词上，而是在句子上，由句子的"1"控制着整个语言的结构特点，其结构格式也是"$1\times1=1$"：

1个主语×1个谓语=1个句子

每个句子必须有一个主语，而且也只能有一个主语，即使在语义上找不到谓语的主语，也得在形式上造出一个"虚位"主语来，例如英语的 it 和 there（It is hot in here/There is a cat in the garden）；每个句子必须有一个谓语，而且也只能有一个谓语。其次，在主语的位置上只能出现一个名词，在谓语的位置上只能出现一个动词（广义的动词，即可以包括一般所说的形容词），即主语和名词、谓语和动词之间存在着相互依存、相互制衡的结构关联。谓语中如出现名词，它必须接受动词的支配（支配关系），使它依附于动词，一起构成一个句法单位。由于这种关联，印欧系语言就可以以名词或动词为中心展开句法结构的研究。比方说，在谓语的位置上只允许出现一个动词，那就可以研究动词的"向"（place），分出单向动词和双向动词，并进而研究与此相联系的句法结构；可以研究"格"（case grammar 中的 case），说明动词和其他词语之间的语义关系。这些理论虽然还存在这样或那样的问题，但都没有离开印欧系语言的结构基础"1"，因而都有重要的参考价值。如果把这种理论系统地用于汉语的研究，那就会碰到难以克服的困难，因为在汉语的句子中往往能够出现几个不同的动词。

语言是复杂的，主语位置上虽然只允许出现一个名词，在谓语的位置上只允许出现一个动词，但实际上却可以出现几个名词或动词。在这种情况下，结构关联的"1"就会自发、自动地调整名词之间的关系，于是出现了变格，使不同格的名词执行各种特殊的功能。谓语位置上的动词需要与主语名词（名词主格）保持形式上的一致关系，在这个位置上如果出现几个动词，也需要进行功能性的转换工作。由于形式上结构关联的要求，印欧系语言都有一系列办法进行词的功能转化，简单地说，这就是名词的变格和动词的变位，使不同格的名词或不同位的动词执行某种特殊的功能；或者加上前缀、后缀，使词性发生转化；或者使用关联词使有关的词语转入分句，以便在分句中保持主、谓语的身份，而分句在语法上的作用只相当于某一词性的词；或者采取别的办法，使词暂时失去它的固有性质（如动词的不定式之类）。这些变化都是受句子的"1"的制约而产生的，也就是它需要将主语、谓语位置上的非"1"改造成为"1"，以维持"$1\times1=1$"的结构格式。印欧系语言为什么有复杂的派生构词法，即采用间接编码的方式构词？为什么会有复杂的词形变化？我们可以在这里找到结构上的答案。比较汉语和英语等印欧系语言的结构常数"1"，我们可以得出几点理论上的结论：

第一，不同结构类型的语言的结构基础都是一个“1”，它是一个结构常数，由它控制语言的结构。不同的语言由于这个“1”处于不同的结构层面上，因而产生一系列的结构差异。这种控制语言结构特点的常数“1”我们称为结构关联的基点。英语等印欧系语言控制语言结构特点的“1”在句法层，一个句子要求由一个名词充当的主语和由一个动词充当的谓语组合构成。汉语的常数“1”集中在“字”上，由此产生一系列语义句法的结构特点。粘着语的结构常数“1”处于词的平面，可在一个词根的基础上加上若干个语素组成一个词（1×1×1……＝1），由元音和谐使不同的“1”内聚为一个整体——词。元音和谐从不超出一个词的范围。

第二，结构单位的分类与结构关联的基点有密切的关系，或者说，单位的分类由控制语言结构特点的“1”决定。名词、动词的分野是由句子的“1”控制的，因为结构关联的要求需要把出现在主语位置上的词和出现于谓语位置上的词分成两类，前者叫名词，后者叫动词。亚里士多德等人首先把词分成名词和动词（包括后来分出来的形容词），这有它深刻的语言结构基础。汉语的词类划分为什么那么困难？这是由于汉语的结构关联的基点不是句子层面的“1”，因而无法根据印欧系语言的结构框架来划分汉语的词类。相反，汉语的音位却可以根据它出现的位置而加以分类，分出声母、韵母以及韵母中的韵头、韵腹和韵尾，因为汉语的结构关联的基点是“字”，它为“对立项的选择”提供的结构框架为这样的分类奠定了基础。汉语划分词类的困难正像英语的音位无法根据汉语音节结构的位置而把它们分别归入声母、韵头、韵腹、韵尾的音位类那样。语言中的各个子系统是通过结构关联的原则逐层地组织起来的。接近结构关联基点的子系统最易受结构常数“1”的控制，而与常数“1”的结构距离较远的子系统，“1”的控制力就会受到一定的影响。汉语的句法结构离结构关联的基点比较远，因而语词在句法结构中的位置就相当自由，不容易根据印欧系语言的结构特点把它们分类。英语的音位离结构关联的基点比较远，因而它也不容易受“1”的控制，在音节结构中的位置也比较自由。这一切都说明不同结构类型的语言都需要有适合于自己结构特点的理论和方法。

第三，结构关联的基点处于哪一个层面上，对思维理论、语言理论有直接的影响。在印欧系语言的研究中对语言研究影响最深的思维理论是亚里士多德的逻辑范畴说。亚里士多德把逻辑范畴分为实体（substance）和偶有性（accidents）两大类，实体在判断的结构中是主词，表现在语言中就是主语，由名词充当；偶有性在判断的结构中是宾词，表现在语法中就是谓语，由动词（包括后来所说的形容词）充当。这种以二分法为基础的思维理论和语法理论与印欧系语言的结构特点有密切的关系，所以有些语言学家说，如果亚里士多德说的是另外一种结构类型（如汉语）的语言，他就会建立另外一种逻辑理论体系（Lyons，1977，274）。这一论断是很有道理的。这种在语言结构基础上产生的思维理论一旦形成，就可以反过来成为语言研究的理论基础。印欧系语言的语法研究，宽泛地说，以亚里士多德的逻辑理论为基础分析语句的结构，从而得出主语、谓语和名词、动词之类的概念。这些概念一直沿用至今，说明建立在语言结构基础上的思维理论、语言理论是有它的生命力的。汉语的结构基础与印欧系语言不同，因而用印欧系语言的语法理论来解释汉语的现象，在大多数情况下都显得格格不入，难以解决实际的问题。不摆脱"用印欧语的眼光来观察汉语"的思想束缚，汉语的研究恐怕难以取得实质性的进展。

不同语言的结构常数都是一个"1"，这是语言的共性；而这个控制语言结构网络的"1"处于哪一个结构层次上则决定语言的结构类型和结构特点。语言研究需要抓住这种特点，以便据此建立语言的语法结构框架。

五、语义句法的结构框架

不同结构基础的语言有不同的结构框架，本族人能自发地运用这种框架去组织语言材料，调整语言范畴之间的关系。语言学家的任务就是去发现这种结构框架。只要能简明地、广泛而有效地说明语言现象，它可能就是一种符合语言实际的结构框架。印欧语是间接编码型语言，它调整语言范畴与概念范畴的关系的结构框架就是一般所说的"主语—谓语"。这是语法的结构标志，因而间接编码型语言又可以简称为语法型语言。直接编码型语言由于不需要调整语言范畴与概念范畴的关系，因而可以简称为语义型语言，以与语法型语言相对应。这种分类的方法与目前流行的看法大相径庭。其实，这不完全是我们的新发明。索绪尔(1916，184～185)早就说过："不可论证性达到最高点的语言是比较着重于词汇的，降到最低点的语言是比较着重于语法的""超等词汇的典型是汉语，而印欧语和梵语却是超等语法的标本"(着重号是原有的)。我们与索绪尔不同的地方只在于把词中音义关系不可论证性之类的特点放到语言非线性结构的总体中去考察，弄清楚语言的结构基础，说明语义规律在汉语句法结构中的特殊地位。

"主语—谓语"是语法型语言的结构框架，人们对此已很熟悉，这里没有必要赘述。语义型语言的结构，过去人们也是用"主语—谓语"的框架来分析的，由于语言的共性，某些局部的事实可以依据这种框架作出说得通的分析，但用来分析汉语的整体，就显得格格不入，难以有效地说明语言的结构。不妨先看两个例子：

1. 那狗黄毛，黑眼圈，长身材，细高腿，特别地凶猛，
   要咬住人，不见点血腥味儿，决不撒嘴。
2. 王亦东，推了自行车进了门，瞧见李贵在刷油漆，
   他的老伴儿，陪在一旁给打扇子，真是从心眼里羡慕。

用"主语—谓语"的结构框架来分析，很难有效地说明它们的结构。比方说例1，"主语"是"那狗"，后面的部分都是"谓语"，但"谓语"的部分很复杂，"黄毛，黑眼圈，长身

材，细高腿，特别地凶猛”是五个并列的偏正结构作谓语，“要咬住人，不见点血腥味儿，决不撒嘴”中的“咬住人”“撒嘴”都是述宾结构，其中的“咬住”是述补结构。如果作这样的分析，那“不见点血腥味儿”是什么成分？“谓语”中的偏正结构和述宾结构的关系是什么？这些都很难用现在流行的理论来解释。例2的情况也是一样，如“他的老伴儿”之类的结构成分不大好给它贴上“主语”“宾语”之类的标签；如果一定要贴这种标签，那就只能说例2有三个并列谓语，其中第二个“谓语”述宾结构中的“宾”包含两个并列的主谓结构。这种分析繁琐臃肿，而且很难说明实质性问题，人们无法依靠这种“主语”“谓语”之类的概念真正掌握汉语的结构规律。我们如果采用“平行于实际的经验或认识的顺序”的临摹性原则来分析，那就会简单、明确、有效得多。例1是从说话人观察事物的先后顺序的角度有层次地说明“那狗”的特征和说话人对它的判断，例2是根据“王亦东”进门后看到的现象的先后以及由此而引起的心理反映安排各个小句的顺序。至于每个小句中各个结构成分的关系，则需要再进一步进行语义规则的分析。比较例1、例2和印欧系语言的句法结构，不难发现其中的原则区别。第一，这里的“主语”和“谓语”不受一致关系的支配；第二，语句的排列顺序和句中结构成分的排列顺序基本上都“平行于实际的经验或认识的顺序”“与思维之流完全自然地合拍”；第三，出现在句首的成分犹如文章的“题目”，而后面的部分则是就这个题目“做文章”，说明它的实际含意。所以，这种类型的句子很难纳入“主语—谓语”这种框架中去分析，而用“话题—说明”(topic-comment)的框架可能比较合适。

“话题—说明”始见于结构语言学家霍盖特(1958，251～253)的《现代语言学教程》，实际上这是由于结构语法进入尽头，自发地从义位句法的角度提出来的语义结构。这种框架摆脱了“主语—谓语”框架的形式束缚，而以词序为枢纽，分析句子的语义结构：“主谓结构的最一般的特点可以从它的直接成分的名称‘话题’和‘说明’两个术语来认识：说话人先宣布一个话题，然后就它作出说明。”这里由笔者打上着重号的“先”与“然后”就是根据词序的先后而作出的说明，虽然它们与主语、谓语这两个概念纠缠在一起，但霍盖特已经明显地感到它们之间的矛盾：“在英语和大家熟悉的欧洲语言里，通常话题也是主语，说明也是谓语，在John|ran away中就是这样。但是这种一致在英语口语里有时达不到，正式英语里在一些特殊情况下也经常达不到，在有些非欧洲的语言里更达不到”，例如在That new book by Thomas Guernsey|I haven't read yet(托马斯写的新书，我还没有读过)这个句子中，that new book by Thomas Guernsey之所以先说，是因为它指明说话人要谈论的是什么：它是句子的话题，虽然不是主语。话题同时又是动词haven't read (yet)的宾语，而动词的主语是I，属于整个句子的说明部分”。这些情况都清楚地说明，“主语—谓语”和“话题—说明”是语句的两种不同的结构原则，应该严格地区分开来，不要把“话题—说明”纳入到“主语—谓语”的结构框架中去认识。“话题—说明”这种结构原则的解释力比较强，适用的范围比较广，因而受到语言学家的广泛赞赏和积极评价(Lyons，1977，

335)。我们着眼于语言的结构关联，分出语法型语言和语义型语言，“话题—说明”正好成为语义型语言的结构框架。前面提到的以临摹性为基础的结构原则都可以纳入这一框架进行研究。

在汉语的研究中首先用“话题—说明”来分析汉语的句法结构的是赵元任(1968，45)。他认为“主语和谓语的关系可以是动作者和动作的关系。但在汉语里：这种句子(即使把被动的动作也算进去，把‘是’也算进去)的比例是不大的，也许比 50%大不了多少。因此，在汉语里，把主语、谓语当作话题和说明来看待，比较合适，主语不一定是动作的动作者，在‘是’字句里不一定等于‘是’字后边的东西；在形容词谓语前头不一定具有那个形容词所表示的性质。它可以是这种种，但不是必得是这种种。”这里虽然是在“主语—谓语”的框架中考察汉语的话题和说明，但对主、谓语的性质的认识与以往已有重要区别，“因此”后面的一段话清楚地指明了汉语不同于印欧系语言的一些重要特点。Charles Li & Sandra Thompson(1976)在理论上又比赵元任前进了一步，干脆把“话题—说明”和“主语—谓语”作为语言结构类型的两种分类标准，认为可以据此把语言的结构分成四种类型：注重主语(subject-prominent)的语言；注重话题(topic-prominent)的语言；主语与话题并重的语言和主语与话题都不注重的语言。汉语分入“注重话题的语言”，英语等印欧系语言分入“注重主语的语言”。这种分类标准是有参考价值的，它与兰姆的词位句法与义位句法的划分，我们关于语法型语言与语义型语言的划分在理论上显然有明显的联系，可以说是“殊途同归”。

“主语—谓语”和“话题—说明”是两种不同的结构框架，现在需要弄清楚的是“主语”和“话题”的原则区别。根据现在的研究，这种区别主要表现在以下几个方面：

第一，“主语”和“谓语”之间存在着形式上的一致关系，而“话题”和“说明”与这种关系无关；

第二，“话题”是有定的，是说话人想要说明的对象，只能置于句首，而“主语”是无定的，决定于和谓语动词的一致关系，不一定置于句首；

第三，“主语”和“谓语”之间因为有一致关系的联系，因而相互之间的联系非常紧密，而“话题”与“说明”之间的联系却非常松散，因为词语的省略使它们的联系简直松散到在别的语言里将成为不合语法的句子。赵元任(1968，45)为此所列举的很多例子，如“你(的小松树)要死了找我”，很能体现汉语的特点。

为什么会形成这些原则的区别？这主要是，“主语—谓语”的结构决定于形式上的一致关系，用 Lamb 的话来说，它属于词位句法的范畴，而“话题—说明”的结构不受一致关系制约，但需要同时受到说—听话人的交际意图、语境和语言规则三方面因素的制约，属于语义句法研究的范围。这种原则的差异使不同的语言呈现出不同的特点。汉语语法的特点，朱德熙(1985，4)认为主要有两条，“一是汉语词类跟句法成分(就是通常说的句子成分)之间不存在简单的一一对应关系；二是汉语句子的构造原则跟词组的构造原则基本上是一致的。”朱德熙原想以这些“特点”的研究为基础反对汉语研究中的“印欧语的眼光”，但问题是，这种“印欧语的眼光”在中国语言学家的思想中已经根深蒂固，并不是主观上想摆脱就能摆脱得了的。反对“印欧语的眼光”的人，他本身的“眼光”就不一定不是“印欧语”的。朱德熙所说的汉语语法的两个“特点”，恐怕就是以印欧语的语法结构为基轴来观察汉语的结果，或者说，是用“印欧语的眼光”来观察汉语的具体表现。如前所述，印欧语的结构基础“1”和它的基本结构格式“$1 \times 1 = 1$”是在句法层，由此产生了句子成分与词类之间的一一对应关系（结构关联）。用这种一一对应关系的眼光来看汉语，就会发现汉语是“一对多”（主宾语“对应”于名词、动词、形容词，谓语“对应”于动词、形容词、名词，定语“对应”于名词、形容词、动词，等等）。“一对一”叫对应，是语言结构规律的具体体现，那么错综交叉的“一对多”就不能叫“对应”，说明这里不存在规律性的联系。汉语的语法研究为什么费力而收不到预期的效果？词类问题、主宾语问题为什么长期得不到有效的解决？基本的原因我看就是在这种“印欧语的眼光”的束缚下一定要在这种不存在规律的地方找规律，用“主语—谓语”的结构框架来研究汉语，结果只能是顾此失彼，难以有效地说明汉语的结构规律。紧紧扣住汉语结构关联的基点，用“话题—说明”的结构框架来观察汉语，或许可以把汉语句法结构的特点表述为：

第一，印欧系语言的句法结构，一致关系决定了“主语”和“谓语”是句中的核心成分，不能省略，而汉语的句法结构以“话题”为中心，如果它可由环境暗示或提示，就可以省略，即一个句子可以不出现“话题”，而这种“残缺”一点也不影响句子结构的完整性，也不影响“话题”的有定性。霍盖特已经注意到这方面的问题，说在回答“你好吗”时只要说一个“好”或“很好”就行，不必把“我”放进去。“话题”既是中心，却又可以省略，这种矛盾只能从制约句子构成的三方面因素的相互关系中去寻找答案。

第二，“主语—谓语”框架中的主语只能有一个，受语法型语言的结构基础“1”控制，而“话题—说明”框架中的“话题”不受这种“1”的制约，因而可以有几个。霍盖特在提出“话题—说明”的结构框架时已经注意到这一点，说“说明”部分本身也可以由“话题—说明”构成，就像中国的套盒那样一层套一层。他举了一个汉语的例子：“我今天城里有事”，“我”是“话题”，“今天城里有事”是“说明”；而在这个“说明”中，“今天”是“话题”，而“城里有事”是“说明”；而这个“说明”中的“城里”是“话题”，而“有事”是“说明”；甚至不包括“话题”的“有事”也可以成为一个完整的句子。“套盒”的比喻很形象，说明“话题—说明”结构的层次性不是线性的，而是立体性的：“话题”先于“说明”是时间上的“先”与“后”；不同层次的“话题”层层套合，其实质是从大到小的空间的层次。这些看起来很不起眼的普通规则可能蕴含着一系列影响语言结构特点的语义规则。语言学家需要说明规则之间的蕴含关系，就像在印欧语的研究中依据“主语—谓语”的结构说明一系列语法规则之间的蕴含关系那样。结构上这种层层套合的特点可以有效地说明朱德熙所说的汉语语法第二个特点的成因。“话题—说明”中每一个层次的词的组合都是词组，由于“话题”是有定的，只要环境允许，它就可以省略，这样剩下来的“说明”就是一个完整的句子，而这个“说明”本身又可以是由“话题—说明”构成，因而出现“词组＝句子”的结构格局。这是语义型语言的结构特点，不必参照印欧语的词形变化来说明汉语的词组和句子的关系。

第三，根据“主语—谓语”这种结构框架造句，句子的结构规则是封闭性的，只有两根“柱子”（主语和谓语）一根“梁”（一致关系），其他成分只能支撑两根“柱子”，因而只是句子的附属成分。每一个成分都不能越出一致关系所控制的范围，因而呈现出封闭性特点。而“话题—说明”的结构框架，由于没有一致关系这种形式规则的控制，因而句子的结构规则是开放性的。层层套合的“话题”可以进行有层次的“说明”，使句子的形成过程有点儿像“意识流”，“流”到什么地方，决定于说—听双方的协作配合和环境的限制。

上述两种不同结构类型的语言在结构上的主要差异，概括起来，就是以“主语—谓语”为结构框架的语法型语言重“形”，以“话题—说明”为结构框架的语义型语言重“序”。“形”的特点是词的形式变化，讲究词与词之间在形式上的配合规律，如一致关系、支配关系等。“序”以思维的顺序为基础，即前面提到的“语序跟思维之流完全自然地合拍”。过去把“序”也纳入“形”去认识，其实这是两种不同性质的“形”，不必而且也不应该把它们纠缠在一起。“序”的实质是根据思维之流来安排句法单位的排列顺序，与词形变化没有任何联系。前述的时间顺序原则、整体先于部分的原则、“话题—说明”中话题居先的原则等都是根据思维之流的顺序把有关的句法单位组织起来，构成句子的。序，这是语义型语言的句法结构的一条总纲。如果要对“序”进行调整，那可以辅之以虚词。虚词和“序”一样，应该成为汉语句法研究中的一个重点。形式上的这种特点有其深厚的结构基础。汉语以“字”中的“1”为基础，通过“$1 \times 1 = 1$”的结构格式，由下而上，由简单到复杂，从为“对立项的选择”提供以“1”为基础的结构框架开始，到编码原则、语言范畴和逻辑范畴的关系，直至语句结构的“话题—说明”原则，都是环环相扣，层层关联，在不同的层次上为“语义句法”奠基。汉语的句法结构以“序”为基础，是一种典型的语义型语言。现在，我们可以回答前面提出来的一个问题：汉语的句法研究为什么可以以临摹性原则为基础，就是由于我们在语言系统中找到了它的立论根据。

不同质的矛盾应该用不同质的方法来解决。不同结构类型的语言应该有不同的理论和方法。一定要把汉语这种语义型语言纳入到语法型语言的结构框架“主语—谓语”中去研究，或者说，用“印欧语的眼光”来观察汉语的结构，肯定会毋视汉语的结构特点，使句法研究陷入进退维谷的艰难处境。现在汉语语法学界已经意识到这种处境，因而提出语法、语义、语用三结合的研究途径。“三结合”的精神是对的，不过我想补充两点。第一，“三结合”应该以语义为基础。第二，“三结合”应该有一个结构框架，没有框架的“结合”只能是杂凑。“主语—谓语”不能成为以语义为基础的语言的结构框架，这已见于前面的分析；“主位—述位”(theme—rheme)适用于语用的分析，而“话题—说明”的框架则比较适合于语义的研究，可以成为“三结合”研究的一种可供选择的结构框架。这或许有利于摆脱“印欧语的眼光”的束缚，有利于汉语特点的研究。

六、不同类型的语言的结构转换

语法型语言也好，语义型语言也好，它们的功能都是相同的，都是认知现实、进行交际的工具。由于语法型语言与现实的联系是间接的，因而“主语—谓语”的结构在认知过程中需要转换为“话题—说明”，使间接转换为直接。霍盖特从结构语法的困境中提出“话题—说明”的理论，兰姆从有悖常理的转换—生成能力中提出划分词位句法和义位句法，实际上都已经感到这种转换的重要性和必要性。转换需要遵守一定的程序和规则，其中起枢纽作用的是词序的调整，把“话题”置于句首。印欧系语言的主语大多在句首，与话题叠合，说明言语社团已尽可能使词位句法符合义位句法(语义句法)的要求，以减少表达中的转换。总之，根据语言的性质，“主语—谓语”的结构需要转换成“话题—说明”，不然就难以实现语言的认知功能。语法型语言和语义型语言的语句结构规则为什么有一系列原则的差异，最重要的原因恐怕就在于此。

现在流行的语法理论大体上都是在印欧系语言的研究基础上总结出来的。先入为主。我们接受了这套语法型语言的理论和方法之后也就用它来解释汉语的语句结构，也就是先把语义型语言的“话题—说明”的结构转换为“主语—谓语”，而后再来解释以“话题—说明”为结构基础的语言现象，这就无异把简单的问题复杂化了。虽然有些话题可以解释为主语，但有很多情况无法作这样的解释。着眼于语言的性质和认知功能，“话题—说明”没有必要转换为“主语—谓语”；如果一定要进行这种转换，那就会碰到很多困难：一是往往转换不过去，因为“所有语言都有话题—说明结构”，但“并非所有的语言都有主语—谓语结构”(Charles Li 等，1976，38)；二是多此一举，去走一段没有必要走的冤枉路。《马氏文通》以后，汉语的语法研究恐怕就走了这样的一段弯路。汉语的词类划分和主、宾语问题，特别是词类问题，为什么会引起周期性的争论？恐怕正是语义型语言难以纳入语法型语言的结构框架的一个具体证明。这种研究的弊端，陈承泽(1922，14 页)已经说得很清楚：“今使不研究国文所特有，而第取西文所特有者，一一模仿之，则削趾适履，扞格难通，一也；比附不切，求易转难，二也；为无用之分析，徒劳记忆，三也；有许多无可说明者，势必任诸学者之自由解释，系统歧异，靡所适从，四也；举国文中有裨实用之变化而牺牲之，致国文不能尽其用，五也。”其中“削趾适履”“求易转难”“系统歧异，靡所适从”三条，经过几十年语言研究的检验，应该承认，它击中了“西化”的模仿道路的要害。

语法型语言为什么要划分词类？主要的原因不外是两条：第一，词类与句子成分存在着结构关联；第二，为了讲语法，“区分词类，是为的讲语法的方便”(吕叔湘，

1954,134)。第二个原因是第一个原因的必然结果,二者实际上是二而一,即词类与句法结构成分之间的结构关联是划分名词、动词、形容词的结构根据。汉语不存在这种根据,因而名、动、形的划分、句子成分的解释就出现如陈承泽所说的"任诸学者之自由解释,系统歧异,靡所适从"的状况。根据傅雨贤(1988,85)提供的统计,汉语的词类划分,多的有 17 类,少的只有 9 类,至于各类交叉的现象,恐怕就不好统计了。这说明汉语的词类理论存在着严重的弱点。不过本文无法讨论这些问题,而只想从反面说明,汉语是一种语义型语言,不必纳入到语法型语言的结构框架中去分析。它宜以临摹性原则为基础去开展句法结构的研究。

汉语的研究可以为建立语义型语言的理论、方法和原则开辟前进的道路。

参考文献

白涤洲,1954,《关中方音调查报告》(喻世长整理),中国科学出版社。

Bloomfield, L., 1923, Review of Jesperson's《Philosophy of Grammar》,见 Hockett 编集的 AL. Bloomfield Anthology. Indiana University Press, 1970。

——,1923, Review of Saussure,见 Hockett 编集的 AL. Bloomfield Anthology, Indiana Univ. Press,1970。

——,1933,《语言论》,商务印书馆,1980 年。

Bodman, N. C. Historical Linguistics,见 Sebeok 主编的 Current Trends in Linguistics,卷 2,1967。

Bynon, T. 1979, Historical Linguistics, Gambridge University Press, Cambridge.

曹剑芬,《常阴沙话古全浊声母的发音特点》,《中国语文》,1982 年第 4 期。

陈承泽,1922,《国文法草创》,商务印书馆 1957 年。

陈宁萍,《现代汉语名词类的扩大——现代汉语动词和名词分界线的考察》,见《中国语文》1987 年第 5 期。

陈蒲清,《益阳方言的边音声母》,《方言》1981 年第 3 期。

Chomsky, N. 1965,《句法理论的若干问题》,中国社会科学出版社,1986 年。

陈寅恪,1936,《东晋南朝之吴语》,史语集刊第 7 本第 1 分。

戴浩一,1985,《时间顺序和汉语的语序》,《国外语言学》1988 年第 1 期。

——,1989,《以认知为基础的汉语功能语法刍议》,同上,1990 年 4 期~1991 年 1 期。

丁邦新,1981,《汉语声调源于韵尾说之检讨》,见台湾《国际汉学会议论文集》(语言文字组)。

丁声树,《谈谈语音构造和语音演变的规律》,《中国语文》1952 年创刊号。

董绍克,《阳谷方言的儿化》,《中国语文》1985 年第 4 期。
董同龢,《汉语音韵学》,台湾文史哲出版社 1981 年。
恩格斯,《反杜林论》,人民出版社 1970 年。
冯志伟,1985,《数理语言学》,上海知识出版社。
傅国通等,1985,《浙江吴语分区》,《杭州大学学报》1985 年 9～10 期。
傅雨贤,1988,《现代汉语语法学》,广东高等教育出版社。
高宝泰,1985,《兰州方言音系》,甘肃人民出版社。
高本汉,1915～1926,《中国音韵学研究》,商务印书馆,1948 年。
——,1930,《上古中国音当中的几个问题》,史语集刊,1 本 3 分。
——,1940, Grammata serica.
——,1949, The Chinese Language, New York.
——,1954, Compendium of Phonetics in Ancient and Archaic Chinese, BMFEA, No. 26, Stockolm.
哈特曼、斯托克,《语言与语言学词典》,上海辞书出版社,1981 年。
贺巍,1983,《获嘉方言的一种变韵》,《中国语言学报》第 1 期。
Hockett, C. F. , 1942, A System of Discriptive Phonology,载 M. Joos 编集的 Readings in Linguistics, New York, 1958.
——,1958,《现代语言学教程》,北京大学出版社 1986 年。
——,1961,《语言的各种单位及其关系》,译文见《语言学资料》1964 年 1 期。
——,1970, The State of the Art, Mouton.
洪堡特,1836～1840,《论人类语言结构的差异及其对人类精神的发展影响》,见《西方语言学名著选读》,中国人民大学出版社 1988 年。
侯精一,1982,《平遥方言志》,《语文研究》增刊。
——,《晋东南地区的子变韵母》,《中国语文》1985 年第 2 期。
——,《平遥方言的文白异读》,《语文研究》,1988 年第 2 期。
胡双宝,1984,《文水方言志》,《语文研究》编辑部。
胡坦,《藏语的语素变异和语音变迁》,《民族语文》1984 年第 3 期。
Jakobson, R, 1927, The Concept of the Sound Law and the Teleological Criterion,见 R. Jakobson Selected Writings, Mouton & Co. S-Gravenhage, 1962。
——,1941,《儿童语言,失语症和语音普遍现象》,译文摘刊于《国外语言学》1981 年第 3 期。
——,1957,《类型学研究及其对历史比较语言学的贡献》,《语言学资料》1962 年第 10 期。
雅科布逊等,1951,《语音分析初探》,《国外语言学》1981 年 3～4 期。
Jeffers, R. J. , I. Lehiste, Principles and Methods for Historical Linguistics,

The MIT Press, 1982。

Kurylowicz, J. On the Methods of Internal Reconstruction. CM. Preprints of Papers for the Ninth International Congress of Linguists, Cambridge, Mass, 1962.

拉波夫,1972, On the Use of the Present to Explain the Past,见 P. Baldi 和 R. N. Werth 编集的 Readings in Historical Phonology, The Pennsylvania State University Press, 1978。

——,《在社会环境里研究语言》,见《语言学译丛》,中国社会科学出版社,1979 年。

——,Resolving the Noegrammarian controversy, Language, No. 2,1981.

——,《纽约市百货公司(r)的社会分层》,见《社会语言学译文集》,北京大学出版社,1985 年。

拉兹洛,《用系统论的观点看世界》,中国社会科学出版社,1985 年。

莱普斯基,乔利奥. C. ,1970,《结构语言学通论》(朱一桂等译),中国社会科学出版社,1986 年。

Lamb,S. M,《词汇学和语义学》,见 Linguistics Today, 1969, New York, Edited by A. A. Hill.

Lehmann,W. P. ,1973, An Introduction: Historical Linguistics, New York.

Li, Gharles N, Sandra Thompson, 1976,《主语与主题:一种新的语言类型学》,《国外语言学》1984 年 2 期。

李荣,1952,《切韵音系》,中国科学院。

——,1957,《汉语方言调查手册》,科学出版社。

——,1965,《从现代方言论古群母有一、二、四等》,《音韵存稿》,商务印书馆 1982 年。

——,1965,《语音演变规律的例外》,《音韵存稿》,商务印书馆 1982 年。

——,《温岭方言的变音》,《中国语文》1978 年第 2 期。

——,《关于方言研究的几点意见》,见《方言》1983 年第 1 期。

李守秀,《榆次方言的文白异读》,《中国语文》1980 年第 4 期。

林焘,《北京官话溯源》,《中国语文》1987 年第 3 期。

刘广和,《唐代八世纪长安音声纽》,《语文研究》1984 年第 3 期。

刘叔新,《复合词结构的词汇属性》,《中国语文》1990 年 4 期。

刘勋宁,《离石方言字表》(未发表,1980)。

陆俭明,《十年来现代汉语语法研究的理论和方法管见》,《国外语言学》1989 年 2 期。

——,《90 年代现代汉语语法研究的发展趋势》,《语文研究》1990 年 4 期。

陆志韦,1947,《古音说略》,见《陆志韦语言学著作集》(一),中华书局,1985 年。

吕叔湘,《关于汉语词类的一些原则性问题》,《中国语文》1954 年第 9 期。文章收入《汉语的词类问题》,中华书局,1956 年。

——,1986,《中国语法学史稿·序》(龚千炎,语文出版社 1987 年)。

罗宾斯,1979,《语言学简史》,安徽教育出版社,1987 年。

罗常培,1931,《厦门音系》,科学出版社,1956 年。

——,1933,《唐五代西北方音》,前中央研究院史语所单刊甲种之十二。

——,1933,《汉语方音研究小史》,见《罗常培语言学论文选集》,中华书局,1963 年。

——,1941,《临川音系》,科学出版社,1958 年。

罗杰瑞,1973,《闽语声调的演变》,《中南民族学院院报》1985 年第 4 期。

——,《闽北方言的第三套清塞音和清塞擦音》,《中国语文》1986 年第 1 期。

Lyons, J., 1977, Introduction to Theoretical Linguistics, Cambridge University Press.

马风如,《山东金乡话儿化对声母的影响》,《中国语文》1984 年第 4 期。

马克思、恩格斯,1845～1846,《德意志意识形态》,见《马克思、恩格斯全集》,人民出版社,1965 年。

马文忠、梁述中,1986,《大同方言志》,语文出版社。

Malkiel, Y., The Inflectional Paradigm as an Occational Determinant of Sound Change,载 W. P. Lehmann 和 Y. Malkiel 编集的 Directions for Historical Linguistics, Univ. of Texas Press.

——,1984,《马尔基耶尔教授谈历史语言学》(徐通锵整理),《语言学论丛》第 13 辑。

Martinet, A, 1952, Function, Structure, and Sound Change,见 Readings in Historical Phonology, 1978.

梅耶,1925,《历史语言学中的比较方法》,科学出版社,1957 年。

Möllendorff, P. G. Von, 1901, The Ningpo Syllabary,上海。

Morrison, W. T., 1876, An Anglo-Chinese Vocabulary of the Ningpo Dialect,上海。

帕默,F.,1971,《语法》,上海译文出版社,1982 年。

潘耀武,1989,《徐清(清源)话的文白异读》,《山西方言研究》,山西人民出版社。

潘尊行,1923,《原始中国语初探》,《国学季刊》1 卷 3 期。

平田昌司,《休宁音系简介》,《方言》1982 年第 4 期。

——,《闽北方言"第九调"的性质》,《方言》1988 年第 1 期。

普里戈金,伊·斯唐热,《从混沌到有序》,上海译文出版社,1987 年。

钱普怡:《文登、荣城方言中古全浊平声字的读音》,《中国语文》1981 年第 4 期。

钱玄同，1927，《关于国语罗马字字母的选用及其他》，《新生》周刊1卷8期。
桥本万太郎，1977，《语言地理类型学》，北京大学出版社，1985年。
任瑚琏，《汾阳方言字表》（未发表，1980年）。
萨丕尔，1921，《语言论》，商务印书馆，1985年。
沈慧云，《晋城方言的"子尾"变调》，《语文研究》1983年第4期。
沈炯，《北京话合口呼零声母的语音分歧》，《中国语文》1987年第5期。
施向东，《玄奘译著中的梵汉对音和唐初中原方音》，《语言研究》1983年第1期。
Silsby，J. A. 1911，Introduction to the Study of the Shanghai Vernacular，上海广协书局。
索绪尔，1916，《普遍语言学教程》，商务印书馆，1980年。
王福堂，《湘乡方言字表》（未发表，1974年）。
王洪君，《高安方言字表》（未发表，1986年）。
——，《山西闻喜方言的白读层与宋西北方音》，《中国语文》1987年第1期。
——，《文白异读和叠置式音变》，《语言学论丛》第17辑。
王力，1957，《汉语语法纲要》，新知识出版社。
Wang，William S-Y（王士元），1969，Competing Changes as a Cause of Residue，Language 45.9～25。
王士元，1983，《语言的演变》，《语言学论丛》第11辑。
Weinreich，U.，W. Labov，M. I. Herzog，1968，Empirical Foundations for a Theory of Language Change，载于 W. P. Lehmann 和 Y. Malkiel 主编的 Directions for Historical Linguistics，Texas University Press。
温端政，《太原方言词汇》，《方言》1981年第4期。
五臺，《关于"连读变调"的再认识》，《语言研究》1986年第1期。
谢纪锋，1984，《从〈说文〉读若看古音四声》，载于《罗常培纪念论文集》，商务印书馆。
徐通锵、叶蜚声，《历史比较法和〈切韵〉音系的研究》，《语文研究》1980年第1期。
——，《译音对勘与汉语的音韵研究》，《北京大学学报》（社会科学版）1980年第3期。
——，《内部拟测方法和汉语上古音系的研究》，《语文研究》1981年第1期。
徐通锵，《山西平定方言的"儿化"和晋中的所谓"嵌1词"》，《中国语文》1981年第6期。
——，《山西祁县方言的新韵尾-m和-β》，《语文研究》1984年第3期。
徐通锵、王洪君，1986b，《祁县方言字表》（未发表，1985年）。
——，《说"变异"》，1986a，《语言研究》1986年第1期。

——,《山西闻喜方言的声调》,《语文研究》1986 年第 4 期。
徐通锵,《语言变异的研究和两种对立语言观的结合》,《烟台大学学报》1988 年第 3 期。
——,1991,《历史语言学》,商务印书馆。
雅洪托夫,《上古汉语中的复辅音》,《国外语言学》1983 年第 4 期。
杨耐思,1981,《中原音韵音系》,中国社会科学出版社。
杨述祖,1983,《太谷方言志》,《语文研究》增刊。
叶国泉、唐志东,《信宜方言的变音》,《方言》1982 年第 1 期。
俞敏,《北京音系的成长和它受的周围影响》,《方言》1984 年第 4 期。
尉迟治平,《周、隋长安方音初探》,《语言研究》1982 年第 2 期。
——,《论隋唐长安音和洛阳音的声母系统》,《语言研究》,1985 年第 2 期。
张光宇,《闽方言古次浊声母的白读 h-和 s-》,《中国语文》1989 年第 4 期。
张归璧,1985,《草开方言的浊音和入声》,《语言论文集》(北京市语言学会编),商务印书馆。
张琨,1983,《汉语方言中鼻音韵尾的消失》,台湾中央研究院史语集刊第 54 本第 1 分。
——,1984,《张琨教授谈汉藏系语言和汉语史的研究》(徐通锵整理),《语言学论丛》第 13 辑。
——,1984,《论比较闽方言》,台湾中央研究院历史语言研究所集刊第 55 本第 3 分。
——,1985,《切韵的前 *a 和后 *α 在现代方言中的演变》,同上,第 56 本第 1 分。
——,1988,《〈建州八音〉的声调》,《中国语文》1988 年第 6 期。
赵荫棠,《等韵源流》,商务印书馆,1957 年。
赵元任,1928,《现代吴语的研究》,科学出版社,1956 年。
——,1941, Distinction Within Acient Chinese,见《哈佛燕京学报》(HJAS)第 5 卷第 2 期。
——,1965, A Grammar of Spoken Chinese, Berkeley and Los Angeles.
——,1968,《汉语口语语法》,商务印书馆 1979 年。
郑张尚芳,《温州方言儿化词的语音变化》(《方言》1980 年第 4 期和 1981 年第 1 期)。
周法高,1948,《古音中的三等韵兼论古音的写法》,史语集刊第 19 本。
周祖谟,《汉代竹书和帛书中的通假字与古音的考订》,见《音韵学研究》第一辑。
朱德熙,1985,《语法答问》,商务印书馆。
北京大学中文系语言学教研室,1989,《汉语方音字汇》,文字改革出版社。
《方言》编辑部,《〈方言〉两年》,1981 年第 1 期。

《国学季刊·发刊词》,1923。
洛阳地方志办公室,《洛阳方言志》,河南人民出版社。
《闻喜县志》(1918)。
《鄞县通志·文献志·方言志》。
《增注中华新韵》(中国大辞典编纂处编),商务印书馆 1950 年。

计算机技术和汉语史研究

尉迟治平

导言——

本文选自《古汉语研究》2000 年第 3 期。

作者尉迟治平(1944～),山西汾阳人。华中理工大学教授,文学硕士,从事汉语史研究。

此文认为,利用计算机技术辅助古代汉语研究,是将计算机对语料的形式化处理和专家对语料的分析判断结合起来的人机互动过程。主要工作有电子文献的生产、电子语料库的建设、专家知识数据库的开发和专用软件的研制几个方面。作者对这几个方面工作的性质、特点、任务和发展前景均作了扼要的阐明,至今仍有一定的参考价值。

电子计算机诞生虽然不到 50 年,却推动人类以空前迅速的速度进入了信息社会。信息社会的主要特征,是利用计算机进行信息处理,信息革命的浪潮正以汹涌澎湃之势,覆盖人类生活的所有领域。语言是人类最重要的交际工具,是人类社会最早至今也是最重要的信息载体,因此,计算机科学从产生之日起,就同语言学结下了不解之缘,语言信息处理理所当然成为当代信息革命的一个重要领域。

自从 1946 年世界上第一台电子计算机产生,计算机科学就和语言科学结下了不解之缘。计算语言学(Computational Linguistics),又称语言信息处理,是一门综合性的交叉学科,它涉及到计算机科学、语言学、数学、声学、生理学、心理学和社会学等学科,其中最主要的就是计算机科学和语言学。一方面可以利用语言学的研究成果,促进计算机科学的发展,一方面也可以利用计算机技术,进行语言学的研究。后者,我们可以仿照 CAD、CAI,称之为语言学的计算机辅助研究。(Computer-Assisted Research,CAR)

汉语的 CAR,最先是在现代汉语领域展开,工作主要是自然语言分析、情报检索、词语统计、风格研究、汉字信息处理等方面。汉语史的 CAR,起步相对较晚,工作主要是古籍电子文本的复制，而且由于各种条件的限制，主要是一些研究机构、公司和出版社在进行一些相关工作。最近几年来，计算机技术取得了前所未有的飞跃发展，硬件成本急剧下降，个人电脑迅速进入家庭，存贮量越来越大，速度越来越快，功能越来越强大，操作越来越简单，开始有越来越多的语言学家运用计算机技术进行汉语史的本体研究，本文所说的汉语史的 CAR，指的就是这种基于个人电脑的专家研究工作。

我们认为，汉语史的 CAR，大致可以分为电子文献的生产、电子语料库的建设、专家知识数据库的开发和专用软件的研制几个方面。下面分别对这几个问题的内容、性质和特点进行一些讨论。

一、电子文献的生产

文献保存了人类文明的所有成果，对于人类社会的发展有着不可估量的作用。文献的传统载体，主要是纸张，电子计算机使文献有了新的载体——磁盘、磁带和光盘等。电子文献比起纸质文献，有着占据空间极小，存贮量大，检索方便，传输迅速，保存期长等优势，因此，美国有著名的“古腾堡计划”(Project Gutenberg)，以每天 10 万页大约 5～6 千万字的速度，把各种人类知识遗产转换到因特网上，但是关心教育和知识生产的人士仍然认为这个速度“太慢了”，无法消化人类知识的总资产。

电子文献比起纸质文献，并不就是文献载体的简单转换。电子文献可以利用计算机技术，进行多途径的检索，相关信息的全方位的查阅，迅速准确的分析归纳，文献利用、转换和再生产的一体化，这些功能是传统文献所无法具备的。因此，电子文献的生产是汉语史 CAR 的先决条件和最基础的工作，也是汉语史 CAR 开始得最早，取得成果最多的工作。

中国大陆、香港、台湾和海外日本等地的大学、科研团体和出版机构，都进行过电子文献生产这方面的工作。其中成绩最为显著的，应该是北京书同文公司的“文渊阁四库全书电子版”和台北中央研究院的“汉籍电子文献资料库”。“文渊阁四库全书电子版”工程是中国“国家九五重点电子出版项目”，分为“原文及标题检索版”(简称标题版)和“原文及全文检索版”(简称全文版)。标题版即图形版，可以按类属、书目、著者、朝代、卷内标题检索阅读所需文献；全文版除了有标题版的检索功能外，还有全文检索功能，并且配有一些电子形式的工具书，可以帮助读者解决有关的训诂学、文献学的问题。中央研究院的“汉籍电子文献资料库”的开发，至今已经有十四年，计划选择对中国传统人文研究具有重要价值的古代文献，建立全文电子资料库，现在已经完成的有包括二十五史、十三经在内的中国唐代以前的大部分重要文献，并将逐步纳入宋代以下的重要文献。在底本上，“汉籍电子文献资料库”不像“四库全书电子版”受到文渊阁本的限制，而注意了选择好的版本，同时也包括了许多现代学者的标点校注整理本，因此，更符合专家学者进行研究工作的需要。

现存的中国古籍，据有关专家估计，应该在八至十万种左右，目前生产的电子文献，只是其中通行的常用的一部分。专家进行科学研究时，却往往要使用一些不常见的专门的文献，即使是通行的古籍，由于文献学和语言学上的原因，要使用那些特殊的版本。在这样的情况下，汉语史研究者只能自己生产电子文献。

电子文献的形式，主要有文本文件形式和图形文件形式。文本文件是将古籍文字录入计算机，转换成数字形式而形成，图形形式是将古籍版面扫描输入计算机，存为图像而形成。这两种形式，分别相当于纸质文献中的排点本和影印本。

图形型的电子文献，可以保存古籍的原貌，不仅是文字的各种变体，如讹字、缺笔，墨丁、空围，笔画丰腴瘦劲，而且连版面行款，纸质墨色，都可以逼真地加以反映，可以让善本、孤本古籍在存贮传输上获得一个新的途径。这在古籍的研究上，显然是文本文件所无法代替的。但是，图形文件占据的存贮空间巨大，检索手段有限，一般只能按页阅读。这些问题的改进和解决，还有待于计算机技术的发展。所以，现在电子文献的主要形式，还是文本形式。

文本型的电子文献的生产，首先是文字的计算机录入，然后再进行校对、编辑、排版。目前的录入方法，主要有键盘录入和扫描录入，最近，手写录入和语音录入技术也有了长足的进步。扫描输入是利用扫描仪对古籍的版面进行扫描，存贮为图像文件，再通过 OCR（文字识别系统）转换成文本文件。一般说来，扫描输入是整页转换，速度应该大大快于键盘录入，但是，目前的各种 OCR 系统，主要用于铅字印刷宋体的识别，所以只能运用于现代排印本古籍。古籍有写本，有刻本，刻本也是先手写再雕版，除了楷书，还有行、草、隶、篆；文字由非特定人书写，书法丰瘦、方圆、正斜、工拙，变化万端；正文大字之外，往往还有小字注释，有夹注，有旁批，有单行，有双行，有的注释含有几个层次，字体各不相同；字大小不一，同一个字写法不同，行款不整，字间笔画交错勾连，版面漫漶残缺，再加上印章题识的干扰，都会使 OCR 的识别造成错误。另外，OCR 软件所带的字库都不大，不敷使用，不能识别或误识的比例过高。同样，由于能够识别的字远远低于古代汉语的通用字，手写录入和语音录入用于古籍电子文献的生产，也不现实。键盘录入，现在有不少输入法都支持 GBK 的大字库，但都不是针对古代汉语的，不能运用词语联想、句子输入，只能一个一个字地录入，速度自然比较慢，要是依靠操作员工作，由于其文化程度的限制，错误率也比较高。如果由专家亲自录入，速度虽然略慢，但错误率低，不需要反复校对，质量可靠，实际上效率更高。如果先扫描录入，再由专家补录，或者利用现有的电子文献，由专家边校对边改录，应该是比较理想的方法。

文字录入以后，经过校对无误，就可以进行计算机编辑排版，最终生成文本型电子文献。汉语史电子文本的版式，应该在学术界逐渐统一，以便通用共享。例如各级标题的字号、正文与注文的字体等区别形式，既要够用，又要避免过多不同的类别。可以先进行研究，提出一个方案，然后在实践中逐渐修订，约定俗成。

图形型和文本型的电子文献，都应该有说明(Read me)，交代依据的纸质文献的版本，整理的体例等各种问题，方便其他人使用。

二、电子语料库的建设

电子文献生成以后，可以用来阅读，也可以利用一般的文字编辑软件的查找功能，进行字符串的检索，汇聚需要的信息，还可以将相关的文献链接起来加以利用，这样，就将纸质文献的线性阅读方式变成了一种立体式的阅读方式。但是，如果要利用电子文献进行语言学的研究，还必须进行再加工，将文本分析到字词句等不同层次的语言单位，标注上各种语言学属性。这种根据专家研究工作的需要，进行深度加工，主要用来进行语言学研究的电子文献，我们称之为电子语料库。

最初步的加工，是标注书名、作者、篇章、标题、卷次、页码等文献学属性。可以称作标题式标注。标注完成以后，装入"全文检索数据库"，就可以进行全方位的检索，利用字符串加上各种运算符号，对任意字词句作检索、查询、汇聚、比较、统计。现在由大专院校、科研机构和出版社等各个单位生产的电子文献，大都进行了标题式标注。

图形型电子文献，可以利用图像加工软件切割成各种不同的单位，也可以用来进行检索。1998 年深圳大学与北京大学联合研制了"《广韵》电子检索系统"，将《广韵》的字头和训释分别切割出来，并开发成多功能的检索系统。中国古代字书、韵书是汉语史研究的必不可少的资料，但是由于收字字种极多，即使是将来全汉字字符集开发成功，也难以处理。"《广韵》电子检索系统"的研制成功，为字书、韵书类电子语料库的建设，开辟了一个可行的途径。深圳大学正在建设《中华大典》即中国文史典籍数据库，并制定了《中华大典·汉语文字音韵数据库规划书目》，第一阶段计划共六类八十五种，包括了汉代以降重要的文字、音韵、训诂学典籍。目前，《龙龛手鉴》、《集韵》检索系统也已经调试成功，并准备联合有关单位，分工合作，加快建设工作。

如果要进一步进行语言学的本体研究，仅仅对电子文献作标题式标注是不够的，必须根据研究的目的，对各种语言单位分别进行音类、义类、词类、句类、语法类别以及各种关系等不同属性的标注，然后装入关系型数据库，就可以进行专题研究了。这种标注，可以称为属性式标注。

属性式标注，是一项费时费力，而又学术性十分强的工作。标题式标注可以让操作员做，而属性式标注只能由专家亲自进行。文本标注，相当于传统研究工作中的研究卡片的制作，但是并不需要一张又一张地抄写，也不必根据不同的研究目的一套又一套地制作，而是可以根据需要，自动生成不同用途的数据，一次标注，多次受益。

电子语料库提供的功能的大小，检索的深度，显然跟属性式标注的精粗密切相关。标注的类别和等级，根据研究的目的和学者的学术观点，当然有所不同。但是，汉语史学界还是有必要就一些基本的标注类别、等级及其符号进行协商，取得一致意见，这样就可以分享彼此的工作成果。

目前可以用于文本标注的软件，都不是针对汉语史研究的，很多甚至不是为了汉语语言分析而开发的，因此，汉语史电子语料库的属性式标注，必须手动进行，这是一项繁重的工作。我们期望能有可以用于汉语史电子文献自动分词、自动断句、自动标注的软件早日问世，专家只需对结果刊谬补缺，这将大大减轻属性式标注的劳动强度，加快工作进度。

三、专家知识数据库的开发

所谓专家知识数据库，是将古今中外学者研究汉语史的成果，开发成关系数据库，以便查询使用。华中理工大学的《古今字音对照手册》的计算机分析系统，上海师范大学的古代音韵和现代方言读音数据库，湖北大学的中古韵书的反切及自动识读系统，深圳大学的《广韵》、《龙龛手鉴》和《集韵》电子检索系统，都是将音韵学家的研究成果开发成的专家知识数据库，可以查询标注汉字的古代韵书反切和声、韵、调、摄、等、呼的音韵地位。

我们认为以下一些专家知识数据库，是亟待建设开发的项目：

1. 文字学方面：汉字的文字学结构，造字本义，《说文解字》部首，通假字，古今字，异体字，繁简字，正俗字，避讳字……

2. 音韵学方面：汉语上古、中古、近代音音韵地位，韵书音系，反切，直音，读若，譬况，西洋罗马字注音，方言读音，亲属语言读音，域外方言读音，借词读音，对音……

3. 训诂学方面：《说文解字》类字书，《尔雅》、《广雅》类雅书，《方言》类书，《释名》类书，《广韵》类韵书，经传注疏……

4. 词汇学方面：连绵词，复音词，异体词，拟声词，同义词，反义词，类义词，外来词，名物词，各类专科词语……

5. 文体学方面：历代诗、词、曲韵，诗、词、曲、骈文等各种文体的格律……

6. 文献学方面：版本，刊工，校勘成果，书目，文献解题，同书异名，异名同书，引用书目，交游书目，典籍篇章名称，辑佚书……

7. 历史人物方面：人名，姓、氏、名、字，别称，室名，别号，庙号，谥号，疑年录，登科录，题名录，简历，著作目录……

8. 时间地理方面：朝代，年号，中西回史历对照，不同纪时法的转换，中外大事记，地名历史沿革，古今地名对照，地名异称，中外交通，历史地图……

9. 古代汉语知识方面：词义，语法，修辞……

这些专家知识数据库如果都能予以开发，将会对汉语史研究的自动分词、自动断句、音韵分析、语义分析、语法分析提供良好的条件，对学者的研究工作带来极大方便。

汉语史专家知识数据库涉及的学科广泛,数量庞大,必须各方面的专家学者通力合作,才能逐步开发完成,同时,也必须注意数据库软件的通用性。现在关系数据库软件很多,考虑到基于个人电脑的汉语史的 CAR,是非计算机专业的学者的研究工作,应该选取那些易用而又功能强大的,面向对象的中小型关系数据库,例如 Access 等。Access 作为关系数据库具有以下特点: 从外壳到内核全面汉化,不仅全中文的工作界面适于汉语史的研究者,而且对双字节完全支持,具有强大的汉字处理能力;功能强大,是一种 32 位的数据库管理系统,系统容量极大,支持大型数据库文件或超大型数据库文件,完全可以满足汉语史 OCR 的需要;易用性,具有面向对象的可视化编程能力,提供了大量的向导功能,使用者即使不懂计算机语言不会编程,也能轻松地处理数据; 集成性,与 Microsoft Office 中的中文版 Word、Excel、PowerPoint、Graph 等应用程序构成办公自动化集成套件,并辅有 Internet 功能,可以互相共享数据,汉语史研究者用来撰写学术论著十分方便。如果汉语史学界在开发专家知识数据库时,能使用同样的,至少是通行的能互相兼容的中小型数据库管理系统,同时又有比较一致的功能设计和用户界面,就可以非常方便地共享彼此的工作成果。

四、OCR 专用软件的研制

汉语史专家进行科学研究时,常常要对语料进行分析、归纳、计算,具有形式化的特点,可以编制计算机程序,让电脑代替人做这些繁重而机械的工作,迅速、准确而不易出错。如果说,电子语料库的使用,相当于传统研究工作中的研究卡片的抄录,那么,汉语史 OCR 专用软件的运行,就相当于研究卡片的排次、分析、甄选、归纳、统计。

OCR 专用软件的研制,现在也有一些成果。四川大学研制了"中文索引编制系统",用于古籍整理和出版,索引和排版同步进行,成功地为《全宋文》编制四角号码、笔画、汉语拼音等索引。湖北大学目前正在制作"《诗经》语言分析全息系统",准备对《诗经》的语言进行语音、词汇、语法、修辞各方面的全方位的分析研究。华中理工大学研制了"反切系联整理系统"和"诗文用韵系统整理程序","诗文用韵系统整理程序"是国家"九五"社会科学研究重点项目"隋唐五代汉语语音史"研究的一部分,能自动处理隋唐五代数百年间几万首诗歌的韵字,整理用韵情况。中山大学研制的"古代押韵材料的数理统计"软件,可以对诗文韵字进行"辙离合指数计算"、"韵离合指数计算"、"T 分布假设检验",通过数理统计(概率统计)确定韵部分合。

另外,美国暑期语言学研究班、美国纽约城市大学、中国社会科学院和上海师范大学分别研制的国际音标字库,对于汉语音韵学的研究是十分必要的,特别是上海师范大学研制的国际音标,不但数量最全,而且自带输入工具,使用十分方便。湖南师范大学和湖北大学也分别在研制适合于古代汉语电子文本文献录入的汉字输入法。

北京书同文公司制作“文渊阁四库全书电子版”时，开发了“多特定人准规范手写文稿的识别”的OCR软件“校得快”的校对软件，前者用于《文渊阁四库全书》的汉字识别，正确率平均达到92%，后者可以将OCR识别的结果，同扫描的图像一一对应进行校对，也可以按单字类聚非顺序式浏览校对或者重点检查最可能出错的文字来进行校对。这些软件，虽然并不是专门用于进行汉语史的本体研究的，但是对于汉语史的CAR，也是十分重要的。相对于汉语史CAR的专用软件，我们可以把这一类软件称为汉语史CAR的外围软件。

汉语史CAR的外围软件，例如适合于古代汉语的汉字输入法，OCR软件，自动校对系统，全文搜索引擎，关系数据库管理系统等等，虽然并不是专门为汉语史的本体研究研制的，但应用面比较广，可能还具有商业开发价值。汉语史CAR的专用软件，根据学科的性质和研究的目的而不同，应用面窄，限于专家使用，是一种非主流的专用软件，只有学术价值，不会产生商业利润，不能指望计算机软件公司或者软件专家主动来进行开发。同时，根据我们的经验，汉语史CAR的专用软件的研制，是一项极富挑战性的开拓工作，与一般的应用软件的设计性质有很多不同，不仅需要计算机编程的知识和经验，而且还需要有关汉语史的专门知识，这对于计算机专业出身的一般软件设计人员来说，可能是一种陌生的不容易了解的学术信息，编程也不是很容易，编写出来的程序往往并不一定符合我们的要求。因此，汉语史研究者必须掌握一两种常用的编程语言，学会独立编制自己所需要的汉语史CAR的专用软件。理想的汉语史CAR的专用软件，应该是语言学家熟练编程的产物。

研制汉语史CAR的专用软件时，应该注意界面的设计。界面是软件和用户的接口，软件如果只是自己使用，开发者的注意力可能主要集中在功能上，界面也许并不是十分重要的因素，通过直接输入命令来控制程序的运行，更为简便快捷。但是，如果还想让更多的同行也能分享自己的成果，就应该设计出友好的可视化的界面，设置窗口、菜单、对话框和工具栏等操作单元，利用图像或文字表示程序或命令，将命令的执行、程序的运行与可视化的操作有机地联系起来。这样，用户就不再需要记忆各种枯燥难懂的程序、命令及其功能，对计算机不熟悉的汉语史研究者也能正确而方便地使用这些软件。

计算机并非能代替人的所有工作，CAR的专用软件的运行，只是专家科学研究的一种辅助手段。编制计算机程序，用来整理语料，排比材料，迅速而准确，特别是对海量资料的处理，计算机更具有人所不可能具备的优势，但是，科学研究更重要的工作是定向、判断、推理，这些却不是计算机的特长。汉语史CAR的工作，实际上是一种人机互动的过程。计算机对语料的处理，是根据专家给定的条件工作，只要符合条件，运行程序就会给出结果，必然和偶然，规律和例外，通例和特例，一视同仁，混而不分。这时就必须进行人工干预，专家对运算结果进行分析，再进一步给定条件，让计算机再一次处理语料，剔除特例和例外。专家不断地发现问题，计算机不断地按照人的要求解决问题，如此人机互动，反复运作，直至最终得出人们预期的结果。

根据研究，专家学者的科学研究，有三分之二或者更多的时间是花费在资料的搜集、整理、排比、分析、归纳的工作上，而真正用来进行判断、推理，抽出科学结论的时间倒并不是很多。汉语史的CAR，只不过是将原来由专家进行的对语料的处理工作交由计算机去做，利用电子语料库和专家知识数据库来搜集语料，通过编制程序，让计算机来整理、排比、分析、归纳语料，让专家从烦琐的手工劳动中解放出来，集中精力思考，进行科学研究。因此，汉语史的CAR，其实质是将计算机对语料的形式化处理，和专家对语料的分析判断结合起来，充分发挥计算机和人的各自的特长，从而推动汉语史的研究的迅猛发展。

＝延伸阅读＝

1. 杜松柏《国学治学方法》，五南图书出版公司，1998。
2. 高小方《也谈比较研究》，《南京大学学报》，1999 年第 2 期。
3. 江溶、乔默编《怎样学习语言文学》，中国青年出版社，1983。
4. 乔默、江溶编《治学方法谈》，中国青年出版社，1983。
5. 饶忠华《思考的艺术》，知识出版社，1985。
6. 徐通锵《徐通锵自选集》，大象出版社，1993。
7. 于成鲲《怎样写论文》，安徽教育出版社，1985。

＝问题与思考＝

1. 为人与为学的相互关系。
2. 为什么要把“历史文献考证法”与“历史比较法”结合起来？如何结合？
3. 比较研究法在汉语研究中的应用。

＝研究实践＝

1.

研究课题	今文《尚书》与《史记》相关部分词汇比较研究
背景材料	《尚书》，《十三经注疏》本 《史记》，中华书局 1959 年 9 月点校本。［上海商务印书馆 1936 年据宋庆元黄善夫本影印本（即张元济辑《百衲本二十四史》本），可与中华书局本互参］ 马真《先秦复音词初探》

续 表

研究课题	今文《尚书》与《史记》相关部分词汇比较研究
方法提示	这是个大题目。可选取今文《尚书》二十八篇(尧典[含舜典]、皋陶谟[含益稷]、禹贡、甘誓,汤誓、盘庚、高宗肜日、西伯戡黎、微子,牧誓、洪范、金縢、大诰、康诰、酒诰、梓材、召诰、洛诰、多士、无逸、君奭、多方、立政、顾命、吕刑、文侯之命、费誓、秦誓)中的一篇或数篇与《史记》相关部分作对比研究。既考察单音词,也考察复音词。既注意其同,亦注意其异。
呈现形式	· 论文,如《今文〈尚书·商书〉与〈史记〉相关部分词汇比较研究》等。 · 小型学术研讨会 · 写学术札记

2.

研究课题	《战国策》与《史记》相关部分语法比较研究
背景材料	《战国策》,上海古籍出版社 1985 年 3 月第 2 版。 《史记》,中华书局 1959 年 9 月点校本 何乐士《〈史记〉语法特点研究——从〈左传〉与〈史记〉的比较看〈史记〉语法的若干特点》(收入《两汉汉语研究》,程湘清主编,山东教育出版社 1985 年 1 月第 1 版)、《从〈史记〉和〈世说新语〉的比较看〈世说新语〉的语法特点》(收入《魏晋南北朝汉语研究》,程湘清主编,山东教育出版社 1988 年 11 月第 1 版)
方法提示	可选取《战国策》某策与《史记》相关部分进行比较,亦可选取《史记》某篇与《战国策》相关部分进行比较。
呈现形式	· 论文,如《〈战国策·赵策〉与〈史记〉相关部分语法比较研究》等。 · 小型学术研讨会 · 写学术札记

本卷人名索引与主题索引

“大学研究型课程专业系列教材”
书　目

《古代汉语研究导引》　高小方等　编著

《古代汉语研究导引》按照古代汉语课程文选阅读与专题研究相结合的新思路，从现当代著名语言学家的代表性论著中精选篇章，分为音韵、文字、训诂、词汇、语法、方法论等六大专题。每一专题有导论，点出掌握此章内容的核心问题，说明本章选文之用意；每篇选文前有导言，标明本文之出处，交代写作的背景，提示文章之精义等，甚便学习。此书与南京大学新编的《古代汉语》教材互为表里，相配而行。

《普通语言学研究导引》　郭　熙、盛　林　编著

本书是大学本科课程语言学概论的新型教材。研究性、参与性是其特点。旨在通过对经典论文的系统性研读及对言语生活的观照，引导学习者较为全面而深入地了解普通语言学这一学科的研究状况，掌握本学科的学习研究方法。本书分为绪论、语言的性质和特点、语言的要素、语言的产生和发展、语言研究方法和语言学流派五个部分。

《现代汉语研究导引》　杨锡彭　编著

基于本科课程以“问题”为中心的教学思路，以选文的论题为中心，讨论现代汉语研究中的基本学术问题，内容涉及现代汉语概论、语音、文字、词汇、语法等方面的专题研讨，以点带面地反映了现代汉语研究的学术概貌。

《戏剧学研究导引》　吕效平　编著

本教材讨论戏剧作为文学艺术一种样式的特殊文体本质问题。它试图描述人类戏剧的共同本质，同时也试图描述中、西方戏剧的不同本质，描述中、西方戏剧各自在古典阶段和现代阶段的不同本质，描述在交流与冲突中中、西方戏剧本质各自所受到的对方的影响。本教材在比较戏剧学的视野上对中国本土戏剧提出了全新的系统阐释。本教材可供戏剧影视文学专业和戏剧戏曲学专业本科生、研究生理论学习之用。

《中国现当代文学研究导引》　刘　俊等　编著

本书为现当代文学课程教材，在写法上一改过去教材撰写的模式，以具有经典意味的论文为依凭，从五个方面，通过对文学发展过程中关键问题的解析，求得对文学史的认识。本书既是本科教材，也是现当代文学专业研究生重要的阅读、参考材料。

《文学理论研究导引》　汪正龙等　编著

本书选择文学活动中的十四个基本问题为章节结构全书，融问题导论、研究论文及导读、延伸阅读、问题与思考、研究实践为一体，以图架构一个中西对话、古今对话和师生对话的平台，体现了全新的教学理念与教材理念。本书适宜作大学中文系本科生文学理论课程教材及文艺学与相关专业硕士研究生的学术启蒙读物。

《中国古代文学研究导引》　许　结等　编著

本书以学术的经典性、教学的实用性为原则，收录近现代学人古典文学研究论文32篇，分为中国文学的传统、神话与历史、诗骚与比兴、诸子与散文、赋家之心、文学的自觉、乐府与五言、唐音宋调、文与道、词别是一家、戏曲与小说等十一章，以供大学生研究学习。每章前的导论综述文学史发展及文学研究概况，选文前的导言以提摄论文研究之精髓，而选文后的延伸阅读、问题与思考、研究实践，则意在培养与提升学生对古典文学的研究能力。

《欧美文学研究导引》　唐建清等　编著

本书是欧美文学研究文选，精选中外学者的文学评论和研究性论文三十余篇。本书可以作为教师组织教学，学生进一步学习、研究和撰写论文的参考资料，也可以作为教学改革和教材创新的一种尝试和新思路，积极参与课堂教学。本书在尊重文学阶段性发展的基础上，注重把握不同时代的文学精神和文化内涵。本书的基本思路是以作品为中心，强调对文本的阅读、讨论和研究，变单一的灌输性教学为多元的启发性教学，变被动学习为主动学习，培养学生动口（讨论）动手（研究）的能力，倡导开放的、对话的、过程的新型教学理念。